Jean-Jacques Pauvert

Der göttliche Marquis

Band 1

Charles-Amédée-Philippe van Loo:
Mutmaßliches Porträt des Marquis de Sade (um 1760)

Jean-Jacques Pauvert

Der göttliche Marquis

Leben und Werk des
Donatien-Aldonze-François de Sade

Aus dem Französischen von Friedrich Griese

Band 1

List Verlag
München · Leipzig

Die französische Originalausgabe erschien unter dem Titel
«Sade vivant» in drei Bänden 1986, 1989 und 1990
bei Robert Laffont, Paris.

Redaktion und Bildauswahl

Michael Farin
Hans-Ulrich Seifert
Melanie Walz

ISBN 3-471-78426-8

Gesamtherstellung: Wiener Verlag, Himberg

Inhalt

DRITTER TEIL
Die Geheimnisse von La Coste

VIERTER TEIL
Die Probe

FÜNFTER TEIL
«Sie haben mich dazu getrieben, Ungeheuer zu erfinden»...

Apokryphe Porträts des Marquis

«Ein wenig Ordnung in das Ganze ...»

Donatien, Aldonze, François de Sade wird 1740, seine Legende 1768 geboren. In diesem Jahr macht die «Affäre von Arcueil», durch Zeitungen, Lieder und Gerüchte verbreitet, in ganz Europa den Namen eines vornehmen Herrn bekannt, dem man entsetzliche Experimente an einer armen Frau vorwirft, die so unvorsichtig war, ihn um ein Almosen zu bitten.

1772 folgt der Skandal von Marseille, eine finstere Affäre um Leckereien, die ein sagenhaftes Aphrodisiakum, das Kantharidin, enthielten. «*Der Comte de Sade*», heißt es im *L'Observateur anglois 1778*, «*dieser wegen seiner an Frauen begangenen Greueltaten berüchtigte Edelmann, gab in Marseille einen Ball, auf dem er Bonbons verteilte, die er sämtlich auf diese Weise vergiftet hatte. Binnen kurzem verwandelten die von einer wollüstigen Raserei verzehrten Frauen und die Männer, von denen jeder zu einem Herkules geworden war, den Ballsaal in einen öffentlichen Ort der Prostitution.*» Bachaumont geht ins Detail[1]: «*Mehrere Personen sind an den Ausschweifungen, denen sie sich in ihrem unersättlichen Priapismus hingegeben haben, gestorben*», und «*auf diese Weise hat Monsieur de Sade seiner Schwägerin beigewohnt, mit der er geflohen ist, um sich der verdienten Strafe zu entziehen.*»

In Abwesenheit zum Tode verurteilt, in Aix-en-Provence *in effigie* verbrannt, wurde der Marquis de Sade, wie er damals selbst sagte, zum «Werwolf». 1775/76 gibt es dann noch eine mysteriöse «Affäre der kleinen Mädchen», darauf folgen ab 1778 zwölfeinhalb Jahre Festung, zunächst in Vincennes, später in der Bastille, die Monsieur de Sade ein wenig in Vergessenheit geraten lassen. Außerdem ist da noch diese seltsame Revolution, deren Ausgang ungewiß ist und die Sade im Jahre 1790 anonym auf freien Fuß setzt. Die Zeiten haben sich geändert. Andere Namen beherrschen jetzt das Tagesgespräch.

Der Bürger Sade aber läßt 1791 *Justine ou les malheurs de la vertu* drucken, 1795 *La Philosophie dans le boudoir*, vier oder fünf Jahre später *La Nouvelle Justine* und *Juliette* (*Aline et Val-*

[1] In Band 6 seiner *Mémoires secrets pour servir à l'histoire de la république des lettres en France depuis 1762 ...*, London 1777.

cour, ein «philosophischer Roman», erscheint um 1795 fast unbemerkt): Tausende von Seiten, angefüllt mit nie zuvor gelesenen Vergewaltigungen, Folterungen und Hurereien! Der *Werwolf*, auf dessen Missetaten man sich plötzlich wieder besinnt, aufgebauscht durch die dazumal jüngsten Ereignisse, vermehrt um die Heldentaten unzähliger lüsterner und blutrünstiger Papiergestalten, verbindet sich für das Publikum von nun an mit dem «*ehrenwerten Professor des Verbrechens*», von dem Taine und Michelet sprechen werden.

Doch das 19. Jahrhundert hat kaum begonnen, als Sade quasi wieder in der Versenkung verschwindet. Der «*Herr Marquis de Sade*», wie er in den Polizeiberichten genannt wird, der Menschenfresser, der Frauenzerstückler, der unerträgliche Pornograph, der Knast- und Galgenbruder, der seit über dreißig Jahren als die skandalöseste Gestalt seiner Zeit galt, wird am 6. März 1801 ein letztes Mal verhaftet. An diesem Tag nehmen ihn die Polizeiinspektoren des Ersten Konsuls mitsamt seinen Manuskripten bei seinem Verleger Massé fest, um anschließend in seiner Gegenwart alle Papiere, die sie in seiner Wohnung in Saint-Ouen aufspüren können, zu beschlagnahmen. Es scheint, als wolle das neue Jahrhundert das Erbe des zurückliegenden nicht antreten, als liege ihm vielmehr daran, diese schmachvolle Hypothek nur zu tilgen.

Von seinem definitiven Ausschluß aus der Gesellschaft bis zu seinem Tod werden jedoch noch dreizehneinhalb Jahre vergehen, in denen Sade, zuerst in Saint-Pélagie, dann in Bicêtre und schließlich in Charenton eingesperrt, bis zuletzt schärfstens überwacht wird. Sein Todestag wird geheimgehalten. Im übrigen wähnte man ihn ohnehin schon seit langem tot. Wer glaubt denn im Jahre 1814, daß es in Paris oder seiner unmittelbaren Umgebung noch einen Marquis de Sade gibt? Sein Name aber wird bei jeder passenden und unpassenden Gelegenheit beschworen: «*Einer Frau mit intimen Briefen zu drohen, die sie und ihre Familie kompromittieren können, um ihr einen geschuldeten Betrag nicht zahlen zu müssen, das ist ein Zug, der Monsieur de Sade abging*», schreibt Madame de Staël am 28. Mai 1815 an Benjamin Constant. In der Tat. Aber wer mehr kann, kann auch weniger, wird Germaine de Staël sich wohl gesagt haben. Wie also erscheint ihr Sade, wie wird er von den meisten ihrer Zeitgenossen gesehen?

Von Jules Janin gibt es eine merkwürdige Improvisation über den Marquis de Sade, die erstmals 1834 in der *Revue de Paris* veröffentlicht wurde und sich über vierzig Seiten in dem folgenden Ton ergeht:

> «*Das ist ein Name, den Jedermann weiß, und den doch Niemand ausspricht; die Hand zittert Einem, wenn man ihn niederschreibt, und es schallt Einem wie Winseln in's Ohr, wenn man ihn ausspricht. [...] Die Bücher des Marquis von Sade haben mehr Kinder getötet, als zwanzig Marschälle von Rais hätten töten können; sie töteten deren tagtäglich, sie werden deren ferner töten [...] Es umgab diesen jungen Mann schon eine, ich weiß nicht welche, verpestete Luft, die ihn allen verhaßt machte. [...] Noch diesen Augenblick ist es ein Mensch, der in den Galeeren hoch verehrt wird; er ist deren Gott, deren König, deren Dichter, deren Hoffnung, deren Stolz. Welch eine Geschichte! Aber wo anfangen, und aus welchem Gesichtspunkt dies Ungeheuer betrachten? Und wer bürgt uns dafür, daß wir bei dieser Betrachtung, selbst wenn sie nur von weitem stattfindet, nicht von irgend einer Eiterbeule bespritzt werden?*»[2]

Auch wenn Janin nicht hinzugefügt hätte: «*Überall, wo dieser Mensch auftritt, verspürt man einen Schwefeldunst*», hätten wir die Phänomene wiedererkannt, die den alten Chroniken zufolge mit den menschlichen Verkörperungen des Bösen gewöhnlich einhergehen. «*Er verließ das Collegium in demselben Augenblick, wo Robespierre es betrat*», glaubt Janin fortfahren zu müssen; «*Ha! Ein würdiges Paar, der Marquis von Sade und Robespierre! [...] Ha! Die arme französische Gesellschaft, die keine Ahnung von dem hat, was ihr bevorsteht, und die es nicht gewahrt, daß sie verloren ist, obgleich die Bastille noch steht!*»
Doch die tendenziösen Zusammenstellungen des Bourbonenanhängers Janin sind außerstande, die Sache auf eine politische, das heißt rein weltliche Ebene zu verlagern. Das war schon den Jakobinern nicht gelungen («*All diesen Schurken mit ihren Schlössern, Kutschen, roten Absätzen, roten oder blauen Ordensbändern muß man den Marquis de Sade hinzufügen, dessen abscheuliche*

[2] Jules Janin, *Der Marquis von Sade und andere Anschuldigungen*, München, belleville, 1986.

Untaten vielleicht all die von den Adligen dieser Zeit begangenen übertreffen»[3]), und ebensowenig dem emigrierten Adel: «*Es heißt, daß sich dieser Tyrann (Robespierre), daß sich Couthon, Saint-Just, Collot, seine Minister, wenn sie der Morde und Verurteilungen überdrüssig waren, wenn sich in ihren ehernen Herzen das Gewissen regte und ihnen angesichts der zahlreichen Haftbefehle, die sie noch zu unterschreiben hatten, die Feder aus der Hand glitt, zurückgezogen haben sollen, um einige Seiten der* Justine *zu lesen, und danach wiederkamen und mit dem Unterschreiben fortfuhren*»[4]. Hier wie dort wurde Sade mit dem Teufel gleichgesetzt, und es ist noch nie leicht gewesen, Anteilnahme für den Teufel zu wecken, gleichgültig, was man über ihn weiß.

Alldem liegt in Wahrheit ein großes Mißverständnis zugrunde. Der Mensch, der sich hinter dem Namen des Marquis de Sade verbarg, entsprach nie den mystischen Beschreibungen, die das 19. Jahrhundert von ihm entwarf. Seine Größe beruht nicht auf den Abenteuern seiner Existenz, deren eindrucksvollstes zweifellos darin besteht, daß er siebenundzwanzig Jahre seines Lebens in verschiedenen Gefängnissen verbracht hat. Sade mit Gilles de Rais zu vergleichen, heißt beiden Unrecht tun. «*Alles, was man sich auf diesem Gebiet vorstellen kann, habe ich mir vorgestellt, aber ich habe durchaus nicht alles getan, was ich mir vorgestellt habe, und ich werde es auch nie tun*», sollte Sade mit vierzig Jahren klarsichtig feststellen.

Das stimmt. Doch wenn er auch nicht alles, was er sich ausdachte, ausgeführt hat (und wer hätte dies alles wohl tun können?), stellt sich die Frage, ob er sich wirklich sein Leben lang damit begnügte, nur zu phantasieren und diese Phantasien dann aufzuschreiben, wie es heute vielfach behauptet wird. Hat er bloß «*wegen ein paar Schlägen auf den Hintern*» zwölf Jahre lang in der

[3] J. A. Dulaure, *Collection de la liste des ci-devants ducs, marquis, comtes, barons, etc. Excellences, monseigneurs, grandeurs, demi-seigneurs et anoblis*, Paris, l'an second de la liberté.

[4] Charles de Villers (in der Emigration), *Lettre sur le roman intitulé Justine ou les malheurs de la vertu*, in: *Le Spectateur du Nord*, Dezember 1797. «*Ich verbürge mich nicht für die Anekdote*», merkt Villers völlig ernsthaft an, «*aber in Frankreich wird sie erzählt, und man hält sie für glaubhaft.*»

Festung gesessen, wie es Maurice Heine und Jean Paulhan behaupten? Muß man also in den Befehlen, die ihn für die letzten zwölf Jahre seines Lebens nach Charenton verbannten, bloß eine Laune Bonapartes sehen?
Es scheint, als hätten sich während der letzten zweihundert Jahre erst das eine, dann das andere Jahrhundert zwei entgegengesetzte Wege ausgedacht, um sich der Fragen, die das Werk von Sade aufwirft, durch eine verzerrte Darstellung seiner Persönlichkeit zu entledigen. Von 1800 bis ungefähr 1880 macht man aus ihm ein Ungeheuer, einen Verrückten, einen gefährlichen Kranken; «*ein allzu berühmter Erotomane*», sagt Gustave Brunet. Man schließt ihn aus der normalen Menschheit aus; die *Biographie universelle* von Michaud berichtet, er habe seine Schwägerin verführt, und schließt daraus, daß er dies nur «*mit ebenso gräßlichen wie lebensbedrohenden Mitteln*» habe erreichen können (mit welchen, gibt Michaud leider nicht an). Folglich können seine Texte auch nicht zur Literatur gerechnet werden: Als «*wahnwitziges, Abscheu erregendes Sammelsurium aller erdenklichen Verbrechen und Schweinereien*» (Frédéric Soulié) verdienen sie nicht einmal erwähnt zu werden: «*Dieses infame Buch, das ich nicht nennen will*», sagt Joubert.
Danach beginnt man, Monsieur de Sade zu rehabilitieren, und das 20. Jahrhundert macht aus ihm, besonders in den letzten vierzig Jahren, einen erfinderischen Literaten, der aber von jeglicher Realität abgeschnitten ist und dessen Imagination allein in die Sprache mündet (Roland Barthes), einen Literaten, den es «*weder zum Verbrechen noch zur Ausschweifung, sondern zum Text drängt*» (Philippe Roger).
Oder man macht aus ihm eine Art Vorläufer von Krafft-Ebing und gleichzeitig auch von Freud: «*Der Marquis de Sade ist vor allem ein Mensch, der mit einer genialen wissenschaftlichen Imagination begabt ist*» (Gilbert Lely). Alles, was er geschrieben hat, läßt sich, reduziert auf den Ausdruck eines Phantasmas oder eine sexualpsychologische Beobachtung, problemlos studieren, und Donatien de Sade tritt nur noch in der beruhigenden Gestalt eines Literaten auf, wenn nicht gar eines Forschers, der ebenso friedlich und harmlos ist wie seine Kommentatoren im Café de Flore; so, als hätte er nie einer Fliege etwas zuleide getan.

Die zweite Legende ist ebenso falsch wie die erste und alles in allem sogar ärgerlicher. Es ist gänzlich unangebracht, Sade entschuldigen zu wollen, und der Versuch, ihn «sympathisch» erscheinen zu lassen, ist lächerlich. Wenn es, wie die *Encyclopédie* der Aufklärer, seiner Zeitgenossen, schreibt (und das ist eine glänzende Definition), «*die Weite des Geistes, die Kraft der Phantasie und die Regsamkeit der Seele sind, die das Genie ausmachen*», dann muß man ganz laut und vernehmlich erklären, daß Donatien de Sade, 1740-1814, eines der fünf oder sechs Universalgenies ganz großen Zuschnitts ist.

Um der Wahrheit die Ehre zu geben, muß man aber auch ebenso klar sagen, daß dieses Genie, an den Gesetzen seiner Zeit wie an den unseren gemessen, ein Sexualstraftäter war, mit dem man während der meisten seiner in Freiheit verbrachten Lebensjahre eigentlich nicht verkehren konnte, denn Sade war in der Tat Sadist. Und auch, daß es «*der kleinen Schar derer, die so gütig waren, ihn zu lieben*», von der er in seinem Testament spricht, nur durch große Geduld und Selbstverleugnung möglich gewesen ist, ihm ihre Verbundenheit zu bewahren.

Wie auch immer, ob Genie oder Verbrecher, Sade ist nicht in voller Rüstung dem Schoß der Frau Gräfin entsprungen, in der einen Hand eine Peitsche, in der anderen *Die Wonnen des Lasters*. Dennoch wird er stets dargestellt, als habe er bereits auf der Schulbank im *Louis-le-Grand* an *Justine* gedacht, als sei es der Verfasser der *Cent vingt journées de Sodome* gewesen, der 1772 die Sache mit den Mädchen von Marseille organisierte, als habe er bereits die sechs Bände der *Juliette* im Kopf gehabt, während er 1768 in seinem Häuschen in Arcueil Rose Keller einsperrte. Aber selbst wenn er sehr früh begonnen hat (zweifellos mit zwanzig Jahren), «seine Veranlagung auszuüben», wie es die Sittenpolizei unter Louis XV. ausdrückte, so ist er doch weit über vierzig, als er sein erstes großes «sadistisches» Werk schreibt (die *Cent vingt journées* im Jahre 1785), einundfünfzig, als er mit *Justine* 1791 erstmals auf dem Buchmarkt erscheint, und fast sechzig, als bei Anbruch des 19. Jahrhunderts *Juliette* publiziert wird. (Niemand hat zu seiner Zeit einen so langwierigen Reifungsprozeß durchgemacht; aber es ist wohl auch niemand so einsam gewesen, denn Sade hat *nie* wirklich kommuniziert.)

Zudem stellt man Sade aber auch immer wieder als einen lebenslänglichen Häftling dar, der sich in seiner Kerkerwelt auf Dauer eingerichtet hat, zwischen seinen wohlgeordneten Papieren und seinen sorgfältig beschnittenen Federn, mit denen er an seinem Arbeitstisch eifrig ein Leben erstehen läßt, an dem er nicht mehr teilhat.
Und natürlich stimmt es, daß er die Zeit vom achtunddreißigsten bis zum fünfzigsten Lebensjahr in Festungen verbringt, wo seine Lebensgier auf der Stelle treten muß. In diesen zwölf Jahren hallt das Gefängnis unablässig wider von der unbändigen Wut und Verzweiflung eines unbeugsamen Häftlings, der geradewegs aus der freien Natur gekommen ist und der unglaublich empfänglich war für die Landschaften, die Pflanzen, die Tiere, den Wechsel der Jahreszeiten: Er lebt nur dafür, wieder dorthin zurückzukehren. Er gibt nicht auf. Er ist im fünfzigsten Lebensjahr, das Gefängnis hat ihn halbwegs impotent gemacht, als er, zehn Tage vor dem 14. Juli 1789, vom Lärm des Aufruhrs ermuntert, zu dem Trichter greift, «*mit dem er sich seines Wassers entledigte*», ihn als Sprachrohr benutzt, um die Menge, die sich um die Bastille drängt, durch den Zuruf aufzuwiegeln, die Gefangenen würden erwürgt, und man solle sie befreien. Man muß ihn in der Nacht gewaltsam an einen anderen Ort bringen, «*splitterfasernackt*».
Was Sade in seinen Festungen schreibt, trägt ebenso wenig wie er selbst den typischen Stempel des Gefängnisses. Es ist der empörendste, dümmste Pariser Widersinn, von «*der ruhigen, der geduldigen Sprache Sades*» (Michel Foucault) zu sprechen, angesichts seiner sturzbachartigen, ironischen, grimmigen, leidenschaftlichen, herzzerreißenden oder merkwürdig aufgekratzten, geradezu *entfesselten* Briefe aus Vincennes und der Bastille oder angesichts der atemlosen Gewalttaten der *Cent vingt journées de Sodome*, die er in siebenunddreißig Tagen heimlich zu Papier bringt, in einer winzigen Schrift, auf einem schmalen, zwölf Meter langen Streifen von zusammengeklebten Blättern.
Wieder vermischen sich die Weigerung, die wahre Persönlichkeit Sades zur Kenntnis zu nehmen, und das Entsetzen vor diesem schonungslosen Denken, seiner Radikalität, seiner unaufhebbaren Einsamkeit. Es war allzu bequem, im Werk Sades bloß das Ergebnis des Eingesperrtseins zu sehen. «Literatur des Ge-

fängnisses, Gefängnis der Literatur»: Mit dieser Formel ordnete eine ganz und gar konformistische Literaturkritik die störende Monstrosität Sades in die Regale ihrer Universitätsbibliotheken ein, um sie so ihrer Sprengkraft zu berauben, schlimmer noch, um sie von ihren natürlichen Wurzeln abzuschneiden, also ausgerechnet von dem, was Sade als erster in sich entdeckt hatte, bevor er es in alle Welt hinausschrie.

Ich selbst kenne ihn schon lange. Über die Zeit, als ich achtzehn war (mittlerweile bin ich fünfundsechzig), habe ich einmal geschrieben: «*Damals ist Sade für viele Jahre zu meinem Weggefährten geworden.*» Und dabei dachte ich natürlich daran, welch einschneidendes Erlebnis es, gleich nach 1945, für einen sehr jungen Mann gewesen sein muß, wenn ein seit hundertfünfzig Jahren verbotener, verfolgter und verurteilter Autor die *weltweit allererste offizielle Ausgabe* seiner Werke erfuhr, die zudem Durchsuchungen, Prozesse und Polemiken nach sich zog.[5] Ich dachte auch an das enge Verhältnis, das man zu den Werken eines Schriftstellers entwickeln kann, den man sehr früh gelesen und dann oft wiedergelesen hat und von dem man obendrein Tausende von Seiten für den Drucker korrigiert hat. So ergab sich denn auch eine große Vertrautheit mit Texten, von denen ich sogar einige, anderswo unauffindbare während langer Nachmittagsstunden in der *Bibliothèque Nationale* in Paris abgeschrieben habe.

Doch nicht nur das. Das Wort «Text» ist im Grunde ziemlich ungeeignet, das wiederzugeben, was von Sade zu mir drang. Was seine Feder niedergelegt hatte, nahm ich vielmehr wie gesprochene Rede wahr. Sade sprach zu mir. Dabei vermischten sich in seiner Rede auf eine seltsam unauflösliche Weise die Äußerungen des Autors («*Oh mein Freund! die Wonne des Verbrechens ist wie der Blitz*») mit denen seiner Personen («*Das ganze Glück des*

[5] Jean-Jacques Pauvert hat seit 1948 im eigenen Verlag diverse Ausgaben Sadescher Werke verlegt, so etwa die *Histoire de Juliette* (1948), *Les Crimes de l'amour* (1953), *La Nouvelle Justine* (1953), *La Philosophie dans le boudoir* (1953). Diese Ausgaben machten Sades Werke erstmals einer breiteren Öffentlichkeit zugänglich. In *L'affaire Sade* hat er 1957 Materialien zu dem wegen dieser Publikationen gegen ihn eingeleiteten Gerichtsverfahren zusammengestellt. Anmerkung des Verlages.

Menschen besteht in seiner Phantasie»; «*Das ist der weißeste Hintern und die schwärzeste Seele...*»; «*Bringen wir ein wenig Ordnung in das Ganze...*»; «*Man hält pathetische Reden gegen die Leidenschaften, ohne zu bedenken, daß die Philosophie an deren Flamme die ihre entzündet...*») sowie den Aussagen in seinen intimen Briefen: «*Ich kann mir nicht vorstellen, daß das Verlangen einer* kleinen *Frau nach einer* großen *Büchse keine Unordnung in der Zirbeldrüse auslöst, in der wir atheistischen Philosophen den Sitz der Vernunft ansiedeln.*» «*Wir sind aus tausend Gründen entschlossen, in diesem Winter sehr wenige Leute zu sehen*»; «*Der Adler, mein Fräulein, ist bisweilen genötigt, aus dem siebten Himmel herabzusteigen*»; «*Nun, glücklich bin ich nicht, aber es geht mir gut. Das ist alles, was ich der Freundschaft erwidern kann, die sich, so hoffe ich, noch nach mir erkundigt*»; «*Nicht meine Denkweise hat zu meinem Unglück geführt, sondern die der anderen*»; «*Und erkennt man in meinem armen Park noch etwas von mir wieder?*» bis hin zum Testament vom 30. Januar 1806, das auf meinem geistigen Tonband ganz zwanglos den Platz zwischen dem Pamphlet des Dolmancé in der *Philosophie dans le boudoir* «Franzosen, noch eine Anstrengung, wenn ihr Republikaner sein wollt» und einem erotisch-technischen Entwurf von Juliette oder dem Menschenfresser Minski einnahm: «*Sobald das Grab zugeschüttet ist, sollen darauf Eicheln gesät werden, auf daß später neue Bäume daraus keimen und das Gehölz wieder so dicht wird wie vorher. Die Spuren meines Grabes sollen von der Erdoberfläche verschwinden.*»
Ich lauschte keinesfalls bedingungslos und hingebungsvoll auf die Stimme Sades, und es kam vor, daß sie mich aus der Fassung brachte, mich schockierte, mich anwiderte, wobei sie mir aber gleichwohl auf seltsame Weise vertraut blieb. Selbst wenn mich seine sprachlichen Entgleisungen bestürzten und verletzten, empfand ich ihn doch durchaus als «*denjenigen unter meinen Freunden, der mir vielleicht am wenigsten fremd ist*», wie es André Breton so schön im Hinblick auf Huysmans ausgedrückt hat.
Und dann mußte ich ihn in Schutz nehmen. Wir hielten zusammen. Richter, Polizisten und hohe sittliche Autoritäten machten mir aus unserer Komplizenschaft einen schweren Vorwurf. François Mauriac etwa verließ unter lautstarkem Protest den *Express*, weil dieser den Herausgeber Sades interviewt hatte. War mir denn nicht bewußt, welcher sittlichen Gefährdung ich die

französische Jugend und das ganze Abendland aussetzte, wenn ich diese Werke verbreitete, die (wie es 1955 bei meiner Verurteilung hieß) von einem «*verabscheuungs- und verdammungswürdigen Fäulniserreger*» infiziert waren? Und wenn sie nun recht hätten? Diese Frage stellte ich mir. Es kam vor, daß ich Sade als Belastung empfand. Und vielleicht um mich seiner zu entledigen, hatte ich 1953 eine kleine Arbeit über sein Leben begonnen, einige historische Bemerkungen über seinen Einfluß...[6]
Die Zeit verging, und Sade kam immer mehr in Mode. Sehr wichtige Leute, die ich bewunderte, schrieben über ihn. Man erläuterte, was er gesagt hatte. Es war nicht immer das, was ich gelesen hatte. Man schilderte sein Leben, und es war nicht immer das, welches ich verfolgt hatte. Auch andere gaben ihn jetzt heraus: «definitive» Ausgaben, Luxusausgaben, Ausgaben jeder Art (ein kurzes Zusammenzucken angesichts der *Cent vingt journées* im Taschenbuch). Ich erkannte ihn kaum noch wieder. Er ließ sich, wie mir schien, mit einer gewissen Bereitwilligkeit verkleiden (sein Hang zum Theater war zweifellos noch immer sehr stark). Ich sah ihn jetzt in der Ferne vorüberziehen als einen christlichen Philosophen, einen Achtundsechziger aus dem Jahre 1789, einen Vorläufer der Textanalyse à la *Tel Quel* oder Roland Barthes, als einen arroganten und selbstsicheren Erzaristokraten, einen Erzengel des Todes. Stets mit einer gewissen Neigung zur «Peitsche», wie man seither mit einem nachsichtigen Lächeln sagte, doch weit entfernt von dem Kinderschlächter. Schließlich mußte er selbst sehen, wie er am besten zurechtkam...
Dennoch fand ich mich von Zeit zu Zeit und ohne klares Ziel in Bibliotheken, bei Sammlern und Autographenhändlern ein. Oder in den Ruinen von La Coste. Um die Gegend zu erkunden. Ich erstellte Listen der Dokumente, ich entzifferte Briefe, ich verglich Texte miteinander. Aber war nicht schon alles gesagt worden?

Es war noch nicht alles gesagt worden, denn 1982 brachte Annie Le Brun mir über den Umweg des Schauerromans Sade in den verzauberten Wagen der *Châteaux de la subversion*[7] erneut nahe.

[6] *Le Marquis de Sade, l'Histoire et la littérature,* in: Sade, *Œuvres,* Paris, Le Club français du livre, 1953, 1960 und 1961, S. 3–63.
[7] Paris, Jean-Jacques Pauvert, 1982.

Auf einmal war wieder die Rede von dem Sade, den ich gekannt hatte, von seiner poetischen Gewalt. Von einem lebenden Sade, dessen lebendiges Denken die Wort-Bastillen, in die man ihn erneut hatte einsperren wollen, zerstörte. Endlich vernahm man wirklich wieder Sade, las man ihn um seiner selbst willen.

Was dann folgte, ist nichts anderes als eine Verkettung von Dingen, die, wie der Autor der *Justine* sich auszudrücken beliebte, «*in Wahrheit ganz natürlich*» waren. Auf meine Bitte hin erklärte sich Annie Le Brun bereit, der neuen Ausgabe der Werke Sades, die ich 1986 zusammen mit Claude Durand, dem Verlagsleiter bei Fayard, in Angriff nahm, den Weg zu ebnen. Aus dem geplanten allgemeinen Vorwort wurde schließlich ein eigener Band: *Soudain un bloc d'abîme, Sade*, der in meinen Augen die einzig mögliche Einführung in die Lektüre Sades darstellt. Nicht etwa deshalb, weil Annie Le Brun eine neue Theorie über ihn aufgestellt hätte, sondern gerade weil sie mit jeglicher Theorie aufräumt, weil sie dieses so einzigartige Denken von innen her, durch Einfühlung, erhellt. So konnte sie der Persönlichkeit des Donatien de Sade jene «*ursprüngliche Unschuld*» zurückgeben, die ich unbedingt zum Titel des ersten der neun Teile machen mußte, aus denen diese beiden Bände (in der französischen Ausgabe sind es drei) sich zusammensetzen – mit ihrer Erlaubnis, für die ich ihr hiermit danke.

Für meinen französischen Verleger Robert Laffont hatte ich anfangs nur eine durchgesehene und verbesserte Neuausgabe meines Textes von 1953 machen wollen, von der damals mit Ausnahme von André Breton kaum jemand Notiz genommen hatte. Ich wollte mir, und eigentlich nur mir, damit den Sade in Erinnerung rufen, den ich kennengelernt hatte: das eigensinnige, launische Kind mit den blauen Augen und den blonden Locken (die er lange tragen sollte); den provençalischen Schlingel, den kleinen Marquis auf dem Kollegium (über den wir kaum etwas wissen); den blutjungen Soldaten, der sich um die Zuneigung seines Vaters (vergeblich) und die Freundschaft der übrigen Burschen seines Regiments bemüht; den neunzehnjährigen Rittmeister, in seiner blauen Uniform ein «*recht hübscher Kerl*», ausschweifend, aber tapfer; den «*leicht entflammbaren*» «*kleinen Körper*» (1,68 m); den libertinistischen jungen Ehemann, besessen von «*einer Leidenschaft für die Chemie*», aber aufmerksam ge-

genüber seiner Frau, seinen Kindern und seiner erstaunlichen (und zu Unrecht verleumdeten) Schwiegermutter, Madame de Montreuil, der «Präsidentin»; den Verliebten, die «*feurige Seele*», mit immer wieder unglücklichen Leidenschaften; den Theaternarren; den zum Tode verurteilten Sodomiten, der am Tag seiner Hinrichtung *in effigie* masturbiert; den Gefangenen mit den Etuis und anderem Blendwerk (für alle, die nicht im Bilde sind, wird das später erklärt werden); den pornographischen und extremistischen Sansculotten-Anführer; den Autor «*von unsterblichem Ruhm*» der *Histoire de Juliette*; den unerträglichen, unflätigen Häftling von Sainte-Pélagie; schließlich den Greis von Charenton, sein Theaterspiel mit den Irren und die Beziehung zu seiner jungen Freundin Madeleine (sechzehn Jahre), der er den Besuch von Bällen untersagt, weil er diese für unmoralisch hält...
Daß das anfangs vorgesehene Kurzportrait so erhebliche Ausmaße angenommen hat, ergab sich, wie gesagt, ganz von selbst. Zur Begründung kann ich, auch wenn das zumindest nach außen hin merkwürdig erscheint, nur auf die Texte Sades verweisen.

Sich auf Sade einzulassen, heißt jedes Mal aufs neue, eine unvorhersehbare Reise anzutreten. Niemand kann einem Ratschläge erteilen, jeder bahnt sich seinen eigenen Weg, und obendrein kommt es kaum vor, daß man zweimal den gleichen Weg beschreitet. Die Lektüre Sades ist, mehr als bei jedem anderen Autor, ein immer wieder neues Abenteuer.
Diese *Lektüre* ist ein Phänomen, und kein einfaches. Sie gibt mir seit fast einem halben Jahrhundert Fragen auf, bei denen ich kaum vorangekommen bin, Fragen, die, wie mir scheint, weniger die individuellen Reaktionen als vielmehr das kollektive Empfinden betreffen, den Gang der Zeit und all das, was man als Geschichte bezeichnet. Warum ist Baudelaire, dessen Texte sich in den hundertdreißig Jahren seit seinem Tode nicht geändert haben, in den Jahren 1857, 1880 und 1920 so unterschiedlich (aber jeweils von ganzen Generationen in der gleichen Weise) gelesen worden? Weil das kollektive Empfinden sich weiterentwickelt, einverstanden. Doch über den Mechanismus, wie sich die Denkweisen verändern, wissen wir noch immer nicht genau Bescheid. Man begnügt sich damit, es festzustellen, und dabei ist man sich noch nicht einmal über alle Begleitumstände einig.

Ich möchte hier die Hypothese wagen, daß die Lektüre Sades, die in Frankreich bei der Mehrheit derer, die ihn gelesen haben, über mehr als dreißig Jahre, von meinen ersten Neuauflagen (denn vorher konnte man ihn nicht lesen) bis zum Ende der siebziger Jahre, im großen und ganzen gleichgeblieben ist, sich nunmehr zu ändern beginnt. Der beste Beweis dafür sind die Bücher von Annie Le Brun. Es ist hier nicht der Ort, diese Hypothese zu entfalten, doch soll zumindest ein persönliches Zeugnis für sie angeführt werden, das sich aus mehreren Behauptungen zusammensetzt.

Zunächst hat meine eigene erneute Lektüre Sades, die letztes Jahr (1985) begann und noch nicht beendet ist, Erstaunliches erbracht: Ich lese nicht mehr denselben Autor. Nicht, daß sich der Gesamteindruck merklich geändert hätte – es gibt vielmehr unendlich viele Details, die sich in meiner Erinnerung anders darstellen. Bei Texten, die ich gut zu kennen glaubte und die mich ein wenig kalt ließen, wie etwa *La Double épreuve* (aus den *Crimes de l'amour*), hat sich gezeigt, daß sie von ungeahntem Reichtum und unvermuteter Tiefe sind. Andere, die ich quasi auswendig kannte, wie *La Philosophie dans le boudoir*, haben mir bislang unbekannte Aspekte enthüllt.

Und dazu machte ich eine allgemeine Beobachtung. Ich hatte auf einmal das Gefühl, überall, beim ganzen Sade, vollkommen zu Hause zu sein: Die Zurückhaltung, von der ich gesprochen habe und die bis zur Abneigung ging, war verschwunden. Statt einer Analyse, die uns doch nichts bringt, möchte ich einen ganz konkreten Vergleich wagen: Es ist wie mit dem Fahrrad, das Jarry so schätzte; nachdem man sich lange abgemüht hat, das Gleichgewicht zu halten, spürt man auf einmal, daß man sich frei bewegen kann, daß sich überall neue Horizonte auftun und alles in einem neuen Licht erscheint.

Das Problem ist, daß auch die historischen Dokumente in dieses neue Licht getaucht sind. Einer der Gründe für den ungewöhnlichen Umfang dieser Biographie ist die Vielzahl der neuentdeckten und auch für mich überrraschenden Dokumente. Bei meinen Recherchen mußte ich erkennen, daß sich, seit Maurice Heine 1940 gestorben war, nur wenige wirklich bemüht hatten, etwas herauszubekommen über diesen Sade, von dem so oft die Rede war. Die bemerkenswerte Fähigkeit der französischen Literaturwissenschaftler, über einen Autor eine Interpretation nach der anderen abzuliefern, ehe sie sich auch nur ansatzweise der Mühe unterzogen haben, herauszufinden, von *wem* sie überhaupt sprechen, setzt mich immer wieder in Erstaunen. Wenn ich einmal die Privatsammlungen außer acht lasse, zu denen ich ohne weiteres Zugang erhielt (unvergeßlich die Begutachtung der kostbaren Schriftrolle, welche die *Cent vingt journées de Sodome* enthält!), so muß ich, was die öffentlichen Bibliotheken angeht, sagen, daß niemand in Frankreich sich die Mühe gemacht hatte, ernsthaft die Bestände in der *Bibliothèque Nationale* in Paris auszuwerten, wo unter anderem – Dokumente von unschätzbarem Wert – die Briefe von Madame de Montreuil und die des Comte de Sade, des Vaters des berühmten Marquis, ruhen, oder die Bibliotheken in der Provinz durchzumustern. Niemand hatte auch nur, wie es sich eigentlich von selbst versteht, die in gedruckter Form vorliegenden Quellen erforscht; so konnte ich zum Beispiel den ersten Artikel mühelos ausfindig machen, der 1791 über *Justine* veröffentlicht wurde, genau an der Stelle, wo man ihn auch erwarten würde, nämlich im *Feuille de correspondance du libraire,* oder das Protokoll des Prozesses gegen Sades Drucker Girouard, das Alfred Bégis doch wahrhaftig schon im Jahre 1884 in *Le Livre...* veröffentlichte. Ich könnte die Liste fortsetzen.

Als ich die Geschichte Sades erforschte, mußte ich mich auch ein wenig um die Geschichte Frankreichs kümmern, denn es ging mir darum, seine Stellung in einer bewegten Zeit zu bestimmen – einer Zeit, mit der er untrennbar verbunden, in der er eine absolute Ausnahme und für die er zugleich, ganz seltsam, geradezu repräsentativ ist. Ohne eine gewisse Kenntnis des Gerichtswesens unter dem Ancien régime, während der Revolution, unter dem Konsulat und dann im Empire wäre es nicht möglich gewesen, die siebenundzwanzig Jahre, die Sade in Haft verbracht hat, angemessen einzuschätzen.

Dabei bekamen bereits bekannte Dokumente plötzlich eine neue Qualität, so daß ich es nicht mehr bei einem kurzen Hinweis belassen konnte, sondern genötigt war, sie vollständig abzudrucken.

Und dann war da natürlich das Werk, dieses in jeder Beziehung ansehnliche Werk, das mich veranlaßt hat – und dabei bleibe ich –, Sade als *den größten Schriftsteller Frankreichs* zu bezeichnen, ein Werk, das nach meinem Eindruck nicht wirklich oder doch kaum gelesen worden ist, bis Annie Le Brun kam. Da ich von dem Menschen Donatien de Sade ein neues Bild zeichnen wollte, das von den Legenden über ihn fast immer absticht, wäre die innige Beziehung zwischen Mensch und Werk gänzlich verfälscht worden, wenn ich mich darauf beschränkt hätte, kommentarlos auf Texte zu verweisen, die man allenfalls flüchtig durchgeblättert hat, von denen der Leser aber durch alle möglichen Kommentare aus zwei Jahrhunderten, die teils brillant sind, doch fast immer in der Interpretation zu weit gehen, ein ganz entstelltes Bild hat. Es trifft auf Sade zu, was Breton über Saint-Pol Roux gesagt hat: Was er hat sagen wollen, hat er besser gesagt als jeder andere. Daher mein Entschluß, ihn ausgiebig zu zitieren.

Nicht ohne Sorge erfuhr ich denn auch vor zwei Jahren von der Absicht des List Verlages, die deutsche Ausgabe von *Sade vivant,* im Unterschied zur japanischen, spanischen und italienischen, um ein Fünftel zu kürzen. Wir haben dann jedoch gemeinsam eine Version erarbeitet, die mich völlig zufriedenstellt: mein Text ist vollständig erhalten, und es fehlt kein wichtiges Dokument, kein wesentliches Zitat; es ist nur Ballast abgeworfen worden, und die handlichere Ausgabe, die so entstand, soll zum Vorbild einer weiteren französischen Ausgabe werden.

Die Tatsache, daß ich in diesem Werk fast doppelt so viele Dokumente (mit recht vielen unbekannten Sachverhalten) vorgelegt habe wie die umfangreichste der bisher erschienenen Sade-Biographien, bedeutet im übrigen keineswegs, daß ich diese Arbeit als abgeschlossen betrachte; es gibt noch vieles zu entdecken. Ihr größtes Verdienst dürfte darin bestehen, daß sie dazu beigetragen hat – und hier zitiere ich den »*Schriftsteller von unsterblichem Ruhm*« –, »*ein wenig Ordnung in das Ganze*« zu bringen.

Paris, im August 1991 — Jean-Jacques Pauvert

Apokryphes Porträt

ERSTER TEIL

«Ursprüngliche Unschuld»

H. Biberstein: Phantasie-Porträt (1866)

1.

Gaspard-François, Hugues der Alte, Laura und die übrigen de Sades

Man kann auf unterschiedliche Weise zum Opfer seiner Herkunft werden. Sohn eines unbemittelten Handwerkers, verliert Jean-Jacques Rousseau seine Mutter während der Geburt (1713), seinen Vater zehn Jahre später, und muß sehr früh schmerzliche Erfahrungen sammeln. Dennoch ist nicht sicher, daß ihn die Anfänge seines Lebens in gleicher Weise daran gehindert haben, er selbst zu werden, wie es wohl für Donatien de Sade zutrifft, den Alleinerben einer Familie des französischen Hochadels.

Rousseau, der am Rande des Elends aufwächst, erlebt auch dessen notwendige Ergänzung, eine relative Freiheit. Außerdem flüchtet er mit sechzehn Jahren aus seiner Heimatstadt; der Weg, den er von nun an einschlägt, wird im Guten wie im Bösen sein eigener sein. Nirgendwo ist jemand, der ihn erwartet. Als hingegen Donatien de Sade auf die Welt kommt, ist ihm ein glückliches Schicksal vorgezeichnet, freilich um den Preis, davon nicht einen Zoll abweichen zu dürfen. Das Kollegium, auf dem er lernt, die Regimenter, in denen er Karriere macht, seine Besitztümer, seine Beschützer, seine Vasallen, selbst seine Feinde stehen im voraus fest. Die Frau, die er heiraten wird, ist, wie in Herrscherfamilien bisweilen üblich, noch nicht bekannt, als er die Augen aufschlägt, aber man weiß, welcher Art seine Ehe sein wird. Von den großen Geistern seines Jahrhunderts war keiner einem so starken gesellschaftlichen Druck ausgesetzt wie er, aber es war auch keiner so wenig wie er dazu geschaffen, diesen Druck auszuhalten.

All das, was er später seine Mißgeschicke nennen sollte, rührt daher, daß er, wie sein Vater sagt, «in die falsche Umgebung hineingeboren» wurde. Oder wie einer seiner späteren Kerkermeister treffend formuliert: «Dieser Herr entspricht in keiner Weise seiner Herkunft.» Beide aber suchen nicht nach den Gründen für das Unbehagen, das sie gegenüber jemandem empfinden, dem man wohl zu Recht seine *Abweichungen* zum Vorwurf macht. In der Zeit, in der Sade lebt, und in seinen Kreisen sind die Erben (und besonders er – warum, wird man noch sehen) vergleichbar mit

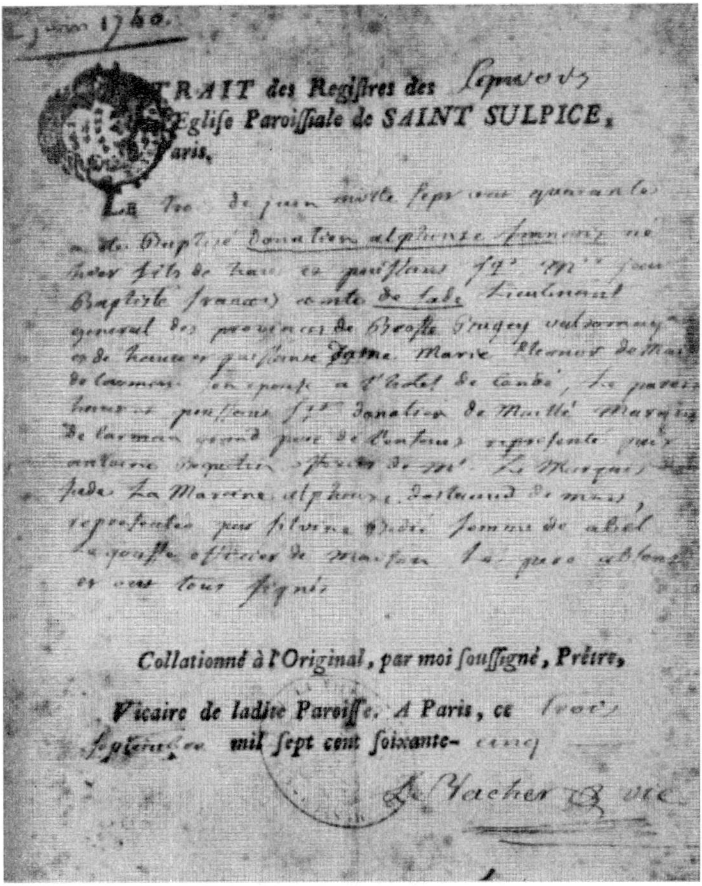
2 juin 1740.

EXTRAIT des Registres des bapêmes de l'Eglise Paroissiale de SAINT SULPICE, à Paris.

Le trois de juin mille sept cent quarante a été baptisé donatien alphonse françois né d'hier fils de haut et puissant Sgr Mre Jean Baptiste françois comte de Sade lieutenant general des provinces de Bresse Bugey valromey et de haute et puissante dame Marie Eleonor de Maillé de Carman son epouse à l'hotel de Condé, le parrain haut et puissant Sgr donatien de Maillé marquis de Carman grand pere de l'enfant representé par antoine Sequelin officier de Mr le Marquis, la maraine alphonse dallemand de ... representée par silvine Bedé femme de abel la gouffe officier de maison, le pere absent et ont tous signé

Collationné à l'Original, par moi soussigné, Prêtre, Vicaire de ladite Paroisse. A Paris, ce trois septembre mil sept cent soixante- cinq

Le Vacher vic

Geburtsurkunde des Marquis de Sade
vom 2. Juni 1740

Pfeilen, die ein ganzer Gesellschaftsverband aus Verwandten und Verschwägerten auf ein deutlich erkennbares Ziel abgeschossen hat; mögen sie auch mit Müh und Not ins Schwarze treffen, so gehen sie doch auf keinen Fall verloren. Das Geschoß Donatien aber wird niemals ankommen, jedenfalls nicht dort, wo man es erwartet. Die Werfer aus seiner Umgebung haben ihn vermutlich wie einen verirrten Bumerang an sich vorbeizischen hören und geglaubt, ihn in düsteren Sümpfen versinken zu sehen. Es sollte mehr als ein Jahrhundert vergehen, ehe man langsam erkannte, wo er eingeschlagen hatte – man mußte nur anderswo hinschauen, und sehr viel höher. Die Geschichte Sades setzt sich zusammen aus einer unglaublichen Zahl solcher Kurzsichtigkeiten, solcher falschen Weichenstellungen, solcher optischen Täuschungen. Er selbst ist fast fünfzig Jahre, als er den Planeten entdeckt, auf den ihn die Raketen seines Kopfes befördert haben.

Über die Kindheit und Jugend Sades wissen wir sehr wenig. Als er geboren wird, ist sein Vater, der Comte de Sade, eine Art Geschäftsträger im diplomatischen Dienst. Seine Mutter, eine geborene Maillé de Carman, ist mit den Condés verschwägert, das heißt mit dem jüngeren Zweig der Bourbonen, königlichem Geblüt. In der Kapelle des Hôtel Condé heiratet der Comte de Sade (mit einunddreißig Jahren) am 13. November 1733 in Anwesenheit des Prinzen und der Prinzessin die junge (einundzwanzig Jahre alte) Marie-Éléonore. Ebenfalls im Hôtel Condé, dem prächtigen Wohnsitz, wo die frisch getraute Madame de Sade seit ihrer Verehelichung bei ihrer Cousine, der Prinzessin, die Aufgaben einer Gesellschaftsdame versieht, wird Donatien-Aldonze-François de Sade geboren, am 2. Juni 1740[1].

[1] Allem Anschein nach hatte die Familie die Vornamen Louis-Aldonze-Donatien für ihn vorgesehen. Aldonze und Louis wegen seiner Taufpatin und Großmutter väterlicherseits, Louise-Aldonze d'Astouaud de Murs, Donatien wegen seines Taufpaten und Großvaters mütterlicherseits, Donatien de Maillé. Wohl aus Vergeßlichkeit und Verwirrtheit der Zeugen (die Paten wurden durch Dienstboten vertreten) und des Pfarrers der Kirche Saint-Sulpice wurde er als Donatien-Alphonse-François eingetragen, wobei Donatien als einziger Vorname sowohl den Absichten der Familie wie dem Zivilregister entspricht. Auf den Titelseiten seiner «offiziellen» Werke läßt Sade «D.-A.-F. Sade» drucken, doch sein Leben lang wird er Brief und amtliche Dokumente mal mit Louis, mal mit Aldonze, François-Aldonse-Donatien-Louis, Aldonze-François oder Louis-Aldonse-Donatien unterzeichnen.

Alle Forscher Sades halten die folgende Passage aus *Aline et Valcour* für autobiographisch:

> «Durch meine Mutter mit allem verbunden, was es an Größtem im Königreich gab; durch meinen Vater an allem teilhabend, was die Provinz Languedoc an Vornehmstem hatte, geboren in Paris im Schoße des Überflusses und des Luxus, wähnte ich, kaum, daß ich denken konnte, die Natur und das Schicksal hätten sich vereint, mich mit ihren Gaben zu überschütten.»

Die Familie de Sade gehörte zwar nicht, wie es gelegentlich heißt, zu den vornehmsten des Königreichs, aber sie war doch eine alte und ehrenwerte Familie. Das Adelszertifikat, das 1754 von dem amtlichen Genealogen Clairambault für Donatien-Aldonze ausgestellt wird, damit er in die äußerst exklusive Kavallerieschule der königlichen Garde eintreten kann, stellt die Dinge klar; über den Bewerber heißt es dort: «Sohn von Messire Jean-Baptiste-François de Sade, *genannt* Comte de Sade, Ritter, Herr von Mazan» usw. (Hervorhebung von mir). Weiter heißt es, «daß sein Geschlecht, dessen Name in den Urkunden sowohl mit de Sade wie mit de Sado wiedergegeben wird, aus Avignon stammt[2] und sich in mehrere Zweige sowohl in der Provence wie im Comté Venaissin gliedert; daß dessen Abstammung sich mehr als vierhundert Jahre weit zurückverfolgen läßt; daß man dort nach damaliger Einschätzung hervorragende Stellungen an den Höfen der Päpste und der Grafen der Provence verzeichnet findet, höhere militärische Ränge, einen Bischof von Marseille im Jahre 1405, einen anderen von Vaison im Jahre 1445 sowie zwei weitere von Cavaillon in den Jahren 1660 und 1665, acht Ritter des Ordens des Hl. Johannes von Jerusalem, Malteserorden genannt, von etwa 1450 bis 1716, von denen einer 1719 als Oberprior von Saint-Gilles stirbt»... (es folgen die Hauptlinien des Hauses de Sade). Eine angesehene Familie also, die seit dem 14. oder 15. Jahrhundert ein Wappen führt, aber mehr «hervorragende Stellungen» als Titel aufweist: Bischöfe, Malteserritter, «höhere militärische Ränge»... Sieht man sich den Stammbaum genauer an, so findet man auch Mundschenken, Truchsesse, ei-

[2] Manche Genealogen und die *Grande Encyclopédie* verlegen die Wiege der Familie in das Dörfchen Saze bei Avignon.

nen päpstlichen Kammerherrn um 1400; etwas später einen Jean de Sade, «Doktor der Gesetze», Rat eines Grafen der Provence und Sonderbotschafter in Aragon; einen Pierre de Sade, Doktor der Rechte, Rat am Gerichtshof des Parlaments der Provence im Jahre 1530; einen weiteren Doktor der Rechte; einen Doktor der Theologie; Hauptleute und Oberste der päpstlichen Kavallerie[3]...

Der Großvater von Donatien, Gaspard-François de Sade, war der erste, der den Titel eines Marquis trug (und sich, nebenbei gesagt, als Marquis de Mazan und seltener als Marquis de Sade bezeichnete). Dessen Sohn Jean-Baptiste galt, wie wir gesehen haben, für die offizielle Genealogie bloß als *sogenannter* Comte de Sade. Während der Revolution sollte Donatien sogar behaupten: «Meine Vorfahren waren teils Landwirte, teils Kaufleute; ich bin nie adlig gewesen, das kann ich beweisen, wenn man es verlangt [...] Mein Vater war Literat.» Er übertreibt. Gewissen örtlichen und familiären Überlieferungen zufolge sollen einige mehr oder weniger ferne Vorfahren allerdings mit Hanf gehandelt beziehungsweise die Färbereien von Avignon mit Krapp von ihren Ländereien beliefert haben. Monsieur Thibault de Sade, der mir das bestätigt, nennt außerdem noch den Beruf des Salzhändlers. Solche Tätigkeiten schlossen übrigens eine privilegierte gesellschaftliche Stellung und die Erlangung höherer Titel keineswegs aus.

Zwar sind sie unzweifelhaft *adlig*, doch gehören die de Sades im 15., 16. und 17. Jahrhundert im Grunde zu jenem Provinzadel, dessen Mitglieder den Stand und die Funktionen von Notabeln des Dritten Standes nicht verschmähten. Der erste Marquis de Sade, Gaspard-François, der Großvater von Donatien, scheint Anfang des 18. Jahrhunderts den Kurs gewechselt zu haben, um sein Geschlecht auf den Hofadel auszurichten. Er maßt sich einen Titel an, schickt seinen ältesten Sohn (Jean-Baptiste, den Vater unseres Marquis) nach Paris, verheiratet ihn mit einer Maillé de Carman und kauft ihm unmittelbar vor seinem Tod ein bedeutendes adliges Amt: Für hundertfünfunddreißigtau-

[3] Das Comtat (Grafschaft) Avignon und das Comtat Venaissin, kleine Territorien, von denen das eine als Enklave im anderen liegt, bleiben bis 1791 päpstliche Besitzungen.

send Livres[4] wird Jean-Baptiste-François de Sade im Jahre 1739 Generalstatthalter der Provinzen Bresse, Bugey, Valromey und Gex, in die er kaum seinen Fuß setzt, von denen er aber glaubt, daß sie ihm jährlich zehntausend Livres einbringen und ihn berechtigen, sich um ruhmvolle Ämter zu bewerben. Diese Rechnung geht nicht auf. Finanziell jedenfalls ist die Lage der Familie um 1740 herum zwar nicht katastrophal, aber auch nicht gerade glänzend. In der Stadt Avignon wie auf den Gütern der Umgebung (La Coste, Mazan, Saumane) muß scharf kalkuliert werden. In Paris kämpft der Comte de Sade, ältester Sohn und seit dem Tod seines Vaters Familienoberhaupt, mit Schulden und Schwierigkeiten, die sich ganz erheblich auf das Schicksal seines Sohnes auswirken werden. Es ist nicht sein Luxus, in den der zweite Marquis im Jahre 1740 hineingeboren wird.

Eine bemerkenswerte Eigentümlichkeit: Die Familie de Sade war stolz darauf, zu ihren Ahnen Laura de Novis zu zählen[5], die berühmt ist durch die Liebe, die sie in Petrarca weckte, «im Jahre des Herrn 1327, am 6. April», als sie «in der Blüte [ihrer] Jugend [...] am Morgen in der Kirche Sainte-Claire zu Avignon zum ersten Mal vor [seinen] Augen erschien»[6]. Laura war die Gattin von Hugues de Sade, dem zweiten dieses Namens, genannt der Alte, mit dem sie elf Kinder hatte. Sade wird somit in eines der wenigen französischen Adelsgeschlechter hineingeboren, bei denen die Literatur sowohl im Stammbaum wie in der Familientradition vertreten ist. Er wird sich dessen erinnern.

[4] Schwierig zu sagen, welchem Geldwert das heute entspricht. Man könnte die 130 000 Livres zwar in zwei bis drei Millionen französischer Francs von 1986 umrechnen, doch bezieht man sie besser auf das Jahresgehalt eines Erziehers oder einer Gouvernante, das damals sechshundert Livres (neben Kost und Logis) betrug, oder auf die zweitausend Livres, die eine vornehme Familie jährlich für die Ernährung aufwandte. Ein Arztbesuch kostete sechs, ein Paar Stiefel zwölf Livres.

[5] Zweifel an der von Sades Onkel in seiner Petrarca-Biographie verbreiteten Annahme, daß die von dem italienischen Dichterfürsten besungene Laura identisch mit der gleichnamigen Gattin des Hugues de Sade sei, äußert Marie Bernero in dem Kapitel *Le 'Mystere' de Laure* ihrer Monographie *Pétrarque. 1304–1374,* L'Isle-sur-Sorgue, 1971, S. 32–39.

[6] Anmerkung Petrarcas auf seinem Vergil-Manuskript.

2.

Messieurs de la Trinité

Er wird sich, wie wir noch sehen werden, nach deren Ableben auch eines Vaters und einer Mutter erinnern, deren Verhalten ihm gegenüber bis heute ungeklärt ist und deren Persönlichkeit von seinen Biographen gern im Sinne der Trugbilder verzeichnet wurde, die Donatien ihnen eingab, so wie sie auch oft die genaueren familiären Verhältnisse des jungen Sade zurechtgebogen oder einfach mit Stillschweigen übergangen haben. Als ob der Kult, den man um ihn betreibt, es verbieten würde, dem «göttlichen Marquis» all das zuzugestehen, was ihn in die Nähe normaler Menschen rücken könnte.
Sade – und das wirft schon einen ersten Schatten auf die Legende – scheint seinen Vater geliebt und sogar wirklich geachtet zu haben, zumindest bis zu seiner Heirat.

Paul Bourdin, ein Jurist, der einen beträchtlichen Teil der Korrespondenz der Familie in seinen Händen gehalten und in größeren Auszügen publiziert hat[1], gewann daraus über Jean-Baptiste-François, Comte de Sade, geboren 1702 in Avignon, die Vorstellung eines

> «korrekten, ein wenig finster wirkenden Mannes, eines vornehmen Herren, distanziert bis äußerst frostig, in Gebaren und Ausdrucksweise gespreizt, im Umgang mit den Seinen wie mit der Dienerschaft übertrieben förmlich, sehr eifersüchtig auf seine Rechte bedacht, streng bis zur Kleinlichkeit, aber ausgabenfreudig bis zur Verschwendungssucht». Er hat sich, «offenbar ohne einer besonderen Liebhaberei zu frönen, mit Würde und Anstand ruiniert».

Auf dem Schloß Condé-en-Brie, wo die Nachfahren Sades lange residiert haben, gab es ein von Nattier angefertigtes Portrait des Jean-Baptiste-François de Sade. Bevor Gilbert Lely[2] von der Fa-

[1] *Correspondance inédite du marquis de Sade, de ses proches et de ses familiers,* Paris, Librairie de France, 1929.

[2] Gilbert Lelys bedeutende Sade-Biographie *Vie du Marquis de Sade* erschien in zwei Bänden 1952 und 1957 im Verlag Gallimard in Paris. In überarbei-

Der Vater des Marquis
Jean-Baptiste-François Comte de Sade (1702–1767)
(Gemälde von Nattier)

milie die Genehmigung zum Abdruck erhielt, hat Maurice Heine es so beschrieben[3]:

«Ein Mann von etwa fünfundfünfzig Jahren, mit einer gepuderten Louis XV-Frisur mit kleinen Röllchen, im Harnisch, teilweise verdeckt von einem weiten Mantel; die Nase ist lang und, soweit sich das nach der Darstellung en face beurteilen läßt, ein wenig gebogen, der Mund schön geformt, das Oval des Gesichts leicht beeinträchtigt durch zwei recht tiefe Falten, die von der Nase zum Mund verlaufen, und wie es scheint, ist die Augenfarbe ziemlich hell. Das Ganze zeugt von einiger Willensstärke und von einer recht noblen Haltung.»

Die beiden Porträts gleichen einander, aber es ist klar, daß hier nur das äußerliche Verhalten beschrieben und das äußere Bild des gealterten Mannes dargestellt wird: Manche, die in ihrer Jugend frivol waren, nehmen im reifen Alter eine starre, strenge Haltung ein, das Alter überzieht die hohlen Köpfe mit Falten, ohne sie jedoch zu füllen, und die Söhne aus gutem Hause, die sich irgendwann genötigt sehen, ein Amt zu übernehmen, weil man schließlich von irgend etwas leben muß, ersetzen Kompetenz durch Starrheit, um dadurch Eindruck zu machen. Wenn dann am Ende die marionettenhaften Gebärden zur zweiten Natur geworden sind und jegliche Leichtigkeit hinter der Maske erstarrt ist, bleibt, wenn die Komödie keinen Erfolg gehabt hat, außen nur noch die leblose Hülle des gesellschaftlichen Scheins und innen der muffige Groll des Scheiterns. Aus jungen Taugenichtsen werden nutzlose Alte. «Mein Herr», sagte ein Bittsteller zu Talleyrand, «ich muß schließlich leben.» «Ich vermag die Notwendigkeit dessen nicht zu erkennen», erwiderte der berühmte Hinkende. Auch ich vermag nicht zu erkennen, für wen oder was Jean-Baptiste-François, Comte de Sade und Vater von Dona-

teter Form wurde der Text als Band 1 und 2 der von Lely herausgegebenen *Œuvres complètes du Marquis de Sade* 1962 (15 Bände) 1966, 1972 und 1973 (jeweils in 16 Bänden) erneut aufgelegt. Verschiedene, immer wieder um neue Details ergänzte, im Quellenteil jedoch erheblich gekürzte Ausgaben in einem Band sind stets unter demselben Titel 1965, 1982 und 1989 erschienen. Eine stark gestraffte deutsche Übersetzung hat der Rauch Verlag in Düsseldorf 1961 publiziert.

3 *Le Marquis de Sade,* Paris, Gallimard, 1950.

tien, von Nutzen gewesen sein mag. Für seinen Sohn jedenfalls nicht.

Er war das älteste von zehn Kindern, fünf Jungen und fünf Mädchen. Warum er den Titel eines Comte trug, nachdem sein Vater den eines Marquis angenommen hatte, weiß man nicht[4]. Dagegen weiß man aus der Korrespondenz der Familie und dank der Nachforschungen seiner heute lebenden Nachkommen etwas über seine literarischen Ambitionen: Gelegenheitsgedichte, eine Salonkomödie und sogar historische Romane. Fünf Briefe von Voltaire, alle aus dem Jahr 1733, liefern uns einige nicht unwichtige Informationen. Sie sind gerichtet an Jacques-François-Paul-Aldonze (Voltaire schreibt Aldon<u>c</u>e) de Sade, den dritten Sohn, und zeigen einen Voltaire, der mit siebenunddreißig Jahren recht eng mit den drei älteren Brüdern verbunden ist, die nur wenig jünger waren als er und dicht aufeinander folgten: Jean-Baptiste-François wurde 1702 geboren, Richard-Jean-Louis 1703, Jacques-François 1705 (der folgende Bruder, Jean-Baptiste-Henri-Victor, Malteserritter, hat nahezu keine Spuren hinterlassen, und der letzte, Antoine-Félix-Toussaint, ist im jungen Alter gestorben).

Die drei de Sades scheinen ein recht lustiges Leben geführt zu haben, worin man eine der Ursachen, wenn nicht die Hauptursache des finanziellen Niedergangs der Familie erblicken kann. Ende Mai 1733 schreibt Voltaire an Jacques-François, den Abbé, und sagt höflich eine an ihn ergangene Einladung ab:

> «Verzeihen Sie mir, Messieurs de la Trinité, verzeihen Sie mir und bedauern Sie mich. [...] Trinken Sie, meine Herren, seien Sie lustig und liebenswert, denn jeder muß seiner Pflicht nachgehen. Die meine besteht darin, mich nach Ihnen zu sehnen, Ihnen liebevoll ergeben zu sein und mich zu ärgern.» (Heine)

Doch 1733 ist das Jahr, in dem die Herren der Dreifaltigkeit sich trennen. Nicht nur, daß Jean-Baptiste, der spätere Vater von

[4] In einem Brief aus Vincennes (an seine Frau) vom Januar 1784 erinnert Sade daran, daß das Familienoberhaupt den Titel eines Comte und sein ältester Sohn zu Lebzeiten des Vaters den eines Marquis anzunehmen pflegte. Sades Großvater und Vater scheinen es umgekehrt gehalten zu haben.

Donatien, heiratet; auch Jacques-François, der den Titel eines Abbé mit rechtem Vergnügen getragen hat, muß in das Comtat Venaissin abreisen[5]; dort wird er später eine bedeutende Rolle im Leben seines Neffen spielen.
Unter den drei Brüdern gibt Voltaire unverkennbar dem Abbé den Vorzug, und man spürt bei ihm echte Zuneigung und aufrichtige Wertschätzung für Jacques-François. Die beiden werden sehr lange, mindestens bis 1765, Briefe miteinander wechseln.

Der Abbé de Sade findet bei den Frauen Gefallen, und er bemüht sich um sie. Wir werden mehrere Beispiele dafür kennenlernen. Er fährt nicht nach Avignon, um sich dort zu vergraben, und im übrigen wird er in den kommenden Jahren viel unterwegs sein. Nach der *Nouvelle biographie générale* von Dr. Hoeffer ist er um 1735 dank Monsignore de Beauvau, dem Erzbischof von Toulouse, eine Zeitlang sogar Generalvikar von Narbonne.
Im Oktober 1733 schickt Voltaire dem Abbé eine Kopie seiner Tragödie *Adélaïde de Guesclin.* Am 3. November folgt ein weiterer, ebenso langer (auch ich muß ihn kürzen), ausführlicher Brief:

> «Sie haben mir bei Ihrer Ankunft geschrieben, Monsieur, und es war mir klar, daß Sie nicht acht Tage in diesem Land bleiben und nur Ihren Maitressen schreiben. Ich gratuliere Ihnen zur Hochzeit Ihres Herrn Bruder [gemeint ist Jean-Baptiste, der künftige Vater von Donatien], doch lieber sähe ich Sie bei der Bischofsweihe als ihn bei der Erteilung des Ehesegens. Das Sakrament der Ehe hat man schon oft, die Bischofsweihe noch nie bereut. Ich habe Monsieur de Sade das folgende Stückchen geschrieben:

[5] Der zweite der Brüder, Richard-Jean-Louis, wurde möglicherweise auch in dieser Zeit zum Komtur des Malteserordens ernannt, später dann zum Bailli und zum Großprior von Toulouse, wo er anscheinend bis etwa 1772 gelebt hat.

Vous suivez donc les étendars
de Bellone et de l'Hyménée?
Vous vous enrôlez cette année
Et sous Carman et sous Villars.
Le doyen des héros, une beauté novice,
Vont vous occuper tour à tour,

Et vous nous apprendrez un jour
Quel est le plus rude service
Ou de Villars ou de l'amour[6].

Voltaire.[7]»

[6] «Sie folgen also den Fahnen/des Krieges und der Ehe?/Sie treten dieses Jahr/ unter Carman und unter Villars an./Der Älteste der Helden und eine neue Schönheit/werden Sie der Reihe nach in Anspruch nehmen./Und eines Tages werden Sie uns sagen/welcher Dienst härter ist: der/bei Villars oder der der Liebe.»

[7] Der einzige Brief Voltaires an den Comte de Sade, von dem wir wissen. Voltaire, *Correspondance*, herausgegeben von (u.a.) Theodore Besterman, Genf, Institut und Musée Voltaire (von einer ebenso sorgfältig herausgegebenen und ebenso vollständigen Ausgabe der Briefe Sades träumt man).

3.

«Ach, ich weiß über nichts Bescheid»

Wir werden dem Abbé de Sade wiederbegegnen. Bleiben wir ein wenig bei seinem ältesten Bruder, dem Vater von Donatien. Wir wissen, was er auf Voltaires Glückwunsch zu seiner Hochzeit im gleichen Stil erwidert hat:

«Ami, je suis les étendars
de Bellone et de l'Hyménée.
Si je quitte une épouse aimée,
C'est pour voir triompher Villars.
Mars et l'Amour me trouveront novice,
Mais je m'instruirai tour à tour.
Avec Villars, des rigueurs du service,
Avec Carman, des douceurs de l'Amour.»[1]

Dieser Austausch von Albernheiten ist nicht uninteressant. Offenbar weiß dieser Edelmann von einunddreißig Jahren noch nichts vom Militär – was hat er nur bisher gemacht? Gilbert Lely sieht ihn als «Dragonerhauptmann im Regiment de Condé» bis zum Jahr 1730, in dem man ihn angeblich zum Botschafter an den russischen Hof beruft, der er aber nie wird, weil die russische Politik sich (nach dem Tod des jungen Zaren Peter II.) ändert. Ich würde in diesem Zusammenhang eher von einem bevollmächtigten Gesandten als von einem Botschafter in St. Petersburg sprechen, ein Posten, der bedeutenderen Persönlichkeiten vorbehalten war und den man nicht einem Anfänger übertragen hätte. Und im übrigen gibt es nirgendwo eine Spur von einer solchen Ernennung.

Es ist jedenfalls schon ein merkwürdiger Dragonerhauptmann, dem die Strenge des Dienstes bis zum Ende seiner Militärzeit unbekannt blieb. Was nun seine in den Versen behaup-

[1] «Freund, ich folge den Fahnen / des Krieges und der Ehe./Wenn ich eine geliebte Gattin verlasse, / dann um Villars siegen zu sehen./Mars und Amor finden mich unerfahren, / aber ich werde bei beiden Kenntnisse sammeln./Bei Villars über die Härte des Dienstes, / Bei Carman über die Süße der Liebe.»

tete Unerfahrenheit in der Liebe angeht, so sollte man in ihr zweifellos die des Libertin verstehen, der «besser als Petrarca f...» und für den allein das Eheleben noch etwas Neues darstellt. Allerdings kann man der Akte des ältesten der de Sade-Söhne (es sei daran erinnert, daß sein Vater, also Donatiens Großvater väterlicherseits, erst 1739 stirbt) ein Beweisstück hinzufügen, das meines Wissens nirgendwo zitiert wird und vielleicht auch nicht absolut beweiskräftig ist, aber doch, wie ich meine, die Persönlichkeit in ein etwas anderes Licht rückt: Die erste Auflage des *Recueil de Maurepas*, die Poulet-Malassis 1865 heimlich in Brüssel herausbringt, enthält ein Lied aus dem Jahre 1726, das auf liebenswürdige Weise die Sodomiten jener Zeit verspottet. La Vrillière, Saint-Barré, Croicy, Boufflers, die Jesuiten insgesamt und Rambure werden nach der Melodie des Liedes *J'ai du mirliton* der Reihe nach genannt:

> «*Aimable et tendre jeunesse,*
> *Charmans enfans de l'Amour,*
> *Pour animer ma tendresse*
> *Assemblez-vous dans ma cour;*
>
> *J'ai du mirliton, etc.*
>
> *Allons compagnons, courage,*
> *Point de quartier, tapons dru;*
> *Recule-t-on, à ton âge,*
> *Beau La Vrillière? Haut le cu!*
>
> *J'ai du mirliton, etc.*»

Alle Strophen können hier nicht angeführt werden. Die, auf die es uns ankommt, lautet:

> «*Que vous me paraissez fade,*
> *Avec votre air de seigneur.*
> *Cependant comte de Sade,*
> *Pour vous prouver ma vigueur,*
>
> *J'ai du mirliton, etc.*»

Dieses Flötenliedchen[2] wäre, zugegeben, keine ganz verläßliche Quelle, was den Lebenswandel des Vaters von Donatien betrifft, wenn wir nicht durch Michel Delon wüßten, daß der Comte de Sade im Jahre 1724 in den Tuilerien «wegen homosexueller Belästigung von Passanten» festgenommen wurde. Das ist ein bemerkenswerter Sachverhalt. Man kann außerdem feststellen, daß man, im Unterschied zu all diesen «reizenden Kindern Amors» und diesen «Sprößlingen von Sodom», die ohne Böswilligkeit aufgezogen werden, nur bei ihm unerfreuliche Dinge vermerkt: Anmaßung und zugleich Mangel an Persönlichkeit. Offensichtlich vermochte der Comte de Sade keine Zuneigung zu wecken. Wie dem auch sei, die eheliche Leidenschaft hat ihn wohl recht selten gepackt. Er sollte nur drei Kinder haben, und die in großem Abstand: 1737, vier Jahre nach der Heirat, ein Mädchen, das bald stirbt; 1740 Donatien (Vater und Mutter sind inzwischen achtunddreißig bzw. achtundzwanzig Jahre alt, und das ist in der damaligen Zeiten für Eltern nicht gerade jung); 1746 (dreizehn Jahre nach der Heirat – sie sind vierundvierzig bzw. vierunddreißig Jahre alt) wieder ein Mädchen, das gleichfalls nach wenigen Tagen stirbt.
Dieser sonderbare Soldat und sporadische Ehegatte ist ein nicht sehr überzeugender, ja sogar ein wenig verdächtiger Diplomat. Im März 1741 wird er zum bayerischen Kurfürsten Klemens-August nach Köln geschickt (*Aline et Valcour*: «Mein Vater wurde bei den Verhandlungen eingesetzt, meine Mutter folgte ihm dorthin.»). Gilbert Lely behauptet: «Dank der Verhandlungen des Comte de Sade schloß der neue Kaiser [Karl VII., der 1740 zum deutschen Kaiser gewählt wurde] im Mai 1741 in Nymphenburg einen Bündnisvertrag mit Frankreich»; ich weiß nicht, was daran ist, aber es spricht wenig dafür. Zum einen hat der neue Gesandte seinen Posten erst im März 1741 angetreten,

[2] «Liebenswerte, zarte Jugend, / reizende Kinder Amors, / versammelt euch in meinem Hof, / um meine Zärtlichkeit anzuregen. / Refrain: Ich habe eine Flöte, usw. / Auf, Kameraden, Mut, / kein Pardon, feste drauf; / weicht man in deinem Alter zurück, / schöner La Vrillière? Hoch den Arsch! / Refrain: Ich habe eine Flöte, usw.» / Und die letzte Strophe: / «Wie langweilig ihr seid, / mit eurem vornehmen Gehabe. / Der Comte de Sade dagegen, der / zeigt euch, was ich aushalten kann. / Refrain: Ich habe eine Flöte, usw.»

zum anderen stellen ihm seine Minister, Amelot und d'Argenson, kein glänzendes Zeugnis aus. Amelot, der die auswärtigen Angelegenheiten bis zum Jahr 1744 leitet und den Comte de Sade anfangs protegiert zu haben scheint, beklagt sich schließlich über ihn und zitiert einen Fachmann, nach dessen Meinung in allen Angelegenheiten des Herrn de Sade «Unregelmäßigkeit und Undurchsichtigkeit» herrschen[3]. D'Argenson, der Amelot auf diesem Posten ablöst, nachdem er in der Führung der auswärtigen Geschäfte aktiv mit ihm zusammengearbeitet hat, äußert in seinen *Mémoires* eine Fülle von negativen Urteilen über Jean-Baptiste-François. Wie er deutlich zu verstehen gibt, hat Monsieur de Sade 1739 gewisse Treulosigkeiten der Prinzessin de Condé ihrem Mann hinterbracht, um bei dem Prinzen wieder in Gnade aufgenommen zu werden, denn seine Stellung war zu diesem Zeitpunkt «stark gefährdet». Als erwogen wird, ihn zum Unterhändler zu machen, beurteilt er ihn als «Lebemann [...] einigermaßen witzig, aber wenig solide».

Anfang 1745 versucht d'Argenson, den Comte de Sade erneut zum Kurfürsten von Köln zu entsenden, der es jedoch ablehnt, ihn zu empfangen, «aus persönlichen [...] aber starken Gründen», wie er an Ludwig XV. schreibt, der seinem Verlangen stattgibt. Unterwegs wird der Comte de Sade von Soldaten der Maria Theresia von Österreich abgefangen. Man hält ihn sieben oder acht Monate in Antwerpen fest, doch ist weder der Kurfürst von Köln bereit, zu seinen Gunsten zu intervenieren, noch macht sich der französische Hof anscheinend große Sorgen um ihn.

1745 notiert d'Argenson in einem Brief an seinen Bruder:

> «So exponiert man sich, wenn man Leute in unsere Angelegenheiten einführt, die nicht die elementarsten Grundlagen besitzen und außerstande sind, den notwendigen Fleiß aufzubringen, um sie zu erwerben.»[4]

Dieses Urteil wird durch den Briefwechsel der Familie de Sade vollkommen bestätigt, aus dem hervorgeht, daß der Comte, außerstande, der Unordnung in seinen Geschäften Herr zu werden, ständig jemanden sucht, dem er sie übertragen könnte

[3] Unveröffentlicht. Archiv des französischen Außenministeriums.

[4] Unveröffentlicht. Archiv des Außenministeriums.

(1760 wird er schließlich seinem Bruder, dem Abbé, Generalvollmacht erteilen), und außerdem, daß er überall um Rat fragt und immer wieder in ein kopfloses Gejammer ausbricht: «Für das, was mir zustößt, gibt es kein Beispiel» (bei einer nicht zustande gekommenen Vermietung); «Jeden Tag erlebe ich ein neues Unglück»; «Das ist sicherlich mein Fehler»; «Gott will es, ich füge mich»; schließlich kommt er zu dem immerhin hellsichtigen Eingeständnis: «Ach, ich weiß über nichts Bescheid.»[5]

[5] Unveröffentlicht. Bibliothèque Nationale. (Im folgenden wird dieser Sachverhalt durch das Kürzel BN^{x} ausgedrückt. Sollte das jeweils zitierte Dokument bei Lely erwähnt oder teilweise zitiert sein, heißt es: BN^{xx}.)

Die Mutter des Marquis
Marie-Éléonore de Maillé de Carman (1712–1777)

4.

«Meine Art zu denken»

Trotz allem werden wir sehen, daß Sade seinen Vater liebt. («Ich bin ein Libertin, aber [...] habe ich nicht meinen Vater geliebt?» schreibt er 1781 in seinem «großen Brief»[1].) Ob er seine Mutter geliebt hat, wissen wir nicht, und es ist uns auch nichts über die Gefühle bekannt, die sie ihm entgegenbrachte. Was wir, nebenbei gesagt, über die Comtesse de Sade wissen, hat auf zwei Seiten Platz, und ihre Gestalt bleibt bis heute überwiegend in tiefstes Dunkel gehüllt. In den Briefen der Familie, die uns erhalten geblieben sind, ist von ihr praktisch nie die Rede. «Sie ist eine schreckliche Frau», schreibt ihr Mann einmal, im Jahre 1763, anläßlich der Verehelichung Donatiens.

Nachdem sie zwischen 1741 und 1745 an der Seite ihres Mannes in Köln war, mit regelmäßigen Zwischenaufenthalten in Paris, bei denen sie sich zweifellos um ihren einzigen Sohn kümmerte, zog sie sich in das Karmeliterkloster in der Rue d'Enfer zurück, vermutlich im Jahre 1747 oder '48. Sie scheint sehr wenig geschrieben zu haben. Als die *Gazette de Hollande* 1768 im Zusammenhang mit dem Skandal von Arcueil mehrfach über Donatien berichtet, gibt sie ihre Reserve auf und wendet sich mit einem energischen Brief an den Generalleutnant der Polizei, den Staatsrat Antoine Sartine, den sie ganz wie ihresgleichen behandelt[2]. Dieser Brief verdient es, daß er hier in Auszügen zitiert wird:

> «Ich habe erfahren, daß man diese ganze unselige Angelegenheit in den düstersten Farben in die *Gazette de Hollande*

1 Der «große Brief» drückt sich sehr differenziert aus, und das hat vielleicht etwas zu bedeuten: «Habe ich nicht meinen Vater geliebt? (Ach! ich trauere noch alle Tage um ihn!) Habe ich mich schlecht gegen meine Mutter betragen?» – Lely, *L'Aigle, Mademoiselle.* Erste Veröffentlichung der handgeschriebenen, unveröffentlichten Briefe, mit einem Vorwort und Kommentaren von Gilbert Lely, Paris, éditions Georges Artigues, 1949. Im folgenden abgekürzt: Lely, *L'Aigle...*

2 Erstmals hatte sie 1763 zugunsten Donatiens interveniert, wie wir noch sehen werden.

gerückt hat. Ein derart schändliches Verhalten ist geeignet, jemanden auf der ganzen Welt in Mißkredit zu bringen. Die übermütigen Kerle, die eine solche Schandtat begangen haben, verdienten es, für den Rest ihres Lebens eingesperrt zu werden, und man bringt nicht straflos jemanden in Mißkredit, der mir so nahe steht [...] Meine Familie hat sich keinen ehrenrührigen Makel vorzuwerfen, und man muß ein in jeder Hinsicht respektables Haus denn auch zu respektieren wissen. Daß man es wagt, in dieser Weise von dem meinen zu sprechen! [...] Das ist strafwürdig, und ich bitte Sie, Monsieur, sich darüber informieren zu lassen, wer die Leute sind, die eine solche Schandtat begangen haben [...] Sie, Monsieur, werden meine Art zu denken kennen. Sollte mein Sohn in der ihm nachgesagten Weise gefehlt haben, muß man ihm selbstverständlich den Prozeß machen, ohne ihn aber solchermaßen in Verruf zu bringen. Ich denke, was meine Person angeht, nicht anders. Ich war immer bereit, mein Leben zu opfern, wenn ich es verdient haben sollte. So habe ich mit zwölf Jahren gedacht, und so denke ich noch heute. Seien Sie der Hochachtung versichert, die ich Ihnen entgegenbringe, und ich hoffe, Sie werden mir wegen dieser grenzenlosen Schmach Genugtuung verschaffen. Wie ich Sie kenne, werden Sie mir sicherlich nur beipflichten können. Ich habe die Ehre, Monsieur, Ihre allerergebenste und allergehorsamste Dienerin zu sein.

MAILLÉ DE SADE.

Mein Sohn ist in Pierre-Encise, wo er hoffentlich bleiben wird.» (Lely)

Dieser Entschiedenheit des Ausdrucks, die einen so angenehmen Gegensatz zu den geschraubten Wendungen des Comte bildet, begegnen wir wieder in den Briefen ihres Sohnes. Einer solchen Frau traut man zu, daß sie in ihren Herzensangelegenheiten mit eiserner Faust regiert. Stimmt das aber? In einem Brief, den sie 1781 an den Insassen der Festung Vincennes richtet, hat ihre Schwiegertochter, die Frau von Donatien, sich erlaubt, schüchtern auf Aufmerksamkeiten anzuspielen, die der Prinz de Condé der Comtesse bewiesen haben soll (was vor 1740 gewesen sein muß, denn in diesem Jahr starb er), und bekommt eine herablassende, allerdings auch ein wenig unklare Antwort:

«Ihr Vergleich hinkt, wenn ich mir diesen Ausdruck erlauben darf, Madame la Marquise [...] Eine ehrbare und verständige Frau mag ihren Gefallen daran gefunden haben (ohne weitere Folgen), die Huldigungen eines Helden entgegenzunehmen, und die Cousine des großen Condé hatte das Recht, den, der seinen Vorfahren nachzueifern suchte, zu lieben; diese Mutter (der nachzutrauern Sie mir erneut Anlaß geben) dachte zweifellos in einer Weise, die ihr Sohn eines Tages so umschreiben sollte:

Si les pardons enfin à nos erreurs sont dus,
C'est lorsqu'elles font naître, ou payent des vertus.

Inconstant, II. Akt.»[3]

Nachdem sie sich getrennt hatten, sollte es dazu kommen, daß der Comte de Sade schrieb: «Ich weiß nicht, ob meine Frau in Paris ist.» (BN[x]) Sie ist am 14. Januar 1777 im Karmeliterinnenkloster gestorben.

Können wir auch über die Gefühle Sades gegenüber seiner Mutter nicht urteilen, so ist doch unübersehbar, daß die Mütter in seinen verschiedenen Werken immer wieder mißhandelt werden. In *Philosophie dans le boudoir* sagt Dolmancé zum Beispiel zu Eugénie: «Ich bin noch untröstlich über den Tod meines Vaters, aber als ich meine Mutter verlor, entzündete ich ein Freudenfeuer [...] Ich habe sie von Herzen gehaßt.» Eugénie enthüllt daraufhin ihre Empfindungen: «Ich liebe meinen Vater wie wahnsinnig, und ich merke jetzt, daß ich meine Mutter hasse.» Nun ergreift Dolmancé wieder das Wort und rechtfertigt diese Einstellung mit wissenschaftlichen Argumenten, indem er eine zuvor von Madame de Saint-Ange abgegebene Erklärung erläutert (zur Entstehung eines Fötus müssen sich die Samenflüssigkeiten vermischen, «wenngleich erwiesen ist, daß der Fötus seine Existenz allein der Entladung des Mannes verdankt»): «Machen Sie sich furchtlos dieselben Gefühle zu eigen, Eugénie, sie sind

3 «Wenn unsere Fehler schließlich Verzeihung verdienen, / so, weil sie Tugenden entstehen lassen oder belohnen.»

uns von der Natur eingegeben. Einzig aus dem Blut unserer Väter geformt, schulden wir unseren Müttern absolut nichts; sie haben im übrigen nichts anderes getan, als in den Akt einzuwilligen, während der Vater ihn gefordert hat; der Vater hat somit unsere Geburt gewollt, während die Mutter ihr lediglich zugestimmt hat. Welch ein Unterschied, was die Gefühle betrifft!» Was die junge Eugénie, «begeistert von so starken Systemen», ihre Mutter anschließend erleiden läßt, ist bekannt. In dem großen Streit über die «Eizellentheorie», der Ende des 17. Jahrhunderts mit der Entdeckung der Samenzelle aufbrach und sich durch die Entdeckungen von Spallanzani oder die Kommentare von La Mettrie bis ins Jahrhundert Sades hinzog, hat Sade damit offenbar – zumindest 1795 – eindeutig Stellung bezogen.

5.

Natur und Schicksal

Seine ersten vier Lebensjahre verbrachte Sade also weitgehend ohne seine Eltern, aber inmitten des Purpurs, des Goldes und der Seide der Condés. Das Hôtel de Condé, ein wahrhaft fürstlicher Wohnsitz, nahm damals einen beträchtlichen Teil des Pariser Stadtviertels ein, das man heute als Odéon-Viertel bezeichnet, und seine terrassenförmigen Gärten, die sich an die des Jardin du Luxembourg anschlossen, waren so weitläufig, daß man sie für die Allgemeinheit öffnete, wenn jene geschlossen waren. Die Hauptgebäude waren prunkvoll.

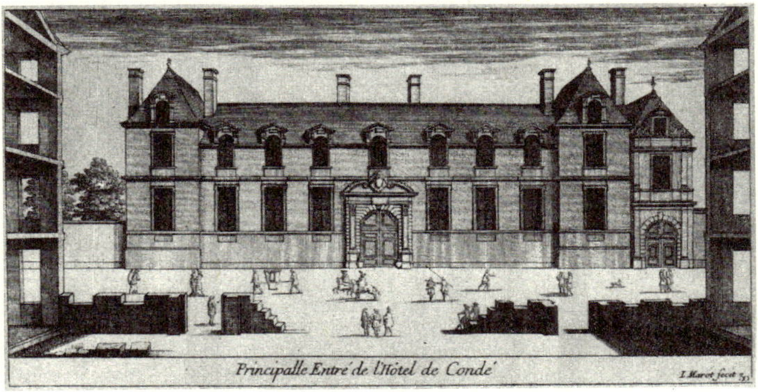

Hotel de Condé

Man erinnert sich der autobiographischen Passage aus *Aline et Valcour*, wo es heißt, daß Sade wähnte, «die Natur und das Schicksal hätten sich vereint, mich mit ihren Gaben zu überschütten».

Ein verwöhntes, launenhaftes, hitzköpfiges, eigenwilliges Kind: «In der kleinsten wie in der bedeutendsten Sache ist es unmöglich, ihn zu beeinflussen», sollte der Comte 1763 über ihn sagen. «Herrisch, aufbrausend, hitzig, extrem in allem [...] so bin ich, kurz gesagt», beschrieb er sich im Alter von dreiundvierzig Jahren; «Sie können mich totschlagen, oder Sie müssen mich nehmen, wie ich bin, denn ändern werde ich mich nicht.» (Lely,

L'Aigle...). Halten wir auch fest, daß er sich schon als Kind von seinen Anwandlungen fortreißen und dann von *keinerlei Rücksicht* mehr aufhalten läßt. Er sollte sich nicht mehr ändern.

«Ich wurde zu meiner Großmutter ins Languedoc geschickt», heißt es in *Aline et Valcour*, «deren allzu blinde Zärtlichkeit in mir alle soeben eingestandenen Fehler nährte.» Sade ist vier Jahre und zwei Monate alt, als der zuständige Rat von Saumane seine Schöffen und seinen Sekretär am 17. August 1744 nach Avignon entsendet, «um Seine Durchlaucht, den Marquis de Sade, Sohn von Seiner Durchlaucht dem Grafen und Lehnsherrn dieses Ortes, bei seiner glücklichen Ankunft in Avignon zu begrüßen und ihm lange und glückliche Jahre als dessen mutmaßlichem Nachfolger zu wünschen». Ein weiterer Abschnitt einer aristokratischen Lehrzeit, von der er aber, wie ich meine, weniger geprägt wird als von der Zuneigung, die ihn während der Jahre in Avignon umgab.

In der Stadt kann man noch das herrschaftliche Haus von Louise-Aldonze d'Astouaud de Murs sehen, der Witwe des ersten Marquis de Sade und Großmutter des zweiten, Donatien, der dort lange Kindheitsmonate verbrachte[1]. Viele Jahre später wird er sich gerührt nicht nur seiner Großmutter erinnern, sondern auch seiner Tanten, des Hauses und seiner Spielkameraden; gemeint sind damit die Cousinen oder Kinder aus der Nachbarschaft, denn wir befinden uns nicht mehr im Hôtel de Condé; Madame d'Astouaud de Murs besitzt kein Vermögen wie die Bourbonen, und der mittellose Provinzadel hat nichts dagegen, wenn die Kinder von Bürgerlichen mit seinen Erben spielen. Merken wir uns den Namen eines dieser Jungen, denn wir werden ihm später häufig begegnen: der zehn Jahre ältere Gaspard-François-Xavier Gaufridy studiert später Jura, wird Notar und Staatsanwalt in Apt und von 1774 bis 1800 zum Verwalter der Güter Sades in der Provence. Im Oktober 1791 erfährt Donatien, der inzwischen einundfünfzig Jahre alt ist, vom Tod einer seiner Cousinen, die zwischenzeitlich zu Madame de Raousset geworden war, und schreibt an Gaufridy:

> «Ich trauere um meine teure Cousine, und ich gäbe viel darum, sie ins Leben zurückrufen zu können; sie war die Gefähr-

[1] Heute ist dort das Musée Calvet, das interessante Dokumente über die Familie de Sade birgt.

tin unserer Kindheit, mein lieber Anwalt. Sie hieß damals *Pauline*, und sie hat mit uns in der unteren Stube meiner Großmutter gespielt.» (Bourdin)

Eine Großmutter und fünf Tanten. Viele Frauen, sehr wenig Männer. Der Großvater väterlicherseits war, wie gesagt, ein Jahr vor Donatiens Geburt gestorben. Von seinen fünf Tanten hatte nur eine, Henriette-Victoire, geheiratet und war 1733 Marquise de Villeneuve-Martignan geworden; zu allem Überfluß hatte sie nur Mädchen das Leben geschenkt. Er hatte also keine Cousins. Die vier anderen Sade-Mädchen waren, wie damals üblich, Nonnen geworden und 1744 etwa um die vierzig Jahre alt. Es waren also zusammen mit der Großmutter sechs reife Frauen, beziehungsweise sieben, wenn man die Gouvernante von Donatien hinzunimmt, Madame de Saint-Germain, über die Sade 1781 in einem Brief an seine Frau schreiben wird, daß er sie «seit jeher ungeheuer geliebt» habe[2]. Und an seine Tante, die Äbtissin von Saint-Benoît de Cavaillon, schreibt er 1790, als er die Bastille verläßt: «Sie habe ich stets glühend verehrt.»

Sicherlich haben all diese Frauen ihn ebenfalls geliebt. Er ist der letzte de Sade, der einzige männliche Träger des Namens. Außerdem ist er ein sehr hübscher kleiner Bengel: blaue Augen, blonde Locken, ovales Gesicht, kleiner Mund, sanft und reizend, wenn man ihn nicht allzu sehr ärgert[3]. Man muß einfach in ihn vernarrt sein.

[2] Madame de Saint-Germain ist ebenfalls gebildet. Von der Bastille aus bittet Sade sie um ihr Urteil über eine Übersetzung oder um die Besorgung der besten Ausgabe der *Lettres portuguaises*.

[3] Bis heute (April 1986) ist keines der zu Lebzeiten Sades angefertigten Porträts wiederaufgetaucht. Die hier angeführten Einzelheiten sind verschiedenen polizeilichen Personenbeschreibungen entnommen. Über sein Verhalten haben wir Aussagen: «Nur sein Ton ist sanft» (Brief des Comte de Sade, 1763). «Der vernünftige, sanfte und wohlerzogene Eindruck scheint auf Ihre Bemühungen zurückzugehen» (Brief der Präsidentin de Montreuil, seiner Schwiegermutter, an den Abbé de Sade, 1763; Lely).

6.

«Ein Abbé, der sich für alles interessiert»

Der junge Sade braucht jedoch eine gediegenere Erziehung und vor allem eine männliche Autorität. Man vertraut ihn also zumindest für einen Teil des Jahres seinem Onkel, dem Generalvikar, an, der zumeist auf einem der Güter des Comte wohnt, in Saumane bei L'Isle-sur-la-Sorgue.

Er ist in der Tat eine bemerkenswerte Gestalt, dieser Jacques-François de Sade, der Maurice Heine zufolge seit 1733 im Comtat Venaissin ein Leben führt, das «weniger einem Abbé als vielmehr einem adligen Herrn entspricht, der sich für alles interessiert, besonders für Antikes und Geschichte»[1]. Halten wir außerdem fest – warum, wird man noch sehen –, daß er einen Sinn für Landschaften hat und es nicht für unter seiner Würde hält, seine Umwelt zu gestalten. Die *Biographie générale* von Dr. Hoeffer berichtet, er habe, als er «sich auf das Schloß von Saumane zurückzog», versucht, es zu verschönern, «indem er dort Gärten und Fontänen schuf», dann aber «veranlaßte ihn die Lebhaftigkeit seiner Einbildungskraft eines Tages, das alles aufzugeben, um in Vignerme, eine Viertelmeile weiter, neue Wunderwerke zu schaffen». «O, wie gern würde ich Ihre schönen Gärten in Saumane sehen», schrieb ihm sein Bruder, der Comte, im Jahre 1752 (BN[x]). Auf das Jahr 1752 datiert übrigens Dr. Hoeffers *Biographie* den definitiven Rückzug des Abbé nach Saumane, mit dem zusätzlichen Hinweis, daß es für diesen Rückzug «nur einen Grund gab, den Tod von Madame Le Riche de la Popelinière, die er seit ihrer Trennung von ihrem Mann im Jahre 1748 über die Treulosigkeit und Geringschätzung des Herzogs, seither Maréchal de Richelieu, ihres Liebhabers, getröstet hatte». In Paris,

[1] Ein adliger Herr... «Ein grandseigneuraler Abbé», sagt auch Lely. Vergessen wir nicht, daß die nicht sehr begüterten Adligen in ihren heruntergekommenen Schlössern im 18. Jahrhundert (wie im 16. und 17.) eher wie bäuerliche Grundbesitzer als wie Feudalherren leben. Die Sades von Avignon und Umgebung sind um 1750 bei weitem nicht so wohlhabend wie so mancher Bürgerliche im Comtat, und ihre Dienerinnen sind häufiger ungehobelte Bauernmädchen als höfliche Kammerzofen.

MÉMOIRES
POUR LA VIE
DE
FRANÇOIS PÉTRARQUE.

LIVRE QUATRIEME.

ON a déjà remarqué dans le cours de la vie de Pétrarque, que la fortune, toujours acharnée contre lui, affectoit de le frapper à coups redoublés. Ses yeux étoient encore mouillés des larmes que la mort de Laure lui avoit fait répandre, lorſque la perte de l'homme à qui il étoit le plus attaché, lui en fit verſer de nouvelles. La mort lui enleva ſon maître, ſon Protecteur, ſon ami. Le Cardinal Colonne mourut à Avignon le 3. Juillet de cette année. On croit qu'il fut une victime de la peſte, qui

An. de J. C. 1348.

Alb. Argent.

Tome III. A

Seite aus dem Petrarca-Buch des Abbé de Sade

wie Voltaire sagt, von den Studien und den «weiblichen und männlichen Schöngeistern» in Anspruch genommen, hat er sich offenbar auch in der Provence bemüht, den Dingen nachzugehen, die ihn in der Hauptstadt beschäftigten, in die er übrigens von Zeit zu Zeit zurückkehrt. Daneben muß er sich recht häufig zu seiner Abtei Ébreuil in der Auvergne begeben, besonders seit zwischen ihm und seinen Mönchen ein Prozeß in Gang gekommen ist, der sich über mehrere Jahre hinziehen sollte. In Saumane arbeitet er an *Mémoires pour la vie de François Pétrarque tirés de ses oeuvres et des auteurs contemporains*, deren drei prächtige Quartbände in den Jahren 1764 bis 1767 in Avignon gedruckt werden[2]. Darüber vernachlässigt er jedoch nicht die Schönen, sei es im Comtat, sei es auf seinen Reisen nach Paris. 1762 geschieht es, Maurice Heine zufolge (der diesmal zwar seine Quelle nicht angibt, dem man aber aufs Wort glauben kann), daß «ein königlicher Befehl die Freilassung von Paul-Aldonze de Sade verfügt, fünfzig [*sic*, für siebenundfünfzig] Jahre alt, Priester der Diözese Avignon, Kommendaturabt von Ébreuil, den man in Paris bei der Kupplerin Piron zusammen mit der Prostituierten Léonore angetroffen hat». 1765 macht sein Neffe ihm auf dem Umweg über die Tante den etwas überzogenen Vorwurf, er habe sein Schloß in ein Freudenhaus verwandelt: «Obgleich Priester, hat er stets einige Huren um sich. Verzeihen Sie mir bitte, wenn ich denselben Ausdruck wie Sie gebrauche, aber sein Landsitz ist in der Tat ein Harem, mehr noch, ein Bordell...[3].» Nebenbei stichelt er gegen seine andere Tante, Madame de Villeneuve-Martignan: «Als eine Ihrer Schwestern, obschon verheiratet wie ich selber, öffentlich hier mit ihrem Liebhaber lebte, haben Sie La

[2] Eine deutsche Übersetzung (von Eberhard Karl Schmidt) dieses überaus erfolgreichen Werkes erschien 1774–1779 im Verlag Meyer zu Lemgo unter dem Titel *Nachrichten zu dem Leben des Franz Petrarca aus seinen Werken und den gleichzeitigen Schriftstellern.*

[3] Brief an seine Tante, die als Nonne in Cavaillon lebte. Beim Tod des Abbé am 31. Dezember 1777 entdeckt die Familie an seinem Wohnsitz (er wohnt nicht mehr in Saumane, sondern in der Dependance la Vignerme) «eine spanische Frau in Begleitung ihrer Tochter, mit der man rechnen muß, denn er hat ihr die Ländereien von la Vignerme für zehntausend Livres verkauft, vielleicht mit dem Einverständnis eines nachsichtigen Ehemanns» (Paul Bourdin).

Coste [ein weiterer Besitz der de Sades, von dem im Leben Donatiens noch oft die Rede sein wird] da auch schon als verruchten Ort betrachtet?» (Desbordes)

Das alles ist sehr wichtig. Donatien-Aldonze verläßt die Provence erst wieder 1750, und im Alter von vier bis zehn Jahren kann ein Kind, das nicht dumm ist, vieles begreifen. Seine Beschäftigungen und Zerstreuungen lassen dem Abbé wenig Zeit, sich mit Donatien zu befassen, dem er sich vor allem als Vorbild präsentiert, und gerade an Vorbildern besteht bei Donatien größter Mangel. Sade hat, wie man noch sehen wird, einen stets wachen Blick, wenn es darum geht, andere zu beobachten und in ihren kleinsten Gesten das Innerste ihres Wesens aufzuspüren. Diese unablässige Beobachtungstätigkeit, diese ständige Haltung eines Spähers, der seine stets lauernden Sinne mit allem füttert, was er erhaschen kann, sollte Sade sein Leben lang behalten, und er besaß sie schon, als er zur Welt kam. Man wird nicht zum Voyeur, man ist es von Geburt an, und man bleibt es. Nur das Alter schließt gelegentlich die Pforten des Theaters, sehr spät.

Über das, was der Kopf eines solchen Kindes zwischen 1744 und 1750 in der Umgebung von Avignon hat speichern können, sind wir natürlich auf Vermutungen angewiesen.

> «Verzeihen Sie meine Schwächen, sie liegen offenbar in der Familie. Wenn ich etwas zu beklagen hätte, so das Unglück, in eine solche Familie hineingeboren worden zu sein. Gott bewahre mich vor all den Lächerlichkeiten und Lastern, von denen es in ihr wimmelt. Ich würde mich geradezu für tugendhaft halten, wenn Gott mir die Gnade erwiese, daß ich mir nur einen Teil davon zu eigen mache.»

Es ist für uns schwer auszumachen, was er mit fünfundzwanzig Jahren in dem Brief an seine Tante von 1765 noch von den Bildern und Worten weiß, die er zwanzig Jahre zuvor in sich aufgenommen hat. Der lasterhafte Lebenswandel von Madame de Villeneuve-Martignan ist vielleicht nur eine Projektion, eine Vorstellung, die er aus einem flüchtig aufgeschnappten Wort oder einer mißdeuteten Gebärde ableitet (der Voyeur sieht mit seiner Phantasie ebenso viel wie mit seinem Auge). Hatten vielleicht seine übrigen Tanten oder seine Großmutter oder auch Madame de Saint-Germain ebenfalls Anlaß zum Klatsch gegeben? Wir wissen es nicht.

Die Rolle des Abbé de Sade darf indessen nicht unterschätzt werden. Er ist allem Anschein nach während dieser sechs Jahre der einzige Mann in der unmittelbaren Umgebung des jungen Sade, sein einziger männlicher Bezugspunkt. Er ist sein Onkel und damit offizieller Vertreter seines Vaters. Er ist gebildet, ein eleganter Schriftsteller, ein hinreißender Mann von Welt: «Sie werden lieben, und Sie werden gefallen», hat Voltaire ihm geschrieben. Sehr belesen und genießerisch, interessiert er sich für vieles und vor allem für sich selbst, und diese Wißbegierde führt ihn zu Beobachtungen, aus denen eine Philosophie erwächst, von der sich zumindest ein Motiv in auffälliger Weise, wie abkopiert, bei seinem Neffen wiederfindet. In einem um 1771 verfaßten Brief an die junge Schwägerin Sades, Anne-Prospère de Launay, hat man den folgenden Aphorismus aufgespürt und mit Recht hervorgehoben: «Die Regungen der Seele sind nicht einfach so zu regulieren; ihre Heftigkeit hängt vom Blutkreislauf ab, über den wir nicht gebieten»; das Echo dieses Aphorismus kehrt in den Werken wie in der Korrespondenz des Verfassers der *Cent vingt journées de Sodome* ständig wieder, etwa in einem Brief an seine Frau vom August 1782: «Die Sitten hängen nicht von uns ab, sie beruhen auf unserer gesellschaftlichen Ordnung, unserer Organisation», und in der *Philosophie dans le boudoir* heißt es:

> «Ist der Mensch Herr über seine Neigungen? Jene, die ausgefallene Neigungen haben, muß man bedauern, aber man darf sie nicht beleidigen; ihr Unrecht ist das der Natur; sie konnten ebensowenig etwas dafür, daß sie mit andersartigen Neigungen auf die Welt gekommen sind, wie wir etwas dafür können, ob wir krumm oder gerade gewachsen geboren werden.»

Schon die Tatsache, daß Jacques-François de Sade gern lebt und gut, daß er sich mit Büchern und Frauen umgibt, ist, was das männliche Vorbild betrifft, das er seinem Neffen bietet, nicht gering zu veranschlagen. Auch seine persönliche Philosophie dürfte sich ausgewirkt haben, selbst wenn er sie nicht zur Schau gestellt hat (aber der kleine Späher ist ja auf der Hut). Vergessen wir dennoch nicht, daß er auch ein Kleriker ist, wobei wir berücksichtigen, daß die Verfehlungen von Kirchenmännern für sein Jahrhundert nichts Ungewöhnliches sind. Bedenken wir, daß ein Priester von der Männlichkeit, die er unzweifelhaft besitzt, ein Bild mit etwas unklaren Konturen vermittelt. Es kommt hinzu, daß sein Verhalten – und daß er den Schein wahrt, ändert nichts daran (er muß es, wir befinden uns in den päpstlichen Besitzungen) – nicht den Vorschriften der von ihm vertretenen Religion entspricht. Schließlich bringen seine Eskapaden ihn eher als andere in Konflikt mit den weltlichen Gesetzen: Wenn man ihn bei einer Dirne findet, wird er verhaftet, während dies für einen Laien kein Vergehen ist. Um seinen Vergnügungen nachzugehen, muß er sich tarnen, Tricks anwenden. Im günstigsten Falle fördert er auf diese Weise die Heuchelei, denn er rückt die Komödie, die mit jeder gesellschaftlichen Repräsentation verbunden ist, ebenso ins volle Rampenlicht wie die Hinterbühne, wo die Schauspieler sich ausziehen und aufgesetzte Mienen, Perücken und Kostüme ablegen. Vielleicht wurden Sade hier die ersten Lektionen in Sachen Theater erteilt, das ihn sein Leben lang faszinieren sollte.

7.

Landschaften

Donatien-Aldonze ist zehn, als man ihn wieder nach Paris bringt. Gern würde man diesen jungen Burschen *sehen*, wie er – vermutlich in der Postkutsche – das Rhonetal hinauffährt. Man wünschte, man könnte dieses menschliche, im Werden begriffene Geschöpf, das bereits den Titel eines Marquis besitzt, aber noch nicht SADE ist, untersuchen, wiegen, beschnuppern, von allen Seiten betrachten. Sicher ist er größer geworden (nicht allzu viel: die auch für die damalige Zeit eher durchschnittliche Körpergröße von 1,68 m wird er nicht überschreiten), und er ist noch immer blond und blauäugig, doch ist er schon «etwas füllig», oder ist er mager wie eine Katze? Vielleicht ist er ein wenig von den Pocken gekennzeichnet, deren leichte Narben in einer polizeilichen Beschreibung vermerkt sind, von denen man aber nicht genau weiß, wann er sie bekommen hat. Wahrscheinlich hat er einen leichten provençalischen Akzent, den er, wie ich denke, zu korrigieren versucht. Ein gewisser Dialekteinschlag ist auf jeden Fall da, spürbar noch zweiundfünfzig Jahre später, in einem Brief an seinen Verwalter Gaufridy.

Was es auch immer mit dem Dialekt auf sich haben mag, zwischen dem Land seiner Vorfahren väterlicherseits und dem Erben der de Sades sind während dieser sechs Jahre feste Bande geknüpft worden. Er hat dort tiefe Eindrücke empfangen und zugleich seine Wurzeln entdeckt, Wurzeln, die erst sehr viel später verdorren sollten. «Vor langer Zeit», schreibt er 1784 aus der Bastille an seine Frau, «habe ich Ihnen gesagt, Madame, daß ich, wenn all dies vorbei ist, vorhabe, mich in meiner Provinz niederzulassen.» Während der letzten zehn Jahre, die er in Freiheit verbringt, vom April 1790 bis Januar 1801, ist es (wie er sagt) allein die Sorge um seine literarische Karriere, die ihn in Paris zurückhält: «Ich habe noch für vier Jahre Arbeit in Paris, danach werde ich, wenn Gott mich am Leben läßt, ganz sicher nach Saumane übersiedeln [...] Ich bin ganz verrückt nach Saumane, und ich werde, wenn ich kann, dort sicherlich meine Tage beenden.» (Brief an Gaufridy vom 5. August 1795.)

Saumane

Das Schloß Saumane erhebt sich am Ende eines der Ausläufer der Hochebene von Vaucluse, gegenüber der Bergkette des Lubéron (oder auch Léberon, beides ist gebräuchlich), von der es das Tal trennt, das sich von Apt über Cavaillon bis Avignon zieht. Es überragt die Kirche und das Dörflein Saumane-de-Vaucluse, nicht weit von Gordes, Sénanque, L'Isle-sur-la-Sorgue, zwei Kilometer Luftlinie von Fontaine-de-Vaucluse entfernt. Ursprünglich als bedeutende Festung geplant, wurde sein Bau im 15. Jahrhundert aus unbekanntem Grund unterbrochen[1]. Nach der Beschreibung Maurice Heines, die um 1930 entstanden ist, bot das Schloß zur Zeit seines Besuchs zwei unterschiedliche Ansichten. Von der Hochebene her gesehen, von der es durch breite, in den Fels gehauene Gräben getrennt war (und noch immer ist), stellte es sich dar als eine massive Festung im Stil der Kreuzritterburgen des vorderen Orients, ein Eindruck, der durch die Unvollendetheit des Bauwerks verstärkt wurde: Der Ansatz eines Bergfrieds erhob sich nur wenige Meter über die Grundmauern, ein Saal hatte niemals eine Bedachung erhalten, und Treppen endeten nach wenigen Stufen im leeren Raum. Noch heute erkennt man oberhalb des Dorfes eine senkrecht abfallende Mauer, deren Fundamente in den behauenen Fels

[1] Nach einer mündlichen Überlieferung sollen die Päpste in Avignon sich über den Umfang des Bauwerks besorgt gezeigt haben.

übergehen, auf dem sie ruht. Auf der anderen Seite des Ausläufers erheben sich schmale, abgestufte Terrassen über einem Steilhang. Eine recht weitläufige Esplanade, welche die Spitze des Hochplateaus zwischen diesen beiden Abhängen einnimmt, wird von der Fassade des Hauptgebäudes abgeschlossen; für Maurice Heine bot es «mit seinen schlichten, niedrigen Linien, seinem Ziegeldach ohne Bekrönung, seiner unverputzten Fassade, die ganz aus gelblichen, an Ort und Stelle gewonnenen Quadern bestand [...], den Anblick eines großen provençalischen Landhauses». Dieser Eindruck dürfte nicht so deutlich gewesen sein, bevor der Abbé de Sade die dicke Mauer durchbrechen ließ, um Raum für Fenster mit steinernen Fensterkreuzen zu schaffen, die freundlicher wirken als die Schießscharten auf der anderen Außenwand. Er war es wohl auch, der befahl, «die Wände und finsteren Gewölbe der Wohnungen mit Fresken im italienischen Stil zu schmücken, die auf diese Weise bedeckt wurden mit Landschaften grau in grau, belebt von Blumen und Vögeln in kräftigen Farben»[2].

In den Untergeschossen hat sich wahrscheinlich seit dem 15. Jahrhundert nicht viel verändert. Man erreicht sie über lange, möglicherweise für Kanonen und Pferde bestimmte Rampen sowie über Innentreppen, die in das Mauerwerk der Fundamente eingelassen sind und von denen einige offenbar im 20. Jahrhundert zugemauert wurden. Zweifellos kannte der junge Sade diese unterirdischen Gelasse im unbeschädigten Zustand, bei deren Beschreibung Maurice Heine mit Recht verweilt: «Weitläufig, tief, eine regelrechte Festung der Finsternis, die auf dem Fels ruhte und teils in ihn hineingehauen war. Die Kellergewölbe enthalten das Arsenal [das war ganz sicher ihre ursprüngliche Zweckbestimmung]; ein überwölbtes Verlies, versperrt durch eine doppelte Eichentür mit vergittertem Guckfenster, ist dort ebenso festzustellen wie ein halbbogenförmiger Stollen,

[2] Heute sind die Fresken unter dem Verputz verschwunden, ebenso wie viele der in den Stein gehauenen Kassetten, die Maurice Heine noch gesehen hat. Für diese Schandtat ist ein Käufer aus Marseille verantwortlich, der zum Glück 1970 durch einen Bankrott gestoppt wurde. Zuvor hatte er aber noch Gelegenheit, das Mauerwerk durchbrechen lassen, um in den Kaminen Gasheizungen zu installieren, in den Hohlkehlen der Steine Neonleuchten anzubringen und die Fliesen unter Teppichboden zu begraben.

an dessen Ende sich in Armlehnenhöhe eine Arbeitsfläche befindet, die dem Schloßherrn als Münzwerkstatt gedient haben soll.»
Man hat – und mit Recht – viel über die Burgen und Festungen Sades gesprochen, der in seinen Romanen unvergeßliche Bauten geschaffen hat, es sei an Schloß Silling aus den *Cent vingt journées de Sodome* erinnert, und der einen Großteil seines Lebens auf Burgen zugebracht hat, angefangen von der Bastille und Vincennes über Miolans und Pierre-Encise bis hin zu Saumane und La Coste. Doch so gewiß die unterirdischen Gewölbe des Schlosses Saumane sein kindliches Gemüt beeindruckt haben dürften, sollte man doch nicht übersehen, daß er dort höchstwahrscheinlich auch ganz ausgelassen mit Lausbuben seines Alters gespielt hat und daß er andererseits, wenn er auch, oft gezwungenermaßen, als ein Mann des Steins, des behauenen Steins, des Bruchsteins der dicken Mauern erscheint, zugleich ein Mann der Natur, der Landschaft, der Pflanzen, der Tiere und der Farbe des Himmels ist.
Das wird fast nie erwähnt[3]. In La Coste läßt er Bäume pflanzen, über die er sich in seinen diversen Gefängnissen von denen, die ihn lieben, unterrichten läßt, und wenn sie angetastet werden, empört er sich. Paulet, Konsul von La Coste, schreibt ihm im April 1779 nach Vincennes: «Alle von Ihnen gewünschten Anpflanzungen sind zu seiner Zeit [*sic*] durchgeführt worden. In der Hauptallee wurden die Steine entfernt.» Kanonikus Vidal, ein Freund aus dem benachbarten Dorf Bonnieux, gibt sich im selben Monat lyrischer: «Alles ist auf dem Schloß in schönster Ordnung, und der Park ist in einem überaus befriedigenden Zustand. Man hat die abgestorbenen Rebstöcke und die erfrorenen Sträucher ausgetauscht. Alle Ihre Alleen sind reizvoll. Ihre Zy-

[3] Doch, bei Annie Le Brun. Im siebten Kapitel ihres unvergleichlichen Buches *Soudain un bloc d'abîme, Sade*, der einzigen brauchbaren Einführung in die Lektüre des Sadeschen Werks, macht sie zu Recht aufmerksam auf «die ganz konkrete Wahrnehmung der Landschaft, die man bei keinem seiner Zeitgenossen findet». Sie zieht eine packende Parallele zwischen Sade und Machiavelli und verweist dabei unter anderem auf den Brief vom 12. August 1760, in dem Sade während des Siebenjährigen Krieges an seinen Vater schreibt: «Sobald wir drei Tage im Lager sind, erkunde ich es bis in die letzte Felsschlucht.» (Diesen Brief findet man auf S. 78–80.)

pressen wachsen merklich und erheben ganz majestätisch ihr Haupt. Ihre jungen Kirschbäume stehen in voller Blüte und verlangen Ihre Gegenwart, um Ihnen ihre ersten Früchte darzubieten.» 1782 reagiert Sade sogleich, nachdem man ihm Schäden in seinen Pflanzungen gemeldet hat: «Bäume abgehauen, und dazu noch Obstbäume! Sie werden mich, Herr Advokat, ein wenig hart finden, aber das Unglück stimmt einen nicht weich, im Gegenteil [...]. Wenn Sie mir nicht dafür sorgen, daß die Schurken, die das gemacht haben, mit aller Strenge des Gesetzes bestraft werden, dann schwöre ich Ihnen bei allem, was mir heilig ist, daß der erste Gebrauch, den ich von meiner Freiheit machen werde, darin bestehen wird, diesen Naturfrevel unerbittlich zu verfolgen.»
Er gehört zu jenen Menschen, die durch das Pflanzen von Bäumen und das Versetzen von Steinen ihr Territorium markieren. Im Alter wendet er sich einige Jahre vor seinem Ende aus der Ferne noch einmal den Markierungen zu, die er ein Vierteljahrhundert zuvor in La Coste hinterlassen hat. Von Charenton aus richtet er 1806 in einem betrüblichen Brief an Gaufridy die folgende illusionslose Frage: «Und ist in meinem armen Park noch etwas von mir zu erkennen?» (Bourdin) Es ist nicht bedeutungslos, daß er im gleichen Jahr und am gleichen Ort testamentarisch verfügt, die Natur dafür sorgen zu lassen, daß «seine Spuren von der Erdoberfläche verschwinden», und die Verfügung, die er trifft, zeugt davon, daß er dem Anpflanzen von Gewächsen, ihrer Entwicklung und der Wiederkehr der Jahreszeiten große Aufmerksamkeit widmet:

> «Inzwischen soll durch einen Eilboten Herr Lenormand, Holzhändler, Nummer hunderteins Boulevard de L'Égalité, Versailles, gebeten werden, persönlich mit einem Wagen zu kommen, um meine Überreste in den Wald meines Gutes Malmaison, Gemeinde Émancé bei Épernon, zu bringen. In diesem Wald soll mein Leichnam ohne die geringste Feier im ersten Unterholz rechter Seite, von der ehemaligen Allee des Schlosses gerechnet, beigesetzt werden [...]. Sobald das Grab zugeschüttet ist, sollen Eicheln gesät werden, auf daß später neue Bäume daraus keimen und das Gehölz wieder so dicht wird wie vorher. Die Spuren meines Grabes sollen von der Erdoberfläche verschwinden.»

Und im Jahre 1795, genau in der Mitte dieses einzigartigen Jahrzehnts, zwischen Bastille und Charenton, in dem sich Körper und Geist endlich gemeinsam frei entfalten können, erfindet er gegen Ende des *glücklichsten* Buches, das er hervorgebracht hat, in der *Philosophie dans le boudoir*, jene in meinen Augen geradezu magische Formel, die das analogische Vorgehen auf verblüffende Weise zusammenfaßt und die Singularität seines Genies schlagartig erhellt (während sie gleichzeitig die Qualität eines einzigartigen Humors exemplarisch belegt):

> «Alle intellektuellen Ideen sind der Physik der Natur dermaßen untergeordnet, daß die Vergleiche aus der Landwirtschaft uns auf dem Gebiet der Moral niemals im Stich lassen werden.»

Sade als Baumfreund, diese Vorstellung mag den einen oder anderen irritieren, auch wenn es nicht schwer fällt, diese Vorliebe für die Pflanzenwelt mit einer philosophischen Weltsicht zu verknüpfen. Werden aber diejenigen, die Sade als einen «schwarzen Engel» und Fürsten des Bösen verehren, mir verzeihen, wenn ich mitteile, daß er, ohne daß dies seiner Göttlichkeit in meinen Augen den geringsten Abbruch tut, auch die Tiere liebte? Es gibt dafür sichere Anhaltspunkte. In Vincennes verlangt er als Begleitung «ein ganz junges Hündchen» (das er nicht bekommt). Nachdem er 1773 aus der Festung Miolans in Savoyen entwichen ist, befanden sich unter den Dingen, die er bei seiner Flucht zurücklassen mußte, «zwei kleine Vorstehhunde, der eine schwarz, der andere schwarz mit weißen Zeichen, an denen ich sehr hänge». Gothon Duffé, die ergebene Dienerin aus La Coste, versäumt nicht, ihm nach Vincennes zu melden, wie es seiner Hündin geht, «die zehn Junge geworfen hat [...]. Ich habe auch den, den Sie kennen, und ich halte ihn zusammen mit der Hündin und gebe ihn für alles in der Welt nicht her». (Bourdin)

8.

Jesuiten

Sade wächst nicht nur im heimatlichen Vaucluse zwischen Saumane, Avignon und La Coste auf. Ab 1750 ist er für lange Zeit in Paris. Vielleicht traf er dort in Begleitung seines Erziehers ein, der ihn bis ins Mannesalter (manchmal aus der Ferne) begleiten wird, bis an die Schwelle seiner Gefängnisse, durch deren Mauern hindurch sie weiter korrespondieren werden, des Abbé Amblet: «Ich kehrte nach Paris zurück, um meine Studien unter der Leitung eines energischen, geistreichen Mannes fortzusetzen, der zweifellos sehr geeignet war, meine Jugend zu formen.» (*Aline et Valcour*) Amblet wird, als er (1768 vor Richtern) über den Eindruck berichten soll, den sein Schüler auf ihn gemacht hat, erklären, er habe an ihm sowohl eine leidenschaftliche Veranlagung wahrgenommen, die ihn heftig den Vergnügungen zuneigen ließ, aber auch ein sehr gutes Herz.

Gleichzeitig schickt man ihn auf das Collège Louis-le-Grand, das er wohl als Externer besucht, denn wozu bräuchte er sonst einen Hauslehrer? Aber wo schläft er in diesen vier entscheidenden Jahren? Bei seiner Mutter? Bei seinem Vater? Vielleicht beim Abbé Amblet in der Rue des Fossés-Saint-Jacques...

Auch über seine schulische Laufbahn wissen wir nichts, außer daß er nicht ein einziges Mal zu denen gehört, die am Ende des Schuljahrs für gute Leistungen lobend erwähnt werden.

Wenn schon nicht von dem Schüler, so haben wir doch von der Schule eine gewisse Vorstellung. Paul Lacroix (der sich, auch unter dem Namen *Bibliophile Jacob* bekannt, für Sade interessieren wird) hat sie in seinem *XVIIIe siècle, institutions, usages et costumes*, Paris 1875, ausführlich beschrieben:

> «Das Collège Louis-le-Grand galt mit Recht als das beste Modell klassischer Erziehung: Zu seinen Schülern gehörten die jungen Vertreter des Hochadels, die diese Anstalt nur verließen, um in die Militärschulen einzutreten und sich auf den Soldatenberuf vorzubereiten. Die Jesuiten standen damals bei Hof in hoher Gunst, und natürlich empfahlen sie ihren mächtigen Gönnern das Collège Louis-le-Grand, das bis zur Mitte des

18. Jahrhunderts für die Erziehung der Adligen bestimmt war [...] Im übrigen war die Erziehung am Collège Louis-le-Grand nicht strenger oder härter als an den übrigen Kollegien von Paris [...]. Es gab ein ganzes Arsenal von mehr oder weniger gefürchteten Strafen, die den Schuldigen entsprechend der Art ihrer Missetat auferlegt wurden, von der sprichwörtlichen Strafarbeit bis hin zum Karzer bei Wasser und Brot und zur Züchtigung hinter verschlossenen Türen oder vor Zeugen[5] [...] Nirgendwo war der Unterricht so glanzvoll und so solide wie dort. Man ließ es an nichts fehlen, was geeignet war, den Eifer der Schüler anzustacheln und ihre Intelligenz zu entwickeln. Man ließ sie sich darin üben, öffentlich vor einem größeren Publikum zu sprechen; sie trugen untereinander Redner-Wettkämpfe aus und gewöhnten sich auf diese Weise daran, über alle erdenklichen Themen zu diskutieren.»

Halten wir besonders das folgende fest:

«Die dramatischen Darbietungen, die bei Preisverleihungen und anderen denkwürdigen Anlässen unter großer Feierlichkeit stattfanden, waren ebenfalls nicht ohne Einfluß auf den Geist der Schüler, die daran als Schauspieler wie als Zuschauer beteiligt waren.»

(Warum, nebenbei gesagt, nicht gelegentlich auch als Autoren kleiner Stegreifstücke oder von *Proverbes*? Die Stücke wurden grundsätzlich von den Patres verfaßt, und Sade hat während der Proben erleben können, wie die Texte überarbeitet wurden.)

«Führten die Jesuitenpatres in ihren Kollegien ein karges Leben, so ließen sie es sich nicht gerade angelegen sein, ihren Schülern eine reichlichere Kost zu gewähren. In den Arbeiten aus jener Zeit finden sich eine Fülle von empörten oder belustigten Erinnerungen an das widerliche Essen, das im Refektorium gereicht wurde, ganz zu schweigen von dem erzwungenen Fasten, das man während des Quatembers und der Vigil zu ertragen hatte. Das Brot war hart, oder gar schimmelig; der

[5] Man wüßte gern, wie der sensible junge Sade diese öffentlichen Strafmaßnahmen (er dürfte sie nicht gerade gewohnt gewesen sein) aufgenommen hat, die, wie Lacroix schreibt, so hart und demütigend waren, daß «die Auspeitschung mehr als einmal zum Anlaß schwerer Ausschreitungen, regelrechter Aufstände und sogar blutiger Auseinandersetzungen wurde».

Wein war so verwässert, daß man ihn gar nicht schmeckte; das Fleisch war nie richtig gar, und das grobe Gemüse, das ihm beigegeben wurde, Bohnen und Linsen, schwamm in einer ekelerregenden Soße. Der Schlafsaal bot ebensowenig sinnliche Genüsse wie das Refektorium: Das Bett war hart, kärglich mit Decken ausgestattet und allzu oft voller Ungeziefer. Was schließlich die Klassenräume anging, so ließen auch sie hinsichtlich der Reinlichkeit viel zu wünschen übrig. Dies war das stete Laster der von Geistlichen geführten Kollegien, nicht nur in der tiefen Provinz, sondern auch und vor allem in Paris.»

Paul Lacroix sagt nicht alles. Der Schmutz war nicht das einzige Laster, das in den Kollegien der Jesuiten herrschte. Die Homosexualität der Patres war sprichwörtlich. Andererseits führte die Einschließung all dieser jungen Männer, viele davon in voller Pubertät, häufig, zumindest bei den Internen, zu unorthodoxen sexuellen Verhaltensweisen, die niemanden überraschten. Ist Sade vielleicht hier in sodomitische Praktiken eingeführt worden, deren Ausübung ihm sowohl mit Jungen wie mit Frauen, wie sich später zeigen sollte, vertraut war? Einstweilen kann diese Frage nicht beantwortet werden. Begnügen wir uns mit der Feststellung, daß die Wahrscheinlichkeit, mit ihnen in Berührung zu kommen, am Louis-le-Grand (oder vielleicht später beim Militär?) am größten war, und übergehen wir diese drei oder vier Jahre, die für uns, wenn ich mich so ausdrücken darf, «undurchdringbar» bleiben[6].

Trotzdem noch eine Bemerkung. Man hat sich nie viele Gedanken darüber gemacht, welchen intellektuellen Einfluß die Erziehung der Jesuitenpatres auf Sade gehabt haben mag. Das könnte

[6] Auf die Sexualität Sades werden wir noch ausführlicher zu sprechen kommen. Für diejenigen, die darüber gar nichts wissen, hier der Hinweis, daß der homo- und heterosexuelle Analverkehr (Sodomie) ihre Grundlage ist, wie es die folgende Passage aus einem Brief, den er im Juli 1783 aus Vincennes an seine Frau schreibt, glänzend zusammenfaßt («Monsieur Cordier» und «Mama Cordier» sind der Präsident und die Präsidentin de Montreuil, Sades Schwiegereltern):

«Ich küsse Ihre Hinterbacken, und der Teufel soll mich holen, wenn ich mir nicht ihnen zu Ehren einen runterhole! Sagen Sie es aber nicht der Präsidentin, denn als gute Jansenistin liebt sie es nicht, daß man eine Frau molinisiert. Sie gibt vor, *Monsieur Cordier* habe sie nie gestoßen, außer im *Gefäß*

ein Fehler sein. Die Beichte, das Eingeständnis, die ins einzelne gehende Darstellung der Verfehlung scheint bei den Jesuiten einen höheren Stellenwert zu haben als bei den anderen katholischen Orden. Man könnte meinen, daß eine Sünde mit ihrem Eingeständnis für einen Jesuiten quasi vergeben sei, besonders wenn ihr Eingeständnis einhergeht mit einer erschöpfenden Erforschung ihrer Ursachen. Es scheint, als messe der Jesuit der Fähigkeit des Sünders (und mit ihm gelegentlich auch des Beichtvaters), die Triebkräfte der menschlichen Seele beim Sündigen und anschließend bei der Analyse seines sündigen Verhaltens aufzudecken, größere Bedeutung bei als der Sünde selbst. Die Sünde zusammen mit ihrer Analyse wird also gewissermaßen zur Quelle von etwas Wertvollem. Das Ergründen und Vorantreiben der Enthüllung zählen mehr als mögliche negative Auswirkungen der Erforschung. Ist es nicht das, worauf Sade sich bei seiner literarischen Methode beruft? Rühmt er nicht in seiner Schrift *Idée sur les romans* die englischen Romanciers, weil sie uns

> «gelehrt haben, daß allein die gründliche Erforschung des menschlichen Herzens, das ein wahrer Irrgarten der Natur ist, den Romancier inspirieren darf, dessen Werk uns den Menschen zeigen soll, nicht nur wie er ist oder wie er sich gibt – das ist die Aufgabe des Historikers –, sondern so wie er sein kann, wie ihn die Modifikationen des Lasters und all die Erschütterungen der Leidenschaften zwangsläufig werden lassen. Deshalb muß man sie alle kennen, deshalb muß man sie alle anwenden [...] Es gilt also, wenn man in diesem Genre arbeitet, die Natur zu erfassen, das Herz des Menschen, das ihr merkwürdigstes Werk ist, und nicht die Tugend, weil die Tugend, so schön, so notwendig sie sein mag, doch nur eine der Erscheinungsformen dieses erstaunlichen Herzens

der Fortpflanzung, und wer sich von *dem Gefäß* entferne, müsse in der Hölle braten. Ich aber, der ich bei den Jesuiten erzogen worden bin, ich, dem Pater Sanchez beigebracht hat, daß man möglichst nicht im Leeren *schwimmen* solle, weil Descartes zufolge *die Natur die Leere verabscheut,* ich kann mich mit *Mama Cordier* nicht vertragen. Doch Sie sind Philosophin; Sie haben einen sehr schönen *Widersinn*, eine Art des Umgangs, Enge im *Widersinn* und Wärme im *rectum*, so daß ich mich mit Ihnen sehr gut vertragen kann.» (Lely) Die Hervorhebungen stammen von Sade.

> ist, dessen gründliche Erforschung für den Romancier so notwendig ist und dessen letzten Verästelungen der Roman, treuer Spiegel dieses Herzens, notwendigerweise nachgehen muß».

Es sei ferner an die Worte erinnert, mit denen das Parlament von Paris am 5. März 1762 die der Dialektik der Jesuiten zugeschriebene Duldsamkeit verurteilte; zumindest bei der Lektüre der ersten Zeilen würde man schwören, gewisse Verdammungsurteile über die Texte Sades aus den Jahren 1800 bis 1960 vor sich zu haben:

> «Diese Doktrinen, die in letzter Konsequenz das Naturrecht, diese von Gott selbst dem Herzen der Menschen eingeprägte Sittenregel, zerstören und dadurch alle Bande der bürgerlichen Gesellschaft zerreißen, zielen, indem sie durch die Lehre der versteckten Kompensation, der Zweideutigkeiten, der stillen Vorbehalte, des Probabilismus und der philosophischen Sünde den Diebstahl, die Lüge, den Meineid, die verwerflichste Unkeuschheit und überhaupt alle Leidenschaften und alle Verbrechen autorisieren, darauf ab, alle humanitären Empfindungen zwischen den Menschen zu zerstören, indem sie den Mord und den Vatermord begünstigen; und die königliche Autorität zu untergraben» usw.

Hier haben wir endlich einmal ein Thema, das es verdiente, vertieft zu werden. Auf jeden Fall hat Sade sich nicht gescheut, wiederholt auf eine ganz und gar jesuitische Kasuistik zurückzugreifen, um seine Texte dadurch zu rechtfertigen, daß sie Fortschritte in der Erkenntnis des Menschen ermöglichen würden.

9.

«Sehr verwirrt, aber sehr tapfer»

Sade geht 1753 oder 1754 vermutlich am Ende des Schuljahres vom Louis-le-Grand ab. Was die Jahre 1754 bis 1759 angeht, gibt es noch viele Lücken. Der einzige Anhaltspunkt, den wir besitzen, ist seine Anmeldung zur vorbereitenden Kavallerieschule, die seit 1751 dem in der Avenue de Sceaux in Versailles stationierten königlichen Chevauleger-Regiment angegliedert ist. Dieses Eliteregiment, das häufig vom König selbst inspiziert wurde, achtete auf strenge Disziplin und ließ den Zöglingen der Schule eine gründliche Ausbildung angedeihen.

Nach einer Ausbildung von zwanzig Monaten ernennt man Sade mit fünfzehneinhalb Jahren zum Leutnant ohne Sold im königlichen Infanterieregiment. Im Januar 1757 wird er mit sechzehn Jahren und sieben Monaten Kornett im Schützenregiment des Grafen de Provence, das der Marquis de Poyanne befehligt.

In dieser Zeit beginnt der Siebenjährige Krieg. Im Frühjahr 1757 marschiert Frankreich in Norddeutschland ein, den feindlichen Truppen des Preußenkönigs Friedrich II. entgegen. «Der Krieg brach aus», liest man in *Aline et Valcour*. «Meine Familie, auf meinen Dienst bei der Armee bedacht, ließ mich meine Erziehung nicht beenden. Zu einer Zeit, da andere noch zur Schule gehen, war ich schon bei meinem Regiment.»

In seinem «philosophischen Roman» scheinen Sade die Nachteile einer solchen Handhabung für die militärische Stärke eines Landes mehr zu interessieren als deren mögliche Auswirkungen auf die allzu jungen Offiziere: «Möchte man doch über das hervorstechende Laster unserer modernen Prinzipien nachdenken», schreibt er, «möchte man doch erkennen, daß nicht blutjunge, sondern gute Offiziere das Hauptziel sind; und daß, wenn man dem herrschenden Vorurteil folgt, diese so nützliche Klasse von Bürgern nur dann vollkommen sein wird, wenn sie sehr jung eintreten, ohne zu wissen, ob sie die nötigen Voraussetzungen besitzen, und ohne zu begreifen, daß sie die nötigen Tugenden nur besitzen werden, wenn man den jungen Anwärtern die Möglichkeit

gibt, sie durch eine lange und vollkommene Ausbildung zu erwerben.» Für seine Kinder wird er später jedoch eine Ausbildung fordern, «die sie nach Möglichkeit vor den Mißlichkeiten bewahrt, in die mich die Nachlässigkeit der meinen gebracht hat» (Lely), und über seinen Hauslehrer hatte Valcour zuvor gesagt: «... ein energischer, geistreicher Mann, der zweifellos sehr geeignet war, meine Jugend zu formen, den ich aber *zu meinem Unglück* nicht lange genug behalten konnte. Der Krieg brach aus» usw.
Die Hervorhebung stammt von mir; ich kann mich ja täuschen, aber ich finde, daß dieser junge Donatien seit seinem zehnten Lebensjahr ziemlich viel mitgemacht hat. Nach einer umhegten, freien, bequemen, auf jeden Fall sorglosen Kindheit in einem Land des Lichts wird er zunächst einer streng geführten Lehranstalt und daraufhin der militärischen Disziplin unterworfen. Die Härte des Dienstes, die sein Vater niemals kennengelernt hat, erlebt er spätestens mit vierzehn Jahren. Er ist noch nicht zwanzig, als er bereits in einem Krieg steckt, der kein Kinderspiel ist. Man wird einwenden, daß das alles damals nichts Ungewöhnliches war, doch ich glaube bei Sade eine Empfindsamkeit zu erkennen, die es ihm schwerer als der Mehrzahl seiner gleichaltrigen Zeitgenossen machte, die sich in derselben Situation befanden, mit diesem Hin- und Hergeworfensein, diesen Frustrationen und Zwängen fertigzuwerden.
Es kann aber auch sein, daß er die Feldzüge des Siebenjährigen Krieges als eine Art Befreiung, ein schlagartiges Unabhängigwerden erlebt hat, für das wir leider nur wenige und indirekte Anzeichen besitzen. Zweifellos ist es zu einer Lockerung der Disziplin gekommen, haben sich dem heftigen Temperament eines jungen Mannes, der obendrein über eine nicht geringe Macht verfügte, Gelegenheiten geboten... Dennoch besitzen wir über diese noch immer ungeklärten Jahre zwischen 1759 und 1763 insgesamt nur etwa ein halbes Dutzend Dokumente von einigem Interesse.
Das erste – nicht dem Datum, aber der Bedeutung nach – ist eine Notiz, die allen Biographen Sades auf rätselhafte Weise entgangen ist und erst im Mai 1986 von Mathias Pauvert in den Archiven der Armee wieder aufgespürt wurde. Auf der Dienstakte des Rittmeisters im Burgundischen Kavallerieregiment, die unter «Comte de Sades [*sic*] (Donatien-Alphonse-François)» ge-

führt wird, hat einer seiner Vorgesetzten unter einem Datum, das offenbar der 16. März 1763 zu sein scheint, die folgenden fünf Worte eintragen lassen:

«Sehr verwirrt, aber sehr tapfer.»

Diese bei aller Kürze kostbare Beurteilung ist die einzige, welche die damalige Militäradministration uns über Sade hinterlassen hat. Es ist wichtig zu wissen, daß Donatien de Sade vom 17. bis zum 23. Lebensjahr ein mutiger Kavallerist war. Gern hätte man aber auch gewußt, worin seine Verwirrung bestand, wie und ab wann sie sich geäußert hat.

Unser zweites Dokument ist ein scherzhafter Brief «A Messieurs de la régence de Clèves», der zu einem Manuskript mit Jugendwerken gehört, von dem noch die Rede sein wird[1]. Dieser Brief spielt auf ein kleines Vorkommnis aus den Jahren 1758/60 an. Der Text belegt zumindest, von welchem Überschwang dieser junge Kavallerieoffizier während des Krieges erfüllt war:

«Meine Herren!

Nachdem uns die angenehme Nachricht erreichte, daß Seine Durchlaucht der Herzog de Broglie die hannoverschen und hessischen Truppen vollständig geschlagen hatte, habe ich, als guter Patriot lebhaft am Erfolg meiner Nation interessiert, am letzten Sonntag, dem 22. dieses Monats, aus Freude über diese angenehme Nachricht ein Feuerwerk angezündet, und davon ist bedauerlicherweise eine Rakete auf das Dach des Herrn Streil gefallen. Sie hat dort, meine Herren, keinerlei Schaden angerichtet; ich übersende Ihnen die Bescheinigung des Hausbesitzers. Sollten die Umstände mich veranlassen, meine Herren, daß ich hier noch einige Zeit bleibe, werde ich, da ich vorhersehe, daß die freudigen Anlässe häufiger

[1] *Œuvres de M. le M. de S.:* Das Verzeichnis dieses Manuskripts *(Catalogue raisonné des Œuvres de M. de S ** à l'époque du 1 er octobre 1788)* wurde erstmals von Lely in seiner *Vie du Marquis de Sade* veröffentlicht. Vgl. *Œuvres complètes du Marquis de Sade*, Paris, éditions Tête de Feuilles, 1973, Bd. 2. Ein Großteil dieser Schriften wurde erstmals 1967, ebenfalls von Gilbert Lely, im Band 16 der *Œuvres complètes du Marquis de Sade* abgedruckt. Es handelt sich dabei im wesentlichen um seine Reiseaufzeichnungen aus Holland und Italien sowie Erinnerungen an seine Soldatenzeit und einige Gelegenheitsgedichte.

werden könnten, ein Gelände wählen, meine Herren, das weiter von der Stadt entfernt und absolut gefahrlos ist, um dort meine Feuerwerke abzubrennen.
Einstweilen bin ich, meine Herren, mit den Ausdrücken der Hochachtung, die Sie verdienen, Ihrer ehrenwerten Versammlung aller untertänigster Diener.» (Lely)

1779 kommt Sade in einem Brief aus Vincennes auf eine andere Erinnerung an Kleve zu sprechen:

«In Deutschland, wo ich, noch unverheiratet, an sechs Feldzügen teilgenommen habe, hatte man mir versichert, daß man, um eine Sprache richtig zu erlernen, regelmäßig und gewohnheitsmäßig mit einer Frau dieses Landes schlafen müsse. Dieser Maxime gehorchend, habe ich mir in einem meiner Winterquartiere bei Kleve eine nette dicke Baronin verschafft, die drei- bis viermal so alt war wie ich und mich ganz reizend unterrichtet hat[2]. Nach sechs Monaten sprach ich deutsch wie Cicero!» (Lely)

Das dritte Dokument hat Henri d'Alméras zu Beginn des Jahrhunderts in den Archiven der Armee ausgegraben. Es ist die Ernennung Sades zum Rittmeister:

«21. April 1759 – Burgundisches Kavallerieregiment:

Durch den Wechsel des Herrn Chevalier de Tocqueville zu einer Kompanie im Kavallerieregiment von Luzignan ist eine Kompanie vakant.
Der Preis beträgt...................... 10.000 Livres

Dem König wird vorgeschlagen,

darüber zu verfügen zugunsten des Herrn Comte de Sade, Kornett in der Brigade de Malvoisin des Schützenregiments des Herrn Grafen de Provence.

[2] Diese Baronin ist möglicherweise «Madame la baronne de Lô*** [von Loe]», an die ein undatierter Brief adressiert ist, der in derselben Sammlung von Jugendwerken bewahrt wurde: «Ein günstiger Zufall verschafft mir in diesem Jahr nochmals das Glück, Ihr Nachbar zu sein, Madame [...] Warum macht Vissem keinen Prozeß in Düsseldorf, daß man ihn alle Jahre einer so reizenden Liebhaberin beraubt» usw.

Er ist am 15. Oktober 1755 zum Leutnant im königlichen Infanterieregiment und am 14. Januar 1757 zum Kornett in der Schützenbrigade von St. André befördert worden, in die er durch Befehl vom darauffolgenden 1. April aufgenommen wurde.

Der Herr Marquis de Poyanne ist daran besonders interessiert und bemerkt dazu, daß er drei Jahre auf der Kavallerieschule gewesen ist und Geburt (und) Besitz mit sehr viel Geist verbindet, außerdem, daß er die Ehre hat, durch seine Frau Mutter, eine Maillé-Brezé, mit dem Prinzen de Condé verwandt zu sein.» (Henri d'Alméras)

Seinen Dienstzeugnissen zufolge erhält er die besagte Kompanie am nämlichen 21. April 1759 und dient von da an als Rittmeister im Burgundischen Kavallerieregiment. Kein Wort findet sich in diesen Dienstzeugnissen von dem «Feldzug von 1758», von dem in den *Œuvres de M. le M. de S.* ausführlich berichtet wird, in einer Weise, aus der hervorgeht, daß der Kornett Donatien de Sade persönlich daran beteiligt war:

«Wir nahmen von den feindlichen Truppen achtzig gefangen [am 18. Oktober, in Herbern, auf dem Weg nach Münster], und wir töteten ihrer viele, ohne daß es auf unserer Seite mehr als achtzig Getötete oder Verwundete gegeben hätte [...] Wir vereinigten uns mit Monsieur d'Armentières und marschierten anderntags [am 25. Oktober] auf Münster. Der Feind hatte sich dort verschanzt, und es schien, als wolle er die Stadt halten. Er beschoß uns ausgiebig, ohne uns sonderlich zu schaden.»

Der vierte Beleg besteht aus zwei, ja, sogar aus drei Dokumenten: Zunächst aus der wahrscheinlich von einem Sekretär des Comte angefertigten Abschrift eines Briefes Sades, auf dem als Datum lediglich «Zu Saint-Dizier, den 25. dieses» vermerkt ist. Nach Auffassung von Gilbert Lely entstand dieser Brief «im April 1759, auf der Rückfahrt des Marquis de Sade zur Armee in Deutschland, als der lange Urlaub oder sogar Halbjahresurlaub endete, der seiner Ernennung zum Rittmeister im Burgundischen Kavallerieregiment vorausgegangen war». Dem Brief von Donatien ist, auch in Abschrift, ein anderer beigefügt, der von einem Herrn de Castéra stammt, von dem wir erfahren, daß er ebenfalls zwanzig Jahre alt ist. Beide Abschriften tragen schließlich Anmerkungen von der Hand des Comte de Sade, der das Ganze offenbar seinem Bruder, dem Abbé von Ébreuil, geschickt hat. Es erscheint mir notwendig, hier den Brief Sades ungekürzt wiederzugeben und dabei das, was mir besonders auffällt, hervorzuheben. Der Comte de Sade hat ihn mit dem folgenden Vermerk versehen: «Abschrift des Briefes, den er an den Abbé geschrieben hat, der bei mir wohnt[3]; ich bin darüber sehr böse, denn ich wollte, daß niemand weiß, was er getan hat.»

> «Die vielen Fehler, die ich während meines Aufenthalts in Paris begangen habe, lieber Abbé, die Art und Weise, wie ich mich gegen den *zärtlichsten* Vater der Welt verhalten habe, lassen es ihn bereuen, daß er mich hat kommen lassen. Aber die Gewissensbisse, daß ich ihm mißfallen habe, und die Sorge, daß ich *seine Freundschaft* für immer verlieren könnte, sind meine gerechte Strafe! Von jenen Freuden, die ich für wirklich hielt, bleibt mir nur der bitterste Schmerz, daß ich *den zärtlichsten aller Väter und den besten aller Freunde* verärgert habe. Ich stand jeden Morgen auf, um das Vergnügen zu suchen; dieser Gedanke ließ mich alles vergessen. Ich glaubte glücklich zu sein, sobald ich meinte, es gefunden zu haben, *aber dieses angebliche Glück verflüchtigte sich mit meinem Verlangen*, ließ mir nichts als Bedauern zurück. Abends war ich verzweifelt; ich sah, daß ich unrecht tat, aber ich merkte es erst abends, und am nächsten Morgen erwachte mein Verlangen aufs neue, ließ mich wieder dem Vergnügen entgegeneilen. Ich erinnerte mich nicht mehr an die Überlegungen vom Vorabend. Man schlug mir eine Partie vor, ich sagte zu, *ich glaubte, mich amüsiert zu haben*, und ich sah, daß ich nichts als Dummheiten gemacht und mich durchaus nicht unterhalten hatte; außer mit mir selbst [*sic*]. *Je mehr ich jetzt über mein Betragen nachdenke, desto merkwürdiger erscheint es mir.* Ich sehe, daß mein Vater recht hatte, als er mir sagte, *dreiviertel aller Dinge täte ich nur, um anzugeben. Ach, hätte ich nur das getan, was mir wirklich Freude macht, ich hätte mir so viel Leid erspart und meinen Vater nicht so oft belei-*

[3] Offenbar handelt es sich bei diesem Abbé um den Abbé Amblet, und der Brief wurde ihm in der Absicht geschickt, daß er dem Comte in die Hände fiel.

digt! Wie konnte ich mir nur einbilden, daß die Mädchen, die ich sah, mir echte Freude schenken könnten? Ach, kann man denn ein Glück, das man kauft, nie recht genießen, und *kann eine Liebe ohne Feinheit nie wirklich zärtlich sein?* Meine Eigenliebe leidet jetzt unter dem Gedanken, daß ich nur geliebt worden bin, weil ich vielleicht weniger schlecht bezahlte als ein anderer.

Soeben bekomme ich einen Brief meines Vater. Er verlangt von mir, daß ich ihm *ein umfassendes Geständnis* ablege. Ich werde es tun, und ich versichere Ihnen, es wird aufrichtig sein; ich will einen *so zärtlichen* Vater nicht mehr belügen. Er wird *mir noch einmal verzeihen, wenn ich ihm meine Fehler eingestehe.*» (Lely)

Ganz offensichtlich entspringt diese Leichtigkeit des Stils einer ebensolchen Leichtfertigkeit des Wesens. Man kann sich sehr gut vorstellen, wie dieser junge Marquis, dieser kindliche Rittmeister angeheitert heimkommt und automatisch die fertigen Formeln der vollkommenen Zerknirschung herunterhaspelt, während er bereits an die galanten Abenteuer seines nächsten Urlaubs denkt. Nur ist er eben auch schon Schriftsteller, mehr als er selbst weiß, und es ist unmöglich, daß sich hinter der Rhetorik nicht auch seelische Regungen abzeichnen, deren Authentizität unzweifelhaft ist. Das aber ist das Kennzeichen des wahren Schriftstellers: Nie wird das, was er schreibt, ausschließlich *von den Umständen bestimmt.*

Für mich ist zunächst klar, daß sich hinter den abgegriffenen Klischees dieses jungen Mannes nachdrücklich ein Verlangen nach Zärtlichkeit meldet (viermal wird diese beim Namen genannt – und in der «Liebe ohne Feinheit» gesucht), ein Verlangen, das meines Erachtens nicht zu trennen ist von der Entdeckung einer wachsenden Einsamkeit. Ich sehe darin sodann die Bemühungen eines neuen Wesens, das sich noch nicht recht zu erkennen vermag, das ganz über sich erstaunt ist, das sich noch sucht, ohne sich zu finden, und das sich über sein eigenes Wesen merkwürdige Illusionen macht. Denn wenn Sade tatsächlich «dreiviertel aller Dinge aus Angeberei» tut, dann stellt sich die Frage, als was er in den Augen der anderen erscheinen möchte? Er ist nicht wie sie, doch das weiß er nicht, möglicherweise spürt er es auf verworrene Weise (und vielleicht spüren es auch die anderen schon; das sind Dinge, die man mit dem Gefühl wahrnimmt). Hätte er, wie er sich ausdrückt, «nur das getan, was ihm wirklich Freude macht», und was er ohne Zweifel nur ahnt, dann hätte er alles andere als sich Leid erspart und seinen Vater beruhigt, wie er sich einreden will – er hätte einen Skandal verursacht. Seine Enttäuschung ist aufrichtig, aber sie hat nicht die Ursache, die er ihr zuschreibt. Das Enttäuschende an den Vergnügungen, die er kennengelernt hat, ist für ihn ihre Banalität. Er hat noch nicht seinen Weg gefunden, einen Weg, der nicht der der übrigen kleinen Herrchen ist. Sucht er doch immer noch im Vergnügen die Zärtlichkeit; er wird bald erfahren, daß diese Bestrebungen bei ihm nicht recht zusammenpassen.

Hier nun der Brief, der an den von Sade angeheftet ist (Vermerk des Comte de Sade: «Abschrift eines Briefes von Herrn de Castéra aus Saint-Dizier»):

> «Dem lieben Sohn geht es ausgezeichnet, er ist liebenswürdig, gefügig, unterhaltsam, amüsanter, als ich es während des Aufenthalts erhoffte, den meine kleinen Geschäfte und seine Zustimmung uns hier nehmen ließen. Die Reise gibt ihm wieder die Fülle und die Farbe zurück, welche die Vergnügungen von Paris ihm ein wenig genommen hatten; wir geben darauf acht. Teissier ist ein Schatz, den in hohen Ehren zu halten ich ihn ermahne[4]. Leider machen uns unsere beiden Pferde Scherereien; seines frißt schlecht, hinkt (wohl das Hufeisen); er behauptet, es sei aus Bosheit, denn wenn es ausbrechen kann, macht es Bocksprünge. Meines hat eine Verletzung am Widerrist, aber ich hoffe, wir werden damit fertig. Bei jedem Aufenthalt hinterläßt er Bedauern und trägt ebensolches mit sich. Sein kleines Herz oder vielmehr sein *Körper* ist furchtbar leicht entflammbar: wehe den deutschen Mädchen! Ich werde mein möglichstes tun, um zu verhindern, daß er Dummheiten macht. Er hat mir sein Ehrenwort gegeben, in der Armee nicht mehr als einen Louis täglich zu verspielen. Aber das ist ein Geheimnis, das ich Ihnen nicht

[4] Teissier ist ein Kammerdiener, den Sade einige Zeit behalten wird: «Was halten Sie von seinem Kammerdiener Teissier?» wird Madame de Montreuil, Sades Schwiegermutter, 1765 fragen.

enthüllen dürfte. Ihre Güte und die schmeichelhaften Auszeichnungen...»

Die Zärtlichkeit, die der junge Sade von seinem Vater erfleht, zeigt sich nicht. Der Comte notiert auf der Abschrift des Briefes von Herrn de Castéra:

«Seht doch, ob dieser Schlingel einen Louis täglich zu verlieren hat! Er hatte mir versprochen, keinen Sou zu verspielen, aber was er sagt oder nicht sagt, ist dasselbe. Aber man soll sich keinen Kummer machen. Dieser Herr de Castéra ist erst zwanzig und hat nie eine Dummheit gemacht. Er ist so verwundert, wenn man leichtfertig ist, daß er es nicht [Rest unleserlich]»[5]

Am 12. August 1760 schreibt Sade den letzten uns bekannten Brief bis zum Jahr 1763, in dem sich so vieles in seinem Leben ändern wird. Wir wissen – Privileg der Geschichte –, was die Zukunft für ihn bereithält. Er weiß es nicht. Er schreibt diesen Brief zweifellos mit derselben Leichtigkeit und Rhetorik wie den vorigen und betrachtet ihn offenkundig als «Stilübung», denn er nimmt ihn ebenfalls unter seine «ersten Werke» auf[6]. Zweihun-

[5] BN. Nicht vollständig veröffentlicht; falsch gedeutete Fragmente bei Lely.

[6] Es handelt sich um die Sammlung von Jugendtexten, von der auf den Seiten 71 und 73 die Rede war. Die Existenz dieser Sammlung wirft verschiedene Fragen auf, die ebenso irritierend wie erregend sind. Während ich dies schreibe (Januar 1986), befindet sich diese gebundene Handschrift noch im Besitz der Familie de Sade. Der Rücken des Einbands wies den Titel auf: *Œuvres de M. le M. de S.* (Die goldenen Lettern sind vergangen.) Sie wird häufig auch mit *Premières œuvres* oder *Œuvres diverses* bezeichnet. Die Abschrift soll von der Hand des Dieners Carteron, genannt La Jeunesse, sein, mit eigenhändigen Korrekturen Sades. Die dreihundertsechzig Seiten enthalten – vermutlich zwischen 1758 und 1772 entstandene – Gedichte, Lieder, eine Komödie, Reiseberichte, Porträts und Briefe, die bisweilen (vgl. den Brief an Mademoiselle de Lauris, S. 96f., von einer solchen Intimität sind, daß man sich wundert, nicht etwa, daß sie unter die *Werke* aufgenommen wurden (welcher Schriftsteller wäre dessen nicht fähig?), sondern daß die Familie sie seinerzeit aufbewahrt hat. Wer hat diese Texte abschreiben lassen? Wahrscheinlich Sade, dessen Diener La Jeunesse war. Doch wenn es Pélagie de Montreuil war, seine Frau? Und wer hat das Manuskript so sorgfältig binden lassen? Wann? Und für wen – und wo – wurde es während der langen Gefängnisjahre Sades aufbewahrt?

dertfünfundzwanzig Jahre später können wir ihn nur als einen stellenweise herzzerreißenden Abschied an die Jugendzeit lesen (die Hervorhebungen stammen von mir):

«M. de la Tour du Pin und der Prinz Rohan-Rochefort sowie viele andere sind schwer verletzt worden.

Ich gehe mit den Maultieren äußerst schonend um, und sie versprechen nächstes Jahr sehr ordentlich zu werden. Wenn ihnen, wie ich hoffe, kein Unglück zustößt, werden wir über die drei Punkte, die Sie als Voraussetzung *meiner Reise in die Provence* fordern, bald einig sein. Was die Zustimmung des Obersten angeht, so kann er sie mir nicht verweigern, da ich einen für dieses Jahr gültigen Paß und Geld habe. Es ist zwar nicht viel, aber dennoch möchte ich Sie nicht um welches bitten. Was den dritten Punkt betrifft, ersuche ich Sie, mich nicht für ein Ereignis verantwortlich zu machen, das nicht von mir abhängt. Gewiß würde ich, wenn abzusehen wäre, daß die Operationen sich bis nach dem 25. November hinziehen, wegen der fortgeschrittenen Jahreszeit von einer so weiten Reise absehen. Es hat jedoch nicht den Anschein, daß wir uns nicht vor diesem Zeitpunkt zurückziehen. Was mich überzeugt und mir sogar *großes Vergnügen* bereitet, ist die Vorstellung, daß ich vor Ablauf von drei Monaten *das Vergnügen haben werde, Sie zu küssen und Ihnen meine Reverenz zu erweisen. Ohne übertriebenes Selbstbewußtsein, bilde ich mir trotz allem ein, in der direkten Begegnung nicht so viel zu verlieren, wie Sie es sagen.*

Sie fragen mich nach meinem Lebensplan, meinen Beschäftigungen. Ich will es Ihnen sogleich und aufrichtig in allen Einzelheiten darlegen. Man wirft mir vor, *daß ich gern schlafe; es stimmt, ich habe diesen Fehler: Ich gehe früh zu Bett und stehe sehr spät auf.* Ich bin sehr oft zu Pferde unterwegs, um die Stellung des Feindes und die unsere zu prüfen. *Nach drei Tagen in einem Lager kenne ich es bis zum letzten Winkel, ebenso gut wie der Herr Marschall.* Ich mache mir entsprechend meine Gedanken, gute oder schlechte; ich spreche sie aus, und man lobt oder tadelt mich, je nachdem, ob sie ein wenig oder gar nichts Vernünftiges enthalten. Gelegentlich mache ich Besuche, aber nur bei Herrn de Poyanne oder bei meinen früheren Kameraden von den Schützen oder dem königlichen Regiment. *Ich mache nicht viel Aufhebens davon; ich liebe sie nicht.* Wäre nicht Herr de Poyanne, ich würde während des ganzen Feldzuges keinen Fuß in das Hauptquartier setzen. Ich weiß wohl, daß mir das nicht förderlich ist; *um voranzukommen, muß man sich bei Hofe zeigen, aber ich mag das nicht.* Wenn ich höre, wie jemand tausend Dinge sagt, die vielfach nicht seiner Meinung entsprechen, nur um einem anderen zu schmeicheln, leide ich. Ich bringe es nicht über mich, eine so törichte Rolle zu spielen. Höflich sein, anständig, selbstbewußt ohne Stolz, zuvorkommend ohne Langweiligkeit; sich recht oft seine kleinen Wünsche erfüllen, wenn sie einem nicht schaden, weder uns noch sonst jemand; gut leben, sich amüsieren, ohne sich zu ruinieren oder in Ungelegenheiten zu bringen; *wenig Freunde, vielleicht überhaupt keinen, denn es gibt keinen, der wirklich aufrichtig wäre* und einen nicht zwanzigtausend Mal opferte, wenn er nur den geringsten Vorteil davon hätte; Ausgeglichenheit, die es einem erlaubt, mit allen gut auszukommen, *ohne von jemand abhängig zu werden, denn sobald man es ist, hat man Anlaß, es zu bereuen;* nur Gutes und Löbliches über Leute äußern, die, oft grundlos, viel Schlechtes über einen gesagt haben, ohne daß man es ahnt (denn fast immer *wird man am meisten von denen getäuscht, die das gewinnendste Äußere haben und sich am meisten um unsere Freundschaft zu bemühen scheinen*). Das sind meine Tugenden, das sind die, nach denen ich strebe. *Wenn ich mir schmeicheln dürfte, einen Freund zu haben, so glaube ich, im Regiment einen zu haben; doch bin ich dessen noch nicht ganz sicher.* Er heißt M..., Sohn von M. de ..., und ist, glaube ich, sogar ein wenig mit mir verwandt über die Simianes, zu denen wir gehören. Er ist ein Bursche von großem Verdienst, sehr liebenswürdig, macht sehr hübsche Verse, schreibt sehr gut, und er übt mit Fleiß und Talent sein Handwerk aus. Ich bin wahrhaftig sein Freund, und ich habe Gründe zu glauben, daß er der meine ist. *Was soll man im übrigen glauben? Mit den Freunden ist es wie mit den Frauen: Bei näherer Prüfung zeigt sich oft, daß die Ware trügerisch ist*[7].

[7] Hier hat Sade eines Tages am Rand hinzugesetzt: «Wie ich es mit diesem da später erlebt habe.»

Dies ist meine ganze *Beichte*; ich öffne Ihnen mein Herz nicht wie einem Vater, den man oft fürchtet, ohne ihn zu lieben, sondern wie dem aufrichtigsten Freund, dem zärtlichsten, den ich in der Welt zu haben glaube. Sie sollten keinen Grund mehr haben, so zu tun, als haßten Sie mich; gewähren Sie mir Ihre *Zärtlichkeit*, um sie mir nie mehr zu entziehen, und seien Sie überzeugt, daß ich nichts unversucht lassen werde, um sie mir zu erhalten.

Meine Stimme ist ein wenig wiedergekommen, dann und wann singe ich, doch sie ist nicht mehr wie zuvor.

Bitte, lassen Sie alsbald von sich hören; *Sie machen sich keine Vorstellung davon, wie ich mich freue, Briefe von Ihnen zu erhalten, aber lassen Sie es nicht wie gewöhnlich bei wenigen Worten bewenden.*

Gestern ist ein Kornett aus unserem Regiment durch einen Säbelhieb getötet worden. Falls Sie zufällig einen Cousin oder Neffen haben, den Sie gern auf diesem Posten sähen, werde ich mich gern bei unserem Obersten dafür einsetzen, und ich werde versuchen, ihn in meine Kompanie zu bekommen. *Wir würden zusammen leben; das würde mir großes Vergnügen bereiten.*

Ich habe die Ehre, mit dem Ausdruck vorzüglicher Hochachtung, Ihr...» usw. (Lely)

Donatien-Aldonze de Sade ist gerade zwanzig Jahre alt. «Sein kleines Herz, oder besser, sein Körper ist furchtbar leicht entflammbar.» Und er brennt. Mager und blaß, blond in seiner blauen Uniform, hat Sade Paris verlassen. Aber die Vergnügungen sind enttäuschend, die Frauen trügerisch wie die Freunde. Immer wenn der heranwachsende beziehungsweise der junge Mann jemandem mit der ganzen Impulsivität seiner «feurigen Seele» sein Vertrauen geschenkt hat, ist es verraten worden. Überall hat er nur Strebertum und Eigennutz über die Gefühle siegen sehen. Aus den sechs Jahren auf der Militärschule und dann im Regiment ist ihm keine dauerhafte Beziehung geblieben. Was den griesgrämigen Vater in der Ferne angeht, der nur alle Jubeljahre ein paar dürre, ranzige Zeilen schreibt, die seinen Charakter widerspiegeln, so hängt die Illusion, hinter seiner Brummigkeit könne sich etwas anderes als feindselige Ablehnung verbergen, bei seinem Sohn an einem sehr dünnen Faden, an den er sich verzweifelt klammert. Eine Weile versucht er noch, es nicht zu sehen, daß er völlig allein ist.

Wenn alles gutgeht und die Feldzüge sich nicht allzusehr hinziehen, möchte er seinen nächsten Urlaub in der Provence verbringen.

Es ist möglich, daß er sich im Herbst 1760 oder auch in den beiden folgenden Jahren dorthin begeben hat. Wir wissen es nicht, denn die Zeit vom August 1760 bis zum Februar 1763 ist uns fast völlig verschlossen. Nur zwei Tatsachen ragen aus dem Nebel hervor: 1762 muß er einen Posten bei der Gendarmerie ausschlagen, weil seine Familie nicht imstande ist, ihn dort einzukaufen. Im selben Jahr, am 16. September, stirbt seine Großmutter in Avignon (ohne daß einer seiner Biographen dies vermerkte). Für einen mit Krieg und kurzen Liebschaften beschäftigten jungen Mann muß das zunächst kein erstrangiges Ereignis sein, aber es reißt dennoch eine dieser Lücken, die sich früher oder später bemerkbar machen, besonders bei einem so nach Zuneigung hungernden Wesen wie Sade[8].

Läßt sich in diesen zwei Jahren, die von Feldzügen, Märschen und möglicherweise auch Kämpfen erfüllt sind, die Episode mit dem geretteten Deserteur unterbringen, an die er in seinem «Großen Brief» 1781 kurz erinnert: «Ich bin ein Wüstling, aber ich habe einen Deserteur, der von seinem ganzen Regiment und seinem Obersten aufgegeben worden war, vor dem Tod gerettet»?

[8] Bei der nochmaligen Lektüre des *Journal inédit* von Charenton springt mir eine Notiz ins Auge, an die ich nicht mehr gedacht hatte; sie bestätigt meine Vermutungen vollauf. Im August 1807 leidet Sade «seit drei Wochen [...] an schrecklicher Schlaflosigkeit»; er schreibt: «In der Nacht vom 20. auf den 21. April dachte ich daran, daß die Komödien für mich immer von Unheil begleitet waren. Die in Hesdin wurden unterbrochen durch den Tod einer Großmutter, die ich abgöttisch liebte und die mich aufgezogen hat.» (*Marquis de Sade, Der Greis in Charenton,* München, belleville, 1990.) So erfahren wir plötzlich, daß Sade, obwohl beim Militär (mit großzügig gehandhabtem Urlaub?), im September 1762 in Hesdin im Norden Frankreichs (vielleicht bei der «Verlobten», von der noch die Rede sein wird) Theaterstücke zur Aufführung brachte und der Tod seiner Großmutter väterlicherseits, Louise d'Astouaud de Murs, für ihn ein so wichtiges Ereignis war, daß er alles schlagartig abbrach.

Am 10. Februar 1763 wird der Siebenjährige Krieg mit dem Friedensvertrag von Paris offiziell beendet (der Vorfrieden war drei Monate zuvor in Fontainebleau unterzeichnet worden). Das Ende der Feindseligkeiten gibt uns ein wenig von Donatien de Sade zurück, über den, wenn auch spärlich, wieder Dokumente auftauchen. Wie jedesmal, wenn ein Krieg endet, werden viele Offiziere ausgemustert, die allerdings, wenn sich später die Gelegenheit ergibt, wieder den Dienst aufnehmen dürfen. Wie wird er sein Leben außerhalb der Armee gestalten? Was wird er mit einer Freiheit anfangen, die er, vom zehnten Lebensjahr an in den engen Rahmen des Kollegiums, der Militärschule und des Militärdienstes gepreßt, bisher nicht kennengelernt hat? Wird, wie es sich abzeichnet, aus dem ein wenig zügellosen Soldaten nun einer der vielen ausschweifenden Stutzer?

10.

«Nie einen wie ihn gesehen»

Frankreich ist im Jahre 1763 nicht mehr das, was es war. Es ist durch den Krieg erschöpft, durch seine Niederlagen zur See gedemütigt, der Besitzungen Kanada, Louisiana und Senegal beraubt und in Indien auf einen kleinen Rest zurückgeworfen. In Europa hat es mit Müh und Not die Rückkehr zum territorialen Status quo von 1756 geschafft, der eine Zeitlang durch die Niederlagen der von der Pompadour durchgesetzten Armeechefs gefährdet war. Hat sich nichts verändert? Doch: Die Gebiete der westlichen Welt sind neu verteilt. England herrscht auf den Meeren; es hat freie Hand, sein neues Ansehen auf dem Kontinent zu nutzen, wo Friedrich II., der kleine König von Preußen, im Begriff ist, Friedrich der Große zu werden, der «aufgeklärte Despot», der «Philosoph auf dem Königsthron».
1740, im Geburtsjahr Sades, hat er den Thron bestiegen. Dreiundzwanzig Jahre später tritt Preußen, das im Siebenjährigen Krieg um ein Haar untergegangen wäre, aus diesem dank einer modernen, rationellen, wirksamen Staatsführung als eine in doppelter Hinsicht neue Macht hervor. Die dort angewandten Methoden gehen übrigens direkt auf die philosophischen Prinzipien zurück, die die französischen Intellektuellen entwickelt hatten, aber nicht der eigenen Führungselite vermitteln konnten. Das politische Frankreich befindet sich zwischen Ludwig XIV. und Robespierre, zwischen der magischen Monarchie und der absoluten Ideologie, an einem Punkt seiner Geschichte, da die alte Gesellschaft sich unter der Einwirkung der neuen Tendenzen allmählich auflöst, ohne jedoch ein klares Bild für die Zukunft zu besitzen. Ludwig XV. kann jemanden wie Friedrich II. nicht verstehen. Er sagt über ihn: «Das ist ein Narr, der alles auf eine Karte setzt, und er könnte das Spiel gewinnen, obwohl er keine Religion, keine Sitten und keine Prinzipien hat.» Ludwig XV. besitzt dagegen Religion, wenn auch keine Sitten. Das Ausmaß seiner Verfehlungen läßt seine Autorität dahinschwinden. Vor dreißig Jahren hat er mit dem «Leben eines Minotaurus» begonnen, von dem Michelet spricht. Der Inniggeliebte von 1744

ist inzwischen weitgehend zu dem «schändlichen, gedankenlosen Automaten», dem «Vater der Diebe und der Huren» geworden, dessen Ableben man in zehn Jahren mitleidlos besingen wird. Zu der Legende vom Hirschpark wird Tag für Tag etwas hinzugedichtet (tatsächlich ist es nur ein großes Haus in einem Viertel von Versailles gewesen, doch es stimmt, daß dort eigens für den König junge Mädchen untergebracht wurden). In den Straßen von Paris weiß man nicht mehr, ob die wiederholten Kindesentführungen der Besiedelung des Mississippi dienen oder Nachschub für die Betten der Mächtigen liefern sollen; sie führen 1750 zu Unruhen, bei denen Büttel erschlagen und Leute aus dem Volk gehenkt werden. Es war davon die Rede, Versailles in Brand zu stecken. Dank des trotz allem florierenden Handels und der sich ausbreitenden Schulbildung wird sich die Mittelschicht ihrer Stärke bewußt und fordert auch für sich einen Platz an der Sonne. Andererseits lehnen sich die Kirche, die Parlamente und das Finanzwesen (eine Macht jungen Datums, seit Law) gegen jede Maßnahme auf, die einen Fortschritt bringen könnte, und wenden sich gerade dadurch ebenfalls gegen den Thron. Wie so häufig entsteht aus dem Umstand, daß alle Unzufriedenen in eine jeweils andere Richtung ziehen, ein Stillstand, der alle zur Verzweiflung treibt.

Auch die Entwicklung der Gefühlswelt schlägt unterschiedliche Wege ein. Tag für Tag gewinnt die «Philosophie» an Boden, und die «Vernunft» rückt alles in das entzaubernde Licht der «Aufklärung». Der erste Band der *Encyclopédie* erscheint 1751 (im selben Jahr veröffentlicht Hume seine *Untersuchung über die Prinzipien der Moral*); Rousseaus *Abhandlung über den Ursprung der Ungleichheit* erscheint 1755[1]. Voltaire gibt den Ton an (1757 erscheint der *Versuch über die allgemeine Geschichte*, 1758 *Candide*). Diderot, d'Holbach und d'Alembert verzeichnen steigende Auflagen. Zugleich aber wächst der Hang zur Romantik; die Seelenlandschaften füllen sich mit ebenso düsteren wie rätselhaften Gewittern, Ruinen und Wäldern. In den Buchhandlungen tauchen die englischen Romane auf (1752 übersetzt Prévost *Clarissa Harlowe*). Und während sich in gewissen Kreisen das

[1] Ganz genau: *Abhandlung über den Ursprung und die Gründe der Ungleichheit unter den Menschen.*

«Laster» ausbreitet, feiern bei den empfindsamen Gemütern mit Rousseau die Tugend und der von Natur aus gute Mensch Triumphe. *Die neue Heloise* rührt Anfang 1761 ganz Europa zu Tränen.

Donatien de Sade las Rousseaus Roman bestimmt nicht als letzter, und gewiß hat er auch sehr früh die Philosophen gelesen.[2] Er liest überhaupt viel (Paulhan wird zweihundert Jahre später sagen: «Er hat ebenso viele Bücher gelesen wie Marx.»). In seiner *Idée sur les romans* aus dem Jahr 1800 feiert er zunächst Voltaire («Da er keine andere Absicht hatte, als in seinen Romanen Philosophie zu verbreiten, verzichtete er um dieses Zieles willen auf alles. Wie geschickt ist er dabei zu Werke gegangen! Und werden nicht allen Kritiken zum Trotz *Candide* und *Zadig* für immer Meisterwerke bleiben?»), und anschließend findet er begeisterte Worte für Rousseau:

> «Rousseau, den die Natur so reich mit Zartgefühl, mit Empfindsamkeit bedacht hat, wie sie Voltaire nur mit Geist beschenkte, hatte vom Roman eine ganz andere Auffassung. Welch ein Schwung, welch eine Kraft in *Héloïse*! War es Momus, der Voltaire den *Candide* diktierte, so hat Amor die glühenden Seiten der *Julie* mit seiner Fackel geschrieben, und man kann mit Recht sagen, daß dieses erhabene Buch niemals Nachahmer haben wird. Möge diese Wahrheit bewirken, daß der Masse der Eintags-Schriftsteller, die uns seit dreißig Jahren immer wieder schlechte Kopien dieses unsterblichen Originals liefern, die Feder aus der Hand gleitet; mögen sie also bemerken, daß es, um an ihn heranzureichen, einer feurigen Seele bedarf, wie Rousseau sie besitzt, und eines philosophischen Geistes wie des seinen, zweier Dinge, welche die Natur nicht zweimal in einem Jahrhundert zusammentreffen läßt.»

Wie stark ist bei dem gerade entlassenen Rittmeister Donatien de Sade das mehr oder weniger bewußte Verlangen, gleichzeitig Diderot, Voltaire und Rousseau «oder sonst gar nichts» zu sein, wobei in ihm jedoch das Gefühl und der Wille aufkeimen, noch bedeutender zu werden?

[2] Das «Portrait de Mademoiselle de L***» in den *Premières œuvres* wird von Sade als das «[seiner] *Julie*» bezeichnet.

Man weiß es nicht. Man weiß nur, daß er bereits den Wunsch hat zu schreiben, vielleicht, um seinen Vater zu übertreffen, daß er sich bereits als Schriftsteller versteht, daß er keinen Liebesbrief, keinen Brief der Trennung oder der Verführung mehr schreibt, der allein an seine Adressatin gerichtet ist, daß er auf Reisen keine Aufzeichnung mehr macht, die nicht im Hinblick auf eine spätere Beschreibung verfaßt ist. Dies beweist uns die Existenz des Manuskripts der *Œuvres de M. le M. de S.*

Der Einfluß des Abbé de Sade und seines *Pétrarque* ist hier unbestreitbar, doch tritt er sicherlich hinter den des Comte zurück. Während wir nichts darüber wissen, welches Verhältnis Sade als Kind zu seinem Vater hatte, wenn er, was selten der Fall war, mit ihm zusammen war, können wir uns vorstellen, wie er ihn gesehen hat, seit er sich die Dinge des Geistes erschloß. Dieser Mann, der mit Voltaire Gedichte ausgetauscht, der Komödien geschrieben hatte, muß, in den Augen seines Sohnes, der seit früher Kindheit in einer literarischen Atmosphäre aufgewachsen war, ein ungeheures Ansehen genossen haben. Der Comte hat für Sade, unabhängig von den Gefühlen, die dieser ihm lange entgegengebracht hat, ohne Zweifel viel *bedeutet.*

Wie steht es mit diesen Gefühlen in den Jahren 1762-63? Wir stellen bei Sade zumindest zwei verschiedene Haltungen gegenüber seinem Vater fest: Zunächst, was die gesellschaftlichen Formen angeht, einen Respekt, den er niemals verlieren wird. Vielleicht auch eine gewisse Furcht, verständlich in einer Zeit, da der Titel des Familienoberhaupts kein bloßer Ehrentitel ist, sondern einer ganz konkreten rechtlichen Realität entspricht: In den Kreisen der de Sades kann ein Vater, wie das Beispiel Mirabeau zeigt, einen verschwenderischen Sohn ohne weiteres einsperren lassen. Im Grunde zeigt dieser junge Mann aber recht offen einen ganz entschiedenen Drang, alle seine Wünsche zu verwirklichen, «ohne sich von irgendeiner Rücksicht aufhalten zu lassen»[3]. An vielen Einzelheiten merkt man außerdem, daß er sich über das Wesen dieses unentschiedenen («Es stimmt, daß ich mehrmals meine

[3] Im September 1763 wird der Comte de Sade an seinen Bruder, den Abbé, schreiben: «Er ist nie falsch, denn er verstellt sich nicht einen Augenblick und tut sich nie einen Zwang an.» (BN^x) Sade versucht nur selten, Tricks anzuwenden, und wenn, klappt es nicht.

Meinung geändert habe», schreibt der Comte), kränklichen, kleinlichen, *überforderten* Vaters durchaus im klaren ist. Bisweilen hat er auch, wie er später sagen wird, Mitleid mit ihm. In Kürze werden wir sehen, wie sehr das Bild dieses Vaters in mancher Hinsicht dem entspricht, was er auf keinen Fall werden möchte.
Was den Comte betrifft, so scheint er sich solche komplizierten Fragen nicht zu stellen. Ihn bewegt kein heftiges Gefühl; für ihn existiert nur, was ihn in seinem einsamen Hypochonderdasein stärkt oder stört. Ich will ihn nicht zu einem Dummkopf erklären – das ist er bestimmt nicht. Er ist nur – in seinen Ideen, seinem Verhalten, seinen Werken, ja, sogar in seiner Unordnung – ein absoluter Konformist.
In den zahlreichen Briefen, die wir von ihm besitzen (und von denen leider sehr wenige aus der Zeit vor Sades zwanzigstem Lebensjahr stammen), spüre ich immer wieder, wie fremd sein Sohn ihm ist. Wenn er (im Juni 1763) über Donatien schreibt: «Ich habe nie einen wie ihn gesehen» (BN[x]), dann drückt diese gestanzte Formel ein wahres Gefühl aus. Nicht nur, daß er sich nicht in ihm wiedererkennt; er ist auch zu scharfsinnig, um an seinem Erben nicht etwas Ungewöhnliches, etwas von einem bösartigen Kind zu bemerken, das ihn ärgert, aber gleichzeitig zu phantasielos, um zu begreifen, worum es geht – wer hätte ihn im übrigen auch verstanden? Ich glaube, das ist es, was er auszudrücken versucht, wenn er in seinen Briefen wiederholt beklagt, daß sein Sohn «in eine falsche Umgebung hineingeboren» sei. In die richtige Umgebung hineingeboren zu sein, das hätte vielleicht bedeutet, ausschweifend zu leben, dem Spiel zu frönen und verschwenderisch zu sein, aber *wie die anderen*, in derselben Art wie etwa sein Vater und seine Onkel. In einem Brief aus dem Jahre 1763 schreibt der Comte mißbilligend, sein Sohn habe «nur Wind im Kopf und den Hang zu einem Vergnügen, das er nirgendwo findet» (Lely). Ist das möglich? Der Comte und seine Brüder haben ihr Vergnügen stets dort gefunden, wo sie es suchten. Sie haben es stets *bekommen für ihr Geld*.
In den Jahren 1762-63 ist es nicht gerade wahrscheinlich, daß der Comte viel Vergnügen hat, aber er hat noch weniger Geld. Seine Briefe an den Abbé, seinen Bruder, an seine Mutter, an seine Schwestern sind eine einzige lange Klage: «Alles, was ich hier habe, ist gepfändet [...] Mir passieren Dinge, die so nur mir pas-

sieren können [...] Ich hoffe indes, in einigen Tagen Geld zu haben [...] Am Ende wird man doch eine Anleihe zum üblichen Zinssatz aufnehmen müssen, denn ich bin völlig mittellos [...] Es ist noch nie passiert, was mir passiert. Der Abbé wird Ihnen sagen können, ob es mein Fehler ist und ob ich nicht mit der Zahlung dessen, was man mir schuldet, habe rechnen können, aber ich bin dazu geboren, unglücklich zu sein», usw. (BN[x]) Er macht seinen Bruder verantwortlich, dem er 1760 die Verwaltung seiner Geschäfte übertragen hat: «Mit seinem großen Geist denkt er an nichts»; dann legt er sein Schicksal wieder in dessen Hände: «Dennoch sage ich, daß Sie ganz darüber verfügen dürfen [...] Ich freue mich sehr, Ihnen dieses Zeichen der Freundschaft und der Dankbarkeit geben zu können, für all die Mühe, die Sie sich um mich machen.» Im übrigen tut er häufig so, als sei ihm alles egal: «Ich bin für nichts dankbar [...] Ich kümmere mich um nichts mehr [...] Ich hänge an nichts.» Das irdische Jammertal wird ihm gleichgültig: «Ich gedenke mich in einen Winkel zurückzuziehen, um nur noch an mein Ende zu denken und unbeachtet von aller Welt zu leben. Ich werde Ihnen bald für immer Lebewohl sagen und Sie [er schreibt an seine Mutter] für all die Mühe und den Kummer, den ich Ihnen bereitet habe, um Verzeihung bitten.» Man muß dazu wissen, daß er ziemlich krank ist. Er leidet an Wassersucht. Er hat sich bei der Äußeren Mission in der Rue du Bac einquartiert.

In seinen Briefen findet sich nicht eine Äußerung der Zuneigung zu Donatien oder auch nur echter Sorge um ihn, sondern ausschließlich eine kalte Wut, die sich über ganze Seiten hinzieht: «Ein Sohn, der mir ständig Ungelegenheiten bereitet [...] Alles, was mein Sohn macht [...] Mein Sohn versäumt nicht einen Ball, nicht eine Theatervorstellung; man ist darüber empört [...] Er bringt es noch so weit, daß ich Paris verlasse, nur, um nicht zu hören, was man über ihn spricht.»

Tatsächlich genießt Donatien sein Leben in vollen Zügen. Er ergibt sich dem Glücksspiel und rennt ständig den Frauen nach, wie er es seit der Armeezeit getan hat; die meisten jungen Offiziere machen es nicht anders. Noch deutet nichts darauf hin, daß seine Zerstreuungen sich merklich von denen der anderen jungen Männer seines Alters und seines Standes unterscheiden, und noch hat sich seine außergewöhnliche Persönlichkeit nicht so weit ausgeformt, um sich äußerlich abzuheben von den «schwerfälligen Anhängern der gewöhnlichen Vergnügungen», die er in *Juliette* verspotten wird. Im Februar 1763 schreibt der Comte an seinen Bruder, den Abbé: «Neulich hat der Major aus seinem Regiment hier gespeist, zusammen mit Monsieur de Saint-Germain, der ihn über meinen Sohn ausfragte. Es ist entsetzlich, was er alles über ihn berichtet.» Daraus läßt sich nichts entnehmen, denn entsetzlich sind für den Comte die Bälle ebenso wie die Theatervorstellungen und die schlimmsten Verworfenheiten. Vielleicht geht es auch nur um etwas überhöhte Ausgaben. Ein unwürdiger Sohn ist für ihn nicht so erschreckend wie ein verschwenderischer Sohn. Leider ist Donatien in seinen Augen das eine wie das andere.

Entnervt, verheiratet der Comte seinen Sohn.

11.

Die Verlobten

Der Comte de Sade ist schon seit langem bestrebt, die Sorge um seinen Sohn auf eine Frau und damit zugleich auf die zukünftigen Schwiegereltern abzuwälzen. Im September 1762 schreibt er an eine seiner Schwestern: «Mir war klar, daß man ihn möglichst bald verheiraten muß. Aber niemand hat mir geglaubt, man hat mir ständig gesagt: Es eilt nicht. Ich wünschte mir, daß die Zeit schon gekommen wäre.» Der unwürdige Sohn ist damit völlig einverstanden. Aus dem verpatzten Eheleben seiner Eltern, der unversöhnlichen Einsamkeit seines Vaters und seiner Mutter hat er offenbar den seltsamen Schluß gezogen, daß die Ehe etwas Notwendiges ist; sehr viel später, im Jahre 1790, wird er an seine Tante Gabrielle-Éléonore, die Äbtissin von Saint-Benoît-de-Cavaillon, schreiben:

> «Ich, der ich nur geheiratet habe, um im Alter nicht in meinem Haus allein zu sein, sehe mich jetzt im Stich gelassen, aufgegeben, isoliert und dem gleichen traurigen Schicksal ausgesetzt, in dem mein unglücklicher Vater seine Tage beendet hat; es ist dies die Lage, die ich für mein Alter am meisten gefürchtet habe.» (Bourdin)

Siebenundzwanzig Jahre früher ist es, wie wir sehen werden, nicht allein die Angst, im Alter so einsam zu sein wie sein Vater, die ihn heiratslustig macht, wohl aber ein Zeichen seiner Furcht vor der affektiven Leere.

Wie dem auch sei, Ende 1762, Anfang 1763 verlobt er sich des öfteren: In den letzten Wochen seines Militärdienstes mit einem jungen Mädchen aus Hesdin im Norden, dann mit Mademoiselle de Cambis aus Avignon[1], vor allem aber mit Mademoiselle de Lauris, ebenfalls aus einer Familie von Avignon, die sich jedoch viel in Paris aufzuhalten scheint. («Paris verlassen zu müs-

[1] Es ist möglich, daß Mademoiselle de Cambis jene Mademoiselle de C*** ist, die der Comte ihm als Verlobte ausgesucht hatte, ohne sie gesehen zu haben, und der er später den Hof machen wird, als er auf einem Ball ihre Bekanntschaft macht.

sen, das war es, was dich erschreckte», wird Sade ihr in einem Brief vorwerfen.) Und wahrscheinlich kennen wir nicht einmal alle, für die sein Herz so heftig geschlagen hat, daß er beabsichtigte, sein Leben mit ihnen zu teilen.

In diesem Punkt sind Sade und sein Vater also scheinbar einmal einer Meinung. Darüber, wer die Auserwählte sein soll, gehen ihre Meinungen allerdings auseinander. Der Comte denkt ausschließlich ans Geld: Das junge Mädchen aus Hesdin wird beim Tod seiner Eltern nur siebentausend Livres erhalten. Außerdem ist sie nicht besonders hübsch und soll zudem schon dreißig Jahre alt sein[2]. Mademoiselle de Cambis besitzt ebenfalls nicht viel. Notfalls würde sie es auch tun, aber was der Comte sucht, ist die Erbin eines richtigen Vermögens, sind Schwiegereltern für seinen Sohn, die Beziehungen haben. Gegen Ende 1762 scheint er fündig geworden zu sein: Ein Monsieur Partyet erzählt ihm von seiner Nichte Renée-Pélagie, der ältesten Tochter des Präsidenten und der Präsidentin de Montreuil, die zwar erst seit kurzem zum niederen Robenadel gehören, aber dafür begütert sind und solide Aussichten bieten. Der Entschluß des Comte ist gefaßt:

> «Es steht fest, daß der Herr Präsident de Montreuil, der Vater, seiner Tochter heute hunderttausend Franken gibt, aber das ist nicht einmal die Hälfte dessen, was ihr zukommen soll, denn er erwartet von Madame de Launay, seiner Mutter, eine Rente von mehr als fünfzigtausend Livres. Madame d'Azy, seine Schwester, hat keine Kinder, also steht ihm auch dort noch etwas zu. Monsieur Masson de Plissay [der Vater von Madame de Montreuil] hatte fünf Kinder, drei verheiratete Mädchen und zwei unverheiratete Jungen. Die älteste ist eine verwitwete de Chamousset und hat keine Kinder; da ist also eine weitere Erbschaft zu erwarten. Die zweite ist Madame de Montreuil, die dritte Madame d'Évry. Er hat jedem seiner Kinder hunderttausend Écus gegeben, Sie können sich denken, was ihm bleibt...» (Brief an den Abbé de Sade, Februar oder März 1763, BN[x])

In einem weiteren Brief an denselben Adressaten heißt es kurz darauf:

> «Habe ich Ihnen mitgeteilt, daß man ihnen statt für drei

[2] Brief an den Abbé de Sade, undatiert, letztes Quartal 1762. (BN[x])

nun für fünf Jahre Unterhalt gewähren will, daß sie dort wohnen bleiben können, so lange sie wollen, und anschließend eine Pension erhalten; daß sie beim Auszug zehntausend Franken erhalten werden, um Möbel zu kaufen, die nicht in der Mitgift enthalten sind; daß man glaubt, der Pflichtteil jedes Kindes belaufe sich auf fünf- oder sechshunderttausend Franken? Ich glaube, besser könnten wir es nicht treffen...» (BN[xx])

Doch Geld allein macht nicht glücklich, man muß auch berücksichtigen,

«daß die Mutter eine sehr geistreiche und verdienstvolle Frau [ist] und daß es, alles in allem, sehr liebenswürdige Leute sind, mit denen mein Sohn sehr glücklich werden dürfte. Das alles macht mir große Freude».

Damit aber über diese ganz neuen positiven Gefühle kein Mißverständnis aufkommt, fügt der Comte sogleich hinzu:

«Das Beruhigende daran ist, daß ich diesen kleinen Kerl los bin, der nicht eine einzige gute, aber alle schlechten Eigenschaften hat...»

Was die Beziehungen angeht, lassen die Montreuils nichts zu wünschen übrig; in einem der Briefe an den Abbé führt der Comte aus: «Das alles ist umrahmt von anständigen Familien, Leuten, die einen gewissen Kredit haben, Freunden, die sich für meinen Sohn aufopfern werden.» (Unausgesprochen: «an meiner Stelle»). Das heißt nun nicht, daß Donatien-Aldonze-François Marquis de Sade eine schlechte Partie wäre. Er ist immer noch von angenehmer Erscheinung: «Hübsches Gesicht», wird man bald in einer Gerichtsakte lesen. Er ist «sehr geistreich», verfügt über eine flinke Feder; er ist redegewandt, er singt. Es ist möglich, daß er Cembalo spielt (er kauft jedenfalls eins). Er besitzt schauspielerisches Talent oder glaubt dies zumindest. Er hat einen Namen, einen Titel, was aber nicht heißt, daß er zu jenen mittellosen Söhnen aus vornehmer Familie gehört, die mit ihrem Titel und ihrem guten Aussehen auf eine Mitgift aus sind, wie man es ihm allzu häufig nachgesagt hat. Ein wichtiger Punkt wurde dabei oft übersehen: Selbst wenn seine Familie nicht im Überfluß schwimmt, so besitzt sie doch Ländereien, Schlösser, deren männlicher Alleinerbe er ist. Ein Vater, eine Mutter, ein Großonkel, zwei Onkel und vier unverheiratete Tanten werden ihm früher oder später alle provençalischen Besitzungen der de Sades hinterlassen. Vergessen wir auch nicht, daß sein Vater das Amt eines Generalstatthalters ausübt und daß dieses Amt ihm ebenfalls zufallen wird.

Da ist nur dieser schlechte Ruf, von dem man wirklich sagen muß, daß er allmählich hinderlich wird: «Die anderen [in Aussicht genommenen Eheschließungen] sind alle an seinem sehr schlechten Ruf gescheitert», schreibt der Comte.

Alle anderen? Noch kann man das nicht sagen. Da gibt es zum Beispiel das Fräulein de Lauris, von dem soeben die Rede war, Laure-Victoire Adeline, die Tochter von Herrn de Lauris, Mitglied des Adels des Comtat Venaissin. Donatien ist nicht nur ganz vernarrt in sie, sondern er gedenkt sie zu heiraten, und er teilt das seinem Vater mit Respekt, aber voller Entschiedenheit und mit jener undefinierbaren Ironie mit, die ein Kennzeichen von ihm bleiben wird:

> «Was die Ehe angeht, so bin ich nach wie vor fest entschlossen, keine andere einzugehen als die, von der Ihnen zu sprechen ich die Ehre hatte. Sie sind mein Vater, und die Zärtlichkeit, die ich von Ihnen zu erwarten Anlaß habe, ist ein Grund, der Sie zu der Güte bewegen sollte, sich ein wenig in meine Gefühle hineinzuversetzen. Ich bitte Sie um Verzeihung, wenn ich entschlossen bin, bei einer Eheschließung keinem anderen Rat zu folgen als dem meines Herzens; es mag mich täuschen, doch ist sein Irrtum so angenehm, daß ich ihn stets dem vollkommensten Glück vorziehen werde. Was mich vollkommen beruhigt, ist der Umstand, daß Sie die Güte hatten, mir zu versprechen, niemals meinen Gefühlen Zwang anzutun. Ich habe die Ehre...»[3]

Vielleicht hat der Comte sich eines Tages um des lieben Friedens willen dazu hinreißen lassen, ein solches Versprechen zu geben, doch jetzt geht es um ernste Dinge, und man darf sich nicht diese von Gott gesandten Montreuils entgehen lassen. Der Comte

[3] Diesen Brief Sades besitzen wir nicht. Es ist der Vater, der Ende 1762 an den Abbé schreibt, um ihn von Donatiens Heirat zu unterrichten, und der sich so ausdrückt: «Er hat mir von diesem Ereignis geschrieben, und er beendet seinen Brief folgendermaßen.» Dann folgen die soeben zitierten Zeilen, die ganz unmißverständlich Sades eigene Worte wiedergeben.

nimmt Verhandlungen auf. Die «Verlobten» werden, wie damals üblich, gar nicht gefragt.
Donatien ist unterdessen nicht untätig geblieben. Es sieht ganz danach aus, als habe er Laure-Victoire de Lauris in Paris oder in Avignon bereits vollkommen erobert. Alles deutet darauf hin, daß Mademoiselle de Lauris nichts mehr hat, was sie Donatien de Sade noch verweigern könnte. Allerdings scheint sie es nicht besonders eilig zu haben, sich zu verheiraten, jedenfalls nicht mit ihm.

Was nun folgt, ist eine theatralische Verwicklung. In Paris trifft der Comte mit den Montreuils zusammen und spricht über Zahlen. Donatien will dagegen nach Avignon reisen, um seine Hochzeit mit Laure-Victoire de Lauris vorzubereiten, die es jedoch vorzieht, in der Hauptstadt zu verweilen. Auch gibt es da noch Mademoiselle de Cambis, der weder Donatien noch sein Vater weitere Beachtung schenken, deren Familie aber noch immer an eine Verlobung glaubt, die offiziell zu lösen keiner für nötig hielt. Von all dem, was sich da zusammenbraut, wissen wir nur durch die Briefe, die der Comte vor allem mit seinem Bruder, dem Abbé, wechselt. Ob er nun krank oder allzu beschäftigt ist, er läßt jedenfalls die Hälfte seiner Briefe von jemandem schreiben, der an den Sorgen der Familie recht innigen Anteil zu nehmen scheint. Ist es ein Sekretär, ein Verwandter? Brief des Comte de Sade an den Abbé vom 17. März 1763:

> «Mit meiner Gesundheit geht es ständig aufwärts, und ich bin in der Lage, morgen zu reisen[4]. Nur diese Heirat hält mich noch fest; wenn sie nicht zustandekommt, reise ich ab. Mein Sohn ist noch nicht in der Lage zu heiraten. *Sie war auf dem Höhepunkt*[5]. [Hervorhebung durch den Comte] Aber er langweilt sich tödlich, und wenn er etwas dafür unternehmen

[4] Im Februar 1763 stand es mit dem Comte sehr schlecht. Er schrieb seinem Bruder: «Am Sonntag war ich so schwach, daß meine Leute ganz entsetzt nach dem Pfarrer schickten. Letzte Nacht ging es mir noch immer sehr schlecht. Neulich sagte mir ein Chirurg, es sei möglich, daß ich ganz plötzlich ersticke und sterbe [...]». «Madame de Sade, die meinen Zustand wohl für ernster hielt, als er war, hat mich besucht.» Er schreibt ferner: «Ich habe heute nacht Verse über meinen Zustand gemacht.»

[5] Der Comte spielt wahrscheinlich auf Sades Geschlechtskrankheit an.

muß, tut er es nicht. Ich hatte ihn gebeten, Monsieur Partyet, nicht Monsieur de Gramont, einen Besuch abzustatten; er hat keine Zeit gehabt. Ich bitte ihn, zu mir zum Essen zu kommen, damit wir zusammen mit dem Intendanten darüber sprechen können, doch er kommt nicht und sagt, er habe es vergessen. Ich habe nie einen wie ihn gesehen. Die Mutter des Mädchens hat zugegeben, daß man ihr berichtet habe, daß er hoch verschuldet und verwirrt ist: ‹Welcher junge Mann macht keine Dummheiten?› sagte sie darauf. Sie blickt immer nach vorn. Deshalb glaube ich, daß es diesmal gelingen wird.» (BN[xx])

Anspielungen, Andeutungen, ganz zu schweigen von den «Unregelmäßigkeiten und Unklarheiten», die in den Briefen des Comte ebenso häufig sind wie in seinen diplomatischen Beziehungen; man findet sich nicht so leicht zurecht. Versuchen wir es dennoch.

Vor allem ist klar, daß nur zwei Ehekandidatinnen in Frage kommen: Montreuil und Lauris. Mademoiselle de Cambis ist definitiv aus dem Rennen, obwohl es einmal so schien, als habe sie die Zustimmung des Grafen wie die seines Sohnes, Anlaß genug für den Zorn ihres Vaters, Monsieur de Cambis.

Donatien will Mademoiselle de Lauris heiraten, während die Wahl des Comte auf die Erbin der Montreuils gefallen ist, trotz der Gefahren der Hauptstadt für einen Sohn, dessen verheerende Zukunft ihm klar vorherbestimmt zu sein scheint. Auch Madame de Montreuil wünscht diese Verbindung so sehr, daß der schreckliche Ruf Donatiens ihr vollkommen gleichgültig ist.

Beiden anvisierten Verbindungen steht etwas im Wege: Donatien ist krank. Woran er leidet, wissen wir nicht, doch allem Anschein nach handelt es sich um eine Geschlechtskrankheit, die zweifellos sorgfältig behandelt wird und bald ausgeheilt zu sein scheint, von der aber Folgen zurückbleiben (wie man noch sehen wird): «Sie war auf dem Höhepunkt», sagt der Comte über sie. Es ist sogar anzunehmen, daß Mademoiselle de Lauris für dieses Mißgeschick verantwortlich ist.

In den *Œuvres de M. le M. de S.* gibt es einen aus «Avignon, den 6. April 1763» datierten, recht merkwürdigen «Brief an Mademoiselle de L...», von dem Gilbert Lely mit großer Sicherheit annimmt, daß er für Laure-Victoire de Lauris bestimmt war. Hier einige Auszüge (denn er ist sehr lang):

«Wortbrüchige! Undankbare! Was ist nun geworden aus den Beteuerungen, mich Dein Leben lang zu lieben? Wer zwingt Dich zur Untreue? Wer zwingt Dich, von Dir aus die Bande zu lösen, die uns für immer aneinander knüpfen sollten? Hast Du meine Abreise für Flucht gehalten? Glaubtest Du, ich könnte leben und von Dir fliehen? Du hast die Gefühle meines Herzens nach den Deinen beurteilt. Ich erhalte die Einwilligung meiner Eltern; mein Vater fleht mich unter Tränen einzig darum an, daß ich in Avignon heirate. Ich reise ab; man versichert mir, daß man sich um nichts anderes mehr bemühen wird, als Deinen Vater zu bestimmen, Dich hierherzubringen. Ich erreiche, Gott weiß, mit welcher Eile, den Ort, der Zeuge meines Glücks werden soll, eines dauerhaften Glückes, das nichts jemals wird trüben können... Aber was wird aus mir, großer Gott, kann ich meinen Schmerz überleben? Was wird aus mir, als ich erfahre, daß Du in einem Anfall von Fieberwahn zu Füßen Deines Vaters fällst und ihn bittest, die Heirat zu vergessen, Du wollest Dich nicht gewaltsam in eine Familie drängen... Nichtiger Grund, von Falschheit diktiert, Betrügerin, Undankbare! Du fürchtetest, Dich mit jemandem zu verbinden, der Dich anbetete. Die Fesseln einer ewigen Kette fielen Dir zur Last, und Dein Herz, das allein Unbeständigkeit und Leichtfertigkeit zu betören vermögen, war nicht feinfühlend genug, um ihren Zauber zu erkennen. Du fürchtetest Dich, Paris zu verlassen; meine Liebe genügte Dir nicht; es war mir nicht gegeben, Dich damit zu fesseln. Geh, gib niemals nach, Ungeheuer, geboren, um mich unglücklich zu machen! Möge die Untreue des Verräters, der meinen Platz in Deinem Herzen einnimmt, Dir die Liebe eines Tages ebenso verhaßt erscheinen lassen, wie Deine Untreue sie in meinen Augen gemacht hat! ... Aber was sage ich? Ach, liebe Freundin, göttliche Freundin! Einziger Halt meines Herzens, einzige Wonne meines Lebens, meine Geliebte, wohin führt mich meine Verzweiflung? Verzeih die Ausdrücke eines Unglücklichen, der sich nicht mehr kennt, dem der Tod die einzige Zuflucht ist, nachdem er verlor, was er liebte. [...] *Gib acht auf Deine Gesundheit; ich bin bemüht, die meine wiederherzustellen.* [Hervorhebung von mir] Aber wie auch Dein Gesundheitszustand sei, nichts wird mich hindern, Dir die zärtlichsten Beweise meiner Liebe zu geben. Ich glaube, daß Du in diesem ganzen Abenteuer Grund hast und weiterhin haben wirst, mit meiner Diskretion zufrieden zu sein. Aber ich habe nur meine Pflicht getan; es ist kein Verdienst dabei... Hüte Dich vor der Untreue; ich verdiene sie nicht. Ich gestehe Dir, daß ich wütend würde, und es würde keinen Greuel geben, zu dem ich mich nicht verleiten ließe. Die kleine Geschichte mit dem T[ripper] sollte Dich veranlassen, mich ein wenig zu schonen. Ich will Dir gestehen, daß ich das vor meinem Rivalen nicht verbergen werde, und es wird nicht das einzige sein, das ich ihm anvertraue. Ich schwöre Dir, es gibt keinen Greuel, zu dem ich mich nicht hergeben werde...[6] Aber ich erröte bei dem Gedanken, zu diesen Mitteln zu greifen, um Dich zu halten. Ich will und darf Dir von nichts anderem sprechen als von meiner Liebe...

Ich begehre, denke, wünsche nur Dich... Nein, ich fürchte nicht, aus Deinem Herzen ausgelöscht zu werden; ich habe das nicht verdient. Liebe mich immer, meine Freundin, und laß uns alles von der Zeit erwarten. Vielleicht wird bald der Augenblick kommen, wo Du Dich nicht mehr so sehr scheust, zu meiner Familie zu gehören. Wenn ich Oberhaupt sein werde, wird mein Wille über meine Wahl entscheiden, und dann finde ich Dich vielleicht entschlossener. Ich möchte getröstet, beruhigt werden, Beweise Deiner Treue bekommen; alles ängstigt mich. Dein heldenhafter Entschluß hat mir den Todesstoß versetzt. Ich schwöre und beteure Dir, daß nichts sicherer ist, als was ich Dir sage: ich warte nur Deine Antwort ab, um zu reisen. Mein Vater verlangt nach mir; glaube nicht, es sei wegen einer Heirat. Ich bin fest entschlossen, keine einzugehen, und ich wollte nie eine eingehen. Ich bediene mich aller notwendigen Mittel, die mir geeignet erscheinen, um Dir diesen Brief zukommen zu lassen.» (Lely)

[6] Erinnern wir uns, daß die Familie dafür sorgt, daß dieses heikle Eingeständnis einer Erpressung (Madame de Staël hatte nicht ganz unrecht) abgeschrieben, gebunden und aufbewahrt wird.

Der Brief ist stellenweise verlogen («Mein Vater verlangt nach mir, glaube nicht, es sei wegen einer Heirat»), aber dennoch erfahren wir ein wenig mehr aus ihm: Mademoiselle de Lauris weiß, daß der Comte noch Bedenken hat, und will nicht gewaltsam in diese Familie eintreten. Vielleicht macht ihr auch Donatien ein wenig Angst, und auch die Ehe, mit wem auch immer. Der Comte wiederum hat seinen Sohn offenbar überlistet, indem er scheinbar einer Verbindung zustimmte, von der er aus dem einen oder anderen Grund wußte, daß sie nicht zustandekommen würde, und ihn in die Provence schickte, während er zugleich die eheliche Verbindung mit den Montreuils vorantrieb. Laure-Victoire ist anscheinend an demselben Leiden erkrankt wie Donatien. Was diesen nicht hindert, ihr eine Liebeserklärung zu machen.

Es ist alles nicht so einfach.

12.

Die Heirat des Marquis de Sade

Aber dann klärt sich auf einmal, wie bei Molière, weil man nun einmal zum Ende kommen muß und sich nicht immer nur um die von den Regeln der Poetik verlangte Wahrscheinlichkeit kümmern kann, plötzlich und unerklärlich die Situation.

In einem weiteren Brief des Comte an den Abbé, ohne Datum, aber eindeutig später als die vorhergehenden, heißt es:

> «Dies ist nun wahrlich eine Geschichte mit wundersamem Ausgang; nicht nur bezüglich der L., sondern auch die andere wird wieder aufgenommen. Ich ahnte von nichts, als sie mich besuchen kamen. Ich habe ihnen erklärt, ich hätte, in der Annahme, alles sei beendet, nur an meine Abreise gedacht; ich hätte meinen Sohn vorausgeschickt, um das Haus vorzubereiten, aber er könne binnen vierzehn Tagen wieder in Paris [...]»

Am Ende dieses Briefes ergreift – gänzlich unerwartet – derjenige das Wort, der gewöhnlich nach dem Diktat des Comte schreibt:

> «Was für ein merkwürdiger Theatercoup! Das Ende dieses Stückes [das Theater läßt Sade nicht im Stich] könnte nicht unglücklicher und zugleich nicht glücklicher sein: Alle waren aufgeregt, und als dann die Ruhe eintrat, war jeder überrascht. Monsieur le Comte hat mich kommen lassen, um mir diese Neuigkeit mitzuteilen. [Der Schreiber ist also kein bloßer Sekretär.] Ich war bei ihm, als sein Diener bei mir eintraf. Sie können sich vorstellen, wie ich mich über diese Nachricht gefreut habe. Ich habe ihm dazu meinen Glückwunsch ausgesprochen, den ich Sie ebenfalls entgegenzunehmen bitte wegen des Anteils, den ich an allem nehme, was Sie betrifft. Ich weiß gar nicht, wo Ihr Herr Neffe mit seinen Gedanken war; ich hatte ihm dieses Ereignis vor über einem Monat vorhergesagt; er solle die Fallen meiden, die man ihm stellen würde. Ich war über diese Intrige informiert. Das wird ihm eine rechte Lehre sein, sich zu ändern. Je früher Sie ihn verheiraten können, desto besser. Da er mit Ihnen zusammentreffen wird, wird es ihm nicht an guten Ratschlägen fehlen, und ich

wünschte, er würde sie beherzigen [...] Morgen werde ich mit dem Anwalt, den ich Monsieur le Comte verschafft habe, zu Madame la Comtesse gehen, um sie zu bewegen, der geplanten Heirat ihre Zustimmung zu geben[1]. Wir hoffen Erfolg damit zu haben, daß er im Auftrag von Monsieur le Comte vorträgt, daß es für Ihren Herrn Neffen vorteilhaft wäre, wenn sie den Anschein erweckte, als widersetze sie sich dieser Zustimmung. Da ich Amblet von all diesen Mißgeschicken unterrichtet habe, bitte ich Sie, ihn von der Ungewißheit zu befreien und ihn über das Geschehene ins Bild zu setzen; wir werden vier Sous für ihn zurücklegen.» (BN[x])

Also Ende gut, alles gut – zumindest für den Comte de Sade und Madame de Montreuil? Noch nicht. Jeder Tag bringt sein Maß an Komplikationen. Wir befinden uns jetzt wahrscheinlich im April 1763. Der Comte de Sade schreibt dem Abbé in einem Brief, der einfach vom 16. datiert ist:

«Ich habe meiner Schwester geschrieben, daß es sehr wichtig sei, meinen Sohn zur Abreise zu bewegen, doch ich bitte Sie, die Kosten möglichst gering zu halten. Keine Schwäche in diesem Punkt. Versäumen Sie nicht, ihn die Beträge quittieren zu lassen, die er erhielt, seit er sein Amt hat, denn er glaubt immer noch, daß ihm daraus Bezüge zustehen, unabhängig von der Pension, die ich ihm immer gezahlt habe. [Es folgen lange finanzielle Überlegungen; die Sache mit dem Amt des General-Statthalters, die im weiteren Verlauf noch eine gewisse Rolle spielen wird, erläutern wir später.] Wir wissen noch nicht, ob Madame de Sade ihre Diamanten geben wird. Das alles ist zu viel für meine schwache Gesundheit; es wird mich noch umbringen [...] Geben Sie meinem Sohn nicht die Platten mit, er würde sie unterwegs verkaufen: Nichts ist ihm heilig[2] [...] Ich habe Ihren Brief bekommen; Sie sollten gegenüber dem Propst nichts von diesem Ereignis erwähnen. [Der Onkel des Comte lebt noch und ist ungefähr

[1] Die Person, die diese Worte schreibt, hat offenkundig ein Wort mitzureden.

[2] Seit dem Tod seiner Mutter erwartet der Comte aus Avignon Servierplatten (aus Silber?), die aus der Hinterlassenschaft stammen, aber niemandem scheint es eilig damit zu sein, sie ihm zukommen zu lassen. Ob er sie noch vor seinem Tod bekommen hat, ist unbekannt.

neunzig Jahre alt.] Ist es denn möglich, daß dieses Kind etwas gegen diese Heirat hat, nach allem, was er über das Mädchen gehört hat und über den Vorteil, den er dabei erzielt! Wenn es so ist, hat er weder Gefühl noch Ehre. Ich bin nicht überrascht, daß die Reise sein Leiden verschlimmert hat; er hat Tag und Nacht gefürchtet, von den Lauris verfolgt zu sein, und er glaubte ständig, sie seien ihm auf den Fersen. Geben Sie ihm für die Reise alles, was Sie an Barem erübrigen können. Die Rechnung ist leicht aufgestellt, Wagen und Wechselpferde...» (BN[x])

«Am 19.», ohne Zweifel noch immer im April 1763, schreibt der Comte erneut, diesmal an seine Schwester, die Äbtissin von Saint-Laurent:

«Hiermit schicke ich Dir, liebe Schwester, den Vertrag in der unterzeichneten Fassung. Wir haben am Sonntag bei Madame de Montreuil gespeist. Madame de Sade hat eine Krankheit vorgetäuscht. Sie hat aber, obwohl sie nicht hingehen wollte, unterschrieben, und scheint sehr zufrieden zu sein. Sie weigert sich indes, ihre Diamanten herzugeben. Das Fräulein bekommt eine sehr schöne Aussteuer [...] Es sind die nettesten und anständigsten Leute von der Welt, und alle sagen, was für ein großes Glück mein Sohn hat, in diese Familie einzuheiraten. Aber mir tun sie sehr leid, daß sie einen so schlechten Kauf mit ihm machen, der imstande ist, alle möglichen Dummheiten zu begehen.» (BN[xx])

Obwohl der Ehevertrag schon unterschrieben ist, denkt Donatien noch immer an Mademoiselle de Lauris. In dem soeben zitierten Brief fährt der Comte fort:

«Gestern schrieb er mir, er sei verliebter denn je, und es sei nicht Mademoiselle de L. gewesen, die ihn angesteckt hat. Er vergißt, daß er mir erklärt hat, mit anderen sei er nicht zusammengewesen. Zum Glück will sie ihn nicht. [...] Von allen Verwandten kommen viele Geschenke. Sollte mein Sohn noch nicht abgereist sein, richte ihm bitte aus, daß er bei mir absteigen soll. Seine Mutter will ihn nicht mehr bei sich haben.» (BN[xx])

Donatien aber läßt auf sich warten, doch die Hochzeitsvorbereitungen gehen auch ohne ihn weiter. Hier ein weiterer Brief des Comte vom 2. Mai, als dessen Adressaten Gilbert Lely die Äbtissin von Saint-Laurent ausmacht:

«Ich komme zurück aus Versailles, wo der König und die königliche Familie unseren Vertrag unterschrieben haben [...] Dieser Tag, so unvergleichlich er war [wie immer!], hat mich umgebracht. Meine Beine sind ganz geschwollen. Sie kündigen mir den Bräutigam für den fünfzehnten an, und gestern schrieb mir der Abbé, er werde nicht vor dem fünfzehnten abreisen [...] Sie sagen, ich hätte es mit der Ankündigung zu eilig gehabt, doch man hat sowohl hier wie in Avignon schon davon gesprochen. Im übrigen hatte ich von hier nichts zu befürchten, und man mußte dem Gerede, das über Mademoiselle de Lauris im Umlauf war, den Boden entziehen. Schließlich kann man die Sache nicht mehr absagen, aber sie sind über die Verzögerung sehr verärgert, und die ganze Familie wird sich Gedanken machen. Der Präsident de [Milly?][3], der reichste Onkel, reist Montag ab, und damit geht ein Geschenk verloren, und die anderen werden es ihm, glaube ich, gleichtun [...] Sie sollten immer wieder von seinen Fieberanfällen sprechen, denn das ist es, was ich hier erkläre. Da die Krankheit publik ist, lohnt es sich auch nicht mehr, die Hochzeit geheimzuhalten, es wäre wichtiger und einfacher gewesen, die Krankheit zu verbergen [...] Wenn man ihn mit der Postkutsche kommen läßt, wird das ganz schön ins Geld gehen.»

Geht es jedoch darum, kleine Vorteile herauszuschlagen, ist der Comte nicht um Einfälle verlegen; er fährt fort:

«Er soll zwei oder drei Dutzend Artischocken mitbringen. In dieser Gegend gibt es keine, sie sind alle erfroren, und das wäre ein passendes Hochzeitsgeschenk. Wenn er eine Thunfischpastete mitbringen könnte, wäre sie sehr willkommen. Dies für den Fall, daß er mit der Postkutsche kommt...» (BN[x])

Er wird tatsächlich mit der Postkutsche kommen, und er wird auch rechtzeitig da sein, um die Bekanntschaft von Mademoiselle de Montreuil zu machen und sie alsbald zu heiraten[4]. Es

[3] Ich kann den Namen nicht entziffern; die zusammengedrückte, schwerfällige Handschrift des Comte macht mir Schwierigkeiten.

[4] Daß die Familie sich wegen der Reisekosten sorgte, ist durchaus nicht komisch. Die Postkutschenfahrt von Avignon nach Paris kostete mit einem Pferd hundertzwanzig Livres oder fünf Louis, mit zwei Pferden das Doppelte. Wir wissen, daß der Comte mit sechs Louis einen Monat lang auskam. Ein Haushalt niedrigen Standes lebte davon drei Monate.

war aber auch höchste Zeit, wie der folgende Brief zeigt, den der Comte an seine Schwester, die Äbtissin von Saint-Laurent d'Avignon, ganz kurz vor der Trauung schreibt, also um den 10. oder 12. Mai 1763:

«Ich glaube, Madame de Montreuil hat durch die letzte Post aus Avignon alles erfahren. Das und die andere Geschichte haben ihre Gefühle für meinen Sohn merklich abkühlen lassen; aber sie kann nicht mehr zurück. Ärgerlich ist, daß man kein einziges der vorhandenen Kleidungsstücke mehr wird verwenden können, weil man jetzt feingerippten Taffet nimmt. Was er auch für eine Miene macht, ich versuche, die Stimmung durch meine Fürsorge, meine Höflichkeit, meine Aufmerksamkeit zu fördern. Die ganze Familie scheint mit mir zufrieden zu sein. Ich esse täglich bei einem von ihnen. Sie sehen niemand anderen, und die Aufmerksamkeit, die sie mir entgegenbringen, ist unvorstellbar. Ich kann nicht umhin, sie wegen ihres Familienzuwachses zu bedauern, und ich mache mir Vorwürfe, daß ich sie über den Charakter des Zukünftigen täusche. Der Abbé bestätigt in seinem letzten Brief, daß es nichts Unsanfteres gebe als ihn. Früher, wenn ich ihm das sagte, wollte er es mir nicht glauben und versicherte mir stets, er könne mit ihm machen, was er wolle. Sanft an ihm ist nur sein Ton. Aber es ist unmöglich, ihn in der geringfügigsten oder auch wichtigsten Angelegenheit zu beeinflussen. Ich glaube, wenn er hier ist, werde ich Paris eiligst verlassen.

Die Sache mit Madame du Vigean ist nur schwer wieder in Ordnung zu bringen[5]. Sie verlangt, seine Mutter und ich sollten für unseren Sohn bürgen. Madame de Montreuil hat darüber mit Madame de Sade gesprochen, um sie dazu zu bewegen. Darauf antwortete sie: ‹Aber wenn mein Sohn sie nicht bezahlt, wird man mir meine Pension pfänden.› ‹Ach, Madame›, erwiderte sie, ‹was für eine schreckliche Vorstellung Sie mir da von Ihrem Herrn Sohn vermitteln! Wenn Sie glauben, daß er zu so etwas fähig ist, tut es mir sehr leid, ihm meine Tochter zu geben. Doch ich habe eine bessere Meinung von ihm als Sie, und wir werden für ihn bürgen, wenn

[5] Madame du Vigean hatte dem jungen Ehemann 20 000 Livres geborgt.

Der Ort der Hochzeit am 17. Mai 1763:
die Kirche Saint-Roch in Paris

Sie es nicht wollen, denn es ist eine Schande, Monsieur de Sade in dem Zustand zu lassen, in dem er sich befindet.› [...] Der Abbé antwortet nie auf das, was man ihn fragt.» (BN[xx])

«Kein Zurück mehr», in der Tat. Am 15. Mai 1763 wird der Vertrag endgültig von den Familien und den Ehegatten im Hause des Präsidenten de Montreuil in der Rue Neuve-du-Luxembourg unterzeichnet (eine der Unterzeichnenden ist Anne-Prospère de Launay, die jüngere Schwester von Renée-Pélagie, der Braut; wir werden ihr wiederbegegnen). Nach Jean Desbordes[6] gab am 17. Mai «ein schwarz gewandeter und mit dem Säbel ausgestatteter Verwalter» bei den Freunden der beiden Familien eine Anzeige ab, die folgendermaßen lautete:

«Monsieur le Comte und Madame la Comtesse de Sade haben die Ehre, Ihnen die Vermählung von Monsieur le Marquis de Sade, ihrem Sohn, mit Mademoiselle de Montreuil anzuzeigen.»

Am selben Tag wurde in der Kirche Saint-Roch zu Paris die Trauung des Marquis de Sade vorgenommen. Nach den Gesetzen und Bräuchen seiner Zeit und seines Landes beginnt für ihn nun das Leben eines Mannes, eines Erwachsenen mit allen Rechten und Pflichten.

[6] *Le vrai visage du Marquis de Sade,* Paris, Editions de la Nouvelle Revue critique, 1939.

13.

«Mein kleiner Schwiegersohn»

Das hätte man zumindest erwarten können. Donatien-Aldonze-François Marquis de Sade ist dreiundzwanzig Jahre alt. Wenn er auch noch nicht die «volle Mündigkeit» erreicht hat, so ist das alles doch so gut wie geregelt, da er, wie man damals sagte, nunmehr etabliert ist[1]. Sein Vater hat das Amt des General-Statthalters über die Provinzen Bresse, Bugey, Valromey und Gex zu seinen Gunsten niedergelegt und ihm das bloße Eigentum an den Ländereien und Grundherrschaften von La Coste, Mazan, Saumane und dem Mas de Cabanes (einem Besitz der Familie in der Nähe von Arles) übertragen. Gewiß besteht die Mitgift von Mademoiselle de Montreuil vor allem aus künftigen Erbschaften, aber die sind bedeutend und durch den Ehevertrag garantiert. Die Beträge, die von den einen oder anderen einstweilen ausgezahlt werden, und die Darlehen, die man aufnimmt, um ihnen in den Sattel zu helfen, sichern den jungen Eheleuten einen angemessenen Lebensstandard und sind geeignet, ihnen, wenn sie wollen, Unabhängigkeit zu gewähren. Donatien de Sade braucht jetzt nur noch seinen Besitz zu verwalten, die Erbschaften zu erwarten, dem König und den Ministern seine Aufwartung zu machen und notfalls wieder in den Dienst der Armee zu treten. Dank seines Namens und der Unterstützung seiner Verwandten und Anverwandten würde er in der militärischen Hierarchie Stufe um Stufe aufsteigen. Die Zukunft, vollständig vorgezeichnet, gehört ihm. Die junge Marquise de Sade wird das erhalten, was ihr von ihrer Seite zusteht (die garantierten Erbschaften belaufen sich auf dreihunderttausend Livres), und sie wird ihrem Ehemann Kinder schenken, die mit

[1] Was man unter dem Ancien régime die volle Mündigkeit nannte, wurde, je nach Region, im allgemeinen (von beiden Geschlechtern) mit sechsundzwanzig Jahren erreicht und bedeutete die unbeschränkte Verfügung über bewegliche und unbewegliche Güter. Mit der Heirat trat aber automatisch eine gewisse Emanzipation ein. Verheiratete waren mit zwanzig Jahren oft viel selbständiger als Unverheiratete mit dreißig.

einem gediegenen Besitz auf die Welt kommen. Vom 18. Mai 1763 an ist Donatien de Sade ein Familienoberhaupt, das sich sehen lassen kann, und müßte eigentlich auch als ein solches betrachtet werden.

Daß ein Vater von sechzig Jahren, der fast vierzig Jahre älter ist als er, ihn kurz vor seiner Verehelichung in seinen Briefen als «dieses Kind» und «dieser kleine Bursche» bezeichnet und daß ein Regimentskamerad zwanglos von «seinem (leicht entflammbaren) kleinen Herzen oder Körper» spricht, ist ganz normal. Erstaunlicher ist schon, wenn man bei der noch immer jungen Schwiegermutter über eine solche Person die folgenden ungewöhnlichen Worte findet: «Ach, das seltsame Kind! So nenne ich ihn, meinen kleinen Schwiegersohn. Manchmal nehme ich mir auch die Freiheit heraus, ihn zu schelten. Wir zerstreiten uns, wir versöhnen uns sofort wieder; es ist nie ernst und dauert nie lange. Im großen und ganzen sind wir damit zufrieden.» In demselben Brief liest man: «Leichtsinnig, vielleicht, aber das ändert die Ehe schon noch.» Und über ein geplantes Gespräch zwischen dem Comte und seinem Sohn heißt es: «Ich habe vor diesem Gespräch eine Heidenangst, wegen der Heftigkeit des Kleinen und der Bissigkeit seines Vaters.»[2]

In Paris «gibt man [gemeint sind Donatien und seine junge Frau] (im Juni) mindestens einen Louisdor pro Tag für das Theater aus, und man ist Tag und Nacht unterwegs» (Brief des Comte). Im Oktober ist Donatien bei seinen Schwiegereltern auf Schloß Échauffour in der Normandie, und die Präsidentin de Montreuil lädt (in ihrem Brief vom 20. Oktober) den Abbé ein, sich im Kreise der Familie zu zerstreuen: «Man wird Ihnen eine Komödie vorführen; Sie kennen diese Mode.»

«Man», das ist diesmal die ganze Familie, präziser, die Schwiegereltern plus Donatien und Pélagie, denn der Comte de Sade hat sich wegen unentwirrbarer Geldangelegenheiten mit den Montreuils überworfen.

Es läßt sich nicht sagen, wann genau Donatien im Laufe des Herbstes 1763 begonnen hat, aus der Montreuil-Sippschaft eine Theatertruppe zu machen. Wenn man dem Comte glauben

[2] Brief von Madame de Montreuil an den Abbé de Sade, 20. Oktober 1763 (BN[xx]).

darf, hatte er seinen Vater im Juni um eine seiner Komödien gebeten, um sie aufzuführen[3]. Daß dies in Paris geschah, ist wenig wahrscheinlich. Die Montreuils haben sich, wie alle Familien von einem gewissen Rang, im August aufs Land begeben. Donatien und seine Frau müssen noch acht Tage in Paris bleiben, bis die Übertragung des Amtes von dem Comte auf seinen Sohn registriert ist, und treffen deshalb acht Tage später in Échauffour ein. Bis zum 14. September scheint das Gesellschaftsstück auf dem Schloß in der Normandie noch nicht zur Aufführung gelangt zu sein. Die Präsidentin schreibt an den Abbé, wobei sie sich im Hinblick auf Donatien noch immer eines mütterlichen Tons befleißigt:

> «Die unvermeidliche Ruhe auf dem Lande tut seiner Gesundheit sehr gut; er setzt gar nicht übel Fett an. Ich weiß nicht, ob sie [Pélagie] seinem Geist und seinen Neigungen genügt: Sie sind lebhaft, sie brauchen Nahrung. Zum Glück gibt es immer noch zwei sichere Hilfsmittel: die Lektüre und den Schlaf. Sie wissen sicher, daß er einen Hang zu beidem hat.
> La Trappe ist drei Meilen von hier. Er hat sich heute mit Monsieur de Montreuil dorthin begeben. Er hatte große Lust auf diese Fahrt, aber nicht, wie ich glaube, um dort zu bleiben. Ich wünsche, daß es ihn ein wenig erbaut [...].
> Für Abwechslung sorgen dann und wann die Hirschjagd in einem schönen Wald, die Pferde und vor allem ein Cabriolet, und die Zeit vergeht. *Jedes Alter hat sein Spielzeug*, wie es so schön heißt, und das stimmt.»[4] (BN[xx])

Vom Theater ist noch nicht die Rede. Doch im Oktober ist alles auf den Brettern, an der Spitze neben ihrem Schwiegersohn die Präsidentin de Montreuil als Star.

Auf ihre Art ist sie wirklich einer. Marie-Madeleine Masson de Plissay, die Präsidentin de Montreuil, spielt gewöhnlich die Hauptrolle. 1763 ist sie vierzig, ihr Mann zehn Jahre älter. Seit zwanzig Jahren hat sie bei den Montreuils das Heft in der Hand,

[3] Der Comte schreibt dem Abbé am 2. Juni: «Seit acht Tagen stehe ich bei ihm vor der Tür. Er hat nicht geruht, mich zu besuchen. Madame de Montreuil besucht mich täglich. Er wird kommen, wenn er mich braucht. Er will eine meiner Komödien haben, um sie aufzuführen. Deshalb wird er mich aufsuchen. Da bin ich ganz unbesorgt.»

[4] Die Hervorhebung stammt von der Präsidentin.

und von Zeit zu Zeit schenkt sie dem Präsidenten ein Kind – mindestens fünf, möglicherweise mehr. Zwischen Renée-Pélagie, der ältesten, die eben den Marquis de Sade geheiratet hat und 1741 geboren wurde, und Françoise-Pélagie, der letzten oder vorletzten, die zum Zeitpunkt der Heirat ihrer Schwester knapp zweieinhalb Jahre zählt, gibt es weitere Mädchen und mindestens zwei Jungen.

Marie-Madeleine de Montreuil ist eine energische Frau: «Alles beugt sich ihrem Willen oder auch nur ihrem Einfluß», schreibt Paul Bourdin:

> «Madame de Montreuil hat eine rasche Auffassungsgabe, sie denkt methodisch und nüchtern. Sie entscheidet und handelt mit allen Vorurteilen ihrer Kaste, aber sie beherrscht die Motive, die sie bewegen. Sie tut alles, um zu ihrem Ziel zu kommen, und kümmert sich niemals um die Rechte oder Leiden der anderen, doch sie schießt nicht über das Ziel hinaus, und ihr Gerechtigkeitsempfinden steht kaum ihrem Sinn für das Notwendige nach. Alles, was nicht mit ihrer Ansicht übereinstimmt, mißachtet oder verachtet sie, die Mittel aber, derer sie sich bedient, sind ebenso geschmeidig und verschiedenartig, wie ihr Ziel klar und entschieden ist. Sie vermag gleichzeitig zu verführen, einzuschüchtern und zu bestechen, alle Einflüsse geltend zu machen und ihren eigenen Einfluß zu dosieren; sie besitzt alle Mittel der Schikane und geht nie anders an ein Hindernis heran, als in der Deckung guter Schützengräben. Ihr Lieblingswort ist ‹Sicherheit›, und niemand weiß besser über die Praktiken Bescheid, die schützen, ohne den Erfolg zu gefährden. Sie weiß sich stets die Unterstützung zu verschaffen, die ihr am ehesten weiterhilft, doch bei alledem ist sie äußerst zurückhaltend. Alles ist ihrem Geist zur richtigen Zeit gegenwärtig, und sie braucht sich nie ein Versagen vorzuwerfen oder einen Verantwortlichen zu suchen. Die Vergangenheit zählt in ihren Augen nicht. Sie kennt kein Bedauern und keine Gewissensbisse. Haß und Maßlosigkeit sind ihr fremd.»[5]

[5] Dieses glänzende Porträt paßt vollkommen mit dem Bild zusammen, das man sich aufgrund ihrer Handschrift, ihrer brieflichen Äußerungen und all dessen, was man über ihre Handlungsweise weiß, von der Präsidentin de Montreuil machen kann; ich werde durch einige Ergänzungen geringfügige Retuschen daran vornehmen.

Das Wappen der Familie de Sade

Es scheint der Präsidentin viel daran gelegen zu haben, ihre älteste Tochter mit Donatien zu verheiraten. Das Blut der Cordiers und der Massons mit dem der de Sades und der Maillé de Carman zu vermischen und damit an einige königliche Blutkörperchen zu gelangen, muß sie geradezu berauscht haben und ihr als die Krönung eines ehrgeizigen Lebens erschienen sein. Weder vom herben Wesen der Eltern noch vom Ruf des Sohnes ließ sie sich abhalten. Sie hat «stets vorausgedacht», wie es der Comte ausdrückt, der von so viel Energie beeindruckt scheint. Zweifellos ist sie es, die dafür sorgt, daß Donatiens Wappen geändert wird und nach seiner Heirat eine Mischung aus den Wappen beider Familien darstellt. Sie verkörpert perfekt den in ihrer Zeit stattfindenden Machtzuwachs des Amtsadels und des Bürgertums.

Das Zusammentreffen zwischen Madame de Montreuil und dem Marquis de Sade (bald wird daraus ein Zusammenprall) hat auf dem Weg nach oben, den die ehrgeizige Präsidentin mit ihrer Familie verfolgt, diverse Schwierigkeiten zur Folge, deren negative Auswirkungen sie aber für sich auf ein Minimum zu beschränken weiß, während das Schicksal Donatiens dadurch eine tiefgreifende und definitive Änderung erfährt.

1778, fünfzehn Jahre nach der Hochzeit, beschreibt jemand die Präsidentin als «eine charmante Frau, die hübsch zu erzählen weiß, noch sehr frisch, eher klein als groß, von angenehmem Äußeren, mit einem verführerischen Lachen und ebensolchen Blicken, einem schelmischen Geist, einer engelhaften Sittsamkeit und Unschuld, dabei schlau wie ein Fuchs, aber auf ihre Weise liebenswürdig und verführerisch».[6] Mit vierzig Jahren muß Marie-Madeleine den vollen Glanz eines Liebreizes besessen haben, von dem der Marquis später zornig sagen wird, daß «sie ihn dem Teufel verdankte». Ihr planmäßiges und berechnendes Vorgehen ist für den Comte kein Hindernis, sie bei ihrer ersten Begegnung «sehr liebenswürdig, lustig und heiter»[7] zu finden, auch hindert es sie nicht daran, sich dem Abbé per Brief als ein wenig kapriziös vorzustellen: «Vielleicht habe ich, wer

[6] Brief eines Fräuleins de Rousset, von dem bald ausführlicher die Rede sein wird.

[7] Brief vom April 1763, zitiert auf S. 101.

weiß, ein sonderbares Wesen.»[8] Mit seiner jugendlichen Unruhe, seiner Heißblütigkeit, der Ausstrahlung seiner ganz frisch gewonnenen Autonomie war Donatien sicherlich, um seine eigenen Worte zu benutzen, noch immer «ein recht hübscher Kerl». Den traurigen Ausdruck, den er noch wenige Tage vor der Hochzeit besaß, hatte er gänzlich abgelegt, und als Mann des Adels unter diesen Parvenüs war es für ihn Ehrensache, stilgerecht aufzutreten: «Ihr Neffe erscheint mir so liebenswürdig und begehrenswert, wie man sich einen Schwiegersohn nur wünschen kann, durch seine Vernunft, seine Sanftmut und seine gute Erziehung, die er dank Ihrer Fürsorge erhalten hat», schrieb Madame de Montreuil am 16. Mai 1763, unmittelbar vor der Trauung, an den Abbé de Sade.

Die Verführung war offenbar stark und gegenseitig. Schon im Juni schrieb der Comte an den Abbé: «Madame de Montreuil macht alle Launen meines Sohnes mit; sie ist verrückt danach. Ihre Familie kennt sie nicht mehr wieder.» Dies bezieht sich auf die Theatervorstellungen auf dem Wall, zu denen, wie der Comte sich ausdrückt, «man» sich nach der Hochzeit allabendlich begab. Die Präsidentin scheint zu Beginn dieses Sommers 1763 viel mit dem jungen Paar ausgegangen zu sein (hatte sie bisher vielleicht nicht genügend Abwechslung gehabt?). In Échauffour wird sie dann, wie gesagt, nicht zögern, auf die Bretter zu steigen, zusammen mit ihrem Schwiegersohn und ihrer Tochter, der frischgebackenen Marquise de Sade.

[8] Brief an den Abbé vom 20. Oktober 1763; BN, bisher unveröffentlichte Passage. Siehe Fußnote 2. Die folgenden Zitate von Madame de Montreuil sind bisher unveröffentlicht.

14.

Pélagie Marquise de Sade

Tatsächlich, der Marquis de Sade hat jetzt eine Frau.

Die Sade-Legende des 19. Jahrhunderts macht aus seiner Ehe ein romantisches Drama, in dem die verhinderte Liebe die Hauptrolle spielt. Donatien, in eine der jüngeren Töchter der Montreuils verliebt, sei von den beiden Familien gezwungen worden, die ältere, Renée-Pélagie[1], zu heiraten, was er denn auch nur widerstrebend und frustriert getan haben soll. Diese hübsche Geschichte kommt noch 1939 in dem Buch von Jean Desbordes vor. Trotz all der Dokumente, die seit fast fünfzig Jahren beweisen, daß sie falsch ist, taucht sie auch in relativ neuen, aber nicht besonders seriösen angelsächsischen Biographien wie jene von Norman Gear oder Donald Thomas auf[2]. Die Arbeit von Iwan Bloch: *Der Marquis de Sade und seine Zeit* (1900 unter dem Pseudonym Eugen Dühren in Berlin, 1901 in Paris erschienen und im übrigen sehr interessant) hatte ihr so etwas wie eine psychoanalytisch begründete Glaubwürdigkeit bescheinigt. Diese Legende beruht auf einer mündlichen Überlieferung, die erstmals von Paul Lacroix, genannt *le Bibliophile Jacob* oder auch Paul-Louis Jacob, in seinem Artikel «La vérité sur les deux procès criminels du marquis Sade» (*Revue de Paris*, 1837, Band XXXVIII) im Detail festgehalten wurde. Auf diesen Text bezogen sich praktisch alle Biographen Sades bis hin zu Maurice Heine. Das Buch von Iwan Bloch gibt eine recht gute Zusammenfassung der Legende, die ich deshalb hier abdrucke, weil man an ihr ablesen kann, wie weit das, was wir über die Realität Sades wissen, von dieser Legende, die schon zu seinen Lebzeiten die Realität zu verschleiern begann, entfernt ist:

[1] Die amtlichen Vornamen von Sades Frau sind Renée-Pélagie. Ich nenne sie Pélagie, weil Sade sie so ruft, wenn er sie, selten genug, mit Vornamen nennt.
[2] Norman Gear, *The Divine Demon*, London 1963, deutsche Übersetzung 1964 bei List; Donald Thomas, *The Marquis de Sade*, London 1976, deutsche Übersetzung unter dem Titel *Marquis de Sade* 1978 bei Blanvalet. Beide gleichermaßen unbrauchbar.

«Herr von Montreuil, Präsident der ‹Cour des aides›, der durch eine langjährige Freundschaft mit dem Vater des Marquis de Sade verbunden war [dabei kannten sie sich drei Monate vor der Hochzeit noch gar nicht], hatte zwei Töchter im Alter von 20 und 13 Jahren, beide gleich hübsch und wohl erzogen, aber in Hinsicht auf Charakter und äussere Figur verschieden. Die Ältere, eine Brünette mit schwarzem Haar und dunklen Augen, war eine grosse majestätische Erscheinung, sehr fromm, ohne ‹Herzenswärme›(?). Die Jüngere, eine blauäugige Blondine, trotz ihrer Jugend schon von gereiftem Aussehen, war sehr intelligent, von ‹himmlischer Milde und Anmut›, dabei aber eine leidenschaftliche Natur[3].
Es war zwischen den Vätern vereinbart worden, dass der Marquis de Sade die ältere Tochter heiraten sollte. Ein merkwürdiges Geschick fügte es, daß dieser bei seinem ersten Besuche im Hause des Präsidenten Montreuil nur die jüngere Tochter antraf, da die ältere krank war. Er verliebte sich sofort leidenschaftlich in die erstere, die den Musikenthusiasten besonders durch ihren schönen Gesang und ihr wunderbares Harfenspiel für sich einnahm. Als Sade bei einem zweiten Besuche die ältere Schwester kennenlernte, fühlte er gegen dieselbe nur Abneigung und erklärte, dass er die jüngere heiraten wolle. Hierzu verweigerte der Präsident seine Zustimmung, und so liess der Comte de Sade seinen Sohn wählen zwischen Unterwerfung unter seinen Willen und einer sofortigen Abreise zur Armee mit der Aussicht auf Enterbung und Verstossung. [...] Es bleibe dahingestellt, ob diese Geschichte die Hauptursache der Demoralisation des Marquis de Sade gewesen ist, wie Marciat[4]

[3] Bloch-Dühren scheint diese Beschreibungen von Paul Lacroix entlehnt zu haben, doch neige ich zu der Ansicht, daß er sie aus zweiter Hand hat, weil er häufig aus der deutschen Untersuchung *Der Marquis de Sade* von Albert Eulenburg, in: *Die Zukunft* (1899), zitiert, die ebenso unseriös ist wie die anderen.

[4] Dr. Marciat, *Le Marquis de Sade et le sadisme*, im Gefolge von A. Lacassagne, *Vacher l'éventreur et les crimes sadiques*, Lyon und Paris 1900. Tatsächlich findet sich diese These bereits bei Jacob: «Ursache des moralischen Niedergangs des Marquis de Sade ist die Leidenschaft; Hochmut und Verzweiflung haben ihn vollends in einen abscheulichen Abgrund gestürzt, in den er seine Zeitgenossen am liebsten mit hineingerissen hätte, wie Satan, der über die Hölle klagt, in die ihn die Hand Gottes gestoßen hat.»

annimmt. Sicher erklärt sie die Ehefeindlichkeit, welche uns in allen Schriften Sade's entgegentritt.» (Dühren)
In Wahrheit ist das, was wir über Sades Ehe wissen, bis heute lückenhaft. Ebensowenig, wie wir die genaue Zahl und Identität der Montreuil-Kinder kennen, läßt sich behaupten, daß ein Mädchen namens Louise allein im Hause war, als Sade im Mai 1763, einige Tage vor der Hochzeit, den Montreuils einen Besuch abstattete (wobei ihn sicherlich sein Vater begleitet haben dürfte)[5]. Es ist auch nicht ausgeschlossen, daß Anne-Prospère, die einige Jahre jünger ist als Pélagie und die wir bereits kennen, diese Situation erlebt hat. Auf jeden Fall ist Sade den Schwestern seiner Frau nach der Hochzeit sowohl in Paris wie in Échauffour begegnet. In der Normandie hat er sehr wahrscheinlich mit einigen von ihnen unter demselben Dach gelebt, und vielleicht ist ihm eine besonders aufgefallen. Mehr kann man nicht darüber sagen.
Im Widerspruch zu all diesem behaupte ich, gestützt auf die Familienkorrespondenz, daß der Marquis de Sade und die frischgebackene Marquise sich sofort sehr gut verstanden haben und daß ihre Ehe im denkbar besten Klima begonnen hat. Da liest man zum Beispiel: «Er ist sehr gut zu seiner Frau. Wenn das so weitergeht, werde ich ihm den ganzen Rest übertragen.» (BN[x]; der Comte an den Abbé, Juni 1763). «Ihre Anhänglichkeit an ihren Mann und der Wunsch, ihm zu gefallen» (BN[x]; die Präsidentin an den Abbé, 26. Mai). «Ihre zärtliche Freundschaft scheint wechselseitig zu sein» (BN[x]; die Präsidentin im August an den Abbé); «So sehr sie auch den Wunsch hat, Ihnen zu gefallen und zu gehorchen, wird sie ihn doch niemals schelten. Sie liebt ihn, wie man es nur wünschen kann. Alles ist ganz einfach, bis jetzt ist er sehr liebenswürdig, er liebt sie sehr und könnte sie nicht besser behandeln. Ihr ist noch ganz weh ums Herz, denn er ist Samstag abgereist.» (BN[xx])
Es ist wirklich ganz einfach, denn in wenigen Tagen, wenn nicht

[5] Später wird Donatien die Präsidentin bezichtigen, ihrem Mann «sieben oder acht Bastarde» geschenkt zu haben. Der Comte zählt in einem Brief fünf Montreuil-Kinder auf; die übrigen sind vielleicht in jungen Jahren gestorben. Wir wissen von der Existenz von drei Mädchen und zwei Jungen. War diese Louise ein sechstes Kind? Louise war ein in der Familie gängiger Vorname; eine Schwester des Präsidenten hieß so.

Die Frau des Marquis
Renée-Pelagie de Montreuil (1741–1810)

Stunden hat Renée-Pélagie de Montreuil Donatien de Sade ihr Vertrauen geschenkt, und zwar rückhaltloser, als ihre Mutter oder sonst jemand es ahnt. Sie wird ihn lieben, nicht soviel, wie er es sich wünscht, aber sosehr sie kann und soweit ihre Kräfte reichen. Wohin das führen wird, weiß noch keiner. Es ist nicht ausgeschlossen, daß Renée-Pélagie schon sehr bald geahnt hat, wohin es führen würde, auch wenn diese Vorahnung noch eine Zeitlang recht vage geblieben ist.

Wem ähnelte das älteste der Montreuil-Mädchen? Hübsch war sie zweifellos nicht. Die im Kupferstichkabinett der Bibliothèque Nationale aufbewahrte Zeichnung, die sie im Profil darstellen soll, zeigt gewöhnliche, reizlose Gesichtszüge. Eine Sattelnase und ein spitzes Kinn, die der Portraitzeichner möglicherweise abgemildert hat. In den Briefen, die Sade ihr (und anderen) schreibt, ist von der physischen Erscheinung seiner Frau nie die Rede. Wäre Pélagie hübsch gewesen, hätte man es auf irgendeine Weise erfahren, irgendjemand hätte es ausgesprochen. In dem Brief, den die Präsidentin am 26. Mai 1763 an den Abbé de Sade richtet, drückt sie sich meines Erachtens recht klar aus, selbst wenn man die mütterliche Bescheidenheit in Anschlag bringt: «Die Sanftheit ihres Wesens, ihre Anhänglichkeit an ihren Mann und der Wunsch, ihm und der ganzen Familie, der anzugehören sie die Ehre hat, zu gefallen, werden ihr die Grazie ersetzen und, indem sie ihr zur Nachsicht verhelfen, vielleicht deren Achtung und Freundschaft erwerben.» (BN[x]) Im April 1771 erklärt sie nochmals: «Wenn sie die Ehre haben wird, Ihre Bekanntschaft zu machen [Renée-Pélagie ist noch nicht in der Provence gewesen], wird sie, wie ich hoffe, echtes Interesse, zumindest an ihrer Vernunft und ihrem sanften Wesen, bei Ihnen wecken; das Aussehen und die Grazie sind ein Geschenk der Natur, das wir uns nicht selbst verschaffen können.» (BN[xx]) Wir verfügen außerdem über eine weitere, wenn man so sagen kann, pragmatischere Aussage, das Äußere von Pélagie betreffend, die des Comte de Sade, der dem Abbé, seinem Bruder, in seinem Brief vom April '63, in dem er auch ein Urteil über die Montreuils abgibt, den ersten Eindruck mitteilt, den seine Schwiegertochter auf ihn gemacht hat; hier wechselt gewissermaßen ein gerissener alter Libertin mit dem anderen einen verständnisinnigen Blick:

«Ich fand die Kleine am Sonntag nicht häßlich. [Er rechnete also damit, keine Schönheit vorzufinden.] Sie ist sehr gut gebaut. Die Brust sehr hübsch, der Arm und die Hand sehr bleich [*sic*], und nichts Schockierendes, nichts, ein reizendes Wesen.» (BN[x])

Damit ist eigentlich alles gesagt. Man kehrt also die Sanftheit hervor, wie es Madame de Montreuil tut. Der Comte ist ihrer Meinung: «Die kleine Schwiegertochter ist sehr sanft», schreibt er im Juni der Äbtissin von Saint-Laurent.

Ist es die Sanftheit des «Lammes, das dem Tiger versprochen ist», wie es die romantische Legende vom «mörderischen Marquis» wissen will? Auf keinen Fall: «Er liebt sie sehr, behandelt sie ganz vorzüglich.» Auch für ihn ist alles ganz einfach; man hat ihm Pélagie gegeben, und er hat sie genommen, aber nicht als Beute, sondern als *seine Frau.* Würde man verkennen, was er darunter versteht, so würde man sich über Sade ganz falsche Vorstellungen machen. Es ist nicht zu bestreiten, daß die Ehefrauen in fast all seinen Romanen viel zu leiden haben. In den *Cent vingt journées de Sodome* heißt es zum Beispiel:

«Wir Wüstlinge halten uns die Frauen als Sklavinnen; als unsere Gattinnen sind sie gefügiger, als es Mätressen sind, und Sie wissen, wie wichtig der Despotismus bei den Vergnügungen ist, die wir schätzen[...]»

In *Justine*, *Juliette*, *La Nouvelle Justine*, *La Philosophie dans le boudoir* oder *Les Crimes de l'amour* findet man Hunderte solcher Erklärungen. Man sollte aber auch lesen, was er in *Aline et Valcour* schreibt:

«Oh, denken Sie nicht, die Wollust könnte die Flamme löschen, wenn sie der Liebe entspringt: je mehr eine Gattin uns ihre Reize überläßt, um so mehr stachelt sie unsere Glut an. Dieses Band, mit dem man Scherz treibt, wenn man seine Frau nicht liebt, wird so köstlich, wenn man sie anbetet! Es ist so angenehm, wenn die Regungen des Herzens mit den Wünschen des Himmels, den Gesetzen der Natur im Einklang sind... Nein, nein, keine Frau auf der Welt kann so wertvoll sein wie die, die zu uns gehört: sich ungehindert den glühenden Leidenschaften der Seele hingebend, überhäuft man sie in der köstlichsten Weise mit lauter Ehrentiteln, die jene, die sie schon besitzt, noch übertreffen!»

Von leidenschaftlicher Zuneigung ganz abgesehen, muß man auch «eine gewisse Vorstellung» berücksichtigen, die Sade von der Ehe als solcher hat. Nicht nur, daß er keinen Spaß versteht, wenn es um weibliche Untreue geht («der Ehebruch der Frauen ist mit so entsetzlichen Nachteilen verbunden, hat so verhängnisvolle, fatale Folgen, daß ich ihn nie tolerieren konnte»[6]), er hält auch nichts davon, daß man verheirateten Frauen nachstellt: «Suchen Sie in meinen Prinzipien, durchwühlen Sie die Geschichte meiner Ausschweifungen, und Sie werden sehen, daß ich das Band der Ehe in meinem Leben kaum beschädigt habe» (in demselben Brief). Was auch immer er für Pélagie de Montreuil empfunden haben mag, es steht außer Zweifel, daß er von seinen Pflichten ihr gegenüber ein sehr klares Bewußtsein hatte: «Ich bin ein Libertin, aber ich habe nie die Gesundheit meiner Frau aufs Spiel gesetzt», erklärt er in seinem «großen Brief» von 1781.

Unabhängig davon, welche Rolle das Gefühl der Liebe in ihrer Beziehung spielt (wir werden sehen, daß sie groß ist), ist offenkundig, daß Pélagie und Donatien im Herbst 1763 das Bild einer nahezu vollkommenen Harmonie bieten, und das wird sich erhalten. Ohne den Briefen, welche die jungen Eheleute wechseln, wenn sie getrennt sind, allzusehr vorzugreifen, seien hier bereits einige Beweise ihrer gegenseitigen Übereinstimmung zitiert. Es ist zunächst ein körperliches Einverständnis, wenn man (siehe oben, Seite 66–67) sich an das verschwenderische Lob hält, mit dem der Marquis die «sehr schöne Kehrseite» seiner Frau überhäuft («Deretwegen ich mich sehr gut mit Ihnen verstehe»); es ist aber auch eine seelische Übereinstimmung: «Es ist Deine Seele, die ich anbete»; «Oh, meine teure, göttliche Freundin, oh, meine alte Seelenfreundin», wird Sade aus seinen Gefängnissen an Pélagie schreiben.

In den Briefen Pélagies kommen die Liebe und die sehnsüchtige Erinnerung an die glücklichen Jahre noch lange nach der durch die Haft erzwungenen Trennung zum Ausdruck. Den Jahrestag ihrer Hochzeit hebt sie besonders hervor: «Dieser 17. Mai» (1778) ist für sie ein «besonders meiner Liebe zu Dir gewidmeter

[6] Brief aus dem Jahr 1782 an Mademoiselle de Rousset (Lely).

Tag». Sie denkt zurück: «Die Erinnerungen an die Vergangenheit machen mich genauso krank wie Dich.» Immer wieder gibt sie dem Gefühl Ausdruck, von dem ihre Seele erfüllt ist: «Noch immer bete ich Dich mit der gleichen Leidenschaft an.» (16. Februar 1778) «Meinem Herzen läßt Du, mein lieber Freund, Gerechtigkeit widerfahren, wenn Du überzeugt bist, daß es nur von Zärtlichkeit für Dich erfüllt ist, daß all seine Fähigkeiten und auch die meiner Seele nur ein Ziel kennen, Dein Glück, das immer auch meines ist. Ich kann aufrichtig bekennen, daß ich bei allem, was ich tue und sage, stets Dich im Sinn habe. Wenn ich eine Bekanntschaft schließen will, so mit dem einzigen Ziel, Dir jetzt oder später nützlich zu sein. Jeden anderen Gedanken würde ich mir wie ein Verbrechen vorwerfen. Es ist mir so angenehm, daß all meine Gedanken und Handlungen Dich zum Ziel haben; Du bist mein einziger Zweck.» (24. Juli 1781) «Was soll ich, mein lieber Freund, auf Ihren großen Brief antworten? Je mehr ich Sie wahrhaft liebe, um so unmöglicher ist es mir; mein armes Herz ist allzu betrübt [...]. Wenn ich glaubte, jemand könnte ihn zu Gesicht bekommen, würde ich ihn auf der Stelle verbrennen. Fürchten Sie nicht, daß er etwas an meinen zärtlichen Gefühlen für Sie ändert, denn diese Gefühle sind über alles, was Sie sagen und tun können, erhaben.» (20. August 1787; Borderie)[7] Von Jahr zu Jahr lebt sie in der Erwartung, wieder mit ihm vereint zu sein: «Wenn wir in den Hafen einlaufen, werde ich eine Befriedigung empfinden, wie sie nur ein Herz erleben kann, das wahrhaft liebevoll und gänzlich Dir ergeben ist, wie das meine. Nein, es gibt nichts, was sie ausdrücken könnte, es ist unmöglich» (1. Juni 1778); «Für mich gibt es nur ein wahres Glück auf dieser Welt, und es besteht darin, wieder mit Dir vereint zu sein, und daß Du zufrieden und glücklich bist [...]. Wir werden zusammen leben und sterben» (30. Juli 1785).

Er ist offensichtlich nicht so mitteilsam. Seine Zuneigung äußert sich vor allem in ständigen, fürsorglichen Gedanken um ihre

[7] Einer der seltenen Briefe, in denen die Marquise ihren Mann siezt. Daß beide sich in ihren Briefen häufig duzen, ist für die damalige Zeit und für ihre gesellschaftlichen Kreise absolut bemerkenswert und deutet auf ein sehr inniges Verhältnis hin.

Gesundheit, ihr Wohlergehen. Dennoch enthalten seine Briefe unverkennbare Anzeichen für ein tiefes Gefühl:

«Heute, Donnerstag, den 14. Dezember 1780, da 1.400 Tage, 200 Wochen und 46 Monate seit unserer Trennung verstrichen sind, habe ich von Dir achtundsechzig Lebensmittelsendungen und hundert Briefe erhalten, und dies ist von mir der hundertvierzehnte. Letztere Zahlen beziehen sich nur auf die zweite Inhaftierung. Was die drei ersteren betrifft, so stellen sie für mich nur einen einzigen Punkt dar, denn mein wahres Unglück beginnt für mich erst mit dem Tag, der uns getrennt hat, und alle Überlegungen, die ich angestellt habe und anstelle, beziehen sich nur auf diese Zeit [...]. Damit bin ich also wieder bei Dir, meine teure Freundin, bei Dir, die ich trotz allem als die beste und teuerste Freundin lieben werde, die es für mich jemals auf der Welt gegeben hat»; «Hier habe ich für mich nur meine Tränen und meine Schreie; aber niemand hört sie... Wo ist die Zeit, da meine teure Freundin sie teilte? Heute habe ich niemanden mehr; es scheint, als sei die ganze Natur für mich erstorben.» (Lely)

Am 24. August 1787 (er ist siebendundvierzig, sie sechsundvierzig Jahre alt) findet der Marquis de Sade dann diese sehr bewegten Worte, um seiner Frau dafür zu danken, daß sie ihm ihr Portrait auf einem Medaillon geschickt hat:

«Es gibt Dinge, die eine solche Freude bereiten, daß man das Gefühl nicht auszudrücken vermag; die Seele ist allzu bewegt, sie muß sich für einen Augenblick zurückziehen, um all das, was sie empfindet, zu genießen. Würde man sie zwingen, das zu schildern, machte man diesen Freuden ein Ende. So ergeht es dem, der Ihnen für das kostbare Geschenk dankt, das Sie ihm gemacht haben... Ein teures, himmlisches Geschenk, das ich nur immer wieder zu betrachten brauche, und es wird mir, trotz alles Bösen, bis zum letzten Augenblick meines Daseins tausend immer wieder neue Blumen auf den Dornen des Lebens erblühen lassen. [...]

Er küßt Sie und wird Ihnen noch viel mehr danken, wenn er Sie in seine Arme schließen kann. [...]

P.S. – Das Porträt und die Einfassung, alles ist gut, alles gefällt, alles macht eine unglaubliche Freude, und seien Sie versichert, daß ich eher mein Leben hingeben werde, als mir wieder ein Stück abnehmen zu lassen, das mich bis zu meinem Tode nicht mehr verlassen wird.» (Lely)

Und dann ist da – aus demselben Jahr (schön wäre es, wenn er aus derselben Woche, vielleicht sogar vom selben Tag wäre) – ein verschlüsselter Brief, den Gilbert Lely dechiffriert hat. Zuvor mehrfach veröffentlicht, hat er keine besondere Aufmerksamkeit erregt:

«*Ich habe eine schreckliche Lust*, mit Ihnen zu schimpfen: diese Art, wie Sie davongehen *Sie aufzureißen, die* ohne ein Wort zu sagen, ist gräßlich, wahrhaftig, sie *übertrifft alles, was man* sich vorstellen kann *glauben kann, und das* ist grausam. Wenn ich es recht bedenke, erkenne ich, das *ist nicht erstaunlich*: Sie haben sich gebildet, mein Schatz, *seit der Zeit, da* wir nicht mehr beieinander sind. Doch ich gestehe Ihnen, daß *ich keine* Gründe für Ihr Verhalten [sehe], und Sie sind die merkwürdigste der *Frauen sehe.* Bilden Sie sich ein, ich würde Ihnen das alles verzeihen? *Sie können sich wohl vorstellen, daß ich* über Ihr Verhalten sehr verbittert bin. Adieu. Ich werde heute abend weiterschreiben, *scharf wie ein Tier, ein Esel, ein spanisches Vollblutpferd bin; so* grüße ich Sie nun. Besuchen Sie mich, ich flehe Sie an; *kommen Sie, wann Sie wollen*: Sie werden mir stets ein Vergnügen und eine Ehre erweisen, und *Sie können sicher sein, daß Sie* trotz all des Kummers, den Sie mir machen, *gut gevögelt werden*, ja, geküßt von ganzer Seele.» (Lely)

Diese Texte sprechen für sich. Sicherlich gibt es bei Sade andere, nicht minder eindeutige Texte, die eine ganz andere Sprache sprechen. Jean-Louis Debauve[8] hat kürzlich einen erstaunlichen Brief Donatiens an den Abbé vom September 1765 ausgegraben, in dem Sade zunächst erklärt:

«Ja, ich wäre ohne Zweifel sehr viel glücklicher, wenn ich meine Frau lieben würde. Aber kann ich über meine Gefühle gebieten? Ich habe alles getan, mein lieber Onkel, um den Widerwillen zu bezwingen, den sie mir vom ersten Augenblick an eingeflößt hat»,

[8] D. A. F. de Sade, *Lettres inédites et documents*, herausgegeben und mit Anmerkungen von Jean-Louis Debauve, Paris, éditions Ramsay/Jean-Jacques Pauvert, 1990.

um später anzufügen:

«Ich habe etwas getan, was ein anständiger Mensch ehrlicherweise nie tun sollte: Mein Mund hat versprochen, was mein Herz nicht halten konnte, und da ich mich nicht länger gebunden glaubte, weil ich es nur pro forma war, sah ich meine einzige Pflicht darin, meine wahren Empfindungen zu verbergen. Es ist mir beinahe gelungen, mich selbst zu betrügen, und der Zwang zur Verstellung erleichterte mir für eine Weile meine Pflicht, denn er betäubte die wahren Empfindungen meines Herzens und verbarg den Haß. Des ständigen Zwanges überdrüssig, der mich seit zwei Jahren *ich liebe Sie* sagen ließ, ohne es zu empfinden, habe ich versucht, es zu empfinden, um es mit Vergnügen sagen zu können.»

Wir besitzen indes allzu viele Beweise für die unverbrüchliche gegenseitige Zuneigung der Jungvermählten und können in diesen Äußerungen daher nur eine jener rhetorischen Spielereien, in denen Sade immer wieder schwelgt, und eine (allzu bequeme) Entschuldigung für *Seitensprünge* sehen, die dummerweise bekanntgeworden sind.

Vielleicht darf ich einen persönlichen Eindruck anfügen. Als Pélagie de Montreuil Donatien heiratet, ist sie zweiundzwanzig Jahre alt, und das ist in der Zeit Ludwigs XV. für ein Mädchen, das heiratet, nicht mehr ganz jung, aber für ein Kind, das fern von der Welt aufgewachsen ist, auch nicht sehr alt («Du kennst die Welt sicherlich sehr viel besser als ich», wird sie ihrem Mann schreiben). Es hat nicht den Anschein, als sei sie mit Zärtlichkeit überhäuft worden, und sicherlich war sie nicht der Liebling der Präsidentin; von einer ihrer Schwestern wird sie einige Jahre später ohne Zartgefühl sagen, sie sei die «Dulzinea» ihrer Mutter[9].

Donatien de Sade hat es nicht besser getroffen. Seine Mutter ist abweisend und hart. Seine Großmutter in Avignon, die in seiner frühen Kindheit deren Stelle bei ihm vertreten hat, ist gestorben. Seine Tanten haben nicht die gleiche Bedeutung für ihn, und sie sind weit weg. Der Abbé de Sade «geht nie auf das ein, worum

[9] «Du weißt, daß mein Vater kein liebevolles Wesen besitzt», wird Pélagie im Jahre 1778 außerdem an Donatien schreiben.

man ihn bittet», erst recht nicht, wenn es um Gefühle geht. Donatien ist wegen häßlicher Geschäfte von seinem Vater getrennt, und das berührt ihn mehr, als er zeigen will[10]. Die Familie, in die er einheiratet und die er zu beeindrucken sucht, vermag nicht die Leere in seinem Herzen auszufüllen, das obendrein gequält wird von heimlichen Regungen, deren Wirkungen sich bald zeigen werden, die aber im Augenblick durch den Zwang zur Geheimhaltung um so drückender sind. Er ist sehr einsam. Es kann ihm nicht entgehen, daß die Aufmerksamkeiten, mit denen man ihn bei den Montreuils umgibt, solche sind, die man dem Pferd angedeihen läßt, auf dem die Hoffnungen der Wetter ruhen. Man hat in ihn investiert, und damit sich das lohnt, wird er sich an dem Spiel beteiligen und Karriere machen müssen. Ihm bleibt kaum Zeit, um *sein Junggesellendasein zu begraben.*

Das Mißverständnis könnte nicht größer sein. Trotz seines Alters, seiner Ehe, seiner Feldzüge und seiner Titel sind sich alle einig, daß Donatien noch recht jung ist: «Er ist so jung, so jung», schreibt die Präsidentin. Immerhin sieht sie in ihm *einen jungen Mann.* Nach ihrer Meinung muß er sich nur noch «die Hörner abstoßen», um am Ende der Metamorphosen der zweibeinigen Gattung, mit der sie sich auskennt, zu dem zu werden, was sie einen Mann nennt. Sie begreift nicht, daß Sade allem Anschein zum Trotz niemals das Stadium der pickeligen Adoleszenz durchlaufen wird. Auch im Mannesalter sind sein Körper und sein Geist erfüllt von jener wunderbaren, staunenden, souveränen, aber auch verletzlichen Kindheit, die bislang nur André Breton und Annie Le Brun bei ihm bemerkt haben. Das, was er zu Grabe tragen soll (er wird es nicht tun), ist nicht der *Junggeselle* in ihm, dem eine stupide Tradition ein ausschweifendes Leben andichtet, sondern das Kind, dessen Sensibilität, dessen Blick wir seine größten Entdeckungen verdanken.

[10] Im Oktober 1762 schreibt die Präsidentin in ihrem langen Brief an den Abbé de Sade: «Der Comte ist von Compiègne zurück und behandelt seinen Sohn grausam, [er] bezeichnete ihn vor unseren Verwandten als übles Subjekt, Undankbaren usw. [...] Er [Donatien] hat es nicht über sich gebracht, seinem Vater zu schreiben; sein Herz war von alledem zu sehr verwundet [...]. Ich flehe Sie an, seien Sie ihm nicht böse, er ist empfindlich, und Sie würden ihn in Verzweiflung stürzen.» (BN^{x})

Dies ist es auch, was Donatien und Pélagie, wie ich glaube, sogleich einander näherbringt und auf lange Zeit verbindet. Ich sehe in den beiden gegenüber der Welt der Erwachsenen, die von ihren elenden Geschäften und Ehrenhändeln in Anspruch genommen sind, zwei bedrohte, schikanierte, verfolgte Kinder, die zusammenhalten und sich lieben.

Natürlich ist Donatien de Sade von völlig anderem *Kaliber* als Pélagie, die ihn gelegentlich auf ganz bestimmten Gebieten übertreffen wird. So dürften sie das Warten, den ebenfalls nie erwähnten sehr starken Wunsch nach ihrem ersten Kind, nicht in gleicher Weise erlebt haben. Schon im August 1763 schreibt die Präsidentin an den Abbé de Sade: «Es gibt in der Familie nur einen großen Kummer, nämlich, daß ich Ihnen und mir noch nicht die Eigenschaft ‹Groß› zuerkennen kann» (gemeint sind Groß-onkel und Groß-mutter). In ihrem langen Brief vom 20. Oktober führt sie dazu aus: «Rechnen Sie absolut nicht mit dem Titel eines Großonkels, Sie würden Ihren Neffen, der bereits die Hoffnung auf Nachkommenschaft verloren hat, zur Verzweiflung treiben.»

Vermutlich hat Sade, von den üblichen Befriedigungen abgesehen, dieses mit äußerster Spannung erwartete Ereignis mit demselben Blick ausgespäht, mit dem er sich sein ganzes Leben lang bemühen sollte, in die Geheimnisse der Natur einzudringen. Gab es doch keine bessere Gelegenheit, etwas genauer das Funktionieren jener *Fortpflanzung der Tiere* zu beobachten, über die der geniale Abbé Spallanzani (wieder ein Jesuitenschüler) gerade Untersuchungen betreibt, die Sade sicherlich nicht entgangen sind.

Am 21. Januar 1764 schreibt die Präsidentin dem Abbé über Pélagie: «Ich vermute, daß sie seit etwa drei Monaten schwanger ist.» (Lely) Diese Hoffnung wurde offenbar durch eine Frühgeburt oder vielmehr einen vorzeitigen Tod zunichtegemacht, denn unter einem ungeklärten Datum sollte Sade dem Abbé mitteilen: «Der Himmel hat es nicht gewollt, daß ich das Vaterglück lange genieße, mein lieber Onkel.»[11]

[11] Von Henri Pastoureau in den Papieren von Maurice Heine entdeckt. Der Brief war noch in den fünfziger Jahren im Besitz von Herrn Jean Estève, der eine Veröffentlichung ablehnte.

Aber so weit ist es am 20. Oktober 1763 noch nicht. Unter diesem Datum gibt die Präsidentin de Montreuil von ihrem in der Normandie gelegenen Schloß Échauffour aus dem Abbé de Sade einen Lagebericht. Sie möchte ihn in der leidigen Geldaffaire zwischen Donatien (genaugenommen seinen Schwiegereltern) und dem Comte zum Schiedsrichter machen. Doch es ist auch Erfreuliches zu vermelden: Die Kinder verstehen sich, zudem kündigt sich ein Enkel an («Sie sind beide nicht von einem unfruchtbaren Geschlecht»), die Ehe treibt den Leichtsinn aus, und der Schwiegersohn scheint sich an die Arbeit zu machen: «Er ist am Samstag [nach Paris] abgereist; er ist dort mit Monsieur de Montreuil zusammengetroffen, der Ende des Monats hierher zurückkehren wird, während er sich nach Fontainebleau begibt, um Monsieur de Choiseul um eine Stellung zu ersuchen und sich von dort [in seiner Eigenschaft als Generalstatthalter] in das Parlament von Dijon aufnehmen zu lassen; diese Schritte sind notwendig, aber kostspielig. Ich bin überzeugt, daß Sie sie billigen. Er soll gleich nach seiner Ankunft seinen Vater aufsuchen.» (BN[xx]) Bei den Montreuils ist alles geregelt oder doch beinahe; wieder einmal hält die Präsidentin sämtliche Fäden in der Hand.

Genau neun Tage später wird auf Befehl des Königs «der Herr Marquis de Sade» in die Burg von Vincennes eingeliefert.

ZWEITER TEIL

«Ohne jede Rücksicht»

Der Donjon von Vincennes

15.

«Kaltblütig, ganz allein»

Donatien de Sade ist im Gefängnis. Das ist für die ganze Familie ein harter Schlag, und fast alle, bis hin zu den Behörden, sind überrascht: «Der Schuldige wurde verhaftet, zu Monsieur de Saint-Florentin geschickt», sollte der Comte drei Wochen später seinem Bruder schreiben; «als er den Schuldigen eintreten sah, war er verwirrt, daß er es war, den die Sache betraf.» Monsieur de Saint-Florentin, der Minister für den königlichen Hofstaat, war vom Generalleutnant der Polizei alarmiert worden und hatte unverzüglich dem König persönlich Bericht erstattet. Es mußte sich um eine schwerwiegende Angelegenheit handeln. Leider haben wir nur wenige Dokumente, aus denen hervorgeht, was Sade vorgeworfen wurde. Da ist zunächst der bereits zitierte Brief des Comte. Er ist vom November datiert und scheint nicht vollständig zu sein[1].

Hier, was davon noch erhalten ist:

> «*Petite maison* gemietet, Möbel auf Kredit gekauft, unmäßige Ausschweifung, die dort kaltblütig, ganz allein, begangen wurde, entsetzliche Gottlosigkeit, über welche die Mädchen glaubten Aussage machen zu müssen. Der Schuldige wurde verhaftet, zu Monsieur de Saint-Florentin geschickt, der auf Grund des Berichts und der Aussage der Mädchen, die er dem König gezeigt hatte und die ihm vom Leutnant der Polizei zugegangen war, zum König sagte, das müsse mit äußerster Strenge bestraft werden. Als er den Schuldigen eintreten sah, war er verwirrt, daß er es war, den die Sache betraf; er schickte ihn auf das Schloß von Vincennes und erwartete von den Eltern, daß sie die Burg bestimmten, in der er eingesperrt werden sollte. Ich bin nach Fontainebleau geeilt, ich habe um Gnade gebeten, er wurde in die Normandie auf das Schloß des Schwiegervaters zurückgeschickt, wodurch nichts ruch-

[1] Das sagen alle Sade-Biographen. Ich habe das Originaldokument nochmals geprüft und neige zu der Ansicht, daß der Brief vollständig ist und die überstürzte Reaktion auf ein Auskunftsbegehren der Familie darstellt.

bar wurde. Es hieß ganz einfach, er sei dorthin zurückgekehrt. Die Fahrt nach Fontainebleau und sonstige Aufwendungen haben mich zehn Louisdor gekostet, wovon ich zwei Monate hätte leben können! Alle drei Monate muß ich schreckliche Schläge hinnehmen. Donnerstag und Freitag habe ich mit Fieber das Bett gehütet. Ach, warum werde ich von meiner Krankheit verfolgt? Meine Mißgeschicke sind die Strafe für meine Verbrechen. [Interessant!] Ich küsse die Hand, die mich schlägt, und unterwerfe mich. Monsieur de Grandbois läßt mir ausrichten, daß er sich um meine Angelegenheiten kümmern wird. Sehen Sie zu, wie Sie das mit ihm regeln. Diese Geschichte liegt jetzt vierzehn Tage zurück. Ich fürchtete mich, Ihnen davon zu berichten, und das hat mich davon abgehalten, Ihnen zu schreiben. Aber schließlich müssen Sie es doch erfahren. Sollte es durchsickern, muß man es abstreiten; noch ist nichts ruchbar geworden, und da er sich in der Provinz aufhält, wird es einfach sein, eventuelle Gerüchte zu zerstreuen. Sagen Sie nur meinen Schwestern nichts davon. Ich bin sehr unglücklich.» (BN[xx])

«Entsetzliche Gottlosigkeit» ist ebenso unbestimmt wie «unmäßige Ausschweifung». Ein Brief, den Sade am 2. November an den Generalleutnant der Polizei, de Sartine, richtet, ist nicht sehr viel eindeutiger:

«So unglücklich ich bin, hier zu sein, ich beklage mein Schicksal nicht; ich habe Gottes Rache verdient, das fühle ich; meine einzige Beschäftigung ist, über meine Fehler zu weinen und meine Irrtümer zu verabscheuen. Ach, Gott hätte mich vernichten können, ohne mir Zeit zu lassen, sie zu erkennen und zu fühlen; wie dankbar muß ich ihm sein, daß er mir erlaubt, in mich zu gehen! Geben Sie mir die Möglichkeit dazu, ich bitte Sie, Herr, erlauben Sie mir, einen Priester zu sehen. Seine guten Lehren und meine aufrichtige Reue werden mich hoffentlich bald würdig machen, die heiligen Sakramente zu empfangen. Daß ich sie so völlig vernachlässigte, war der erste Grund für meinen Untergang [...]. Ich hoffe ferner, daß Sie, Monsieur, so gütig sind, meine Familie nicht vom wahren Grund meiner Inhaftierung zu unterrichten, denn ich wäre in ihren Augen rettungslos verloren.

Ich erlaube mir, Ihnen noch einen Hinweis zu geben, Monsieur: Das unselige Buch datiert erst vom Juni, ich habe am 17. Mai geheiratet, und ich kann Ihnen versichern, daß ich meinen Fuß nicht vor dem Juni in das besagte Haus gesetzt habe. Zuvor war ich drei Monate auf dem Lande, und ich war erst acht Tage von dort zurück, als man mich verhaftete. So kurz die Zeit meiner Irrungen auch war, bekenne ich mich doch ihrer schuldig.»[2]

Fassen wir zusammen: Am Samstag, dem 15. Oktober 1763, hat Donatien de Sade das Schloß Échauffour in der Normandie mit dem Ziel Paris verlassen. Dort hat er wohl wie geplant Monsieur de Montreuil getroffen (anderenfalls hätte sich die Familie Sorgen gemacht), den er dann wahrscheinlich am Sonntag oder Montag verließ, um nach Fontainebleau zu fahren und Monsieur de Choiseul seine Aufwartung zu machen. Ob er dort gewesen ist, weiß man nicht. Am Samstag, dem 29., wird er verhaftet und nach Vincennes gebracht. Unterdessen sind zehn Tage vergangen, während derer er sich in einer *petite maison*, die er gemietet und auf Kredit möbliert hatte, einer unmäßigen Ausschweifung hingegeben hat, zu der erschwerend Gottlosigkeiten hinzukommen, die geeignet sind, sowohl seine junge Frau als auch den Schöpfer zu beleidigen. Deren Ursache ist ein «unseliges Buch», das auf den Monat Juni zurückgeht.

Bei diesen wenig stichhaltigen Indizien wäre es geblieben, hätte nicht ein Bücherfreund, Monsieur Jean Pomarède, 1965 Gilbert Lely ein Dokument übermittelt, das er zwei Jahre zuvor, im Oktober 1963, also genau zwei Jahrhunderte nach den Ereignissen, entdeckt hatte. Es handelt sich um die Aussage, die Jeanne Testard, eine Kokotte, am 19. Oktober 1763 vor einem Kommissar im Châtelet gemacht hat. Die Bedeutung dieses Dokuments veranlaßt mich, es ungekürzt wiederzugeben:

«Im Jahre 1763, Mittwoch, den 19. Oktober, um sechs Uhr abends, ist im Amt und vor uns, Hubert Mutel, Anwalt bei Gericht, königlicher Rat, Kommissar im Châtelet zu Paris, Jeanne Testard erschienen, Arbeiterin in der Fächerherstellung, aber gelegentlich als Dirne tätig, wohnhaft Rue Montmartre, in der Nähe der Rue de Cléry, Pfarrbezirk Saint-Eu-

[2] *L'Amateur d'autographes*, Jg. 1866, S. 355 f.

stache, begleitet von Herrn Jean-Baptiste Zullot, Beauftragter von Herrn Louis Marais, Polizeiinspektor, die, nachdem sie geschworen, die Wahrheit zu sagen, uns erklärt hat, sie habe vor etwa drei Wochen die Bekanntschaft einer Dame namens Du Rameau gemacht, damals wohnhaft in einem möblierten Zimmer in der Rue du Faubourg-Saint-Honoré und seit vierzehn Tagen wohnhaft in der erwähnten Rue Montmartre im Café de Montmartre; gestrigen Tages um acht Uhr abends habe besagte Du Rameau nach der Erschienenen geschickt, die sich sofort zu ihr begeben habe, und besagte Du Rameau habe ihr vorgeschlagen, einen Liebeshandel zu machen, der ihr zwei Louisdor zu vierundzwanzig Livres verschaffen würde; nachdem sie darin eingewilligt hatte, habe sie diese einem Privatmann übergeben, der der Erschienenen unbekannt war, etwa zweiundzwanzig Jahre alt, ungefähr fünf Fuß drei Zoll groß, hellbraune Haare im Haarbeutel tragend, von heller Hautfarbe und ein wenig von Blattern entstellt, bekleidet mit einem Überrock aus blauem Tuch, der Kragen und die Ärmelaufschläge rot mit Silberknöpfen, und besagter Privatmann habe die Erschienene in eine an der Pforte wartende Kutsche steigen lassen, in der sich der Diener des besagten Privatmannes befand, von dem sie anschließend erfahren habe, daß er sich Lagrange nenne, und man habe sie ans äußerste Ende des Faubourg Saint-Marceau gebracht, nahe der Rue Mouffetard, in ein kleines Haus mit gelb gestrichener Toreinfahrt, gekrönt von Eisenspitzen; angekommen, habe er ihr befohlen, in ein Zimmer im ersten Stock hinaufzugehen, dann habe er seinem Diener, der ihm gefolgt war, befohlen, ins Erdgeschoß hinunterzugehen, und die Tür des besagten Zimmers mit Schlüssel und Riegeln versperrt; und nachdem er mit der Erschienenen allein war, habe er sie zunächst gefragt, ob sie der Religion anhänge, und ob sie an Gott, an Jesus Christus und an die Jungfrau Maria glaube; worauf sie erwidert habe, daß sie daran glaube und daß sie die christliche Religion, in der sie erzogen worden sei, befolge, soweit es ihr möglich sei. Daraufhin habe der Privatmann schreckliche Flüche und Lästerungen ausgestoßen und erklärt, es gebe keinen Gott, er habe es erprobt und sich mit der Hand bearbeitet, bis sich sein Samen in einen Kelch ergoß, der ihm zwei

Stunden lang in einer Kapelle zur Verfügung gestanden habe, Jesus Christus sei ein J... F...[3] und die Jungfrau eine B... Er habe hinzugefügt, daß er Verkehr mit einem Mädchen hatte, mit dem er zur Kommunion gegangen sei, die beiden Hostien habe er genommen und sie dem Mädchen in den entsprechenden Körperteil gesteckt, und er habe sie körperlich besessen und dabei ausgerufen «*Wenn du Gott bist, räche dich*»; anschließend habe er der Erschienenen vorgeschlagen, sich in einen an das besagte Zimmer angrenzenden Raum zu begeben, sie aber gewarnt, sie werde etwas Ungewöhnliches sehen; als sie ihm gesagt habe, sie sei schwanger und fürchte den Anblick von Dingen, die sie erschrecken könnten, habe er erwidert, diese Dinge würden sie nicht ängstigen, und dabei habe er sie in das benachbarte Zimmer treten lassen und sich dort mit ihr eingeschlossen; beim Eintreten sei sie über den Anblick von vier Rutenbündeln und fünf unterschiedlich geformten Peitschen erstaunt gewesen, darunter drei aus Stricken, eine aus Messingdraht und eine aus Eisendraht, die an der Wand hingen, sowie drei Christusgestalten aus Elfenbein an ihren Kreuzen, zwei weitere Christusgestalten auf Kupferstichen, eine Kreuzigungsszene und eine Mutter Gottes ebenfalls auf Kupferstichen, die zusammen mit einer großen Zahl von Zeichnungen und Kupferstichen, auf denen nackte Gestalten und Szenen von größter Unanständigkeit dargestellt waren, an den Wänden hingen; er habe sie diese verschiedenen Dinge betrachten lassen und ihr dann erklärt, sie müsse ihn mit der zuvor am Feuer rotglühend gemachten eisernen Peitsche schlagen, und anschließend werde er sie geißeln mit einer der restlichen Peitschen, die sie sich aussuchen könne; obwohl er sie sehr stark bedrängt habe, habe sie diesen Vorschlägen nicht zugestimmt; daraufhin habe er zwei der Christusgestalten aus Elfenbein heruntergenommen, eine davon mit Füßen getreten und auf die andere masturbiert; nachdem die Erschienene Erstaunen und Entsetzen bekundet habe, habe er ihr befohlen, das Kruzifix mit Füßen zu treten, und dabei auf zwei Pistolen auf einem Tisch gedeutet und die Hand an sein Schwert gelegt, bereit, es aus der Scheide zu zie-

[3] J... F...: Jean-Foutre, zu deutsch etwa «Wichshänschen».

hen, während er ihr drohte, sie damit zu durchbohren; aus Angst um ihr Leben sei der Erschienenen das Unglück widerfahren, das Kruzifix mit Füßen zu treten, und zugleich habe er sie gezwungen, die gottlosen Worte auszusprechen: *B..., ich sch... auf dich*; er habe von der Erschienenen sogar verlangen wollen, sich einen Einlauf zu machen und sich dann auf die Christusfigur zu entleeren, wozu es aber nicht gekommen sei, weil sie das abgelehnt habe; während der Nacht, welche die Erschienene ohne Nahrung zu sich zu nehmen und ohne zu schlafen mit ihm verbracht habe, habe er ihr mehrere kleine Gedichte gezeigt und vorgelesen, die voller Gottlosigkeiten waren und gänzlich der Religion widersprachen; er habe diese von einem seiner Freunde erhalten, ein ebensolcher Wüstling wie er, der in der gleichen Weise denke und sich aufführe; besagter Privatmann habe der Erschienenen vorgeschlagen, sie auf widernatürliche Art zu besitzen, und er habe die Gottlosigkeit so weit getrieben, die Erschienene zu dem Versprechen zu nötigen, am kommenden Sonntag um sieben Uhr morgens in besagtem Häuschen mit ihm zusammenzutreffen, um sich gemeinsam zur Pfarrkirche Saint-Médard zu begeben, dort zur Kommunion zu gehen und anschließend die beiden Hostien zu nehmen, deren eine er zu verbrennen gedenke, während er sich der anderen bedienen wolle, um die gleichen Gottlosigkeiten und Schändungen zu begehen, die er nach seinen Angaben mit dem Mädchen begangen hatte, von dem er ihr erzählt habe; sie habe heute um neun Uhr morgens besagtes Haus verlassen, wo besagte Du Rameau erschienen sei, um sie abzuholen; bevor sie gegangen und besagte Du Rameau eingetroffen sei, habe er die Erschienene gezwungen, einen Eid zu schwören, daß sie von den Dingen, die sich zwischen ihnen zugetragen und die er ihr anvertraut hatte, nicht das Geringste verraten werde, und er habe sie ihre Unterschrift auf ein unbeschriebenes Stück Papier setzen lassen; nach dem Verlassen des besagten Hauses habe sie sich zum Haus des Herrn Generalleutnants der Polizei begeben, um ihm von all diesen Tatsachen Bericht zu geben; er sei jedoch nicht in seinem Haus gewesen, und so sei sie zu Herrn Marais gegangen, wegen dessen Abwesenheit habe sie sich an den Herrn Zullot, seinen Beauftragten, gewandt, der sie, nach Entgegennahme der Befehle des Herrn Generalleutnant der Polizei, vor uns gebracht habe, zwecks Abgabe der von ihr tatsächlich gemachten vorliegenden Aussage, die hier auf ihr Ersuchen wie üblich ausgehändigt und von ihr zusammen mit besagtem Herrn Zullot in unserer Urschrift unterzeichnet wurde.» (Lely 1965)

Es ist nicht einwandfrei erwiesen, daß Donatien de Sade der «Privatmann» von Jeanne Testard ist. Allerdings werden zahlreiche Übereinstimmungen genannt: der Unbekannte hat, wie Sade, helle Haare. Er hat zudem offenbar sein Alter. Er ist von gleicher Größe, «fünf Fuß drei Zoll», nach dem merkwürdig geübten Blick der Fächerarbeiterin; in einigen polizeilichen Personenbeschreibungen des Marquis liest man «fünf Fuß zwei Zoll ein Strich». Im Gesicht «ein wenig von Blattern entstellt», heißt es da, und wir wissen, daß Sade Blattern gehabt hatte. Auf der anderen Seite stellen die von Jeanne Testard berichteten Handlungen zwar kein ausschließlich sadistisches Zeremoniell dar, entsprechen aber ganz genau Szenen, die man in den Romanen Donatiens, besonders den *Cent vingt journées de Sodome*, wiederfindet.

Über diese bereits von anderen getroffenen Feststellungen hinaus würde ich auf die mittelmäßige finanzielle Lage der beiden Personen hinweisen (Mietkutsche, nur ein Diener, Kupplerin von niedrigem Niveau), ferner auf den Überrock aus blauem Tuch, der Lieblingsfarbe Sades, und auf das «unselige Buch» aus seinem Brief an Sartine, bei dem es sich möglicherweise um ein gebundenes Heft handelt, das die Gedichte enthielt, die er Jeanne Testard vorgelesen hat. Es ist auch an die an der Wand befestigten obszönen Stiche und Zeichnungen zu denken, die sehr gut mit dem zusammenpassen, was wir noch über die Gewohnheiten Sades erfahren werden.

Schließlich mein letztes Argument, ein rein psychologisches, was aber, wie ich glaube, seine Geltung nicht beeinträchtigt. Ich meine die *Naivität* der ganzen Szene, das, was man ihren Anachronismus nennen könnte, und einen «literarischen» Zug, die mir auf typische Wesensmerkmale von Donatien de Sade zurückzugehen scheinen. Wer konnte vierzig Jahre nach der Regentschaft [Philipps von Orléans] eine solche Ernsthaftigkeit in gottlose Rituale investieren, die mehr an den Don Juan Molières als an den

Valmont erinnern, dessen *Gefährliche Liebschaften* neunzehn Jahre später, im Jahre 1782, die Libertinage frei von aller kämpferischen Irreligiosität zelebrieren werden? Wer konnte – hundertvierzig Jahre nach dem Prozeß gegen Théophile de Viau – der Verlesung gotteslästerlicher Gedichte vor einer Halbweltdame von sehr geringer Herkunft *in der Gerichtspraxis* noch eine solche kriminelle Bedeutung beimessen[4]? Und wer hätte zudem das Versprechen, das diesem Mädchen unter Zwang entrissen und durch eine folgenlose Unterschrift besiegelt wurde, sie werde wiederkommen und schweigen, in so argloser, so kindlicher Weise für bare Münze genommen?
Damit soll das Delikt, dessen Sade sich schuldig gemacht hat, nicht bagatellisiert werden. Gleichgültig, ob er der Kunde von Jeanne Testard gewesen ist, hatte er eine «entsetzliche Gottlosigkeit» eingestanden, die geeignet war, und zwar unter spektakulären und provozierenden Bedingungen, den Schöpfer zu beleidigen. Unter Ludwig XV. waren die freigeistigen vornehmen Herren Legion, aber sie scheuten den Skandal. Choiseul, der als Atheist bekannt war, kam ostentativ seinen religiösen Pflichten nach. Die Fassade wurde, wie es oft der Fall ist, um so sorgfältiger gepflegt, je rissiger das Haus war, und die Gesetze wurden in dieser Beziehung gelegentlich streng angewandt. Sogar die große *Encyclopédie*, die von Diderot und d'Alembert, mochte sie auch das Gebäude in seinen Grundfesten erschüttert haben, wahrte in jeder Hinsicht die Formen: «Der toleranteste Mensch», hatte es dort 1757 geheißen, «wird nicht in Abrede stellen, daß der Richter berechtigt ist, diejenigen, die es wagen, sich offen zum Atheismus zu bekennen, in ihre Schranken zu weisen und sie sogar zugrundegehen zu lassen, wenn er sonst die Gesellschaft nicht von ihnen zu befreien vermag.» Drei Jahre später, am 1. Juli 1766, sollte noch einmal wegen eines angeblichen Sakrilegs ein Mensch hingerichtet werden, der Chevalier de La Barre. An der

[4] Théophile de Viau (1590-1626), von seinen Vertrauten kurz Théophile genannt, ein berühmter und armer freigeistiger Dichter, «vielleicht der einzige leichtfertige Geist seines Jahrhunderts» (Henri Thomas), wurde 1623 wegen der Gottlosigkeit und Obszönität seines *Parnasse satyrique* zum Tode verurteilt. *In effigie* verbrannt, anschließend festgenommen, entging er mit knapper Not dem Scheiterhaufen und starb kurz darauf an den Folgen seiner Gefangenschaft.

allgemeinen Erregung über den Fall La Barre zeigt sich aber, daß die Bekämpfung des freien Denkens fünfzig Jahre nach der Regentschaft nicht mehr als zeitgemäß empfunden wurde.

Hier wird mit einem Schlage die Einzigartigkeit und auch die Einsamkeit Sades deutlich. Mit zwei Formeln, von denen die eine komplexer ist, als es den Anschein hat, glaubte der Comte die Situation zu charakterisieren: «Kaltblütig, ganz allein», hat er angewidert konstatiert. Kaltblütig – ganz bestimmt nicht im wörtlichen Sinn. Wir kennen Sade inzwischen zu gut, um uns nicht im Gegenteil die fieberhafte, zitternde Erregung vorzustellen, mit der er die Nacht vom 18. auf den 19. Oktober 1763 verbracht hat. Nicht, daß er, wie man es ihm später allzu häufig nachgesagt hat, auf das Sakrileg als solches besonderen Wert gelegt hätte; ich denke, daß seine atheistische Haltung mit dreiundzwanzig Jahren bereits ebenso endgültig und unerschütterlich ist wie später, als er den *Dialogue entre un prêtre et un moribond* schreibt. Als er ausruft: «Wenn du Gott bist, räche dich», erwartet er nicht, daß der Boden sich auftut und die Höllenglut ihn verschlingt. Seine Absicht ist nicht, einer beleidigten Gottheit die Stirn zu bieten. Wunder erwartet er allein von seinem Körper. Er möchte, indem er Jeanne Testard heftig schockiert, lediglich «seine animalischen Geister anstacheln».

«Kaltblütig» ist allerdings gerechtfertigt, wenn der Comte de Sade damit meint, daß sein Sohn imstande war, vorsätzlich zu handeln, «ohne sich durch irgendeine Rücksicht aufhalten zu lassen». Sicherlich ist Donatien de Sade mit festem Schritt durch das Faubourg Saint-Marceau geeilt, um seine unmäßige Ausschweifung in dem Häuschen vorzubereiten, in dem ihn seit Juni die liederlichen Gedichte erwarteten, die er möglicherweise selbst wenige Stunden nach der kirchlichen Trauung in Saint-Roch verfaßt hatte.

«Ganz allein», das ist der größte Skandal. Man kann sich sehr gut vorstellen, welcher Abscheu und welche Verzweiflung sich auf dem Gesicht des armen Comte abmalen, als er diese unerhörten Worte niederschreibt. Es muß für ihn in der Tat ein großes Unglück sein, einen solchen Sohn gezeugt zu haben. Was soll man sich unter einer einsamen Ausschweifung vorstellen, und dazu noch einer übermäßigen? Der Comte de Sade hat bestimmt nie ein Schäferstündchen ohne Kumpel organisiert, selbst dann nicht, wenn seine Brüder nicht zur Verfügung standen[5]. Und zweifellos sind seine Ausschweifungen, seine «Verbrechen», zumeist wohl nicht über das hinausgegangen, was in diesem Jahrhundert und dieser Gesellschaft üblich war, einer «gekünstelten, gelangweilten, von Befriedigungen und Annehmlichkeiten übersättigten» Gesellschaft, wenn man der Zusammenfassung folgt, die Pierre Gaxotte in seinem *Siècle de Louis XV* von den *Considérations sur l'esprit et les moeurs* von Sénac de Meilhan gibt[6]. Duclos wiederum sagt in seinen *Mémoires pour servir à l'histoire des moeurs du XVIIIe siècle* über den Franzosen, der dem Geschmack des Jahres 1751 entspricht, daß «die Oberflächlichkeit, die der Entwicklung seiner Talente und seiner Tugenden abträglich ist, ihn zugleich vor den schaurigen und wohlüberlegten Verbrechen bewahrt».

Sade wird offenbar durch keine Oberflächlichkeit vor der Überlegung oder dem Schaurigen bewahrt. Sein Vorgehen macht im Gegenteil ganz den Eindruck methodischer Gründlichkeit, nicht anders als das Verhalten der Personen in seinen Romanen, die selbst bei ihren wildesten Vergnügungen stets darauf bedacht sind, sich nicht etwa möglichst hemmungslos der Lust zu überlassen, sondern vielmehr die ausgefeiltesten und wirksamsten Mittel zu ihrer Erlangung zu entdecken und unablässig zu vervollkommnen, wobei sie nicht aufhören, immer mehr über die Mechanik ihres innersten Wesens erfahren zu wollen. Nicht umsonst lautet der Untertitel der *Cent vingt journées de Sodome* «Die Schule der Ausschweifung», derjenige der *Philosophie dans le boudoir* «Die lasterhaften Lehrmeister».

Am 29. Oktober schrieb Sade an Antoine de Sartine, den Generalleutnant der Polizei, daß «seine Eltern, von denen sein Vermögen abhängt, ihm das, was er erwarten kann, entziehen würden. Sie haben ihn für einige Tage nach Paris geschickt, damit er sich

[5] Dieser Freund, «ein ebensolcher Wüstling» wie Sade, der die Jeanne Testard vorgelesenen Gedichte verfaßt haben soll, ist eine reine Erfindung. Abgesehen von ein oder zwei Dienern scheint sich kaum jemand an Sades Ausschweifungen beteiligt zu haben, und am unglaubwürdigsten ist seine Legende dort, wo sie ihn zur «Koryphäe der nach Moschus duftenden Orgien des Duc de Fronsac und des Prinzen de Lamballe» (Paul-Louis Jacob) macht. Siehe dazu aber auch S. 409f.

[6] 1774 berühren sich die Wege Sénac de Meilhans und Sades.

von dort nach Fontainebleau begibt, um sich bei Monsieur de Choiseul zu bewerben, der ihm Hoffnungen gemacht hat. Er wird für sein Leben ruiniert und ohne Mittel sein, wenn die Strafe bekannt wird, und er wird nicht wieder auf eine Verwendung beim Militär hoffen können.» (Henry) Nach dem Anfang des anderen Briefes an Sartine vom 2. November zu urteilen (Seite 130–131), hat Sade offenbar zunächst an Madame de Montreuil geschrieben:

«Wenn Sie schon nicht so gütig waren, den Brief weiterzuleiten, den ich die Ehre hatte, Ihnen zur Weitergabe an meine Schwiegermutter zu überreichen, dann lassen Sie ihr doch wenigstens einen von Ihnen zukommen, Monsieur [...], damit sie wenigstens weiß, daß ich verhaftet bin und sich bei Ihnen nach meinem Befinden erkundigen kann. Mehr wünsche ich nicht: Wenn der Brief am morgigen Donnerstag abgeht, wird sie ihn am Sonntag erhalten, und gewiß werden beide beruhigter sein als jetzt, wo sie überhaupt nicht wissen, was aus mir geworden ist.»

Während Pater Griffet am 4. November 1763 bemüht ist, einen Beichtvater für Donatien zu finden, beantwortet Monsieur de Saint-Florentin in Fontainebleau ein Schreiben von Monsieur de Sartine, an den Monsieur Guyonnet zweifellos einige der Bitten Sades weitergeleitet hatte und der um Anweisungen bat:

«Monsieur,

die Gründe, die den König bestimmt haben, Befehle zu erteilen, um Monsieur de Sade in die Burg von Vincennes zu werfen, sind zu schwerwiegend, um eine Vorzugsbehandlung zuzulassen; daher können Sie Monsieur Guyonnet ausrichten, daß er dort nur gewöhnliche Kost zu bekommen hat. Was einen Diener angeht, so mag er ihm einen zu seiner Bedienung geben, denn es erscheint nicht angebracht, ihm zu erlauben, den seinen bei sich zu haben. Im übrigen ist es die Absicht Seiner Majestät, daß er nicht lange in Vincennes bleibt; seine Familie sollte sogar eher früher als später entscheiden, wohin man ihn verlegen soll, damit er seinen Unterhalt selbst bestreitet und nicht länger Seiner Majestät zur Last fällt.

Ich bin [...]»(d'Alméras)

Dann kommt plötzlich am 13. November der Entlassungsbefehl:

«Monsieur Guyonnet,
ich befehle Ihnen mit diesem Schreiben, den Herrn Comte de Sade, den Sie aufgrund meiner Befehle in meinem Schloß zu Vincennes festhalten, dem Überbringer zu übergeben. Und damit empfehle ich Sie Gott, Monsieur Guyonnet [...]
(gezeichnet) LOUIS
(gegengezeichnet) PHÉLYPEAUX»

Das ist noch einmal gutgegangen. Nicht einmal einen Monat nach einem Delikt, das ihn theoretisch hätte auf den Scheiterhaufen bringen können, ist Sade wieder frei. Später erfahren wir, daß man ihm das Schloß seiner Schwiegereltern, Échauffour, als Aufenthalt zugewiesen hat. Für die königliche Nachsicht mag es mehrere Gründe geben: da ist zunächst das Alter des Delinquenten («Er ist so jung, so jung»), und da ist sein harmloses Erscheinungsbild. Hinzu kommt das Gewicht seiner Fürsprecher. Einander ergänzend, setzen sich der Comte und die Montreuils für ihn ein. Der Comte hat vermutlich die Gnade Seiner Majestät erwirkt, die Montreuils dagegen die Neutralität der Richter und die Diskretion der Polizei und des Châtelet[7]. Dies scheint der Brief zu bestätigen, den die Präsidentin de Montreuil am 21. Januar 1764 an den Abbé de Sade schreibt:

«Ich, Herr Abbé, sollte eine Abneigung fassen gegen alles, was Ihren Namen trägt! Davon bin ich weit entfernt, wirklich! Sie allein würden genügen, um dieses Gefühl zu zerstören und ein gegenläufiges zu schaffen, das nur bestärkt würde, auch wenn ich nicht die Ehre hätte, Sie zu kennen. Ich gestehe, daß ich nicht den Mut hatte, Ihnen die Tatsachen mitzuteilen, von denen Sie inzwischen wissen. Ich fand, Sie seien glücklich, fern genug zu sein, um nichts davon erfahren zu müssen.

[7] Die Montreuils hatten, wie man noch bemerken wird, einen langen Arm. Bald wenden sie sich ohne Vermittler an den königlichen Hofstaat. Bei Polizei und Justiz machten sie ihren Einfluß noch direkter geltend: «Für Ihren Herrn Neffen ist es ein Glück, daß er eine Frau hat, deren sämtliche Verwandte mit dem Parlament zu tun haben», wird der Duc de Montpezat 1768 an Madame de Villeneuve-Martignan schreiben. Möglicherweise ist es den Montreuils zuzuschreiben, daß die Akten über die Affäre von 1763 (Ermittlungen, Zeugenaussagen usw.) verschwanden; das Châtelet war dem Parlament untergeordnet.

Es wird allein an Ihrem Neffen liegen, die Vergangenheit gutzumachen durch ein tadelloses Verhalten in der Zukunft. Seit er wieder bei uns ist, sind wir mit ihm zufrieden. Aber es ist hier nicht der Ort zum Jammern. Obwohl mir scheint, dies alles habe einige Wirkung und Eindruck auf ihn gemacht, wird mich doch nur die Erfahrung überzeugen können. Herr de Montreuil und ich haben an ihm gehandelt wie an einem eigenen Sohn und getan, was wir für geeignet hielten, jeden Skandal zu vermeiden, der ihm schaden könnte. Im übrigen schmeicheln wir uns, daß dieses Vorgehen auf eine gut veranlagte Seele Eindruck machen müßte. Was meine Tochter betrifft, so können Sie sich leicht vorstellen, wie tief ihr Schmerz war. Aber sie hat sich als tugendhafte Frau erwiesen, und es steht mir nicht zu, dies zu rühmen. Mögen diejenigen urteilen, denen anzugehören sie die Ehre hat [...]. Ich vermute, daß sie seit etwa drei Monaten schwanger ist. Sie kommt mit der Schwangerschaft gut zurecht, nur das Herz tut ihr weh. Dieser Umstand hat uns bewogen, den Winter hier zuzubringen [in Wahrheit sind sie zum Bleiben genötigt, um mit Sade zusammen zu sein, außerdem können sie ihn ein wenig überwachen]; ich will aber nicht, daß sie hier niederkommt, denn sie ist zart, und Hilfe ist weit [...]. Tausend Dank für Ihr Buch[8]; Sie haben mir damit einen Wunsch erfüllt.» (BN[xx])

[8] Der soeben erschienene erste Band der *Mémoires de la Vie de François Pétrarque* des Abbé de Sade. Am 22. Januar begibt sich der Comte nach Versailles und verteilt Exemplare davon.

16.

Donatiens kleines Theater

Die Biographen und die Historiker geben bisweilen den romantischen Versuchungen nach, denen sie in ihrer Arbeit begegnen, vor allem der Verlockung dessen, was hätte sein können. Grouchy wäre in Waterloo vor Blücher eingetroffen, Cleopatras Nase wäre länger gewesen, Chénier wäre der Guillotine entgangen, Châteaubriand dagegen wäre 1807 erschossen worden. Die ungehemmte Phantasie schafft sich die Geschichte neu: Baudelaire vermeidet die Syphilis und landet in der Académie, und Rimbaud wird im Krankenhaus von Marseille nicht vom Krebs ereilt, sondern veröffentlicht 1924 mit siebzig Jahren seine Memoiren und legt letzte Hand an seine gesammelten Werke. Oder er ist Direktor der Manufaktur von Saint-Étienne.

Bei Sade ist dergleichen nicht möglich, jedenfalls nicht für mich. Ich bin völlig außerstande, mir für ihn eine Existenz vorzustellen, die auch nur in Einzelheiten von seinem wirklichen Leben abweicht. Ich könnte nicht leicht sagen, warum; es ist so etwas wie eine verworrene, aber starke Gewißheit, deren Grundlage vielleicht nur der unglaubliche Eindruck von Eigensinnigkeit ist, der von Sades Verhalten ausgeht, einem Verhalten, das mit einem bloßen Charakterzug nicht hinreichend beschrieben ist. Wenn sein Vater 1763 über ihn schreibt: «In den kleinsten wie in den wichtigsten Dingen ist es unmöglich, ihn zu beeinflussen», dann sehe ich weniger einen jungen Donatien vor mir, der sich nicht von seinen Launen abbringen lassen will, sondern das ganze Leben Sades, das wie schnurgerade Schienen auf den Horizont zuläuft, auf die Festungen zu, die ihn wie Tunnel verschlingen werden, auf die zehn Jahre freier Fahrt, die sich daran anschließen, und dahinter, noch in weiter Ferne, aber schicksalhaft und unausweichlich, die Schatten und das Theater von Charenton, und schließlich das letzte Röcheln in der Nacht vom 2. Dezember 1814.

Doch im April 1764 scheinen die Gewitterwolken vom Himmel Sades und seiner Umgebung verschwunden zu sein. Am 3. hat er vom König die Erlaubnis erhalten, wegen seiner Geschäfte drei Monate in Paris verbringen zu dürfen: «Sagen Sie ihm also bitte, daß er reisen kann, sobald es ihm angezeigt erscheint.» Einige Wochen später wird die Präsidentin de Montreuil einen weiteren Brief von Monsieur de Saint-Florentin erhalten, diesmal mit der Erlaubnis, «daß Monsieur de Sade sich nach Dijon begeben darf, um sich in das Amt des Generalstatthalters der Regierung von Bresse, Bugey etc. einführen zu lassen. Er kann sich dorthin begeben, wann immer es ihm beliebt.» (d'Alméras) Hatte es in der ersten Genehmigung geheißen, daß Sade nach Erledigung seiner Angelegenheiten in Paris «gemäß den früheren Befehlen Seiner Majestät» nach Échauffour zurückkehren müsse, so achtet Monsieur de Saint-Florentin diesmal darauf, Sade genau vorzuschreiben, daß er «alsbald zurückkehrt und nur so lange in Dijon bleibt, wie es für seine Einführung erforderlich ist. Seine Majestät hat sich sogar nur mit großer Mühe dazu bewegen lassen, ihm diese Genehmigung zu erteilen». Die Affäre ist noch zu frisch, es muß erst ein wenig Gras darüber wachsen.

Gibt es aber ein besseres Mittel, diese Zeit totzuschlagen und dabei noch den allzu heftigen Geist Donatien de Sades zu beschäftigen, als die Tage damit auszufüllen, daß man seiner «beherrschenden Neigung» nachkommt, wo es nur möglich ist? Bei den Montreuils zieht also in großem Stil das Theater ein. Am 17. April wird auf dem Schloß des Marquis de Brunet d'Évry, des Gatten einer der Schwestern von Madame de Montreuil, ein Laienspieltheater gegründet. Zur Aufführung gelangen, sicherlich unter der Leitung Sades, *Le Retour imprévu* von Regnard und *L'Avocat Patelin* von Brueys und Pelaprat, gefolgt von *Nanine* sowie *Heureusement* von Rochon de Chabannes und dem berühmten *Méchant* von Gresset. Die ganze Familie einschließlich der Gäste spielt mit: Sade, Madame de Montreuil, Pélagie, Madame de Brunet d'Évry, die Damen de Bourneville und de Mondran, die Herren de Launay (Sohn von Madame de Montreuil), de Lionne, de Ripière und de Noinville, der junge d'Évry... Am Schluß des *Avocat Patelin* singt die ganze Truppe von Sade zu diesem Anlaß verfaßte Strophen. In der fünften von acht Strophen, deren letzte die Präsidentin vorträgt, malt Madame de Bourneville ein Bild dieser glücklichen, von ihrer zahlreichen Verwandtschaft umgebenen Familie:

«Du bonheur ces lieux sont l'image;
Le maître le peint à nos yeux.
Tout ce qui l'entoure est heureux;
De la vertu c'est l'apanage.
Ah! qu'avec lui l'on goûte bien
De l'amitié le doux lien.»[1] *(Lely)*

Diese Harmonie sollte, ungeachtet einiger schriller Töne, fünf Jahre und sogar noch länger anhalten. Ich bleibe nämlich dabei, daß trotz der heftigen Erschütterung durch die Affäre von Arcueil im Jahre 1768 das zwischen Sade und Madame de Montreuil bestehende Band der erzwungenen Solidarität, verstärkt durch eine unzweifelhaft vorhandene persönliche Beziehung, erst in den Jahren 1771/72 zerrissen ist; selbst einige Jahre danach wäre es noch möglich gewesen, es zu erneuern, wenn der Marquis gewollt hätte. Tatsache ist, daß er es nicht wollte, jedenfalls damals nicht. Als er einige Jahre darauf aus seinen Gefängnissen den Wunsch danach äußerte, war es zu spät.

Wir haben es also 1764 und in den folgenden Jahren mit einer Familie zu tun, die zusammenhält. Ich meine damit die Gruppe, welche die Montreuils um Donatien bilden. Anders liegt es bei den Sades. Der Comte hat die letzten drei Jahre seines Lebens vor sich. Er ist der Ansicht, er habe seine Befugnisse und seine Verantwortung abgegeben. Zum Zeitpunkt der Verehelichung seines Sohnes hatte er, seinen Briefen zufolge, Vorkehrungen getroffen, um sich nach Avignon zurückzuziehen. Doch wieder einmal ändert er seine Meinung, ohne daß man sagen könnte, warum. Mit seiner Wohnung in der Rue Basse-du-Rempart ist er sehr zufrieden: «Ich wohne direkt am Boulevard, alle meine Fenster gehen nach Süden, die doppelte Zahl [*sic*] nach Norden, mit Blick auf den Montmartre-Hügel, aber es ist das zweite Stockwerk und recht teuer. Es kostet mich siebenhundert Franken, ohne Stall und Remise.» (BN[x]) Dann und wann fährt er zur Trinkkur nach Plombières. Die Comtesse verläßt nicht das Kar-

[1] «Diese Örtlichkeiten sind ein Abbild des Glücks / der Hausherr malt es vor unsern Augen. / Alles, was ihn umgibt, ist glücklich / der Tugend zu eigen. / Oh, wie genießt man mit ihm / das süße Band der Freundschaft.»

meliterinnenkloster: «Meine Mutter ist sehr alt und sehr gebrechlich, und sie verlebt ihre letzten Tage ruhig in einem Kloster, ohne sich um irgend etwas zu kümmern», wird Sade im März 1773 schreiben; daß sie 1768 in das Geschehen eingreift, ist absolut die Ausnahme. Der Abbé scheint nach seinem Mißgeschick im Jahre 1762 nicht mehr sehr oft nach Paris gekommen zu sein, und wenn er kommt, dann geschieht es heimlich, denn die Präsidentin wartet Jahr um Jahr vergebens darauf, seine Bekanntschaft zu machen. Nicht viel größer ist der Erfolg ihrer brieflichen Bemühungen, ihn zur Mithilfe bei der Betreuung Donatiens zu bewegen; er läßt sich dazu nur selten und sehr widerstrebend herbei. Die Tanten Sades begnügen sich damit, die Ereignisse aus der Ferne zu kommentieren, bisweilen erregt, aber ohne ihre Klöster, ihre Abteien oder, im Falle von Madame de Villeneuve-Martignan, das Schloß zu verlassen. Der Doyen der Familie, der Propst, stirbt 1765. Der Kommandeur des Malteserordens sitzt in Toulouse und rührt keinen Finger. Als er es 1787 doch tut, erklärt er sogleich, davon erschöpft zu sein, und im übrigen stirbt er zwei Jahre später.
Unter all diesen Statisten, diesen zähen Egoisten, gibt es nur einen Mechanismus, der funktioniert, und das ist das Paar Donatien/Marie-Madeleine. Sie allein handeln, sie allein wissen, was los ist. Die Montreuil-Kinder, die Cousins, die Cousinen, die angeheirateten Verwandten zählen nicht. Der Präsident ist ein mächtiger Faktor, aber er tritt nur in Aktion, wenn seine Frau den Zündschlüssel betätigt; dann setzt er sich in Bewegung, und sein Gewicht macht sich bemerkbar. In der übrigen Zeit steht er gewissermaßen in der Garage, gut gewartet, fahrbereit. Er ist sich nie sicher, ob man ihn vollständig unterrichtet.
Bei der Präsidentin und Donatien würde ich dagegen schwören, daß sie nicht viel voreinander verbergen. Nicht, daß Donatien seine Schwiegermutter von all seinen Schritten unterrichtet; wenn es aber nötig ist, weiß er sich ihr anzuvertrauen. Letztlich ist sie der einzige Mensch, dem er von Zeit zu Zeit wirklich sein Herz öffnet. Zusammen mit Pélagie hat er sich eine geschlossene, wärmende, behagliche Welt errichtet, die nur ihnen beiden vorbehalten ist, die er jedoch nach Belieben betritt und verläßt und die er vor allen äußeren Störungen zu bewahren sucht, besonders wenn er deren Ursache ist. Bei jedem Zwischenfall ist er

zuerst darauf bedacht, festzustellen, was sie davon erfahren haben könnte, und alle Beteiligten zu beschwören, sie in Unkenntnis zu lassen.

Madame de Montreuil fügt sich nur allzu gern. Auch sie hat mit Donatien ihr verstecktes Gärtchen, in das der Präsident nicht eindringt und von dem sie mit Freuden auch ihre Tochter fernhält. Der einzige, dem sie bisweilen ein Fleckchen davon zugänglich machen könnte, ist der Abbé de Sade. Sie ist stolz, sich mit «diesem großen Geist» über Erziehungspsychologie auszutauschen, besonders im Hinblick auf ihren Schwiegersohn, der ein «recht hübscher Kerl» ist, dessen Talente und vornehme Geburt sie noch immer beeindrucken und dessen Libertinage das Blut dieser verführerischen Vierzigjährigen zweifellos ein wenig in Wallung bringt.

Das alles hoffe ich zu verdeutlichen, wenn wir im Leben Sades ein wenig weiter vorangekommen sind. Deshalb werde ich die Dokumente, auf die ich mich stütze, erst dort vorlegen, wo sie ihren Platz haben. Dennoch müssen die Beziehungen zwischen Marie-Madeleine Masson de Montreuil und Donatien de Sade schon jetzt durch einige Vorgriffe aufgehellt werden. Wir haben nämlich bemerkenswerterweise für die Zeit von 1764 bis 1778 *keinen direkten Beleg* für sie. Aus Briefen von Madame de Montreuil an den Abbé de Sade wissen wir zum Beispiel, daß die Präsidentin in dieser bisweilen bewegten Zeit ihrem Schwiegersohn häufig geschrieben hat; dennoch ist in dieser Familie, die alles aufbewahrte, *nicht einer* dieser Briefe auf uns gelangt. Für die Briefe, die er, so wie wir ihn kennen, ganz gewiß an seine Schwiegermutter geschrieben hat, gilt das gleiche; die einzigen, die uns bekannt sind, stammen aus Vincennes oder der Bastille.

Was sich in den folgenden fünfzehn Jahren zwischen Sade und Madame de Montreuil zusammengebraut hat, können wir also nur aus dem erschließen, was einerseits die Präsidentin in Briefen an Dritte und andererseits Sade später darüber haben verlauten lassen, und dabei sind große Vorbehalte angebracht.

Dennoch ist das, was Sade nachträglich schildert und was durch einige indirekte Zeugnisse sowie durch gewisse Aussagen der Präsidentin erhärtet wird, von recht suggestiver Wirkung. Im Gefängnis wird er lange darauf hoffen, daß «die Gefühle wiederkehren, die sie [offenbar Madame de Montreuil] mir in glückli-

chen Zeiten gewährte». Er präzisiert, daß er sich «über ihre Gesinnung, die ich für großmütig und nobel erachtete», lange getäuscht habe. In einem Brief aus Vincennes erinnert er sie daran, daß er sie einst (um 1765?) getröstet habe: «Habe ich denn nicht Ihre Tränen abgewischt, als Sie Ihren geliebten Vater verloren? Und fanden Sie damals nicht mein Herz für Ihre Schmerzen ebenso empfänglich wie für meine eigenen?» (aus Vincennes, Februar 1777). Im Januar 1778 ruft er ihr in einem Brief, den er *mit seinem eigenen Blut* geschrieben hat, die Vergangenheit mit folgenden Worten in Erinnerung: «Oh, Sie, die ich einst mit solcher Wonne meine Mutter nannte, Sie, die mir eine Mutter waren [...] Ach, großer Gott, Sie sehen mich in Tränen zergehen und Sie auf Knien darum anflehen, mir wieder Ihre Gunst und zugleich Ihr Mitleid zu gewähren.» Dazu muß man wissen, daß Sade die Präsidentin in seinen Briefen aus dem Gefängnis in der Regel nur als «das Monster», «die Furie», «die Hyäne», «diese Harpyie» bezeichnet. Um so erstaunlicher ist es, in einem anderen Brief vom Januar 1777 aus seiner Feder zu lesen: «Was es auch immer mit dieser Frau auf sich haben mag, die mich so grausam leiden läßt, ich hasse sie nicht.»
Amüsant ist, wie sich dieser Schwiegersohn und seine Schwiegermutter, und sei es auf dem Umweg über Dritte, ihre Versprechungen von einst um die Ohren hauen: «Erinnern Sie sich an den 17. vor vierzehn Jahren und überlegen Sie, ob das, was Sie mir damals versprachen, mit all dem Schrecklichen zusammenpaßt, das Sie mir heute antun...» (Sade an Madame de Montreuil, 10. Mai 1777); «Hätte er doch gehalten, was er mir alles versprochen hat!» (Madame de Montreuil an den Abbé, 20. Mai 1765).

Ab 1764 scheint sich eine Art holpriger *modus vivendi* zwischen ihnen eingestellt zu haben. Während Sade sich offenbar in eine gesichtslose Libertinage hineinstürzt und sich – wie irgendein hergelaufener Stutzer seiner Zeit – in Schauspielerinnen und Tänzerinnen verliebt, ist die Präsidentin behutsam und begnügt sich damit, die Schäden zu begrenzen, obwohl sie die Möglichkeit hätte, ein Machtwort zu sprechen. Sie umgibt ihren Schwiegersohn vielmehr mit einer Art bewaffneter Fürsorge, die einen Großteil ihrer Zeit verschlingt: «Es ist nur zu schaffen, wenn man ihn nicht einen Augenblick allein läßt», schreibt sie im August 1765 an den Abbé. Sade wiederum scheut sich nicht, sie zur Zeugin seiner Seelenzustände zu machen: «Und dann beklagt er mit pathetischen Worten sein Schicksal, die Heftigkeit der ihn bewegenden Leidenschaften, und er bedauert, daß er die, die ihm verbunden sind, unglücklich gemacht hat» (die Präsidentin an den Abbé, 17. Juli 1765); «Ohne Zweifel wird er früher oder später wieder bei mir auftauchen; er wird schöne Pläne für ein vernünftiges Betragen machen, die er beherzigen oder auch nicht beherzigen wird. Er wird sich einbilden, mich überzeugt zu haben» (BN[x]; dieselbe an denselben, 8. August 1765). Beide versuchen, in unterschiedliche Richtungen strebend, Zeit zu gewinnen. Madame de Montreuil, die das Leben kennt, sieht gelassen zu, wie ihr Schwiegersohn herumstrampelt, und wartet darauf, daß die Jugend vorübergeht. Daß er nicht früher oder später vernünftig wird, erscheint ihr ausgeschlossen. Bisweilen denkt sie sogar, das Schlimmste sei geschafft. Sade geht unterdessen seinen Vergnügungen nach, ohne allzusehr zu suchen. Nur sagt ihm irgend etwas in seinem Kopf, daß all diese Leute eigentlich noch nichts gesehen haben.

17.

«Ein Wahnsinn»

An dieser Stelle tritt eine wichtige Persönlichkeit auf. Eine Nebenrolle, wenn man so will, aber eine von denen, die breiten Raum einnehmen und die man nicht vergißt. Er ist ein einfacher Befehlsempfänger, und doch bedeutet jeder seiner Auftritte einen Wendepunkt des Stückes. Ich spreche von dem Kommissar Louis Marais.

Louis Marais wird in den königlichen Jahrbüchern mit dem Titel eines Kommissars des Palais-Royal und des Viertels Sainte-Eustache geführt, aber stets spricht man von ihm als dem «Inspektor Marais». «Neben diesen Aufgaben», schreibt der anonyme Herausgeber des *Journal des inspecteurs de Monsieur de Sartine* 1863, «leitete er die Sittenpolizei, die Überwachung der Ausländer, der Spielhäuser und überhaupt aller Personen, die in der Pariser Gesellschaft eine gewisse Rolle einnahmen, die Prinzen von Geblüt nicht ausgenommen.» Die *Mémoires* von Dumouriez rühmen «die Höflichkeit des Polizeibeamten Marais», der ihn als Gefangenen auf das Schloß Caen brachte. Restif de la Bretonne protestiert dagegen mehrmals gegen seine Bestechlichkeit und beschuldigt ihn, sich von den seiner Amtsgewalt unterworfenen Frauen bezahlen zu lassen. Heute würde man ihn als Leiter der Sittenpolizei bezeichnen.

Marais war der Amtsnachfolger eines gewissen Meusnier. Im März 1757 wurde dieser, als er gerade einen Gefangenen auf das Schloß If begleitete, ermordet, und Marais nahm seinen Platz ein. Inzwischen ist erwiesen, daß Meusnier seine Ermordung vorgetäuscht hat. Als wieder Spuren von ihm auftauchen, steht er in den Diensten der Zarin Katharina, als Anwerber französischer Siedler für das Wolgagebiet (eine von der Regierung Ludwigs XV. untersagte Tätigkeit).

Die *Journale der Inspektoren des Antoine de Sartine*, von Meusnier begonnen und von Marais und seinen Gefolgsleuten fortgesetzt, sollen auf eine Initiative des Duc de Gesvres zurückgehen, des Gouverneurs von Paris, der Ludwig XV. und die Pompadour mit einem Überblick über die wichtigsten Ereignisse des galanten

Treibens in der Hauptstadt unterhalten wollte[1]. Man muß hinzufügen – und das hebt Lenoir, der 1774 de Sartine ablöste, in seinen *Mémoires* hervor –, daß «es *auch politisch* wichtig war, daß der für die Polizei von Paris verantwortliche Beamte wußte, was sich bei den Personen, die bekanntermaßen ein galantes Leben führten, und in den Häusern der Unzucht abspielte» (die Hervorhebung stammt von Lenoir). Neben diesen «galanten Anekdoten» (so der Titel der Berichte) gab es einen «Gazetin de la police secrète», eine Zusammenfassung der von den Inspektoren und Spitzeln gesammelten und im Hôtel de Ville kompilierten Nachrichten.
Beamte wie Meusnier oder Marais erhielten durch ihre dienstlichen Aufgaben Kenntnis von den Geheimnissen selbst höchstgestellter Personen, was ihnen einen erstaunlichen Einfluß verlieh. Bei gewissen Staatsaffären oder Familienangelegenheiten unterstand Marais ausschließlich dem Generalleutnant der Polizei, der wiederum dem Staatssekretär am königlichen Hofstaat Bericht erstattete oder sogar dem König direkt Vortrag hielt. Dieser Generalleutnant war von 1760 bis 1774 Antoine de Sartine, gewisser heikler Affären nahm de Sartine sich oft selber an. Für Casanova, in dessen *Memoiren* er vorkommt, ist er ein «anständiger Mann»; auch Beaumarchais erwähnt ihn in der vierten seiner Streitschriften gegen Goëzman mit Worten voller Hochachtung. Sade hat von dieser namhaften Persönlichkeit, wie man sehen wird, eine andere Meinung.

Donatien de Sade wird ab 1764 zu einem der Akteure dieser Sittenkomödie. Ende 1764 taucht er in den Berichten Marais' auf, dessen Stimme sich nun zu denen gesellt, die uns bisher über sein Treiben berichtet haben. Der Zufall will es, daß die Berichte Marais' die des Comte de Sade ersetzen, der etwa um diese Zeit aufhört, seinen Sohn in seinen Briefen zu erwähnen. Unsere Hauptquellen sind damit die Briefe von Madame de Montreuil und die Polizeiberichte; Sade wechselt gewissermaßen die Familie. Er wird zum Kind der Montreuils, und bald wird er, wie er selbst sagt, «Kind der Regierung» sein.

[1] Bei der Revolution in den Kassetten Ludwigs XV. entdeckt, wurden die Berichte Meusniers und Marais' von 1790/91 an abgedruckt und zitiert.

Am 26. Juni 1764 hört das in Dijon versammelte Parlament von Burgund vom Marquis de Sade, dem neuen Generalstatthalter des Königs in den Provinzen Bresse, Bugey, Valromey und Gex, eine Antrittsrede, die so gut formuliert ist, daß er sie ohne zu zögern in seine *Œuvres diverses* aufnimmt:

> «Mit welcher Befriedigung sehe ich heute, meine Herren, den schönsten Tag meines Lebens heraufziehen, und wie könnte ich auch dem Tag, an dem meine Aufnahme in Ihre ehrenwerte Versammlung stattfindet, ein anderes Gefühl entgegenbringen? Soll ich all die von Weisheit und Gerechtigkeit diktierten Beschlüsse aufzählen, all die erleuchteten Regelungen, die für die Ruhe, das Glück und die Freude der Bürger sorgen und Ihrem erhabenen Tribunal zur Ehre gereichen? [...]»

Gehörten dem Parlament von Burgund damals viele ausschweifende Richter an? Vielleicht einige; ihre liebenswerten, maßvollen Ausschweifungen nach dem Vorbild derer des Präsidenten de Brosses, «dieses alten Lüstlings in der Maske des Cato» (Gaxotte), haben in den Skandalchroniken keine Spuren hinterlassen. Liegt es an dem Wunsch, sich dieser konformistischen Talarträger würdig zu erweisen und ihrem Vorbild nachzueifern, wenn der Marquis de Sade sich in den folgenden fast viereinhalb Jahren einer eher konventionellen Libertinage hingibt? Von entsetzlichen Gottlosigkeiten, von spektakulären Inszenierungen ist keine Rede mehr. Von seiner Freilassung aus Vincennes im November 1763 bis zur Affaire von Arcueil im April 1768 hat er verschiedene Verhältnisse und flüchtige Abenteuer: Man weiß von den Fräulein Colet, Beauvoisin, Rivière, Dorville, Le Roy, Beaupré, D***, M***, von der Comédie-Italienne, von der Oper, von der Comédie de Marseille oder ganz einfach von der Pariser Halbwelt, um deren Gunst er der Reihe nach feilscht, ganz zu schweigen von den namenlosen Mädchen, die von den Maklerinnen der Liebe und den gewöhnlichen Kupplerinnen geliefert werden. Das hindert ihn keineswegs, jungen Mädchen aus gutem Hause Liebeserklärungen zu machen und zudem seine ehelichen Pflichten hinreichend zu erfüllen, so daß sein erster Sohn geboren wird. Er genügt aber auch gesellschaftlichen Verpflichtungen und hält sich von Zeit zu Zeit auf seinen provençalischen Gütern auf. Sein Verhalten entspricht ex-

akt dem unzähliger Adliger seines Alters und seiner Stellung. Es scheint, als hätten Sade und die Gesellschaft seiner Zeit sich auf dem Wege einer mehr oder weniger stillschweigenden Vereinbarung geeinigt: Mach, was du willst, nur keinen Skandal. Es paßt haargenau zu der Präsidentin de Montreuil, dieser perfekten Verkörperung der gesellschaftlichen Ordnung, daß sie für ihren Schwiegersohn diesen Zustand einer kontrollierten Freiheit schuf und versuchte, ihn darin zu halten; niemand verstand sich besser auf die Kunst, etwas dem Feuer zu überlassen, um ihm etwas anderes zu entreißen. Ihr Unglück rührte daher, daß das Feuer, mit dem sie es seit dem 17. Mai 1763 zu tun hatte, keines von der Sorte war, die sich mit dem begnügen, was man ihnen läßt.
Seit der Freilassung aus Vincennes wird die Chronologie des Tuns und Treibens von Donatien de Sade für uns durch eine Art zweigeteilten antiken Chor vorgetragen; es sind die Stimmen von Madame de Montreuil und dem Polizisten Marais. Dann und wann gibt der Abbé de Sade den einen oder anderen Kommentar, dabei geizt er selbst dann mit Auskünften über das Verhalten seines Neffen, wenn er sich mit diesem unter demselben Dach befindet. Noch seltener ergreift Sade das Wort, oder vielmehr: greift er zur Feder und läßt uns einen der Texte lesen, die nochmals abgeschrieben und in den *Œuvres diverses* bewahrt werden. Fast nie ist er direkt durch einen Brief vernehmbar.

Am 11. September 1764 teilt der Minister des königlichen Hofstaats den Angehörigen des Marquis de Sade mit, daß der König den Befehl, der dem jungen Ehemann Échauffour, das Schloß seiner Schwiegereltern, als Aufenthaltsort zuwies, vollständig aufhebe. Diese Mitteilung wird Madame de Montreuil zugeleitet, die von nun an in den Augen der Behörden die Familie des Marquis zu vertreten scheint.
Während des Sommers hatte Donatien die Genehmigung, sich in Paris aufzuhalten, genutzt, um sich Fräulein Colet oder Colette (wir werden sie Colet nennen) von der Comédie-Italienne vorstellen zu lassen und ihr schon am nächsten Tag in einem Brief eine Liebeserklärung zu machen. Mit seinem Text zufrieden, hat er ihn in seine *Premières œuvres* eingerückt und uns auf diese Weise überliefert. Hier ist er:

«Dienstag, den 16. Juli

Es ist schwer, Sie zu sehen, ohne Sie zu lieben, und noch schwerer, Sie zu lieben, ohne es Ihnen zu sagen. Indes schweige ich schon lange, doch noch länger zu schweigen wird mir unmöglich. Ich bin wie närrisch in Sie verliebt und kenne für mich gegenwärtig kein größeres Glück, als mein Leben mit Ihnen zu verbringen und mein Vermögen mit Ihnen zu teilen.

Seien Sie so gütig und lassen Sie mir eine kurze Antwort zukommen, ich flehe Sie an. Sollte ich so viel Glück haben, daß Sie die Wünsche des aufrichtigsten Mannes nicht zu verwerfen geruhen, so verschaffen Sie mir ein Stelldichein, bei dem wir Vereinbarungen treffen könnten; ich mache Sie aber darauf aufmerksam, daß es, da ich sie für das ganze Leben will, keine gibt, die ich nicht unterschreiben würde.

Ich bitte Sie, meinen Brief zu verbrennen, oder ihn zumindest niemandem zu zeigen. Sollten Sie mich unglücklich machen, so frohlocken Sie nicht über mein Mißgeschick und lassen Sie nichts nach außen dringen.

Zwar hat man mich Ihnen namentlich vorgestellt, doch ist es möglich, daß Sie sich meines Namens nicht entsinnen. Ich bin der, dem Sie das Vergnügen verschafften, Sie am Montag nach der Komödie nach Hause zu begleiten.

Mein Diener wird die Antwort, um die ich Sie anflehe, mitnehmen.

Mein Glück liegt in Ihren Händen; ich kann ohne Sie nicht mehr leben.» (Lely)

Mademoiselle Colet war achtzehn Jahre alt. Sie hatte am 7. Oktober 1760 mit fünfzehneinhalb Jahren an der Comédie-Italienne debütiert und war dank eines angenehmen Äußeren, einer hübschen Stimme, musikalischer Talente und ungeachtet eines venerischen Zwischenfalls im Jahre 1762 bald zu den erfolgreichsten Schauspielerinnen und Kurtisanen aufgerückt. Der Duc de La Ferté, Intendant der Menus-plaisirs, Monsieur de Sabran, der Marquis de Lignerac und der Comte de Rochefort hatten sich nacheinander oder gleichzeitig ihre Gunst geteilt.

Nachdem Mademoiselle Colet den oben abgedruckten Brief gelesen hatte, schickte sie dessen Überbringer empört fort und gab sich beleidigt durch die Worte, die Monsieur de Sade benutzt hatte. Am nächsten Tag entschuldigt er sich mit Formulierungen, die nicht minder übertrieben sind als seine Liebeserklärung:

> «Ach Gott, daß ich die Kränkung, derer Sie mich bezichtigen, nicht sogleich zu Ihren Füßen wiedergutmachen kann, Mademoiselle! Ich und Sie beleidigen! Oh, tausendmal eher würde ich sterben [...] Um aufzuhören, Sie zu lieben, müßte ich aufhören zu leben [...] Lassen Sie mich zu Ihren Füßen sterben, lassen Sie mich den Fehler, den die Liebe mich begehen ließ, sühnen, aber lassen Sie mir am Ende Gerechtigkeit widerfahren; darum bitte ich Sie mit Tränen in den Augen [...] Haben Sie gedacht, ich hätte mein Vermögen offeriert, um Gunstbezeigungen zu erkaufen? Zart und empfindsam, wie Sie sind, hätten Sie recht gehabt, mich zu hassen, wenn ich sie um diesen Preis hätte erlangen wollen! Meine Tränen, meine Seufzer, meine Beständigkeit, mein Gehorsam, meine Reue und meine Hochachtung, das ist der Preis eines Herzens wie des Ihren, jenes Herzens, das allein mein Leben glücklich machen kann. Wenn Sie mir gestatten, Sie näher kennenzulernen...» (Lely)

War es seine Beredtsamkeit, war es das Angebot seines Vermögens, dem Mademoiselle Colet endlich nachgab? Jedenfalls läßt der Bericht Marais' vom 7. Dezember am (mäßigen) Erfolg des Marquis keinen Zweifel:

> «Der Herr Comte de Sade, den ich vor einem Jahr auf königlichen Befehl nach Vincennes, auf der letzten Reise nach Fontainebleau und anschließend auf die Besitzungen seines Schwiegervaters begleitet habe, wo er Zeit hatte, mit seinen Einkünften einige Ersparnisse zu machen, hat in diesem Sommer die Erlaubnis erhalten, nach Paris zu gehen, wo er sich noch aufhält und sich zum Zeitvertreib das Vergnügen gemacht hat, monatlich fünfundzwanzig Louisdor für Fräulein Colette, Schauspielerin bei den Italienern, aufzubringen, die mit dem Herrn Marquis de Lignerac lebt, der aber so liebenswürdig ist, in den Hintergrund zu treten, wenn sich eine gute Gelegenheit ergibt. Er weiß sehr wohl von ihrer Affäre mit Monsieur de Sade, doch dieser beginnt zu erkennen, daß dieses Fräulein ihn narrt, und in dieser Woche hat er sein Temperament bei der Brissault ausgetobt, die er immer wieder fragte, ob sie mich nicht kenne; sie hat dies verneint. Ich

habe dieser Frau eindringlich nahegelegt, ihm für den Besuch in *petites maisons* keine Mädchen zu schicken.»[2]

«Oh, dieses merkwürdige Kind!» Hatte Madame de Montreuil Kenntnis von diesem Bericht und von dem Brief an Mademoiselle Colet? Das ist sehr gut möglich. Man kann sie sich vorstellen, wie sie versonnen auf die Papiere blickt und zu verstehen versucht, zu welcher Gattung dieser unberechenbare Schwiegersohn gehören mag. Man hat ihm die Tänzerinnen und Schauspielerinnen erlaubt, doch nur, damit er mit ihnen schläft, nicht aber, damit er sich närrisch in sie verliebt. Der Brief an Mademoiselle Colet legt wieder einmal offen Zeugnis ab. Die Maßlosigkeit der Worte verhüllt nicht die wahre Anziehung, die heftige Empfindung[3]. Ich würde schwören, daß der Marquis de Sade tatsächlich Tränen in den Augen hatte, als er Gerechtigkeit für sein Begehren forderte, und ich halte es durchaus für möglich, daß er das Objekt seines Begehrens im Schein der Bühnenleuchter ebenfalls mit Tränen in den Augen betrachtete.

Wir sind ja ständig im Theater. Während Sade die Schauspielerinnen und Schauspieler auf der Bühne spielen sieht, versucht er selbst, im Zuschauerraum und hinter den Kulissen an einer menschlichen Komödie teilzunehmen, die er nicht versteht, in der er keinen Platz hat; in der man ihn nur duldet, weil er zahlt; in der die ganze Truppe sich über ihn lustig macht, sobald er gegangen ist. Man kann sich ausmalen, wie köstlich sich die berühmte Kupplerin und der Kommissar von der Sitte amüsiert haben müssen, als sie von Sades Besuch erzählt: «Und hinterher hat er mich immer wieder gefragt, ob ich dich kennen würde. – Ja und? – Da habe ich ihm gesagt, nein.» Und dann prusteten sie los... Dennoch sollte man ihm besser keine Mädchen schicken.

Freilich wüßte man gern, warum. Daß er die Professionellen der Brissault oder der Hequet auspeitscht und sich vielleicht von ihnen auspeitschen läßt, nun, da ist er nicht der einzige, und das

[2] Die Berichte Marais' sind abgedruckt in *Journal des inspecteurs de M. de Sartine*, Paris, Dentu, und Brüssel, Parent, 1863. Ich verweise jedoch vor allem auf Camille Pitons *Paris sous Louis XV*, Paris, Mercure de France, 1910, wo man mehr und vollständigere Texte findet.

[3] Im Jahr darauf wird die Präsidentin es eingestehen, als sie dem Abbé die Geschichte dieser Leidenschaft schildert: «Es war ein Wahnsinn», schreibt sie und bedient sich in ihrer Verwirrung einer altertümlichen Schreibweise.

Gewerbe würde unmöglich, wenn man solche Kunden meiden müßte. Beruht die Empfehlung Marais' vielleicht auf der Befürchtung, die sich auf die zurückliegende Affäre stützt, daß nämlich die Mädchen in eine ärgerliche Geschichte der Profanierung religiöser Symbole hineingezogen werden könnten, die jeder im Grunde lächerlich findet, über die man aber einen lästigen Bericht verfassen muß? Unmöglich zu sagen. Vielleicht ist es nur ein vages Mißtrauen gegenüber diesem impulsiven Einzelgänger, der nicht einzustufen ist, den man nie bei den Soupers findet, zu denen sich die Lebemänner der Hauptstadt gegenseitig einladen: «Am 29. Oktober haben der königliche Herr Anwalt und Monsieur de Paulmy in der *petite maison* von Monsieur de Saint-Laurent in der Rue de Popincourt mit den Fräulein Grécourt und de Glazières soupiert und diniert»; «Der Duc de Fronsac hat am 22. dieses Monats in seiner *petite maison* am Pont-au-Choux mehrere seiner Freunde zum Souper bewirtet. Angeblich sollen auch der Fürst Potocki und der Fürst Xavier dagewesen sein. Das Fräulein Théophile, das bei der Varenne arbeitet, hat mitgefeiert. Sie haben scheußliche Dinge getrieben, wie man es von ihnen kennt, und das Souper ging erst um vier Uhr morgens zu Ende»; «Am Montag, den 28. Dezember, hat der Duc de La Trémouille in seiner *petite maison* in der Rue des Martyrs in der Nähe des Montmartre ein Souper gegeben, an dem die Herren de Froulay, d'Estampes, de Fierville und de Valençay sowie die Fräulein Lozange und Martin, Ledoux und Bouard teilgenommen haben, alle vier kleine Tänzerinnen in den Balletten der Oper. In der Nacht haben sie die Ausschweifung sehr weit getrieben, und diese Fräulein können sich rühmen, voll Wichtigkeit gestopft worden zu sein...» Den Namen des Marquis de Sade wird man in den zahllosen Berichten über solche feinen Gesellschaften vergeblich suchen. «Ein einsam Reisender ist ein Teufel», sagt das spanische Sprichwort.

Die Liebschaft zwischen Monsieur de Sade und Mademoiselle Colet von der Comédie-Italienne geht schlecht aus. Für einen Augenblick ist er der alleinige Gebieter dieser berühmten Schönheit, was ihn ganz aus der Fassung bringt:

«Der Herr Marquis de Lignerac ist durch ein Machtwort seiner Familie gezwungen worden, das Fräulein Colette, Schauspielerin bei den Italienern, völlig aufzugeben und es ganz dem Herrn Comte de Sade zu überlassen, der dadurch sehr in Verlegenheit kommt, denn er ist nicht reich genug, um eine Schauspielerin allein zu unterhalten, und er befürchtet obendrein, daß diese Liebschaft unter den Umständen, in denen er sich befindet, allzu großes Aufsehen macht. In der Annahme, davon werde nichts durchdringen, hat er der Frau Brissault, zu der er häufig geht, seine ganzen Besorgnisse anvertraut.»[4]

Tatsächlich möchte Sade geliebt sein, der einzige sein, zugleich möchte er aber nicht die damit verbundenen alltäglichen Lasten tragen, die den Reiz des Imaginären, des Theaters, von dem er den Besitz nicht trennen möchte, vertreiben. Marais ist ihm auf der Spur:

«Der Herr Marquis de Lignerac besucht trotz des Verbotes seiner Familie weiterhin das Fräulein Colette, Schauspielerin bei den Italienern, und da es ihm seine Mittel nicht länger erlauben, sie zu unterhalten, hat er sich auf die Rolle eines Anbeters beschränkt und wehrt sich nicht mehr dagegen, daß sie sich jemanden nimmt, der sie unterhält. [Widerspruch zu dem, was Marais am 7. Dezember festgestellt hat.] Trotzdem benutzt er alle erdenklichen Vorsichtsmaßnahmen und besucht sie nicht mehr in ihrer Wohnung. Er begnügt sich damit, sie in ihrer Theatergarderobe zu besuchen, und wenn unversehens jemand anklopft, versteckt er sich, um nicht bemerkt zu werden, blitzschnell zwischen ihren Kleidern. Der Herr Comte de Sade hat größte Mühe, angesichts dessen Gleichmut zu bewahren. Er hat diese Woche schon dreimal mit ihr geschlafen, aber es macht ihm arg zu schaffen, daß er nicht weiß, woher der riesige Sultan [eine Art Toilettenmöbel] kommt, den sie am Weihnachtstag erhalten hat.»[5]

Das Verhältnis zwischen dem «Herrn Comte de Sade» und dem «Fräulein Colette» verschlechtert sich jetzt zusehends. Ist Mademoiselle Colet die Person, an deren Tür Madame de Montreuil

[4] Bericht Marais' vom 21. Dezember; bei Camille Piton.

[5] Bericht Marais' vom 28. Dezember.

Ende 1764 ihren Schwiegersohn abholt[6]? Das ist nicht ganz sicher; wir haben nur den Brief, in dem die Präsidentin dem Abbé im Jahr darauf erklärt: «Letztes Jahr ist es mir gelungen, ihn von Colette loszureißen und ihn zur Vernunft zu bringen, nachdem ich ihn überzeugt hatte, daß er hintergangen wird.»[7] Dennoch fällt die Trennung schwer. Nachdem er von der Schauspielerin verlangt hat, ihm seine Briefe zurückzugeben, schreibt Sade ihr einen letzten, den er in seinen *Œuvres diverses* in zwei Fassungen vorlegt:

> «Vor der Rache einer Frau muß man immer auf der Hut sein, und ich schreibe Ihnen nur, um Ihnen zu zeigen, daß ich sie nicht fürchte [...]. Was habe ich Ihnen getan, daß Sie mich so behandeln? Und auf welche Grausamkeit verfallen Sie, einen Menschen zu demütigen, dessen einziges Unrecht darin besteht, Sie allzusehr geliebt zu haben? Was sind Sie? Sie zeigen es mir nur zu deutlich. Was bin ich? Ich bin der Dumme. – Wer von uns spielt die demütigende Rolle? [...]
>
> Sie würden erröten über das, was Sie mir angetan haben, wenn Sie ein Fetzchen Anstand, geschweige denn Menschlichkeit besäßen. Es schmerzt mich, so mit Ihnen sprechen zu müssen, denn es macht mich unglücklich, daß ich Sie noch immer nicht ganz aus meinem Herzen reißen konnte. Aber ich hoffe, dies wird mir nun bald gelingen. Dann soll mich der Himmel vor einer solchen Passion bewahren! [...]
>
> Verzeihen Sie bitte, wenn ich Ihnen solche Aufrichtigkeiten schreibe. Ich könnte schlimmere finden, aber sie werden mir nie über die Lippen kommen. Meine Selbstachtung würde darunter leiden, und nur ihr verdanken Sie es, daß ich Sie schone. Bilden Sie sich nur nicht ein, daß Ihr Brief mich gekränkt hat – er war eher eine Strafe für Sie als für mich.

[6] «Wenn ich in Paris wäre, ginge ich selbst und holte ihn bei diesem Mädchen [der Beauvoisin, deren Bekanntschaft wir noch machen werden] heraus, wie ich es vor einem Jahr bei einer anderen gemacht habe, und mit Erfolg.» (Die Präsidentin an den Abbé, 26. August 1765)

[7] Brief vom 8. August 1765. Madame de Montreuil war wirklich sehr gut informiert.

Zum letzten Mal, Adieu! Ich gehe, und es macht mir eine ebenso große Freude, mich von Ihnen abzuwenden wie einst, mich Ihnen zu nähern.»[8] (Lely)

Leider kennen wir die Briefe nicht, die Sade seiner Geliebten vor dem Zerwürfnis schrieb. Nach diesem hier zu urteilen, dürfte kaum eine Schauspielerin aus dem Jahrhundert Ludwigs XV. vergleichbare Briefe erhalten haben. «Colette» lebte nicht lange genug, um sich dessen zu rühmen; sie starb 1766, einundzwanzig Jahre alt; die Todesursache ist unbekannt.

[8] Die ursprüngliche Fassung dieses Briefes ist noch sanfter und dadurch noch herzzerreißender: «Es ist ganz einfach, sich zu trennen, wenn man nicht zueinanderpaßt, aber muß man sich darum mit Vorwürfen überhäufen? Auch wenn man sich nicht mehr liebt, kann man doch befreundet bleiben [...]. Es muß wahrhaft beschämend für die Selbstachtung sein, jemand, den man in seinen Armen gehalten hat, dermaßen zu demütigen.» Der Schluß ist von bitterer Scharfsichtigkeit: «Adieu, ich bitte Sie weder um Ihr Herz noch um weitere Beweise Ihrer Gunst, in Wahrheit habe ich beides nie wirklich erlangt. Ich bin nicht so eingebildet, daß ich dessen nicht sicher wäre.»

18.

Das Fräulein Beauvoisin

Die Bemühungen von Madame de Montreuil sollten sich nicht lohnen; kaum von Mademoiselle Colet gelöst, gerät Sade unter die Fuchtel einer der berühmtesten Kurtisanen von damals, des Fräuleins Beauvoisin. Vorher hat er gerade noch die Muße für ein flüchtiges Verhältnis mit einer anderen Schauspielerin von der Comédie-Italienne, Mademoiselle Beaupré, und macht nebenbei sogar noch einer seiner vormaligen Verlobten, die er gerade erst auf einem Ball kennengelernt hatte (ich vermute, es war Mademoiselle de Cambis), eine schriftliche Liebeserklärung, deren Folgen unbekannt sind.
Obwohl sie in Marais' Journal vorkommt, scheint die Beaupré bis 1983 allen Biographen Sades entgangen zu sein. Allerdings war ihr Abenteuer mit dem Marquis auch äußerst kurz. Ich finde es dennoch erwähnenswert, denn hier haben wir einen der seltenen, wenn nicht den einzigen Fall vor uns, daß Donatien einem anderen vorgezogen wird:

> «Der Marquis de Saint-Sulpice, der sich um sie bemüht, hat ihr zwanzig Louisdor im Monat angeboten, um ihr zweiter Liebhaber zu sein; sie hat ihn zurückgewiesen und es vorgezogen, sechs Louisdor vom Comte de Sade zu nehmen, mit dem sie zweimal geschlafen hat.»[1]

Die Liebeserklärung an Mademoiselle de Cambis findet sich erstaunlicherweise in der Sammlung der *Œuvres diverses* Sades, die von der Familie aufbewahrt wurden, obwohl er sich darin in recht häßlicher Weise von der Ehe mit Pélagie distanziert:

> «Paris, den 20. Februar 1765
>
> [...] Wie köstlich die Tage, die ich an Ihrer Seite verbracht hätte! Unablässig bemüht, Ihnen zu gefallen, wäre es mir ein Vergnügen gewesen, Ihre Befehle zu meinen Wünschen zu machen. Diese köstlichen Tage, von der Hand des Glücks gesponnen, wie hätte ich mit ihnen gegeizt! Allzu rasch wären sie für mich verflogen; die längsten Jahre hätten nicht ausge-

[1] Bericht Marais', 8. Februar 1765.

reicht, Ihnen meine zärtliche Liebe darzubringen. Zu Ihren Füßen liegend, hätte ich in meiner Gemahlin stets meine Geliebte angebetet, und die stets von der Liebe umschlungenen Freuden der Pflicht wären für mein trunkenes Herz nichts anderes gewesen als Spielarten des Glücks. Eitle Illusion! Allzu berückender Traum! Du suchst meine Gefühle nur heim, um sie *in das Grauen, das sie bedrückt*, zurückzustoßen.»[2] (Lely)

Das Fräulein Beauvoisin, zuvor Bedienstete bei einem Chirurg in der Rue Cadet, war von dem Grafen du Barry, dem berühmtesten Zuhälter des Jahrhunderts, in die Prostitution eingeführt und darin geschult worden. «Eine Kurtisane mit einem hübschen und stellenweise feinen Gesicht», sagt Bachaumont in seinen *Mémoires*, «war sie jedoch von kurzem, stämmigem Körperbau und hatte deshalb die Oper, an der sie Tänzerin gewesen war, verlassen müssen.»[3] Als Sade ihre Bekanntschaft macht, ist sie mit Sicherheit nicht mehr an der Oper, sondern besitzt eine mehrjährige, gediegene Erfahrung als Prostituierte. Sie ist zwanzig bis fünfundzwanzig Jahre alt. Schon 1759 hat sie neben ihren speziellen Talenten die Rolle übernommen, einen Spielsalon zu betreiben, was ihr gelegentliche Scherereien mit der Sittenpolizei einträgt, aber ihr Ansehen und ihre Reize bei den nachtschwärmerischen Herren vermehrt.

Wir besitzen einen sehr detaillierten Bericht Marais' vom 31. Mai 1765, der ein recht vollständiges Porträt der Beauvoisin liefert, das nicht ganz mit den Beurteilungen von Bachaumont übereinstimmt:

«Das Fräulein Beauvoisin hat es seit einigen Monaten verstanden, sich gleichzeitig von dem Marquis de Louvois und Herrn Douet de la Boulaye, den sie vollkommen ausnimmt, aushalten zu lassen. Dieses Fräulein ist zwar nicht gerade mit Dia-

[2] Die Hervorhebungen stammen von mir. Es ist nicht klar, an wen dieser Brief gerichtet war. In der Handschrift der *Œuvres diverses* heißt es bloß: «An Mademoiselle C***, in die sich der Verfasser auf dem Ball verliebt hat.» Soweit wir wissen, hat aber nur eine der ehemaligen offiziellen Verlobten Sades diesen Anfangsbuchstaben, Mademoiselle de Cambis. Ein absoluter Beweis ist das nicht...

[3] Lely deutet diese Passage falsch, wenn er unter «parties de détail» nicht einzelne (hübsche) Gesichtszüge versteht, sondern «flüchtige Abenteuer, neben ihren regulären (!) Liebschaften».

manten überhäuft, aber gleichwohl geschäftlich sehr erfolgreich. Sie ist sehr elegant möbliert; sie wohnt in der Rue Courteauvilain, und es gibt kaum eine Frau mit einer so reichhaltigen Garderobe und einem solchen Vorrat an Spitzenwäsche. Bei sich zu Hause ist sie stets mit verführerischer Reinlichkeit gekleidet, in sehr galante Negligés, und niemand versteht sich besser als sie darauf, ihr Gesicht zur Geltung zu bringen. Man betrachtet sie heute als eine unserer hübschesten Frauen; es heißt sogar, daß sie ihren Liebhabern recht treu sei. Doch was ich über sie mitzuteilen habe, beweist das Gegenteil, und ich bin überzeugt, daß sie ihrem sehr heftigen Temperament nichts verwehrt, obwohl sie eher ein wenig zurückhaltend wirkt, denn als der Marquis de Louvois letzten Mittwoch zu seinem Regiment abgereist ist, hat sie noch in derselben Nacht mit dem Chevalier de la Tour geschlafen, der bei all diesen Schönen als ein wahrer Hengst bekannt ist. Zuvor stand Herr de Pienne, ohne daß ihre beiden Aushälter davon etwas gewußt hätten, bei ihr in hoher Gunst, die er nur dadurch verloren hat, daß seine Geschichte mit dem Fräulein Le Clair herausgekommen ist; man muß nämlich wissen, daß diese Fräulein von ihren Liebhabern ein hohes Maß an Treue, Anteilnahme und Umsicht verlangen, denn sie müssen über alle geschäftlichen Dinge hinwegsehen, ja ihnen sogar in dieser Hinsicht Ratschläge erteilen; allerdings kann ein Liebhaber, der all diese Vorzüge besitzt, auch immer sicher sein, daß man sich sehr um ihn bemüht.»

Keine Rede mehr von Sade, sei es als Liebhaber (keinerlei Chance!), sei es als Aushälter. Das ist um so bemerkenswerter, als wir Sade einige Tage später in ein Abenteuer mit der Beauvoisin verwickelt finden, das überall Spuren hinterlassen wird, nur merkwürdigerweise nicht bei Marais. Er wird abgelöst von der Präsidentin und ein wenig auch von dem Abbé de Sade, dem Madame de Montreuil am 29. März schreibt:

«Ihr Herr Neffe macht sich bereit, demnächst nach Avignon zu reisen, wo er, wie er mir sagt, Geschäfte zu regeln habe. Ob er sich deshalb unbedingt dorthin begeben muß, weiß ich nicht; gewiß wird er aber von Ihrer Gegenwart sehr profitieren. Somit habe ich nichts dagegen. Ich fände es reizend, wenn er Sie mitbringen würde.» (BN[xx])

Am 20. Mai schreibt sie ihm erneut. Ich halte es für angebracht, aus diesem Brief ausführlicher zu zitieren als aus dem vorhergehenden, zum einen wegen einer Vielzahl von Einzelheiten, zum anderen wegen des allgemeinen Tons, der deutlich macht, daß Madame de Montreuil an ihrem Schwiegersohn persönlich Anteil nimmt.

«Glauben Sie nur nicht, Sie hätten erreicht, daß mein Interesse, Sie hier zu sehen, geschwunden ist. [...] Einstweilen bitte ich Sie, sich mit Ihrem Neffen zu befassen. Er ist am 9. dieses Monats von einem meiner Güter in der Nähe von Fontainebleau abgereist, wo ich mich mit ihm und seiner Frau aufhielt. Seither haben weder ich noch meine Tochter etwas von ihm gehört. Ich denke, er ist in Avignon angekommen; er müßte sogar schon vor einigen Tagen dort eingetroffen sein, hätte er sich nicht noch fern von Fontainebleau vier ganze Tage aufgehalten. Er kann Ihnen, wenn er will, mehr über diesen Aufenthalt sagen als ich. Da ich mir Sorgen mache, solange niemand etwas über seinen Verbleib weiß, wäre ich Ihnen, Monsieur, unendlich verbunden, wenn Sie mir Nachricht geben würden, sobald Sie von seiner Ankunft erfahren. Um seinen Leichtsinn zu zähmen, ist er sehr auf Ihren Rat angewiesen. Zu Ihnen hat er Vertrauen. Man muß vorsichtig mit ihm umgehen, denn seine erste Regung ist stets so heftig, daß man sich davor fürchten muß. Durch Nachdenken kann er aber zur Vernunft kommen. Damit er auf Sie hört, muß man nur etwas warten, und er darf nicht von einer Leidenschaft besessen sein.

Aber wie komme ich nur darauf, Ihnen den Charakter Ihres Neffen zu schildern? Sie kennen ihn gewiß besser und brauchen keinen Rat; ich bräuchte eher den Ihren. Doch was geschrieben ist, ist geschrieben. Als Zuschauerin habe ich schließlich keinen Grund, mich bei Ihnen über ihn zu beschweren. Als Schwiegermutter nehme ich freilich ein stärkeres Interesse an ihm... Es hätte nur an ihm gelegen, daß ich ihnen gegenüber das Loblied über ihn fortsetze, wenn er mir nur gehalten hätte, was er mir versprach. Ich weiß, daß man seinem Alter[4] Nach-

[4] 1765 ist Donatien de Sade fünfundzwanzig Jahre alt und besitzt damit die volle Mündigkeit; Antoine de Sartine wurden 1760, ebenfalls mit fünfundzwanzig, die sehr verantwortungsvollen Aufgaben des Polizeidirektors übertragen.

sicht entgegenbringen muß, aber im Verhalten muß auch ein gewisser Anstand gewahrt werden. [...]
Sein Vater ist über diese Reise verstimmt, aber ohne rechten Grund, wie ich finde. Was mich betrifft, so bin ich anderer Meinung, aber ich bin jeder Auseinandersetzung darüber ausgewichen. Das ist wieder so ein Punkt, über den Sie sich besser von Ihrem Neffen aufklären lassen, denn in einem Brief müßte man viel zu weit ausholen. Ob er Sie richtig darüber informiert hat, werde ich daran erkennen, was Sie mir davon berichten; wenn nicht, werde ich es ausbügeln. Leben Sie wohl, Monsieur...» (BN[xx])

Offensichtlich hat Donatien seine Schwiegermutter über diesen viertägigen Aufenthalt «fern von Fontainebleau» ins Vertrauen gezogen. Möglich, daß er ihr den folgenden Handel vorgeschlagen hat: Ich reise ab, um mich in Avignon um meine Geschäfte zu kümmern, aber vorher möchte ich vier Tage mit Mademoiselle Beauvoisin verbringen. Vielleicht ist sie entzückt darüber, daß er sich von Paris entfernt, wo sein Verhältnis kostspielig und allzu publik ist. Sicherlich weiß sie Näheres darüber durch Marais, entweder direkt oder durch das Châtelet oder gar durch Sartine.

Sie kann nicht vorhersehen, daß Sade die Beauvoisin mit in die Provence nimmt. Möglich ist auch, daß sie ihm dorthin nachgereist ist. Fest steht aber, daß sie eventuell ab Juni, spätestens aber ab Juli in La Coste weilt, wenn nicht als Frau des Marquis de Sade (wie manche fälschlich meinen), so doch zumindest als eine Verwandte von Pélagie, die in der Gegend noch unbekannt ist. Wann auch immer sie in La Coste angekommen sein mag, sie bleibt dort mindestens bis Mitte August, als Königin der Feste und der Theateraufführungen, die der Marquis de Sade auf seinem Schloß im Vaucluse gibt, Aufführungen, in denen er ganz gewiß persönlich auftritt.

Um die Ereignisse, die sich im Juni, Juli und August 1765 in La Coste und Umgebung abgespielt haben, zu rekonstruieren, ist eine sorgfältige Prüfung der Briefe erforderlich, auf die wir als einzige Quelle angewiesen sind und die hier nicht allzu knapp zitiert werden sollen. Es geht dabei vor allem um Briefe der Präsidentin; von denen, die der Abbé in dieser Zeit geschrieben hat, ist nur noch einer erhalten. Ein einziger auch von Sade selbst. Keines dieser Dokumente ist bedeutungslos, und alle bieten hier und da wichtige Anhaltspunkte zur Einschätzung nicht nur der aktuellen Tatsachen, sondern auch solcher, die erst Jahre später eintreten.

Antwort des Abbé de Sade auf das Schreiben von Madame de Montreuil vom 20. Mai:

«Es war mir nicht möglich, auf Ihren Brief so rasch zu antworten, wie ich es gewünscht hätte; ich wollte zunächst ein Gespräch mit meinem Neffen führen, den ich erst flüchtig gesehen hatte. Hier ist seine Darstellung.

Ich erhielt von ihm einen Brief, in dem er mir seine Ankunft für die Zeit vom 15. bis 20. ankündigte. Am 15. verließ ich mein Refugium, um ihn in Avignon in Empfang zu nehmen. Er kam erst am 21. an und erklärte mir, er habe sich in Ivry und in Lyon länger als geplant aufgehalten. Anderntags schrieb er an seine Frau, um sie von seiner Ankunft zu unterrichten, und er versicherte mir, er habe Ihnen von Lyon aus geschrieben. [Es ist auffällig, daß Sade erst nach seiner Ankunft in Avignon an Pélagie schreibt, während er der Präsidentin schon von unterwegs, aus Lyon, geschrieben hat.] Zwei Tage darauf wollte er unbedingt das Schloß sehen, dessen Nutzung ihm sein Vater überlassen hat. Er ritt davon, ohne mir etwas zu sagen. Anschließend ist er zu mir nach Saumane gekommen und hat einige Tage bei mir verbracht, und hier hat er mir all die vertraulichen Mitteilungen gemacht, die mich in die Lage versetzen, Ihnen zu antworten.

Mit dem Objekt, für das er gegenwärtig schwärmt, hat er vier Tage in Melun verbracht. Dadurch hat sich seine Ankunft verzögert. Er hat mir versichert, er habe Sie über diese Schwäche in Kenntnis gesetzt und Sie sogar von Lyon aus über seinen Aufenthalt in Melun unterrichtet. [Hat Sade sie also doch nicht, wie vermutet, vor der Abreise eingeweiht, sondern erst danach, von Lyon aus?] Ich wüßte gern, ob das stimmt, denn ich fände es erfreulich, wenn er Vertrauen zu Ihnen hätte, und es würde mich für die Zukunft hoffen lassen.

Nur Sie und ich haben ein gewisses Ansehen bei ihm. Aber was können wir tun? Im Augenblick wenig. Er muß sich die Hörner abstoßen. Er ist gegenwärtig von glühenden Leidenschaften erfüllt; Sie haben recht, wenn Sie sagen, daß man vorsichtig mit ihm umgehen muß. Gefährlich wäre es, ihn vor den Kopf zu stoßen, wie es sein Vater getan hat: Er wäre imstande, sich den schlimmsten Verfehlungen hinzugeben. Nur mit Sanftmut, Nachsicht und Vernunft kann man hoffen, ihn wieder auf den rechten Weg zu bringen. Es ist höchst bewundernswert, wie Sie es angepackt haben. Er bringt Ihnen großes Vertrauen und höchsten Respekt entgegen; früher oder später werden Sie mit ihm machen, was Sie wollen.

Seine derzeitige Liebelei macht mir wenig Kummer – er wird kaum einen Monat in dieser Gegend weilen und sie schon vergessen haben. Aber dann wird eine andere kommen. Da liegt der Haken, und ich fürchte, daß es so bleiben wird, solange er nicht ein gewisses Alter erreicht hat. Wie Sie sich sicherlich vorstellen können, habe ich mit ihm viel über seine Frau gesprochen. Er ist sich ihres Wertes sehr wohl bewußt; er hat sie mir in den höchsten Tönen gelobt; er empfindet Freundschaft und großen Respekt für sie; er wäre verzweifelt, ihr zu mißfallen, aber er findet, daß sie zu kalt und zu fromm für ihn ist, und deshalb wird er anderswo sein Vergnügen suchen. [Glauben Sie kein Wort davon!] Wenn er das hitzige Alter der Leidenschaft hinter sich hat, wird er den Wert der Frau, die Sie ihm gegeben haben, erkennen; er muß aber durch diese Zeit hindurch, die länger dauert, als wir es uns wünschen. Gebe Gott, daß er uns, Ihnen und mir, nicht noch großen Kummer bereitet! Wenn wir zusammen wären, könnten wir seinen Streichen begegnen. Er hat mir gesagt, seine Frau wisse nichts von seinen Dummheiten, und er wäre untröstlich, wenn sie davon wüßte – das ist schon etwas. [...] Ich nutze die Freiheit, die Sie, Madame, mir eingeräumt haben, und schreibe Ihnen offen und ohne jede Schmeichelei, was mir in den Sinn kommt. Seien Sie überzeugt, daß ich die Freundlichkeiten und das Interesse, das Sie mir beweisen, nicht verdient habe; es ist aber gewiß, daß ich vor Ihnen und Ihrer Frau Tochter die höchste Achtung und den größten Respekt empfinde.

Zu Saumane, den 1. Juni.» (BN[x])

Sollte der Abbé wirklich nichts geahnt haben – und der Ton seines Briefes deutet darauf hin –, dürfte er sehr überrascht gewesen sein, in La Coste auf die Beauvoisin zu stoßen, gleichgültig, ob sie vor ihm dort eintraf oder ob sie später kam. Tatsache ist, daß sie sich dort eine Zeitlang zusammen aufgehalten haben. Wenige Tage nach der Rückkehr des Abbé de Sade nach Saumane oder nach Avignon kam es zum Skandal: Die Person, die alle Welt für Madame de Sade oder, wie andere meinen, für eine Verwandte gehalten hatten, war eine ausgehaltene Frau. Der Abbé befand sich jetzt natürlich in einer recht peinlichen Situation, und vielleicht hat er, um Angriffen zuvorzukommen, in seiner Umgebung das Verhalten seines Neffen nachträglich mißbilligt. Wie dem auch sei, eine der Tanten Donatiens, die Äbtissin von Saint-Benoît, wies ihn in einem (bis heute unauffindbaren) Brief zurecht, was bei ihm eine dieser «heftigen ersten Regungen» auslöste, für die Sade bekannt war. Hier seine Antwort (stellenweise wurde sie bereits in Kapitel 6 zitiert):

> «Ihre Vorwürfe, meine liebe Tante, sind ganz und gar nicht angebracht. Ja, um die Wahrheit zu sagen, ich habe noch nie aus dem Munde einer Klosterdame so harte Ausdrücke gehört. Ich gestatte nicht, dulde nicht, erlaube nicht, daß andere die Person als meine Frau bezeichnen, die mit mir zusammenlebt. Ich habe allen das Gegenteil erklärt. ‹Geben Sie sie auf keinen Fall als Ihre Frau aus, aber wenn andere es behaupten, obwohl Sie ihnen genau das Gegenteil erklärt haben, lassen Sie sie reden.› Es ist sein Ratschlag, den ich befolge. Als eine Ihrer Schwestern, obschon verheiratet wie ich selber, ganz öffentlich hier mit einem Liebhaber lebte, haben Sie La Coste da auch als verruchten Ort betrachtet? Ich benehme mich nicht schlimmer als sie, und wir machen uns beide sehr wenig daraus. Was nun den Herrn betrifft, der Ihnen zugetragen hat, was Sie mir vorwerfen, so hat dieser Mensch, obgleich Priester, stets einige Huren um sich. Verzeihen Sie mir bitte, wenn ich denselben Ausdruck wie Sie gebrauche, aber sein Landsitz ist in der Tat ein Harem, mehr noch – ein Bordell.
> Verzeihen Sie mir meine Schwächen, sie liegen offenbar in der Familie. Wenn ich etwas zu beklagen hätte, so das Unglück, in eine solche Familie hineingeboren worden zu sein. Möge Gott mich vor all den Lächerlichkeiten und Lastern, von denen es in ihr wimmelt, bewahren. Ich würde mich fast tugendhaft schätzen, wenn Gott mir die Gnade gewährte, nur einen Teil davon zu übernehmen. Nehmen Sie, meine liebe Tante, den Ausdruck meiner Hochachtung entgegen.» (Desbordes)

19.

«Diese Ruhe, die ihn flieht»

In seiner *Vie du Marquis de Sade* bezeichnet Gilbert Lely die Periode 1763-68 als «fünf Jahre einer gierigen Entfesselung». An anderer Stelle dehnt er sein Urteil bis zum 13. Februar 1777 aus, dem Beginn der Haft in Vincennes, und er gratuliert Maurice Heine dazu, daß er «die Glanzzeit im Leben des Marquis, während welcher sein wahnsinniger Lebensrausch nur durch einige Monate Haft in Pierre-Encise und Miolans unterbrochen wird, so beredt geschildert hat»:

> «Vierzehn Jahre lang wird er das Opfer einer totalen Entfesselung der Sinne sein: Keine moralische, soziale oder religiöse Konvention wird ihn hindern; jenseits von Gut und Böse wird er ein unruhiges, glühendes, verfolgtes, abwechselnd triumphierendes und erbärmliches Leben kennenlernen; er wird sich gegen die göttlichen und menschlichen Gesetze auflehnen, er wird den Stolz des bösen Engels mit den Ängsten des Geächteten vereinen.»[1]

So kann man es sehen. Ich gestehe, daß diese Sicht mich ein wenig ratlos macht. Alle, die sich für Sade interessieren, schulden Maurice Heine und Gilbert Lely unendlich viel. Sie haben, einer nach dem anderen, eine Unmenge von Dokumenten und Enthüllungen über den Verfasser der *Cent vingt journées de Sodome* zusammengetragen. Erst seit Maurice Heine beginnt man wirklich zu wissen, wer Sade ist. Dennoch, in dem betrügerischen aber aufmerksamen Ehemann der Pélagie de Montreuil, in dem leidenschaftlichen Financier von Mademoiselle Colet, ja selbst in dem Schloßherrn von La Coste, der dort eine doppelte Komödie spielt, erkenne ich, mag er in diesem Sommer 1765

[1] Maurice Heine, «Vie de Sade» (Urfassung), in *Le Marquis de Sade*, Paris 1950. Bezeichnenderweise läßt Gilbert Lely das Zitat hier enden und unterdrückt folgendes: «Er wird kämpfen, bisweilen unter Einsatz seines Lebens, um sich sein kostbarstes Gut zu erhalten, die Freiheit, die er für seine berauschenden Experimente braucht, und darin unterstützt ihn eine ganz unerwartete Helferin, seine eigene Frau, die sanfte, fromme und treue Renée-Pélagie.»

auch noch so triumphierend und anmaßend erscheinen, weder den stolzen bösen Engel noch den gierig Entfesselten oder den Rebellen, der sich gegen die göttlichen und menschlichen Gesetze auflehnt.

Was also treibt Sade in den Monaten Juli-August 1765? Von seinen intimen Beziehungen zu Fräulein Beauvoisin wissen wir nichts. Abgesehen von geschäftlichen Dingen (dies gilt vor allem für sie, die Beauvoisin), mag es bei beiden ein sehr anspruchsvolles erotisches Temperament gewesen sein, was sie einander näher brachte. Vielleicht auch mehr oder weniger spezielle gemeinsame Neigungen auf diesem Gebiet. Ausschweifungen, Verirrungen, die sie gemeinsam teilen... Aber das sind nur Vermutungen. Was sie miteinander trieben, drang nie nach außen; in den Annalen der Grafschaft findet sich keine Spur von einer schwarzen Messe oder einer kollektiven Orgie. «Ich habe angesehene Personen, von denen einige noch leben und über achtzig Jahre sind, wiederholt befragt», schrieb Paul-Louis Jacob (Paul Lacroix) im Jahre 1837; «ich habe sie mit zudringlicher Neugier nach seltsamen Enthüllungen über den Marquis de Sade gefragt, und ich war nicht wenig erstaunt, daß diese Menschen, die durch ihre Moral, ihre Stellung und ihr ehrbares Vorleben über jeden schimpflichen Verdacht erhaben sind, überhaupt keinen Widerwillen dagegen empfanden, sich des Verfassers der *Justine* zu erinnern und über ihn wie über einen liebenswürdigen Taugenichts zu sprechen. Allerdings hatten diese letzten Zeugen des verflossenen Jahrhunderts seit der beklagenswerten Szene, die sich im Juni 1772 in Marseille abspielte, nichts mehr über den Marquis de Sade gehört».[2] Viele haben 1772 den Umgang mit ihm abgebrochen, und zwar nicht aus Schamgefühl, sondern ganz einfach, weil er die Flucht ergriffen hatte und für mehrere Jahre verschwunden war.

Allerdings ist Sade auch nicht der liebenswürdige Taugenichts gewesen, als den ihn die von Lacroix befragten Greise in Erinnerung haben. Ihm geht es keineswegs um den Sinnengenuß, um

[2] Paul-Louis Jacob, «La vérité sur les deux procès criminels du marquis de Sade», *Revue de Paris*, 1837, t. XXXVIII. In den folgenden Jahren als Broschüre («Paris, bei den Buchhändlern, die Novitäten führen») mit dem falschen Datum 1834 mehrfach nachgedruckt.

einen angenehmen Zeitvertreib. Er scherzt nicht, er *spielt.* Das ist etwas ganz anderes. Er spielt so, wie ein Kind spielt, wie ein Wissenschaftler forscht, wie ein Dichter sucht, also vor allem, um zu sehen, *wie das funktioniert.* Was ihn umtreibt, darauf ist er genauso neugierig wie wir; diese animalischen Geister, die sich regen, diese Gefäße, die sich erweitern, dieser Kopf, der sich erhitzt – was für eine Maschinerie!
Bisweilen spielt er auch zweifach, auf zwei Ebenen: Er spielt, daß er Rollen spielt, auf einer Bühne, in einer Dekoration, wie jedermann. Wie jedermann? Mehr nicht für dieses Mal! Er führt vor, er führt sich vor, er erfindet sich die schönste Geschichte der Welt: «Dann wäre ich reich; dann wäre ich in einem schönen Palast; dann wäre diese hinreißende Frau mein; dann würden wir zusammen etwas machen. Wir werden es übrigens machen.»

In Paris hat Madame de Montreuil vom Abbé beunruhigende Neuigkeiten erfahren. Donatiens Onkel erweckt, während er sie unterrichtet, geschickt den Anschein, als sei er sich unschlüssig, für wen er Partei ergreifen soll; er tut so, als ersuche er sie um Rat, nur um nicht selbst handeln zu müssen. Die Präsidentin ist verstört, fängt sich aber wieder und streicht ganze Sätze (wahrscheinlich ist die Handschrift, die uns vorliegt, eher ein Konzept):

> «Was Sie mir berichten, macht mir sehr zu schaffen. Weit davon entfernt, Ihnen den Rat zu geben, um den Sie mich bitten, bin ich einfach nicht imstande zu denken. [Vollständig gestrichener, aber leserlicher Satz.] So sehr die Erfahrung mich berechtigt, bei Monsieur de Sade mit allem zu rechnen, wollte ich doch nicht glauben, daß er bei diesen verrückten Liebschaften einer so maßlosen Unanständigkeit fähig sei. Wohl hat mich des öfteren der Verdacht beschlichen, daß das, was jetzt eingetreten ist, geschehen könnte, doch habe ich diesen Gedanken stets als beleidigend für ihn verscheucht und dabei gleichzeitig gefürchtet, daß meine Zweifel beseitigt würden. Ich hätte mich übrigens nur auf Wegen informieren können, durch die auch andere es erfahren hätten, und das wollte ich mit Rücksicht auf ihn vermeiden. [Hat also Madame de Montreuil bislang ihre Beziehungen zur Polizei doch nicht genutzt, um sich auf dem laufenden zu halten?] Heimli-

che Treulosigkeiten sind ein Unrecht an seiner Frau und an mir, aber diese Sittenlosigkeit vor seiner gesamten Provinz, die für seine Nachbarn beleidigend ist, wird ihm nicht wiedergutzumachenden Schaden zufügen, wenn sie hier bekannt wird, was nicht zu vermeiden ist. Da bemühe ich mich bei meinen Freunden, etwas für sein Fortkommen und seinen Erfolg zu tun, da hat er es seiner Frau und uns zu verdanken, daß eine Affäre, die ihn für immer ins Verderben hätte stürzen und auf Jahre in eine Zitadelle bringen können, glimpflich ausging, und so dankt er es uns. Und dann beklagt er mit pathetischen Worten sein Schicksal, die Gewalt der Leidenschaften, die ihn fortreißen, dann bedauert er, daß er die, die an ihm hängen, unglücklich gemacht hat. Über unser Herz können wir nicht immer gebieten, wohl aber immer über unseren Lebenswandel [hier ist die Quelle schwerwiegender Mißverständnisse mit ihrem Schwiegersohn], und nach ihm werden wir beurteilt. Nach seinem Lebenswandel wird man ihm die Ränge zuerkennen, die zu bekleiden er geschaffen ist, oder man wird ihn als einen Taugenichts fallen lassen, ein Urteil, das für einen Mann wie ihn demütigend ist. Gerade war er im Begriff, sich eine günstigere Meinung zu verschaffen.
Der Winter war ohne Skandal und scheinbar in guter Gesellschaft vergangen. [Die Affäre Colet war also im Grunde in Ordnung.] Wir gaben uns den Anschein, ganz zufrieden damit zu sein. Sie sehen, wohin das geführt hat. Die Reise nach Avignon war, wie mir gesagt wurde, als eine Zerstreuung, ein Vergnügen, geplant. [In ihrem Brief vom 20. Mai hatte Madame de Montreuil das Gegenteil behauptet.] Ich riet ihm, das Angenehme mit dem Nützlichen zu verbinden und sich von Ihnen über die Vermögen und Geschäfte, die ihm eines Tages zufallen werden, unterrichten zu lassen. Es ist immer gut zu wissen, was einem zusteht, damit man sich nicht übernimmt. Vor vierzehn Tagen schrieb er mir, er sei mit Ihnen in La Coste und darum bemüht, sich über all das, was ich ihm anempfohlen hatte, zu unterrichten; nach Erledigung seiner Geschäfte werde er mich in der Normandie besuchen, mit einem Vergnügen, das größer sei, als ich es mir vorstellen könne; dort werde er vielleicht die Ruhe finden, die ihn seit so langer Zeit flieht. Ich weiß nicht, ob seine Mademoiselle

Beauvoisin in der Zwischenzeit angekommen war. Es hat zumindest den Anschein, daß er sie erwartete. Er kann sich wohl denken, daß ich nicht gerade begierig bin, ihn wiederzusehen. Er hat meine Nachsicht allzusehr mißbraucht, obwohl ich sie nicht so weit getrieben habe, wie er es Ihnen beteuert. [Das würden wir genauer wissen, wenn die Briefe von Madame de Montreuil an ihren Schwiegersohn nicht verschwunden wären.] Die Briefe, die ich ihm seit seinem Aufenthalt in der Provence geschrieben habe, beweisen dies. [Mag schon sein, aber wir haben sie nicht. Und was ist mit den anderen?] Ich habe Zweifel, ob er es wagen wird, sie Ihnen zu zeigen. Ich wäre jedoch sehr erfreut, wenn Sie sie sehen würden, zu meiner Rechtfertigung. Aufgrund des Bildes, das man mir von seinem Charakter gezeichnet hatte, und anhand dessen, was ich selbst zu erkennen glaubte, bildete ich mir ein, eine gewisse Nachsicht gegenüber dem jugendlichen Ungestüm werde mir seine Freundschaft und sein Vertrauen sichern und ihn zugleich vor den großen Gefahren bewahren, denen er sich rückhaltlos aussetzt. Seine Mätressen haben despotische Gewalt über ihn, und was sind das für Mätressen! Würde er ihnen weniger Vergnügen verschaffen und weniger großzügig zu ihnen sein [meldet sich da die Eifersucht?], würden sie ihn bald sitzenlassen, während er glaubt, ihr Abgott zu sein. [Was nicht stimmt; er sagte ja: «Ich bilde mir nicht ein...»] Er versteht sich zwar aufs Heucheln, doch die Gräfinnen von Saint-Pré [die Kurtisanen] sind ihm darin über. [Was jetzt folgt, ist durchgestrichen:] Ich muß gestehen, daß ich erstaunt bin über die Geduld, die Sie aufgebracht haben, sechs Tage lang diesem extravaganten Schauspiel beizuwohnen und nichts zu tun, um den Irrtum aufzuklären, dem durch das stillschweigende Verhalten der Dienerschaft sicherlich Vorschub geleistet wurde, es handele sich um Madame de Sade. Diese Täuschung ist allzu demütigend für sie. Weit davon entfernt, die Liebe zu ihrem Ehemann zu verbergen, würde sie sich ihrer rühmen, wenn er es verdiente. Ich weiß Ihren Verwandten Dank, daß sie sich diesbezüglich nicht haben täuschen lassen. Ich denke, daß es wirklich nicht an der Gegenwart oder an dem Verhalten und den Absichten von Madame de Sade gelegen hat. [Hier enden die Streichungen.] Ich kann nur seufzen und wünschen, daß Sie ihm noch so viel Freundlichkeit bewahren, ihn nicht gänzlich sich selbst zu überlassen. Was mich angeht, so werde ich mich nicht mehr um ihn kümmern. [Das Gegenteil ist der Fall, wie man noch sehen wird.] Nach meiner festen Überzeugung ist die Freundschaft ein Motiv, das sein Herz nicht zu bewegen vermag. In den sechs Kriegsjahren und unter der Aufsicht seines Vaters hat er nicht so viele Streiche begangen und Ausgaben gemacht wie in der Zeit, da er sich selbst überlassen war. Die Strenge ist ihm also besser bekommen als unsere Freundlichkeiten. Gestern hat er mir aus Plombières geschrieben [die Präsidentin geht unvermittelt zum Comte de Sade über], wo er bei guter Gesundheit eingetroffen ist, um seine Trinkkur zu machen. Ich habe die Ehre, Ihnen den Brief zu übersenden, den ich vorgestern von Ihrem Neffen erhalten habe. Was halten Sie von diesem Vertrauen? Angesichts dessen, was er zur Zeit in La Coste treibt? Seine Frau hat ihm die erbetene Vollmacht geschickt. Ich habe ihr gesagt, ich hätte nichts dagegen, allerdings sei ich auch nicht sonderlich überzeugt, daß die Erbschaft in ihre Hände gelangen werde. [Anscheinend hat Pélagie Donatien bevollmächtigt, für sie eine Erbschaft in Empfang zu nehmen. Bemerkenswert ist, daß die Präsidentin nichts dagegen hat. Von hier ab neue Streichungen.] Es war eine prophetische Eingebung, denn ich hatte Ihren Brief noch nicht erhalten. An meiner Überzeugung hat sich, wie Sie sich denken können, nichts geändert. Was seine Rückkehr angeht, so bin ich alles andere als begeistert darüber. Er wird, wenn er zurückkommt, in jeder Beziehung erschöpft sein, mir alle erdenklichen Sorgen bereiten, die ganze Kunst, derer er fähig ist, aufwenden, um Geld aufzutreiben für die Begleichung von Schulden in Höhe von 5 000 Livres, über die er seiner Frau eine Aufstellung geschickt hat [dazu benutzt er Pélagie], und anschließend erneut viel Geld ausgeben. So sehr ich mich dazu hergegeben habe, seine Dummheiten vor seiner Frau zu verbergen oder sie zu entschuldigen, damit es zwischen ihnen nicht zu einer Entfremdung kommt [hier habe wir den klaren Beweis der Komplizenschaft, aus welchen Motiven auch immer], so entschlossen bin ich, sie darüber aufzuklären und sie von ihrer unglücklichen Lage zu überzeugen, sollte dies nötig sein, um sie vor größerem Unglück zu bewahren, das ihr droht, wenn sie in ihrem Irrtum verharrt; ich werde bald dazu gezwungen sein, wenn er mich nicht davon abhält durch eine aufrichtige Wandlung, derer er nicht fähig ist. Was seinen Herrn Vater betrifft, so werde ich ihm dies alles nach seiner Rückkehr erklären...» (Der Schluß des Briefes fehlt.) (BN[xx])

Diese ausführlichen Zitate halte ich für unerläßlich, denn das ganze weitere Leben Sades hängt von seinen wechselhaften Beziehungen zu Madame de Montreuil ab. Sehr viel anders hätte sein Leben, wie schon gesagt, im Grunde nicht verlaufen können. Bei einer anderen, nicht so mächtigen Schwiegermutter oder gänzlich ohne Schwiegermutter hätte Sade sich wohl, ohne sich dessen recht bewußt zu sein, einen anderen *deus ex machina* ausgesucht, ein anderes Werkzeug des Schicksals, eine andere Macht, gegen die er mit der unbezwingbaren Hartnäckigkeit, die wir ihn aus einem Abstand von zwei Jahrhunderten vierundsiebzig Jahre lang an den Tag legen sehen, angerannt wäre und die er bis zur Katastrophe mit Provokationen überhäuft hätte.

Das ist schwer zu verstehen, und ich weiß übrigens auch keine rechte Erklärung dafür. Kann man Charaktere erklären? Auch Madame de Montreuil hätte gern den Schlüssel zum Charakter Sades. Sie will ihm nur helfen. Von Herzen gern würde sie ihm diese Ruhe verschaffen, «die ihn seit so langer Zeit flieht». Dabei geht es ihr unbestreitbar auch um ihre eigene Ruhe. Aber schließlich kann man ihr nicht vorwerfen, daß sie es ihm gegenüber an unendlicher Geduld habe fehlen lassen, mehr noch, an wahrer Aufmerksamkeit für die Eigenart ihres Schwiegersohns, die für sie so verwirrend war. Sie erkennt an ihm neben seinen Fehlern auch Vorzüge, anders als der Vater de Sade, der Comte (was ist in dieser Beziehung mit dem Abbé?). Das ist der Grund, warum ich sie seit vierzig Jahren vor den kindischen Apologeten des Marquis in Schutz nehme, vor all jenen, die es gern gesehen hätten, wenn die Präsidentin – ja, was eigentlich? Etwa ihr Leben, ihr Vermögen, ihre Kinder, ihre Enkelkinder einem so unersättlichen Mahlwerk preisgegeben hätte? Ich wünschte, daß man es ihr als Verdienst anrechnet, daß sie sich sehr lange um Verständnis bemüht hat, daß sie wirklich alles versucht hat, bis sie dann nicht etwa der Gerechtigkeit, sondern einem Schicksal seinen Lauf ließ, vor dem sie am Ende ihre Ohnmacht eingestehen mußte. Keiner der Briefe, die ich hier vorlege, ist bislang veröffentlicht worden, abgesehen von einigen Wendungen, die man in ansonsten recht voreingenommene Analysen einstreute. Ich glaube, es hat sich gelohnt, in dem üblen postumen Prozeß, den man seit langen Jahren gegen Madame de Montreuil betreibt, Beweisstücke von solchem Gewicht vorzulegen, die der Beurteilung so lange entzogen waren. Deshalb möchte ich hier zwei weitere Briefe der Präsidentin an den Abbé de Sade, die bisher praktisch unveröffentlicht sind, und dazu ein recht kurzes Schreiben in voller Länge wiedergeben. Der erste Brief vom 8. August 1765 ist in Échauffour geschrieben und beantwortet einen Brief des Abbé, den man bis heute nicht gefunden hat:

«Ausgezeichnet, Monsieur, aber es hat mich geärgert, daß Sie die Gesellschaft, als alles so schön in Schwung war, so plötzlich verlassen haben. [Offenbar hat der Abbé de Sade, vielleicht auf Drängen von Madame de Montreuil, worauf das weitere hinzudeuten scheint, sich ein zweites Mal in La Coste aufgehalten.] Dieses Mädchen hat wohl durch seine Abwesenheit seinen Einfluß zurückgewonnen; er [Donatien] ist einfach zu lenken: Sie brauchte nur seine Eigenliebe oder seine Anhänglichkeit auszunutzen, um einen Aufschub der Abreise zu erwirken, und dann ist es ihr unter geschickter Ausnutzung der Sinnenlust gelungen, die Kette, die kurz vor dem Zerreißen stand, wieder fester zu ziehen. [Hat der Abbé während seines Besuchs oder seines Aufenthalts ein Versprechen erhalten, daß die Beauvoisin La Coste verlassen und Sade ihn in Saumane besuchen werde?] Ich weiß, daß sie erst Ende August in Paris erwartet wird. [Der polizeiliche Informationsdienst funktioniert; Marais?] Ziehen Sie daraus Ihre Vermutungen [*sic*]. Ist es nicht denkbar, daß er, aus menschlichem Anstand genötigt, das Treiben in La Coste einzustellen, Vorkehrungen getroffen hat, um die Zeit, die er ansonsten dort bis zur geplanten Abreise mit ihr verbracht hätte, unterwegs mit ihr zusammen zu sein? Dies wäre noch schlimmer, im Hinblick auf die Ausgaben und alles. Sie mögen sagen, was Sie wollen, Monsieur, Sie sind doch viel eher in der Lage als ich, einen Plan oder ein interessantes Geschäft zu verfolgen [Es ist offenkundig, daß der Abbé alles tut, um sich vor seiner Verantwortung zu drücken. Im übrigen wird er wohl die Festlichkeiten von La Coste nicht als so unangenehm empfunden haben; vielleicht hat er sich aktiver daran beteiligt, als er zugibt.] Er ist Ihr einziger Neffe. Für mich ist er nur ein Schwiegersohn, und ich muß Ihnen gestehen, daß ich sehr entmutigt bin. Früher oder später wird er mich sicherlich hier aufsuchen, und er wird schöne Pläne über einen vernünftigen Lebenswandel machen, die er beherzigen oder auch nicht beherzigen wird; zumindest wird er sich einbilden, mich überzeugt zu haben. Zwei oder drei Monate wird es gutgehen. Dann zieht es ihn zurück nach Paris, und es fängt wieder an, vielleicht schlimmer als zuvor. Ich sähe es viel lieber, wenn Sie ihn bei sich behalten könnten. Seit drei Wochen hat er seiner Frau nicht geschrieben, sie beginnt sich Sorgen zu machen, und wenn das noch ein wenig länger dauert, werde ich mit ihr sprechen müssen. [Sie wird es nicht tun.] Sie glaubt in diesem Augenblick, er sei unterwegs. Ich glaube an gar nichts, aber ich sage ihr nicht, daß ich von Ihnen Nachricht habe. Darum lasse ich Ihre Briefe immer über Paris laufen, denn dann erreichen sie mich im Umschlag, und so erfährt niemand, wann ich welche bekomme. Ein paar sehr knappe Zeilen muß er, wie ich Ihnen schon mitteilte, am 25. erhalten haben, dem Tag, von dem Ihr Brief datiert ist. [Wie gern hätte man diese Briefe der Präsidentin an Donatien, die seltsamerweise verschwunden sind!] Ich sehe Ihrer Nachricht noch immer mit der größten Ungeduld entgegen. Von Ihnen hängt das Schicksal meiner Tochter ab, denn ihr Mann ist in Ihren Händen. Uns – ihr ebenso wie mir – bleibt hier nichts anderes übrig, als uns Gedanken zu machen, und die können ganz falsch sein. [Das gilt besonders für Pélagie, die nicht auf dem laufenden gehalten wird.] Es wird alles gut werden, wenn Sie so freundlich sein wollen, sich der Sache anzunehmen. Die Philosophie verleitet durchaus nicht zur Gleichgültigkeit. Sie will stets das Gute, zumindest nehme ich das von Ihrer Philosophie an. Seit vier Tagen bin ich in meiner Einsamkeit. Sie ist tröstlich, wenn man Anlaß zu traurigen Gedanken hat. Bewahren Sie mir, Monsieur, alle Gefühle des Vertrauens und der Freundschaft, mit denen Sie mich bisher beehrt haben.» (BN[xx])

Dieser bisher unveröffentlichte Brief erscheint mir bemerkenswert, weil er ein klares Licht auf Wesen und Haltung der Präsidentin und des Abbé de Sade wirft, dessen philosophische Tatenlosigkeit Madame de Montreuil mehr als einmal zur Verzweiflung getrieben haben muß. Es ist übrigens kaum zu verstehen, warum diese zielstrebige Frau sich nicht in eine Postkutsche geworfen und die Probleme in Avignon ebenso energisch geregelt hat, wie sie die in Paris regelte. War sie durch irgend etwas in Anspruch genommen (aber was?), scheute sie auf einmal vor einer unbekannten Umgebung zurück? Lag ihr vielleicht daran, der provenzalischen Familie ihres Schwiegersohns all ihre Verantwortlichkeiten zu lassen? Jedenfalls hat man die Präsidentin nie im Vaucluse gesehen.

Der Anfall von Schwermut geht bei Marie-Madeleine bald vorbei. Sie faßt sich wieder und fügt ihrem Brief ein Postskriptum an, in dem die Energie und die diplomatische Schläue, die man von ihr kennt, wieder sichtbar werden:

«Wenn Sie sich beim Lesen meines Briefes über meine Absicht klar werden, werden Sie erkennen, daß ich ihn auch geschrieben habe, damit Sie ihn meinem Schwiegersohn zeigen können, falls Sie der Meinung sind, er habe noch so viel Achtung vor mir und vor seiner Frau, daß der Brief einen gewissen Eindruck auf ihn macht. Es ist klar, daß Sie aus den Geschehnissen kein Geheimnis gemacht haben, denn er hat Ihnen ja versichert, ich sei über seine Streiche unterrichtet und dulde sie. In Wahrheit ist das, was ich ihm in den drei oder vier Briefen seit seiner Abreise geschrieben habe, alles andere als duldsam, im Gegenteil, es ist überaus bestimmt. Ich kann Ihnen keinen Rat geben, denn ich bräuchte eher Rat von Ihnen. Sie kennen seinen Charakter besser als ich, Sie wissen besser, was los ist, denn Sie sehen ihn ja. Er bräuchte nur auf Ihren Rat zu hören und auf das Interesse, das Sie an ihm nehmen. Was ist unter diesen Umständen zu tun? Die Lage erscheint schwierig. Hier ist meine Meinung, die ich mit Vorbehalt Ihrem Urteil unterwerfe: Strenge anwenden, um die beiden zu trennen – in der Hinsicht würde ich sicherlich ohne Schwierigkeiten alles, was ich verlange, beim Minister erreichen [halten wir das fest!]; aber damit wäre der Skandal da, und es wäre für ihn gefährlich. Dieses Mittel fällt also aus.

Sie dürfen aber dennoch vor Ihrem Neffen keine Angst haben und noch weniger seine Torheiten dulden.
Lassen Sie ihn vor allem nicht aus den Augen, denn man wird seiner nur Herr, wenn man ihn nicht einen Moment sich selbst überläßt; so konnte ich ihn letztes Jahr von der Colette trennen und zur Vernunft bringen, nachdem ich ihn überzeugt hatte, daß sie ihn betrügt. Ich bezweifle, daß er diese mehr liebt, als er die andere geliebt hat: Es war ein Wahnsinn! Es ging alles recht gut, bis er sich in der diesjährigen Fastenzeit in sie vernarrt hat. Täuschen Sie Grundstücksangelegenheiten vor, und schauen Sie in La Coste noch einmal nach dem Rechten, ob er noch immer so verliebt ist. Wettern Sie, sprechen Sie energisch mit ihm, und er wird sich aus Respekt vor Ihnen zumindest genötigt sehen, es nicht mehr ganz so unverschämt zu treiben, die Ausgaben zu senken, in größerer Zurückhaltung zu leben, keinen Besuch zu empfangen, so daß die Geschichte nicht mehr derart skandalös ist und mehr im Verborgenen bleibt, und überzeugen Sie ihn, daß, je weniger Aufsehen sein Lebenswandel in der Provinz erregt, die Aussicht um so größer ist, daß er hier gänzlich unbemerkt bleibt. Und versuchen Sie immer wieder, sich mit ihm unter vier Augen zu treffen, so daß Sie vernünftig mit ihm reden können, und bekunden Sie ihm, wie sehr es Sie betrübt, daß Sie genötigt waren, als Dritter dabeizusein, so daß der Eindruck entstehen konnte, als nähmen Sie an seinem üblen Lebenswandel teil und duldeten ihn. Das wird ihnen peinlich sein, es wird ihnen lästig werden, und die Nymphe wird sich um so leichter entschließen, abzureisen. Wenn, was ich aus seinem letzten Brief entnehme, den ich Ihnen schicke [schade, daß uns auch diese Briefe Sades nicht erhalten sind], sich bei ihm ein gewisser Überdruß eingeschlichen hat, sollten Sie die Gelegenheit nutzen, wenn Verstimmungen und Streitigkeiten auftreten, die auszunützen er allein nicht die Kraft hat. Es ist nicht schwer, und wenn Sie es erreicht haben, sorgen Sie dafür, daß er ihr nicht folgt. Behalten Sie ihn lange bei sich, ohne ihn loszulassen; beschäftigen Sie ihn, und man wird sehen. Solange er in sie vernarrt ist, sehe ich ihn lieber mit ihr in der Provence als hier, auf diese Weise wird es nicht bekannt. Außerdem würde es mich beunruhigen, wenn er

hier wäre. Er würde, zumindest aus taktischen Gründen, bei seiner Frau leben, und die Gläubiger würden ihm zusetzen; er würde neue Schulden machen, und wenn er seiner Geliebten überdrüssig wäre, würde er sich eine andere nehmen. Dann soll er sich lieber eine in der Provence nehmen. Vielleicht wird er sogar recht glücklich sein, sich dort an eine Frau zu binden [eine verheiratete Frau natürlich]. Geben Sie mir bitte genauestens Nachricht, stets hierher adressiert, bis ich Ihnen eine andere Adresse nenne; so betrüblich es auch sein mag, was man erfährt, es ist immer noch weniger grausam als die Ungewißheit.» (BN[xx])

26. August 1765. Das Abenteuer von La Coste ist beendet, doch damit ist der Kummer für Madame de Montreuil noch nicht vorüber. Der Abbé de Sade hat endlich von dem Brief, den Donatien an seine Tante geschrieben hat, Kenntnis bekommen. Seine Schwester läßt ihm das Schreiben zukommen, woraufhin der Abbé mit einem Brief, den wir nicht besitzen, die Präsidentin informiert, die ihm folgendermaßen antwortet:

«Ihr Brief vom 13., den ich gestern bekommen habe, betrübt mich mehr, als ich es ausdrücken kann. Große Hoffnungen hatte ich in Sie und Ihre Bemühungen gesetzt. Er hat sie Ihnen in einer Laune mit Undank gelohnt.

Das raubt mir, um ehrlich zu sein, jegliche Hoffnung. Da er sich entschlossen hatte, Sie nicht aufzusuchen, ohne Zweifel zurückgehalten durch dieses Mädchen, das Ihre Ratschläge und Ihren Einfluß fürchtete, hätte ich an Ihrer Stelle den Mut aufgebracht, ihn in La Coste zu besuchen, nicht um bei seinen Festen die Honneurs zu machen, was diesen den Anschein der Rechtfertigung verliehen hätte, sondern um ihn beiseitezunehmen, mit ihm ein Gespräch zu führen, auch wenn dieses Mädchen und er selbst etwas dagegen gehabt hätten, und zu ihm mit der Vernunft und Entschiedenheit zu sprechen, zu der Sie durch die Rechte, die Sie über ihn haben,befugt sind. Und wenn er es im Brief an dem Respekt, den er Ihnen schuldet, hat fehlen lassen, so würde er das gewiß in Ihrer Gegenwart nicht tun. Ich weiß, daß sein Kammerdiener am 20. mit seinen Koffern in Paris, bei mir, eingetroffen ist. Er hat gesagt, sein Herr habe ihn vorausgeschickt, er werde zweifellos in wenigen Tagen eintreffen. Ich bin fest überzeugt, daß er es ist [daß Sade in Paris ist] und daß er bei dem Fräulein wohnt[3]. Das wird herauskommen und einen schlechten Eindruck machen. Letzten Donnerstag hat seine Frau nach einmonatigem Schweigen einen Brief bekommen, zweifellos bei seiner Abreise [bei der Abreise Sades von La Coste]. Er schreibt ihr: ‹Ich reise nach Paris ab, wo ich mich vom 20. bis zum 25. aufhalten werde und Sie zu besuchen gedenke.›»

Am 15. September ist Donatien dann endlich in Échauffour. Tags darauf macht die Präsidentin dem Abbé davon in einem kurzen Schreiben Mitteilung:

«Sehr spät gestern abend ist Ihr Neffe endlich eingetroffen. Damit dies rechtzeitig auf die Post kommt, will ich es für heute bei dieser Mitteilung belassen. Ich kann mir vorstellen, daß Sie wünschen, ihn hier zu wissen, und wollte deshalb nicht zögern, es Ihnen zu schreiben. Wir haben uns bei seiner Ankunft nur flüchtig gesehen, und vor seiner Frau hat er sich nur über Belanglosigkeiten geäußert [die Präsidentin und Donatien können vor ihr also nicht offen über ihre Heimlichkeiten sprechen]. Meine Schwiegermutter hat mir mitgeteilt, er habe ihr gesagt, er wolle die Vergangenheit durch seine Aufmerksamkeiten und seinen Lebenswandel vergessen machen [schüttet Sade der Mutter des Präsidenten sein Herz aus, oder handelt es sich um einen Lapsus, und Madame de Montreuil meinte die Comtesse, die Schwiegermutter ihrer Tochter und nicht ihre eigene?]. Sie [die Schwiegermutter oder Renée?] hat gestern Ihren Brief erhalten. Sie hat ihn mir nicht gezeigt, aber darüber, was Sie ihr schreiben, mache ich mir keine Gedanken. Leben Sie wohl, Monsieur, meine Gefühle für Sie sind unverändert.» (BN[xx])

[3] Diese Intuition (oder Information) wird bestätigt: «Ihr Neffe ist in Paris, er wohnt nicht mehr bei Mademoiselle B., sondern bei mir.» (Die Präsidentin an den Abbé, 8. September)

20.

«Man liebt noch»

Sade sollte mit Unterbrechungen noch etwa zwei Jahre lang unter dem Einfluß der Beauvoisin stehen. Es ist vielleicht nicht ein solcher «Wahnsinn», wie er ihn für Mademoiselle Colet empfunden hat, aber das Gefühl ist doch stark genug, um Donatien sehr heftig zu binden, trotz des Betrugs und anderer Gelegenheiten, die er sich verschafft, um, wie Marais sagt, «seine Veranlagung auszuüben». Nach heftigen Zerwürfnissen kommt er immer wieder zurück.

Außerdem gibt es zwischen den beiden undurchsichtige Geldgeschichten, darunter ein Darlehen von 10 000 Livre, das am 21. August 1765 vor einem königlichen Notar, dem Rechtsanwalt Pontelier, beurkundet wird. Daran kann etwas sein, denn die Beauvoisin war Spekulantin. Im übrigen war es aber auch gängige Praxis, daß Kurtisanen ihren Kunden fiktive Darlehen gewährten, um sich dagegen abzusichern, daß die Ausgaben verschwenderischer Kavaliere von deren Familien zurückgefordert werden könnten.

Im November 1765 schreibt Madame de Montreuil dem Abbé de Sade aus Anlaß des Todes seines Onkels Jean-Louis de Sade, des «Propstes», und berichtet ihm bei dieser Gelegenheit über diese Liaison ihres Schwiegersohns:

> «Über das, Sie wissen schon, was ich meine, gibt es nichts Neues zu vermelden. Ob es an der Vernunft liegt oder an der Gesellschaft, ich glaube zu erkennen, daß die Heftigkeit, mit der man vernarrt war, nachläßt. Aber man liebt noch. Man war genau zu der versprochenen Zeit hierher zurückgekommen. Man fühlte sich wohl hier, war recht fröhlich, und es schien, als sei man weniger mit dem beschäftigt, was hier nicht zu sehen war. Ein Ereignis, das der Person, für die man sich interessiert, zustieß, und das offenbar, wie man geglaubt hat, durch die Reisen verursacht wurde, die man gemacht hat, hat alles auf den Kopf gestellt. Ob nun aus Leidenschaft oder aus einer menschlichen Geste, zu der man sich genötigt glaubte, man ist ihr zu Hilfe geeilt. Ich habe ihn nicht daran

hindern können. Er hat zu allen gesagt, er werde einen seiner Freunde in der Provinz besuchen.» (BN[xx])

Am 27. Dezember heißt es in einem Bericht von Marais:

«Der Chevalier de Choiseul hat bei dem Fräulein Beauvoisin alle Rivalen aus dem Feld geschlagen, und das, ohne einen Pfennig auszugeben. Dieses Fräulein scheint von ihm begeistert zu sein; nur Monsieur de Saint-Contest merkt nichts; das ist üblich, er kommt für alle Kosten auf. Monsieur de Choiseul hat mir neulich von diesem Fräulein wie von einem kostbaren Stück gesprochen, und er ziehe sie allen Schönen, die er bisher gekannt habe, vor. Diese Begeisterung wird bis zum Wiederbeginn der Theatersaison anhalten, und das ist bei ihm schon viel.»

Und Sade? Er ist, anders als der Chevalier de Choiseul, durchaus nicht «der Schwarm all unserer kleinen Mätressen, [die] sich um den Vorzug streiten, ihn zu besitzen» (Bericht von Marais vom 6. Dezember 1765). All seine Liebschaften nehmen ein böses Ende. Es hat übrigens den Anschein, als erwarte er das, und zugleich scheint es, als sei es jedesmal eine schreckliche Überraschung für ihn. Der folgende Brief, in den *Œuvres diverses* überschrieben «Der Marquis de Sade an Mademoiselle de Beauvoisin», trägt kein Datum. Stammt er vielleicht vom Januar 1766, aus jenem Monat, in dem Marais uns in seinem Bericht vom 3. darüber informiert, daß «der Herr Comte de Sade alle Beziehungen zum Fräulein Beauvoisin abgebrochen hat; sie wird gegenwärtig von Herrn Marquis de Saint-Contest ausgehalten und hat ein Verhältnis mit dem Herrn Chevalier de Choiseul»? Wir wissen es nicht.

«Du bist demaskiert, du Monstrum! Deine Schlechtigkeit übersteigt alle Vorstellungen. Der Trick ist ziemlich plump; wozu ein anonymer Brief? Du hättest nur zu sagen brauchen, daß Du mich verlassen willst, ich hätte Dich nicht gewaltsam zurückgehalten. Ich könnte mich rächen, es Dir heimzahlen und Dich durch einen ähnlichen Trick dessen berauben, worauf sich Deine Hoffnungen richten, aber ich werde niemals zu solchen gemeinen Mitteln greifen. Sie sind Deiner würdig, abscheuliches Monstrum! Geh! Du gibst mir nur meine Freiheit zurück. Mein Leben lang werde ich Dich und Deinesgleichen hassen. [Dann eine Anspielung auf den verabscheuten Rivalen (wer ist es?):] Adieu, nimm Deine neue Eroberung und entledige Dich ihrer mit den gleichen schnöden Mitteln, auf die Du bei mir verfallen bist. Eines Tages, wenn Du ihn ruiniert hast, wenn die Illusion der Vergnügungen, des Ehrgeizes, der Dich verzehrt, verflogen sein wird[1], werden Gewissensbisse Dich heimsuchen und peinigen... [Wieder so eine seltsame Illusion! Schließlich scheint Sade der Treulosen davongelaufen zu sein.] Ein letztes Mal, Adieu! Mit Vergnügen male ich mir aus, daß mich morgen um diese Stunde vielleicht schon fünfzig Meilen von Dir trennen! Ich gehe und lasse Dich sehr rasch hinter mir, aber noch rascher wird Dein unwürdiges Bild aus meinem Herzen getilgt sein.» (Lely)

Falls dieser Brief Anfang 1766 geschrieben wurde, hat Sade der gefährlichen Attraktion etwas länger als ein Jahr widerstanden. Wahrscheinlich ist er rückfällig geworden, und mit Sicherheit hat er, um sich abzulenken, andere flüchtige Abenteuer gehabt. Schon in dem Bericht vom 3. Januar, in dem er feststellt, daß der Marquis (er sagt «Comte», den Tod des Vaters de Sade vorwegnehmend) alle Beziehungen zur Beauvoisin abgebrochen habe, fährt Marais fort: «Er hat sich mit Fräulein Dorville, einem großen, liebenswürdigen Mädchen verbunden, das erst kürzlich aus dem Serail der Hecquet davongelaufen ist.»[2] Am 26. September des gleichen Jahres erfahren wir, daß «der Herr Comte de Sade vor zwei Wochen die Beziehung zu Fräulein Le Roy von der Oper abgebrochen hat, ohne einen Versuch, sie wieder aufzunehmen». Vielleicht hat Sade in der Zwischenzeit dem «Fräulein D. von der Oper» und dem «Fräulein M., Schauspielerin, bisher in Marseille», den Hof gemacht, denn in seinen *Œuvres*

[1] Das stimmt nicht ganz. Fräulein Beauvoisin ließ sich, wie Kommissar Marais bemerkt hatte, nicht nur von Ehrgeiz leiten. So wird zum Beispiel «Monsieur Fournier, Hauptmann in Penthièvre, Sohn eines sehr reichen Amerikaners, vielleicht der einzige Mann, den sie geliebt hat, [...] alle seine Rechte bei diesem Fräulein» wieder einnehmen, und für ihn wird sie ihre Pferde und «ihren neuen Wagen, der wegen seiner Pracht vermessen wirkte», verkaufen, nachdem sie schon ihren Diener entlassen hat.

[2] Lely schreibt das Verhältnis zu Mademoiselle Le Clair, die von Marais anschließend erwähnt wird, versehentlich ebenfalls Sade zu; sie ist aber unzweifelhaft mit dem Chevalier Elchin liiert, der außerdem Mademoiselle Dorville unterhält; daher vielleicht die Verwechslung.

diverses finden sich seine Liebeserklärungen. Recht übermütig erklärt er dem Fräulein D., daß er sich anläßlich der Aufführung des Theaterstückes *Armide* auf den ersten Blick in sie verliebt habe:

«Bourneville, ein Gardeoffizier, hat Ihnen von mir gesprochen, jedenfalls hat er mir das gesagt [...] Sie haben jemanden, der, ich weiß es, teuer für das Glück bezahlt, von Ihnen geliebt zu werden. Der Glückliche! Könnte ich Ihnen doch ein Vermögen bieten wie er! Ach, was sage ich? Ein Vermögen? Ein Thron gebührt Ihnen, die Königin der Liebe, sie sollte die Königin des ganzen Universums sein. Ich strebe daher nur den zweiten Platz an. Sie müssen ihn mir gewähren, ich flehe Sie an. Ich bin seiner würdig durch die Kraft meiner Liebe. Ich habe weniger Reichtümer als mein Rivale, aber mehr Jugend [dieses Wort steht für das durchgestrichene ‹Stärke›] und mehr Liebe» usw. (Lely)

Aber keines dieser Fräulein kann ihn die Beauvoisin vergessen machen. Anfang 1767 berichten uns Madame de Montreuil und der Polizist Marais im Abstand von drei Monaten über ihr großes Wiedersehen. Bei Marais klingt es wie eine Posse:

«Der Herr Chevalier de Jaucourt hat seit einiger Zeit große Sorgen: Er hatte zwei Geschmeide aus Diamanten gekauft, eine für die Prinzessin de Beauffremont, bei der er Stallmeister ist, die andere für Fräulein Beauvoisin. Leider hat er das für die Beauvoisin in seinem Wagen vergessen und glaubte, es verloren zu haben. Er mußte nach ihm suchen. Seine Leute und die von Madame de Beauffremont haben das bemerkt. Er hat Himmel und Hölle in Bewegung gesetzt und ihnen sogar Geld gegeben, damit sie sich zum Stillschweigen verpflichten und die Sache nicht der Prinzessin zu Ohren kommt. Bislang haben sie Wort gehalten, und das hat ihn bestimmt, der Beauvoisin sein Geschenk zu überreichen, was sie ihm aber nicht gelohnt hat, ebenso wenig wie andere Dinge, die er ihr gegeben hat, denn dieses Fräulein hat ihn straflos gleich mit mehreren betrogen, namentlich mit dem kleinen Tombeuf, Offizier bei den französischen Garden, und mit Herrn Comte de Sade, mit dem die alte Beziehung offenbar wieder völlig hergestellt ist und der ihr in der Öffentlichkeit die Hand gibt. Dies ist eine gesicherte Tatsache, denn ich weiß es von Herrn Chevalier de Jaucourt, der es mir selbst gesagt hat, und in solchen Dingen täuscht sich ein betroffener Liebhaber im allgemeinen nicht; er hat mir auch gesagt, daß der Herr Comte de Buzançois gelegentlich zu ihr gehe, er glaube indes nicht, daß er sich bei ihr sehr breitgemacht habe.»

Dieser Bericht von Marais stammt vom 23. Januar. Madame de Montreuil scheint später informiert worden zu sein (aber vielleicht will sie auch nur eine falsche Spur legen), denn erst am 20. April unterrichtet sie den Abbé. In einem früheren Brief vom 30. Januar hatte sie ihm eingehender über den am 24. Januar eingetretenen Tod des Comte de Sade berichtet und von Donatien in einer Weise gesprochen, die vermuten läßt, daß sie von dem neuen Honigmond ihres Schwiegersohns mit Mademoiselle Beauvoisin noch nicht wußte:

«Wir haben ihn verloren, den armen Comte, ein wenig unerwartet, doch durfte man bei seinem Schwächezustand nicht glauben, ihn noch lange behalten zu können. Seit einem Monat schien es ihm besser zu gehen, er stand jeden Tag auf und bewegte sich in seinem Zimmer, aß und schlief so, daß wir glaubten, er werde wieder auf die Beine kommen[3]. Sein Sohn hatte ihn am Montag zuvor besucht, und der Comte de Crillon, der ihn begleitete, meinte zu mir, er sei wie sonst. Am Samstag ist dann unerwartet eine Wende eingetreten, die ihn uns entrissen hat. Die Art und Weise, in der sein Sohn darauf reagierte und davon betroffen ist, söhnt mich völlig mit ihm aus. Seien Sie ihm ein Vater, einen besseren als Sie kann er nicht finden [...] Ich hätte Sie von der Sachwangerschaft meiner Tochter unterrichtet, wenn mir nicht von Ihrem Neffen oder von ihr gesagt worden wäre, Sie seien zu Beginn des Jahres informiert worden [...] Sie ist seit etwa zweieinhalb Monaten schwanger.» (BN[xx])

Am 20. April schreibt Madame de Montreuil an den Abbé de Sade, und in ihrem Brief äußert sich so etwas wie eine wache Illusionslosigkeit:

«Die Schwangerschaft von Madame de Sade [...] schreitet voran, sie dauert jetzt etwa fünfeinhalb Monate. Ich be-

[3] Der Comte de Sade war in Montreuil, dem Besitz der Präsidentin, gestorben, wo die Montreuils ihn aufgenommen hatten.

zweifle, daß die Geburt des Kindes ebensoviel Freude auslösen wird, wie sie es eigentlich sollte und wie ich es zu glauben wagte. Der Vater scheint nicht mehr sehr begeistert davon zu sein. Er ist von Dingen in Anspruch genommen, die nach seiner Auffassung interessanter sind, und ich befürchte, daß die Mutter am Ende ihrem Kummer erliegt, besonders in der Zeit der Niederkunft, zumal sie die Pein, die man ihr jetzt bereitet, noch nicht überwunden hat. Da Sie mir die Ehre erwiesen haben, mir wiederholt zu sagen, Sie richteten sich mit Ihrem Urteil über Ihren Neffen ganz nach dem meinen, habe ich mich Ihnen gegenüber lange nicht mehr über ihn geäußert, und der beste Dienst, den ich ihm in dieser Hinsicht noch erweisen kann, besteht darin, mein Schweigen fortzusetzen. Ich wünsche, daß Sie ihm Ihre Freundlichkeit bewahren und daß er Ihre Freundschaft verdient.

[...] Er reist morgen ab, jedenfalls sagte er mir das. Ich bin darüber, um ehrlich zu sein, sehr froh; so kehrt zumindest für eine gewisse Zeit Ruhe ein. Wie schade! Er hat alles, dessen es bedarf, um ihn und zugleich die, mit denen er leben muß, glücklich zu machen. Wollte er doch nur vernünftig und anständig sein und sich nicht selber untreu werden wegen Kreaturen, die es nicht wert sind! Die B. hat ihn wieder ganz in ihrer Gewalt, und seit dem Tode seines Vaters macht sie davon Gebrauch. Was sie angeht, ist er völlig blind.

Leben Sie wohl, Monsieur, bewahren Sie mir Ihre Freundschaft und auch Ihrer Nichte, die ihrer würdig ist, wie ich zu behaupten wage. Es verdrießt mich, daß ich die meine nicht auf alles ausdehnen kann, was Ihren Namen trägt, doch was man auch tun mag, an der, die Ihnen gilt, wird man nichts ändern.» (Lely)

Aber vielleicht ist diese Reise (nach Lyon, wie es scheint) gerade die, auf der er endgültig mit der Beauvoisin bricht. Für uns spielt sie von diesem Augenblick an keine Rolle mehr in seinem Leben. Sie wird 1784 als reiche Frau sterben.

21.

Übungen eines Naturells

Madame de Montreuil beginnt, sich im Hinblick auf ihren Schwiegersohn eine Menge Fragen zu stellen, doch ist sie weiterhin bestrebt, die Schäden zu begrenzen, und sie hat noch nicht jegliche Hoffnung verloren, ihn wieder zu einem solideren Lebenswandel zu bewegen und ihn gleichzeitig zu den hohen Stellungen zu drängen, die anzustreben er aufgrund seiner Geburt und seiner Titel berechtigt ist. Sade bringt nicht durchweg den dafür erforderlichen guten Willen auf, aber er verweigert auch nicht systematisch die Zusammenarbeit. Ende 1766 hat er sogar zusammen mit seinem Onkel, dem Abbé (sie haben sich, zumindest nach außen hin, wieder versöhnt), genealogische Nachforschungen eingeleitet, die ihm den Zugang zu höheren Rängen in der Armee ermöglichen sollen; wenn es nach den Wünschen von Madame de Montreuil geht, wird er wieder in den aktiven Dienst eintreten. Durch den Tod des Comte ist eine verworrene finanzielle Situation entstanden; er hatte Schulden gemacht. Offenbar hat Sade auf Anraten der Montreuils den Nachlaß seines Vaters nur vorbehaltlich eines Inventars angenommen und ist zugleich gemäß den Vereinbarungen des Ehevertrages als Hypothekengläubiger aufgetreten. Damit beginnt eine jahrelange finanzielle Auseinandersetzung.

Der Tod seines Vaters hat ihn wohl wirklich erschüttert, aber dennoch führt Sade weiterhin ein Doppelleben. Man könnte sogar von einem dreifachen Leben sprechen. Da ist zunächst das gesellschaftliche: Bälle, Empfänge, diverse Verpflichtungen. Neben diesem Leben des äußeren Glanzes, von dem wir unmöglich sagen können, was es für Sade bedeutet, steht das Familienleben, das zeitweilig ganz in den Hintergrund tritt, aber dennoch realer ist als bei vielen Edelleuten seiner Zeit. Madame de Montreuil schildert ihn uns 1767 in ihren Briefen als einen Mann, der, wenn auch nur zeitweise, eifrig um die schwangere Pélagie bemüht ist. Man hat den Eindruck, daß die Präsidentin die Beziehungen zwischen ihrem Schwiegersohn und ihrer Tochter nicht ganz versteht. So kann sie dem Abbé (am 7. November

1765) schreiben: «Er ist unglücklich darüber, daß er die, an der er hängen müßte, nicht liebt.» Wir wissen, daß das nicht stimmt. Madame de Montreuil hat in der Tat Schwierigkeiten, das Wesen von Donatien zu begreifen, besonders sein unberechenbares «Naturell», wie man damals sagte. «Wenn sich seine hitzigen Anfälle gelegt haben, ist er anständig und vernünftig»[1], stellt sie fest. Als es um einen Brief geht, den er angeblich einem Gläubiger geschrieben haben soll, verbürgt sie sich für seine Ehrlichkeit: «Ich werde ihn Ihrem Neffen vorlegen. Ist er nicht von ihm, so ist damit alles gesagt; er wird es zu erkennen geben, und dann wird man sehen, was zu tun ist.» (BN[x])

Neben seiner Teilnahme am gesellschaftlichen Leben, die zusammen mit seinem Familienleben eine Fassade der Wohlanständigkeit bildet, führt Sade, fast ebenso offiziell und in seinen Kreisen quasi genauso anerkannt, das Leben eines Mannes, der Kurtisanen aushält; die Liebhaber der Beauvoisin, der Dorville oder der Colet sind in den tonangebenden Pariser Salons zu Hause.

Und dann ist da das Leben noch liederlicherer Ausschweifungen, das die damalige Gesellschaft aber kaum verwerflicher findet. Es spielt sich ein wenig mehr im Verborgenen ab, so daß man nicht sicher sein kann, daß Madame de Montreuil immer darüber informiert war. Sie hat es ja, wie wir gesehen haben, vermieden, gewisse Auskünfte über ihren Schwiegersohn einzuholen, die sie ohne weiteres hätte bekommen können, um nicht die Aufmerksamkeit auf ihn zu lenken.

Im gesellschaftlichen wie im Familienleben hat Sade ebenso wie in den nach außen sichtbaren Ausschweifungen offenbar keine Freunde oder Gefährten gehabt; wie und mit wem sich seine heimlichen Exzesse abgespielt haben, wissen wir nicht, doch lassen gewisse Anzeichen den Schluß zu, daß er dabei nicht so allein gewesen ist wie sonst. Wir werden darauf zurückkommen.

Wenn ich es mir recht überlege, hat Sade sogar vier Leben, denn – vergessen wir es nicht, er schreibt.

Bei den derzeit verfügbaren Unterlagen ist es nicht möglich – und vielleicht wird es niemals möglich sein –, genau anzugeben,

[1] In einem Brief an die Äbtissin von Saint-Laurent, eine Tante Sades (16. Oktober 1765; BN[x])

welche Stellung das Schreiben in den Jahren 1765-67 im Leben und in den Vorstellungen Sades einnimmt. Da ist allerdings diese rätselhafte, irritierende Sammlung der *Œuvres diverses*. Einstweilen existiert sie noch nicht in der sauber abgeschriebenen und gebundenen Form, die wir heute kennen[2], doch werden mindestens seit 1758 die Materialien dafür aufbewahrt, fügen sich die Liebesbriefe, die Abschiedsbriefe, die Berichte von den Feldzügen zu den Gelegenheitsgedichten, den kleinen Theaterstücken; und es ist undenkbar, daß dieser schmale Stoß von Schriften nicht bereits im Hinterkopf eines sechsundzwanzigjährigen Sade eine Bedeutung besitzt, die nicht geringzuschätzen ist, mag er auch noch nicht sehr ansehnlich sein, mag Sade selbst auch noch nicht recht wissen, daß dieser schmale Bestand im Grunde aus dem Innersten seines Wesens stammt. Bald darauf – und sehr viel früher, als man gemeinhin annimmt – beginnt übrigens seine Karriere als Autor.

Einstweilen ist Sade bemüht, seine vier Leben unter einen Hut zu bekommen. Im November 1766 mietet er von einem Herrn Lestarjette ein möbliertes Haus in der Rue de Lardenay in Arcueil[3]. Sogleich «sorgt er dort für einen großen Skandal, indem er Tag und Nacht Personen beiderlei Geschlechts dorthin bringt, mit denen er sich Ausschweifungen hingibt [...] Man kennt ihn übrigens als einen sehr gewalttätigen Mann, der verschiedene Personen beleidigt und geschlagen hat»[4], darunter ein Mietkutscher, der offenbar allzu geldgierig war. Im Februar 1768 läßt er, nach Aussage von Herrn Jean-François Vallée, «fünfundvierzig Jahre alt, Ackerbauer und Steuereinnehmer des Amtsbezirks Arcueil», «vier Mädchen oder Frauen» in seine *petite maison* kommen, um sie zu peitschen und ihnen anschließend etwas zu essen zu geben, das Ganze für einen Louis, von dem sein Diener einen Écu ein-

[2] Gewiß hat Carteron, genannt La Jeunesse, das Manuskript abgeschrieben, doch nicht vor 1766. Wir wissen nämlich aus den Briefen von Madame de Montreuil, daß Sade in diesem Jahr noch seinen Diener Teissier aus Armeezeiten hatte: «Was halten Sie von seinem Diener Teissier?» schreibt sie.(BN[x])

[3] Zweihundert Livres für viereinhalb Monate. (Paul Bourdin)

[4] 1768, nach der Affäre von Arcueil, wurde diese Aussage gemacht von «Benoît Gersant de la Benardière, Stallmeister der allgemeinen und Feldgendarmerie der Ile-de-France, Kommandant der Brigade, die zur Wahrung der öffentlichen Sicherheit in Bourg-la-Reine stationiert war». (Heine)

behält, wegen der Mühe, die er hatte, «sie im Faubourg Saint-Antoine aufzutreiben». Zu dieser Zeit hat Sade die erneute Beziehung zur Beauvoisin bereits wieder abgebrochen.

Wie um seinen Eintritt in die Reihe der Familienoberhäupter der de Sades zu besiegeln, schenkt Pélagie ihm am 27. August 1767 seinen ersten Sohn, Louis-Marie, geboren in der Pariser Pfarrgemeinde der Madeleine de la Ville-l'Évêque. Der Neugeborene wird nach der Rückkehr seines Vaters in die Hauptstadt in der Kapelle des Hôtel de Condé vom Prinzen de Condé und der Prinzessin de Conti zur Taufe getragen.

Wohl dank der Förderung des Prinzen de Condé[5] war Sade am 16. April 1767 zum «Hauptmann der ersten Kompanie im Kavallerie-Regiment» befördert worden, einem Rang, der dem eines Kommandanten entspricht. Aus dieser Zeit dürfte der bislang unveröffentlichte Brief stammen, der lediglich mit dem «19. März» datiert ist und wohl in das Jahr 1767 gehört. Er schreibt an seinen Onkel, den Abbé:

> «Erlauben Sie mir, Ihnen von dem neuen Rang Mitteilung zu machen, den ich soeben erlangt habe: Der König hat mich zum Obersten im Troß der Kavallerie ernannt; damit habe ich jetzt, wie man sagt, die besten Voraussetzungen für den Erfolg, und ich werde sicherlich meinen Weg machen.» (BN[x])

Im selben Jahr erinnert uns das Getuschel des Polizisten Marais daran, daß dieser versucht, den Herrn Comte de Sade nicht aus den Augen zu verlieren. Bericht vom 16. Oktober 1767:

> «Es wird nicht ausbleiben, daß sich die Ungeheuerlichkeiten des Herrn Comte de Sade herumsprechen; er tut das Unmögliche, um Fräulein Rivière von der Oper zu überreden, mit ihm zu leben, und hat ihr fünfundzwanzig Louis im Monat angeboten, unter der Bedingung, daß sie die Abende, an denen keine Vorstellung ist, mit ihm in seiner *petite maison* in Arcueil verbringe. Fräulein Rivière hat sich geweigert, weil sie

[5] In der Handschrift der *Œuvres diverses* ist ein undatierter Brief «A Monseigneur le prince de Condé» erhalten. Es ist sonderbar, daß Lely diesen Brief in das Jahr 1771 verlegt, obwohl er als Datum der Niederschrift der allerletzten *Œuvres diverses* mehrfach 1769 nennt. Was die *Œuvres diverses* angeht, neige ich, ohne es begründen zu können, zu der Ansicht, daß die jüngsten möglicherweise sogar 1773 oder '74 entstanden sind.

die Wohltaten des Herrn Hocquart de Coubron empfängt, aber Monsieur de Sade verfolgt sie weiterhin, und während er darauf wartet, sie mitzunehmen, hat er diese Woche die Brissault heftig angefleht, ihm Mädchen zu schicken, die mit ihm in seine *petite maison* in Arcueil zum Abendessen kämen. Diese Frau hat es ihm immer abgeschlagen, denn sie weiß ungefähr, zu was er fähig ist, aber er wird sich an andere gewandt haben, die weniger Skrupel besitzen oder ihn nicht kennen, und gewiß wird man schon bald davon hören.»

Im Februar 1768 spielt sich die Episode ab, die man betiteln könnte als «die vier Mädchen von Arcueil», die gepeitscht, beköstigt, bezahlt und alles in allem recht anständig behandelt werden. Leider wissen wir nicht, was für «Ungeheuerlichkeiten» das sind, von denen Marais in seinem Bericht vom Oktober 1767 spricht, und wir wissen auch nicht, wie er sie im Verhältnis zu den Ungeheuerlichkeiten des Duc de Fronsac bewertet, die in seinen Berichten (siehe S. 156) gleichfalls erwähnt werden. Vielleicht ist es bloß eine Redeweise. Am 18. März 1768 kommt Sade übrigens zum letzten Mal in seinen galanten Berichten vor (sie werden sich unter anderen Vorzeichen wiedersehen):

«Es ist schon einige Zeit vergangen, daß der Herr Comte de Sade Fräulein Rivière verlassen hat. Sie hat seither ihre Gunst verschiedentlich verschenkt; es wird behauptet, der Prinz de Conti, gerührt vom Schicksal dieser jungen Person, lasse ihr Arzneien schicken, in der Absicht, sie später für sich zu gewinnen. Tatsächlich sieht man Herrn Guérin, seinen Arzt, täglich bei ihr ein- und ausgehen. Wenn sie nur gesund wäre, sie ist eine hübsche Frau.»[6]

Das Theater wird darüber nicht vernachlässigt. Mitte März plant der Marquis de Sade, wie wir aus einer Notiz im Tagebuch von Charenton wissen, «in der Familie des Marschalls de Ségur» Komödien aufzuführen.

[6] Gilbert Lely schreibt: «Wenn in einem Text des 18. Jahrhunderts von einer Geschlechtskrankheit die Rede ist, wissen wir eigentlich nie, ob es sich um Tripper oder Syphilis handelt. Diese beiden Leiden wurden damals als eine Krankheit aufgefaßt. Erst durch die Entdeckungen von Philippe Ricord wurde um die Mitte des 19. Jahrhunderts geklärt, daß es zwei verschiedene Krankheiten sind.»

In der ersten Hälfte des April 1768 melden sich dann neben dem Kommissar Marais und der Präsidentin de Montreuil ande- Stimmen zu Wort und kommentieren das Treiben Sades. In Paris gehen Gerüchte um. Das Straßenvolk ist ebenso erregt wie die Salons. Marie-Anne Vichy de Chamrond, Marquise Du Deffand, blind und an ihre Wohnung im Kloster Saint-Joseph gefesselt, ist durch die Gespräche in ihrem philosophischen Salon über die aktuellen Gerüchte unterrichtet. Sie hat soeben ihren vieldeutigen Briefwechsel mit dem glänzenden englischen Historiker und Politiker Horace Walpole begonnen, der auch *Schloß Otranto* geschrieben hat. Er ist zwanzig Jahre jünger als sie (aber immerhin bereits fünfzig).

Am Dienstag, den 12. April 1768, beginnt Madame Du Deffand einen neuen Brief an Horace Walpole zu diktieren. Sie berichtet zunächst über den Klatsch, über persönliche Vorhaben, «aber», so fährt sie fort, «lassen wir all diese kleinlichen Dinge auf sich beruhen [...]; viel besser ist es doch, Geschichten zu erzählen, und da habe ich eine tragische und sehr merkwürdige»:

> «Ein gewisser Comte de Sade, Neffe des Abbé, der den *Pétrarque* verfaßt hat, traf am Osterdienstag auf eine große, gut gewachsene Frau von dreißig Jahren, die ihn um ein Almosen bat; er stellte ihr viele Fragen, bekundete ihr sein Interesse und schlug ihr vor, sie aus ihrer Not zu befreien und zur Hausmeisterin einer *petite maison* zu machen, die er in der Nähe von Paris habe. Die Frau ging darauf ein, und er bestellte sie auf den nächsten Tag dorthin; als sie kam, zeigte er ihr alle Zimmer und Winkel des Hauses und führte sie dann in eine Dachkammer, wo er sich mit ihr einschloß und ihr befahl, sich vollständig zu entkleiden. Sie wies dieses Ansinnen zurück, warf sich ihm zu Füßen und erklärte, sie sei eine anständige Frau. Er zeigte ihr eine Pistole, die er aus der Tasche zog, und befahl ihr, zu gehorchen, was sie auf der Stelle tat; dann band er ihr die Hände und peitschte sie grausam. Als sie über und über mit Blut bedeckt war, zog er einen Topf mit Salbe hervor, bestrich damit ihre Wunden und ließ sie liegen. Ich weiß nicht, ob er ihr zu trinken und zu essen gab, jedenfalls kam er erst am nächsten Morgen wieder; er untersuchte ihre Wunden und sah, daß die Salbe die er-

hoffte Wirkung getan hatte. Daraufhin zog er ein Taschenmesser und fügte ihr am ganzen Körper Verletzungen zu. Dann nahm er die erwähnte Salbe, bestrich damit alle Verletzungen und ging fort. Schließlich gelang es der verzweifelten Frau, sich ihrer Fesseln zu entledigen, und sie sprang aus dem Fenster auf die Straße hinunter. Man weiß nicht, ob sie sich durch den Sturz verletzt hat. Es entstand ein großer Auflauf. Der Polizeileutnant ist von dieser Tat informiert worden. Man hat Herrn de Sade verhaftet; er soll sich auf dem Schloß Saumur befinden. Man weiß nicht, was aus der Sache wird und ob man sich mit dieser Strafe begnügt, was wohl der Fall sein könnte, da er zu den Leuten von Stand und Ansehen gehört. Man sagt, das Motiv für diese abscheuliche Tat sei der Wunsch gewesen, seine Salbe auszuprobieren. Das ist die Tragödie; lassen Sie sich von ihr unterhalten.»[7]

[7] Marquise du Deffand, *Lettres de la Marquise du Deffand à Horace Walpole, depuis comte d'Oxford, écrites dans les années 1766 à 1780*, Paris, Treuttel et Würtz, 1812.

Am nächsten Tag, Mittwoch, den 13. April, fügt Madame Du Deffand ihrer Tragödie einen Akt hinzu:

«Seit gestern habe ich mehr über Monsieur de Sade erfahren. Das Dorf, in dem sich seine *petite maison* befindet, ist Arcueil; am selben Tag hat er die Unglückliche gepeitscht, mit dem Messer geritzt und ihr sogleich Salbe auf ihre Wunden und Abschürfungen gestrichen; er hat ihre Fesseln gelöst, sie in viele Tücher gehüllt und in einem guten Bett schlafen lassen. Sobald sie allein war, hat sie sich mit Hilfe ihrer Arme und ihrer Decken durch das Fenster in Sicherheit gebracht; der Richter von Arcueil sagte ihr, sie solle ihre Klagen dem Generalstaatsanwalt und dem Polizeileutnant vortragen. Der letztere ließ Monsieur de Sade holen, der, weit davon entfernt, sein Verbrechen abzustreiten und darüber zu erröten, behauptete, eine gute Tat vollbracht zu haben, er habe der Allgemeinheit einen großen Dienst erwiesen, denn er habe eine Salbe entdeckt, welche auf der Stelle Verwundungen heilt; bei dieser Frau hat er tatsächlich diese Wirkung erzielt. Sie hat sich, offenbar durch Geld, davon abbringen lassen, ihren Mörder zu verfolgen; wir haben also allen Anlaß zu glauben, daß er um das Gefängnis herumkommt.»

Man merkt deutlich, trotz des Ausdrucks «Mörder», daß Madame Du Deffand aus der Geschichte keine Staatsaffäre macht...

Die Zeitungen konnten sich eine so pikante Angelegenheit natürlich nicht entgehenlassen. Etliche Blätter aus jener Zeit sind nicht mehr aufzutreiben, aber es hat ganz den Anschein, als sei der Name Sade erstmals um den 18. April herum aufgetaucht, denn das erste einschlägige Dokument, das wir aufgespürt haben, ist der folgende Artikel aus der *Gazette d'Utrecht* vom 26. April, der den Titel trägt «Suite de Paris, le 18 avril»:

«Da die Chambre de la *Tournelle* am Freitag den Generalstaatsanwalt beauftragt hat, bezüglich der grausamen Tat des Comte de *Sade* eine Untersuchung einzuleiten, kann man nicht umhin, darüber zu berichten:

Am *Ostersonntag* traf Monsieur de *Sade*, aus einem adligen Hause der Grafschaft *Avignon*, als er sich allein zu seinem Haus in *Arcueil* bei *Paris* begab, unterwegs auf eine Bettlerin, die er unter dem Vorwand, sie aus Menschlichkeit in seine Dienste zu nehmen, mit sich nahm, doch als sie dort angekommen war, führte er sie in ein abgelegenes Zimmer, band ihr die Gliedmaßen, knebelte sie, um sie am Schreien zu hindern, und fügte ihr mit einem kleinen Messer mehrere Schnitte am Körper zu, in die er eine Art *spanisches* Wachs goß; daraufhin begab er sich seelenruhig auf einen Spaziergang und ließ das Opfer seiner Grausamkeit wohlverschlossen zurück; ihr gelang es indessen, sich zu befreien, und sie sprang aus dem Fenster, ohne sich mehr Verletzungen zuzuziehen, als sie deren bereits hatte. Sämtliche Einwohner des Dorfes, die sie sahen, hätten den Comte de *Sade* umgebracht, wenn er nicht die Flucht ergriffen hätte. Man hält ihn für geisteskrank; die Familie hat einen Befehl erwirkt, ihn auf Schloß *Saumur* einzusperren, und die verletzte Frau hat, durch eine Summe Geldes bewogen, die bei Gericht eingereichte Klage zurückgezogen. Einige behaupten, der Comte de *Sade* habe nur eine Leidenschaft für die Chemie, und der Beweggrund seiner Grausamkeit, an die man nur voll Schaudern denken kann, sei es, eine Salbe auszuprobieren, von der er behauptet, Wunden aller Art auf der Stelle heilen zu können.»[8]

Der Marquis de Sade gehört nicht mehr nur seiner Familie und auch nicht nur dem Staat: Er ist jetzt eine Persönlichkeit des öffentlichen Lebens, eine legendäre Gestalt, und damit ändert sich vieles.

[8] Mathias Pauvert hat diesen Artikel bei seinen Sade-Recherchen entdeckt; er wurde meines Wissens noch nirgendwo abgedruckt. Unter Wahrung gewisser Eigenheiten von damals (Hervorhebung von Eigennamen usw.) habe ich ihn heutigen typographischen Standards angeglichen.

22.

Arcueil, Ostern 1768

Die öffentliche Meinung in der Form, wie wir sie heute kennen, als landesweite kollektive Reaktion, ist im Jahre 1768 noch eine ganz junge Erfindung. Hundertdreißig Jahre zuvor entstanden, haben die Zeitungen und Flugschriften während vieler Jahre nur wenige Leser gehabt. Man mußte ja erst einmal lesen können, und das war nicht sehr verbreitet. Sodann kostete eine Zeitung oft den Gegenwert eines niedrigen Wochenlohns (Hausdiener, Handarbeiter). Was unter Ludwig XIV. als Öffentlichkeit gilt, als die Meinung Frankreichs, das sind einige hundert Notablen des königlichen Hofes und der Stadt Paris: vornehme Persönlichkeiten, hohe Beamte, Richter, Geistliche von einem gewissen Rang, kultivierter Adel, gebildete Bürger aus der Welt der Finanzen und des Handels, die neugierig auf das Tagesgeschehen sind, und auch Literaten. Was das übrige Frankreich betrifft, so hat jede Stadt, jeder Marktflecken, jedes Dorf seine eigene Öffentlichkeit, die örtlichen Neuigkeiten werden fast durchweg mündlich weitergegeben, vermengt mit allgemeinen Informationen, die durch Reisende und durch persönliche Korrespondenz mit Auswärtigen vermittelt wurden. So wird es noch lange bleiben.

Das Druckereiwesen ist zudem streng reglementiert. Noch 1694 henkt man einen Drucker und einen Buchbinder, weil sie gehässige Kommentare über Ludwig XIV. und Madame de Maintenon verbreitet hatten. Erst 1735 wird die Todesstrafe auf diesem Gebiet abgeschafft – und ersetzt durch das Brandmal und die Galeeren...

Paradoxerweise sorgt die Kirche, die im 18. Jahrhundert für die Bildung zuständig ist, für eine Vermehrung der Leser. Überall gelangen Gazetten und Broschüren in Umlauf, verbreitet durch unerschrockene Kolporteure. Was man in Frankreich nicht drucken kann, kommt aus England oder Holland. Die Information, besser verteilt und durch den Vergleich zwischen zahlreichen gedruckten Quellen gewissermaßen vereinheitlicht, läßt eine nationale Öffentlichkeit entstehen, einen günstigen Nährboden für politische Gärungsprozesse.

Die meisten vornehmen Familien, ob adelig oder bürgerlich, sind sich zwanzig Jahre vor der Revolution des Wandels noch kaum bewußt; bislang konnte vieles geschehen, ohne daß davon irgend etwas nach außen drang. In vielen Familien gab es einen verlorenen Sohn, eine «auf ihren Körper versessene» Tochter, einen ausschweifenden und verschwenderischen Vater oder Onkel, bisweilen auch blutige Händel. Man versuchte, das unter sich zu regeln. Gerieten die Ordnung und der Besitz allzusehr in Gefahr, griff das Oberhaupt aller Familien Frankreichs, der König also, ein und gewährte oder erzwang die Maßnahmen, die dem Interesse der Gruppe am ehesten entsprachen: Bastille, Verbannung, Kloster...

Sade ist in diesem Zusammenhang zu seinem Unglück ein geradezu exemplarischer Fall. Die Affäre von Arcueil wird auch zum Beweis eines Mißgeschicks, das ihn immer wieder ereilt, ein Beleg für die wiederholten Schläge eines Schicksals, das so hartnäckig auf sein Verderben aus ist, als habe es sich höchstpersönlich darauf versteift, ihn zu erledigen.

Die Tatsachen sind heute nahezu geklärt, dank der Prozeßakten, die Maurice Heine 1933 praktisch unversehrt wiederentdeckte. Meine Darstellung weicht allerdings in mehreren Punkten von der Maurice Heines und Gilbert Lelys ab, die sich bislang als einzige um eine detaillierte Rekonstruktion bemüht haben.

An Ostern 1768 hat Donatien de Sade in der *petite maison*, die er in Arcueil gemietet hat (genauer in Cachan, das an Arcueil angrenzt, tatsächlich bilden die beiden Dörfer eine Einheit), ein Schäferstündchen organisiert. Sein Diener Jacques-André Langlois, sechsunddreißig Jahre alt, soll zwei Mädchen auftreiben und sie zu der *petite maison* bringen, wo der Gärtner Pierre-Marin Lambert mit seiner Frau wohnt.

Es ist Sonntag, der 3. April, Ostersonntag. Es ist neun Uhr morgens. Langlois ist wohl schon auf der Jagd, wenn nicht sogar unterwegs nach Arcueil. In Paris auf der Place des Victoires bittet Rose Keller um Almosen; sechsunddreißig Jahre alt, Witwe von Charles Valentin, einem Konditorgehilfen, von Beruf Baumwollspinnerin, zur Zeit arbeitslos. Sie war kurz vorher krank und hat gelegentlich noch ein wenig Fieber. In Straßburg geboren, drückt sie sich im Französischen recht unbeholfen aus, mit ei-

nem starken deutschen Akzent. Eben hat ein Passant ihr einen Sol in die Hand gedrückt.
Nicht weit entfernt lehnt sich der Marquis de Sade an das Gitter vor der Statue Ludwigs XIV., «bekleidet mit einem grauen Rock, Jagdmesser und Stock, und mit einem Muff, der mehr weiß als grau ist»[1] (wahrscheinlich aus Luchspelz). Dieser hübsche Herr gibt ihr ein Zeichen, sie solle näher kommen, und bietet ihr einen Écu an, wenn sie mit ihm gehe. Sie protestiert: Sie sei nicht das, was er denkt. Sie verstehe ihn falsch, sagt Sade; sie solle nur bei ihm zu Hause aufräumen. Rose folgt ihm in ein Zimmer in der Nähe der Halle-Neuve. Der Marquis fragt sie, ob sie bereit sei, auf dem Lande zu arbeiten; überall, antwortet sie, Hauptsache, ich kann meinen Lebensunterhalt verdienen. Er bittet sie zu warten und kommt nach einer Stunde mit einem Fiaker zurück, in den sie einsteigen. Sade schließt «alle Fenster, die aus Holz waren [*sic*]»; während der Fahrt in diesem finsteren rumpelnden Wagen spricht er kaum ein Wort. Einmal fragt er Rose, ob sie wisse, wo die Fahrt hingeht; sie erwidert, sie könne es nicht wissen, denn sie sehe nichts.
Die Fahrt dauert, wie ich vermute, etwa zwei Stunden, ohne daß noch ein Wort fällt. Endlich machen sie halt, bei den ersten Häusern des Dorfes Arcueil. Sade bittet den Kutscher, sich um etwas zu kümmern, das er in den Wagen gelegt hatte. (Was wird aus diesem Objekt? Trägt der Kutscher es ins Haus, oder beauftragt der Marquis Rose Keller damit?) Der Marquis und Rose gehen am Haupteingang des Hauses vorbei, die Hauswand entlang bis zu einer kleinen grünen Tür; dort muß Rose Keller warten, während Sade zum Haupteingang zurückgeht und die kleine Tür von innen öffnet. Es ist halb eins oder ein Uhr.
Sade und Rose Keller durchqueren ein Gärtchen, treten ins Haus und steigen zum ersten Stock hinauf, wo sie ein großes getäfeltes Zimmer mit abgedunkeltem Fenster betreten, in dem zwei Betten und einige geflochtene Stühle stehen. Unten ist gewiß schon Langlois eingetroffen und befindet sich, wie er später erklären wird, mit den zwei Mädchen, die er mitgebracht hat, in der Küche. Sade geht hinunter, um für Rose, wie er ihr erklärt,

[1] Wie alle Zitate in dieser Darstellung stammt auch dieses aus der Aussage von Rose Keller.

Brot und etwas zu trinken zu holen, zuvor aber sagt er ihr, die Zeit möge ihr nicht lang werden, und dreht dann zweimal den Schlüssel um. Erst nach etwa einer Stunde kommt er wieder (sicherlich war er bei Langlois und den Mädchen) und sagt zu ihr: «Gehen wir hinunter, mein Schatz.» Sie durchqueren wieder das Gärtchen und treten in ein enges Zimmer ein, in dem der Marquis Rose auffordert, sich auszuziehen; warum, fragt sie; um sich zu amüsieren, antwortet er. Sie sagt, deshalb sei sie nicht gekommen. Wenn sie sich weigere, erwidert er, werde er sie umbringen und eigenhändig verscharren. Dann geht er hinaus, und als er zurückkommt, hat er Rock und Hemd abgelegt; er trägt jetzt eine ärmellose Weste und hat sich ein weißes Taschentuch um den Kopf gebunden. Rose Keller hat sich bis aufs Hemd ausgezogen; er befiehlt ihr, auch dieses auszuziehen; sie sagt, eher werde sie sterben; er zieht ihr selbst das Hemd brutal über den Kopf, stößt sie in ein kleines Nebenzimmer mit zugezogenen Vorhängen und wirft sie bäuchlings auf ein Ruhebett mit rotweiß gemustertem Baumwollbezug, auf dem er sie anbindet. Er legt ihr ein Kissen und seinen Muff auf den Kopf, greift zu Ruten und peitscht sie. Er gießt heißes Wachs auf die Striemen. Sie schreit. Er bedroht sie mit einem Messer; wenn sie nicht still sei, werde er sie umbringen und verscharren. Sie beschwört ihn, sie nicht zu töten, bevor sie nicht gebeichtet habe. Er erwidert, er werde ihr selbst die Beichte abnehmen. Sie fleht ihn an[2]. Plötzlich «stößt er sehr hohe, sehr schreckliche Schreie aus», dann löst er ihr die Fesseln, führt sie in das kleine Kabinett zurück, bringt ihr einen Krug Wasser, eine Schüssel und ein Handtuch und sagt ihr, sie solle sich reinigen. Dabei bekommt das Handtuch Blutflecken, und er verlangt, sie solle es auswaschen. Dann bringt er ihr ein Fläschchen mit «einer alkoholischen Flüssigkeit und sagt ihr, sie solle sich damit einreiben, in einer Stunde werde nichts mehr zu sehen sein». Sie tut es, und ihre Wunden beginnen zu brennen.

[2] Frau Lambert, eine Nachbarin, wird aussagen, Rose Keller habe ihr berichtet, sie habe Monsieur de Sade in diesem Augenblick gefragt, «ob er sie Tod und Passion erleiden lassen wolle, so wie es die Juden mit Jesus Christus getan haben», und daraufhin «hat er ja gesagt, er fände Geschmack daran und es mache ihm Spaß».

«Als sie wieder angezogen war, hat er ihr ein kleines Stück Brot, ein Stück kaltes Rindfleisch und einen Schoppen Wein in einer Flasche gebracht.» Dann führt er sie wieder in das getäfelte, abgedunkelte Zimmer im ersten Stock und «läßt sie dort mit dem Brot, dem Teller, der Flasche und einem Becher zurück».
Er schließt sie ein, «nachdem er ihr gesagt hat, sie dürfe sich nicht dem Fenster nähern, sich nicht zeigen und keinen Lärm machen, und am Abend werde er sie gehen lassen; daraufhin bat sie ihn, sie frühzeitig fortzulassen, denn sie wisse nicht, wo sie sei, und habe kein Geld, und sie wolle nicht auf der Straße schlafen; darauf erwiderte er, sie brauche sich darüber keine Gedanken zu machen». Er geht und schließt sie ein. Sie legt von innen den Riegel vor, öffnet den Fensterladen mit ihrem Messer (das Sade ihr achtlos gelassen hat) und erkennt, daß das Fenster auf einen recht großen Garten hinter dem Haus hinausgeht. Sie knüpft zwei Decken aneinander und läßt sich daran in den Garten hinab, erklettert die Mauer, fällt auf der anderen Seite hinunter, wobei sie sich die Hand aufreißt, und gelangt schließlich zur Straße. Im Haus hat man ihre Flucht bemerkt. Langlois läuft ihr nach und ruft, sie solle zurückkommen, man werde sich einig werden; sie lehnt ab. Er zieht eine Geldbörse hervor. Sie lehnt weiterhin ab. Frauen aus dem Dorf kommen hinzu. Langlois kehrt ins Haus zurück. Die Frauen nehmen Rose Keller mit, um sie zu pflegen und sich ihre Klagen anzuhören. Ihr Hemd, völlig zerrissen, baumelt ihr zwischen den Beinen; sie hebt es hoch und verknotet es, um besser laufen zu können. Es muß ungefähr fünf Uhr nachmittags sein.

Abgesehen von unvermeidlichen Divergenzen bezüglich der Heftigkeit der Flagellation, weichen die Darstellungen von Rose Keller und von Sade über den Verlauf des Tages in Arcueil nur in einem Punkt voneinander ab, der allerdings nicht unwichtig ist: Hat Donatien seinem Opfer Schnittwunden zugefügt und dann Wachs hineingegossen oder nicht? Das ist deshalb wichtig, weil dieses Detail auf die Öffentlichkeit von 1768 den größten Eindruck macht und in juristischer Hinsicht zwischen einer Flagellation, sei sie noch so heftig, und der Benutzung einer blanken Waffe ein nicht geringer Unterschied besteht. Es ist auch wichtig für die Vorstellung, die wir uns von der Mentalität Sades zu machen versuchen.

In meiner Schilderung wurden diese Schnittverletzungen nicht erwähnt, weil ich nicht daran glaube. Sie finden im Bericht des Gerichtsmediziners keine Bestätigung, im Gegenteil[3]. Ich denke, daß die Triebfeder der Handlungen Sades an diesem Ostersonntag 1768 nicht so sehr die physische als vielmehr die seelische Gewalt ist, die er neben der ersteren so eingehend in seinen Texten beschreibt. *Juliette*, *Justine*, *Les Cent vingt journées de Sodome* und andere Werke bieten zahlreiche Beispiele für den Genuß, den die Wüstlinge allein aus dem Schrecken ziehen, in den sie die Objekte ihrer Wollust stürzen. Das ist offenkundig die treibende Kraft der Handlungen Sades am 3. April 1768, denn seit sie sich in seiner Gewalt befindet, bestärkt er Rose Keller unablässig in der Überzeugung, ihr letztes Stündlein habe geschlagen. Man wird bemerkt haben, daß Sade den Orgasmus in dem Augenblick erreicht, als Rose Keller ihn aufs innigste anfleht.
In einer solchen Situation, in der, wie man beim Schachspiel sagt, die Drohung stärker ist als die Ausführung, hätte die Benutzung des Messers den Genuß Donatiens kaum gesteigert. Durchaus möglich ist hingegen, daß er sich erfolgreich bemüht hat, der Witwe Valentin einzureden, er sei im Begriff, sie zu zerfetzen. Auf dem Bauch liegend und verängstigt, konnte sie nicht klar erkennen, was mit ihr geschah. Was das Wachs betrifft, von dem er in seiner Aussage bestreitet, es in ihre Wunden gegossen zu haben (Lely übernimmt es in seine Darstellung), so ist seine Benutzung durch den Bericht des Chirurgen und die Aussagen der Frauen von Arcueil hinreichend bewiesen.
Ein nicht besonders schwerwiegender Fall, das steht fest, den aber die modernen Kommentatoren mit einer etwas überraschenden Lässigkeit behandeln. «Warum so viel Lärm um eine Tracht Prügel?» fragt Maurice Heine 1933, und Gilbert Lely pflichtet ihm 1953 im ersten Band seiner *Vie de Sade* ebenso eifrig bei wie später Jean Paulhan. Offenkundig sind es gewisse Ei-

[3] Die erste Aussage des Chirurgen Lecomte nach der ärztlichen Untersuchung vom 3. April spricht von «Schnitten» und von einem «stumpfen und scharfen Werkzeug» (beides geht nicht!). Doch am 23. April spricht er von «Abschürfungen in Form von Schnitten [...] von der Größe einer Zehn-Sou-Münze», also «rund». Vielleicht ist Lecomte unterdessen bestochen worden, doch da es den Aussagen zufolge keinen Bluterguß gab, dürfte es sich um bloße Hautabschürfungen handeln.

gentümlichkeiten des Zeitgeistes und der politischen Situation, die 1768 den Lärm verstärken. Madame de Saint-Germain, die einstige Gouvernante Donatiens, die dieser «verschwenderisch liebt» und die ihrerseits offensichtlich noch immer große Zuneigung für ihn empfindet, schreibt am 18. April an den Abbé de Sade und versucht zunächst, ihn nach Kräften zu entschuldigen, um dann aber fortzufahren:

«Diese schönen Überlegungen laufen darauf hinaus, ihn reinzuwaschen, doch der Haß der Öffentlichkeit gegen ihn übersteigt jede Vorstellung. Urteilen Sie selbst: Es wird behauptet, er hätte diese verrückte Flagellation inszeniert, um die Passion lächerlich zu machen. [Das ist durchaus möglich.] [...] Seit vierzehn Tagen spricht man nur noch von dieser lächerlichen Affäre, und Tag für Tag wird sie um neue Umstände erweitert, von denen einer schlimmer ist als der andere. Nachdem die Zivilpartei beschwichtigt und er durch den Verlust der Standarte [seines Offizierskommandos], die er um diese Zeit übernommen hätte, sowie durch eine vorläufige Haft bestraft worden war, hielt ich die Angelegenheit zusammen mit seiner Familie für beendet, doch ein übelwollender Ratsherr brachte die Sache zur Anzeige [...] Die Affäre des Herrn de Fronsac und die so vieler anderer werden jetzt zu der seinen hinzugerechnet [...] Ein d'Olonne und ein Montbossier finden beim Publikum mehr Gnade als Ihr Libertin [...] Es ist allerdings unvorstellbar, was die Leute vom Hof sich seit zehn Jahren an Greueltaten leisten; es soll deshalb Vorhaltungen geben.» (Lely)

Sade hätte es also nicht schlimmer treffen können. Obendrein sollte ein ganz nebensächlicher Umstand den weiteren Gang der Ereignisse entscheidend beeinflussen: Das Schicksal oder auch das Mißgeschick hatte es gewollt, daß er seine Absteige in unmittelbarer Nähe des Landhauses eines der wichtigsten Einwohner von Arcueil gemietet hatte, der zu allem Überfluß auch noch ein hoher Richter war. Der Buchhändler Hardy schreibt darüber in seinem Tagebuch: «Das Ereignis hat im Ort einigen Lärm gemacht, und Herr Pinon, einer der Präsidenten des Gerichtshofes von Paris und damals Präsident der Chambre de la Tournelle, der ebenfalls in Arcueil ein Haus besitzt, in dem er sich zu der Zeit gerade aufhielt, hat die größte Ungehaltenheit gezeigt, als er von der Affäre erfuhr.» Der Präsident Pinon wird an dem gegen Sade eingeleiteten Verfahren aktiven Anteil nehmen.

Einige Tage nach Ostern 1768 finden wir also den Marquis de Sade wie verloren inmitten eines verworrenen, von Lärm und Leidenschaften erfüllten Getümmels, an dem das in zwei feindliche Fraktionen zerfallene Parlament, die öffentliche Meinung, der König selbst und die vereinten Familien de Sade und de Montreuil beteiligt sind.

Zum ersten und einzigen Mal bildet der ganze Clan einen geschlossenen Block, um den Gefahren geeint entgegenzutreten. Der Krieg ist da. Die Präsidentin begnügt sich nicht allein damit, selbst zu kämpfen, sie hat auch Monsieur de Montreuil in Marsch gesetzt, der sich seinerseits bemüht, den Abbé mitzureißen. Madame de Sade gibt ihre Zurückgezogenheit auf und läßt in Gestalt von Briefen einige schwere Geschosse los. Auf beiden Seiten werden Verwandte und Verschwägerte mobilisiert. Auch der Abbé Amblet wird wieder aktiviert. Pélagie schließlich verwandelt sich aus einer gelegentlichen Marketenderin in eine Frontkämpferin, die von Tag zu Tag an Format gewinnt.

Sade selbst hat begriffen, daß er jetzt im Alleingang nicht mehr weiterkommt. Vielleicht hat er feindselige Schreie in der Umgebung seines «kleinen Hauses» vernommen, bevor er es am Sonntag, den 3. April, gegen sechs Uhr nachmittags verläßt, um zu den Montreuils in die Rue Neuve-du-Luxembourg zurückzukehren. In den nächsten Tagen oder gar Stunden wird Madame de Montreuil und nach ihr Pélagie (durch Sade oder durch Madame de Montreuil?) informiert. Am Donnerstag, den 7. April, schickt Pélagie de Montreuil, Marquise de Sade, zu früher Stunde nach dem Abbé Amblet und Herrn Claude-Antoine Sohier, Anwalt bei Gericht. Sie werden in den Gemächern von Madame de Montreuil von den beiden Frauen empfangen. Nach diesem Kriegsrat begeben sich der Abbé Amblet und Rechtsanwalt Sohier unverzüglich nach Arcueil, um sich dort mit Rose Keller zu treffen.

Diese ist am Sonntag zunächst von den Frauen, die sie aufgelesen haben, zu dem Fiskalanwalt, Herrn Vallée, gebracht worden, der sie wiederum zu dem Notar und Gerichtsschreiber Lambert bringt, welcher den Polizeibrigadier von Bourg-la-Reine, Gersant de la Benardière, kommen läßt. Noch am gleichen Abend hat Rose Keller ihre Aussage gemacht, und der Chirurg Lecomte hat sie untersucht. Am Montag, den 4. April, hat sie ihre Aussage vor dem Richter von Arcueil wiederholt, der am Mittwoch, den 6., sechs Zeugen vernommen hat.

Am 7. April treffen der Abbé Amblet und der Anwalt Sohier Rose Keller bei dem Notar und Gerichtsschreiber Lambert, der sie in seinem Haus aufgenommen hat. Rose hütet das Bett und erklärt, sich wegen der Mißhandlungen, die sie erlitten hat, nicht rühren zu können. Herr Sohier fragt sie, ob sie nicht gegen eine gewisse Geldsumme ihre Klage zurückziehen wolle. Jetzt wird erbittert um Geld gefeilscht: Die Witwe Valentin fordert tausend Écus, das sind dreitausend Franken, während Amblet und Sohier ihr sechshundert anbieten. Rose geht zurück auf zweitausendvierhundert Franken (das sind achthundert Écus). Amblet und Sohier fahren nach Paris zurück, um Madame de Montreuil zu befragen, die befiehlt, diese Affäre um jeden Preis zu beenden. Als Amblet und Sohier nach Arcueil zurückkommen, sitzt Rose Keller auf ihrem Bett und schwatzt mit Nachbarinnen. Schließlich unterzeichnet sie vor dem Notar Lambert den Klageverzicht, nicht ohne noch sieben Louisdor (das sind hundertachtundsechzig Livres oder Franken) «für Verbandszeug und Medikamente» herauszuschlagen. Zweitausendvierhundert Livres, das sind zwanzig Jahreslöhne eines Kammerdieners oder einer qualifizierten Kammerzofe (die obendrein Kost, Logis und Bekleidung erhält). Es entspricht zugleich vier Jahresmieten für die *petite maison* von Arcueil. In französischen Francs von 1986 entspräche das fünfzig- bis hunderttausend Francs, ein anständiger, aber doch kein, wie man gesagt hat, horrender Betrag.

23.

Der Held des Tages

Die Politik des Clans Montreuil/Sade ist ganz einfach: Donatien der ordentlichen Justiz zu entziehen und ihn der königlichen Jurisdiktion zu unterstellen. Die den Montreuils feindlich gesonnenen Mitglieder des Gerichtshofes, zu denen offenbar auch der berühmte Kanzler Maupeou zählt, versuchen sich des Schuldigen zu bemächtigen, sind aber nicht schnell genug. Monsieur de Saint-Florentin läßt bereits am 8. April de Sartine den Befehl zukommen, Sade auf Schloß Saumur einzusperren, und teilt dem Schloßkommandanten, Monsieur du Petit Thouars, mit, er habe sich bereitzuhalten, «Herrn Comte de Sade» aufzunehmen:

> «Seine Majestät verlangt, daß Sie ihn eingeschlossen halten und persönlich dafür haften, daß er unter keinem Vorwand die Schloßmauern verläßt. Informieren Sie mich bitte über seine Ankunft und sein Betragen; sorgen Sie bitte auch dafür, daß er gänzlich ohne Waffen ist. Ich werde Sie unterrichten, durch wen und in welcher Weise für seine Unterbringung gezahlt wird.» (Lely)

Am 12. April schreibt Sade an seinen Onkel, den Abbé:

> «Wegen einer leidigen Affäre wurde ich, lieber Onkel, verhaftet und auf Schloß Saumur gebracht. Meine Familie hat sich freundlicherweise für mich eingesetzt und um meine Freilassung ersucht; sie hat erwirkt, daß der Abbé Amblet mich dorthin begleitet; er wird Ihnen meine Geschichte eingehender beschreiben. Im Namen des Unglücks, das mich verfolgt und niederdrückt, geruhen Sie, mir das Unrecht zu verzeihen, das ich Ihnen angetan habe, und bleiben Sie, lieber Onkel, mir gegenüber trotz alledem eher friedlich als von Rache erfüllt, wie ich es eigentlich von Ihnen verdient hätte. Wenn die Geschichte in der Gegend Aufsehen erregt, so können Sie sagen, sie sei unwahr, ich sei bei meinem Regiment, wo ich zur Freude meiner Familie einige Zeit weile, um Dinge zu regeln [...] Ich bitte Sie, lieber Onkel, mir zu schreiben und mich nicht im Stich zu lassen; die Beweise Ih-

rer Freundschaft werden mir mein Unglück ertragen helfen.» (Lely)

Der Abbé de Sade muß diesen Brief ungefähr zur gleichen Zeit erhalten haben wie den schon zitierten Brief von Madame de Saint-Germain. Am 19. April schreibt der Präsident de Montreuil an den Abbé, um ihm einige zusätzliche Informationen zu geben; er unterrichtet ihn über alles, was die Montreuils bisher unternommen haben und noch zu unternehmen gedenken, «um die Folgen dieser Affäre zu vermeiden», und schließt mit den Worten: «In einer so heiklen Angelegenheit halte ich es für geboten, daß Sie hier erscheinen und sich für ihn einsetzen.» (Lely) Wir wissen nicht, ob der Abbé dieser vernünftigen Empfehlung entsprochen hat, die der Duc de Montpezat noch am gleichen Tag in einem Schreiben an Madame de Villeneuve-Martignan bekräftigt:

«Um Ihnen die Einzelheiten zu schildern, müßte ich einen ganzen Band schreiben, doch dazu habe ich nicht die Zeit gefunden, denn seit acht Tagen renne ich von den Karmeliterinnen, wo Ihre verehrte Frau Schwägerin wohnt, durch die ganze Stadt, um ihr und den Eltern Ihres Neffen meinen guten Willen zu beweisen. Dies mag im übrigen hinreichen, Sie zu bewegen, diesen Brief dem Herrn Abbé de Sade zukommen zu lassen, der sich, wenn er den Wünschen seiner Familie entsprechen möchte, nicht schnell genug hierherbegeben kann.» (Lely)

Das feindliche Lager bleibt nicht untätig. Mit ganz ungewohnter Eile beschließt die Chambre criminelle de la Tournelle am 15. April, den Generalstaatsanwalt um Aufklärung zu ersuchen. Diese Aufklärung wird ihr am nächsten Tag, den 16. April, um acht Uhr dreißig morgens vorgetragen. Am 19. wird der versammelten Kammer unter Vorsitz des Ratsherrn Pinon das Ergebnis des Verfahrens von Arcueil vorgelesen; es wird beschlossen, dieses Verfahren vor Gericht weiterzuführen und den Angeklagten verhaften zu lassen, um ihn als Gefangenen in die Conciergerie einzuliefern. Am 20. April findet in der Rue Neuve-du-Luxembourg eine Hausdurchsuchung statt. Am 21. wird die Beweisaufnahme fortgesetzt mit den Aussagen der Rose Keller und der Zeugen, zu denen auch der Abbé Amblet, der Anwalt Sohier und ein Diener Sades namens Pierre Sébire gehören. Der Chirurg Lecomte wird verdächtigerweise am 23.

verhört[1]. Am 11. Mai lassen zwei Trompetenausrufer Seiner Majestät beim Hause des Präsidenten de Montreuil, am Pranger der Halles, an der großen Treppe des Palastes und an allen anderen üblichen Orten ihre Instrumente ertönen und fordern sodann mit lauter und vernehmlicher Stimme «den Herrn de Sade, abwesend und flüchtig, statt zu ihm zu den versammelten Personen sprechend, auf [...], von heute ab binnen acht Tagen vor unseren Herren des Gerichtshofes in der Chambre de la Tournelle persönlich zu erscheinen», um sich verhaften zu lassen; anderenfalls werde in Abwesenheit gegen ihn verhandelt.
Am 23. April aber hatte der Minister des königlichen Hofstaats bereits die Verlegung des Herrn de Sade in die Festung Pierre-Encise bei Lyon angeordnet: «Es ist der Wille des Königs, daß er sein Zimmer nicht verlasse und keinerlei Verbindung mit anderen Gefangenen habe. Falls er, um frische Luft zu bekommen, das Bedürfnis nach einem Spaziergang hat, wollen Sie freundlicherweise die nötigen Vorkehrungen treffen, damit er nicht ohne Aufsicht ist.» (Lely) Es sei Herrn de Sade allerdings erlaubt, einen Chirurgen aus Lyon zu sehen, denn er leide an einer Fistel, und den Diener zu empfangen, «der gewohnt ist, ihn abends und morgens zu verbinden. Dieser Diener darf aber die Festung nicht verlassen». Mit der Verlegung von Saumur nach Pierre-Encise ist der unvermeidliche Marais beauftragt. Er erstattet darüber Herrn de Saint-Florentin Bericht, läßt aber zuvor die gehässige Bemerkung los, Monsieur du Petit-Thouars habe Sade an seiner Tafel bewirtet: «Ich habe festgestellt, daß der Herr Comte de Sade sich im ganzen Schloß frei bewegen kann und am Tisch des Kommandanten speist.» Monsieur du Petit-Thouars habe Marais «flehentlich gebeten», nicht darüber zu sprechen.
Im Grunde sind die Würfel gefallen. Angesichts des königlichen Willens und unter dem Einfluß der Freunde der Montreuils schwenkt der Justizapparat langsam um. Madame de Montreuil hatte schon am 26. April dem Abbé de Sade (der demnach die Reise, um die man ihn gebeten hatte, nicht angetreten hat) beruhigendere Neuigkeiten mitgeteilt:

[1] Zwei andere Chirurgen des Hofes wurden mit einem Gegengutachten beauftragt, von dessen Ergebnis nichts bekannt ist – es wurde kein Protokoll gefunden.

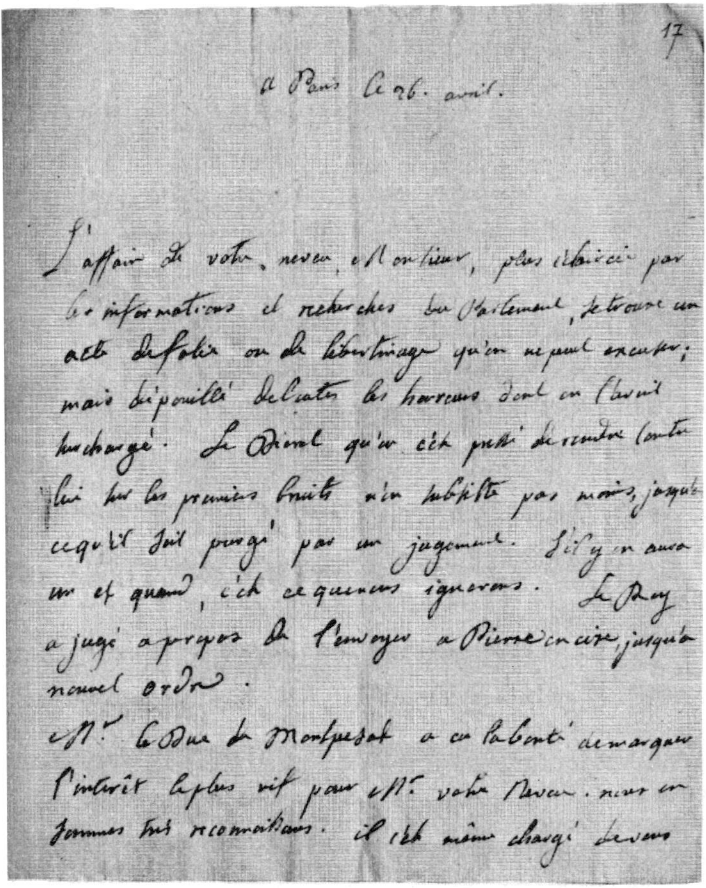
17

a Paris ce 26. avril.

L'affaire de votre neveu, Monsieur, plus éclaircie par les informations et recherches du Parlement, se trouve un acte de folie ou de libertinage qu'on ne peut excuser; mais dépouillé de toutes les horreurs dont on l'avoit surchargé. Le Décret qu'on s'est pressé de rendre contre lui sur les premiers bruits n'en subsiste pas moins, jusqu'à ce qu'il soit purgé par un jugement. S'il y en aura un et quand, c'est ce que nous ignorons. Le Roy a jugé a propos de l'envoyer a Pierre en cize, jusqu'a nouvel ordre.

Mr le Duc de Montpesat a eu la bonté de marquer l'intérêt le plus vif pour Mr votre Neveu. nous en sommes très reconnaissans. il s'est même chargé de vous

Brief der Präsidentin an den Abbé de Sade vom 26. April 1768

«Paris, den 26. April

Die Affäre Ihres Neffen hat sich nach näheren Untersuchungen des Gerichtshofs als ein Akt der Torheit oder der Ausschweifung herausgestellt, der nicht zu entschuldigen, aber frei von allen Greueln ist, mit den man ihn behängt hat. Der Haftbefehl, den man auf die ersten Gerüchte hin eiligst gegen ihn erlassen hat, bleibt gleichwohl in Kraft, bis er durch ein Gerichtsurteil aufgehoben wird. Ob es dazu kommen wird und wann, wissen wir nicht. Der König hielt es für ratsam, ihn bis auf weiteres nach Pierre-Encise zu schicken [...] In dieser Angelegenheit ist große Umsicht und Behutsamkeit angezeigt, und man braucht Zeit. Auf diese Weise wird man mit dem geringsten Schaden davonkommen [...] Über Madame de Sade brauche ich Ihnen nichts zu sagen; ihren Kummer können Sie sich leicht vorstellen. Ihrem Sohn geht es gut – er bekommt bald Zähne.» (Lely)

Anfang Juni holt man Sade aus Pierre-Encise heraus, um ihn am 8. in die Conciergerie zu sperren. Am 10. wird er verhört.[2] Am gleichen Tag gibt die Chambre de la Tournelle seine Affäre an den Hauptsenat ab, der unverzüglich die Bestätigung der Gnadenbriefe verkündet und Sade lediglich zu einem Almosen von hundert Livres verurteilt, für das Brot der Gefangenen in der Conciergerie. Anschließend wird Donatien wieder nach Pierre-Encise zurückgebracht. Madame de Montreuil informiert den Abbé de Sade am 13. Juni:

«Die Affäre Ihres Neffen hat sich, wie ich Ihnen schon mitzuteilen die Ehre hatte, als geringfügig herausgestellt; sie ist deshalb vom Gericht nicht angenommen worden und wird es auch nicht. Sie war nicht so schwerwiegend, um ihm eine Strafe aufzuerlegen. Er wurde freigesprochen; vielleicht ein bißchen zu problemlos, aber so war es nun einmal. Man hat

[2] Ohne große Erkenntnisse; Sade behauptet, er habe Rose Keller «zu verstehen gegeben», daß es um eine Ausschweifung gehen werde, gibt aber zu, keinen Preis mit ihr vereinbart zu haben; so bricht seine Argumentation in sich zusammen. Er leugnet, sie mit dem Tode bedroht, sie gefesselt und ihr Schnittwunden zugefügt zu haben, um Wachs hineinzugießen: «Er hat lediglich an verschiedenen Stellen ein wenig Pomade aus weißem Wachs aufgetragen, um ihre Wunden zu heilen.» Rose Keller schien ihm, behauptet er, nicht unzufrieden, als sie sich trennten.

bei dem Urteil ganz bewußt bestimmte Formen beachtet. Wie war dieses Urteil aus der Welt zu schaffen? Es gab nur eine Formulierung, die das ermöglichte, und genau die hat der Gerichtshof gewählt: Der König hat Monsieur de Sade Begnadigungsbriefe gewährt, durch welche die gegen ihn erhobene Klage, der Prozeß, das Urteil, das Ganze für null und nichtig erklärt werden. Er ist mit Erlaubnis des Königs nach Paris gekommen, um sie durch den Gerichtshof bestätigen zu lassen. Das ist am letzten Freitag geschehen, und beide Kammern haben in gemeinsamer Sitzung (dies ein Privileg, das er seiner Geburt verdankt) das Ganze einstimmig ohne jede Schwierigkeit beschlossen.

Man muß sogar zugeben, daß wir den vorsitzenden Richtern verpflichtet sind, denn sie haben in den förmlichen Verfahren mit unendlicher Rücksicht von den Briefen Gebrauch gemacht. Er ist sofort nach Pierre-Encise zurückgekehrt, für die Zeit, die der König für richtig hält, ihn dort festzuhalten. Madame de Sade bittet Sie, so gütig zu sein und der Familie davon Mitteilung zu machen; sie läßt Ihnen freundliche Grüße ausrichten. Am Samstag habe ich Ihnen nicht schreiben können, denn die beiden letzten Tage waren mit Dankbesuchen ausgefüllt. Eine unehrenhafte Angelegenheit, die man nicht billigen kann, konnte nicht ehrbarer enden.» (Lely)

Sade sollte bis Mitte November in Pierre-Encise bleiben. Man wüßte gern, was ihm in diesen fünf Monaten durch den Kopf gegangen ist. Diesmal hat er die Justiz sehr viel genauer kennengelernt; die zeremonielle Bestätigung der Begnadigungsbriefe ist keine geringfügige Formalität: Der Inhaber muß sie dem Gericht mit entblößtem Haupt und auf Knien vorlegen, und anschließend muß er zwei Verhöre über sich ergehen lassen, das eine im Gefängnis durch einen Berichterstatter, das andere im Gerichtssaal vor der Verkündung des Urteils.

In Saumur oder in Pierre-Encise herrscht eine ganz andere Atmosphäre[3]. Häufig fühlt man sich unter Militärs wie im Kreise

[3] Monsieur du Petit-Thouars war also alles andere als ein grimmiger Kerkermeister, und außerdem haben wir den Brief vom 24. August 1768, in dem Monsieur de Saint-Florentin dem Kommandanten von Pierre-Encise

der Familie. Außerdem wachen außerhalb der Festung drei Frauen über Donatien: Madame de Montreuil, die alte Comtesse de Sade und die Marquise, Pélagie, seine Frau.
Madame de Montreuil dürfte sich von Juni bis November ein wenig rar gemacht haben, auch wenn sie weiterhin wachsam blieb, hatte sie doch alles getan, was sie tun konnte, und schließlich mußte sie auch ihrer Unzufriedenheit Ausdruck geben. Ich kann mir allerdings sehr gut vorstellen, daß Sade ihr ein oder zwei Entschuldigungsbriefe geschrieben hat, auf die sie wohl auch antwortete, und sei es auch nur, um in ihren Antworten Strenge zu bekunden.
Die Comtesse de Sade verhält sich wie eine Löwenmutter. Ihre wahren Gefühle für ihren Sohn (und ebenso die Gefühle Sades für seine Mutter) kennen wir nicht und werden wir wohl auch nie erfahren. Aber es geht um ihren Sohn, ihr Fleisch und Blut, und sie setzt alle Hebel in Bewegung, manchmal ein wenig planlos, aber mit einer Überzeugung, die, nimmt man ihren gesellschaftlichen Rang hinzu, nicht immer ohne Wirkung bleibt. Ende April hat sie wohl an Monsieur de Saint-Florentin geschrieben, um sich ein wenig unüberlegt über die Behandlung ihres Sohnes in der Lyoner Festung zu beschweren, denn der Minister antwortet ihr: «Ich glaube nicht, daß es für Monsieur de Sade vorteilhaft ist, wenn ich dem König Ihre Vorstellungen unterbreite [...], denn Seine Majestät könnte sich entschließen, ihn dem Gerichtshof zu überantworten.» (Lely) Am 24. Mai schreibt sie den bemerkenswerten, herrlichen Brief an den Polizeidirektor (Generalleutnant der Polizei), Antoine de Sartine, wegen der Artikel aus Holland über die Affäre von Arcueil (siehe S. 45–46).
Was Pélagie de Montreuil, die Marquise de Sade, betrifft, so tritt sie sehr rasch und mit wachsender Autorität aus der Nebenrolle heraus. Sie ist es, die Amblet am 9. April nach Arcueil schickt,

schreibt: «Monsieur, ich bin von der Redlichkeit Ihrer Absichten überzeugt, und was ich Ihnen über die allzu große Freiheit schrieb, die Sie, wie man mir sagte, den Gefangenen gewähren, so wollte ich Sie damit nur vor den Mißhelligkeiten warnen, die sich daraus ergeben könnten. Ich verstehe, daß Ihre Herzensgüte Sie veranlassen kann, ihnen ihr Los zu erleichtern, soweit es an Ihnen liegt, aber in den Häusern, deren Sie eines befehligen, ist ein strenges Reglement nun einmal unerläßlich.» (Lely)

mit dem Auftrag, «etwas Silber, einige Stiche und den Schlüssel zu einem in Paris stehenden Schrank zu holen»[4], vielleicht aber auch noch etwas anderes, das unerwähnt bleibt. Sie ist es, die am 26. Mai die *petite maison* und ein wenig später auch eine kleine Wohnung in Versailles kündigt, die der Marquis ebenfalls gemietet hatte. Ihr antwortet Monsieur de Saint-Florentin am 23. April, als es um den Gesundheitszustand Sades und die eventuelle Pflege durch seinen Diener geht. «Was nun die von Ihnen gewünschte Freiheit innerhalb des Schlosses betrifft», fährt der Minister fort, «so kann ich sie unmöglich gewähren, besonders nach dem, was sich im Gerichtshof ereignet hat, denn dieser würde sofort Einspruch erheben, wenn ruchbar würde, daß er mit Leuten Umgang hat, die ins Schloß kommen.» (Lely) Irgendwann hält sie es nicht mehr aus und verkauft ihre Diamanten, um sich nach Lyon zu begeben (und bei gleicher Gelegenheit den Unterhalt für die Comtesse de Sade zu bezahlen, wozu Donatien nicht in der Lage ist). Wir wissen das aus dem Brief, den Saint-Florentin ihr am 24. August schreibt und aus dem hervorgeht, daß Pélagie noch immer um die Mauern von Pierre-Encise herumstreift:

> «Ich schreibe Herrn de Bory, dem Kommandanten von Pierre-Encise, er möge Sie, Madame, noch ein oder zweimal zu Ihrem Gatten vorlassen während Ihres Aufenthaltes in Lyon, den ich mir nicht so lange vorgestellt habe[5]. Ich rate Ihnen, in Ihren beiden Gesprächen mit ihm so viel Aufklärung wie möglich zu erhalten, um seine Angelegenheit in Ordnung bringen zu können, denn ich will Ihnen nicht verschweigen, daß der König keineswegs die Absicht hat, ihm so bald die Freiheit wiederzugeben, und daß Sie nicht erwarten dürfen, ihn auf seine Güter mitnehmen zu können.» (Lely)

Ist Pélagie zwischen August und November nach Paris zurückgekehrt? Ich glaube nicht. Jedenfalls ist sie vor den Toren der Festung, als am 15. November der Befehl Ludwigs XV. eintrifft, der Donatien die Freiheit gibt.

[4] Aussage des Abbé Amblet.

[5] Bei einem dieser Besuche, zwischen dem 25. und 30. September, zeugen Donatien und Pélagie ihr zweites Kind.

Brief von Madame de Montreuil an den Abbé de Sade vom 19. November:

«Ich habe die Ehre, Ihnen mitzuteilen, daß der König den Befehl, der Ihren Herrn Neffen in Pierre-Encise festhielt[6], aufgehoben und ihm erlaubt hat, auf seine Güter zurückzukehren, wohin ihn seine Frau, die sich in Lyon aufhält, begleiten wird; sie hat alles getan, um ihr Werk zu vollbringen, indem sie ihm alle Zeichen der Anhänglichkeit erwies, die nur möglich sind. Ich bilde mir ein, daß sie zumindest die Achtung der Familie von Monsieur de Sade erwerben wird, und Ihre Freundschaft, Monsieur, nach der sie verlangt, wie es sich gehört. Sie werden sich wahrscheinlich nach La Coste begeben, wo sie von da an ihren Wohnsitz nehmen werden.

Ich zweifle nicht, daß Ihr Herr Neffe genügend ernsthaft nachgedacht hat, um seiner Frau nun keinen Kummer und seiner Familie keine Sorgen mehr zu machen. Dennoch hoffe ich, daß Sie auf ihn achtgeben und mir nichts verbergen werden. Ich hoffe, Sie lassen meine Tochter nicht zu lange auf das Vergnügen warten, Sie kennenzulernen und um Ihre Freundschaft zu bitten, falls die Umstände es ihr nicht erlauben, Sie zuvor aufzusuchen. Ich wage zu hoffen, daß Sie sie entweder auf ihrer Durchreise in Avignon, falls Sie in dieser Zeit dort sein sollten, oder in La Coste antreffen werden. Sie werden unterwegs nur dort Aufenthalt nehmen, wo es für die Regelung ihrer Dinge notwendig ist. Der Gesundheitszustand von Monsieur de Sade ist nicht der beste, und er wird es eilig haben, sich bei sich zu Hause ausruhen zu können [...] Ihrem Großneffen geht es sehr gut, er kann schon ganz allein laufen; er ist sehr hübsch, und ich lasse ihm all die Fürsorge angedeihen, die mir die Freundschaft für seinen Vater und seine Mutter eingibt.»[7]

[6] Der Brief des Ministers des königlichen Hofstaats vom 16. November an Madame de Montreuil präzisiert, daß der König «ihm [...] darüber hinaus auferlegt, sich auf sein Gut La Coste bei Apt zurückzuziehen. Ich glaube, Sie können nichts Besseres tun, als ihn zu ermahnen, sich unverzüglich dorthin zu begeben, ohne sich in Lyon oder in irgendeiner anderen größeren Stadt auf seiner Reise aufzuhalten.

[7] Gilbert Lely versieht das Zitat dieses Briefes mit der Anmerkung «[*sic*]». Man fragt sich, warum, denn bislang verhält Madame de Montreuil sich mehr als freundlich...

Doch Sade wird, auch wenn er sich nicht in der Gewalt der Behörden befindet, nie mehr mit seinen Angehörigen allein sein. Er weiß nicht – und niemand in seiner Umgebung weiß es –, daß man, einmal zur Legende geworden, nicht mehr so leicht seinem Ruf entkommt. Die öffentliche Meinung, so jung sie auch ist, hat ein langes Gedächtnis, und mit unzähligen Augen wird sie das Tun und Treiben des Marquis de Sade unablässig beobachten.

24.

Verschwendung

«Sie hat alles getan, um ihr Werk zu vollbringen...» Was genau hat Renée-Pélagie de Montreuil, Marquise de Sade, sich vorgenommen? Für die Präsidentin geht es wahrscheinlich vor allem darum, Donatien auf den rechten Weg zurückzuführen (in ihren Briefen nennt sie es «die Straße des Guten»), auf den sie ihren Schwiegersohn seit über fünf Jahren zu bringen versucht, ohne großen Erfolg. Was Pélagie betrifft, so glaube ich, daß sich ihr die Frage so nicht stellt; irgend etwas treibt sie unwiderstehlich an, etwas, das sie nur schwer genauer analysieren könnte, falls sie dazu Zeit und Lust hätte, etwas, das offenbar nichts anderes ist als jener unbestimmbare und unbezwingbare Trieb, den man Liebe nennt. Wo Donatien ist, da muß auch sie sein. Wo Donatien leidet, da muß sie eingreifen. Und schließlich – aber hier streifen wir einen Bereich, in dem das Tun und Treiben des Ehepaares Sade für uns in Dunkel gehüllt ist – wird sie ihn bald dorthin, wo er sein Vergnügen sucht, begleiten, selbst wenn sie bisweilen (nicht immer) vor der Tür bleibt.

Jedenfalls wird, wer Donatien angreift, von nun an erfahren müssen, daß sie sich schützend vor ihn stellt.

Man spürt, daß dieses übereifrige Auftreten die Präsidentin ärgert, daß es sie stört. Es war in ihren Plänen offenkundig nicht vorgesehen, daß ihre älteste Tochter eines Tages ein Eigenleben entfaltet, daß sie aus ihrem Schatten oder dem ihres Schwiegersohnes heraustreten könnte, um selbständig Dinge in die Hand zu nehmen, ohne sie, die Präsidentin, jedesmal um Rat zu fragen. In ihren Zukunftsplänen wird sie mit Pélagie rechnen müssen, die sich nun, genaugenommen, zwischen sie und Donatien gestellt hat. Das Spiel wird von nun an zu dritt gespielt. Madame de Montreuil steht dem ratlos gegenüber, ja mehr noch; denn ihre eigene Ehe scheint ihr kein Beispiel für besonders leidenschaftliche eheliche Beziehungen geliefert zu haben. Wenn sie schreibt: «Sie [Pélagie] ließe sich eher in Stücke reißen, als irgend etwas zuzugeben, was ihm schaden könnte» (ihm, das ist natürlich Donatien), dann spürt man die hilflose Verwunderung ebenso wie in ihrer Frage: «Wie kann sie nur so verblendet sein?» Und als Donatien ihr später vorwirft, sie verdanke ihre Reize dem Teufel, bezichtigt sie ihn umgekehrt der Magie: «Er hält seine unglückliche Frau gefangen, zwingt sie, seinen schändlichen Machenschaften zu dienen, oder er schlägt mit den gleichen Mitteln ihre Augen und ihren Verstand in seinen Bann.» Mit welchen Mitteln, ist nicht klar, aber die Magie ist ihrer Natur nach finster. Eines Tages wird Madame de Montreuil dahinkommen, «Himmel und Hölle in Bewegung zu setzen, um sie [ihre Tochter] vor ihrer eigenen Schwäche zu schützen». (Bourdin)

Anfang 1769 ist davon noch keine Rede. Der Präsident, die Präsidentin ebenso wie der Abbé de Sade und wohl auch die Comtesse freuen sich, daß die Eheleute zusammen in die Provence reisen wollen. Zwar scheinen alle diesen Plan gebilligt zu haben, doch ist nicht sicher, ob Pélagie sich nach der Freilassung aus Pierre-Encise mit Donatien nach La Coste begeben hat.

Jedenfalls steht nahezu fest, daß Sade den Winter 1768-69 mit seinen Dienern allein in La Coste verbracht hat. Seine Gesundheit läßt zu wünschen übrig. Er leidet an Hämorrhoiden (die ihn sein Leben lang quälen werden). Sicherlich braucht er eine kleine Verschnaufpause.

Ob er wirklich ernsthaft nachgedacht hat, wie es Madame de Montreuil in ihrem Brief vom 19. November wünschte? Dafür spricht wenig, wenn man die weiteren Ereignisse bedenkt. Ich kann mir eher vorstellen, daß er nicht von dem Gefühl loskommt, er werde vom Pech verfolgt, und man habe ihm Unrecht getan. Auch wird er bis zu ihrem Tod Madame de Montreuil die 2.400 Livres für Rose Keller vorwerfen (alle Verschwender knausern bei den Ausgaben, die nicht direkt ihren Vergnügungen dienen). Ich fürchte, er hat nicht begriffen, was geschehen war. Aus der Affäre von Arcueil hat er vor allem wohl das Gefühl zurückbehalten, daß seine Angehörigen geschlossen für ihn eingetreten sind, wofür er bei seinem ungeheuren Bedürfnis nach menschlicher Wärme gewiß empfänglich war, vielleicht hat aber auch die Wirksamkeit, mit der diese verwandtschaftliche Solidarität ihn vor der Justiz bewahrte, bei ihm den gefährlichen Eindruck entstehen lassen, quasi unangreifbar zu sein.

Von dem Zusammenhalt, den die Familien de Sade und de Montreuil bei dieser Gelegenheit bewiesen haben, bewahrt die

Bibliothèque Nationale in Paris ein eindrucksvolles Zeugnis auf: einen bislang unveröffentlichten Brief des Präsidenten de Montreuil an den Abbé de Sade vom 11. Januar 1769:

«Mit Vergnügen nehme ich den Jahreswechsel zum Anlaß, Ihnen für das laufende Jahr mehr Zufriedenheit und Ruhe zu wünschen, als Ihnen im letzten vergönnt war. Ich hoffe, daß uns hinkünftig nur noch Zufriedenheit beschert sein wird. Meiner Tochter geht es mit ihrer Schwangerschaft recht gut. Sie hat es vorgezogen, lieber in Paris als in der Provence niederzukommen. Ich hätte freilich gewünscht, sie wäre ihrem Mann gefolgt, doch wird sie sich eiligst zu ihm begeben, sobald es ihr möglich sein wird. Ich vermute, daß Ihr Herr Neffe Sie häufig besucht und daß er sich Ihre Ratschläge und Ihre Nähe zunutze macht. Ich wünschte, ich könnte ihn ebenfalls sehen und gemeinsam mit Ihnen in den guten Vorsätzen, die er gefaßt hat, bestärken. Er muß mehr dafür tun als ein anderer. Das Aufsehen, das solche leidigen Affären erregen, ist etwas Schreckliches, und die vorgefaßten Meinungen des Publikums sind, wenn überhaupt, nur sehr schwer zu zerstreuen. Die Orte, wo sie hausen, muß man fliehen.»[1]

Wenn Monsieur de Montreuil vermutet, daß der Abbé de Sade Donatien mit seinen Ratschlägen und seiner Person beisteht, so irrt er. Besser als jede Beschreibung vermitteln die beiden folgenden, am 2. und 4. März abgesandten Briefe der Präsidentin, wovon Sade im Frühjahr 1769 in Anspruch genommen wurde:

«Die wiederholten Verfehlungen Ihres Neffen, der eigentlich seiner Frau und mir in ewiger Dankbarkeit verbunden sein müßte, haben mich gezwungen, meine Korrespondenz mit ihm einzustellen [leider ist uns keiner dieser Briefe bekannt], und sie haben sowohl die Gefühle der Anteilnahme für ihn als auch die Hoffnung, er werde wieder zum Guten zurückkehren, erlöschen lassen, von denen allein ich mich leiten ließ in allem, was ich zu seinen Gunsten unternommen habe, um das Unglück, das ihn getroffen hat, wiedergutzumachen.

[1] Es folgen allgemeine Neuigkeiten und Nachrichten über die (schlechte) Gesundheit von Monsieur de Montreuil: er leidet an Gallenkoliken. Wir besitzen kaum einen Brief vom Präsidenten. (BN[x])

Hier die Tatsachen. Während seines Abenteuers hat sich herausgestellt, daß er verschiedenen Handwerkern 16 bis 17000 Livres schuldet, für verrückte Aufwendungen in seinen *petites maisons*, für seine Mätressen, für seinen Unterhalt, Schulden, die er sorgfältig vor mir verborgen hat, denn er sagte immer, er habe keine Schulden und bezahle alles in barer Münze. Das kann ich allerdings nicht glauben, denn im Laufe des Winters hatte er bis zu seiner Rückkehr aus La Coste[2], als ich ihn traf, recht verschwenderisch gelebt und, wie er sagte, noch einiges eingenommen. Von den 20000 Livres, die ihm während seiner Affäre auf die Mitgift seiner Frau ausgezahlt wurden, waren 4000 übriggeblieben, von denen ich jene Schulden, die er mir bezeichnet hat, beglichen habe und über die ich ihm auch Rechenschaft gab. Bleiben rund 12000 Livres. Außerdem hat Madame de Sade für die Aufwendungen ihres Haushalts bis zum Ersten des zurückliegenden Januar rund 3000 Livres zu zahlen, die sie bis Ende des Jahres '68 bezahlt hätte, wenn sie nicht für ihre Reise nach Lyon verwendet worden wären, die Monsieur de Sade so dringlich wünschte und die, indem seine Frau ihr Schicksal mit dem seinen verknüpfte, in der Tat nicht wenig dazu beigetragen hat, ihm gewisse Vorzüge zu erhalten und andere zu gewähren. [Man wird sich erinnern, daß Donatien einen Besuch Pélagies in Pierre-Encise gegen Ende September außerdem dazu genutzt hat, seiner Frau ein zweites Kind zu machen.] Heute will er seine Schulden nicht mehr mit den ihren zusammenwerfen. Er gibt ihr nur gerade so viel, wie für die laufenden Ausgaben dieses Jahres erforderlich sind. Wovon, glaubt er, soll sie ihre Schulden bezahlen? Ist das gerecht? Ist das anständig? Hätte er es liebevoll und anständig gefunden, wenn sie ihm damals erwidert hätte: ‹*Ich brauche mein Geld, um unsere Gläubiger, unsere Leute, meinen Unterhalt zu bezahlen, und deshalb werde ich Ihr Gefängnis nicht teilen, nicht Ihre Leiden lindern*›? Weit gefehlt! Ich habe nämlich, auch wenn sie es sorgfältig vor mir verheimlicht, erfahren, daß sie die wenigen Diamanten, die sie besaß, verkauft hat, um ihre Reise zu bezahlen und ihrer Schwiegermutter die sechs Monate vorzu-

[2] Es ist unwahrscheinlich, daß er im Winter 68/69 nach La Coste zurückgekehrt sein soll; diese Erwähnung ist unverständlich.

schießen [Sade zahlt seiner Mutter alle sechs Monate eine Pension von sechshundert Livres]; sie war in Not, da die Zahlung ihres Sohnes ausblieb, der diese auf seine Besitzungen übertragen hat, von wo er ihr aber nichts schickte. Es ist alle sechs Monate das gleiche Lied.

Außerdem ist er aus einer alten Abrechnung seiner Kompanie im Regiment noch über 7400 Livres schuldig. Der Minister und die Obersten wünschen, daß die Offiziere, die der König zu bezahlen hat, aus den Mitteln derer zu bezahlen sind, die den entsprechenden Abteilungen noch etwas schulden; danach wird jetzt streng verfahren. Kann Monsieur de Sade sich in seiner Position erlauben, daß man ihn, so wie es vielen anderen ergeht, deswegen verklagt? Immerhin haben wir erreicht, daß man seine Abrechnung rechtzeitig erstellt hat, so daß ihm für die vier Jahre, in denen er nicht aktiv war, rund 2200 Livres angerechnet wurden, was nicht jedermann gewährt wird. Bleiben für diesen Posten rund 5300. Man hat ihm die Abrechnung geschickt.

Das alles ergibt zusammen die Kleinigkeit von rund 20 000 Livres, die er im zurückliegenden Februar durch seine Frau hat borgen lassen, um seine Frau Mutter zu bezahlen, die, selbst von Gläubigern verfolgt, nicht länger warten konnte und wollte. Ist das der richtige Augenblick, um Feste zu geben und mit dem Geld um sich zu werfen, das besser zur Tilgung seiner Schulden verwandt werfen sollte?»

Vielleicht hält der eine oder andere Leser es für überflüssig, auf diese finanziellen Details einzugehen; ich hingegen bin der Meinung, daß jeder einzelne Budgetposten der Eheleute Sade über das Wesen von Donatien und Pélagie ebenso Aufschluß gibt wie auch das Urteil, das Madame de Montreuil über diese Zahlen äußert, ihr Wesen enthüllt. Zwischen diesen beiden Frauen entscheidet sich das Schicksal Donatiens (wobei der Präsidentin wegen ihrer Macht eine etwas größere Bedeutung zukommt als ihrer Tochter). Und aus diesen Zeichen entsteht, ohne daß man es sieht, seine Zukunft. Denn ob Sade sich in seinem gesellschaftlichen Milieu behaupten wird oder nicht, hängt von der klugen oder mißbräuchlichen Verwendung seiner Güter ab, genauer gesagt, jener Güter, die ihm durch Geburt und Heirat anvertraut sind. Der Besitz, *die Güter*, das ist *das Gute*. Für die Gesellschaft, der Sade angehört, sind sie das genaue, das diametrale Gegenteil des Bösen. Nun hat es aber ganz den Anschein, als suche er um jeden Preis seinen finanziellen Ruin (und einen weiteren Schiffbruch, auf den wir in Kürze zu sprechen kommen); mag Madame de Montreuil dem verzehrenden, Vermögen verschlingenden Feuer mehr und mehr Opfer bringen, mag sie die Grenzen, die sie dieser Verschwendungssucht zieht, auch ständig zurücknehmen, so ist doch deutlich zu spüren, daß das, was Sade will, nicht der eine oder andere Genuß ist, den er mit dem Geld, das er mit vollen Händen ausgibt, erwerben kann. Was er will ist, Grenzen zu überschreiten. Insofern haben jeder *verschwendete* Louis, jeder Écu und jeder Sol, den er *vergeudet,* ebenso wie die Art und Weise, in der er ihn vergeudet, und die Verfahrensweisen, mit denen Sade sich das Geld verschafft, einen eigenen Sinn. Das gilt auch für die «Fehler», die er auf seiner unablässigen Suche nach Geld begeht. Nachdem Madame de Montreuil die Schwierigkeiten beschrieben hat, auf die ein Darlehensnehmer stößt, fährt sie fort:

> «So schwierig das Darlehen auch aufzutreiben war, einem Anwalt meines Vertrauens gelang es schließlich doch, dank der Bürgschaft und Unterschrift seiner Frau, die ich sie jedoch ungern leisten sah, weil ihr Mann, mit dem ich in gleicher Sache bereits Erfahrungen gemacht habe, mir äußerlich und innerlich wenig Vertrauen einflößt. Man hat Monsieur de Sade ein Vollmachtformular über 12 000 Livres geschickt; die Anweisungen für das Regiment wurden damals nicht so strikt befolgt wie heute; was er zurückschickt, lautet auf nur 6 per Wechsel und 4 per Vertrag[3], ein unmögliches Verfahren, das in keiner Weise dem Formular entspricht, und es ist für Madame de Sade keine ausreichende Ermächtigung. Mit diesen Hinweisen bekommt er die Sache zurück. Er schickt sie wieder her, versehen mit einem schlechten Scherz: *Eine andere Form würden die Notare von Apt nicht kennen, und sie wüßten es nicht anders zu machen.* Man antwortet ihm, daß sie in diesem Fall auch das Geld schicken müßten, denn die in Paris, die es ausleihen, wollten ihre Sicherheit, und man fügt dieser Antwort

[3] Gemeint ist: nur einer von sechs Schuldscheinen wird eingelöst, die restlichen 40 Prozent der geschuldeten Summe werden vertragsgemäß erstattet, insgesamt also nur 50 Prozent – das ist das «unmögliche Verfahren».

ein neues Formular bei. Obendrein verfällt Madame de Sade, ohne mich zu verständigen [das ist Pélagies Vorgehensweise], auf die Idee, einen gewissen Félix Nolain aufzusuchen, der das Vertrauen von Monsieur de Sade besitzt, und fragt ihn, ob es sich hier nicht um eine böswillige Schikane handele, die mein Notar ihr mache. Er hält sie im Gegenteil für sehr gerechtfertigt, schreibt das auch auf das zurückgeschickte Formular und billigt es damit. Man schickt es ihm nochmals zu. Die Gläubiger werden unterdessen ärgerlich, drohen, sehen, daß man sie von Tag zu Tag hinhält (die, deren Rechnungen fällig waren), und alle sagen schließlich, sie hätten es satt, seit dem 15. des Monats zu warten; mehrere haben inzwischen gerichtliche Schritte eingeleitet. [...] Nach zehn oder zwölf Tagen ohne Nachricht bekam meine Tochter gestern schließlich einen Brief, den man ihr in meiner Gegenwart überreichte. ‹Na, ist das die Vollmacht?› frage ich sie. Sie erwidert, über die Geschäfte schreibe er nichts, er rechne aber damit, bald das Vergnügen zu haben, sie wiederzusehen, und dann werde er selber alles regeln und ihr beweisen, daß ihn keine Schuld trifft; er gedenke, ihr, sobald er Bescheid weiß, von seiner Abreise Mitteilung zu machen. Ich bin aus allen Wolken gefallen. Hindern Sie ihn, Monsieur, unter allen Umständen und mit allen Mitteln daran, diese Torheit zu begehen, derer ich ihn nur allzusehr für fähig halte. Woher hat er die Erlaubnis, nach Paris zurückzukehren? [Wir werden es ein wenig später erfahren.] Weiß er nicht, daß er den Befehlen des Königs Gehorsam und Respekt schuldet? Wenn Sie ihm noch eine gewisse Freundlichkeit bewahrt haben, hindern Sie ihn daran, La Coste zu verlassen, bevor er nicht vom Minister die Erlaubnis erhalten hat! Will er sich restlos ins Verderben stürzen, oder will er etwa, daß man ihn unterwegs oder nach seiner Ankunft hier verhaftet und erneut einsperrt, aber dann ein für allemal? Was den letzten Punkt angeht, kann er sicher sein, daß ich nichts mehr dagegen unternehmen werde; denen, die mich verurteilen, hat er dann eine gute Begründung geliefert. Wenn er sich einbildet, durch sein ganzes Gebaren und seine Worte seine Rückkehr zu beschleunigen, so täuscht er sich sehr; er verzögert sie vielmehr. Mag darum ersuchen, wer will – solange er sich so aufführt, wie er es tut, werde ich es bestimmt nicht sein. Und nachdem ich mich als einzige für ihn verwendet [das stimmt nicht ganz; die Comtesse de Sade hat sich ebenfalls eingesetzt] und beim Minister etwas erreicht habe, hege ich Zweifel, ob er mein Schweigen über all die Dinge, die man noch zugunsten von Monsieur de Sade bei ihm erbitten könnte, richtig würdigt. Er soll sich glücklich schätzen, wenn er am 1. Juni zu seinem Regiment darf; darauf werde ich mich beschränken, denn dieser Punkt ist wichtig für seine Ehre, seine Rehabilitierung in der Öffentlichkeit; erreicht er das nicht, gebe ich ihn verloren, und vielleicht ist er es sogar dann, wenn er seinen Posten behält. [...] Man wird sehen, daß er seit seinem Mißgeschick nicht klüger geworden ist als vorher, und wird sagen, daß man recht gehabt habe, zu wünschen, daß er lange und hübsch still auf einem ordentlichen Schloß bleiben möge, fern den Versuchungen oder zumindest der Möglichkeit, ihnen zu erliegen, und recht habe man auch gehabt, seine Frau zu drängen, sich trennen zu lassen. [Wer hat denn Pélagie zu einer Trennung gedrängt? Madame de Montreuil?]

Er ist zu leichtsinnig, dieser Neffe, um sich die Folgen dessen, was er tut, oder die Gefahren, denen er sich aussetzt, auszumalen, und er läßt sich stets von den Begierden des Augenblicks mitreißen. [...] So steht es um die Angelegenheiten Ihres Herrn Neffen; er hat seit seiner Heirat 66000 Livres verschleudert, die noch immer zu bezahlen sind, Schulden, die er über seine Einkünfte hinaus für seine Vergnügungen gemacht hat. Dabei war er gegenüber seinem Haus und seiner Frau stets knauserig, und er hat bei ihr wie bei mir versucht, auch noch den kleinsten Vorteil für sich herauszuschlagen.

Er glaubt, er habe bereits alles in Ordnung gebracht und alles gesagt, indem er uns etwas vormacht mit *Aufstellungen,* mit *Gegenüberstellungen* von Einnahmen und Zahlungen für drei bis vier Jahre im voraus, die keinen Bestand haben, weil sie immer wieder von seinen wahnsinnigen Ausgaben zunichtegemacht werden. Seit zwei Monaten ließ er mich Aufstellungen studieren, die sein Sekretär (ein angehender Schauspieler, wie es heißt, der ihm aus diesem Grunde sehr gefallen muß) *sauber niedergeschrieben und ordentlich abgewickelt* hat, für 1770–1771–1772, während 1769 nach seinem Willen auf der Grundlage falscher Zahlen berechnet wurde und er noch darüberhinaus verschuldet ist.

Ich überlasse Ihren Neffen hiermit Ihnen, Monsieur, Ihre freundlichen Gefühle für ihn werden Ihnen sagen, was Sie für ihn tun müssen. Ich gebe ihn auf. [Sie tut es noch nicht.] Ich werde mich dem Strom nicht mehr entgegenstellen, sondern mich nur noch um meine Tochter und meine unglücklichen Enkelkinder kümmern. Ich wünsche, daß das zweite wohlbehalten auf die Welt kommt, trotz des großen Kummers, den seine Mutter durchmacht, ganz von dem Kummer zu schweigen, den ihr Mann ihr noch bereiten wird. Unserem Kleinen geht es sehr gut. Er ist sehr hübsch, selbst wenn man die Voreingenommenheit der Großmutter berücksichtigt; oft küßt er das Bild seines Papas im Zimmer seiner Mutter. Es zerreißt mir, um ehrlich zu sein, das Herz. Seien Sie, Monsieur, meiner Gefühle der Hochachtung und des Vertrauens versichert, von denen ich Ihnen in diesem Moment einen erneuten Beweis gebe und die nicht erlöschen werden bei Ihrer aller untertänigsten und allergehorsamsten Dienerin

MASSON DE MONTREUIL»[4]

[4] Die Hervorhebungen stammen von Madame de Montreuil. Unveröffentlicht; Analyse bei Heine.

25.

Ein seltsamer Schmetterling...

In den achtundvierzig Stunden nach ihrem Brief vom 2. März 1769 erfährt Madame de Montreuil etwas, das sie veranlaßt, am 4. einen weiteren Brief zu schreiben. Diese Neuigkeit erregt ihren Zorn, doch überrascht es sie bei ihrem Schwiegersohn nicht. Auch wir sind nicht erstaunt. Was eher Fragen auslöst, ist die Rolle, die der Abbé de Sade hierbei spielt, sofern wir darüber etwas dem Brief entnehmen können, den die Präsidentin ihm schreibt und der, obwohl sehr viel kürzer als der vom 2. März, nicht minder aufschlußreich ist:

«Ich kann nicht umhin, Ihnen, Monsieur, mein Erstaunen auszudrücken. Beruhigt über das, was Sie mir durch meine Tochter hatten ausrichten lassen [der Abbé schreibt also an Pélagie], erwartete ich von Ihnen nähere Aufklärung über das einzige Thema, das Ihr Mißfallen zu erregen schien, nämlich die Art und Weise, in der seine Geschäfte geführt werden. Ich habe dazu nur zwei Ratschläge gegeben, die ich für geeignet halte: die Streitigkeiten durch Vergleich beizulegen und eine Liegenschaft möglichst günstig zu verkaufen, vorausgesetzt, daß sie, wie man mir sagt, zweieinhalb Prozent wert ist, um damit alle Schulden zu fünf Prozent sowohl in Avignon wie hier zu begleichen und den Überschuß, sofern einer bleibt, anzulegen. Wenn man sich darüberhinaus auf mich beruft, so ohne Berechtigung, denn mehr habe ich zu dieser Sache nicht gesagt. Statt von diesen Betätigungen, die der Lage der uns interessierenden Person angemessen wären, erfahre ich aus der Öffentlichkeit, daß er ein Fest, einen Ball, ein Theaterstück gegeben hat, und alles, was damit zusammenhängt, und was für Schauspielerinnen! Gegen das Fest als solches war gewiß nichts einzuwenden, zumal man mir versichert hat, daß Sie ihm durch Ihre Anwesenheit Ihre Zustimmung erteilt haben, wodurch es in meinen Augen für den, der es gegeben hat, vollkommen entschuldbar wurde; da nun aber nicht alle gleichermaßen nachsichtig sind, kann ihm daraus sehr großer Schaden entstehen, und die Folgen können ernster sein, als er denkt. Dinge, die unter normalen Bedingungen schlicht und harmlos sind, nehmen durch bestimmte Umstände eine andere Gestalt an. [...] Ich wäre, offen gestanden, nicht so nachsichtig gewesen wie Sie; ich hätte eher den Saal in Brand gesteckt, wenn ich keine andere Möglichkeit gehabt hätte, es zu verhindern. Man kann nur feststellen, daß er genauso leichtsinnig ist wie zuvor. Welche Folgerungen daraus zu ziehen sind, können Sie sich denken. [...] Sie werden, hoffe ich, meine Vorhaltungen entschuldigen mit der immensen Bedeutung, die sein Lebenswandel sowohl für ihn selbst wie für seine Kinder hat. Ich will gar nicht von den Belangen seiner Frau sprechen, die ihm am wenigsten nahegehen, obwohl er ihr im Grunde großen Dank schuldet. Daß sie hierher zurückgekehrt ist, würden Sie nicht mehr ganz so mißbilligen, wenn Sie berücksichtigen, von wie großem Nutzen sie hier für ihren Mann sein kann. Für mich ist es, offen gestanden, sehr beruhigend, obwohl ich mit den diesbezüglichen Abmachungen zwischen ihnen nichts zu tun habe. Ich würde ständig in Todesängsten schweben, wenn ich sie mit diesem Mann in einem abgelegenen Schloß eingesperrt wüßte.

Ich habe die Ehre...» (Unveröffentlicht; siehe Heine)

Auf einem kleinen Papierstreifen, den sie oben auf das dritte Blatt ihres Briefes klebt, damit der Abbé seinem Neffen den Brief ohne diesen Streifen zeigen kann, fügt Madame de Montreuil drei Zeilen hinzu:

«Ich bitte Sie, Monsieur, mir unter uns über zwei Punkte ehrliche Auskunft zu geben: Wer sind die Diener, die er bei sich hat? Und ist Langlois noch immer dabei?

Und stimmt es, daß er nicht bei guter Gesundheit ist, daß er noch immer an seinen Hämorrhoiden leidet und nicht reiten kann?

Ihr alter Grimm, Monsieur, sollte sich verflüchtigen angesichts der Bedeutung des aktuellen Anliegens. Ich habe Ihnen ein Beispiel gegeben, aus Vernunft und nicht aus Verblendung, das versichere ich Ihnen.»

War der Abbé de Sade über die Meinungsverschiedenheit, die er mit seinem Neffen hatte, als die Beauvoisin in La Coste den Ton angab, wirklich so ergrimmt[1]? Er war 1765 sechzig Jahre alt, und die «philosophische Lässigkeit», die die Präsidentin ihm immer heftiger zum Vorwurf machen wird, hatte sich gewiß schon bei ihm eingenistet. Inzwischen sind vier Jahre vergangen. Die alte Geschichte wird ihm als Lehre dienen, sich in die Dinge seines Neffen nicht allzusehr einzumischen, und es hat tatsächlich den Anschein, daß er sich auf nichts mehr einläßt. Er ist nur noch stiller Zuschauer und findet darin sein Vergnügen. Ich kann mir ihn sehr gut als Gast Donatiens inmitten des Festtrubels vorstellen, mit einem Seitenblick auf die Dekolletés der Schauspielerinnen und der weiblichen Gäste, Huldigungen entgegennehmend, die er eher seinem Ruf verdankt, ein Mann zu sein, der den Frauen gefallen hat und noch immer gefällt, und auch ein talentierter und geistreicher Schriftsteller, als seiner Stellung in der kirchlichen Hierarchie. Es ist nicht ausgeschlossen, daß er seinem Neffen ein paar vernünftige Ratschläge gab. Wenig wahrscheinlich ist dagegen, daß er versucht hat, von jener Autorität Gebrauch zu machen, die Madame de Montreuil ihm unterstellt, einer Autorität, die dadurch geschmälert wird, daß er auf Donatien angewiesen ist; einige Monate später wird ein Brief von Madame de Montreuil ihn bezüglich der Absichten ihres Schwiegersohnes beruhigen, denn dieser, so schreibt sie, denkt nicht daran, den Besitz Vignerme, in den der Abbé von Saumane aus umgezogen ist, zu verkaufen. Als er 1767 die Rolle seines Vaters übernahm, schrieb Donatien nach dem Erscheinen des dritten Bandes des *Vie de Pétrarque* an seinen Onkel: «Ich habe Ihr Werk noch nicht vorstellen können, aber das wird, hoffe ich, geschehen sein, wenn Sie meinen Brief in Händen halten.» (BN[x])

Ich wage es nicht, von den Gefühlen des Abbé de Sade für Donatien zu sprechen. Zunächst: Hat er überhaupt noch Gefühle? Wir werden bald sehen, daß er eine gewisse Grausamkeit an den Tag legt, jene des in seinen Interessen und seiner Ruhe bedrohten Egoismus. Man darf bezweifeln, daß er hierbei sehr starke

[1] Der Abbé hatte mit dem Abbruch der Beziehungen offenbar vor allem sein Mißfallen ausdrücken wollen. Nach dem Tod des Comte war es seit Anfang 1767 zumindest äußerlich zu einer Versöhnung gekommen; vielleicht zeigt das der Brief vom 19. März 1767, der schon (S. 190) in Auszügen zitiert wurde.

zärtliche Gefühle für seinen Neffen in seinem Herzen unterdrücken mußte; ich glaube eher, daß er Sade 1769 betrachtet wie ein Entomologe einen seltenen oder gar unbekannten Schmetterling.

Ein seltsamer Schmetterling... Hat Donatien de Sade wirklich einen Kopf, so leichtgewichtig wie es seine Flügel sind, die ihn immer dorthin zu tragen scheinen, wohin ihn, wie der Comte einmal sagte, «der Hang zum Vergnügen zieht, das er nirgendwo findet»? Dieser Kopf, denke ich, ist schon recht gedankenschwer, er ist mit der Rolle, die seine Umgebung ihm zuschreiben möchte, nicht zufrieden, aber er hat noch nicht seinen Ruhepunkt gefunden. Einstweilen begleitet er voll Neugierde diesen umherwirbelnden Körper.

Da man Sade die Vergnügungen von Paris verwehren will, sucht er sie in Marseille; dort wirbt er die Schauspieler und Schauspielerinnen an, die er in La Coste auftreten läßt; von dort bringt er wohl auch den angehenden Schauspieler mit, der als Sekretär voll Fleiß die Berechnungen seines Gebieters, des Marquis, zu Papier bringt, Berechnungen, die, mögen sie auch nach militärischen Gesichtspunkten aufgestellt sein, vollkommen nebulös sind. Nebulös im doppelten Sinne, denn die wahnwitzigen Ausgaben, die Madame de Montreuil zu schaffen machen, haben überwiegend eine illusorische Ursache: das Theater. Das Theater, zu dem Sade in allen Lebensabschnitten zurückfindet, denn ihm wendet er sich zu, sobald man ihm die Freiheit dafür läßt. Um im Schloß von La Coste, das noch wenige Monate zuvor unbewohnbar war, Theater spielen und Gäste empfangen zu können, waren erhebliche Aufwendungen erforderlich[2]. Während wir nicht wissen, was den Comte de Sade ruiniert hat, sind wir uns bei seinem Sohn dessen sicher: Die Mittel, die Donatien besaß, sind für die bühnenmäßige Ausstattung seines Lebens und für die Rollen, die er darin gespielt hat, verwendet worden.

[2] Etwa 1764 oder '65 schreibt der Comte an eine seiner Schwestern: «Mein Bruder schreibt [...] mir, La Coste sei ganz verfallen, und ich könne dort nicht wohnen; daher muß man auf eine Reise in die Provinz verzichten.» (BN[x]) Um im Sommer 1765 zusammen mit der Beauvoisin in La Coste Gäste empfangen und spielen zu können, hatte Sade Umbauten veranlaßt, die sich bis 1772 hinziehen (siehe das gut dokumentierte *La Coste, Sade en Provence* von Henri Fauville, Edisud 1984).

Doch im Frühjahr 1769 vermengt Sade die Intrigen des Lebens mit denen der Bühne, und hier wie dort spielt er Komödie. Ohne daß Madame de Montreuil davon weiß, hat er (wahrscheinlich dank der Vermittlung von Pélagie) erreicht, daß seine Mutter sich bei Monsieur de Saint-Florentin für ihn einsetzt, der ihr am 2. April schreibt:

> «Ich habe dem König von dem Brief berichtet, mit dem Sie mich am 30. des letzten Monats beehrten. Überzeugt, daß Sie nichts als die reine Wahrheit vortragen, ist Seine Majestät so gnädig und gestattet Monsieur de Sade die Rückkehr in ein in der Nähe von Paris gelegenes Landhaus, um sich dort der Behandlung zu unterziehen, die seine Gesundheit erfordert, und auch die entsprechende Pflege zu erhalten; aber unter der Bedingung, daß er nur wenig Besuch empfängt und auf seine Besitzungen zurückkehrt, sobald seine Gesundheit es erlaubt, denn Seine Majestät gedenkt nicht, seine diesbezüglichen Befehle aufzuheben. Sie dürfen Monsieur de Sade von dieser stillschweigenden Genehmigung Mitteilung machen, damit er sie so rasch wie möglich nutzen kann, da sein derzeitiger Zustand sehr rasche Hilfe erfordert.» (Lely)

Völlig hinters Licht geführt, wie sie selbst sagen würde, beeilt sich Madame de Montreuil, um eine gute Figur zu machen, noch auf den fahrenden Zug zu springen, und erkundigt sich beim Minister des Hofstaates, der ihr am 5. April antwortet, es sei alles in Ordnung, und er habe bereits der Comtesse de Sade Mitteilung gemacht. Nicht ganz auf der Höhe dieser geheimnisvollen Vorgänge, bemüht sich die Präsidentin am 17. April, den Eindruck zu erwecken, als habe sie an deren Organisation mitgewirkt: Sie fordert den Abbé (er hatte solches mit einem Brief vom 27. März versprochen) zur Berichterstattung auf und macht sich besonders Sorgen wegen ihrer Fragen auf dem kleinen aufgeklebten Papierstreifen:

> «Es kommt mir unglaublich vor, daß Sie Monsieur de Sade nicht erreicht haben oder nicht erreichen konnten bis zum 8. dieses Monats, denn einen Brief mit diesem Datum hat meine Tochter gestern von ihm erhalten, und darin spricht er nur von den Erbschaftsaussichten, die sie ihm macht, und von der Fügsamkeit, die er als deren Auswirkung bei sich erwartet [?]. Kein Wort von Ihnen, Monsieur, und nichts, was

uns erkennen läßt, daß er Sie gesehen hat; ein korrekter, anständiger Ton, wie es sich ja auch gehört [wie gern hätten wir diese Briefe, aber auch die anderen, die nicht korrekt und anständig waren!], den er ihr gegenüber endlich anschlägt und bezeigt, ist vielleicht die Wirkung Ihrer Ratschläge und Ihrer Gegenwart; doch wenn das so ist, warum höre ich dann nichts von Ihnen? Es sind zwei wichtige Punkte, auf die Sie nicht die Güte hatten, mir zu antworten, nach denen ich auf einem kleinen gesonderten Papierstreifen fragte; ich habe deshalb, was den schlechten Gesundheitszustand angeht, unseren jungen Leuten aufs Wort glauben müssen. Und Madame de Sade hat erreicht, daß er hier in der Nähe etwas für seinen Unterhalt tun kann, um wieder reiten und bei Gelegenheit seinen Dienst wieder antreten zu können. [...] Von seinem Verhalten wird es nun abhängen, was wir künftig zu befürchten oder zu erhoffen haben. Er besucht seine Frau, seine Familie, er bemüht sich, ein gefährliches Leiden, das lästig geworden ist, zu heilen, wozu es geschickter Chirurgen und rascher Hilfe bedarf; sollte sich seine Rückkehr herumsprechen, so braucht die Öffentlichkeit weder in der Provence noch hier mehr darüber zu erfahren. Ich habe lange auf Ihren Rat, Ihre Erläuterungen gewartet, ehe ich mich entschloß, dem so Heißbegehrten zuzustimmen [vermutlich dem Darlehen, mit dem die dringendsten Schulden abgedeckt wurden] [...] Von Seiten meiner Tochter darf ich Ihnen die herzlichsten Grüße übermitteln; es geht ihr nicht gut, sie hat Halsschmerzen. Die Sorge, der Kummer erhitzen das Blut, das ist ganz einfach. Ihre Schwangerschaft schreitet voran.» (BN[x])

Dem Brief, mit dem Sade dem Abbé am 22. April mitteilt, daß er nach Paris darf, haftet eine gewisse Ironie an:

«Anbei, mein lieber Onkel, sende ich Ihnen den Brief des Ministers, der mir, wie Sie sehen werden, nach reiflichen Überlegungen von Madame de Montreuil, die der Kopie des besagten Briefes beigefügt sind, die Reiseerlaubnis ausspricht. Der letzte Satz lautet:

‹Reisen Sie am vierundzwanzigsten zu Hause ab.› [...]»

Ende April, Anfang Mai 1769 ist Sade also in Paris. Dort wird am 28. Juni sein zweiter Sohn geboren, Donatien-Claude-

Armand Chevalier de Sade. Die Taufe findet diesmal im engsten Familienkreis statt: Pate ist Monsieur de Montreuil, Patin die Comtesse de Sade. Tags darauf erstattet Madame de Montreuil dem Abbé de Sade Bericht: «Sie haben einen kleinen Neffen mehr. Madame de Sade ist Dienstagabend, den 27., von einem großen Jungen entbunden worden, der so groß und kräftig ist, wie man nur sein kann, und mehr, als man bei einer so zarten Mutter erwarten sollte. Sie hat denn auch tüchtig gelitten, um ihn Ihnen zu schenken.» Irrtümlich schreibt Madame de Montreuil über ihren Schwiegersohn: «Er ist völlig frei», was nicht stimmt, denn er muß sofort nach seiner Heilung nach La Coste zurückkehren.

Der weitere Weg Sades ist ein wenig verwirrend. Ende August ist er in La Coste, dem königlichen Befehl gemäß, denn Madame de Montreuil schreibt am 22. an den Abbé de Sade, sie hindere Pélagie daran, zu ihm zu reisen (der Abbé hat, wir wissen nicht was, an Pélagie geschrieben):

> «Ihren Brief vom 12., den Sie mir für Madame de Sade zukommen ließen, habe ich an sie weitergegeben; ich kann seinem Inhalt nur zustimmen; Sie haben einem trefflichen Gedanken trefflich Ausdruck gegeben. Ich habe sie seither nicht gesehen und weiß daher nicht, welchen Eindruck er auf sie gemacht hat. Wir sind uneins miteinander, denn sie möchte reisen, und wir halten sie zurück. Ich weiß, man drängt, man hält mir vor, das mache einen sehr schlechten Eindruck in der Gegend [«man» ist natürlich Sade]; darauf erwidere ich, daß es mir leid tue und daß weder ich noch ihr Vater noch ihre Familie sie neuen Szenen aussetzen möchten; daß wir, wenn die Besserung im Wandel ihres Ehegatten über einige Zeit anhält, der Reise zustimmen werden [um was für Szenen handelt es sich? Ist das Theater von La Coste gemeint, oder handelt es sich um neuerliche Pariser Streiche?]; das ist doch wohl gerecht, meinen Sie nicht? Der Öffentlichkeit braucht er nur zu sagen, ihre Gesundheit erlaube es nicht, derzeit diese Reise zu unternehmen, sie werde fahren, wenn es ihr wieder besser geht. Ich wäre Ihnen sehr verbunden, wenn Sie sich in diesem Sinne äußern und mit Ihrem Herrn Neffen vernünftig darüber reden würden, denn er kann sagen, was er will, er ändert nichts daran; er wäre gut beraten, nichts erzwingen zu

wollen, sondern sich zu fügen und seine Frau selbst entscheiden zu lassen; er soll sich nur nicht einbilden, er könne uns mit seinem ICH WILL Angst machen.» (BN[xx])

Leider kann dieser wichtige Brief hier nicht in ganzer Länge zitiert werden. Das Wesentliche aber ist gesagt: Die Montreuils sind jetzt entschlossen, ihre Autorität auszuspielen, sowohl gegenüber Sade wie gegenüber Pélagie, die sich jetzt offen gegen ihre Eltern stellt.

26.

Der Pinsel des Aretino

Am bemerkenswertesten bei alledem ist das Verhalten Sades. Er ist jetzt neunundzwanzig Jahre alt. Zu seiner Zeit gelangt man in diesem Alter bei entsprechenden Fähigkeiten in die höchsten Ämter; unübersehbar ist die Zahl der Armeeführer, der hohen Richter und Beamten, die in diesem Abschnitt ihres Lebens die bedeutendsten, verantwortungsvollsten Aufgaben übernehmen; Sade gilt in seiner Familie weiterhin als ein schwieriger Jüngling. Offenkundig bringt er sich selbst bei jeder Gelegenheit in die Position des Kindes, das getadelt werden möchte. Er bräuchte sich mit seinen Titeln, seinem Offizierskommando, seiner Verantwortung als Familienoberhaupt und den Gütern, die er zu verwalten hat, nur zu *zeigen*, um seine Selbständigkeit zu erlangen, seine Frau zurückzugewinnen und die Montreuils auf größere Distanz zu halten, und könnte sich dabei sogar weiterhin eine gelegentliche Ausschweifung erlauben. Doch er tut es nicht. Er läßt in keinem Augenblick die Absicht erkennen, die ihn betreffenden Dinge in die Hand zu nehmen. So hat er sich bisher zum Beispiel noch nicht von sich aus an die Behörden gewandt, außer in der Haltung eines Bittstellers, und als er es dann tut, ist es viel zu spät, und *er weiß das.* Er macht es *mit Absicht.* Auch könnte er, wenn er wollte, persönliche Beziehungen haben und sie spielen lassen, doch er hat sie nicht; er könnte bei den Ministern um Audienz bitten, er könnte zu Sartine gehen und «von Mann zu Mann» mit ihm sprechen – er probiert es nicht einmal. Man spürt, daß ihm nichts fremder ist als die Welt der «Männer», daß sie ihn irgendwie abstößt. Es ist nicht seine Welt. Zwar kommt es jahrelang immer wieder zu gelegentlichen heftigen Protestbekundungen, die wie bei einem jähzornigen Kind stets *deplaziert* sind, doch nähert er sich, wenn ich mich so ausdrücken darf, meistens von der Seite, mit gesenktem Kopf, und hält die Rute hin, mit der er geschlagen werden möchte. Wenn er verärgert ist, verschwindet er, um anderswo doch zu machen, was er will. Wenn man ihn zur Rede stellt, antwortet er ausweichend. Es ist die «elastische Verteidigung» der Heranwachsenden, die Sartre im *Idioten der Familie* beim jungen Flaubert beobachtet. Doch Sade ist nicht daran gelegen, als der anerkannt zu werden, den die Gesellschaft in ihm sehen möchte und der er gesellschaftlich tatsächlich *ist*: eine wichtige Persönlichkeit, ein Erwachsener mit Adelstiteln, ein Träger von Verantwortung. Das aber will er gerade nicht sein, außer zum Schein, um zu *spielen*.

Daß er mit dreißig Jahren noch nicht recht weiß, was er sein will und was er sein kann, liegt vor allem daran, daß er in einer Welt des falschen Scheins aufgewachsen ist. An diesem Punkt entzündet sich der Konflikt zwischen der Herkunft Sades und seinem inneren, noch unbewußten Beruf. Er kann nur noch nicht recht erkennen, was das bedeutet, doch ist Donatien de Sade, der aristokratische Wüstling, der verschwenderische Marquis, zugleich ein intellektueller Wahrheitssucher, verirrt in ein Milieu, das dieser Nutzung des menschlichen Gehirns nicht fremder und feindseliger gegenüberstehen könnte. Ihm ist das noch nicht wirklich bewußt. Er spürt in sich nur immer stärker diesen Widerstand, auf den er, der «sich nicht einen Augenblick verstellt», immer häufiger stoßen wird in einer Umwelt, in der man vor allem lernt, sich jeden Augenblick zu verstellen.
Um allem die Krone aufzusetzen, heiratete er mit dreiundzwanzig Jahren in eine Familie von Richtern ein, das heißt, von Verfechtern der Aufrechterhaltung der gesellschaftlichen Ordnung. In jenem Jahr 1763 hat er auch zum ersten Mal die gesellschaftliche Unterdrückung erfahren.
1769 erlebt er deren Härte zum zweiten Mal, und bereits ein wenig stärker. Seine gesellschaftliche Randstellung wird deutlich. Und wie reagiert darauf sein rebellisches Naturell, das seiner Umgebung so sehr zu schaffen macht? Im ganzen reagiert er mit einer Auflehnung, die durch die Strafe nur verstärkt wird. In einem Brief, den er 1777 aus Vincennes an seine Frau richtet, äußert er sich dazu: «Oh, man hat doch all diese Gefängnisse sehr gut genutzt! Schauen Sie, was nach der Haft von Lyon alles geschehen ist.» (Borderie)
Sehr viel weniger wissen wir über den allgemeinen Stand seines Denkens. Es ist sehr irritierend und frustrierend, wenn man das Leben Sades erforscht und bisweilen ganz genau über seine Rei-

sen Auskunft erhält, während uns der Weg und die Stationen seiner geistigen Entwicklung über lange Strecken verschlossen bleiben, und das oft gerade in den Momenten, wo es besonders wichtig wäre, etwas über sie zu wissen. Es läßt sich sogar sagen, daß es kaum einen bedeutenden Kopf gibt, dessen Entwicklung uns im gleichen Maße verschlossen ist. An der damaligen Zeit liegt das nicht, denn bei Diderot, der siebenundzwanzig Jahre vor Sade geboren ist, können wir anhand seiner Briefe, seiner Texte und der Zeugnisse seiner Mitmenschen ziemlich genau verfolgen, wie sich im Lauf der Jahre sein Geist formt. Bei Sade kann davon keine Rede sein.

Aber was auch immer sich in seinem Kopf abspielen mag, es ist vor allem der Körper Sades, der in diesem Jahr und den beiden folgenden unruhig zu sein scheint. Ende September taucht er plötzlich in Holland auf, wenn man der Darstellung folgt, die in den *Œuvres diverses* festgehalten ist: Abfahrt von Paris am 19. September abends; Station zwischen Cambrai und Valenciennes; Ankunft in Brüssel am 22. morgens, Aufenthalt bis zum 27. mittags, dann Abreise nach Antwerpen, wo er gegen Abend eintrifft und von wo er am 28. morgens wieder abreist; am 29. besucht er Rotterdam, am 30. Delft; vom 1. bis 7. Oktober ist er in Den Haag; am 7. trifft er in Leiden ein; am 8. in Haarlem; vom 9. bis 18. besucht er Amsterdam, danach tritt er die Rückreise an. Nachdem er am 20. nochmals in Antwerpen Station gemacht hat, kommt er am 21. nach Paris zurück.

Es gäbe von diesem Ausflug in die Niederlande nicht viel zu melden, wenn es dort nicht zu einem wichtigen Ereignis gekommen wäre, das jedoch kaum bekannt und damals wohl auch von Sade selbst nicht angemessen bewertet worden ist: Im Oktober 1769 tritt er erstmals offiziell als Schriftsteller in Erscheinung, indem er mit einem Verleger verhandelt. Nicht als Verfasser der *Voyage en Hollande*[1], die mehr als zweihundert Jahre lang unveröffentlicht geblieben ist, sondern als Autor eines erotischen Tex-

[1] *Voyage de Hollande en forme de lettres* lautet der Titel dieses Textes, des letzten der *Œuvres diverses*, der bei seinen Entdeckern, Georges Daumas und Gilbert Lely, nicht gerade Begeisterung ausgelöst hat: «Ziemlich dünn und enttäuschend [...] eine Kuriosität für die Sade-Forscher», sagt Lely. Aber mögen Inhalt und Form auch konventionell sein, ist es doch einer der wenigen autobiographischen Texte Sades.

tes, von dem wir, außer daß er zu diesem Genre gehört, nichts wissen, eines Textes, der sehr wahrscheinlich in den Folgemonaten gedruckt und in den Handel gebracht wurde.
Offiziell ist nicht das richtige Wort, denn das alles vollzieht sich im Untergrund. Aber es ist doch vermutlich das erste Mal, daß Sade einen seiner Texte auf den Buchmarkt bringt.
Es ist Sade selbst, der zwölf Jahre nach der Reise unwiderlegbar von den diesbezüglichen Tatsachen berichtet. Im Januar 1782 schreibt er seinem einstigen Lehrer, dem Abbé Amblet, aus Vincennes im Rahmen einer literarischen Kontroverse einen Brief, der in mehr als einer Hinsicht sehr interessant ist, denn es geht um eines seiner Stücke, an dem Amblet heftig Kritik geübt hatte:

> «Ich teile ein wenig die Ansicht von Monsieur de Buffon: Das einzige, was ich an der Liebe liebe und gut finde, ist *die Lust* [Hervorhebung von Sade]. Ihre Metaphysik ist nach meiner Meinung etwas ganz und gar witzloses und aufgeblähtes, und wenn es darum geht, meine Werke damit zu überzuckern, wie es die dramatische Kunst fordert, so bin ich dafür nicht mehr zu haben.
>
> Es ist deshalb mein lebhafter Wunsch, daß die etwas weniger eingeschränkte Probe meiner Talente, die ich diesbezüglich liefern werde, sobald ich frei bin, erfolgreicher sein möge, als sie es jetzt bei jenem dramatischen Versuch war, der Monsieur Amblet zu seiner Äußerung veranlaßt. Und es wird mir eine große Befriedigung sein, wenn ich *mich wieder meinem einzigen Genie hingebe* und den Pinsel des Molière *gegen den des Aretino* vertausche.
>
> *Der erstere hat mir*, wie man sieht, *nicht mehr als ein wenig Wind in der Hauptstadt der Guyenne eingetragen; der letztere hat mich für sechs Monate meine kleinen Vergnügungen in einer der ersten Städte des Königreichs finanzieren und zwei Monate lang durch Holland reisen lassen, ohne daß ich einen einzigen Sou dafür aufzuwenden brauchte.* Was für ein Unterschied.»[2]
>
> [Alle Hervorhebungen in den beiden letzten Absätzen von mir.]

Sade liefert uns mit einem Schlag drei wichtige Informationen: Bevor er 1777 eingesperrt wurde, hat er eines seiner Stücke in

[2] Daumas. Das Datum dieses Briefes ist zweifelhaft.

Bordeaux lesen oder aufführen lassen, und er hat einen erotischen Text an Verleger in Holland und einen weiteren in Lyon oder Marseille verkauft. Diese Angaben verdienten näher untersucht zu werden[3].

Den fraglichen Text kennen wir nicht, und so sind wir auf Mutmaßungen angewiesen: Bereits Ende 1769 hat Sade von einem Verleger Geld für zumindest einen erotischen Text, dessen Autor er war, erhalten. Was den anderen Text betrifft, ist die Angabe vage; Marseille, Bordeaux und Lyon sind die einzigen bedeutenden Städte, die Sade zwischen 1763 und 1777 häufiger aufgesucht hat, um dort seinen Vergnügungen nachzugehen, und er gibt für das erwähnte Geschäft kein genaues Datum an. Für das holländische Erotikon wiederum steht das Datum fest, denn für eine weitere Hollandreise gibt es keinen Anhaltspunkt in seinem Leben. Der Ort könnte Amsterdam oder Den Haag gewesen sein, denn nur in diesen beiden Städten, die gut mit Druckereien ausgestattet waren, hat er sich lange genug für eine solche Transaktion aufgehalten.

Für Den Haag sprechen zwei Argumente: Das erste ist ein Brief vom Mai 1779, in dem er sich ausmalt, wie er sich nach seiner Freilassung an der Präsidentin rächen wird, indem er nämlich ein Pamphlet gegen sie veröffentlicht: «Papiere, Tinte und ein paar durchtriebene Burschen, mehr brauche ich nicht. Auf die Polizei oder ein Ministerium bin ich nicht angewiesen; nur einige Erinnerungen, etwas Geld und die Drucker von Den Haag.» (Es ist aber gut möglich, daß er mit Den Haag ganz Holland gemeint hat.) Das zweite Argument ist eine unscheinbare Bemerkung in seinem Reisebericht: «Der kurze Aufenthalt, den ich in Den Haag hatte, hindert mich daran, Ihnen über den Zeitvertreib des Hofes und der verschiedenen Gesellschaften Einzelheiten zu berichten.» Da Sade sich schnell Kenntnis zu verschaffen pflegte, hätten die sechs oder sieben Tage, die er in Den Haag weilte, ausreichen müssen, um sich zu informieren; er scheint daher von etwas anderem beansprucht gewesen zu sein. Man

[3] Soweit ich weiß, ist dies nie erforscht worden. Gilbert Lely hat im Gespräch mit mir wiederholt anerkannt, daß diese Hinweise (er spricht davon in seiner *Vie de Sade*) interessant seien, er sei aber nicht zu bibliographischen Nachforschungen bereit.

kann sich sehr gut vorstellen, daß er sich für die Druckereien interessierte und dort die Tage verbrachte.

Die Argumente für Amsterdam sind schwächer: Die Dauer des Aufenthalts, etwa eine Woche, und diese Bemerkung: «Die Gesellschaft ist in dieser Stadt sehr trübsinnig. Wenn man Sie einmal zum Diner bittet, so nur zum Essen; sobald die Tafel aufgehoben ist, läßt der Hausherr Sie allein und begibt sich in sein Kontor, und man muß entweder gehen oder mit Frauen vorliebnehmen, die oft genug häßlich und in der Regel durch die Biederkeit, die sie alle an sich haben, auch nicht sonderlich einladend sind; obendrein erhält man sehr schwer Zugang zu so vornehmen Häusern; als Ausländer braucht man, um dort vorgelassen zu werden, die besten Empfehlungsschreiben.» Es hat den Anschein, als spräche Sade aus Erfahrung; vermutlich hat er bei einem Verleger diniert, für den er eine Empfehlung hatte und der ihn am Ende der Mahlzeit sitzengelassen hat, um in sein Kontor zu gehen. Was für einen Geschäftsmann hätte er sonst noch besuchen können? Vielleicht einen Bankier... Wir werden es wohl niemals erfahren.

Auch über das Tun und Treiben Sades in den zwei Jahren, die sich an seine Reise anschließen, vom November 1769 bis zum November 1771, wissen wir nur wenig. Wo ist er, was macht er? Es gibt kaum Dokumente.

Wenn man vom Geburtsdatum (17. März 1771) ausgeht, hat Sade im Juli 1770 zwischen dem 15. und dem 20. mit seiner Frau ein drittes und letztes Kind gezeugt, ein Mädchen namens Madeleine-Laure. Hier regten sich wohl vor dem baldigen Abschied noch einmal die Gefühle, denn am 24. Juli setzt der Marquis den Notar Fage in Apt, den Hauptverwalter seiner Güter in der Provence, von seiner Abreise zur Armee in Kenntnis, wo ihn, wie man sich erinnert, Madame de Montreuil schon am ersten Juni des vergangenen Jahres zu sehen wünschte.

27.

Schuldentilgung

Doch der Wiederbeginn der militärischen Laufbahn des Marquis de Sade steht unter einem schlechten Stern. Er sollte sich nach Fontenay-le-Comte begeben und dort seine Aufgaben als Hauptmann im Kavallerieregiment von Burgund übernehmen. Obwohl seine Angehörigen schon vorher interveniert hatten, um zu verhindern, daß man ihm einen üblen Empfang bereitet, verweigert der vorgesetzte Offizier, auf den der Marquis stößt, ihm die Übernahme seines Kommandos, verbietet den untergebenen Offizieren, ihm Gehorsam zu leisten, und schickt ihn sogar in Arrest, trotz absehbarer Proteste. Das Dokument, auf das wir unsere Vermutungen über die Geschehnisse stützen, ist die Abschrift eines Briefes des Kriegsministeriums, vielleicht sogar des Ministers selbst, an Monsieur de Saignes, den Oberstleutnant vom Kavallerieregiment von Burgund. Anscheinend ist dem Ministerium von Seiten Sades oder eines seiner Angehörigen ein energischer Protest zugegangen:

«Man hat mich davon unterrichtet, daß der Herr Comte de Sade, Hauptmann und Kompaniechef, Regimentsoberst im Kavallerieregiment von Burgund, sich nach einem Urlaub, den der König ihm gewährt hatte, bei diesem Regiment eingefunden hat, um die Aufgaben seiner Charge zu erfüllen; daß der Herr de Garsault, stellvertretender Ortskommandant, ihn daran gehindert hat, seine Aufgaben zu erfüllen, indem er erklärte, er könne diese nicht ausüben, wenn er nicht zuvor als befehlshabender Hauptmann aufgenommen worden sei; Sie sollen es, ebenfalls dieser Auffassung, für richtig erachtet haben, den Arrest für ihn anzuordnen und dem Logismeister und Fourier der Kompanie zu verbieten, ihm Gehorsam zu leisten. Ich kann kaum glauben, daß sich dies wirklich so zugetragen hat, denn Sie hätten sicherlich nicht versäumt, mir davon zu berichten. Doch angenommen, daß das, was mir darüber vorgetragen wurde, der Wahrheit entspricht, kann ich nur sehr erstaunt sein über die Ablehnung, auf die Herr Comte de Sade gestoßen ist, sei es, daß man ihn daran gehindert hat, die Aufgaben seiner Charge zu erfüllen, sei es, daß Sie, sofern ihm die noch nicht vollzogene Aufnahme als Hauptmann vorgehalten werden konnte, ihn nicht haben aufnehmen lassen aufgrund des Briefes, durch den der König ihm die besagte Charge eines befehlshabenden Hauptmanns gewährt hat. Es ist nicht möglich, daß man beim Corps keine Kenntnis hatte von der Verfügung, die Seine Majestät zu seinen Gunsten getroffen hatte, denn der besagte Brief ist dort eingegangen. Im übrigen hat Seine Majestät ihm in besagter Eigenschaft Urlaub gewährt, den letzten in den Monaten Juni und Juli dieses Jahres, so daß kein Zweifel daran bestehen konnte, daß Sie ihn in die Stellung eines befehlshabenden Hauptmanns eingesetzt hatte, deren Funktionen auszuüben man ihn gehindert hat. Es ist unbedingt erforderlich, daß Sie mir nach Erhalt meines Briefes unverzüglich die Gründe nennen, die Sie dazu bewogen haben, ihm die Aufnahme oder die Ausführung eines Dienstes zu verwehren, den niemand ihm streitig machen durfte, damit ich Seiner Majestät darüber berichten kann.

Ich bin» usw.[1].

Wie sich die Dinge weiter abgespielt haben, ist uns bei der gegenwärtigen Quellenlage über Sade unbekannt. Hat das Ministerium dem Kavallerieregiment von Burgund diesen unerwünschten Hauptmann aufzwingen können, oder mußte Sade

[1] Insgesamt unveröffentlicht. Sehr fehlerhaft bei Lely. Mit Hilfe der sehr liebenswürdigen und sehr sachkundigen Bibliothekarin Mademoiselle Corvisier in den Archives de l'Armée in Vincennes von Mathias Pauvert entziffert. Wie Mademoiselle Corvisier klären konnte, war der Brief vom Minister an den Oberstleutnant de Saignes gerichtet und nicht von letzterem geschrieben worden, und durch ihn geriet der Name des für den Disput verantwortlichen Standortkommandanten, Rittmeister de Garsault, in Sades Biographie. Louis-Charles Mollerat de Garsault, geboren 1741, im Februar 1751 mit den besten Zeugnissen als Kornett in die burgundische Kavallerie eingetreten. 1762 Rittmeister. 1763 wie Sade entlassen, aber später wieder in den Dienst getreten, machte Garsault Karriere wie eine Art perfekter Soldat: «Sehr gut [...] Geistreich, lebhaft, sehr höflich [...] Größte Begabung, höchste Verdienste [...] Sehr gebildet...» Er mußte Sade zwischen 1757 und 1763 kennengelernt haben, ebenso wie de Saignes, geboren 1738, Kornett bei den Grenadieren, als Sade dort diente.

aufgeben? Wahrscheinlich hat dieser Skandal ihn nicht darin bestärkt, eine Karriere weiterzuverfolgen, für die er offensichtlich keine große Begeisterung mehr aufbrachte.

Im Jahre 1771, am 13. März, richtet «der Herr Marquis de Sade, vormals Hauptmann der Kavallerie», an den Kriegsminister das Gesuch, ihn zum Regimentsoberst der Kavallerie ohne Besoldung zu bestellen, dem einige Tage später entsprochen wird.

Dem Laien könnte dies als eine Beförderung erscheinen, doch in Wahrheit handelte es sich bloß um ein Ehrenamt, in das Sade berufen wurde, mit dem seine militärische Laufbahn aber zugleich beendet war. Was sich in ihm und um ihn abspielt, darüber wissen wir praktisch nichts, doch wir kennen die Akten: Am 1. Juni 1771 wird der Herr Marquis de Sade «oder die Person, die mit der Wahrnehmung seiner Interessen beauftragt ist»[2], ermächtigt, bei dem Beamten im Kriegsministerium, der sie verwahrt, die Summe von 10 000 Livres entgegenzunehmen, die diesem Beamten durch den Herrn Comte d'Osmont übergeben wurde, der die Charge des befehlshabenden Hauptmanns, die bis dahin mehr oder weniger von dem Marquis ausgeübt wurde, erworben hat.

Mit den Hoffnungen, die Madame de Montreuil sich gemacht hat, ist es aus. Daß in der Zwischenzeit Madeleine-Laure geboren wurde, dürfte sie für das Scheitern der Ambitionen, die sie für ihren Schwiegersohn gehegt hatte, nicht hinreichend entschädigt haben. Was ist an die Stelle dieser Ambitionen getreten? Was heckt sie aus[3]? Was spielt sich im Frühjahr 1771 in dieser Familie ab? Die Montreuils sind mit den beiden Sade-Söhnen auf ihrem Schloß Valery. Pélagie ist mit ihrer acht Tage alten Tochter in Paris. Ist Sade bei ihr? Daß er seinem Onkel die Geburt von Madeleine-Laure anzeigt, ist kein Beweis dafür; möglicherweise ist er in La Coste und hat es durch einen Brief von Pélagie erfahren, bevor er es dem Abbé mitteilt. Sie ha-

[2] Er ist also nicht unbedingt, wie man geglaubt hat, in Paris.

[3] Im April 1771 herrscht bei der Justiz, die sich regelrecht auflehnt, große Unruhe; am 13. fand der große Gerichtstag statt, bei dem Ludwig XV. nach den Plänen Maupeous die Cour des Aides, den großen Rat und die bisherigen Parlamentsämter aufgehoben und die kostenlose Inanspruchnahme der Gerichte sowie die Nichterblichkeit der Ämter eingeführt hat. Haben die Montreuils sich an diesen Unruhen beteiligt, und waren sie wirklich, wie behauptet worden ist, erbitterte Feinde Maupeous?

ben oft Briefe zwischen La Coste und Saumane gewechselt. Der Abbé jedenfalls macht der Präsidentin zu dieser Zeit Mitteilung von «den günstigen Umständen, die Monsieur de Sade betreffen und mit seinen Geschäften zusammenhängen». Dies bezieht sich sehr wahrscheinlich auf die erheblichen Geldschwierigkeiten, in denen Sade Anfang '71 steckt und von denen in einem Brief die Rede ist, den er ohne Datum, vermutlich aber im Februar oder März, an einen unbekannten Adressaten richtet:

> «Da ich mir unbedingt 60 000 Livres beschaffen muß, um dringende Schulden zu begleichen, muß ich entweder ein Grundstück verkaufen oder den genannten Betrag leihen. Zu diesem Zweck habe ich das Gut von Mazan zum Verkauf angeboten. Doch der Verkauf kommt nicht voran, und die Zeit drängt [...] Kredit von 60 000 zu 5 % in Arles, als Sicherheit mein Landhaus[4]. Mit dem Versprechen, 70 000 und sogar 80 000 Livres zurückzuzahlen, die nach meinem Tod fällig werden [...] Doch dieser Verkauf und die 60 müssen in aller Stille getätigt werden, denn ich möchte nicht genötigt sein, die Mittel ostentativ anzulegen, und zwar mit Rücksicht auf die Gesamthypothek von Madame de Sade [...] Im ersteren Fall sollte man es nicht für weniger als 140 000 bis 160 000 Livres hergeben.» (BN[x])

Die «günstigen Umstände», die der Abbé de Sade angekündigt hat, dürften wohl dem folgenden, unveröffentlichten Brief entsprechen, den Sade am 20. Mai 1771 an Ripert, seinen Pächter und Verwalter in Mazan, schreibt[5]:

> «Ich will Ihnen zunächst von meinen dringendsten Angelegenheiten berichten. Ich bin recht froh darüber, daß ich mit fast allen meinen Gläubigern Vereinbarungen getroffen und erreicht habe, daß sie gegen einen sehr ansehnlichen Betrag, den ich an Zinsen zahle, bis zum 1. Juli nächsten Jahres stillhalten; ich bin darüber, ehrlich gesagt, besonders froh, weil ich Sie nicht zu bemühen brauche, um mich aus der Affäre zu ziehen. Denken Sie aber nicht, daß damit alles erledigt ist,

[4] 60 000 Livres von 1771 entsprechen ungefähr anderthalb Millionen französischen Francs von 1986.

[5] Der *viguier* war so etwas wie ein Stellvertreter des Grundherrn auf seinen Gütern. Seine Funktionen waren von Provinz zu Provinz verschieden.

doch habe ich zumindest den Betrag herabgesetzt, den ich jetzt unbedingt benötige.» (BN[x])

Diesen Betrag gliedert Sade an anderer Stelle auf:

«1° Notwendige und unerläßliche Anzahlungen an Handwerker, die nicht mit sich reden lassen wollen	13 400 l.
2° Wechsel bei Monsieur de Gadagne	4 500
3° Letztes Darlehen, das Sie aufgenommen haben oder 3 100, ich weiß es nicht genau.	3 000
4° An den Juden Beaucaire	5 000
Summe	26 000»

Ripert soll also 26 000 Livres auftreiben, beziehungsweise 13 400, sofern er bereit ist, «hinsichtlich der drei letzten Punkte das zu tun, was ich hier bezüglich vieler weiterer, sehr viel umfänglicherer Punkte getan habe; das heißt, sich unverzüglich zu diesen drei Privatpersonen zu begeben» und «ihnen die von ihnen gewünschten Titel und Sicherheiten anzubieten, mit vernünftigen Zinsen».

Doch diese 13 400 Livres müssen aufgetrieben werden. Deshalb schreibt Sade an den Notar Fage, der zusammen mit Ripert beauftragt ist, die Angelegenheit zu regeln, einen undatierten Brief, der indes mit den vorgenannten Dokumenten gut zusammenpaßt:

«Sie werden mir zugeben, daß Ihre Neigung, mir gefällig zu sein, gegenwärtig recht gering ist, wenn es Ihnen nicht gelingen sollte, die drei Gläubiger, die ich Ihnen genannt habe, hinzuhalten und mir einen Betrag von 13 400 Livres zu beschaffen.

Wenn Sie mich jetzt fragen, aufgrund welcher Sicherheit ich so große Belastungen auf den Juli '72 verlege, so antworte ich, daß ich statt einer vier Sicherheiten habe: Die erste ist meine Gratifikation von den Ständen von Burgund, die ich zu dieser Zeit erhalten soll; die zweite die Rückerstattung meiner Kompanie, die dann gewiß an mich erfolgen wird [sie erfolgt, wie wir soeben erfahren haben, ein Jahr früher]; die dritte eine beträchtliche Summe, die ich auf die Mitgift meiner Frau erhalten soll [sieh da!]; die vierte schließlich die aus dem Verkauf meines Landhauses, den ich gewiß abwickeln werde, wenn ich an Ort und Stelle bin [...] Ich billige die Falle, die Sie Herrn Lions gestellt haben [das ist der Mann, der in Arles die Interessen Sades wahrnimmt; es gab zwei Brüder Lions]. Ich bitte Sie aber, sich ausschließlich darum zu kümmern, die 13 400 Livres zu besorgen, die Sie mir unbedingt im Juni schicken müssen, denn wenn ich bis zum vereinbarten Termin, dem 1. Juli, nicht diese Anzahlung leiste, ist alles zum Teufel, man wird mir keinen Aufschub mehr gewähren, und ich habe sofort wieder die 54 000 Franken am Hals.

Bedenken Sie, wie wichtig das ist, daß es unbedingt gelingen muß, denn sonst bin ich in den Augen meiner Frau verloren.» (BN[x])

Dem letzten Satz kann man entnehmen, daß Pélagie von den Schulden ihres Mannes keine Kenntnis hat. Zumindest einen Teil dieser Kredite gesteht er jedoch ein, insoweit sie offensichtlich für Arbeiten in La Coste verwendet werden, um den Einzug vorzubereiten, der uns im Brief vom 20. Mai in allen Einzelheiten geschildert wird:

«Demgemäß haben wir es uns anders überlegt; ich verstehe nicht, warum Sie die Fragen der Tierhaltung und des Gartens auf meine Ankunft in der Provence verschoben haben [er ist also, als er diesen Brief schreibt, nicht in La Coste]; ich meine, ich hätte Ihnen ganz eindeutig gesagt, sofort ans Werk zu gehen, besonders was den Garten angeht, denn ich gedenke im nächsten Sommer dessen Früchte zu genießen, was nicht möglich sein wird, wenn Sie die Pflanzarbeiten in diesem Winter versäumen, obwohl ich es Ihnen doch gesagt habe. Ich bitte Sie, die Versäumnisse, zu denen es gekommen sein mag, unverzüglich zu beheben.»

Noch interessanter ist, was nun folgt:

«Lassen Sie bitte [...] keinen der Punkte außer acht, um die ich Sie im Hinblick auf meinen geplanten Aufenthalt in La Coste gebeten habe, der vielleicht näher bevorsteht und länger dauern wird, als Sie ahnen: Garten, Geflügel, Käse, Holz usw., setzen Sie das alles in Gang, damit ich, wenn ich in diesem Herbst komme, alles so eingerichtet finde, daß ich möglichst sparsam leben kann. Der Plan für den Garten findet meine Zustimmung», usw.

28.

Hauptort La Coste

«Der Wechsel des Schauplatzes ist selbst Bestandteil der Aufführung.» In seinen Überlegungen, wie denn sein ehrgeizigstes Stück, *L'Union des arts*, am besten aufzuführen sei, beschreibt Sade mit diesen Worten einen Wechsel der Dekoration, bei dem nicht zurückgegriffen wird auf das «Senken des Vorhangs, das die Handlung vollkommen unterbricht»[1]. Durch umsichtige Nutzung des Bühnenhintergrundes wird bereits die Dekoration für die nächste Szene aufgebaut, während die vorige zu Ende geht; auf diese Weise wahrt er die Kontinuität der Aufführung «in einem Stück, das gewissermaßen keine Pause hat». In diesem Sinn hat man in den Jahren 1769/70 auf der Vorderbühne einen Sade in der Uniform eines Kavallerieoffiziers gesehen, der sich anschickt, im Regiment von Burgund eine glänzende Karriere zu machen, während im Hintergrund die Maschinisten unter Zuhilfenahme von allerlei Getier, Anpflanzungen, Wandteppichen und Stuck die Dekoration für einen vorgezogenen Abschied auf dem provençalischen Schloß von La Coste errichteten. Im September 1771 ist die militärische Episode definitiv beendet, und man geht zur nächsten Szene über: Sade in La Coste.

La Coste ist im Jahre 1771 keine ärmliche Hütte; es ist, am Rande eines Felsplateaus des Lubéron (oder Léberon) gelegen, ein aus dem 15. Jahrhundert stammendes Schloß mit zweiundvierzig Zimmern, das ein mit Wällen und Befestigungen versehenes Dorf überragt, bedeutender, als man ahnt, wenn man seine heutigen Überreste besichtigt: «Dort, wo nur noch einige Häuser übrig sind, die sich um eine Ruine drängen, und eine Hundertschaft kommunistischer Steinbrucharbeiter, die in den Unternehmungen der Nachbarschaft beschäftigt sind», schreibt Paul Bourdin 1929, «erhob sich damals ein dichtbe-

[1] So lautet auch die Überschrift des Kapitels über Sade und die *représentation* [Aufführung, Vorstellung] in dem Buch *Soudain un bloc d'abîme, Sade* von Annie Le Brun.

völkerter Marktflecken mit seinen Notabeln, seinen alteingesessenen Bürgern, seinem Justizpersonal – Richter, Stellvertreter, Amtsanwalt, Gerichtsschreiber, Büttel und Notare –, seinen Zünften, einem Spital und einem Wohltätigkeitsverband mit den entsprechenden Verwaltern, dem Wachpersonal des Grundherrn, seinen Steuereinnehmern und Gutsverwaltern.»[2] Die hohe und selbst die niedere Gerichtsbarkeit des Grundherrn von La Coste über seine Vasallen war 1771 nur noch eine blasse Erinnerung, und das Eintreiben der Naturalabgaben bereitete wachsende Schwierigkeiten. Die Gesellschaft, in welcher der Marquis de Sade lebte, ist von Paul Bourdin mit wenigen Worten so hervorragend beschrieben worden, daß man es besser ihm überläßt, uns eine Vorstellung von ihr zu vermitteln. «Diese Gesellschaft», schreibt er, «glich dem Wasser, das sich im Mühlgraben ansammelt und zur Ruhe kommt, bevor es auf das Mühlrad herabstürzt. Das Vorspiel der Revolution war eine Art politischer Stillstand, der durch den Mißerfolg Maupeous herbeigeführt wurde. Die königliche Ordnung ist insgeheim verletzt durch eine aberwitzige Verschwörung der drei Stände, die sich unter dem fadenscheinigen liberalen Schutz der Parlamente verbündet haben. Die großen Räder drehen sich, ohne ineinanderzugreifen, die Intendanten haben ihre Autorität eingebüßt, der Klerus ist unten Volk und oben Höfling, der Grundadel vermag seine Privilegien ebensowenig zu rechtfertigen wie sie gegenüber seinen Lehnspflichtigen durchzusetzen, der Hofadel ist nur noch ein herrlich einbalsamierter Leichnam, der dem König und mit ihm der Nation durch sein Gewicht zur Last fällt. Alles gehorcht, wenn auch durch Ränke, der Ministerialbürokratie, und die Minister selbst sind von den Einflüssen der Salons abhängig. Die Beamten stecken hinter allem, und nur die Polizei kann sich noch Geltung verschaffen.»

Zur Vervollständigung des Bildes sei daran erinnert, daß diese erstarrte Gesellschaft zugleich von einem Taumel nach allen Neuheiten des Jahrhunderts erfaßt ist: den aufrührerischen politi-

[2] «Dicht bevölkert» für damalige Verhältnisse. Michel Vovelle zufolge zählte La Coste um 1770 rund vierhundertfünfzig Einwohner.

schen Ideen, der «Philosophie», die immer fortschrittlicher wird. Pierre Gaxotte verzeichnet in seinem *Siècle de Louis XV* gleichzeitig eine wirtschaftliche Unruhe, in die alle Klassen hineingezogen werden: «Aus England kommen die neuen Maschinen und Techniken, der mechanische Webstuhl, die Spinnmaschine, die Zwirnmaschine, die Warmpresse, die Koksverhüttung, die Dampfmaschine, die Kalander zur Papierherstellung, die Walzstraßen, die erste Werkzeugmaschine. Die Regierung holt ausländische Konstrukteure nach Frankreich und bürgert sie ein. Geld steht unbegrenzt zur Verfügung, die Geschäfte gehen ungehindert, der Kredit wird ausgeweitet, große Vermögen entstehen...»

Sades Hauptort: La Coste

In La Coste ist man von diesem Trubel verschont, doch das Echo macht sich auch dort vernehmbar. Die Einwohner von La Coste sind übrigens recht lebhafte Leute und stets bereit, sich für nichtkonformistische Ideen zu interessieren. Bei der kirchlichen Hierarchie sind sie schlecht angeschrieben, denn La Coste gehörte zu den Dörfern, die zum Ketzertum der Waldenser

übergetreten waren[3]. Davon ist etwas geblieben. Dazu paßt es, daß die Einwohner von La Coste mehrheitlich Protestanten sind (bei den Bediensteten und Bürgern zu 80%, nach Michel Vovelle).
Im Mittelpunkt der neuen Kulisse des kleinen Sadeschen Theaters sieht man also das Schloß von La Coste («sozusagen mein Hauptort», wird Sade sagen[4]) oberhalb seines Dorfes. In geringer Entfernung sind die übrigen Besitzungen des Marquis zu sehen: Saumane, Mazan (im Gemeinschaftsbesitz mit der Familie de Causans, Anlaß von Streitigkeiten), und in der Ferne den Mas-de-Cabanes bei Arles, die utopische Schatzinsel, der Bär aus Stein und Land, dessen Fell zu verkaufen Sade nur im Traum gelingen wird. In den Winkeln der Dekoration finden sich die Städte und Dörfer, zu denen Monsieur de Sade Abstecher machen wird: Avignon, Apt, Bonnieux, Beaucaire, weiter weg Marseille, Lyon und Vienne. Mit dem Horizont verschwimmend Italien.
Auch neue Personen bevölkern in Kürze die Szene: Fage, der Notar aus Apt und Anwalt Sades, sowie Ripert, der Pächter und Verwalter von Mazan, beide von den finanziellen Forderungen des Marquis in Bedrängnis gebracht; Geschäftsleute wie die Brüder Lions; Gläubiger: Monsieur Brémont, der Jude Beaucaire, Monsieur de Gadagne und andere; Gothon, die treue Dienerin mit dem goldenen Herzen; Gaufridy, der Freund aus Kindheitstagen und bald sein Berater; die Leute aus dem Dorf: die Paulets, der Pfarrer Testanière, der Wächter Sambuc; Leute aus der Umgebung wie der Stiftsherr Vidal aus Bonnieux; zahllose Bedienstete beiderlei Geschlechts, Sekretäre, Köchinnen und Leute von unbestimmtem Beruf, die während der ganzen Handlung auf- und abtreten. Hinzukommen gelegentliche Komparsen wie Dr. Terris aus Bonnieux oder der Schauspieler Bourdais und seine Frau. Nicht zu reden von den vertrauten Nebenrollen wie dem Diener Carteron, genannt La Jeunesse, und dem Inspektor Marais, der zur rechten Zeit wie das Schicksal aus den Kulissen auftauchen wird.

[3] Im Jahre 1545 hatten sich die Waldenser aus der Umgebung auf dem Schloß versammelt und verschanzt; sie wurden – Männer, Frauen und Kinder – von den katholischen Truppen hingeschlachtet.
[4] Wörtlich heißt es: «La Coste, das sozusagen der Hauptort ist.» (Daumas)

Im Herbst 1771 ist Sade, von seinen finanziellen Kombinationen einmal abgesehen, ganz von einem überraschenden Zusammentreffen der Familie in Anspruch genommen, das mit einer gewissen Unordnung beginnt: Was ist das nur für eine geheimnisvolle und bedeutende Angelegenheit, die Pélagie unverhofft von Paris nach Lyon reisen läßt, während ihr Mann wieder einmal versucht, auf den Fundamenten seines Mas-de-Cabanes ein grandioses Baugerüst zu errichten? Man weiß nichts Genaues[5]. Die erste Septemberwoche verbringt er jedenfalls in Fort-Lévêque, dem Pariser Schuldgefängnis, das er erst am 9. verläßt, nachdem er dreitausend Franken gezahlt und für den Rest (wieviel?) einen Wechsel unterzeichnet hat, der am 15. Oktober fällig wird. Ist er zu diesem Zeitpunkt noch da, um ihn einzulösen? Wie dem auch sei, Anfang November ist er mit Pélagie und seinen drei Kindern in La Coste, begleitet von einer Gouvernante, einer unbestimmten Anzahl von Dienern und einer Person, deren Auftritt so unerwartet ist, daß es selbst bei einem Zuschauer, der das Stück wie ich auswendig kennt, jedes Mal das gleiche ungläubige Erstaunen auslöst: Anne-Prospère de Launay, Stiftsdame, Schwester von Pélagie und Tochter von Madame de Montreuil.

Dieser Auftritt ist wirklich unerklärlich. Es ist kaum zwei Jahre her, daß Madame de Montreuil Pélagie untersagte, sich zu ihrem Mann zu begeben, bevor dieser sich nicht eine Zeitlang so untadelig aufgeführt habe, daß sie beruhigt sein könne; sie hatte sogar behauptet, «ständig in Todesangst zu schweben, wenn sie ihre Tochter mit diesem Menschen auf einem abgelegenen Schloß eingesperrt wüßte». Hat Sade seiner Schwiegermutter seither hinreichende Beweise seiner Wandlung gegeben, um sie umzustimmen? Und vorausgesetzt, die Präsidentin hat ihre Tochter und ihre Enkelkinder völlig unbesorgt zu «diesem Menschen» nach La Coste ziehen lassen – haben die beiden zurückliegenden Jahre sie so sehr in Sicherheit gewiegt, daß sie auch

[5] Brief des Notars Fage an den Verwalter Ripert, 14. August 1771: «Madame de Sade mußte in einer Angelegenheit von höchster Dringlichkeit nach Lyon, und da sie ohne Geld von Paris abgereist war» usw. (BN[x]) Jean Desbordes datiert eine Absprache zwischen Sade, Lions und Gaufridy, bei der es darum geht, das Mas-de-Cabanes an einen Monsieur Tardieu zu verkaufen, der angeblich «30 000 Livres in bar» besitzt, auf den August 71.

ihre zweite Tochter zu ihrem Schwiegersohn schickt (denn ohne ihre Billigung dürfte diese Reise nicht möglich gewesen sein)?
Es geht schließlich um den Marquis de Sade, einen Menschen, dessen wiederholte sexuelle Ausschweifungen seine Familie seit acht Jahren beunruhigen und vor kaum drei Jahren einen öffentlichen Skandal hervorgerufen haben.
Kann man sich eine Präsidentin vorstellen, die vom Schicksal niedergedrückt, krank, vielleicht gealtert ist (1771 hat sie die Fünfzig überschritten), eine Präsidentin, die sich so sehr geändert hat, daß die Ereignisse sie nicht mehr interessieren[6]? Im Gegenteil: In den nächsten Jahren werden wir sie rühriger und stärker zur Einmischung geneigt finden als je zuvor, unermüdlich über die Ehre ihrer Familie wachend und alle Machtmittel einsetzend, um zu retten, was zu retten ist.
Ist Madame de Montreuil dumm? Wir wissen sehr wohl, daß sie es nicht ist. Hat sie kein Interesse an ihrer zweiten Tochter? Keineswegs; beim Tod von Anne-Prospère wird sie «untröstlich» sein. Sagen wir es ohne Umschweife, denn in einer Lebensbeschreibung muß nicht um jeden Preis die Spannung aufrechterhalten werden wie in einem Roman: Wir können nur auf ein Liebesverhältnis schließen; in den zwei Jahren vom November '69 bis zum November '71, also genau in der Zeit, über die wir keine Informationen besitzen, hat sich vermutlich zwischen Anne-Prospère und Donatien eine Liebesaffäre angebahnt; Pélagie dürfte mehr oder weniger ihre Zustimmung gegeben haben; Madame de Montreuil hat wohl, um wieder einmal Schlimmeres zu verhüten, das Trio zusammen mit den Kindern von Paris abreisen lassen, in der Meinung, dadurch das explosive Wesen ihres Schwiegersohnes zumindest in einem geschlossenen Rahmen halten zu können (erinnern wir uns, daß sie kurz nach der Hochzeit gewünscht hat, Donatien möge sich in eine verheiratete Frau aus der Provinz verlieben).
Es spricht einiges für diese Hypothese (die übrigens von keinem der Biographen Sades aufgestellt worden ist), für die der Leser

[6] So sehr sie an der politischen Unruhe Anteil nimmt, hat sie zu dieser Zeit vielleicht doch andere Sorgen: Im November 1771 tritt das neue, von dem siegreichen Maupeou durchgesetzte Parlament zu einer bewegten Sitzung zusammen; die bisherigen Richter müssen sich fügen oder werden durch andere ersetzt. Für kurze Zeit.

freilich auf den kommenden Seiten weder eine Bestätigung noch eine Widerlegung erwarten darf; er wird sich aufgrund der vorgetragenen Tatsachen selbst seine Meinung bilden müssen. Dies ist nicht das einzige Geheimnis der nun folgenden Jahre.

29.

Die rosa Schuhe

Wir geraten jetzt an das, wie man sagen könnte, Herzstück im Leben des Marquis de Sade. Er hat zwar verschiedene kleine Beschwerden (die ihn nicht hindern werden, vierundsiebzig Jahre alt zu werden und sehr schwere Zeiten zu überstehen), doch ist er mit einunddreißig Jahren im besten Alter. Er scheint sich definitiv allen gesellschaftlichen Verpflichtungen entzogen zu haben, außer denen, die ihm durch seine Geburt und die Heirat zugefallen sind. Er hat Einkünfte, über die er zwar oft im voraus verfügt, die aber doch solide begründet sind. Er ist kein Nabob, doch kann er beträchtliche Summen ausgeben und über seine Verhältnisse leben, die ja nicht gerade bescheiden sind. Durch kein Amt eingeengt, kann er machen, was er will. Seine Frau liegt ihm zu Füßen, seine Kinder sind bei ihm, Madame de Montreuil ist fern, seine Onkel und Tanten belästigen ihn kaum, seine Mutter lebt im Kloster. In La Coste hat er als Ausgangspunkt seiner Unternehmungen wie Kapitän Nemo auf der geheimnisvollen Insel und Arsène Lupin auf der «Aiguille creuse» einen schwer zugänglichen Schlupfwinkel mit einer treuen Gefolgschaft unter dem Befehl eines ergebenen Statthalters. Der Statthalter wird in diesem Fall Pélagie de Montreuil sein; «mit ihr auf seinem Schloß hält er sich für allzu stark, allzu sicher, und erlaubt sich alles», schreibt die Präsidentin 1775. Nie wird er größere Chancen zu einem derart selbstbestimmten Leben haben. Was macht er daraus?

Ende '71, Anfang '72 begnügt Sade sich nicht mit der Herrschaft über sein Adlernest, sondern weitet seine Aktivitäten aus: Er macht Abstecher nach Saumane; er läßt auch Mazan unter beträchtlichem Aufwand herrichten; Hauptziel: die Errichtung eines Theaters.

Ein Einladungsschreiben, das Sade am 15. Januar 1772 an einen Herrn Girard aus Lourmarin richtet, zeugt von den Theateraktivitäten des Schloßherrn von La Coste und den Freundlichkeiten, die er gegenüber der Nachbarschaft entfaltet:

> «Das letzte Mal, als bei mir eine Komödie aufgeführt wurde, hatte ich mehrere Herren aus La Coste und Lourmarin gebeten, Ihnen auszurichten, welche Freude Sie mir durch Ihren

Besuch machen würden; ich hatte noch nicht das innig ersehnte Glück, Sie bei mir zu sehen; nun hoffe ich, daß eine Komödie, die ich geschrieben habe und die am Montag, dem 20. dieses Monats, aufgeführt werden soll, und über die ich gern Ihr Urteil wüßte, mir endlich das Vergnügen, Ihre Bekanntschaft zu machen, verschafft, das ich seit so langer Zeit ersehne. So gebildete Zuschauer und Richter wie Sie» usw.

Für die ersten Monate des Jahres 1772 verfügen wir außerdem über eine Rechnung des Arztes Terris aus Bonnieux, aus der wir entnehmen können, daß er von Januar bis Mai sehr oft auf dem Schloß ist, um Mademoiselle Langevin, Mademoiselle de Launay, den Diener Langlois, den Herrn Champagne, Kammerdiener der Frau Marquise, beziehungsweise die Marquise selbst zu behandeln.

Am 25. Februar engagiert Sade den Schauspieler Bourdais und seine Frau (in den Rollen Heldenvater und ältere Dame), die von Ostern bis zum 1. November für ihn spielen sollen. Der Vertrag wird in Marseille abgeschlossen. Am 14. Mai besucht Dr. Terris auch Madame Bourdais in La Coste (und bei gleicher Gelegenheit Mademoiselle de Launay). Am 1. April verpflichtet sich der Schauspieler Bourdais, in Mazan außerdem für Talglichter und Kerzen zu sorgen und zwei Männer beim Wechsel der Dekorationen, beim Putzen der Lichter und beim Reinigen des Saales für siebzig Livres pro Vorstellung zu beaufsichtigen[1].

Paul Bourdin erwähnt, ohne sie zu publizieren, eine nachträglich von dem Süßwarenhändler Légier erstellte Liste der Dinge, die er vom 19. Dezember 1771 bis zum 5. November 1772 auf das Schloß La Coste geliefert hat: «Pomade am Stück und in Töpfen, Mandeln und Mandelbrei, raffinierten und rohen Zucker, Pralinen und gezuckerte Früchte, Quitten, eingelegte

[1] Henri Fauville hat im Musée Calvet in Avignon die beeindruckende Liste der übrigen beteiligten Schauspieler gefunden; es waren Monsieur Dutilleul, «starke Hauptrolle, Tragödie und Komödie», Madame Dutilleul, «Tragödie und Komödie», Monsieur Rolland, «Komödie und komisches Divertimento», Monsieur Benoît, «jugendlicher Liebhaber», Monsieur Achar, «tragende Rolle, Tyrannen, Schwindler, Heuchler», Monsieur Gallot, «Diener und kleine Nebenrollen». Kurz erwähnt werden «Aline, Liebende», «Claire, Vertraute und Dienerin», «Ninon, Kammerzofe». Zudem spielte ein Orchester unter Leitung von Herrn Maillet.

chinesische Orangen, Gelées und Marmeladen, Orangen aus Portugal und Orangenblüten, Kuchen und ‹vermichely› [Teigwaren oder Kastanienpüree?], Senf und weißen Pfeffer, Lavendelwasser und Toilettenseife, Leim und Indigosteine».

Wohl aus der gleichen Zeit stammt eine Rechnung von Herrn Silvestre, Schuhmacher in Ménerbes, über 59 Livres für allerlei Stiefel und Schuhe, rosa Hausschuhe aus Drogett für die Marquise, Seidenschuhe, ebenfalls rosa und auch aus Drogett, für Mademoiselle de Launay. Ein Paar Stiefel kostet zwölf Livres, die Schuhe 4 Livres, die Schuhe aus Seidendrogett 4 Livres 16 Sol... (ein Arztbesuch kostet 6 Livres). (Lely)

Diese Rechnungen von Schuhmachern und Ärzten, diese Erinnerungen von Schauspielern und Süßwarenhändlern vermitteln uns zumindest eine Ahnung von dem regen Treiben, das damals auf den Schlössern von Mazan und La Coste geherrscht haben mag, sowie von der Anzahl ihrer Bewohner. Wenn man nun zu den Herren und ihren Kindern und der Gouvernante all die Latour, Champagne, Lefebvre, Langlois, Bourdais, den kleinen André, Julie (Kammerzofe der Marquise), Vignon (Kammerzofe von Mademoiselle de Launay), Du Noyer (Butler), all die Diener, Gärtner, Köchinnen oder Jagdhüter hinzuzählt, die nicht mit Schuhwerk oder ärztlicher Pflege bedacht wurden, so kommt man auf mindestens dreißig Personen, die um Sade kreisten.

Aus einigen Briefen Sades an Ripert erfahren wir, daß der Marquis häufig nach Mazan kam – er wohnte dann bei Ripert –, hauptsächlich um die Arbeiten bei der Errichtung des Theaters voranzutreiben, aber auch, weil «es geschehen könnte, daß wir uns alle entschließen, den Sommer in Mazan zu verbringen, um die Fahrten zu vermeiden, die während der heißen Zeit etwas Schreckliches sind». (BN[x]) Etwas aufschlußreicher sind zwei weitere Dokumente: einerseits das Manuskript zu einem Stück von Sade, *Le Mariage du siècle*, das Comte Xavier de Sade 1970 Jean-Jacques Brochier für die Ausgabe des *Théâtre* überlassen hat und das einen Plan für die Verteilung der Rollen umfaßt, und andererseits die Stücke, die Sade vom 3. Mai bis zum 22. Oktober 1772 in Mazan und La Coste zur Aufführung vorgesehen hat.

Von *Le Mariage du siècle* sind nur noch eine Synopse und einige Stichworte erhalten. Der beigefügte Plan für die Rollenverteilung sieht einerseits eine Besetzung mit Berufsschauspielern (den Bourdais, Mollé, Mademoiselle Doligny) vor, unter die Sade sich selbst reiht; in einer anderen Besetzung sind dagegen für die Hauptrollen vorgesehen «ein Heldenvater, Mademoiselle de Launay, Monsieur de Sade, Marchais, Madame de Sade, eine Schauspielerin». Die Rolle der Pauline, für Mademoiselle de Launay vorgesehen, ist die der Heldin des Stückes, während die Pélagie zugedachte Rolle der Sophie ihr nur die Stichworte geben läßt, die eine Vertraute der Heldin zu sprechen hat. Wir wissen nichts Genaues über den Stand der Beziehungen zwischen Sade und seiner Schwägerin im Frühjahr 1772 (in dieser Zeit muß das Stück aufgeführt worden sein, denn in der Rollenverteilung wird der Schauspieler Bourdais erwähnt); da ist nur ein gewisser Verdacht...

Das Programm der Aufführungen, die Sade den Herrschaften des Vaucluse vom 3. Mai an offerierte, enthält Stücke von Voltaire, Destouches, Chamfort, Gresset, Regnard, Sedaine, Collé, *Le Père de famille* von Diderot und weitere Dramen und Komödien, die nicht in die Literaturgeschichte eingegangen sind. Leider verfügen wir weder über die Besetzung der Stücke noch über die Gästeliste. Wir sind allein auf unsere Phantasie angewiesen, um uns eine Vorstellung davon zu machen, wie Sade in seiner doppelten Rolle als Grundherr und Theaterdirektor an der Spitze seiner Truppe durch die Provinz eilt, oder wie er bald die Proben leitet, um dann wieder in den von ihm ausgewählten Dramen und Komödien eine der Hauptrollen zu spielen (es fällt auf, daß keines der für die Öffentlichkeit vorgesehenen Stücke von ihm ist; die eigenen hat er offensichtlich einem kleineren Kreis vorbehalten), wie er gleichzeitig den Bühnenarbeitern für das Aufziehen der Prospekte und den Bauarbeitern für die Herrichtung seiner Wohnsitze Anweisungen gibt, und wie er die Notare und Geschäftsleute drängt, die Mittel aufzutreiben, um den ganzen Apparat zu finanzieren, wie er die Rollen des Theaters und die Erfordernisse des realen Lebens miteinander vermengt, wie er in seinen Dekorationen das Gemäuer und den gemalten Hintergrund ineinander übergehen läßt, wie er schließlich in seinen realen und seinen erfundenen Handlungen die Naiven und die Kurtisanen, die Frauen und die Schwägerinnen, die richtigen Dienerinnen und die Kammerzofen aus den Stücken zueinander in Beziehung setzt[2].

Eine Bestandsaufnahme, die 1769 in La Coste gemacht wird, beschreibt den Theatersaal folgendermaßen: «Eine stehende Dekoration, die einen Salon darstellt. Im Bühnenhintergrund liegt am Boden ein auf ein Gestänge aufgezogener Prospekt, auf dem ein öffentlicher Platz abgebildet ist. Auf einem kleinen Kanapee befindet sich der Teil der besagten Dekoration mit dem öffentlichen Platz, an dem man sie befestigen muß, und der Teil der Dekoration, der ein Gefängnis darstellt. Im Bühnenhintergrund, zur Tür hin, stehen vier große Holzrahmen, die man für die zuvor erwähnten Szenenwechsel benötigt. In einer Fensteröffnung ist ein gemaltes Gemäuer für verschiedene Stücke.» (BN[x]; Lely) (Das gemalte Gemäuer stellt einen noch engeren Zusammenhang zwischen dem Theater und dem realen Gebäude her.) Alle «für den Wechsel der Dekoration notwendigen» Seile, Rollen und Gegengewichte stehen zur Verfügung. Vierundzwanzig Lampen erhellen die Szene, fünfundsechzig Blechplatten tragen die Kerzen an der Rampe, die Anzünder sind bestückt, ein Vorhang aus blauer Leinwand kann aufgezogen werden.

Jener Teil der Dekoration, der ein Gefängnis darstellt, macht einen natürlich etwas nachdenklich...

Madame de Montreuil läßt sich in Paris durch unbekannte Kanäle weiterhin auf dem laufenden halten, hat aber den direkten Kontakt verloren. Pélagie und auch Anne-Prospère schrei-

[2] Ein von Henri Fauville veröffentlichter Brief des Abbé de Sade an den Notar Fage enthüllt die Schwierigkeiten, auf die der Marquis in seinen Aktivitäten stieß: «Ich teile Ihre Ansicht über die Theaterleidenschaft meines Neffen; Sie sehen, wie er sie auf die Spitze treibt, und wenn das so weitergeht, wird er bald ruiniert sein. Bislang habe ich nichts dazu gesagt, denn ich merkte, daß meine Vorhaltungen nichts fruchten würden. Ich sehe aber mit Vergnügen, daß die Schwierigkeit, den Frieden unter den Schauspielern zu erhalten, ihre ständigen Betrügereien, die schwierige Beschaffung von Geld für seine Aufwendungen und die Hindernisse, die sich immer wieder vor der Befriedigung dieser Leidenschaft auftürmen, ihn zu entmutigen beginnen, und warte nur den günstigen Moment ab, um den entscheidenden Schlag zu führen. Es wäre schon geschehen, wenn seine Frau sich bereit erklären würde, im Einvernehmen mit mir zu handeln, und den Launen ihres Mannes nicht so gefällig wäre.» (Lely) Was für ein Schlag das war, ist nicht bekannt. Der, durch den die Aufführungen abgebrochen wurden, kam nicht von dem Abbé.

ben ihr offenbar nicht mehr. Wenn ihr Schwiegersohn von Zeit zu Zeit mit ihr korrespondiert, scheint er sie vor allem mit finanziellen Problemen zu unterhalten. Der einzige Brief von Madame de Montreuil, der uns aus dieser Zeit erhalten ist, stammt vom 29. Mai 1772 und hat nicht die Klarheit und Entschiedenheit, die wir von ihr gewohnt sind; sein Stil ist gewunden und stellenweise verworren. Man merkt, daß sie sich Sorgen macht, was bei ihr nichts Ungewöhnliches ist, man spürt aber auch ein gewisses Unbehagen, eine Ratlosigkeit, die man sonst nicht von ihr kennt. Sie wendet sich an den Abbé mit der Bitte, die beigefügten Briefe ihren Empfängern eigenhändig zu übergeben, denn, so schreibt sie,

> «ich mache mir Sorgen um die Gesundheit meiner Kinder, weil ich lange nichts mehr von ihnen gehört habe. Aus den Nachrichten, die mich von allen Seiten über die Theateraufführungen und Vergnügungen erreichen, welche sie sehr unstet machen, kann ich nicht einmal entnehmen, wo sie sich in diesem Augenblick aufhalten, was ich nicht zum Gegenstand machen möchte, über den ich ihnen schreibe [dies ist etwas unverständlich]; daher wende ich mich vertrauensvoll an Sie. Diese Aufführungen, an sich etwas ganz Einfaches, wenn man sich im Kreise von seinesgleichen damit beschäftigt, werden, gelinde ausgedrückt, zu etwas sehr Lächerlichem, wenn man sich ihnen ohne Maß und Ziel hingibt, wenn man sich als Schauspieler vor einer ganzen Provinz produziert [die darüber schockiert ist], zusammen mit Leuten, deren Beruf es ist, Menschen von der Art und dem Rang von Monsieur de Sade zu amüsieren, sofern das Geschäft beiden Seiten zusagt, aber nicht, um in den Augen des Publikums als gleichgestellt zu erscheinen. Wenn dies auch immer schon seine vorherrschende Leidenschaft war, um nicht zu sagen, sein Wahn, so ist er doch bis zu einem gewissen Punkt [bis zu welchem, darum dreht sich die Meinungsverschiedenheit zwischen Sade und Madame de Montreuil] sein eigener Herr und Herr seiner Handlungen; das gibt ihm aber nicht das Recht, seine Frau und seine Schwägerin [für deren Anwesenheit in der Nähe Sades die Präsidentin nach wie vor keine Erklärung gibt] zu kompromittieren. [...] Ich lasse mich nicht länger an der Nase herumführen; man opfert sich auf für anständige und ver-

nünftige Dinge, aber nicht, um Extravaganzen zu unterstützen. Hätte er alles verschwendet, würde er die Frau und die Kinder, um die er sich kaum kümmert, zu mir zurückschicken, und ich würde sie gewiß aufnehmen... Und er würde das Schicksal erleiden... zu dem einen Unglück und Elend hinführen, ein Schicksal, das nicht für ihn bestimmt war! Wenn sie etwas zum Leben hat, wird sie ihm davon zumindest etwas zur Verfügung stellen.» (BN[x]; kurze Zitate bei Heine)

Es ist völlig unklar, was dieser letzte Satz bedeuten soll. Man kann ihn so deuten, daß es um Pélagie geht, die ihrem Mann Geld zur Verfügung stellen würde, wenn sie selbst welches hätte, aber es ist nicht erkennbar, ob es sich dabei um eine Vorhersage handelt, die sie bedauert, mit der sie sich aber abfindet, oder um eine Eventualität, die sie empörend findet und gegen die sie sich, wenn es nötig ist, mit allen Kräften wehren würde.

«Ich habe Madame de Sade deshalb geschrieben, mich allerdings etwas sanfter ausgedrückt, denn schließlich ist sie um so mehr zu beklagen, als es nicht ihre Schuld ist. Sicherlich ist sie mit allen gütlichen Mitteln und der Nachsicht bis zum Äußersten gegangen [wie weit soll sie Liebesbeziehungen zwischen ihrer Schwester und ihrem Mann tolerieren?]. Ich bin bereit, mich an Regelungen zu beteiligen, die ihnen aus der Verlegenheit helfen, was die Schuldenaufstellung betrifft, die sie mir zu Beginn ihrer Reise hat zukommen lassen; es seien fällige Schulden, sagte er mir am 1. Juli, und womöglich sind sie in der Zwischenzeit noch gestiegen [das steht fest]; die Gläubiger müßten aber bis zum Ende des Sommers Aufschub geben, denn es braucht Zeit und Geld, und weil unsere Erbschaft noch nicht verkauft ist, fehlt es gerade daran. 30 000 Livres in der Provinz, ebensoviel hier, macht sechzig, und das ist nicht im Handumdrehen aufzutreiben. Andererseits brauche ich Zeit, um Vereinbarungen zu treffen, brauche ich Sicherheiten für die Zukunft, denn ich will das Geld nicht fortschicken, ohne zu wissen, was daraus wird. Ich denke, Sie werden meine Vorsichtsmaßnahmen gutheißen, sind sie doch durch seine phantastische tägliche Verschwendung gerechtfertigt. Ich bin überzeugt, daß Sie diese ebensowenig gutheißen wie ich, und wenn Sie ihr durch Ihre Anwesenheit den Anschein der Berechtigung verleihen, so geschieht das wohl nur, um ihr das Anstößige zu nehmen und Ihrer Nichte nützlich zu sein. Ich gestehe, daß ich vor Sorge umkäme, wüßte ich Sie nicht in ihrer Nähe und bereit, ihr alle Anteilnahme zu beweisen, derer sie bedarf. Ich lege sie Ihnen ans Herz... mehr als ich mit Worten ausdrücken kann, und alles, was mit ihr zusammenhängt...» (BN[x])

Die Auslassungspunkte geben den Ausführungen der Präsidentin etwas Bewegtes, das aufrichtig erscheint, doch abgesehen davon, daß diese Bewegtheit sich auf alles bezieht, was mit Pélagie zusammenhängt, geht sie in ihrem Brief mit keiner Silbe auf die Anwesenheit der rätselhaften Stiftsdame ein, die weiterhin durch die Provinz reist, bald zu Pferde, bald im Bühnenkostüm und in rosa Seidenschuhen (und warum nicht auch im Bühnenkostüm auf einem Pferd?).

Vielleicht ist die Rolle, die Anne-Prospère von ihrer Mutter zugedacht wird, doch nicht, wie man meinen könnte, die des Zickleins, das dem Wolf überlassen wird, um ihn von anderen Verwüstungen abzuhalten; es läßt sich auch denken, daß Madame de Montreuil in einem Moment geistiger Verwirrung auf die Idee gekommen ist, sie zu Pélagie zu schicken, um ihre Schwester zu schützen (!?). Warum läßt diese, wenn es so ist, der Mutter keine Neuigkeiten zukommen?

Neuigkeiten freilich wird Madame de Montreuil in Kürze mehr als genug erfahren müssen.

30.

Südwinde

Wenn alles wie geplant verlief, haben Donatien de Sade und seine Truppe am 22. Juni 1772 in La Coste *Le Philosophe marié* von Destouches und – als Wiederholung – *Heureusement* von Rochon de Chabannes aufgeführt. Ist es so, wäre es die letzte Vorstellung des Varietétheaters des Marquis de Sade gewesen. Sicherer als es zweihundert Theatervorstellungen vermögen, schneidet die «Affäre von Marseille» Sade von seinem Milieu ab und treibt ihn in eine Isolation, aus der er nicht mehr zurückfinden wird. Es zeigt sich, daß die erste Affäre Sades und die Geschichte von Arcueil kein Zufall, sondern vielmehr die ersten Risse in einer gesellschaftlichen Fassade waren, von der bald nicht mehr viel übrigbleibt. Es dauert nicht mehr lange, dann wird ein großer Sturm die Reste der Ehrbarkeit des Marquis de Sade hinwegfegen.

Die Natur, an der er stärker als irgendein anderer Geist seines Jahrhunderts teilzuhaben glaubt, liefert zu dieser Katastrophe die passende Begleitung. Im Juni 1772 ist das Wetter über dem Mittelmeer besonders unruhig. Am Sonntag, den 14., so berichten holländische Zeitungen, «erhob sich ein Gewitter, begleitet von Regen, Hagel und Donner», dessen Gewalt die Schiffe im Hafen von Marseille gegen die Felsen warf. Aus Neapel wird am 23. Juni ein Sturm gemeldet, wie man ihn «noch nie gesehen» hat. Es ist zweifellos schwül, die Luft ist spannungsgeladen, die Bedingungen sind günstig für ein Losbrechen der Emotionen: In Marseille wird ein junger Mann am 19. Juni von Wut gepackt und bringt seine ganze Familie um; noch wochenlang spricht die Stadt davon.

Am 23. oder 24. Juni – ob das Gewitter noch immer über der Stadt steht, wissen wir nicht – trifft Sade in Begleitung seines Dieners Latour aus La Coste kommend in Marseille ein. Er will dort Geld abholen. Er steigt im Hôtel des Treize-Cantons ab. Genaueres über seinen Verbleib erfahren wir erst wieder am 25. Juni, an diesem Tag spricht sein Diener Latour auf der Straße die achtzehnjährige Marianne Laverne an und sagt ihr, sein Herr (nennt er den Namen?) sei in die Stadt gekommen, um sich mit «ganz jungen» Mädchen zu vergnügen. Da er jedoch heute, Donnerstag abend, mit Schauspielern soupieren müsse, verabreden sich Marianne und Latour für den nächsten Tag, Freitag, den 26., auf 23 Uhr. Doch als Latour sich zur vereinbarten Stunde bei Marianne einfindet, ist sie nicht da: Sie ist aufs Meer hinausgefahren, ein Zeichen, daß die Gewitter aufgehört haben (sie sind nach Norden gewandert; sie verwüsten am 27. und 28. Juni Cosne-sur-Loire, Dijon, das obere Limousin, Paris, Abbeville und Pont-Audemer: «Man macht sich kaum eine Vorstellung von einem so schrecklichen Orkan», heißt es in den Zeitungen)[1].

Am Samstag, den 27. Juni 1772 ist der Himmel über Marseille vom Gewitter reingewaschen und von strahlendem Blau, es regt sich kein Lüftchen, und gewiß ist es heiß. Schon um acht Uhr morgens ist Latour bei Marianne Laverne im Haus «Nicolas» in der Rue d'Aubagne, von dem der Diener sagt, es sei allzusehr im Blickfeld. Er bestellt Marianne auf zehn Uhr zu einer gewissen Marie Borelly, genannt Mariette, dreiundzwanzig Jahre alt, deren Wohnung ebenfalls in der Rue d'Aubagne, aber an der Ecke der Rue des Capucins liegt, und zwar im dritten Stock[2]. Die gleiche Verabredung hat er bereits mit Mariannette Laugier und Rose Coste, beide zwanzig Jahre alt, getroffen. Jeanne Nicou und Catherine Charles, bei denen er am Vorabend in gleicher Absicht vorgefühlt hat, hatten abgelehnt[3].

[1] Dieser große Sturm wird zuerst aus Neapel gemeldet und ist somit ein Südwind. Daß der Südwind sich schädlich auf den Organismus und die Psyche auswirkt, ist auch aus anderen Ländern Europas bekannt. In Dalmatien sollen sogar bei Straftaten, die begangen wurden, wenn bestimmte Südwinde wehten, mildernde Umstände gewährt worden sein.

[2] Es ist das Haus in der Rue d'Aubagne, das heute die Nummer «15 bis» trägt. Bis auf die umgestaltete Fassade ist alles ungefähr wie damals geblieben. Fotos mit Innen- und Außenansichten wurden häufig abgedruckt.

[3] Catherine Charles wird aussagen, sie sei bei Jeanne Nicou gewesen, als Sade am Freitagabend kam; sie habe sich zurückziehen wollen, doch «er sagte ihr, sie sei nicht entbehrlich, bat darum, mehrere Mädchen kommen zu lassen, was ihm abgeschlagen wurde, und bevor er sich zurückzog, sagte er, er werde am nächsten Tag Anisbonbons mitbringen, davon müßten sie furzen, und er werde die Winde einatmen». Als Latour am Samstag morgen kommt, lehnt Jeanne Nicou es ab, seinen Herrn zu empfangen.

Marseille, Rue d'Aubagne 15b

Was am Vormittag des Samstag, dem 27. Juni 1772, bei Mariette Borelly passiert, ist hundertmal erzählt worden: Sade läßt die Mädchen auslosen, welche als erste drankommt, dann schließt er sich der Reihe nach mit der einen oder anderen ein oder auch mit zweien zugleich, entweder allein oder zusammen mit Latour; er genießt sie von vorn und vielleicht auch von hinten (sie werden später behaupten, sie hätten sich der Sodomie verweigert, obwohl ihnen für jedes Mal ein Louis angeboten wurde); er bietet sie Latour an; er peitscht sie und läßt sich von ihnen peitschen; mit seinem Messer ritzt er jeden erhaltenen Schlag in den Kaminsims ein, auf dem man später die Zahlen 215, 179, 225 und 240 feststellt. Die mitgebrachte Peitsche aus Pergamentstreifen, die mit Widerhaken versehen sind, ist zum Erschrecken der Mädchen mit Blut befleckt, und so läßt er die Bediente von Mariette Borelly zum Ersatz einen Besen aus Birkenreisig kaufen. Er befriedigt seinen Diener mit der Hand, läßt sich von ihm sodomisieren, nennt ihn Herr Marquis, während dieser ihn Lafleur nennt; immer wieder zieht er eine mit Gold eingefaßte Kristallbonbonniere hervor und drängt die Mädchen, von den Anisbonbons zu nehmen, um sie anschließend zu fragen, ob sie nicht in ihren Eingeweiden spüren, wie die Bonbons wirken; um sich davon zu überzeugen, nähert er seine Nase dem Gesäß von Mariannette. Um seine Großzügigkeit abzurunden, erhält jede zum Schluß sechs Livres (entsprechend dem Preis eines Arztbesuches), und er schlägt für den Nachmittag einen Ausflug auf das Meer vor, von dem die Eingeladenen, als Latour sie einige Stunden später abholen möchte, nichts wissen wollen. Den Spätnachmittag verbringt Sade im Hôtel des Treize-Cantons mit seinem Schneider, anschließend soupiert er mit dem Schauspieler Sébastien des Rosières, um schließlich eine andere Prostituierte aufzusuchen, Marguerite Coste, fünfundzwanzig Jahre alt, bei der er schon als Kunde gewesen ist (und die vorgibt, auch des Rosières zu kennen). Marguerite Coste wird wie die anderen behaupten, sie habe sich der Sodomie, die der Marquis ihr vorgeschlagen habe, verweigert. Hingegen ist sie bereit, von den angebotenen Anisbonbons eine ganze Menge zu schlucken. Sade «vergnügt sich an ihr» – so leckt er sie am After, um ihr Winde zu entlocken –, verläßt sie aber bald darauf. Am nächsten Morgen, einem Sonntag, tritt er zusammen mit Latour

die Heimreise an. Ein Sonntag wie alle anderen, ein Samstag, an dem nichts Besonderes geschehen ist. Am Montag, den 29. Juni, sollen in Mazan *Heureusement* und *Le Philosophe marié* aufgeführt werden, so wie es am letzten Montag sicherlich in La Coste geschehen ist. Nach einem recht banalen Zwischenspiel nimmt das Leben Sades wieder seinen gewohnten Gang.
Doch ohne daß er auch nur das geringste ahnt, hat in dem Augenblick, da der Marquis de Sade Marguerite Coste verläßt und die Treppe hinabsteigt, hinter seinem Rücken bereits der gerichtliche und polizeiliche Prozeß begonnen, an dessen Ende er am 3. September in Abwesenheit zum Tode verurteilt und am 12. auf der Place des Prêcheurs in Aix-en-Provence *in effigie* hingerichtet wird.

DRITTER TEIL

Die Geheimnisse von La Coste

Sades Hauptort: La Coste

31.

Marseille, Juni 1772

Schon am Morgen des 27., während des Treibens bei Mariette Borelly, hat sich die junge Marianne Laverne so schlecht gefühlt, daß sie kurz hinausgehen mußte, um in der Küche einen Schluck Wasser zu trinken und die Bediente um einen Kaffee zu bitten. Sie ist praktisch die einzige, die von den Anisbonbons des Kunden größere Mengen genossen hat; Mariette Borelly und Marianette Laugier haben meistens nur so getan, als nähmen sie von den Bonbons, und spüren daher auch nichts Besonderes.

Als Marianne Laverne wieder zu Hause ist, erbricht sie Blut und schwarzen Auswurf. Sie scheint den ganzen Samstag im Bett verbracht zu haben, mit Bauchschmerzen, die an Heftigkeit zunehmen. Am Sonntag morgen geht es ihr noch schlechter.

Zur selben Zeit gelingt es Marguerite Coste nicht, sich zu erheben. Kaum ist Sade fort, empfindet sie, wie sie sagen wird, «ein Brennen im Magen». Sie ruft ihre Wirtin Catherine Hugues herbei und bittet sie, ihr einen Tee zu machen. Catherine bemerkt rings um ihr Bett einen schwärzlichen Auswurf und gibt ihr zunächst lauwarmes Wasser zu trinken. Françoise Garagnou, eine Nachbarin, hört Marguerite, «die sich sehr anstrengte», und eilt ebenfalls herbei. Der gegen Abend herbeigerufene Chirurg Roux verordnet ohne Erfolg Linderungsmittel, «mildes Mandelöl und andere». Der Zustand von Marguerite Coste verschlimmert sich so sehr, daß man ihr nach einer Beichte die Sterbesakramente zu verabreichen versucht, doch ist sie außerstande, diese letzte Wegzehrung zu schlucken.

In einem so kleinen Umkreis kennt sich jeder, im Marseille des Jahres 1772. Und an den Sommerabenden sind die Leute draußen und schwatzen miteinander. Man kann daher sicher sein, daß das ganze heiße Viertel um die Rue d'Aubagne sich am 28. Juni über das Ereignis austauscht: Ein lasterhafter Kunde hat einige Mädchen vergiftet. «Ich kenne ihn», wird Jeanne Nicou sagen, «es ist der Marquis de Sade.» Als sie wieder sprechen kann, wird Marguerite Coste das bestätigen.

Es ist deshalb nicht verwunderlich, daß man Monsieur de Mende, Staatsanwalt im Gerichtsbezirk Marseille, sehr rasch informiert und daß Polizeidirektor Chomel am Dienstag, den 30. Juni, bei Marguerite Coste auftaucht, um ihre Aussage aufzunehmen. Am 1. Juli wird dann Mariette Borelly befragt, bei der man zwei Bonbons entdeckt, die dem Besen der Bedienten Lemaire entgangen sind; vernommen werden ferner Catherine Hugues, Antoine Roux, der Chirurg, des Rosières, Jeanne Nicou, Marianne Laugier, Marianne Laverne, Rose Coste, Françoise Garagnou, Catherine Charles und Jeanne-Françoise Lemaire. Die Chirurgen Lange und Roux, die Marguerite Coste am gleichen Tag besucht haben, sind der Meinung, daß «die Kranke zwar nicht in unmittelbarer Todesgefahr schwebt, sich aber in einem Zustand befindet, der sehr mißlich, ungemein mißlich ist [*sic*]». Herr Roux urteilt am 2. Juli, nachdem er Marianne Laverne untersucht hat, die abgeschwächt die gleichen Symptome aufweist wie Marguerite Coste, daß «besagte Patientin zwar nicht gänzlich außer Gefahr ist, aber doch auch nicht außerhalb des Weges der Genesung». Die Apotheker André Rimbaud und Jean-Baptiste-Joseph Aubert nehmen am 4. und 5. Juli aus den Händen des Gerichtsschreibers Daumas die beiden verdächtigen Bonbons entgegen und stellen mit Hilfe des Mikroskops fest, daß es sich dabei um «ein Aniskorn [handelt], das kunstvoll in Zucker gehüllt ist». Sie nehmen davon mutig ein Stückchen auf die Zunge, halten es ins Feuer, lassen es in Kalkwasser zergehen: nichts Scharfes, offenbar kein Gift, doch damit endet das Gutachten mangels Material, «da die Menge nicht sehr erheblich war».

Am 4. Juli wird gegen Sade und Latour Haftbefehl erlassen. Am folgenden Samstag, dem 11., wird La Coste durchsucht, doch trifft man sie dort nicht an, und so schreitet man zur Beschlagnahme und Registrierung der Güter des Marquis, und zwar in Gegenwart seines Anwalts Fage. Am 3. August werden Monsieur de Sade und sein Diener von Pancrace Roux, dem Ausrufer von La Coste, mit Unterstützung des Gerichtsdieners der Stadt Apt vor dem Schloß öffentlich ausgerufen und vor Gericht geladen. Ungeachtet der Ferienzeit sind Monsieur de Mende und der Polizeidirektor für Strafsachen Chomel während des ganzen Monats August «außerplanmäßig tätig», um vor den Zeugen die

Aussagen zu verlesen und Protokolle zu erstellen. Am 2. September werden Sade und Latour in den endgültigen Urteilen des Staatsanwalts für abwesend erklärt, und tags darauf ergeht vor den Schranken des Gerichtshofes der Provence das Urteil. Überzeugt, daß «besagter Herr de Sade das Verbrechen der Vergiftung und besagter Latour das Verbrechen der Sodomie» begangen haben, beschließt das Gericht, sie «den Händen des Vollstreckers der hohen Justiz zu überantworten, der sie veranlassen wird, vor der Kathedrale öffentlich Abbitte zu leisten, und dort, auf Knien, barhäuptig und barfüßig, im Hemd, den Strick um den Hals, jeder eine glühende Fackel aus gelbem Wachs von einem Pfund Gewicht in den Händen, Gott, König und Justiz um Vergebung zu bitten, und, wenn dies geschehen ist, zur Place Saint-Louis am Ende des Cours zu führen, damit auf einem Schafott, das dort zu diesem Zweck errichtet werden wird, besagtem Herrn de Sade der Kopf abgeschlagen und an einem Galgen, der ebenfalls dort errichtet werden wird, besagter Latour gehängt und gewürgt wird, bis der natürliche Tod eintritt; danach sollen der Körper des besagten Herrn de Sade und der des besagten Latour verbrannt und ihre Asche in alle Winde verstreut werden; ferner werden verurteilt besagter Herr de Sade zu dreißig Livres Geldbuße und besagter Latour zu zehn Livres Buße an den König...» Tags darauf wird das Urteil auf der Place des Prêcheurs in Aix-en-Provence mit allen Einzelheiten vollstreckt, jedoch an Strohpuppen, da die beiden Männer nicht verfügbar sind.

Bei diesem zügig betriebenen Verfahren hat man in der Folge zahlreiche Unregelmäßigkeiten festgestellt und diese auch ausgiebig kommentiert. Doch versetzen wir uns in eine Zeit, da die Verurteilung von 1772 nur wenige Jahre zurückliegt. Monsieur de la Tour, Intendant der Provence und damals erster Präsident des Gerichtshofes von Aix-en-Provence, erstellt 1776 für den Siegelbewahrer ein *Mémoire sur l'affaire du marquis de Sade*, in dem er «die Übertriebenheit der Verurteilung» unterstreicht; in dem Schreiben, mit dem Ludwig XVI. Sade im Mai 1778 das Recht gewährt, vor Gericht aufzutreten, damit er gegen das Urteil, das gegen ihn ergangen ist, Berufung einlegen kann, ist die Rede von «zahlreichen absoluten und sogar grundlegenden Nichtigkeitsgründen»; Joseph-Jérôme Siméon, ein hervorragender Jurist, der schließlich Staatsrat, Innenminister (1821), Pair von Frankreich und Mitglied der Akademie der moralischen Wissenschaften wird, erhält 1777 den Auftrag, für die Wiederaufnahme des Prozesses ein Memorandum zu verfassen; er stellt zunächst fest, daß keine Klage vorliegt («man hat das Gebäude eines Verfahrens errichtet, ohne das nötige Fundament gelegt zu haben»), wie sie bei dem Verbrechen der Sodomie unerläßlich ist: «Dieser neue Anklagepunkt, der absolut nichts zu tun hatte mit dem, der allein Gegenstand der Erkundungen und Verfolgungsmaßnahmen der Justiz war, durfte nach dem Text des Gesetzes nicht ohne vorherige Klage Gegenstand einer Ermittlung sein.» Anschließend werden einige Kassations- und Nichtigkeitsgründe angeführt...

So geht es weiter. Halten wir uns nur an den Gesamteindruck, den das Funktionieren des Justizapparats von Aix-en-Provence in dieser Affäre hinterläßt: «eine so merkwürdige Übereilung, daß man nicht umhinkann, zu glauben, daß sie provoziert wurde» (Siméon). Von wem und wodurch provoziert? Die Unregelmäßigkeiten des Verfahrens lassen sich erklären mit der Unerfahrenheit der Richter, die der Kanzler Maupeou kurz zuvor provisorisch eingesetzt hatte[1]. Waren sie gegen Sade speziell voreingenommen? In einem Brief wird er später behaupten, sein Vater, der Comte, habe in Aix-en-Provence Feinde gehabt.

Das ist gut möglich. Doch man braucht gar nicht bis zu den Feinden des Vaters zurückzugehen, es genügt, an den Ruf des Sohnes und an die bekannte Lebensweisheit zu denken, daß man schon etwas haben muß, um etwas geborgt zu bekommen, für die auch die folgende Passage aus Bachaumonts *Mémoires secrets* vom 25. Juli 1772 ein schönes Beispiel liefert:

> «Man schreibt aus Marseille, daß der Comte de Sade, *der im Jahre 1768 so viel Aufsehen machte* [Hervorhebung von mir] durch seine Verbrechen an einer Dirne, an der er angeblich ein neues Heilmittel erproben wollte, in dieser Stadt ein zunächst sehr amüsantes, später aber durch seine Folgen

[1] Sade wird ihn (in einem ziemlich verrückten Brief) 1778 zu den «Trabanten der Präsidentin de Montreuil» zählen und seine Schwiegermutter einer «infamen Kapitulation in Compiègne mit dem Maupeou» (Lely) bezichtigen; wir wissen nichts darüber.

schreckliches Schauspiel veranstaltet hat. Er gab einen Ball, zu dem er viele Leute eingeladen hatte, und beim Dessert verteilte er Schokoladenplätzchen, die so hervorragend waren, daß viele Leute davon aßen. Es war reichlich davon vorhanden, und niemand hat sie sich entgehen lassen; ihnen waren jedoch Spanische Fliegen in Pulverform beigemischt. Man kennt die Wirkung dieses Mittels. Sie ist derart, daß alle, die davon gegessen hatten, von einer schamlosen Brunst ergriffen wurden und sich allen Ausschweifungen hingaben, zu denen die Liebestollheit drängt. Das Fest artete zu einer wilden altrömischen Orgie aus. Die keuschesten Frauen konnten der Mutterwut nicht widerstehen, welche sie verzehrte. So hat der Marquis de Sade seine Schwägerin mißbraucht, mit der er entflohen ist, um der verdienten Strafe zu entgehen. Mehrere Personen sind an den Folgen der Exzesse, denen sie sich in ihrer entsetzlichen Tollheit hingaben, gestorben, andere sind noch sehr krank.»[2]

Es dauert nicht lange, bis Neuigkeiten aus Marseille in Avignon bekannt werden; wir haben den 9. Juli, bis zur Durchsuchung in La Coste sind es noch zwei Tage, und der Schauspieler des Rosières, der seit dem 1. Juli vernommen wurde, hat reichlich Zeit gehabt, dem Marquis eine Warnung zukommen zu lassen. Im übrigen besteht seit fünf Tagen ein Haftbefehl gegen Sade und Latour, und auch das spricht sich schnell herum. Vermutlich sind die beiden über die Wendung, welche die Ereignisse genommen haben, zwar ein wenig verdutzt, aber dennoch mit Fluchtvorbereitungen beschäftigt.

Was genau ist am 27. und 28. Juni 1772 in der Rue d'Aubagne von Marseille geschehen? Allein Sade könnte es uns sagen. Vollkommen geklärt scheint zu sein, daß die Beschwerden von Marianne Laverne und Marguerite Coste durch die Bonbons verursacht wurden, die der Marquis verteilt hat, und ebenso klar ist,

[2] *Les Mémoires secrets pour servir à l'histoire de la république des lettres* von Louis Petit de Bachaumont, bisweilen auch *Journal de Bachaumont* genannt, heute in gedruckter Form vorliegend, wurden damals handschriftlich verbreitet und in Abschriften weitergegeben. Bachaumont war 1771 gestorben, und zum Zeitpunkt der Affäre von Marseille wurde sein Journal von Pidansat de Mairobert fortgeführt.

daß die Leckereien nicht nur Anis enthielten. Enthielten sie aber Kantharidin [Spanische Fliege], wie Bachaumont behauptet? Dafür gibt es keinen Beweis. Es entspräche durchaus dem Hang des Marquis zu Experimenten, sollte er vorgehabt haben, ein Präparat zu testen, das zugleich karminativ und aphrodisisch wirkte, doch in welchem Mischungsverhältnis[3]? Daß Sade am 27. Juni ein solches Experiment machen wollte, ist denn auch wahrscheinlich, sicher aber ist, daß es fehlschlug.

Ganz und gar fehlschlug? Vielleicht hat sich alles ganz anders verhalten. Wir müssen uns immer vergegenwärtigen, daß die Handlungen Sades, mögen sie auch als noch so einfach erscheinen, immer auch äußerst komplex sind. Bei ihm darf man aus dem offenkundigen Anschein keine voreiligen Schlüsse ziehen, denn die meisten seiner Handlungen haben eine näher- und eine fernliegende Bedeutung, haben nicht nur ein Motiv, sondern zwei oder sogar drei. In seinem Kommentar zu dieser Angelegenheit, die er etwas kühn «die Affäre der Kantharidinbonbons» nennt, bemerkt Maurice Heine sehr treffend:

> «Es wäre verlockend, aber allzu einfach, bei ihm aufgrund der Merkmale seiner Libido im Alter von 32 Jahren nachträglich Masochismus, passive Inversion und sexuelle Debilität zu diagnostizieren. Der, der er am 27. Juni 1772 war oder sein wollte, ist er nicht unter den Bedingungen, die der Affäre von Marseille vorausgehen oder folgen. Er war ja immer darauf bedacht, seine galanten Experimente mit zynischer Geschicklichkeit zu variieren, und vielleicht ist es ihm gelungen, jedesmal ein anderer zu werden.
>
> Ein gemeinsamer Zug all der Handlungen, deren Spontaneität außer Zweifel steht, ist jedoch die Entschiedenheit, mit der er jeglichen moralischen Konformismus von sich weist, ihm die Stirn bietet. Diese Einstellung, die er durchaus nicht zu verber-

[3] *Karminativ* nannte man damals Substanzen, die unter anderem die Austreibung der Darmgase fördern. Die Spanische Fliege (Kantharidenfliege) ist eine kleine grüne Zikade des Mittelmeerraums, deren im Mörser zerstoßener Körper für blasenziehende und aphrodisische Präparate verwendet wird. Blasenziehend ist beispielsweise die Brennessel. Wie sich unvorsichtig zubereitetes Kantharidinpulver auf die Magenschleimhaut auswirkt, kann man sich vorstellen. Bemerkenswert ist, daß Sade in der Öffentlichkeit lange der Ruf eines Experimentators («eine Leidenschaft für die Chemie») anhing.

gen sucht [gelegentlich vielleicht doch ein wenig...], scheint das physiologische und soziale Verhalten Sades zu bestimmen und sich mit seinen hochfliegenden geistigen Aktivitäten und kühnen Spekulationen zu verbinden. Und das Werk dieses Mannes, der in jeder Beziehung ein Libertin war, wird seine Verleumder, die in ihm zumeist nur einen gewöhnlichen Wüstling sehen wollen, immer wieder in Verwirrung stürzen.»

Treffender kann man es nicht ausdrücken. Ich würde aber noch weitergehen. Maurice Heine spricht auch von der «Demütigung»; es geht um die masochistischen Wonnen der Demütigung, die man bei einigen Gestalten Sades antrifft und die von Adamov und Genet, was den heterosexuellen bzw. homosexuellen Masochismus angeht, ausführlich beschrieben worden sind. Doch im Falle von Sade kann man sich nach meiner Ansicht nicht so einfach auf den Masochismus berufen, denn dieser stellt eine Art Rache dar für die sozialen Zwänge, die man ihm lange hat auferlegen wollen, und für die Person, die man ihn spielen lassen wollte. So kommt zu der Lust, sich von einer Prostituierten hundertneunzehn Schläge mit dem Reisigbesen versetzen zu lassen, am 27. Juni 1772 sicherlich das Vergnügen hinzu, in seiner Person einen königlichen Statthalter, einen Regimentsobersten der Kavallerie und einen Marquis (genauer: einen Comte) peitschen und sodomisieren zu lassen, den sein Leibdiener Lafleur nennt und der seinerseits seinen reizenden Peiniger mit Monsieur le Marquis anredet.

Die Gestalten, denen in den Romanen Sades die Aufgabe zukommt, diese Variationen zum Thema des klassischen Sadomasochismus zu illustrieren, haben bisweilen Ähnlichkeit mit ihm, nicht wie Zwillingsbrüder, aber doch wie recht enge Verwandte: Bressac zum Beispiel oder Gernande.

Der Comte de Bressac ist einer der ersten Peiniger Justines: «Man hatte ihn nie zum Dienst bestimmen können; alles, was ihn von seiner Libertinage fernhielt, war ihm so unerträglich, daß er sich davon nicht fesseln lassen konnte.»

Der Comte de Gernande – wieder ein Comte – taucht ebenfalls in *Justine* auf, doch ist es *La Nouvelle Justine*, wo er erklärt: «Nichts macht mir mehr Vergnügen, als an meiner eigenen Schande mitzuarbeiten.»

Ich meine aber, es sei der dreiundzwanzigste Tag aus den *Cent vingt journées de Sodome*, an dem man wie einen anonymen, flüchtigen Schatten jenen Charakterzug an den Wüstlingen Sades bemerken kann, der, mit wenigen Strichen zur Affäre in der Rue d'Aubagne in Beziehung gesetzt, mit größtem Recht als autobiographisch gelten kann:

«‹Alle diese Exzesse sind begreiflich›, sagte Durcet stammelnd, denn der kleine Wüstling war während der Erzählung dieser Schweinereien steif geworden, ‹nichts ist einfacher, als die Erniedrigung zu lieben und in der Verachtung Wollust zu finden. Die Erniedrigung ist eine sehr bequeme Wollust, man braucht sich nur sagen zu lassen, was man wirklich ist; wer sich gerne sagen läßt, daß er ehrlos sei, freut sich, weil er es wirklich ist. Es ist nicht auszudenken, wie weit es in dieser Hinsicht ein Mensch bringen kann, der wegen nichts mehr errötet. Das ist die Geschichte jener Kranken, die sich über ihre Krankheiten freuen und darauf stolz sind.› – ‹Dies alles ist eine Angelegenheit des Zynismus›, sagte Curval, der die Arschbacken der Fanchon abtätschelte, ‹wer weiß denn nicht, daß sogar die Züchtigung Enthusiasmus hervorrufen kann? Hat man nicht gesehen, daß Leute in dem Augenblick steif wurden, in dem man sie öffentlich entehrte?!... Alle Welt kennt die Geschichte des Marquis de***, der in dem Augenblick, als er in effigie verbrannt wurde, den Schwanz aus seiner Hose zog und ausrief: ‹Verfickter Herrgott!... Ich selbst bin jetzt in einer Stimmung, in der ich mich gern mit Schmach und Schande bedeckt sähe. Laßt mich, laßt mich, ich muß jetzt entladen!› Und er tat es im selben Augenblick.»

Um sich schließlich von dem Fest, das Sade sich bei Mariette Borelly gegönnt hat, ein vollständiges Bild zu machen, muß man bedenken, daß es sich – wie stets bei Donatien – um eine mehrfach gespiegelte *Aufführung* handelt. Der Hauptdarsteller und Regisseur in einer Person sollte sehen, gesehen werden und zugleich sich selbst in dieser doppelten Position sehen. Keine Libertinage ohne vielfältige Spiegelungen. Und auch kein libertines Schauspiel, in dem nicht einige der Akteure, die zugleich das Publikum darstellen, mit einer gewissen Grausamkeit behandelt werden. Natürlich mit körperlicher Grausamkeit, wenn es sich machen läßt, aber vor allem mit seelischer – man ist schließlich kein gewöhnlicher [Graf von] Charolais. Im übrigen haben wir es mit Prostituierten zu tun, die, wenn es darum geht, Illusionen zu erzeugen, nur nach bestimmten Spielregeln verfahren. Sie lassen sich zwar peitschen, aber nur gegen einen entsprechenden Betrag und auch nicht auf beliebige Weise: Es darf vor allem keinen physischen Zwang geben. Mariette Borelly ist nicht Rose Keller. Als die Mädchen sich weigern, die blutbefleckte Peitsche mit den Widerhaken zu verwenden, und sei es auch nur an ihm, besteht Sade nicht darauf. Er muß sie also auf andere Weise schockieren. Ihnen als erstes die Sodomie vorschlagen. Daß sie ablehnen, ist bedeutungslos, ja, es ist sogar noch besser, denn es zeigt, daß sie Prinzipien haben[4]. Das gibt einem die Möglichkeit, Anstoß bei ihnen zu erregen, was man tatsächlich auch problemlos erreicht. Die Sodomie, die ihnen für ihre eigene Person nicht zusagt, wird man ihnen als Schauspiel aufzwingen, und wenn sie obendrein zwischen Männern praktiziert wird, ist das ein zusätzlicher Skandal. Die Aussage von Marianne Laverne ist in dieser Hinsicht besonders aufschlußreich:

> «Besagter Mann, den sein Diener *Lafleur* nannte, peitschte sie der Reihe nach mit dem Reisigbesen, warf die Zeugin bäuchlings auf das Bett, schob hinten ihren Rock hoch, fragte sie, ob die Bonbons bei ihr nicht gewirkt hätten, näherte sein Gesicht dem Hintern der Zeugin, wollte Marianette dazu bringen, erneut seinen Diener zu erregen. Diese weigerte sich, er verlangte, daß sie neben der Zeugin stehen bliebe; als sie hinaus wollten, bedrohte er sie; die Zeugin, atemlos vor Empörung, vergoß heiße Tränen, als sein Diener ihn schließlich von hinten nahm...»

[4] Gilbert Lely schenkt den Behauptungen der Mädchen aus der Rue d'Aubagne keinen Glauben; für ihn hat der Marquis sein Ziel erreicht: «Wenn das eine Vermutung ist», fährt er fort, «so erreicht sie unserer Meinung nach jenen Wahrscheinlichkeitsgrad, der an Gewißheit grenzt. [...] Der Marquis de Sade war nicht der Mann, sich ständig um seine bevorzugte Wollust bringen zu lassen, er suchte ganz junge [...] Mädchen – wahrscheinlich wegen ihres geschmeidigen Gewebes, das für diese Praktik so geeignet war.» Das heißt jedoch, nicht mit der traditionellen Prüderie der Prostituierten des Mittelmeerraums zu rechnen. Obendrein bestand ein Verbot dieser Sexualpraktik, die mit dem Tod bestraft werden konnte.

Marianne Laverne ist achtzehn Jahre alt. Kunden wie den Marquis de Sade hat sie wohl noch nicht oft erlebt. Hinter dieser Suche nach ganz jungen Mädchen, wie sich Latour bei seinen Annäherungsversuchen äußerte, steckt nach meiner Vermutung das Bestreben, besser Anstoß erregen zu können, seinen Partnerinnen «vor Empörung den Atem zu rauben», und weniger das Streben nach der Annehmlichkeit, die das geschmeidige Gewebe eines jugendlichen Anus bietet.

32.

Der Kreis der Familie

Ist das chemische Experiment mißlungen, so war doch das Schauspiel ein Erfolg. Nur muß sich der Organisator, nun da die festlichen Leuchter erloschen sind, der Schadensrechnung stellen. Sie ist hoch: zweifache Anklage wegen Vergiftung und Sodomie, umfassende Beschlagnahme der Güter, ein Skandal, der die Provence in helle Aufregung versetzt und sich auf dem Weg von Marseille nach Paris mit jeder Meile aufbläht. Für eine Vorstellung von wenigen Stunden ist das ein hoher Preis. Gewiß wird Sade irgendwann einmal ein Maximum an Genuß aus dieser Katastrophe ziehen, doch im Augenblick ist er vollauf damit beschäftigt, seine Haut zu retten.

Am 10. Juli zahlt der Marquis de Sade dem Schauspieler Bourdais auf seine Gage eine Anzahlung von 352 Livres und zehn Sols, aber vielleicht ist er schon nicht mehr auf seinem Schloß La Coste. Als der Gerichtsvollzieher aus Apt, begleitet von einem Sergeanten und drei Berittenen der Gendarmerie, anderntags an die herrschaftliche Pforte klopft, um den Haftbefehl zu vollstrecken und die Beschlagnahme vorzunehmen, sind Sade und Latour verschwunden, und auch die Marquise ist abwesend. Allein Antoine Fage, der Bevollmächtigte des Marquis, ist da und erwidert dem Gerichtsvollzieher, daß «besagter Herr Marquis und sein Diener vom besagten La Coste seit rund acht Tagen abwesend sind, und er selbst habe seit ihrer Abreise auch nichts Neues gehört».

Ist man inzwischen dabei, die Verteidigung Sades zu organisieren? Wenn ja, so geschieht das nicht ohne eine gewisse Kopflosigkeit. Wir werden von nun an ein seltsames, unvollständig bekanntes Stück erleben, das bedeutsam, aber stellenweise schwer zu interpretieren ist. Es geht um ein Gesuch, das Pélagie Montreuil de Sade 1774 beim Pariser Châtelet einreicht; die Marquise schildert darin auf ihre Weise die Ereignisse von 1772. Paul Bourdin hat 1929 Bruchstücke daraus veröffentlicht, die später von Lely um ein weniges erweitert wurden. Ich habe ihre Fassungen mit dem Manuskript verglichen, das in der Bibliothèque

Nationale in Paris aufbewahrt wird und noch nie in voller Länge abgedruckt wurde; hier der Anfang:

«Die Dame Renée-Pélagie Cordier de Montreuil, Gemahlin von Messire Louis-Donatien-Adolphe [*sic*], Marquis de Sade, Ritter, Grundherr von La Coste, Mazan, Saumane und weiteren Orten, erklärt in ihrem eigenen Namen wie als Verwalterin namens ihrer Herren Kinder, daß sie sich in der bitteren Notlage befindet, den Schutz der Gesetze anrufen zu müssen, um endlich die übelste Kränkung zurückzuweisen, die es jemals gegeben hat [so der damalige Kanzleistil]; unschuldiges Opfer des heiligsten Bandes, fordert sie die Rechte der Menschlichkeit ein, die seit allzu langer Zeit verletzt wurden.

Sie war mit dem Marquis de Sade, ihrem Gatten, auf ihrem Gut La Coste in der Provence; zu ihr gesellte sich das Fräulein de Launay, ihre Schwester, unter dem Vorwand, ihr Gesellschaft zu leisten und dort eine heiterere Luft zu atmen; geteilt zwischen ihrer Anhänglichkeit für ihren Gemahl und ihrer Zärtlichkeit für ihre Kinder, genoß sie dort seit langem einen Frieden, den nichts hätte trüben sollen, und die Bemühungen ihres Gemahls ließen sie nicht ahnen, daß eine verhängnisvolle Leidenschaft [*Leidenschaft* ersetzt das durchgestrichene *seltsame Liaison*] schon bald zur Brutstätte einer Reihe von Unglücken und Mißgeschicken werden sollte.

Ihr Gemahl begibt sich im Juni 1772 zusammen mit einem Diener nach Marseille; einige Tage später kehrt er zurück, doch leider erfährt sie bald, daß in jener Stadt eine Untersuchung läuft [im Manuskript stehen hier die Worte *strafrechtliche* und *gegen ihn*, die aber bei Bourdin und Lely fehlen]; sie versucht, ihre Ungewißheit zu beseitigen und ihre Sorge zu beschwichtigen; sie wendet sich an ihre Schwester, doch die Verwirrung, die sie in ihrer Seele liest, das Schwanken ihrer Antworten, steigern ihre Unruhe nur; sie eilt mit dieser Schwester nach Marseille; während sie sich davon überzeugt, daß der Gegenstand der Ermittlungen bloß eine «galante Affäre» ist, muß sie feststellen, daß alle Geister von einer nicht zu überbietenden Voreingenommenheit erfaßt sind, die zu zerstreuen nicht der geeignete Moment ist; sie hätte gern versucht, den Schleier dieser Voreingenommenheit zu zerreißen, doch die Niedergeschlagenheit ihrer Schwester zehrte an der

Kraft, die sie in der Stärke ihres Vorstellungsvermögens zu finden glaubte; sie kehrt nach Hause zurück; ein böser Geist, der sich davor fürchtet, daß wieder Ruhe und Besonnenheit einkehren, bemächtigt sich des Verfahrens, oder vielmehr, er treibt die Untersuchung voran, und bald erfahren die aufgestörten Menschen durch einen schmachvollen Beschluß, daß die Menschen sich selbst emsig Verbrechen ausdenken, um Verbrecher zu finden; die Menschlichkeit ging ihrer Rechte verlustig; Unparteilichkeit und Mäßigung wurden aus dem Heiligtum der Justiz verbannt; die Täuschung siegte über die Wirklichkeit...»

In diesem Ton geht es weiter über fünf oder sechs Seiten. Was aber soll dieser ganze Roman? Was Herr und Frau Sade Ende Juni, Anfang Juli 1772 getan und gelassen haben, geht sehr klar aus dem Text hervor, und es wird vollkommen verständlich, warum die Marquise einige Tage nach der Rückkehr ihres Mannes eine Erkundungsreise nach Marseille unternimmt, doch was haben hier die Niedergeschlagenheit, die Unruhe und das Schwanken von Anne-Prospère de Launay zu suchen? Der Forscher, der im Jahre 1986 ratlos vor diesem Dokument steht, kann sich damit trösten, daß selbst die qualifiziertesten Zeitgenossen Sades sich die gleichen Fragen gestellt haben: «Die Berechtigung der Klage, die meine Schwester betrifft», schreibt Pélagie de Sade im Juli 1774, «verstanden sie [die Richter vom Pariser Châtelet] nicht; er [Herr Chapote, Pélagies Anwalt in Paris] mußte es ihnen erklären. Er war darüber um so erstaunter, als diese Herren sehr geistvoll sind. Er hat sofort begriffen, um was es ging und warum dieser Punkt verschleiert wurde.»

Monsieur Chapote hat wirklich Glück. Wir verstehen sehr gut, daß es nicht zweckdienlich ist, den Richtern das Verhältnis zwischen dem Marquis de Sade und seiner Schwägerin zu erläutern, aber warum ist dann überhaupt die Rede von ihr in einem Gesuch, das sie offenkundig überhaupt nicht betrifft, und dann auch noch in einer Weise, die eher an einen Schundroman von der Sorte «hintergangen von ihrer jungen Schwester» als an ein wohlabgewogenes juristisches Schriftstück erinnert? Man könnte denken, hier habe sich eine Frau in der Wortwahl vergriffen, die mit den üblichen Verfahren nicht recht vertraut und von dem Drama, das sie durchlitten hat, ganz verwirrt ist. Nun wis-

sen wir aber, daß Pélagie beim Abfassen des Gesuchs von kompetenten Juristen sorgfältig beraten wurde, unter ihnen Gaufridy und der Anwalt Chapote (das Manuskript ist übrigens von der Hand Gaufridys). Daß hier die Emotionen von Anne-Prospère und Pélagie erwähnt werden, hat gewiß seine Gründe, nur können wir sie im Augenblick nicht erkennen...
Am 14. Juli 1772 gedenkt Pélagie de Sade, La Coste und sicherlich auch die Provence zu verlassen; sie schreibt an Ripert: Wieder einmal wird Geld benötigt.
Es wird um so mehr Geld benötigt, als man irgendwann, vermutlich aber recht bald, beschlossen hat, die Mädchen aus der Rue d'Aubagne zu einer nicht weiter belastenden Aussage zu bewegen, wie man es schon in Arcueil mit Rose Keller gemacht hatte, und das kostet eben Geld. Darum kümmert sich Fage, der Anwalt und, wie ich meine, verrückte Notar[1]. Am 1. August schreibt er an den Pächter Conil: «Die Nachrichten sind erfreulich; die Sache nimmt die beste Wendung, die man sich wünschen konnte»; «Ich werde hinfahren», fügt er hinzu (und meint damit Marseille), «und die ganze Sache aus der Welt schaffen. Aber ich brauche Geld, Geld, sonst kann ich nichts machen! Bewegen Sie Freund Ripert, noch dieses eine Mal, das wichtiger ist als alle anderen, zu helfen.» (BN[x]) Freund Ripert hat noch ein weiteres Mal helfen müssen, denn am 8. und am 17. August erscheinen Marguerite Coste und Marianne Laverne vor dem Notar de Carmis zu Marseille und nehmen Abstand, wovon, weiß man nicht. Vielleicht von einer Klage? Es ist behauptet worden, eine Klage habe es nicht gegeben.

Hat Fage diese Schritte bereits mit Monsieur de Montreuil abgestimmt, wie es aus einem seiner Briefe vom September hervorgeht? Man weiß nur, daß der Präsident höchstpersönlich von Paris herbeigeeilt ist und in La Coste, in Saumane beim Abbé und wohl auch in Marseille gesehen wurde. Er ist mit dem ältesten Onkel Sades zusammengetroffen, einem Komtur des Malteser

[1] Ich bezeichne ihn als verrückten Notar, weil seine Handschrift in den Briefen die eines Schwachsinnigen ist, unzusammenhängend, mit übertriebenen Schnörkeln, in alle Richtungen ausschweifend. Andererseits ist eine gewisse Intelligenz unverkennbar.

ordens, der – man weiß nicht seit wann – wieder in der Provence ist, und gemeinsam haben sie einige Richter in Aix-en-Provence aufgesucht. Möglicherweise hat er auch schon einen der de Sades aus Eyguières besucht – einer der Cousins dieses Zweiges ist Propst von Marseille. Jedenfalls werden sich mit den de Sades aus Eyguières sehr bald gemeinsame Interessen ergeben.
So werden neue Bande geknüpft, wird der Kreis einer Familie erweitert, in der Sade immer weniger seinen Platz hat. Er wird immer mehr zum Ausgeschlossenen, zum schwarzen Schaf der Familie wie der Gesellschaft. Vom 12. September 1772 an ist er, in Abwesenheit zum Tode verurteilt, rechtlos. Am 18. Dezember wird die «Dame Marquise de Sade» von einem Familienrat, der vor einem Notar in Avignon zusammengetreten ist, zur «Verwalterin» der ehelichen Güter bestimmt, im Namen ihrer minderjährigen Kinder, deren Erziehung man ihr ebenfalls anvertraut. Dadurch wird sie zum einzigen Bindeglied, das Sade mit der Gesellschaft verbindet. Für ihn kommt zu der sozialen Randstellung und der seelischen Absonderung nun noch die physische hinzu, denn er tritt jetzt, unter falschem Namen und bisweilen in Verkleidung, eine weite Reise an. Rings um ihn werden die Brücken abgebrochen, ohne daß er sich dessen wohl wirklich bewußt ist.

33.

Mademoiselle de Launay, Stiftsdame

Gleich nach der Affäre von Marseille soll der Marquis de Sade, der Legende zufolge, die im 19. Jahrhundert verbreitet wurde, seine Schwägerin entführt haben und mit ihr unter ganz und gar romantischen Umständen nach Italien geflohen sein. Man muß sich jedoch immer wieder klarmachen, daß wir über die Beziehungen zwischen Donatien de Sade und seiner Schwägerin nicht das geringste wissen. Die Familie, allen voran Madame de Montreuil, hat sich erfolgreich bemüht, die Spuren dieser skandalträchtigen Beziehung zu verwischen. Nur soviel kann man aufgrund der erhaltenen Dokumente sagen: Es hat diese Beziehung gegeben; wie sie aber beschaffen war, wann sie begann und wann sie endete, das wissen wir nicht.
Bis heute hat sich kein Porträt von Mademoiselle de Launay gefunden. Daß die Stiftsdame anziehend war, dessen kann man fast sicher sein, dank des Abbé de Sade. Zwischen dem angeheirateten Onkel mit seinen siebzig Jahren und der neu gewonnenen Nichte scheint sich nämlich ein sehr inniges Verhältnis angebahnt zu haben. Wie aus einem undatierten Brief des Abbé hervorgeht, stehen die beiden in einem Briefwechsel, in dem die galanten Äußerungen ein solches Ausmaß angenommen haben, daß Mademoiselle de Launay darüber erschrickt, während Jacques-François de Sade von einer so heftigen Zuneigung gepackt ist, daß wir uns nicht vorstellen können, er würde sie für ein häßliches dummes Entlein empfinden. Er antwortet auf einen nicht wiederaufgefundenen Brief der Stiftsdame, worin diese den Abbé offenbar gebeten hatte, sich in seinen Schreiben maßvoller auszudrücken, die er ihr, vermutlich etliche Monate nach der Affäre von Marseille, in ihr Kloster sandte, das in der Gegend von Clermont gelegen haben muß. Anscheinend fürchtete sie um «ihren Ruf, ihre Ehre und vielleicht ihr Leben». Der Abbé beteuert, nichts sei ihm heiliger als die Ehre und das Leben seiner Nichte. «So wollen wir uns denn erklären», sagt er, «und der Sache ein für allemal Grenzen ziehen»:

«Was ich für Sie empfinde, ist die zärtlichste Freundschaft, die zugleich vollkommen rein und frei ist von dem, was Sie *Droge* nennen. So viel zum Grundsätzlichen – es wird Sie zufriedenstellen. Was zwischen uns offen ist, ist nur eine Frage der Form. Die Leidenschaften richten sich in ihrer Form nach dem Kopf, in dem sie sich abspielen: Wie heftig die Freundschaft ist, das hängt vom Wesen der Person ab, die sie empfindet, und von den Reizen derjenigen, die sie einflößt. Ich kenne nichts, was so liebenswürdig wäre wie Sie, und ich stamme aus einer heißen Gegend; nehmen Sie beides zusammen, so kann das Resultat nur eine sehr heftige Freundschaft sein [...]. Gern würde ich mein Leben mit Ihnen verbringen, doch ich werde Sie nicht sehen. Ich brenne darauf, nach Clermont zu fahren, doch ich fahre nicht. Würde ich den Regungen meines Herzens folgen, so würde ich Ihnen täglich schreiben, und meine Briefe wären voll von Zärtlichkeit und Wärme, doch um Ihnen zu gefallen, werde ich Ihnen nur von Zeit zu Zeit frostige Episteln schreiben, in denen ich mich bemühen werde, den Stil der Auvergne nachzuahmen. Ich darf mir wohl einbilden, daß Ihre Ehre und Ihr Leben hinter einer solchen Maske in Sicherheit sein werden...»

Es erscheint zumindest gewagt, wenn Gilbert Lely behauptet, die Stiftsdame Anne-Prospère de Launay sei «eine der drei großen Leidenschaften des jungen Sade» gewesen, aber gleichgültig war sie ihm sicherlich nicht. Es gibt dafür nur wenige, aber doch ausreichende Anhaltspunkte: Da ist vor allem die Art und Weise, in der er Jahre später (um 1782?) über das Wohlergehen seiner Schwägerin unterrichtet zu werden wünscht. Seinen Brief haben wir nicht, doch Pélagies Antwort ist vielsagend: «Das Schweigen, das ich gewahrt habe, mein Freund, um Dir nicht von meiner Schwester zu sprechen, war wohlbegründet. Wenn ich es breche, um Dir einen Gefallen zu erweisen, wirst Du daraus nur falsche Schlußfolgerungen ziehen, und darum will ich Dir jetzt ein letztes Mal von ihr sprechen. Du verlangst, daß ich Deine Fragen beantworte, und schwörst mir, ihrer nicht mehr zu erwähnen und Dich zu beruhigen! Ich schreibe Dir also, um Dich zu beruhigen...» Außerdem ist da die Zeile in der «Bestandsaufnahme nach dem Hinscheiden des Herrn Comte de Sade», die am 2. Januar 1815, einen Monat nach dem Tod

Donatiens, in Charenton erstellt wird und in der es über eine von den nur vier Miniaturen, die der alte Insasse des Irrenhauses sich bewahrt hat, heißt, daß sie «Mademoiselle Delaunay, Tante von Herrn Comte de Sade junior»[1] darstelle. Anne-Prospère hat also offenbar lange etwas für Sade bedeutet. Das Dumme ist nur, daß wir nicht wissen, was sie ihm bedeutete: Erinnerung an etwas Gewesenes (was war denn gewesen?) oder Sehnsucht nach dem, was hätte sein können; nichts gibt uns darüber Aufschluß. Der allgemeine Ton der drei oder vier Briefe, die wir von der Stiftsdame haben, ist nicht gerade überschwenglich und zeugt nicht von maßlosem Optimismus. Wenn sie durch einen widrigen Umstand um ein Vergnügen gebracht wird, ist sie nicht sehr überrascht: «Sie hatte sich allzusehr darauf gefreut, um nicht verstört zu sein» (Brief an den Abbé de Sade, November 1771); wenn man ihr ein Kompliment macht, bleibt sie durchaus besonnen: «Sie sind stets galant, mein Onkel, aber darf man Ihnen glauben, und ob das, was Sie mir sagen, nicht bloße Galanterie ist, ich weiß es wahrlich nicht» (Brief an den Abbé, ohne Datum).

Sieht man aus dem Leben des Marquis und seiner Schwägerin irgendwann «die helle Flamme ihrer Leidenschaft füreinander» (G. Lely) hervorleuchten? Denkbar ist es. Nur müßte man dazu eine genauere Vorstellung von der Form haben, welche die Leidenschaft bei Donatien möglicherweise angenommen hat, und man müßte wissen, was Mademoiselle de Launay genau unter *Droge* verstand, als offenbar vom Gefühl der Liebe die Rede war...

Wie dem auch sei, Donatien de Sade hat jedenfalls nicht unverzüglich nach dem Skandal von Marseille das Vaucluse verlassen, sei es mit der Schwester Pélagies, sei es ohne sie. Es ist nicht einmal ausgeschlossen, daß er sich zunächst in der Umgebung von La Coste versteckt hat, um dann auf das Schloß zurückzukehren

[1] Die drei anderen stellten Donatiens Mutter dar, seinen 1809 umgekommenen Sohn Louis-Marie und «Mademoiselle de Charolais, seine Cousine» (schon in La Coste gab es ein Porträt eines Fräuleins de Charolais). Außerdem ein großes ungerahmtes Bild von Sades Vater. Andere Porträts scheint Donatien in seinen letzten Jahren nicht bewahrt zu haben.

und seine Abreise vorzubereiten. La Coste ist nicht leicht zu erreichen, auch vom Dorf aus nicht, und wenn sich ein Fremder nähert, sieht man ihn von weitem kommen. Ohnehin braucht Sade Zeit, um Geld zusammenzukratzen. Zweifellos ist er noch am 10. August in der Gegend, denn ein Brief von der Hand eines Sekretärs, der die Unterschrift «Launay de Sade» trägt, wandert von Ripert zum Abbé, der ihn mit der Bemerkung zurückschickt: «Schließen Sie [den Vertrag] ab, da Monsieur de Sade es nun einmal will, und lassen Sie ihm sein Geld zukommen.»[2]

Was dann folgt, ist die Abreise nach Italien und ein dunkles Loch von etwas mehr als zwei Monaten, bis zum 27. Oktober, an dem Sade mit Sicherheit in Chambéry in Savoyen eintrifft (also im Ausland, denn Savoyen gehörte damals zum Königreich Sardinien). Was hat er in der Zwischenzeit gemacht?

Nehmen wir die Italienreise als wahrscheinlich an, halten wir aber auch fest, daß es keinen Beweis dafür gibt. Unter welchen Bedingungen ist Sade dann gereist, und mit wem? Wahrscheinlich mit Latour und möglicherweise mit Carteron, genannt La Jeunesse; beide begegnen uns in Savoyen wieder. War auch Anne-Prospère de Launay mit von der Partie?

Manche mögen diese Frage für nebensächlich halten, doch nach meiner Ansicht ist sie von zentraler Bedeutung. Jeder, der sich bisher mit Sade befaßt hat, richtete sich in seiner Vorstellung von dem Menschen Sade bewußt oder unbewußt nach dem Bild, das er von dessen Verhältnis zu Mademoiselle de Launay, der Stiftsdame, seiner Schwägerin, hatte. Das behaupte ich.

Und das ist nicht verwunderlich. Die Vorstellung, die wir uns von der Liebe machen, fließt unwillkürlich in unser Urteil ein, gleichgültig, um was es gehen mag. Für die meisten ist die Persönlichkeit Sades dermaßen verwirrend, daß man generell fast reflexartig das Verhältnis zu Mademoiselle de Launay benutzt, um ihn wieder einzufangen, ihn einzukreisen, ihn zurückzuführen in den großen Kreis der menschlichen Familie mit

[2] Pélagie hat zwar unterschrieben, doch der Stil ist unverkennbar der des Marquis, und der Abbé sagt eindeutig: «*Monsieur* de Sade».

normalen Liebesbeziehungen. Ich kenne keinen Sade-Forscher, der nicht dieser Versuchung erlegen wäre.
Nun können wir aber beim gegenwärtigen Stand der Dokumente, die uns über den berühmten Marquis erhalten sind, nichts Genaues über die Gefühle sagen, die Anne-Prospère und Donatien füreinander empfunden haben mögen. Wir müssen uns daran halten, was sie konkret getan haben, und nur daran. Deshalb müssen wir vor allem die Dauer ihrer Beziehung kennen. Wenn es eine Liebesbeziehung war, erhebt sich die Frage: Handelte es sich, *wie immer bei Sade*, um ein mehr oder weniger kurzes Strohfeuer, das, *wie immer*, ein schlechtes Ende nahm, weil Sade von seiner Partnerin verstoßen wurde, oder kann man in diesem einen Fall (Pélagie müssen wir völlig beiseite lassen) von einer gegenseitigen Gefühlsbeziehung sprechen, die, obwohl die Umstände widrig waren, von den Liebenden so lange wie möglich aufrechterhalten wurde? Im letzteren Fall landen wir wieder, auch wenn die Geschichte ein wenig anders verläuft, bei der Hypothese einer romantischen Liebe Sades.
Deshalb müssen wir unbedingt wissen, ob Anne-Prospère und Donatien nach der Affäre von Marseille gemeinsam nach Italien aufgebrochen sind oder nicht. Leider fehlt es uns für eine Entscheidung wieder einmal an den Fakten, genauer gesagt, sie sind widersprüchlich.
Nehmen wir zunächst die Zeugnisse, die für die Hypothese sprechen, die ich die romantische nennen will. Der erste Zeuge ist Bachaumont, der aufgrund von Gerüchten, die von Marseille bis nach Paris gedrungen sind, der Version der gemeinsamen Flucht Glauben schenkt: «Auf diese Weise hat Monsieur de Sade seine Schwägerin besessen, mit der er geflüchtet ist.» Diese Aussage steht am Ende einer apokalyptischen Schilderung, deren übrige Elemente frei erfunden sind.
Ein etwas glaubwürdigerer Zeuge stützt Bachaumonts Version: der Comte de la Tour, Gouverneur des Herzogtums Savoyen. Monsieur de la Tour schreibt am 17. März 1773 an den Chevalier de Mouroux, Staatsminister des Inneren in Turin. Er bezichtigt Sade in seinem Brief förmlich «der Entführung von Mademoiselle de Launay, seiner Schwägerin, die er unter dem Namen seiner Frau und mit den Vertraulichkeiten, die sich an diesen Titel knüpfen, nach Venedig und in andere Gebiete Ita-

liens mitgenommen hat». Dies wäre ein Dokument von Gewicht, wenn die Berichte des Comte de la Tour immer frei wären von Geschwätz. Das ist aber nicht der Fall, wie er bereitwillig einräumt: «Man hatte mir Sand in die Augen gestreut», schreibt er ganz einfach im Hinblick auf eine andere Auskunft über Mademoiselle de Launay, die er nach Turin weitergeleitet hatte.

Sehr viel besser, so sollte man meinen, müßte uns Pélagie Auskunft geben können, Gattin und Schwester der beiden vermeintlich Liebenden. In ihrer Eingabe von 1774 verliert Madame de Sade über eine Italienreise von Anne-Prospère und Donatien verständlicherweise aber kein Wort. Dafür legt sie großen Wert auf die Mitteilung, daß die Stiftsdame seit einiger Zeit einen heftigen Groll gegen ihren Schwager empfinde, dessen Gründe uns vorenthalten bleiben: «... selbst das Fräulein de Launay ist jetzt [darunter gestrichen: «ersucht mit einer gewissen»] von Groll gepackt [und schildert den Marquis de Sade in den schwärzesten Farben]...» (Bourdin)

Es wird nicht genau angegeben, wann sich Mademoiselle de Launay in diesem Sinne gegen Donatien gewendet hat (wenn sie es denn getan hat, was ich aber durchaus glaube, was auch immer das Motiv war). Der Text läßt vermuten, daß es geschehen ist, kurz bevor Sade die Provence verlassen hat, oder unmittelbar danach.

Die moderne romantische Hypothese, aufgestellt von Maurice Heine und vervollkommnet von Gilbert Lely, lautet folgendermaßen: «Es wird beschlossen, daß die Marquise ostentativ in La Coste bleibt, um die Nachforschungen von dieser Seite [!] auf sich zu ziehen, während der Marquis Italien erreicht, die Stiftsdame jedoch, sei es, um die Marquise noch mehr zu beruhigen [?], sei es, um diese Flucht zu verhüllen und ihr den Anschein einer friedlichen Reise zu geben, sich vornimmt, ihren Schwa-ger nur bis zur Grenze zu begleiten. Sie hält sich aber nicht daran und meint, ihre schützende Aufgabe länger erfüllen zu müssen, als es ratsam gewesen wäre. In dieser nicht gerade erbaulichen Gesellschaft kompromittiert sich die Stiftsdame so sehr, daß man schließlich an die Legende einer Entführung glaubt.» (Maurice Heine) Ich möchte an dieser Stelle einfügen, daß Gilbert Lely «dieses junge Mädchen» allein aufgrund von unzureichend begründeten Annahmen und gewagten Textvergleichen als «kühn, schwermütig und verschlossen» schildert. Er stützt sich in seiner Sade-Chronologie dabei ausschließlich auf Zeugnisse nicht aus zweiter, sondern aus dritter Hand, zum Beispiel auf den Comte de la Tour:

> «*2. Oktober.* – Mademoiselle Anne-Prospère de Launay kehrt zu Madame de Sade nach La Coste zurück, nachdem sie mit dem Marquis de Sade durch ganz Italien gereist ist, der sie als seine Frau ausgegeben und sich bei ihr alle Vertraulichkeiten erlaubt hat, die an diesen Titel geknüpft sind.
>
> *Mitte Oktober.* – Mademoiselle de Launay verläßt La Coste ein letztes Mal, um ihren Schwager zu treffen (sofern, aber das kann man beinahe behaupten [*sic*], die Frau, die am 27. Oktober in Gesellschaft des Marquis de Sade in Chambéry eintraf, wirklich die Stiftsdame war).»

Dazu sei zunächst angemerkt, daß, vorausgesetzt, Sade habe seine Schwägerin mitgenommen, die Zeit von zwei Monaten wohl kaum gereicht haben dürfte, um «ganz Italien» zu bereisen. Allein die Hin- und Rückreise, sei es über das Gebirge, sei es auf dem Seeweg, nahm damals beträchtliche Zeit in Anspruch[3]. Allem Anschein nach hat sich Sade aber noch im August – vielleicht sogar noch etwas länger – in der Umgebung von La Coste aufgehalten.

Eindeutig geklärt ist bei unserem gegenwärtigen Kenntnisstand nur, daß der Marquis de Sade am 8. Dezember 1772 in einem einsamen Haus am Rande von Chambéry, das er am 27. Okto-

[3] Die glaubwürdigste Darstellung von Sades Italienreise gibt am 18. Dezember 1772 der Diener Carteron, den der Marquis vor seiner Festnahme von Savoyen aus nach Paris schickt, «um wichtige Briefe an Freunde und seine Frau Gemahlin zu besorgen». Carteron erfährt bei seiner Rückkehr, was mit seinem Herrn geschehen ist, und begibt sich zum Comte de la Tour, der ihn ausforscht: «Ich habe seinen Worten entnehmen können», schreibt der Gouverneur von Savoyen, «daß ihre Ursache [die der Affäre von Marseille!] eine kleine Liebelei war und daß sie so gravierend war, daß er sich gezwungen sah, unverzüglich nach Italien zu gehen, wo er sich in verschiedenen Städten aufhielt; daß er am Ende des Sommers nach Genua und anschließend auf dem Seeweg nach Nizza gekommen war, wo er alle seine [Sachen] zurückließ; daß er von dort zu Pferde den Weg nach Turin einschlug und schließlich hier ankam.»

ber gemietet hatte, von Truppen des Königs von Sardinien festgenommen wird. Nachdem er das Haus von seinen Soldaten hat umstellen lassen, stellt sich der Comte de Chavanne (ein angeheirateter Onkel von Joseph de Maistre) «in Begleitung von zwei Adjutanten» dem Marquis vor, bei dem sich nur Latour aufhält. Monsieur de Sade erscheint über dieses militärische Vorgehen «ebenso erstaunt wie betrübt». Seine Waffen – einen Degen und zwei Pistolen – übergibt er sofort dem Comte de Chavanne, der ihn die ganze Nacht bewachen läßt, um ihn am anderen Morgen um sieben Uhr «in einer Postkutsche» in die Festung Miolans zu bringen, eskortiert von fünf Berittenen und einem Adjutanten, der mit dem Gefangenen in der Kutsche fährt (vgl. Lely). In Miolans nimmt ihn der Festungskommandant de Launay entgegen[4].

Wenn denn das große Feuer der Leidenschaft zwischen Anne-Prospère und Donatien je gebrannt hat, dann ist es in diesem Augenblick nur noch Asche, die bestenfalls lauwarm ist. In Kürze wird der Marquis «überaus bereitwillig, vollkommen aufrichtig und von ganzem Herzen» auf einen Umgang verzichten, den er seiner Schwäche zuschreibt und den er zu bedauern vorgibt, von dem er jedoch behauptet (wie man später seinen Briefen entnehmen kann), er habe nur in einem unvorsichtigen Briefwechsel bestanden.

Wie kommt es aber, daß man den Marquis so rasch in seinem savoyischen Schlupfwinkel aufgespürt hat? Folgen wir dazu der Marquise in ihrer Eingabe von 1774:

> «Der Marquis de Sade war nach Savoyen abgereist; er hatte der Dame de Montreuil geschrieben, in der Hoffnung, bei ihr Beistand zu finden gegen die Ungerechtigkeit, die ihn verfolgte, doch der verhängnisvolle Brief verriet dieser Dame sein Refugium, und bald überrumpelte sie ihn auf dem Weg über die Botschafter mit den Haftbefehlen des Königs von Sardinien.»

Prüfen wir jetzt noch einmal die Annahme, daß die Stiftsdame sich in Gesellschaft von Donatien befunden habe, als dieser sich in Chambéry niederließ, das heißt gegen Ende Oktober 1773.

[4] So stellt der Comte de la Tour die Dinge zumindest am Hof von Turin dar, dem Sitz des Königs von Sardinien, Karl-Emmanuel III.

Folgt man der Eingabe von Madame de Sade, so war es tatsächlich Donatien, der der Präsidentin durch einen Brief von seinem Aufenthalt in Savoyen Mitteilung gemacht hat; ein Jahr später wird sie dem Abbé de Sade erklären, ihr Schwiegersohn habe in einem Brief aus Savoyen gedroht, nach Frankreich zurückzukehren, wenn sie nicht seine Affäre von Aix unverzüglich in Ordnung bringe; sie habe deshalb handeln müssen.
Da Madame de Montreuil nun wußte, wo der Unruhestifter Donatien sich aufhielt, und sich seiner Person bemächtigen wollte, wandte sie sich an den Duc d'Aiguillon, den französischen Außenminister. Der Duc überreicht dem Gesandten des Königs von Sardinien am Hofe Ludwigs XV., dem Grafen Ferrero de La Marmora, im November 1772 ein Gesuch, «den Comte de Sade, der sich in Savoyen unter dem Namen Comte de Mazan aufhält, in Savoyen verhaften und auf einem Schloß einsperren zu lassen». «Der Comte de Sade», heißt es in dem Gesuch, «stammt aus angesehenen Kreisen, und seine Familie hat großes Interesse daran, daß er sicher verwahrt wird; da er geistig verwirrt ist, hat man allen Anlaß zu fürchten, daß er es wagt, nach Frankreich zurückzukehren, oder daß er in Savoyen neue Torheiten verübt. [...] Seine Familie wird für alle Kosten aufkommen, ebenso für die Unterbringung, die Euer Exzellenz nach Belieben regeln mögen.»
Der Graf de La Marmora leitet das Gesuch am 20. November mit folgendem Kommentar nach Turin weiter: «Falls man der Familie, die das beigefügte Gesuch eingereicht hat, den gewünschten Dienst erweisen kann [...], wird man sich den Minister merklich verpflichten, und er verdient es in mancherlei Hinsicht, daß wir ihn uns verpflichten. Der Chevalier de Sade soll ein ganz übles Subjekt sein. Das Parlament der Provence hat ihn zum Tode verurteilt. Trotzdem macht er von Zeit zu Zeit Besorgungen in Paris, wo man mir hinter vorgehaltener Hand sagt, daß er seine Schwägerin liebe. Seine sehr angesehene Familie schwebt daher in Todesängsten, daß er irgendwann verhaftet wird, und sieht, um ein Unglück zu vermeiden, kein anderes Mittel, als ihn in Sicherheit bringen zu lassen.»
Der König von Sardinien «macht sich ein Vergnügen daraus», dem französischen Hof diese kleine Gefälligkeit zu erweisen (Brief eines Turiner Ministers an den Grafen de la Mar-

mora), und am 2. Dezember meldet der Comte de la Tour nach Turin:

«Ich habe die Ehre, Eurer Exzellenz mitzuteilen, daß ich bei einem unserer Wirte feststellen konnte, daß ein Edelmann, der sich Comte de Mazan und Oberst der Kavallerie von Frankreich nannte, dort eingetroffen ist; er hatte eine Frau bei sich, die er die seine nannte, und zwei Diener; wahrscheinlich war es gerade der, um den es geht. Anschließend erfuhr ich auf amtlichem Wege, daß er vier oder fünf Tage später von einem unserer Edelleute auf sechs Monate ein kleines Haus gemietet hatte, das außerhalb eines Städtchens liegt und wo er sich noch befindet. Er hat sich seither nirgendwo gezeigt und keinerlei Bekanntschaft gemacht; das Essen liefert ihm ein Speisewirt aus der Nachbarschaft. Ich wäre sehr froh, von Eurer Exzellenz zu erfahren, ob ich auch seine angebliche Frau mit ihm verhaften und sie zusammen auf die Festung Miolans bringen lassen soll, und im letzteren Fall, ob man sie [die Frau] hier lassen oder nach Frankreich zurückschicken soll.»

Wer ist diese Frau? Kann es sich um Anne-Prospère de Launay handeln?

Turin informiert am 5. Dezember den Grafen de La Marmora und erläßt am selben Tag exakte Anweisungen:

«Da dieser angebliche Comte de Mazan seinen Namen zu wechseln *und sich zu verkleiden* pflegt [Hervorhebung von mir], wurde vorgeschlagen und beschlossen, eine Person nach Savoyen zu schicken, die ihn genau kennt, um in dem Fall, daß man ihn nicht ohne weiteres entdecken kann, nach ihm forschen zu lassen.» [Außerdem wird für alle Fälle beschlossen,] «die Frau, die sich bei diesem angeblichen Comte de Mazan befindet, vorläufig festzunehmen und sich bei der Bestimmung ihres weiteren Aufenthaltsortes danach zu richten, was man über ihren Stand, ihren Rang und sonstige Umstände in Erfahrung bringt, die sie dazu bewogen haben, diesem Edelmann zu folgen [...] Man bemächtige sich auf jeden Fall auch der Papiere dieses Edelmannes [...] Man gehe so vor, daß man möglichst wenig Aufsehen erregt.»

Doch in dem Bericht, den Monsieur de la Tour am 9. Dezember von der Verhaftung des Comte de Mazan erstellt, beginnt sich die Begleiterin des flüchtigen Edelmannes ihrerseits zu verflüchtigen:

«Was seine Kleider angeht, die ebenfalls durchsucht wurden, so sind es ihrer nur sehr wenige, denn sie finden alle Platz auf einem einzigen Kleiderständer; man hat dort weder Briefe noch Papiere von einiger Bedeutung gefunden. Ich wußte jetzt, daß man mir einen Bären aufgebunden hatte, als man mir versicherte, er habe eine Frau bei sich, wie ich es Eurer Exzellenz mitzuteilen die Ehre hatte. Es ist wahr, daß er, als er im letzten Oktober ankam, eine dabei hatte, die er als seine Schwägerin bezeichnete, doch hat er sie einige Wochen später, wie er sagt, nach Italien geschickt, in Begleitung eines Dieners, und seither ist sie nicht wieder aufgetaucht.»

Am 21. Dezember überreicht «die Familie des Comte de Sade» (wir wissen nicht, wer genau mit diesen Worten bezeichnet wird: sicherlich Madame de Montreuil, aber vielleicht hat sich auch Pélagie diesem Schritt angeschlossen) Herrn de La Marmora ein Gesuch, in dem sie darum bittet, den Comte de Sade in Miolans rücksichtsvoll zu behandeln, und zudem die vollständige Begleichung seiner Unterhaltskosten zusichert. Darüberhinaus

«bittet man, daß die Effekten, die er eventuell bei sich hat, ihm sowohl zu seinem Nutzen wie zu seiner Beschäftigung, die für einen lebhaften Geist wie den seinen nötig ist, gelassen werden, ausgenommen seine Papiere, Manuskripte, Briefe, welchen Charakters auch immer; seine Familie bittet, ihr dieselben mit einer kleinen Schachtel oder einem Kästchen, das, wie sie glaubt, rot und mit Kupferbeschlägen verziert ist und ebenfalls Papiere enthält, zu schicken. Falls er es in die Festung mitgenommen hat, bittet man, zu versuchen, es zu nehmen, ohne daß er es merkt und irgendwelche darin enthaltenen Papiere vorher entfernen kann. Falls der Schlüssel nicht dabei ist, wird man sich ohne ihn zu behelfen wissen. Da die erwähnten Papiere nur ihn und seine Familie betreffen, wird man um die Freundlichkeit ersucht, sie ohne Durchsicht dem oben erwähnten Herrn Botschafter von Sardinien zukommen zu lassen, der die Güte haben wird, sie seiner Familie zu übergeben.»

Bleibt die Frage nach der geheimnisvollen Begleiterin. Dazu heißt es:

«Was die Frau betrifft, die bei ihm gefunden und verhaftet worden sein soll, so weiß seine Familie absolut nicht, was es damit auf sich hat, und hat kein Interesse daran. Sie wünschte nur, Seine Exzellenz, der Comte de la Tour, möge die Gelegenheit nutzen und herausfinden, um was für eine Frau es sich handelt, seit wann sie sich bei ihm aufhielt, und ob Monsieur de Sade tatsächlich sehr krank gewesen ist, ob er behandelt wurde von einem Chirurgen namens Thonin [...], der ihn mehrfach zur Ader ließ [...], und ob er es noch war und sich im Bett befand, als man ihn verhaftete. In diesem Fall bittet man Seine Exzellenz, ihm freundlicherweise alle Hilfe und Pflege zukommen zu lassen, die sein Zustand erfordert, denn seine Familie wünscht, daß es ihm in keiner Hinsicht an etwas fehlen möge. Allein sie hat Anlaß, diese Angelegenheit privat und ohne Aufsehen aufzuklären.»

Das Gesuch der Familie zieht die Aufmerksamkeit des Comte de la Tour auf sich. «Aus seinem Inhalt ersehe ich», bemerkt er, «daß sie über etliche Punkte falsche Informationen hatten», doch hält er es nicht für angebracht, diese in seinem Antwortschreiben an den Hof von Turin richtigzustellen, abgesehen von der Versicherung, er glaube nicht, daß Monsieur de Sade seit seiner Ankunft in Chambéry krank gewesen ist, und daß, «als Monsieur de Sade vom Ortskommandanten der Stadt festgenommen wurde, bei ihm [...] weder Brieftasche noch Papiere gefunden wurden, die der Beachtung wert wären, höchstens zwei oder drei Briefe, die er in seiner Tasche hatte und die man ihm ließ».

Und dann wird auf einmal auf die mehrfach erwähnte Präsenz einer Frau an seiner Seite eingegangen, doch leider mit einer banalen Mitteilung in einer belanglosen Schilderung:

«Es wurde erzählt, er habe zu Beginn seines Aufenthalts in Chambéry eine Frau bei sich gehabt, die sieben oder acht Tage bei ihm geblieben sei, doch der Gastwirt, der danach befragt wurde, behauptet, sie sei einen oder zwei Tage vor ihm in Gesellschaft eines französischen Kaufmanns angekommen und mit demselben abgereist.»

Genaues läßt sich also scheinbar nicht erfahren. Keines dieser Zeugnisse ist vertrauenswürdig. Der Gastwirt kann gelogen haben, um einen großzügigen Kunden (oder eine Kundin) zu schützen. Die Gleichgültigkeit, die Madame de Montreuil bezüglich der Frau an den Tag legt, die angeblich an der Seite Sades angetroffen wurde, wäre selbst dann, wenn es sich um Anne-Prospère gehandelt haben sollte, insofern verständlich, als diese am 21. Dezember fast zwei Monate Zeit gehabt hätte, um in den Kreis ihrer Familie zurückzukehren – wenn es denn überhaupt stimmt, daß sie Donatien in den ersten Novembertagen verließ, nachdem sie ihn nach Chambéry begleitet hatte.

Noch einmal ist im Zusammenhang mit Sade amtlich die Rede von Anne-Prospère de Launay, und zwar während der schwierigen Verhandlungen, in deren Verlauf die Marquise und Madame de Montreuil – jede für sich – versuchen, die Papiere zurückzuerhalten, die Sade in Miolans zurückgelassen hat (ob es Madame de Montreuil gelang, die dabei die besseren Aussichten hatte, ist unbekannt; Pélagie hatte keine Chance). Am 21. Juli 1773 schreibt der Comte de la Tour an den Kriegsminister in Turin:

> «Ich werde, Monsieur, seit langem von der Präsidentin de Montreuil, der Schwiegermutter des Comte de Sade [...], gebeten, ihr alle Briefe auszuhändigen, die sie und ihre Tochter dem Comte geschrieben haben und die, da sie sich in dem in Miolans verbliebenen Koffer mit den Kleidern befanden, beschlagnahmt wurden [...] Diese Dame behauptet, die Briefe stünden in keinem Zusammenhang mit den Mitteln, die er zu seiner Flucht benutzt hat [...] Sie gesteht mir zugleich, daß sie ein sehr dringendes Interesse hat, ihren Inhalt nicht bekanntwerden zu lassen, denn ihre jüngere Tochter, die der Comte de Sade, ihr Schwager, verführt habe, werde darin erwähnt...»

Dies ist das einzige Dokument, in dem eindeutig von einer Verführung von Mademoiselle de Launay durch Sade die Rede ist. Näheren Aufschluß darüber, wann und wie sich diese Eroberung abgespielt hat, erhalten wir freilich nicht.

Das ist alles. Wir besitzen aus dieser Zeit kein direktes Zeugnis zu dieser Frage. In den Briefen werden wir, zum Teil sehr spät, nur auf ziemlich verschwommene Anspielungen stoßen. Da ist zum Beispiel ein Brief vom 17. Mai 1790, in dem der Marquis, gerade aus dem Gefängnis entlassen, die Verantwortung für die

Scherereien, die er in Marseille und Aix-en-Provence hatte und die sich in seiner Erinnerung offenbar stark verändert haben, kühn auf die Montreuils abwälzt: «Ich bin mehr als überzeugt, daß sie es sind, die mir die Affäre von Marseille eingebrockt haben, daß sie es waren, die die Mädchen gedungen haben, um sie über Greuel aussagen zu lassen, auf die ich nie verfallen bin. Halten Sie das, was ich Ihnen hier sage, bitte nicht für Phantasterei! Heute höre ich von vielen, daß sie nur nicht wußten, wie sie es anstellen sollten, um mich von der Schwester meiner Frau zu trennen, mit der ich, wie Sie wissen, damals lebte, und daß sie deshalb auf diese Infamie verfielen, um zu ihrem Erfolg zu kommen.» (Bourdin) Zumindest in der Erinnerung Sades stellt es sich so dar, als habe die Affäre von Marseille ihn von Anne-Prospère getrennt; demnach sind sie *danach* nicht zusammen weggefahren. Im übrigen gibt es vielerlei Möglichkeiten, mit jemandem zu leben... Das Rätsel bleibt.

34.

Das allgemeine Interesse

Um die gemeinsame Flucht Anne-Prospères und Donatiens nach Italien glaubhaft zu machen, schildern die modernen Sade-Biographen eine komplizierte Geschichte, die sich auf zwei oder drei mehr oder weniger verifizierte nebensächliche Tatsachen stützt, welche man gewaltsam zurechtbiegt, damit sie in eine ganz und gar hypothetische Konstruktion hineinpassen; gegen diese verwickelte Geschichte sprechen im Grunde nur einige Dokumente, die – das sei bereitwillig zugegeben – ebenfalls keine absoluten Beweise darstellen. Vielleicht wird man dennoch einräumen, daß die Version der Ereignisse, die von diesen Dokumenten gestützt wird, schlüssiger ist.

Daß Sade sich irgendwann einmal für seine Schwägerin interessiert hat, ist unbestreitbar. Möglicherweise reicht dieses Interesse bis zu dem Tag zurück, an dem der Marquis und Mademoiselle de Launay sich kennengelernt haben – wann das war, wissen wir nicht; man kann nur feststellen, daß die zweite Tochter von Madame de Montreuil den Ehevertrag ihrer Schwester unterschreibt und daß es eher unwahrscheinlich ist, daß sie ihrem Schwager zuvor begegnet ist.

Erstaunlich jedoch ist, daß die Stiftsdame acht Jahre später, vom Herbst 1771 an, bei Sade und Pélagie auf Schloß La Coste lebt, nach außen hin aber ist alles in Ordnung.

Im Juni 1772 dann die Affäre von Marseille. Das Verhältnis zwischen Anne-Prospère und Donatien scheint zu diesem Zeitpunkt etwas getrübt zu sein. Später wird man behaupten, daß Sade seine Schwägerin um diese Zeit «verführt» habe.

Folgt man der Eingabe, die Pélagie 1774 aufsetzt, so war Mademoiselle de Launay Anfang Juli 1772 in Marseille, um zusammen mit ihrer Schwester die unangenehmen Geschichten des Marquis aufzuklären, und dabei soll sie eine gewisse Gemütsbewegung gezeigt haben[1]. Dies widerspricht durchaus nicht der Ver-

[1] Verwirrt über diese Passage in der Eingabe von Madame de Sade, schreibt Lely: «Hier scheint der Verfasser dieser Eingabe die Darstellung von Ma-

sion von der gemeinsamen Flucht, denn wir dürfen annehmen, daß Sade sich noch eine Zeitlang in der Gegend aufgehalten hat. Im August, September oder Oktober, so läßt dieser Text vermuten, schildert Mademoiselle de Launay ihren Schwager «in den schwärzesten Farben», und sie bestärkt Madame de Montreuil in ihrem Treiben gegen den eigenen Schwiegersohn. Anne-Prospère dürfte sich also in Paris aufhalten. Seit wann? Die Pariser Bibliothèque Nationale besitzt zwei der seltenen Briefe der Stiftsdame, die, beide an den Abbé de Sade gerichtet, unglücklicherweise aber nicht vollständig datiert sind. Der erste scheint in der Provence geschrieben worden zu sein:

> «Leider ist mir das Vergnügen verwehrt, Sie zu sehen, mein lieber Onkel, denn heute reise ich nach Paris ab. Es heißt, meine Anwesenheit sei dort erforderlich, und darum mache ich mich auf. Hätte sich meine Abreise nicht so überstürzt, hätte ich von Ihnen Abschied genommen. Seien Sie meiner vorzüglichen Hochachtung versichert.
> Madame de Sade kommt mit mir.
> Den 14. um 3 Uhr morgens.» (BN[xx])

Der zweite Brief wurde in Paris abgeschickt, offenbar einige Wochen nach dem ersten; er beginnt folgendermaßen:

> «Mir scheint, daß Sie, Monsieur, die Abwesenden leicht vergessen. Wäre es mir möglich gewesen, mich vor meiner Abreise bei Ihnen in Erinnerung zu bringen, hätte ich es ohne Zweifel getan, aber da mir das verwehrt war, schrieb ich Ihnen, um Ihnen mein Bedauern darüber auszudrücken. Ich fürchte, daß Sie meinen Brief nicht erhalten haben, denn seither habe ich nichts mehr von Ihnen gehört...» (BN[xx])

Nachdem sie mit «Delaunay» unterschrieben hat, fügt Anne-Prospère als Datum «den 17. November in Paris» und einen Gruß hinzu: «Meine Schwester läßt Sie herzlich grüßen.»
Gilbert Lely bringt beide Briefe ohne zu zögern im Jahre 1774 unter, und den ersten verlegt er in den Juli, mit dem folgenden Kommentar:

dame de Sade nicht richtig erfaßt zu haben; tatsächlich hat Mademoiselle de Launay, die dem flüchtigen Marquis schon in den ersten Julitagen gefolgt war, ihre Schwester nicht nach Marseille begleiten können.» Wir wissen jedoch, daß jedes Wort dieses gerichtlichen Dokuments sorgfältig abgewogen wurde.

«Am 14. Juli 1774 schreibt Mademoiselle de Launay aus La Coste (seit wann sie sich dort aufgehalten hat und ob sie sich dort wieder mit ihrem Schwager getroffen hat, wissen wir nicht) an den Abbé de Sade und macht ihm Mitteilung von ihrer überstürzten Abreise nach Paris in Begleitung der Marquise. Möglicherweise hatte die Präsidentin de Montreuil dringend die Rückkehr ihrer jüngeren Tochter gefordert, nachdem mit der Familie de Beaumont über eine Eheschließung verhandelt worden war [aus dieser geplanten Verbindung ist nichts geworden].»

Lely kann, was den zweiten Brief angeht, an gewissen Tatsachen nicht vorbeigehen und verwickelt sich in einen unlösbaren Widerspruch: «Am darauffolgenden 17. November», schreibt er, «*während Monsieur und Madame de Sade in La Coste sind* [Hervorhebung von mir], beschwert sich Mademoiselle de Launay beim Abbé darüber, daß sie von ihm keine Nachricht erhalte.» Anschließend druckt er den Brief ab und geht zu anderen Dingen über, ohne darauf zu achten, daß die Stiftsdame am Schluß geschrieben hat: «Den 17. November *in Paris. Meine Schwester* läßt Sie herzlich grüßen.» Pélagie müßte also gleichzeitig in Paris und La Coste gewesen sein.

Hier wird deutlich, daß die romantische These von der gemeinsamen Flucht nach Italien im Jahre 1772 zu erheblichen Verrenkungen nötigt; Anne-Prospère de Launay müßte wiederholte, unwahrscheinliche Fahrten von der Provence nach Italien, von Italien nach Savoyen, von Savoyen in die Provence, aus der Provence nach Savoyen und wieder zurück in die Provence gemacht haben, um schließlich von einem Abstecher nach Paris im Jahre 1774 nach La Coste zurückzufahren, wo sie in die neuen provenzalischen Skandale ihres Schwagers hineinplatzt...

Dieses wacklige Gebäude wird nach meiner Ansicht von zwei ganz prosaischen Dokumenten zum Einsturz gebracht. Es handelt sich um zwei unveröffentlichte Briefe des Notars und Anwalts Fage an Ripert, die leider undatiert sind, aber aus der Zeit vor dem Januar 1774 stammen müssen (als Monsieur und Madame de Sade plötzlich beschließen, auf die Dienste von Herrn Fage zu verzichten) und die ich aus mehreren Gründen in den Sommer 1772 verlege. Der erste Brief:

«Madame de Sade und ihre Schwester sind nach Paris abgereist. Auf dem Schloß sind nur noch die Kleinen, die ich losschicken werde, sobald entsprechender Befehl eingeht. *Man wird in Kürze entscheiden, wem die Verwaltung der Güter dieser Familie anvertraut werden wird.* Ich denke, es wird Madame de Sade sein. Einstweilen hat sie mir Generalvollmacht erteilt, um sie in der Provence zu vertreten; Sie können sich daher weiterhin in allen Dingen, die diese Familie betreffen, an mich wenden.»

Der zweite Brief:

«Madame de Sade ist am 16. des letzten Monats nach Paris gefahren und wird erst Ende dieses Monats zurückkehren [...] Da man sich offenbar *mit der Ernte beeilen muß* [...] Man hat mich kurzerhand zu dieser Reise genötigt, denn da niemand auf dem Schloß war, mußte ich mit den Kindern und dem ganzen Rest fahren [...] Madame de Sade hat mir versprochen, nach ihrer Ankunft in Paris...» (Hier geht es um Gläubiger [BN[x]])

Wenn wir davon ausgehen, daß der Anwalt Fage sich nicht alle diese Dinge ausgedacht hat, ergibt sich der folgende Ablauf: Da Donatien die Provence schon verlassen hatte oder kurz davorstand, sind Madame de Sade und ihre Schwester nach der Affäre von Marseille nach Paris aufgebrochen, weil die Präsidentin ihre zweite Tochter und ihre Enkelkinder in Sicherheit bringen wollte und die Marquise mit ihrer Mutter rechtliche und finanzielle Fragen zu klären hatte.

Ich habe die Textstellen, die eine Datierung dieser Briefe erlauben, hervorgehoben. Wir schreiben das Jahr 1772, weil die Verwaltung der Güter Sades noch nicht auf Pélagie übertragen wurde, was erst am 18. Dezember 1772 nach bürokratischen Verwicklungen erfolgt. Fage schreibt spätestens im Oktober, denn er spricht von der Ernte; wenn es sich um die Weinlese handelt, ist Pélagie, die «am 16. des letzten Monats» abgereist ist, im August oder September weggefahren; wenn es sich um die Getreideernte handelt, ist sie am 16. Juli abgereist und die Kinder irgendwann im August. Alles deutet darauf hin, daß zwischen dem Anfang der gegen Sade eingeleiteten Maßnahmen und dem Verlassen des Schlosses durch seine Frau, seine Schwägerin und seine Kinder nicht mehr als zwei bis drei Monate vergangen

sind. Dann aber fügen sich alle Tatsachen logisch zusammen, und von einer Flucht nach Italien im Stile von Musset/Sand kann keine Rede mehr sein.
Was bleibt von alledem? Eine wichtige Frauenbeziehung Sades, deren Natur uns verschlossen bleibt, die bei Mademoiselle de Launay offenbar nur Groll zurückgelassen hat und an die Donatien noch lange zurückdenken wird. So als habe er bei Anne-Prospère etwas berührt, ohne es zu bekommen, zumindest ohne das zu bekommen, was er wollte – was es war, wissen wir nicht. Eine Beziehung, nach der er frustriert schien, noch einsamer und gleichsam ausgeschlossen. Was nicht heißt melancholisch, denn Melancholie ist nicht die Sache Sades.

Doch bleiben wir noch ein wenig bei der Schwester Pélagies. Wir wissen so wenig von ihr! Nur vier Briefe in ihrer kleinen, engen Handschrift sind uns erhalten. Davon haben wir einen nicht oder kaum zitiert. Er ist nicht einmal vollständig; von den beiden Seiten ist die untere Hälfte abgerissen. In der verbliebenen oberen Hälfte begegnet Anne-Prospère de Launay den Komplimenten des Abbé de Sade, die uns nicht erhalten sind, mit Reserve: «Sie sind stets galant, mein Onkel, aber darf man Ihnen glauben...» Gleichwohl bekennt sie, empfänglich zu sein «für das Interesse, das Sie freundlicherweise an allem nehmen, was mich

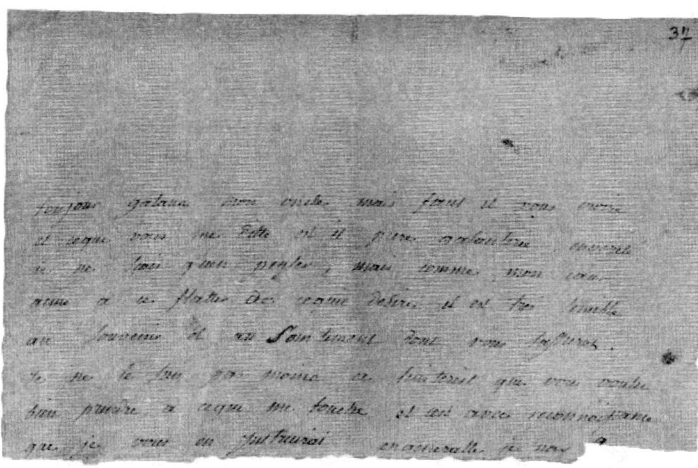

betrifft», und fügt den folgenden, abgebrochenen Satz hinzu: «Voller Dankbarkeit werde ich Sie darüber unterrichten; im allgemeinen habe ich nicht...» Aus dem zweiten Fragment klingt noch mehr Ernüchterung. Die Probleme, von denen dort die Rede ist, könnten zusammenhängen mit den Schwierigkeiten, die Mademoiselle de Launay Donatien durch ihren Ausflug nach Marseille bereitet hat:

«Das Schlimmste erlebt man immer von der eigenen Familie (Sie wissen ebenso gut wie ich, Monsieur L'Abbé, daß unsere Angehörigen oft nicht unsere besten Freunde sind).

Sie haben es gut, lieber Onkel, daß Sie in Ihrer Einsamkeit nur auf sich gestellt sind. Nichts anderes wünschte ich mir. Paris langweilt mich, die Leute sind mir lästig, glücklich fühle ich mich nur in meiner Wohnung, in die ich mich so oft wie möglich zurückziehe, und nur die Lektüre lenkt mich von meinem Kummer ab. Man kann nur hoffen, daß sich das mit der Zeit ändert; es ist im allgemeinen Interesse, und deshalb darf man nichts unversucht lassen...»

Wir müssen schließlich unbedingt noch von einem letzten Dokument Kenntnis nehmen. Es handelt sich um einen erstaunlichen Brief Sades an Pélagie, der uns allerdings mehr helfen würde, wenn er mit Orts- und Zeitangabe versehen wäre:

«Kehre zurück, meine liebe Freundin, sobald Du diesen Brief erhalten hast, es macht hier einen furchtbaren Eindruck, wenn Du bei dem Anlaß fehlst. Kehre zurück, mache aber auch Monsieur de Bory und Madame de Rochebaron deutlich, daß, gleichgültig, welche Ausrede Du wählst, Deine Schwester unmöglich vor dem 1. November in ihr Stiftskapitel zurückkehren kann; daß sie sicher ist, dort anfangs nur Unannehmlichkeiten zu erleben, denen sie sich nicht aussetzen will, und daß es besser ist, wenn man die Gemüter sich erst einmal beruhigen läßt; daß man von dieser Hündin von Äbtissin im übrigen nicht mehr verlangt, als daß sie lediglich pro forma das Band verleiht (mit der Verleihung des Bandes ist die Anerkennung als Nonne gemeint), das man nach drei Monaten zurückschicken wird, indem man erklärt, man werde heiraten, und indem man tatsächlich heiratet. Dafür vierundzwanzigtausend Franken oder meinetwegen auch 26 zu opfern ist ein guter Handel, und zumindest ist alles abgegolten, die Familie ist zufrieden mit dieser Entschädigung für die Äbtissin, und die Äbtissin sollte ebenfalls zufrieden sein, jemanden loszuwerden, um den sie sich nicht kümmert. Ich habe, seit wir Dir schreiben, meine Absichten nicht geändert. Präge sie Dir und den anderen daher gut ein und kehre zurück, sobald Du dieses Schreiben erhalten hast.»

Dieses außergewöhnliche Dokument, das alle anderen uns bekannten Dokumente an Bedeutung überragt, wirft allein schon so viele Fragen auf, daß man gegenwärtig nicht sagen kann, ob sie je eine Antwort finden werden. Was geht da vor? Um welches Kloster handelt es sich? Wer ist Madame de Rochebaron? Warum der 1. November? In welchem Jahr? Gilbert Lely vermutet, daß dieser Brief aus dem Jahr 1773 stammt, aus der Zeit, in der Sade sich nach der Flucht aus Miolans wieder in La Coste aufhält. Ich habe bereits die Gründe genannt, die mich vermuten lassen, daß Mademoiselle de Launay im Sommer oder Herbst 1772 nach Paris zurückgekehrt ist, und ich bin weiterhin überzeugt, daß sie sich von dort lange nicht weggerührt hat, vor allem nicht, um etwa in die Provence zurückzukehren. Wann hat es dann aber den erwähnten «Anlaß» gegeben, der Anne-Prospère möglicherweise an der Rückkehr in ihr Kloster gehindert hat? Und handelt es sich dabei um das Kloster von Clermont, von wo aus sie dann dem Abbé de Sade schreiben wird?

35.

Pélagie de Sade als Bruder Dumont

Bleiben die Auftritte von Anne-Prospère de Launay im Leben Sades flüchtig, blaß und kaum faßbar, so ist ihre Schwester Pélagie in diesem Dasein konkret und beharrlich präsent, manchmal sogar allzu beharrlich. Sie ist nicht eine von den Gefährtinnen, die Stöße abfedern und Schwankungen ausgleichen, ganz im Gegenteil: Sie verstärkt sie in ihrem heftigen Wunsch, dem Mann, der ihr ganzer Lebensinhalt ist, Gutes zu tun, ihm unablässig zu Hilfe zu eilen.

Typisch für die Art von Madame de Sade ist die Eingabe von 1774, nach der man meinen könnte, der Aufenthalt in Miolans sei für ihren Mann eine pausenlose Folter gewesen: «Er wurde in die Festung Miolans gesperrt, die nur für die schlimmsten Verbrecher bestimmt ist. Ein entsetzlicher Ort! Er hat nicht einmal Licht gesehen. Der Befehl lautete ausdrücklich, ihm jeglichen Briefverkehr zu verwehren.»

Die Festung Miolans, in den Savoyer Alpen auf einem Felsvorsprung gelegen, ist sicherlich kein Gefängnis, das einen besonders lustigen Eindruck macht, zumal im Winter. Im 12. Jahrhundert errichtet, unterstand sie im Dezember 1772 einem Offizier, auf dessen Namen Sade noch häufig stoßen sollte: dem Kommandanten de Launay. Monsieur de Launay hatte damals fünfundzwanzig Dienstjahre hinter sich und scheint kein besonders grausamer militärischer Kerkermeister gewesen zu sein. Das mußte er auch nicht, denn er hatte von seiner Regierung Anweisung erhalten, den Marquis de Sade in sicheren Gewahrsam zu nehmen, sich aber höflich gegen ihn zu verhalten.

Man wies Sade eine Wohnung mit Vorzimmer zu, in der sein Diener über ein eigenes Zimmer verfügen konnte. Der Polsterer von Chambéry, der ihm bereits das Haus, in dem er verhaftet worden war, ausgestattet hatte, lieferte ihm ein vollständiges Mobiliar. Allerdings wurde dem Gefangenen die Möglichkeit verwehrt, mit der Außenwelt in Verbindung zu treten – doch ungeachtet dessen lernte Monsieur de Sade sehr rasch, auch ohne Genehmigung des Kommandanten Briefe zu schreiben

Die Festung Miolans

und zu empfangen. Was nun die sogenannten Schwerverbrecher betrifft, die in der Festung einsaßen, so ist ihre Liste insofern interessant, als sie eine Mehrheit von Delinquenten aufweist, die zum Teil harmlos, geistig aber mehr oder weniger verwirrt sind – Sades erster Kontakt mit der eingekerkerten Geistesgestörtheit: Jean-Joseph Poy, Priester, zu lebenslänglichem Gefängnis verurteilt wegen Brandstiftung und verleumderischen Flugschriften, «ein heftiger, zorniger und furchtbarer Mann»; Jean-Bernard Bongiovani, lebenslänglich, «er hat es sich in den Kopf gesetzt, daß man ihn vergiften will, ein geistesschwacher, geistesgestörter Mann»; François, eingeliefert im März 1771, «ein junger Mann von hochfahrender und ungeselliger Natur, ohne Religion und ohne Gefühl, groteske Pläne, wahnwitzige Einfälle, beleidigende Briefe»; Claude Pillet, «die reine Bosheit, schrecklicher Charakter, geistig gestört»; Daiguebelette, «redet wirres Zeug, verrückt, starrsinnig».

Sade wird vom 8. Dezember 1772 bis zum 30. April 1773 in Miolans bleiben. Wie bei jedem Szenenwechsel wird er beginnen, eine Rolle zu spielen, wird in die Gestalt hineinschlüpfen, die nach seiner Meinung der Situation am besten angepaßt ist. In Miolans ist das die Rolle des höheren Offiziers der französischen Kavallerie, des Marquis, des Regimentsobersten, des Statthalters, des Vornehmen dieser Welt, der sich zu den Galeerensträflingen und ihren Aufsehern verirrt hat. Ich gebe gern zu, daß es nicht die Rolle ist, in der ich Sade am liebsten sehe, und daß er sich darin nicht sonderlich lustig aufführt. Natürlich beginnt er, kaum daß er eingesperrt ist, gegen seine Inhaftierung zu protestieren, und dann stellt er jede Anordnung in Frage, wendet sich bald an Paris, bald an den Comte de la Tour, beklagt sich heftig über den «Despotismus» des Kommandanten de Launay, der sich ihm gegenüber angeblich «einen Ton und Manieren» herausnimmt, «die hinzunehmen mir meine Herkunft und mein militärischer Rang verbieten». Diesem Brief an Monsieur de la Tour vom 28. Dezember 1772 fügt der Marquis eine Bittschrift bei, in welcher er «aus Gründen, die für seine Situation von Bedeutung sind», um ein Dokument bittet, «in welchem Seine Exzellenz freundlicherweise bezeugen möge, daß besagter Marquis de Sade sich von seiner Ankunft in Chambéry am 27. Oktober bis zu seiner Verbringung auf die Festung Miolans am

8. Dezember in dieser Stadt in jeder Hinsicht einwandfrei benommen hat». (Diese Bescheinigung wird er nicht bekommen.) Was «die Behinderung der Briefe» angeht, schreibt Sade am 31. Dezember an den Comte de la Tour:

> «Ich habe allen Anlaß zu glauben, daß dieser Befehl nicht von meiner Familie diktiert wurde; im übrigen unterwerfe ich mich ihm und bin bereit, auf Verlangen der ganzen Welt zu zeigen, was ich schreibe und was ich empfange; Sie, Monsieur le Comte, versichern mir aber, es sei meine Verwandtschaft, die mich hierher bringen ließ, und diese Verwandtschaft verwahrt sich leidenschaftlich gegen diese Beschuldigung.»

Der Kommandant de Launay scheint nicht sonderlich viel für diesen unruhigen Insassen übrig zu haben, der überall herumläuft, die Anweisungen mißachtet, den Verboten trotzt und sich bald mit dem Leutnant Duclos zusammentun wird, einem Offizier, der schlecht beurteilt wird und der intrigant ist. Am 1. Januar 1773 übermittelt Monsieur de Launay dem Comte de la Tour die Aufstellung der täglichen Ausgaben des Comte de Sade, um dann fortzufahren:

> «Ich kann Eurer Exzellenz versichern, daß dieser Herr äußerst gefährlich ist, da er ebenso launenhaft wie heftig und unbeständig ist. Er würde mich wohl opfern, wenn er mit Geld jemanden dazu bringen könnte, ihm zur Flucht zu verhelfen. Er hat mir schon Andeutungen in diesem Sinne gemacht. Deshalb wäre es sehr angebracht, daß die Verwandten verlangten, er solle irgendwo in Frankreich untergebracht werden. Denn auf einen solchen Hitzkopf ist kein Verlaß, und ich kann nicht die Verantwortung für einen Gefangenen übernehmen, der den ganzen Tag in der Festung spazierengehen kann, die nicht sonderlich gut gesichert ist, und ich halte ihn sogar einer Verzweiflungstat für fähig.»

Monsieur de Launay beschwert sich ferner darüber, daß er genötigt war, Monsieur de Sade «Wein, Kaffee und Schokolade» zurückzuschicken, die dieser in seine Küche bringen ließ, um ihn zu bestechen. Zur Überwachung der Korrespondenz des Marquis bemerkt er:

> «Die Briefe dieses Herrn sind so schlecht geschrieben, daß ich sie nur zur Hälfte entziffern kann, und ich habe kein so gutes Gedächtnis, daß ich darüber Rechenschaft ablegen kann; und

da ich nicht weiß, aus welchen Gründen er hier ist, bin ich nicht in der Lage, auch nur einen Brief zurückzuhalten.»

Die hinausgeschickten und empfangenen Briefe, die Beschwerden, die Bittschriften, die rätselhaften, reiselustigen Papiere, die Feder und das Tintenfaß nehmen im Leben Sades auf der Festung Miolans einen breiten Raum ein. Während ihr Schwiegersohn versucht, Monsieur de Launay zu kaufen, einzuschüchtern oder abberufen zu lassen, setzt die Präsidentin in Paris alles in Bewegung, um herauszubekommen, was Donatien geschrieben haben oder noch schreiben könnte, und was man ihm noch schreiben wird oder geschrieben hat. In einem Brief an den Graf de La Marmora vom 10. Januar 1773 bittet Madame de Montreuil:

«[...] angesichts der Umstände, auf die ich Eure Exzellenz gestern hinzuweisen die Ehre hatte, darauf zu achten, daß die Rechtfertigungsschriften, die der Comte de Mazan angekündigt hat und die sowohl dem Ministerium des Hofes in Turin wie den Ministern von Frankreich und anderen hervorragenden Persönlichkeiten, zu denen gezählt zu werden er die Ehre hat, unterbreitet werden sollten, nicht durchgelassen werden, ohne daß Seine Exzellenz der Comte de la Tour sie gesehen hat. Wenn sie lediglich die Güte und das Vertrauen derer anrufen, an die er sich beim König von Frankreich wendet, und zudem versuchen, seine letzte Affäre zu rechtfertigen, so bestehen keine Bedenken, sie durchgehen zu lassen; aber wenn sie falsche und beleidigende Behauptungen gegen die Familie seiner Frau enthalten, von denen er nur Gutes erfahren hat, so wäre es hart, durch diese unvorsichtigen Schriften wieder zum Gespött der Leute und des Hofes zu werden, und noch schrecklicher wäre es, wenn er in Genf eine Schrift drucken ließe, wie er seiner Schwiegermutter androht.»

Nach Ansicht von Madame de Montreuil gilt es daher besonders zwei Personen zu überwachen: einen Monsieur de Vaux, dessen Bekanntschaft Sade im Gasthaus «Pomme d'Or» gemacht hat und der noch immer dort wohnt, und «den Diener namens d'Armand (das ist Latour), ein sehr schlimmes Subjekt, das man klugerweise auch außerhalb des Schlosses nicht aus den Augen lassen sollte, denn er ist imstande, üble Aufträge zu übernehmen».

Am 15. Januar wird die Präsidentin rückfällig und bittet Monsieur de La Marmora um die Beschlagnahmung

> «der nachstehend genannten Gegenstände, die sich in den Koffern befinden müssen, die sein Diener ihm aus Nizza beschaffen soll, nämlich:
> Alle handgeschriebenen Papiere, Briefe und anderes, das zu Büchern gebunden wurde, das nicht in seiner Handschrift verfaßt ist. Seine Exzellenz der Herr Comte de la Tour wird gebeten, die besagten Papiere ausschließlich ihr zugänglich zu machen, ausschließlich durch sie prüfen zu lassen. Das gilt auch für schlechte, sittenwidrige Bücher, falls sie sich darunter befinden sollten...»

Sollte Madame de Montreuil, da sie sie selbst prüfen will, den Urheber dieser schlechten Bücher in ihrem Schwiegersohn vermuten? Zumindest für «die handgeschriebenen Papiere, die zu Büchern gebunden und nicht in seiner Handschrift verfaßt sind», zum Beispiel die *Œuvres de M. le M. de S.*, die Carteron möglicherweise nochmals abgeschrieben hat, scheint die Vaterschaft Sades außer Zweifel zu stehen. Aber wie dem auch sei – es wird Madame de Montreuil nicht gelingen, schlechte Bücher oder Handschriften an sich zu bringen, und sie wird noch jahrelang hinter dem roten Kästchen hersein. Allenfalls wird es ihr einige Wochen später gelingen, sich einer gewissen Zahl von Briefen zu bemächtigen.

Doch der Comte de Sade/Mazan setzt Monsieur de Launay unablässig zu, den er (in einem Brief vom 17. Januar 1773 an den Comte de la Tour) als «tauber, blinder und stummer, als es das Volk Israel jemals war», bezeichnet und der (27. Februar) «aus seinem Haß keinen Hehl macht». Er hat heftige Auseinandersetzungen mit ihm, worüber sich der Kommandant beklagt, der beim Gouverneur von Savoyen zugleich besondere Zuwendungen fordert für «alle Schildwachen [...], die seinetwegen übermüdet sind». Andererseits schreibt ihm Madame de Sade immer wieder unangenehme Briefe und bezichtigt ihn, es gegenüber dem Marquis de Sade, ihrem Gemahl, «an der Rücksicht und Aufmerksamkeit fehlen zu lassen, die ihm eingeschärft wurden». «Sie werden verstehen», fügt sie hinzu, daß «ich alles veranlassen werde, damit er möglichst schnell Ihrem Befehl entzogen wird, und daß meine Familie und ich Ihrem Botschafter von Ihrem Verhalten Bericht erstatten werden.» Worauf Monsieur de Launay, «in keiner Weise betroffen», sich dennoch zu der Äußerung hinreißen läßt, ihm sei nichts angenehmer als den betreffenden Häftling los zu sein.

Monsieur de Mazan hat indes nicht nur Anlaß zu Klagen. Über das Essen, das die Kantinenwirtin liefert, zeigt er sich entzückt, und er bewirtet des öfteren einen Leutnant der Garnison, Herrn Duclos, sowie einen Gefangenen, der ein tüchtiger Esser ist, François de Songy, Baron de l'Allée, aus Annecy gebürtig. Dieser Baron de l'Allée, der noch nicht sehr alt sein kann, da seine Eltern noch leben, ist eingesperrt, weil er einen seiner Freunde mit List aus dem Schuldgefängnis von Bonneville befreit und sich anschließend unterstanden hat, mit einem Wachsoldaten Streit anzufangen und ihm einen Degenhieb zu versetzen. Ein Brief von Monsieur de Launay schildert ihn als eine «Person, die eine sehr schlechte Kinderstube hatte und dessen Vater ihm während seiner Jugend kaum mehr als ein Rauf- und, zur Krönung des Ganzen, auch ein Saufkumpan war». Das Verhältnis zwischen Sade und François de Songy wird nicht ungetrübt bleiben. Sie fangen an, Karten zu spielen (das Pharaospiel, sagt Sade, Bassett, meint der Kommandant, Pikett, behauptet der Baron), und zwar um recht große Summen, sei es zu zweit, sei es zu dritt mit Armand, genannt Latour, den Sade als einen unehelichen Sohn des Herzogs von Bayern ausgibt, der sich unter seinen Schutz begeben habe. Daß der Baron allzuoft gewinnt, will dem Marquis nicht gefallen, und er bezichtigt ihn offen, dem Glück nachzuhelfen.

Pélagie ist unterdessen der Passivität überdrüssig geworden, die ihr nicht mehr angemessen erscheint. Gegen Ende Februar hat sie Paris verlassen, angeblich, um in die Provence zurückzukehren. Am 5. März schreibt sie aus dem in der Dauphiné gelegenen Dorf Barraux, das fünf bis sechs Meilen (rund zwanzig Kilometer) von der Festung entfernt ist, an den Comte de la Tour:

«Monsieur,

ich bin auf dem Wege von Paris zu meinen Gütern in der Provence. Ich habe den Weg über Grenoble gewählt, um meinen Gatten zu sehen; meine Pflicht schrieb mir dies als Gebot vor, mein Herz als Notwendigkeit. Eure Exzellenz hätte diese Regung nicht mißbilligen können. Es ist mir aber nicht möglich, ihr zu folgen, meine Gesundheit erlaubt es mir nicht; eine heftige Erkältung hält mich in Barraux fest. Ich werde genötigt sein, meinen Weg fortzusetzen, ohne die Ehre zu haben, Sie zu sehen und Sie persönlich zu ersuchen, mit Monsieur de Sade freundlich umzugehen. Ich mache mir große Sorgen um ihn, denn seit über einem Monat habe ich nichts mehr von ihm gehört. Dieser Umstand und meine Erkrankung veranlassen mich, einen Freund zu bitten, Ihnen seine Aufwartung zu machen und Sie um die Erlaubnis zu bitten, kurz mit Monsieur de Sade über geschäftliche Angelegenheiten zu sprechen. Ich hoffe, daß Eure Exzellenz so freundlich sein werden, mir diese Genugtuung nicht zu verwehren» usw.

Der Comte de la Tour war auf diesen Besuch vorbereitet, denn Monsieur de La Marmora hatte ihm einige Tage zuvor mitgeteilt, daß «die Verwandten des Comte de Sade [...] vermuten, daß seine Frau Gemahlin, die vor kurzem Paris verlassen hat, angeblich, um sich auf ihre Güter in der Provence zu begeben, in dieser Gegend haltmachen könnte, in der Absicht, sich eine Unterredung mit ihrem Mann zu verschaffen, die nach ihrer Ansicht unheilvolle Folgen hätte und um jeden Preis verhindert werden muß, wenn man den rätselhaften Überlegungen folgt, deren wahres Motiv nicht leicht zu erraten ist». So ist es. Doch damit sind die Fragen und Überraschungen für den Comte de la Tour noch nicht beendet. Nachdem sie dem Gouverneur von Savoyen geschrieben hat, scheint Madame de Sade Barraux verlassen zu haben. Am 8. März richtet sie von einem unbekannten Ort aus ein Bittgesuch an die Staatskanzlei in Turin. Am 10. berichtet der Comte de la Tour dem Hof von Sardinien von der Überraschung, die ihm bereitet worden war:

«In der Gästeliste eines unserer Wirte stellte ich fest, daß bei ihm am Samstagabend mit der Postkutsche zwei Franzosen eingetroffen waren, die sich als Brüder Dumont aus Lyon ausgaben. Ich erfuhr, daß sie ihren Weg ins Piemont am anderen Morgen fortgesetzt hätten. Ich hätte niemals gedacht, daß es die Marquise de Sade sein könnte, als Mann verkleidet. Doch sie war es. Nachdem sie in Montmélian haltgemacht hatte, hatte sie ihren Reisegefährten sogleich mit einem aus

Barraux datierten Brief an den Herrn Kommandanten auf das Schloß Miolans geschickt.»

Nachdem Monsieur de Launay dem Begleiter von Madame de Sade eine Unterredung mit dem Marquis verwehrt hatte, wendet sich dieser an den Comte de la Tour, der schließlich ermittelt, daß dieser Dumont in Wirklichkeit Albaret heißt (wir werden ihm noch begegnen). Doch ob Albaret oder Dumont, er wird nicht zu Monsieur de Sade vorgelassen. Die Marquise kann gerade noch erreichen, daß man einen Brief an ihren Mann weitergibt. «Ich erwarte heute seine Antwort», fährt der Comte de la Tour fort, «und werde sie Madame de Sade zukommen lassen, die Montmélian seit Sonntag nicht verlassen hat und noch immer verkleidet ist. Ihr Reisegefährte hat sich zu ihr begeben.»

Das äußerste, zu dem Monsieur de Sade sich im Augenblick hinreißen läßt, sind vor allem Ausschweifungen der Feder: «Er überschwemmt uns mit Rhapsodien und Bittschriften, in denen die Tatsachen ebenso kunstvoll wie falsch dargestellt sind», schreibt der Graf de La Marmora am 18. März 1773 (aus Paris) an den Comte de la Tour.

Von diesen Texten ist uns kaum etwas erhalten. In den savoyischen «Rhapsodien» Donatiens, die uns bekannt sind, läßt sich, sieht man einmal von seinen bisweilen etwas bizarren Einfällen ab (so schlägt er am 14. Februar vor, als Soldat in die Dienste des Königs von Sardinien zu treten), eine gewisse Diskrepanz zu den ihn betreffenden amtlichen Schreiben feststellen. Während die letzteren die Inhaftierung des Marquis allein mit seinem Eigeninteresse begründen, das wie bei der Affäre von Arcueil darin besteht, ihn bis zu einer Begnadigung oder einer Wiederaufnahme seines Prozesses den Ermittlungen der Parlamentsjustiz zu entziehen, macht er selbst für seine Einkerkerung «Verfolger» verantwortlich, und zu denen zählt, wie er in einem Brief vom 27. Februar 1773 (an den Comte de la Tour) schreibt, vor allem «eine Familie, die mich ruinieren will und die die ihr erwiesene Gunst dazu mißbraucht, mich verhaften zu lassen unter dem Vorwand, eine Affäre in Ordnung zu bringen, von der man getrost sagen kann, daß sie sich darum nicht kümmert»; die treibende Kraft dieser Familie ist

«eine Schwiegermutter, die sich nur vom gemeinsten Eigennutz leiten läßt und nichts anderes im Sinn hat als meinen völligen Ruin; sie nutzt mein Unglück aus, um die ganze Strenge des Gesetzes gegen mich anzurufen [offensichtlich ist das genaue Gegenteil der Fall], mich verurteilen zu lassen [aber das ist ja schon geschehen!] und mich so zu einer ewigen Abwesenheit zu zwingen; sie beargwöhnte meinen Wunsch, wieder vor meine Richter zu treten, in dem einzigen, so verständlichen Bestreben, mich wegen der Ereignisse zu rechtfertigen, deren Bedeutung durch meine Abwesenheit und ihre Verleumdungen so übertrieben worden war».

Man sieht nicht recht, worauf Sade mit seinen Behauptungen hinauswill. Doch so offenkundig er kein Interesse daran hat, nach Aix-en-Provence zurückzukehren und sich dort verhaften zu lassen, so stark ist andererseits die Vermutung, daß Madame de Montreuil, mag sie auch aufrichtig überzeugt sein, daß die von ihr ergriffenen Maßnahmen am ehesten geeignet sind, der Sicherheit ihres Schwiegersohns zu dienen, zugleich persönlichere, nicht klar erkennbare Motive hat. Es ist eine recht undurchsichtige Angelegenheit. Was soll man von den folgenden Äußerungen des Marquis halten?

«Ich bin seit einigen Jahren mündig, Monsieur, ich habe zu meinem Unglück meinen Vater verloren, denn ich wäre nicht hier, wenn ich ihn noch hätte; meine Mutter ist sehr alt und sehr gebrechlich und beendet ruhig ihre Tage in einem Kloster, ohne sich um irgend etwas zu kümmern; meine Onkel und der Rest meiner Familie haben mir schriftlich versichert, mit meiner Inhafthaltung nichts zu tun zu haben; ich habe in keiner Weise den Hof von Frankreich und noch weniger den von Sardinien gekränkt; meine Frau wünscht mich wieder bei sich zu haben, ich bin von niemandem abhängig; wer also kann mich zurückhalten, und wer kann es wagen, dies zu tun, ohne die schlimmsten Demütigungen und die schlimmsten Ungerechtigkeiten? Wenn diejenigen, die mich festhalten, zu ihrer Rechtfertigung allein vortragen, sie wünschten auf diese Weise eine anstößige, peinliche Liebesaffäre zu unterbinden, so gehen sie in ihrem Groll allzu weit, denn ich habe vollkommen aufrichtig meinen Verzicht erklärt, ich bekräftige ihn unablässig alle Tage, und ich wiederhole ihn nochmals mit den unmißverständlichsten Worten in dem beigefügten Brief für Paris, den mit der Montagspost abgehen zu lassen ich Eure Exzellenz freundlichst ersuche. Was kann ich denn noch tun, Monsieur, damit man mir glaubt? Ich wage es, Sie zu bitten, mir freundlicherweise einen Rat zu erteilen. Ich breche jeglichen Kontakt ab, ich biete an, all meine Briefschaften zu übergeben, ich schwöre, mich Paris nicht weiter zu nähern als auf hundert Meilen, so lange man es von mir verlangt, mich aller Eingaben, Bittschriften und beleidigenden Worte zu enthalten, die einer Verbindung, deretwegen man mich fürchtet und die ich vielleicht stärker ersehne als sie, schaden oder im Wege sein könnten...» (Vgl. Lely)

Dieser Brief an Monsieur de la Tour ist um den 20. März entstanden. Am 1. April fordert Donatien ein weiteres Mal vom Gouverneur seine Freilassung, und er fährt fort: «Sollte meine Affäre oder vielmehr die der Personen, die mich festhalten, noch nicht beendet sein, so gebe ich mein Ehrenwort, nicht eher nach Frankreich zurückzukehren, als bis man es mir gestattet, und wenn man es verlangt, bin ich auch damit einverstanden, mich Tag und Nacht auf eigene Kosten bewachen zu lassen.»

Das alles ergibt einen Sinn, wenn man davon ausgeht, daß Monsieur und Madame de Montreuil für Mademoiselle de Launay eine Ehe in Aussicht haben (eine Verbindung, deretwegen man Monsieur de Sade fürchtet und die er vielleicht stärker ersehnt als sie); dieser Ehe könnte seine vorzeitige Rückkehr nach Frankreich – nach einer anstößigen, peinlichen Liebesaffäre, von der die Zeitungen voll waren – natürlich schaden oder im Wege sein. Der Marquis müßte dann zu Beginn seiner Gefangenschaft mit dem Objekt dieser Affäre einen Briefwechsel fortgesetzt haben, der möglicherweise ebenso wie seine Eingaben beleidigende Äußerungen über seine Frau und über die Stiftsdame enthielt (es sei an die Briefe erinnert, die er nach dem Bruch an Mademoiselle de Lauris, Mademoiselle Colet, Mademoiselle Beauvoisin usw. geschrieben hat).

Wenn diese Annahme stimmt, ist das Verhalten von Madame de Montreuil keineswegs monströs, sondern logisch; sie bemüht sich jedenfalls, die Menschlichkeit mit den Erfordernissen der Situation, wie sie sie versteht, in Einklang zu bringen. Zu Beginn der Gefangenschaft ihres Schwiegersohns hatte sie sich um die Zerstreuungen gesorgt, die «ein so lebhafter Geist wie der seinige» braucht. In demselben Gesuch verlangt sie für ihn frische Luft und Spaziergänge, «Milderungen, die für seinen Kummer und seine Gesundheit notwendig sind».

Was Monsieur de Launay betrifft, so ist er den Wünschen von Madame de Montreuil keineswegs abgeneigt. Allerdings hält er nicht viel von Donatien de Sade: «Ich habe diesen Herrn ausgeforscht und insgeheim beobachten lassen; ich finde nichts Rechtschaffenes an ihm», schreibt er an den Gouverneur von Savoyen. Besonders scheint er sich, wie früher der Vater des Marquis, daran zu stören, daß Donatien «nicht seiner Herkunft entspricht», daß er in seiner Stellung beunruhigend und deplaziert wirkt: «Es ist immer besonders gefährlich, einen Geist wie Monsieur de Sade, der seiner Herkunft in keiner Weise entspricht, in einer Festung zu haben.»

Doch, ganz anders als der Comte de Sade, ist Monsieur de Launay, «dieser redliche Kommandant», wie ihn Monsieur de La Marmora in einem Brief nennt, «dieser redliche Mann», wie der Comte de la Tour sich ausdrückt, über die Feindseligkeit, die sein Gefangener ihm gegenüber zeigt, betrübt, und er bekundet den aufrichtigen Wunsch, ihm zu helfen, soweit es in seinen Kräften steht. In seinen Berichten an den Gouverneur von Savoyen findet man zum Beispiel (12. März 1773) folgendes: «Wenn er Vertrauen zu mir gehabt und meine kleinen Ratschläge befolgt hätte, so hätten wir gemeinsam und mit einigen Reuekundgebungen auf seine Familie einwirken können. Zwar hätten wir vielleicht nicht gleich seine Angelegenheiten in Ordnung bringen können, aber wir hätten zumindest erwirkt, daß der König geruht hätte, ihm ein Asyl anzuweisen. Doch im Gegenteil, er hat sich immer gegen mich aufgelehnt...»

36.

Höflichkeiten

Der Frühling 1773 hielt zumindest anfangs für diesen redlichen Soldaten einige Tröstungen bereit. «Der Herr Marquis de Sade», schreibt er am 26. März dem Comte de la Tour, «beginnt, menschlicher zu werden.» In der ersten Aprilwoche heißt es dann: «Der Herr Marquis de Sade beweist mir täglich mehr Vertrauen, obschon er wegen seiner Gefangenschaft sehr besorgt und traurig ist.»

Monsieur de Launay beglückwünscht sich von nun an Tag für Tag zu der Wandlung seines Gefangenen: «Er gibt mir alle Tage neue Beweise seiner Hochachtung», schreibt er am 16. April. Am 17. berichtet der Comte de la Tour nach Turin vom Inhalt eines Briefes, den er von dem ausgezeichneten Kommandanten erhalten hat: «Er hat mir soeben freudigen Herzens berichtet, daß der Marquis de Sade, sein Gefangener, nachdem er seine Christenpflicht in dieser Osterzeit erfüllt hat, in Stimmung und Verhalten völlig verändert ist. Nicht genug damit, daß er ihn für alles, was er ganz ungerechterweise gegen ihn gesagt und geschrieben habe, um Verzeihung gebeten hat, bat er ihn auch inständig, ihm zu erlauben, in seiner Gegenwart eine Art öffentlicher Abbitte vor einigen Offizieren und Unteroffizieren der Garnison zu leisten, die verschiedentlich unter seinen heftigen Aufwallungen zu leiden hatten. Diese glückliche Veränderung», meint Monsieur de la Tour, «scheint mir eine deutliche Wirkung der Gnade des Sakramentes zu sein, und es bleibt zu wünschen, daß sie lange anhalten möge.»

Die Wirkung des Sakramentes wird bis zum 30. April anhalten. An diesem Tag schreibt der Kommandant de Launay an den Comte de la Tour, um ihm vom Verhalten der Herren de Sade und de l'Allée zu berichten, «die sich gegenwärtig sehr gut aufführen und zu ihrer Erbauung ihrer religiösen Pflicht genügt haben [...] Es hat nicht den Anschein, daß die Herren Streit bekommen werden, denn beide sind entschlossen, Wasser zu trinken». Leider wird man Herrn de Launay in der Nacht vom 30. April auf den 1. Mai gegen drei Uhr morgens davon unter-

richten, daß im Zimmer des Marquis, der dort am Abend mit François de Songy beim Damespiel saß, immer noch Licht brennt. Der Kommandant läßt die Tür eindrücken und findet in dem von seinen Insassen verlassenen Zimmer zwei an ihn gerichtete Briefe, einen von Monsieur de Sade, einen von Baron de l'Allée. Beide danken Monsieur de Launay für seine Freundlichkeit und entschuldigen sich dafür, daß sie das Weite gesucht haben. Monsieur de l'Allée de Songy bemerkt, er habe nicht anders handeln können als seinen Mitgefangenen zu begleiten; hätte er den Kommandanten vom Fluchtplan des Marquis verständigt, hätte dieser dafür Rache genommen, und wäre der Baron nach dem Ausbruch des Marquis allein zurückgeblieben, hätte man ihn als Komplizen betrachtet und eingesperrt.
Donatien ergeht sich in seinem Brief in Förmlichkeiten: «Wenn etwas meine Freude trübt, die Ketten zu zerreißen, so ist es die Sorge, daß man Sie für meine Flucht verantwortlich machen könnte. Nach all Ihrer Anständigkeit und all Ihren Höflichkeiten kann ich Ihnen nicht verhehlen, daß dieser Gedanke mir Kummer macht.»
Doch Monsieur de Launay möge unbesorgt sein: «Meine Familie, die allein dafür gesorgt hat, daß ich hierherkam, wird alles daransetzen, daß Ihnen nichts geschieht.»[1] Vor allem solle die Garnison davon absehen, Monsieur de Sade zu verfolgen: «Fünfzehn wohl ausgerüstete, gut bewaffnete Männer erwarten mich vor dem Schloß.» (Das stimmt natürlich nicht.) Im übrigen werde sich der Gefangene nicht wieder ergreifen lassen, «es sei denn stark verwundet oder gar tot [...] Glauben Sie etwa, daß meine Verwandten Ihnen dafür sehr dankbar sein würden? Sie würden Sie verderben, seien Sie dessen sicher. *Obgleich sie mich bestrafen, lieben sie mich.* [Hervorhebung von mir.] Ich habe eine Frau und Kinder, die meinen Tod bis zu Ihrem letzten Seufzer verfolgen würden.»
Keine Expedition, mag sie noch so abenteuerlich sein, die nicht ihre verborgene administrative Seite hätte; die Flucht Sades macht davon keine Ausnahme, und der Marquis selbst hat eine buchhalterische Neigung, die ihn nur zeitweise verläßt. Bevor

[1] Madame de Montreuil wird sich in der Tat für Monsieur de Launay einsetzen, kann aber seine Abberufung nicht verhindern.

er durch das Abortfenster ausbricht, hat er noch in der Nacht vom 30. April auf den 1. Mai sorgfältig eine «Aufstellung der Sachen [angefertigt], die in Miolans zurückgelassen wurden, mit Angaben über ihre Bestimmung sowie einer Erläuterung über meine Savoyer Angelegenheiten; diese Aufstellung liegt in drei Ausfertigungen vor, die erste in einem Brief an den Comte de la Tour, die zweite ist an Madame de Montreuil adressiert und die dritte befindet sich in meinen Händen.» Die Liste dieser Sachen ist zu lang, um sie hier wiederzugeben. Sie beginnt mit «zwei verschlossenen und versiegelten Koffern, die beide im Zimmer meines Dieners Latour geblieben sind[2]; auf jedem Koffer findet man eine Aufstellung des Inhalts; sie sind adressiert an Madame la Marquise de Sade auf Schloß La Coste in der Provence. Ich bitte inständig, sie ihr alsbald zu schicken; diese Koffer enthalten keinerlei Papiere und sind nur mit meinen Kleidern gefüllt». Es folgen, in planloser Reihung: ein Holzbett, «sechs geographische Karten, die ich unbedingt wiederhaben will», ein Spiegel, ein Bidet, «eine gelbe Tasse mit Untertasse», ein Nachttopf, ein Glas, drei Herrenmatratzen, eine Dienermatratze, ein Nachtstuhl, zwei Tischtücher und zwei Geschirrtücher usw.

Am 10. Mai 1773 schreibt Madame de Sade dem Comte de la Tour, um ihn davon zu unterrichten, daß der Marquis nur vierundzwanzig Stunden in La Coste verbracht habe; «danach ist er zu einem Ort aufgebrochen, den seine Verfolger nicht kennen, und dort wird er ihren Sinneswandel abwarten»; sie kündigt ihm ferner an, daß eine Vertrauensperson die Sachen ihres Mannes abholen werde. (Lely) Madame de Montreuil, die von der Flucht ihres Schwiegersohns «mit der größten Sorge und Bekümmerung» erfahren hat, weil ihre ganze Verwandtschaft sich Sorgen macht wegen der Folgen, die dieser Streich möglicherweise «für diesen Verwandten hat, falls er so unvorsichtig ist, wieder in Frankreich zu erscheinen, bevor seine Angelegenheit geregelt ist» (Lely), schreibt gleichwohl am 20. Mai an den Comte de la Tour, daß sie «kein Hindernis» für das Vorgehen ihrer Tochter «sieht» (Lely). Da unterschätzt sie freilich die Formalitäten: Die Sachen von Monsieur de Sade werden zunächst in einem Zimmer in

[2] Sade, der bei der Ankunft in Chambéry nur «einige Kleider» bei sich hatte, hatte Carteron im März seine Koffer aus Nizza holen lassen.

Miolans zusammengetragen und anschließend versiegelt. Doch auf einmal fällt Madame de Montreuil ein, daß die versiegelten Koffer Briefe enthalten könnten, und sie fordert, daß diese ihr ausgehändigt werden.
Als Pélagie nach Miolans kommt, um persönlich die Koffer entgegenzunehmen, stößt sie auf Ablehnung, worüber sie sich mit der Unbeholfenheit beschwert, die wir, man muß es leider sagen, von ihr gewohnt sind: «Solche Methoden geben Anlaß, mich zu überraschen. Ich wage sogar zu behaupten, daß sie weder guten Glauben noch Würde haben [...] Wie dem auch sei, ich bitte Sie, Monsieur, mir meine Koffer aushändigen zu lassen, andernfalls reise ich augenblicklich nach Turin, wo die Darstellung Ihrer (ohne Zweifel eigennützigen) Gefälligkeiten für die Präsidentin de Montreuil von Ihrem Hof möglicherweise nicht so günstig aufgenommen werden wird wie von ihr.» (Brief an den Comte de la Tour vom 29. Juli) Doch die Verwaltung ist schwerfällig: «Die Sache wird sich voraussichtlich noch etwas hinziehen», schreibt der Chevalier Chiaravina am 28. August an Monsieur de la Tour, «da einer derjenigen, denen die Identifizierung dieser Stücke obliegt, abwesend ist.» Im übrigen ist es Madame de Montreuil, die erwirkt, daß man ihr die Koffer aushändigt; am 17. Februar 1774 bedankt sie sich noch bei dem Comte de la Tour dafür, daß er um entsprechende Befehle ersucht hat. Danach verliert sich die Spur dieser Briefe, vielleicht auch dieser Manuskripte, die uns so interessieren würden. Nur eins steht fest: Sade selbst wird sie nie wieder zurückerhalten. In der Eingabe von Pélagie wird die Rede sein von «der Beschlagnahmung seiner Koffer, die seither für ihn verloren sind und in denen seine Papiere enthalten waren».

37.

Schreibübungen

Von dem Brief, den Sade für den Festungskommandanten in seiner Wohnung in Miolans zurückließ, irregeführt, hat die Legende lange behauptet, Madame de Sade habe eine kleine Heerschar angeworben, um ihren Mann zu befreien. Tatsächlich hat Pélagie sich an den Vorbereitungen zur Flucht Donatiens wohl vor allem in der Weise beteiligt, daß sie ihm Geldmittel zukommen ließ. Am 13. April ist sie jedenfalls in La Coste, denn von dort schreibt sie, einen Gläubiger betreffend, an Ripert. (BN[x])
Tatsächlich scheinen die «wohl ausgerüsteten, gut bewaffneten» Truppen, die der Marquis für seine Flucht mobilisiert hat, sich auf einen einzigen Mann reduziert zu haben, einen jungen Burschen aus der Dauphiné namens Joseph Violon, dessen Beteiligung als Botengänger nachträglich aufgedeckt wurde und der große Scherereien bekam. Innerhalb der Festung scheinen Leutnant Duclos und ein gewisser Jacquet ebenso wie die Kantinenwirtin in die Sache verwickelt gewesen zu sein. Die Flucht erfolgte nämlich durch das Fenster des Aborts einer Wohnung, deren eigentlicher Inhaber Duclos war, der sie jedoch der Kantinenwirtin überlassen hatte. Sie zog dort Seidenraupen, und dort beköstigte sie auch Sade, de Songy und den Leutnant Duclos. Kommandant de Launay wird mit einer gewissen Treuherzigkeit gestehen, von all diesen Unregelmäßigkeiten nichts gewußt zu haben. Jacquets Aufgabe bestand darin, den Baron und den Marquis am Abend zu trennen und sie in ihrer jeweiligen Wohnung einzuschließen, was er aber am 30. April nicht tat.
Und nun ist der Marquis de Sade über alle Berge. Geführt von Herrn Joseph Violon, hat das seltsame Paar, bestehend aus François de l'Allée de Songy und dem kleinen Schwiegersohn von Madame de Montreuil, am 1. Mai in Chapareillan im Licht der aufgehenden Sonne die Grenze zu Frankreich überschritten, einige Stunden vor dem Eintreffen der Soldaten, die Monsieur de Launay ihnen nachschickt. Vergessen wir nicht, daß zwischen dem Justiz- und Polizeiwesen des 18. und dem des 20. Jahrhunderts Welten liegen. Aus den vorangegangenen Strafverfahren

Donatiens wissen wir bereits, daß es damals neben der normalen Gerichtsbarkeit der Parlamente die höhere Gerichtsbarkeit des Königs gibt, die unbedingten Vorrang vor ihr hat. Zu berücksichtigen ist ferner die lokale, kommunale oder grundherrliche Gerichtsbarkeit: Wir werden sehen, daß Monsieur de Sade, obwohl in Abwesenheit zum Tode verurteilt, 1776 den stellvertretenden Richter des Dorfes La Coste auffordert – allerdings erfolglos –, einen Unruhestifter, der ihn auf seinem Grundbesitz beleidigt hat, zu verhaften. Was die Polizei angeht, so ist sie trotz der Bemühungen eines Sartine nicht so zentralisiert wie heute. Auch hier obsiegt der Partikularismus häufig über Anweisungen aus der Pariser Verwaltung. Ebenso wie mehrere Gerichtsbarkeiten gibt es mehrere Polizeigewalten, die nebeneinander oder gegeneinander arbeiten. Auch spielen die gesellschaftliche Stellung und die persönlichen Beziehungen eine sehr viel größere Rolle als heute; ungeachtet seines Kontumaz-Urteils, zu dem noch neue Skandale hinzukommen, ersucht der Marquis de Sade den stellvertretenden Legaten von Avignon (das, eine zusätzliche Komplikation, damals päpstliches Gebiet ist) 1775 um einen Paß. Dieser lehnt es ab und verweist darauf, daß er Befehle habe, Monsieur de Sade zu verhaften, die er jedoch aus unerfindlichen Gründen nicht ausführt.

Es ist vor allem dieser Verwaltungsdschungel, der Donatien Schutz gewährt, und im übrigen braucht er nur darauf zu achten, daß er der Polizei, die keinen besonders scharfen Biß hat, nicht direkt in die Arme läuft.

Wo er sich nach dem 1. Mai für den Rest des Jahres 1773 aufgehalten hat, wissen wir nicht – selbst in den ausführlichsten Sade-Biographien finden diese acht Monate auf einer halben Seite Platz. Es heißt, er sei nach Bordeaux und dann nach Cadiz gereist und schließlich im Herbst nach La Coste zurückgekehrt, doch es gibt keine genaueren Angaben. Alles deutet auf die Lebensweise eines verfolgten Mannes hin.

Das ist vielleicht nicht so tragisch, aber auch nicht einfach. Liest man hingegen die gewichtige Sammlung von Briefen, die unerklärlicherweise zum größten Teil unveröffentlicht sind und im Bestand Maurice Heine in der Pariser Bibliothèque Nationale einen dicken Band ausmachen, so gewinnt man einen ganz anderen Eindruck. Aus dem Jahre 1773 finden wir zunächst einen Brief des Anwalts Fage an den Verwalter Ripert vom 16. März, in dem es um die üblichen Geldfragen geht. Von der Inhaftierung Sades in Savoyen, wo er am 16. März noch immer festgehalten wird, scheinen weder Fage noch Ripert etwas zu wissen (es ist durchaus verständlich, daß man sie nicht unterrichtet hat). Fage teilt Ripert mit, Madame de Sade habe ihm angekündigt, daß sie sich von Paris in die Provence begeben wird, aber noch nicht da sei: «Das schlechte Wetter wird sie aufgehalten haben.» Wir freilich wissen, daß sie sich in diesen Tagen in Männerkleidung in Savoyen aufhält.

Am 13. April ist Pélagie, wie gesagt, in La Coste, denn an diesem Tag schreibt sie an Ripert, er möge einen Gläubiger namens Brémont hinhalten.

Es folgen Briefe von merkwürdig haushälterischem Inhalt, die uns eine Marquise de Sade enthüllen, die von den Einrichtungs- und Grundstücksproblemen von La Coste und der Versorgung des Schlosses sehr viel stärker in Anspruch genommen wird als von den Mißgeschicken ihres verfolgten Mannes. Anfang Mai kommt die Rede sogar auf den Erwerb eines Hauses, das an den Herrschaftssitz angrenzt, und während des ganzen restlichen Jahres wird davon immer wieder die Rede sein. Am 20. Mai erteilt Madame de Sade Ripert den Auftrag, «das herrschaftliche Bett, das in Mazan ist», an sich zu bringen und ihr auf einem Maultier zu schicken, aber darauf zu achten, daß es nicht staubig wird. Kurz darauf erfahren wir, daß die Möbel von Mazan nach La Coste gebracht worden sind. Pélagie verspricht außerdem, die Handwerker zu bezahlen, die Mazan im Vorjahr eingerichtet haben.

Man könnte nun meinen, Madame de Sade wolle eine falsche Fährte legen und ihre Leute nicht in alles einweihen. Doch das stimmt nicht, denn Fage und Ripert sind über die meisten Geheimnisse des Marquis unterrichtet. Monsieur de Sade selbst macht übrigens in einem Brief an Ripert vom 6. Juni 1773 aus den großen Schwierigkeiten, die er im Augenblick hat, keinen Hehl:

> «Da ist mir etwas äußerst Unangenehmes passiert, mein lieber Ripert. Ich habe die Dekorationsmalereien nur holen lassen, um sie zu überprüfen, denn ich war mir sicher, daß beim Umzug viel davon abhandengekommen sein mußte. Ich habe

mich nicht geirrt: Von 24 Teilen fehlen mir allein 16, darunter die beiden großen Hintergrundprospekte von jeweils über dreißig Ellen Leinwand [...] Sie haben überdies vergessen, mir das Querkissen des Bettes zu schicken, das in Mazan geblieben ist; übergeben Sie es La Jeunesse, er kann es zu Pferde mitbringen.» (BN[x])

Die soeben erwähnten Malereien sind nicht irgendwelche Gemälde, sondern die Dekorationen «mitsamt Rahmen, welche die Bühne von Mazan bildeten».

Es war klar, daß das Theater nicht einfach aus dem Leben Sades verschwunden sein konnte. Und wenn Donatien sich im Juli '73 in Bordeaux aufhält, dann möglicherweise, um sich den Nachforschungen zu entziehen, mit Sicherheit aber, um dort eines oder einige seiner Stücke aufzuführen oder aufführen zu lassen.

Im Herbst ist er also – und wie ich vermute, recht früh – wieder in der Provence[1], doch wissen wir nicht, ob er dort das zurückgezogene, geordnete Leben führt, das seiner Situation gut anstünde. Während Pélagie weiterhin damit beschäftigt ist, La Coste einzurichten und zu versorgen, scheint Monsieur de Sade sich häufiger in Mazan aufzuhalten, entweder bei Ripert oder auf dem Schloß, wo Gothon ihm das Quartier besorgt. Das Ganze spielt sich mehr oder weniger im Verborgenen ab. Sicher ist, daß der Aufenthalt in der savoyischen Festung ihm nicht «zur Lehre gedient» hat.

Einige Jahre später wird er behaupten, die Einsperrung in Miolans ebenso wie die in Pierre-Encise habe nur erreicht, seine Instinkte aufs äußerste zu reizen. Das ist nicht falsch, aber man darf es nicht so nehmen, wie Sade es vorträgt. Er hat nie die Absicht gehabt, auf die «Straße des Guten» zurückzukehren, die Madame de Montreuil ihm theoretisch vorgezeichnet hatte. Er

[1] An die berühmte Spanienreise glaube ich nicht. Um sich von Bordeaux nach Cadiz zu begeben, brauchte man Geld und Zeit. Und der einzige Anhaltspunkt für diese Expedition sind zwei Briefpassagen. In der ersten spricht Pélagie, die im Juli '73 an den Comte de la Tour schreibt, von «Klarstellungen», die ihr Mann ihr «aus Cadiz geschickt» habe. Madame de Sade hat alles Interesse daran, glauben zu machen, daß der Marquis weit weg ist. Auf der anderen Seite dürfte er, wenn er im Juli in Bordeaux war, kaum Zeit gehabt haben, bis nach Cadiz zu reisen und von dort einen Brief abzuschicken, der bereits eingetroffen sein soll (Pélagie schreibt am 21. Juli; Borderie)

hat vielmehr in seinem Hunger nach Erfahrungen und Sensationen, in seiner Gier nach dem Leben, so wie er es versteht, immer stärker das Gefühl, daß die Zeit drängt. Zum einen deshalb, weil die Zeit verstreicht und Donatien mit seinen dreiunddreißig Jahren zwar im besten Mannesalter ist, er zugleich aber auch jenes Alter erreicht hat, in dem die Männer der damaligen Zeit «die andere Seite des Hügels sehen», wie die Engländer sagen, denn die Lebenserwartung ist am Ende des 18. Jahrhunderts nicht höher als fünfzig Jahre[2].

Zum anderen, weil er instinktiv zu spüren scheint, daß seine Zeit knapper bemessen ist als die der überwältigenden Mehrheit seiner Zeitgenossen. Er will so leben, wie es seinen animalischen Stimmungen entspricht, ohne irgendeine Rücksicht auf die anderen, auf die Gesellschaft; dabei müßte er doch eigentlich, wenn er nicht ausgesprochen dumm ist (und wir wissen, daß er alles andere als das ist), zweifelsfrei wissen, daß die Gesellschaft das letzte Wort haben wird. Irgend etwas in seinem tiefsten Inneren ist denn auch davon überzeugt, nur kann fast sein gesamtes Wesen damit nichts anfangen. *Es ist nicht sein Problem.* Später wird er sagen – und er spricht damit ein großes Wort aus: «Nicht meine Denkungsart hat mich ins Unglück gebracht, sondern die der anderen.» Die Denkungsart der anderen ist deren Problem. Jedem das Seine. Wie sein Vater einst erkannt hatte, wird er *sich nicht einen Augenblick verstellen* und unbeirrt seinen Weg gehen. Insofern sind die Sanktionen, das Gefängnis, die Hinrichtung *in effigie*, keine Bremsen oder Alarmglocken, im Gegenteil. Für ihn klingt die Totenglocke eher wie jene Glocke, die den Sportlern im Stadion ankündigt, daß jetzt die letzte Runde beginnt und daß sie noch schneller laufen müssen.

Von dem, was er, aus Bordeaux zurück, in der Provence getrieben hat, wissen wir praktisch nichts. Wir haben kaum Doku-

[2] In der zweiten Hälfte des 18. Jahrhunderts betrug die *mittlere* Lebenserwartung dreißig bis fünfunddreißig Jahre. In diesem Durchschnitt ist allerdings eine hohe Kindersterblichkeit berücksichtigt. Andererseits wird man in Sades Kreisen älter als im niederen Volk. Wie sich die Lebenserwartung damals auf die Mentalitäten auswirkte, ist noch nicht gründlich untersucht worden. Man kann bloß vermuten, daß ein Mann von dreiunddreißig Jahren sich damals seinem Ende näher fühlte als heute, wenngleich dies keine absolute Regel sein muß.

mente aus dieser Zeit. Er selbst schreibt anscheinend nicht mehr. Er hält sich im Hintergrund. Die Briefe, die wir haben, sind entweder von einer fremden Hand, vermutlich einem Sekretär, oder von Pélagie geschrieben. Die Briefe des Sekretärs sind übrigens zum größten Teil mit «Launay de Sade» unterzeichnet, auch wenn sie ihrem ganzen Wortlaut nach einen männlichen Urheber haben [im Französischen z.B. an der Konjugation der Verben ablesbar – Anm. d. Ü.]. Auch Pélagie greift zur Feder und unterschreibt. «Sie schreibt nur noch nach seinem Diktat», stellen Madame de Montreuil und der Abbé de Sade übereinstimmend fest.

Es ist kein Geld da, doch die Verschwendung geht weiter. Das Haus, das unmittelbar ans Schloß grenzt, muß gekauft werden: «ein wenig in bar, der Rest auf Rentenbasis». (BN[x]) Für das Schloß selbst fordert Pélagie bei Ripert einen Polsterer und Tischler an. Die Schloßherrin scheint neues Personal eingestellt zu haben, das, so glaubt sie, von der Affäre von Marseille noch nichts gehört hat. Sie verlangt von Ripert einen verschwiegenen Wächter, «der über nichts, was im Haus vorgeht, spricht, und dessen Verschwiegenheit draußen wie drinnen gilt. Er soll also innerhalb des Hauses nicht von der Affäre sprechen, da keiner von seinen Bewohnern etwas von ihr weiß, und er soll draußen nicht über das sprechen, was drinnen vorfällt und was er sieht.» Verschwiegenheit rundum: «Besuchen Sie uns, mein lieber Ripert, aber sagen Sie niemandem, wohin Sie gehen.» (BN[x])

Was macht Sade, der sich durch diesen Berg von Verschwiegenheit in sicherer Deckung glaubt? Im Moment produziert seine Lebensgier nichts Bemerkenswertes. Vielleicht hat er im Stillen begonnen, Vergnügungen zu Hause zu organisieren, wie wir es einige Monate später beobachten können. Gleichzeitig und vor allem aber – jetzt möchte ich einmal eine Hypothese wagen – schreibt er.

Natürlich habe ich keinen Beweis dafür, und das erste Indiz, das ich dafür anführe, ist ohne Zweifel ein sehr indirektes: ein königlicher Befehl, den Ludwig XV. plötzlich am 16. Dezember 1773 erläßt und der dem Generaldirektor der Polizei aufträgt, erstens alle Papiere von Monsieur de Sade zu beschlagnahmen und zweitens ihn festzunehmen und auf die Festung Pierre-Encise zu bringen. Zu diesem Zweck schickt Monsieur de Sartine den Beamten Goupil auf eine Expedition in die Provence.

Machen wir von dem verständlichen Inhaftierungsbefehl kein großes Aufheben: Es geht ja noch immer um die Ehre der Familie, die erst durch eine Aufhebung des Urteils von Aix reingewaschen wird. Damit die Revision Erfolg haben kann, muß Sade für die Dauer der gerichtlichen Verhandlungen stillgestellt werden; auf dieser Seite hat sich also nichts geändert. Aber wieder einmal hat man es auf die Papiere Sades abgesehen. Damit der König von Frankreich Beamte entsendet, die sich der Schatullen des Marquis/Comte de Sade bemächtigen sollen, bedarf es eines recht starken Motivs.

Da sind natürlich die Bittschriften, die berüchtigten Rhapsodien. Das ist eine brandaktuelle Sache. Ende '73 begeistert sich ganz Frankreich für die *Mémoires à consulter*, mit denen sich Pierre-Augustin Caron de Beaumarchais gegen den Gerichtsrat Goëzman wendet und die in ihrer Art unübertroffen bleiben werden. Am 16. Dezember sind noch nicht alle erschienen (es wird vier geben), aber die ersten haben Beaumarchais bereits, wie Sainte-Beuve sagt, «mehr als Achtung [verschafft], nämlich Popularität, jene durchschlagende und rückhaltlose allgemeine Zustimmung, die noch nicht ihre Grenzen kennengelernt hatte». Wie viele Jahre seines Lebens würde Donatien-Aldonze-François de Sade für eine Stunde eines solchen Triumphes geben? Bei dem literarischen Neid, den wir von ihm kennen und den er zum Beispiel bei Laclos an den Tag legen wird, muß Sade sich vorgestellt haben, es mit Beaumarchais aufnehmen zu können und ihn zu übertreffen. Wir wissen, daß er in dieser Zeit eine umfangreiche Denkschrift mit Rechtfertigungen und Polemiken verfaßt oder beendet hat. Jedenfalls ist sein Text in den ersten Monaten des Jahres 1774 schon seit einiger Zeit fertig. «Ich halte die Publikation meiner Denkschrift für wesentlich», schreibt er.

Man darf bezweifeln, daß die Sorge um den Schutz der Präsidentin de Montreuil vor den Pamphleten ihres Schwiegersohnes dem König von Frankreich ausgereicht hat, um eine solche Mobilisierung der Polizei anzuordnen. Das mag eine Rolle gespielt haben, doch würde ich eine zusätzliche Erklärung anführen, die wiederum nicht mehr ist als eine allein auf meinen persönlichen Eindruck gestützte Hypothese: Ende '73 hat Sade schon seit einiger Zeit begonnen, Texte zu sammeln, in denen sich seine großen Werke ankündigen und die sich in diesen Werken hier und da wiederfinden werden, Texte, die geeignet sind, bei den öffentlichen Institutionen Anstoß zu erregen als Ausgangsmaterial für «schlechte, sittenwidrige Bücher», wie Madame de Montreuil sich gegenüber den sardischen Behörden denunziatorisch geäußert hat.

Im Gegensatz zur verbreiteten Ansicht glaube ich, daß es nicht der lange Gefängnisaufenthalt in Vincennes und der Bastille gewesen ist, durch den die schriftstellerische Berufung Sades sich klärte, sein Denken seine Richtung bekam und sein Schaffen begünstigt wurde. Das hieße, den äußeren Umständen denn doch allzu großes Gewicht beizumessen. Ich sehe den Auslöser darin, daß die Denkungsart Sades auf die der anderen prallte, und das liegt lange zurück. Die Jahre im Kerker haben lediglich dazu beigetragen, drei Elemente zusammenzuführen, deren Entwicklung schon seit längerem darauf angelegt war, aus dem Marquis de Sade eines Tages D.A.F. de Sade werden zu lassen: eine angeborene und durch seine Umwelt geförderte starke Begabung fürs Schreiben, eine umfassende Reflexion, die durch einen nicht minder umfassenden Widerstand gegen ihre ersten Äußerungen bestärkt wurde, und schließlich eine eigentümliche, einzigartige, isolierte erotische Natur, die sich ihrer selbst in dem Maße bewußt wurde, wie ihre Isolierung zunahm. Zu diesen drei Elementen gesellten sich der starke Selbsterhaltungstrieb und die Lebensenergie, die es Sade erlauben sollten, dem ungeheuren Druck zu widerstehen, den Familie und Gesellschaft auf ihn ausübten.

Das heißt nicht, daß Donatien de Sade bereits im Dezember 1773 die Rohfassungen von *Justine* oder den *Cent vingt journées de Sodome* in seinen Koffern befördert. Ich behaupte aber, daß sein literarisches Gepäck außer den Texten aus der Jugendzeit, den Briefen an diesen oder jene und den ersten Versuchen für das Theater bereits in ausreichendem Maße sexuelle Beobachtungen, subversive Bemerkungen, Skizzen zu möglicherweise beunruhigenden Szenen und radikal «philosophische» Glaubensbekenntnisse enthält, um ihn in den Augen der damaligen Machthaber als einen mehr als verdächtigen Reisenden, einen potentiellen Kolporteur erscheinen zu lassen, den es aus dem Verkehr zu ziehen galt.

Der Zeitgeist ist ganz dazu angetan. Je mehr Ludwig XV. seinen Ausschweifungen huldigt, um so mehr ist er darauf bedacht, den Schein zu wahren. Während die Sitten sich fortschreitend lockern, hält man nicht viel von Enthüllungen. Es ist daher zu vermuten, daß Madame de Montreuil nicht sonderlich hat drängen müssen, damit ihrem Schwiegersohn dieses neue rote Tuch angeheftet wird für die Polizei-Stiere des Monsieur de Sartine, die denn auch Anfang Januar 1774 munter losstürmen in Richtung des damals noch nicht bestehenden (aber bereits in fünfzehn Jahren erstehenden) Departements Vaucluse, ordnungsgemäß ausgestattet mit zwei königlichen Befehlen, deren einer lautet, diesen graphomanischen Marquis zu ergreifen und nach Pierre-Encise zu bringen, während der andere besagt, seine sämtlichen Papiere zu beschlagnahmen.

38.

Generalstabsmäßige Vorarbeit

Munter, aber nicht ohne generalstabsmäßige Vorarbeit. Über die Vorbereitungen und die Ausführung des Handstreichs gegen den in Abwesenheit verurteilten Grundherrn von La Coste sind wir zufällig aufs genaueste unterrichtet, dank eines *Verzeichnisses der Kosten, Gebühren und Ausgaben, getätigt von dem Herrn Polizeiinspektor Goupil anläßlich der Affäre des Herrn Marquis de Sade auf seinem Schloß La Cossette* [*sic*] *in Aix-en-Provence, aufgrund des königlichen Befehls, dessen formgerechtes Duplikat beigefügt ist,* das 1939 von Jean Desbordes wiederentdeckt wurde. Es ist ein erstrangiges Dokument sowohl für die Geschichte Sades wie für die seiner Zeit. Aus der bezifferten Aufstellung der Reise- und Aufenthaltskosten ist so manches zu entnehmen. Man erfährt zum Beispiel, daß die Expedition zwanzig Tage dauert, daß Inspektor Goupil vier Büttel aus Paris mitgenommen hat, daß er sich vor und nach der «Affäre», wie er sich ausdrückt, zehnmal mit der Frau Präsidentin de Montreuil besprochen hat (zehn Droschken zu 18 Livres 16 Sols). Außerdem hat er (warum?) «das Haus der Frau Präsidentin sechs Nächte lang von drei Bütteln zu je drei L.» bewachen lassen (ob vor oder nach der Affäre, erfährt man nicht); wegen der winterlichen Vereisung belief sich die Überquerung der Drôme und der Durance auf 59 Livres; und Goupil mußte «zwei Bauerntrachten [kaufen], wie mit Madame de Montreuil vereinbart» (76 Livres 18 Sols). In Avignon hat es, wie wir schließlich erfahren, Besprechungen mit dem Intendanten von Aix, dem Abbé de Sade und Herrn Fage gegeben, und während der Affäre haben zwei Beamte die Marquise de Sade und ihre Kammerzofe neun Tage lang in Gewahrsam gehalten.

Was das Kommandounternehmen selbst angeht, haben wir nicht die Darstellung von Goupil, aber die von Pélagie, deren geschwollenen Stil man wohl den damaligen Juristen zuschreiben muß:

«Bald darauf erscheint in La Coste, im Innern der Provence, ein Polizeibeamter aus Paris, eskortiert von vier Polizeibütteln und einem Trupp Berittener von der Gendarmerie der Provinz [...] Auf bereitgestellten Leitern klettert man an den Mauern des Schlosses hinauf; man dringt ein, Pistole und Degen gezückt. In diesem Zustand tritt der Polizeibeamte vor die Bittstellerin. Während sich der wütende Eifer, den seine Vorgehensweise in ihm ausgelöst hat, auf seinem Gesicht abmalt, fragt er sie, die schrecklichsten Flüche und die unanständigsten Ausdrücke im Munde führend, wo sich ihr Gemahl, Monsieur de Sade, befinde, den er tot oder lebendig haben müsse. Wer vermöchte die Situation der Bittstellerin in einer so grausigen Lage zu schildern? Die Unmenschlichkeit steht ihr vor Augen; Angst und Entsetzen bemächtigen sich ihrer; sie erkennt, sie kann es sich nicht verhehlen, das Werk ihrer Mutter; sie ist entschlossen, es zu respektieren, so sehr es sie auch bedrückt, und während die Verletzung ihrer Ehre und der Rücksichten, die man ihrem Rang und ihrem Geschlecht schuldet, sie dazu drängen, die Grausamkeit der Beleidigungen, die sie hinnehmen muß, zurückzuweisen, hält der Respekt sie davon ab, ihrem Groll Ausdruck zu geben. Sie erwidert, ihr Gemahl sei abwesend. Auf dieses Wort hin bricht der schrecklichste Tumult los...»

Ersparen wir uns die Einzelheiten, denn jeder weiß, was eine polizeiliche Hausdurchsuchung bedeutet. Was die Durchsuchung durch den Herrn Inspektor Goupil im einzelnen erbracht hat, wissen wir nicht, doch kennen wir zumindest ihre Kosten: für Tagewerke von Beamten, Postendienst von Bütteln, Bauerntrachten, Droschkenfahrten und Überquerung der vereisten Straßen wurden exakt 8 235 Livres 10 Sols aufgewendet, was 300 000 Francs von 1986 entspricht. Nach damaligem Verwaltungsbrauch hat in Ermangelung Sades irgend jemand aus der Familie dafür aufkommen müssen. Aller Wahrscheinlichkeit nach war es die Präsidentin.

Denn Madame de Montreuil, das muß man sagen, zahlt. Sie zahlt nicht immer sehr schnell, sie zahlt, versteht sich, nie, ohne genau hinzusehen, und sie zahlt, genaugenommen, nur, indem sie Vorschüsse auf die Mitgift von Pélagie gibt (man hat ein Konto Donatien/Präsidentin eröffnet, das erst dreißig Jahre später, während der Internierung in Charenton, geschlossen wird), aber schließlich zahlt sie, wenn es sein muß. Einige Tage vor dem Einsatz der Polizei in La Coste hatte Madame de Montreuil dem Verwalter Fage noch geschrieben und ihm zu einer Empfangsbescheinigung von Madame de Sade über zwölfhundert Livres, die Fage ihr vorher geschickt hatte, den Vermerk «auf die Tabakeinnahmen in Avignon» zukommen lassen. (BN[x])

Ja, Fage schreibt der Präsidentin de Montreuil, und sie antwortet ihm. Zwischen ihnen fließt Geld. Fage steht, wie man gesehen hat, auch mit dem Abbé de Sade in Verbindung. Über den Kopf von Donatien hinweg werden in einem Beziehungsgeflecht, das zu verwickelt ist, um sich nicht darin zu verirren, Informationen und Kombinationen ausgetauscht. So muß man sich vorstellen, daß, während Fage sich mit beiden austauscht, Madame de Montreuil ständig mit dem Abbé in Verbindung steht und daß sie gemeinsam die Expedition des Inspektors Goupil ausgeheckt haben. Ich habe jedoch Gründe für die Annahme, daß ihre Beziehungen im Augenblick unterbrochen sind und erst gegen Ende '74 oder '75 wiederaufgenommen werden. Ich glaube, daß der Abbé de Sade als Repräsentant der Familie in der Provence von dem Intendanten von Aix-en-Provence gesondert konsultiert worden ist.

Was nun Fage betrifft, so hat er bei dieser Gelegenheit offenbar irgendeine Unvorsichtigkeit begangen. Immerhin hatte Madame de Montreuil ihm in einem Brief vom 1. Januar verdeutlicht, welche Vorkehrungen sie traf, um die Korrespondenz zwischen den beiden zu verheimlichen:

> «Ich habe Ihren Brief vom 19. erhalten, und gerade geht der vom 21. ein [...] Seien Sie ganz sicher, Monsieur, daß von den Briefen, die Sie mir geschrieben haben, meinerseits keiner in fremde Hände geraten ist noch geraten wird, und daß ich es stets so halte. Sollten Briefe abgefangen worden sein, so kann es sich nur um Ihre Post handeln. Aber wie dem auch sei: Wenn man sich, wie Sie und ich es tun, nach Vernunft und Anstand richtet, kann man seinen Kopf hoch tragen.» (Desbordes)

Vielleicht nicht ganz so geneigt wie Madame de Montreuil, seinen Kopf hoch zu tragen, hat der Notar Fage diesen Brief in seinem Archiv mit dem Vermerk «Geheim. Sorgfältig aufbewahren» abgelegt. Dennoch ist das Geheimnis irgendwie durchgesickert. Am 3. Februar 1774 schreibt Pélagie an Ripert:

«Sehr schwerwiegende Gründe, mit Monsieur Fage unzufrieden zu sein, haben in mir die Absicht reifen lassen, ihm nicht mehr wie bisher die Pacht zukommen zu lassen. Ich bitte Sie daher, von der letzten Pachtzahlung an nicht mehr mit ihm, sondern nur noch mit mir abzurechnen. Ich bitte Sie, in dieser Hinsicht meinen Absichten Folge zu leisten, und seien Sie meiner Hochachtung versichert» usw. (BN[x])

Wohl um sich mehr Autorität zu verschaffen, unterschreibt Pélagie mit «Montreuil de Sade», eine Unterschrift, die sie von nun an immer häufiger wählt.

Es handelt sich hier durchaus nicht um einen belanglosen Vorgang, wie man vielleicht meinen könnte. Im 18. Jahrhundert verleiht die Generalverwaltung der Güter dem Verwalter eine Bedeutung, wie sie nicht viele Mitglieder der Familie haben. Er ist nicht selten zusammen mit dem Eigentümer der einzige, der alle Geheimnisse kennt. Manche Geheimnisse, und nicht die geringsten, sind allein ihm bekannt. Er ist im allgemeinen an den Entscheidungen beteiligt (was bei Sade nicht der Fall war, der in Wirklichkeit immer nur seinem eigenen Kopf gefolgt ist).

Jetzt wird ein Generalverwalter gewählt, der Sade nähersteht als der Notar Fage: Gaspard-François-Xavier Gaufridy, ebenfalls Notar und Anwalt in Apt. Aus irgendeinem Grund wird er häufig «der Herr Advokat» genannt, was Paul Bourdin mit Recht darauf zurückführt, daß die Bezeichnung «Anwalt» damals schlecht angesehen ist. Gaufridy ist uns ganz zu Anfang dieses Buches begegnet; er spielte mit Sade und dessen Cousine Pauline in der unteren Stube des Stadthauses der Familie de Sade in Avignon, bei der Großmutter väterlicherseits des jungen Marquis. Er ist ungefähr im gleichen Alter wie dieser. Sein Vater ist lange der Sachwalter des Comte gewesen. Gaufridy wird sechsundzwanzig Jahre lang für Donatien de Sade die Geschäfte führen. Viele Jahre lang ist er einer der vier oder fünf engsten Vertrauten des Marquis. Diese Jahre, während derer Gaufridy das Leben Sades teilt, werden nicht die leichtesten sein. Zu Anfang teilt er es übrigens nur aus der Ferne, denn der Marquis hat aus der Expedition Goupils den Schluß gezogen, daß La Coste kein so sicherer Unterschlupf ist, wie er glaubte. Im Mai verläßt Donatien seine Provinz und bricht nach Italien auf.

Die zwei Monate zwischen der Durchsuchung von La Coste und dieser Abreise hat Sade außer für die notwendigen Vorbereitungen zu einer intensiven Tätigkeit juristischer Natur genutzt: Es ging darum, Pélagies große Eingabe zu formulieren, auf die wir jetzt kurz zu sprechen kommen müssen.

Wenn man bei Handlungen, durch die ein Mensch bewußt oder unbewußt das einzige Schicksal, das sich für ihn denken läßt, befestigt, von Fehlern sprechen kann, so läßt sich von dieser Eingabe sagen, daß sie einer der großen Fehler im Leben Sades war. Das bedarf der Erläuterung. Wirkliche Bedeutung kommt diesem Dokument an sich nicht zu. Letzten Endes spielt es in der juristischen Schlacht um Sade keine nennenswerte Rolle. Dennoch ist dieser Text insofern wesentlich, als er praktisch ein für allemal die Position klärt, die Sade zu der Person einnimmt, die, was seine Beziehungen zur Gesellschaft angeht, in seinem Leben von größter Bedeutung ist: Madame de Montreuil.

Mit dieser Eingabe an die Justiz (die größtenteils sein Werk ist) beschließt Donatien, die Präsidentin als seine Feindin zu bezeichnen, als die hauptsächliche, wenn nicht einzige Ursache dessen, was er sein Mißgeschick nennt. An einer Stelle heißt es, wie man sich erinnern wird, über das Eintreffen der Polizistenhorde, daß Pélagie darin «das Werk ihrer Mutter erkennt, sie kann es sich nicht verhehlen». Auf diese Behauptung kommt der Text immer wieder zurück.

Mit der Weigerung, für seine Probleme eine andere Ursache ins Auge zu fassen als die persönliche Feindschaft der Präsidentin, verfolgt Sade mehrere Ziele – und erreicht damit einige Resultate, die von seinen offenkundigen Zielen teilweise abweichen. Sie alle auszumachen ist ebenso schwer, wie den Anteil des Bewußten und des Unbewußten an den einen wie den anderen – den Zielen wie den Resultaten – zu erkennen.

Halten wir uns nicht lange mit den ebenso naheliegenden wie klassischen psychoanalytischen Implikationen auf; es ist beispielsweise unleugbar, daß Sade sich in Madame de Montreuil die Mutter («o Sie, die ich meine Mutter nannte») als Repräsentantin der Autorität erwählt hat, derer er bedurfte. Für ihn kommt es darauf an, daß sie allmächtig ist, und er schreibt ihr eine geradezu unwahrscheinliche Macht zu. Moralisch ist diese Situation – man kann es nicht bestreiten – äußerst bequem: Die

Autorität straft mich, also lehne ich mich auf; ich lehne mich auf, indem ich das, wofür man mich bestraft, nochmal tue; wenn ich also etwas Böses tue, so deshalb, weil man mich bestraft hat. Außerdem ist es für ihn sehr bequem, die höchste Autorität mit der Mutter seiner Frau zu identifizieren, denn so hat er ganz in seiner Nähe einen Ersatz für Madame de Montreuil, bei dem er seine Gegenschläge loswerden kann (was er auch nicht versäumt).

Man soll indes aus Sade nicht allzu leichtfertig einen groß gewordenen Jungen machen. Ich sagte schon, daß sein kindlicher Zustand nicht der einer Kindheit ist, die sich nur mit ihrer Schuld befaßt, einer Kindheit des genußvollen Verweilens bei sündigen Gedanken. Sein psychischer Ausgangszustand ist nicht geprägt von Schuld, sondern ganz im Gegenteil von einer entfalteten, galoppierenden, strahlenden Unschuld. Sade ist nicht, wie man behauptet hat, ein Mann des emanzipatorischen Kampfes. Die allgemeine Freiheit interessiert ihn nicht, er fordert nur seine eigene. Alle Kämpfe, die sich ihm bieten könnten, schlägt er aus. Er will nichts wissen von der Monarchie, von diesem König, dessen höchste Autorität seinen Plan stört, und er wirft alle Störenfriede, über die er sich beklagen muß, in einen Topf: Sartine, die Richter von Aix, den Kommandanten Launay, Marais, später den Gouverneur der Bastille – sie alle sind «Knechte Montreuils», «Trabanten der Präsidentin». Statt lange nach einer Erklärung zu suchen, sollte man darin vor allem ein sinnreiches Verfahren sehen, sich geistig nicht unnötig zu belasten.

Sich geistig nicht unnötig zu belasten, das heißt nicht unbedingt, sich das Leben einfach zu machen. Durch diese Handlungsweise verweigert Sade den Kampf um seine Freiheit. Er flüchtet nur, versteckt sich. Weil der gesellschaftliche Kampf verlangt, ein Spiel zu akzeptieren, das er nicht mitspielen will. Macht- und Einflußgruppen, die sich als feindlich erweisen, müßte man mit anderen Gruppen entgegentreten, und das hieße, die Privilegien einer Einsamkeit aufgeben, die ebenso viele gesellschaftliche Nachteile wie innere Vorzüge bereithält. Eben um seine geistige Aktivität zu bewahren, hat Sade keine «Beziehungen», sondern lediglich Leibdiener, Knechte, Verwalter – und eine Frau. Das reicht nicht aus, um der Gesellschaft zu widerstehen.

Die einzige wirksame Verbündete, die er haben könnte, ist Madame de Montreuil. Doch gerade sie hat er sich ausgesucht als Sündenbock für alles, was sich seiner freien Entfaltung entgegenstellt. Ich behaupte durchaus nicht, daß Madame de Montreuil keinerlei Verantwortung trüge für die Verfolgungsmaßnahmen gegen ihren Schwiegersohn. Sie hat ihn in Savoyen verhaften lassen, und sie war an der Organisation der Expedition nach La Coste beteiligt. Man erkläre mir aber, was sie anders hätte tun können. Was Sade tun kann, wenn man ihn sich selbst überläßt, wird er noch zeigen. Sie ahnt es. Sie möchte ihn immer noch in ihr Spiel zurückholen, ihn *in Sicherheit bringen*, ihn daran hindern, sich zu ruinieren, für sie wirklich zu einem verlorenen Sohn zu werden.
Sie wird es nicht schaffen. Einige Monate später wird das, was man in der Lebensgeschichte Sades gemeinhin «die Affäre der kleinen Mädchen» nennt, endgültig ruinieren, was von der gesellschaftlichen Stellung des Marquis de Sade eventuell noch zu retten gewesen wäre.

39.

«Ich spüre, daß ich nicht zum Abenteurer gemacht bin»

Ende Februar, Anfang März 1774 hatte Sade also letzte Hand sowohl an Pélagies Eingabe wie an seine Reisevorbereitungen gelegt. An Gaufridy, der die Eingabe in den Juristenstil übersetzte, hatte er geschrieben:

> «Sehr geehrter Herr, Madame de Sade ist angekommen [vermutlich in Mazan], bereit zu unterschreiben und von der Wichtigkeit unserer Vorarbeiten mehr denn je überzeugt. Daher bitte ich Sie, sich so bald wie möglich mit der ausgefertigten und versandfertigen Klageschrift nach La Coste zu begeben. Ich reise in dieser Woche und würde gern vorher alles in die Wege leiten.» (Bourdin)

Dann die Abreise, die ihm sehr zu schaffen machte. Sade hatte La Coste lieben gelernt. Zur Bekräftigung dessen möchte ich eine kühne Hypothese wagen: Er hatte sich daran gewöhnt, dort zu arbeiten, dort zu schreiben, hatte sich in dem Arbeitszimmer, das Goupil durchsuchte, hervorragend eingerichtet.

Wenn ich die letzten Stunden, die Sade in der Provence verbrachte, bevor er im März 1774 (um den 15.) aufbrach, richtig rekonstruiere, hat es doch noch die eine oder andere burleske Episode gegeben. So hat er sich anscheinend, als er von Mazan fortging, in einem geistlichen Gewand, das Ripert (dessen Bruder Pfarrer war) ihm zur Verfügung stellte, als Pfarrer verkleidet, bis er sich zumindest aus der unmittelbaren Umgebung seiner Besitzungen entfernt hatte.

Von einer anderen Episode – Donatien war wohl zu einem Fuhrunternehmer geritten, der ihn dann nach Marseille brachte – hat Pélagie lange vor Sades Rückkehr Ripert berichtet; sie schrieb ihm am 19. März:

> «Ich schicke Ihnen, mein lieber Ripert, die Gewänder und den Hut [des Pfarrers vermutlich] zurück. [...] Wie der Fuhrunternehmer sagt, hat der Herr Pfarrer die Reise gut überstanden; allerdings gab es einen Zwischenfall, denn als er auf dem Weg nach Marseille die Durance überquerte, riß das Seil

der Fähre, und in ihrer Not wollten die Mitreisenden bei ihm die Beichte ablegen.» (Die Idee, Beichtvater zu werden, hat Sade bestimmt reizvoll gefunden, trotz seiner mangelnden Übung.)

Italien ist kostspielig, die Reisen eines in Abwesenheit Verurteilten sind voller Überraschungen und Widrigkeiten. Am 12. Mai unterrichtet Pélagie Ripert über das Mißgeschick, das Donatien gleich bei seiner Ankunft zugestoßen ist:

«Hier möchte ich Ihnen, mein lieber Ripert, unter größter Verschwiegenheit noch etwas über Monsieur de Sade mitteilen; Sie dürfen mit niemandem darüber sprechen. Er war wohlbehalten an seinem Bestimmungsort angekommen, hatte die Miete, Möbel usw. im voraus bezahlt, denn im Ausland hat man nichts als das Geld bei sich, da wurde er von jemandem erkannt. Da er sich auf die Diskretion dieser Person nicht sonderlich verlassen wollte, ist er in der Nacht heimlich nach einem anderen Ort aufgebrochen, was ihm zusätzliche Kosten verursacht hat.» (BN[x])

So hat es Monsieur de Sade zumindest seiner Frau erzählt, denn in einem Brief, den er ebenfalls am 12. Mai direkt an Ripert richtet, nennt er für seinen Geldbedarf einen anderen Grund: «Ich habe mich in meiner Berechnung vollkommen getäuscht [...] Ich hatte einen kleinen, fast unbedeutenden Punkt vergessen, die Ernährung.» (BN[x])

Es gibt während des ganzen Jahres 1774 praktisch keinen Brief von Sade, Pélagie, Ripert oder Gaufridy, in dem nicht von Geld die Rede wäre. In Italien kommt es zu unvorhergesehenen Ausgaben, und auch in La Coste muß man irgendwie leben. Der arme Ripert wird von Madame de Sade unablässig mit Listen von Lebensmitteln und sonstigem überhäuft: «Dreißig Flaschen Wein, vom besten; zwölf Pfund ganz frische Butter, sechs Pfund Käse, Birnen, Äpfel, Gemüse der Saison, einige Stück fettes Geflügel, ein Truthahn, ein Kaninchen, einige Rebhühner, wenn sie nicht zu teuer sind, ausgelassenes Schmalz in einem Topf, Basilikum» (Pélagie hat sich auf die provençalische Küche verlegt), hundert Oblaten, «die nicht weiß, nicht rot und nicht schwarz sein sollen», ein Esel für die Transporte, Leinwand, Säcke mit Kleie, Sämereien, eine Salzmühle, zweihundert kleine Kirschbäume zum Pflanzen... Die Pachteinnahmen sind, abgesehen davon, daß sie spärlich fließen, schon im voraus aufgezehrt. Alle Mittel werden eingesetzt: «Sie fragen mich, welche Sicherheiten ich für die 1500 Livres geben will; ich antworte Ihnen, daß ich eine Schale aus vergoldetem Silber, eine silberne Kaffeekanne habe, wenn das nicht ausreicht, einen Kasten mit Edelsteinen oder Silbermünzen...» Das auf diese Weise beschaffte Geld geht nach Italien, zu Donatien. Nichts geht an die Gläubiger, die sich aufregen. Am 3. Juni hat der Jude Beaucaire «auf dem Schloß einen schrecklichen Auftritt». Da er Madame de Sade nicht antrifft, verbreitet er sich im Dorf. Die Phantome einer nahen und doch so fernen Vergangenheit tauchen auf, und gegen Ende des Jahres meldet sich «ein Mann, dem man seit der Zeit der Theateraufführungen etwas schuldet». (Bourdin)

Während Monsieur de Sade sich im Ausland zu langweilen scheint und die Marquise bei leerer Kasse ihre Pflichten als Schloßherrin so gut es geht erfüllt, schlägt die Geschichte ein neues Kapitel auf. Am 29. April stellt La Martinière, der Leibarzt von Ludwig XV., beim König die Pocken oder Blattern fest. Am 10. Mai, um Viertel nach drei nachmittags, ist nach den *Souvenirs* von Madame Campan aus dem ersten Zimmer der Gemächer Ludwigs XV. «ein entsetzlicher, ganz und gar an den Donner gemahnender Lärm» zu vernehmen: Es ist die Masse der Höflinge, die aus dem Vorzimmer des soeben erloschenen Herrschers strömen, «um der neuen Macht Ludwigs XVI. ihre Anerkennung auszusprechen». Madame Campan schildert, wie Marie-Antoinette und ihr Gemahl «an diesem seltsamen Lärm» erkennen, daß nun ihre Herrschaft beginnt, und wie sie auf die Knie fallen und unter Tränen ausrufen: «Mein Gott, leite uns! Schütze uns, wir sind zum Regieren zu jung.» (Ludwig XVI. ist zwanzig Jahre alt.)

Das Ereignis hat Folgen für das Schicksal Frankreichs («Wenn es für uns eine Gelegenheit gab, uns eine Revolution zu ersparen, dann nicht 1789, sondern 1774», wird Jacques Bainville sagen) und für die Geschicke Sades. Hat er das Geschehen aufmerksam verfolgt? Im Mai/Juni '74 ist er ganz mit seinen Problemen beschäftigt. Er schreibt an Pélagie und drängt sie, nach Paris zu fahren, während er Gaufridy erklärt: «Das ist für einen raschen Erfolg der Dinge unbedingt erforderlich. Wie sollen wir sonst vorankommen? Sie sehen ja, wie sich alles hinzieht! Vier Monate sind vergangen, und wir wissen noch nicht einmal, ob Madame de Montreuil vorgeladen wurde!» Wie sich jedoch aus dem weiteren Verlauf seines Briefes ergibt, soll die Eingabe gegen die Präsidentin diese nur dazu anstacheln, sie verpflichten (wie Donatien meint), endlich den Zauberstab zu betätigen, durch den – das ist für Sade nicht zweifelhaft – alle seine Schwierigkeiten schlagartig verschwinden werden:

«Sie müssen zugeben, daß Madame de Montreuils Manie, die Sache nie zu einem Ende zu bringen, merkwürdig ist. Was hat sie eigentlich davon? Will sie die Schande dieser unglücklichen Affäre, die Schande ihrer Tochter und ihrer Enkelkinder verewigen, das Vermögen in schreckliche Unordnung bringen und mich das unglücklichste und traurigste Leben führen lassen? Denn glauben Sie mir, daß man sich nicht sonderlich wohl fühlt in einem Land, wenn man ständig gezwungen ist, sich zu verstecken und alle möglichen Rollen zu spielen, um nicht erkannt zu werden.»

Jetzt will Sade nicht länger spielen. Ich glaube vor allen Dingen, daß er es nicht gut verträgt, wenn man ihn zum Spielen zwingt. Im gleichen Brief spricht Sade von seiner berühmten Verteidigungsschrift, deren Veröffentlichung er als sehr wesentlich erachtet, «was Monsieur l'Abbé auch darüber sagen mag [...], besonders in Paris in der Familie von Madame», jener Schrift, von der man sehr bedauert, daß sie uns nicht überliefert ist, wenn man liest, was Donatien darüber sagt:

«Mag man auch sagen, daß ich mich darin stärker schuldig bekenne, als man es geglaubt hat; wenn es so ist, werde ich dadurch nur glaubwürdiger und interessanter. Mir scheint jedoch, daß die Art der Verfehlung, die ich eingestehe, keineswegs schwerwiegend ist und nicht geeignet, mich zu verurteilen. Bestraft man denn Gedanken? Dazu ist allein Gott berechtigt, denn nur er kennt sie, während die Gesetze nichts dagegen vermögen, zumal wenn sie (wie der, den ich in meiner Verteidigungsschrift einräume) alsbald bereut werden. Im übrigen wird dort gar nicht gesagt, daß ich diesen Gedanken jemals gehabt hätte. Es heißt dort, man habe mir einen schlechten Rat gegeben, den ich nicht zurückwies, aber auch nie befolgte, und die Geschichte mit den Kanthariden, die verabreicht wurden, um das zu simulieren, was man mir riet, erscheint mir keineswegs, wie Monsieur l'Abbé vorgibt, ein so großes Verbrechen zu sein. Zumindest hat das Parlament keines darin gesehen. Denn wenn Sie das Verfahren kennen, wissen Sie, daß, nachdem man erkannt hat, daß es nur Kanthariden waren, diese Tatsache nicht in das Urteil eingeflossen ist; zumindest beweist das die Klagerücknahme der Mädchen.» (Bourdin)

Donatien irrt. Wie die Geschichte beweist, werden Gedanken nicht gerade selten bestraft, und die Natur hat sogar eine besondere Kategorie von Menschen geschaffen, die in dieser Hinsicht als Sündenböcke für die ganze übrige Gattung dienen: die Schriftsteller. Zu ihnen gehört Sade, ob er es will oder nicht; auch wenn er sich dessen 1774 noch nicht voll bewußt ist. Was nun den schlechten Rat betrifft, den man ihm zwei Jahre zuvor gegeben hatte, den er nicht befolgte, aber auch nicht zurückwies, und der anstelle des Experiments trat, das jene vorschlug, die man kennt, und schließlich einer Frau beinahe das Leben kostete, so würden wir ihn nur zu gern kennen.

Wie dem auch sei, Pélagie muß nach Paris reisen:

«Ich flehe Sie an, reden Sie Madame gut zu, geben Sie ihr Ratschläge, damit sie das Unmögliche tut, um alles in den vier Monaten, die ich ihr dafür gebe, zu erledigen. Sie soll es in Gottes Namen fertigbringen, daß ich nicht mehr dieses Vagabundenleben führen muß.»

Denn, wie Sade mit großer Klarsicht feststellt: «Ich spüre, daß ich nicht zum Abenteurer gemacht bin, und die Notwendigkeit, diese Rolle zu spielen, ist eine der schlimmsten Qualen meiner Lage.»

Madame de Sade findet sich also im Juli '74 in Paris ein, mit einer Mission betraut und zu all den Vorkehrungen ermahnt, die man Geheimagenten empfiehlt: «Ich wohne im Hotel de Bourgogne, Rue Taranne, Faubourg Saint-Germain», schreibt sie an Gaufridy. «Schicken Sie mir Ihre Briefe nur an die Adresse Carlier, Schneider, Rue Saint-Nicaise in Paris; dieser Mann ist verläßlich, anders als die Hotels, die alle der Polizei Auskunft geben.» Der königliche Staatsanwalt «könnte in dieser Sache sehr wohl den Vermittler spielen, obschon er allen Leuten erzählt, ich sei verrückt. Dieses Kompliment habe ich schon des öfteren zu hören bekommen, und man wird es mir wohl auch noch öfter sagen».

In der Ferne zeichnet sich eine ernsthafte Komplikation ab: «Es ist beschlossene Sache, daß Beaumont und seine Familie die Heirat nur unter der Bedingung wollen, daß er für immer eingesperrt wird, und dafür wollen sie das Wort des Ministers. Das ist ein schändlicher Einfall, und [ich] werde mich an der Quelle genauer erkundigen.» (Bourdin) Die hier geplante Heirat scheint, was es auch immer mit ihr auf sich haben mag, noch immer Mademoiselle de Launay zu betreffen.

Pélagie Montreuil de Sade wird vier Monate umsonst in Paris verweilen, während derer sie den einen oder anderen aufsucht und sich häufig in trügerischen Hoffnungen wiegt, die sich in ihren Briefen an Gaufridy niederschlagen: «Soweit ich es mit meinen geringen Kenntnissen beurteilen kann, hoffe ich, daß meine Angelegenheiten eine günstige Wendung nehmen werden. [...] Was die große Sache angeht, ist beschlossen, sie kassieren zu lassen und alles abzustreiten; die Fliegen [die Kanthariden] sind nicht bewiesen, und die kleinere Sache [die Sodomie] kann in der Revision beiseite gelassen werden. Es wäre schon eine große Vergünstigung, doch versichert man mir, daß sie durchaus zu erreichen ist.»

Man darf annehmen, daß Madame de Montreuil über die Schritte ihrer ältesten Tochter laufend unterrichtet wird; das Châtelet ist ihre Domäne. Sie weiß, daß Pélagie keine Chance hat. Ich stelle mir vor, daß sie sich nicht darüber mokiert; sie verfolgt vielmehr nachdenklich die naiven Manöver dieses aus ihr hervorgegangenen Geschöpfes, das mit einem hölzernen Säbel gegen seine Mutter und gegen die ganze Gesellschaft in den Krieg zieht, in einen Krieg um die Liebe eines Gatten, von dem die Präsidentin im Grunde kaum etwas versteht, außer daß er die Seele Pélagies auf rätselhafte Weise gefangenhält. Es könnte sein, daß Madame de Montreuil ihre Tochter insgeheim ein wenig beneidet.

Jemand anders schaut dem aufgeregten Treiben von Madame de Sade sehr viel unbeteiligter zu: der Abbé, der von Gaufridy über seine Nichte informiert wird und der dem Herrn Advokaten folgendermaßen antwortet:

> «Ich wünsche von ganzem Herzen, daß sie die Aufhebung des Urteils erlangen möge, aber ich fürchte, daß sie sich über die Leichtigkeit ihres Vorhabens ganz falsche Vorstellungen

macht [...] Zu ihrem Erfolg ist sie auf großes Entgegenkommen angewiesen, das sie jedoch, soweit ich sehe, nicht besitzt, zumal wenn ihre Mutter ihr nicht die Hand leiht.»

Im übrigen erteilt der Abbé de Sade Gaufridy den Rat, Pélagie zu versichern, «daß die Familie ihres Mannes, verbittert über die Handlungen des einen oder anderen, nicht gedenkt, sich ins Zeug zu legen». (Lely)

Im November 74 macht Ludwig XVI. allen Reformhoffnungen den Garaus und beruft erneut die alten Richter. Der Moment wäre daher günstig für eine Revision des Urteils von Aix, besonders wenn Madame de Montreuil sie betriebe. Was Pélagie angeht, so hat sie plötzlich das Schlachtfeld verlassen. Sie ist in Lyon, zusammen mit Donatien. Es beginnt «die Affäre der kleinen Mädchen», wieder einer dieser unklaren Abschnitte im Leben Sades, eine verworrene Episode, deren oft einander widersprechende Elemente man nur mit Vorsicht zu entwirren versuchen kann.

Schon im September hatte Madame de Sade ihrem Mann geraten, in die Provence zurückzukehren. Sie informierte auch Gaufridy darüber:

«Sollte Monsieur de Sade zufällig in Mazan oder La Coste eingetroffen sein, wie ich es ihm geraten habe, statt sich bei Fremden aufzuhalten und viel Geld auszugeben, so überreichen Sie ihm bitte diesen Brief; sollte er meinem Rat nicht gefolgt sein, so schicken Sie mir diesen Brief hierher.» (Bourdin)

Am 20. November schreibt Pélagie aus La Coste:

«Ich besuche und empfange niemanden, denn ich will meine Zeit darauf verwenden, meine Angelegenheiten in Ordnung zu bringen, und ich habe von den alten Dienern nur Jean behalten. Alle meine Angelegenheiten sind so gut wie abgeschlossen; Ordnung und Sparsamkeit sind jetzt vonnöten – das ist mein Plan für den ganzen Winter.» (BN^{x})

Wer würde solche weisen Beschlüsse nicht gutheißen! Leider muß man der Wahrheit zuliebe sagen, daß ihnen anderslautende Äußerungen und vor allem die Tatsachen widersprechen. In einem in Lyon verfaßten Brief aus dieser Zeit, der allerdings kein genaues Datum trägt, macht Madame de Sade (unverkennbar nach dem Diktat des Marquis) Gaufridy einen recht zweifelhaften Vorschlag:

«Sie werden einen Brief bekommen, in dem man Sie um Auskunft darüber bitten wird, ob der Herr Comte de Mazan, gegenwärtig in Lyon, identisch ist mit dem Marquis de S. aus dem Prozeß von Aix. Seien Sie bitte so gütig und antworten Sie darauf mit einer kleinen jesuitischen [na, so etwas!] Lüge, die Ihnen nicht schaden wird und dennoch bestätigt, daß es sich nicht um denselben handelt. So könnten Sie sagen, es gebe mehrere Familien de Sade, die Sades von Eyguières sowie von Mazan, Saumane und Tarascon, doch der Sade aus der besagten Geschichte, der sich aufgrund seiner Verurteilung ja wohl im Ausland befinde, könne sicherlich nicht der sein, der sich gegenwärtig in Lyon aufhalte. Ihr Brief wird nur in untergeordnete Hände geraten; es geht nur um eine Information über einen jungen Mann, den Monsieur de Sade zu sich nehmen will. Wir werden Ihren Brief sehen, er soll uns gezeigt werden, und so hoffe ich, daß Sie so freundlich sein werden, ihn in dem von mir gewünschten Sinne abzufassen; ich wäre Ihnen zu unendlichem Dank verpflichtet.» (Bourdin)

Allein auf diese unsichere Information gestützt, könnten wir am Ende zugunsten von Donatien entscheiden und annehmen, daß La Coste auch bei eingeschränktem Aufwand nicht mit einer Person, sondern wohl nur mit zwei oder gar drei Personen zu bewirtschaften war. Doch wir wissen heute mehr darüber: Es ist nicht *ein* Diener, dessen Dienste Monsieur und Madame de Sade zur Unterstützung von «Jean» zusätzlich benötigen, sondern es sind *sieben*. Zu diesen sieben gehören der junge Mann (Sade spricht von einem Sekretär), fünf Mädchen aus Lyon und Vienne, die «sehr jung» – zu jung – sind, ferner zunächst eine gewisse Nanon, von der noch viel die Rede sein wird (Sade wird sie beschuldigen, eine Kupplerin zu sein und die fünf Mädchen geliefert zu haben), und dann, «vor oder nach» dem ersten Skandal, wie Sade selbst zugibt, «drei weitere Mädchen von hinreichendem Alter und Reifezustand, um nicht von ihren Eltern zurückgefordert zu werden» (Bourdin). Sieben und drei ergibt zehn. Plus der (wegen welcher außergewöhnlicher Qualitäten?) allein von der alten Dienerschaft beibehaltene Jean macht elf. Vergessen wir nicht Carteron, genannt La Jeunesse, der so sehr

zur Familie gehört, daß man ihn gar nicht mehr zur Dienerschaft zählt, von dem Pélagie aber in ihren Briefen an Gaufridy hin und wieder berichtet, welche Dienste er ihr leiste. Und Gothon, von der die Marquise schreibt, sie werde in Mazan Posten beziehen, «wie früher» (um Sade zu bedienen, falls er sein Quartier wechselt).
Dreizehn. Diese Dienstbotenarithmetik lastet, wie wir bald sehen werden, schwer auf dem Schicksal des Marquis de Sade.

November oder Dezember 1774. Im Lubéron wird es früh dunkel. Monsieur de Sade lädt Gaufridy zum Diner ein und schildert ihm dabei die Lebensweise der Schloßbewohner:

> «Ich bitte Sie, frühzeitig zu kommen, zumindest zum Diner, das heißt um drei Uhr. Ich wäre Ihnen sehr verbunden, wenn Sie diesen Brauch jedesmal, sollten Sie uns in diesem Winter besuchen, befolgen würden [...] Den Abend verbringe ich in meinem Arbeitszimmer [davon war schon die Rede], während Madame sich bis zum Schlafengehen mit ihren Frauen in einem Nebengemach beschäftigt; so ist das Schloß bei Einbruch der Nacht gänzlich verschlossen, alle Lichter sind gelöscht, die Küche ist nicht mehr geöffnet, und oft sind auch keine Vorräte mehr da. Sollten Sie daher zum Diner nicht rechtzeitig eintreffen, würde uns das wirklich in Ungelegenheiten bringen, und zwar in jeder Hinsicht.» (Bourdin)

Und dann ist da dieser Satz, den ich mir aus dem Brief herausgeschrieben und aufbewahrt habe, einer Stimmung wegen, über deren Wirkung, die sie immer wieder auf mich gehabt hat, ich mir nie Rechenschaft zu geben versuchte, einer Stimmung, die in über vierzig Jahren nichts verloren hat von einem Klang, der endlos in mir widerhallte, wie es manchmal bei den gedämpften, aber starken Echos geschieht, auf die man in der Nacht der Verliese stößt:

> «Wir sind aus tausend Gründen entschlossen, in diesem Winter ganz wenige Menschen zu sehen...»

40.

Der nächtliche Kern

Mehr als zwei Jahre. Genau vierundzwanzig Monate und dreizehn Tage. Das ist es, was Donatien an Freiheit bleibt vor den zwölf Jahren Vincennes und Bastille, die zur großen Pause seines Lebens werden (er wird sagen: «Die Pausen meines Lebens waren zu lang»). Er hat keine Zeit mehr zu verlieren. Er wird sie nicht verlieren.

André Breton hat – anknüpfend an Sade und an Freud – im Hinblick auf die «Welt der Sexualität», wie er sie nannte, und auf ihre «tiefen Bergwerksstollen» daran erinnert, daß dieser doppelt kryptische Bereich «unserem Willen, die Welt zu durchdringen, noch immer seinen unzerstörbaren nächtlichen Kern entgegenstellt». So wie ich die fünf Jahre, die Sade zwischen Ende '71 und Januar '77 durchlebt, das Herzstück seines Lebens genannt habe, so habe ich die vierundzwanzig Monate, deren Ablauf wir jetzt verfolgen wollen, stets automatisch mit der Formel von André Breton assoziiert und aus ihnen inmitten dieses Herzstücks den unzerstörbaren nächtlichen Kern gemacht, vor dem jeder, der in die Geheimnisse des Donatien de Sade einzudringen versucht, steckenbleibt.

Sein Schicksal hat sich in diesem Zeitraum entschieden. Der weitere Verlauf dieses Lebens bleibt unverständlich, wenn man nicht diesen kurzen, entscheidenden Abschnitt berücksichtigt, über den wir nichts wissen. Allenfalls gelingt es uns, ein paar dürre Aktionen und Reaktionen auszumachen, die ebenso rätselhaft sind wie die Blasen, die an der Oberfläche eines Sumpfes zerplatzen, ohne uns Aufschluß darüber zu geben, was sich in der Tiefe abspielt.

Hier gilt noch mehr als sonst, daß alle schweigen, lügen, verschleiern, reden, ohne etwas zu wissen, das Falsche behaupten, um die Wahrheit herauszubekommen, mit Anspielungen beschuldigen, sich eine persönliche Wahrheit zurechtbiegen und Verdächtigungen auf gewagte Schlußfolgerungen stützen. Sade verteidigt sich, wenn man ihn beschuldigt, doch handgreifliche Vorwürfe macht ihm am Ende keiner. Es fällt ihm nicht schwer,

Ausflüchte zu machen, sich in pathetischen Erklärungen zu ergehen oder Antworten auf haltlose Fragen zu geben. In dieser Affäre hinterläßt er einen merkwürdigen, schwer faßbaren und – man muß es sagen – eher schlechten Eindruck, der aber vielleicht ebenso trügerisch ist wie alles übrige. Wie ich bereits anmerkte, ist der Eindruck, den er bisweilen hinterläßt, um so schlechter, je besser es um seine Sache steht. Vollkommen im Recht zu sein, steht ihm schlecht zu Gesicht. So ist es nun einmal.

Die «Affäre der kleinen Mädchen» – wenn sie denn diesen lächerlichen und ein wenig grotesken Titel behalten soll – hat unter denen, die sich mit Sade beschäftigt haben, natürlich Kontroversen ausgelöst. Paul Bourdin vertritt eine ganz entschiedene Meinung: «Nicht wegen der Affären von Arcueil und Marseille hat man ihn in die Bastille geworfen», sagt er über Donatien, «sondern wegen Wiederholungen, die von der Familie vertuscht wurden und für die es keine Chronisten gibt [...] Nicht in den allzu bekannten Affären der Keller und von Marseille, sondern in den häuslichen Verirrungen des Marquis de Sade muß man den Grund für eine Gefangenschaft suchen, die fast vierzehn Jahre dauern wird.» Gilbert Lely ist anderer Ansicht: «Diese Theorie scheint uns nicht vertretbar. Wenn man überlegt, welch ungeheuren Skandal die Vergehen von Arcueil und Marseille und die schrecklichen Erzählungen, die dadurch in Umlauf gesetzt wurden, verursachten, so kann man schwerlich glauben, daß wirkliche Untaten in der Legende des Marquis keinen Nachhall gefunden hätten.»

Die Argumente von Gilbert Lely können so nicht anerkannt werden. In Marseille wie in Arcueil handelte es sich um Affären, die zunächst von der Justiz selbst bekanntgemacht wurden und zu denen dann die öffentliche Meinung das Ihre hinzudichtete. 1775/76 blieb das Gerücht in La Coste auf einen kleinen örtlichen Kreis beschränkt und erhielt keine Nahrung aus amtlicher Quelle.

Die Meinung von Paul Bourdin verdient deshalb Beachtung, weil er den enormen Aktenberg der Archive von Gaufridy durchforscht hat, die neunzig Prozent dessen enthalten, was wir über diesen Lebensabschnitt Sades wissen. Man wird rasch erkennen, daß die Behauptung Bourdins unanfechtbar ist. Der langen Inhaftierung Sades liegt unzweifelhaft das zugrunde, was während dieser zwei Jahre in La Coste geschehen ist. Nur sind wir bis heute nicht viel weiter gekommen, denn wir besitzen keinerlei genaue Informationen, die ein wenig Licht in die Dinge bringen würden, welche hinter den Mauern des Schlosses von Donatien so gut verborgen wurden.

Von Donatien – und Pélagie. Das muß betont werden, denn man wird bald erkennen, daß die Rolle, die Madame de Sade in den – wie man sagen könnte – Mysterien von La Coste gespielt hat, nicht das geringste der Rätsel dieser vierundzwanzig Monate ist.

Im Abstand von über zwei Jahrhunderten ist es nicht leicht, klar auszumachen, wie sich seit den letzten Monaten des Jahres 1774 die neuen dunklen Wolken bilden, die sich über Donatien de Sade zusammenziehen (und es wäre auch nicht viel leichter, was die Ereignisse unseres eigenen Lebens angeht...). Viele der Dokumente, die wir besitzen, sind nicht oder nur ungenau datiert. Insgesamt zeigen sie, daß alle an dieser Geschichte beteiligten Personen in ein Netz von Beziehungen verwickelt sind, die uns gelegentlich ein wenig verwirren können, oder daß sie, was nicht weniger überraschend ist, von dem, was sich neben ihnen abspielt, nichts ahnen.

So geht aus einem Brief vom 26. November 1774 hervor, daß Madame de Montreuil mit Ripert einen Briefwechsel pflegt, der schon vor einiger Zeit begonnen haben muß. Er ist adressiert «à Monsieur Ripert, fermier et viguier de *Madame la Marquise* de Sade» (Hervorhebung von mir). Die Präsidentin hat Papiere erhalten, die Ripert an Madame de Sade geschickt hat. «Sie ist nicht mehr in Paris», sagt Madame de Montreuil; «ich dachte, sie sei schon auf ihren Gütern eingetroffen oder werde in Kürze eintreffen.» Nachdem sie ihrer Tochter «wegen wichtiger Angelegenheiten» nach La Coste geschrieben hat, wünscht Madame de Montreuil zu wissen, wo sie ist, und erklärt, sie werde in ihrer Abwesenheit «alle Schritte unternehmen, die sie [Pélagie] überhaupt hätte unternehmen können, um ihre Rechte und Interessen zu wahren, wie sie es immer getan hat». Es folgen einige Empfehlungen, aus denen hervorgeht, daß die Schwiegermutter des Marquis aufmerksam ein örtliches Problem verfolgt, an dem neben der Gemeinde Mazan auch der Comte de Causans (als Miteigentümer von Mazan) beteiligt ist, mit dem Madame de

Montreuil sich wie mit einem alten Bekannten zu verständigen gedenkt. (BN[x])

Vier Tage zuvor, am 22. November, hatte Madame de Montreuil ausführlich an den Abbé de Sade geschrieben. Es war eine Wiederversöhnung. Die Präsidentin antwortete damit auf einen Brief, den ihr der Abbé am 28. Oktober geschickt hatte und den wir nicht besitzen. Offenbar war der Briefwechsel zwischen den beiden mit der Gefangensetzung des Marquis in Miolans zum Erliegen gekommen. Die Präsidentin eröffnet ihren Brief mit äußerst interessanten Mitteilungen über die Angelegenheiten ihres Schwiegersohns, seinen Lebenswandel seit Miolans und seine Einstellung zu den Ereignissen:

> «Der Brief, den Sie mir am 28. Oktober geschrieben haben, war lange unterwegs, was an der Post oder am Wechsel meines Aufenthalts liegen kann; der Umschlag war übersät mit durchgestrichenen Nachsendungsvermerken. [...]
>
> Der Inhalt ist größter Beachtung wert, und seit den acht Tagen, da ich ihn in Händen habe, denke ich darüber nach. Gern hätte ich von Seiten des Hofes die Gewißheiten, in deren Besitz man mich bei Ihnen wähnt, und dabei wage ich nicht einmal, um sie [Zusicherungen im Sinne Donatiens] zu bitten. Die Antwort könnte verheerend sein – und damit die Folgen. Da der König und der Kanzler nun einmal gegen die Person voreingenommen sind, wagt niemand darüber zu sprechen. Sie wissen, daß man hierzulande mit der Zeit alles erreicht, aber diese Zeit muß man aufbringen. Bei der gefährlichen Entscheidung, die sie getroffen hat [mit «sie» ist hier der Marquis gemeint; die Präsidentin bezieht sich auf «die Person»], bestand die einzige Hoffnung darin, daß sie sich so vernünftig und inkognito aufführen würde, um uns zu erlauben, jede Kenntnis von ihrem Zufluchtsort in Abrede zu stellen und diesen im Falle von Nachforschungen so lange zu verheimlichen, bis die Wiedereinsetzung in der Grafschaft ihr einen sicheren, anständigen Unterschlupf verschaffen würde. Es war ein Vorstoß unternommen worden, der geeignet war, dieses Verhalten zu vertuschen...»

Das bisher Geschriebene zeigt, daß Madame de Montreuil durchaus nicht um jeden Preis ihren Schwiegersohn verhaften lassen wollte; sie hätte es vielmehr vorgezogen, wenn er sich in

Savoyen ruhig verhalten hätte, statt nach allen Seiten Schmäh- und Bittschriften zu verbreiten – und vielleicht auch Briefe an seine Schwägerin. Aber über diesen letzten Punkt verliert die Präsidentin kein Sterbenswörtchen.

«[...] zu vertuschen; doch das [Verhalten], das man ihm seither in aller Öffentlichkeit nachsagt, zerstört das Gerücht, das wir zu verbreiten suchten, *daß er nach Italien aufgebrochen sei, nicht etwa, weil er, wie man ihm nachsagte, schuldig war, sondern aus Furcht vor seiner Familie.* Es wird in Paris von allen Provenzalen, die es dort *gibt*, rücksichtslos verbreitet...»

Die Hervorhebungen stammen von der Präsidentin. Ihr Schwiegersohn führt sich im November 1774 in der Provence äußerst übel auf. Inwiefern? Wir werden es gleich erfahren.

«Ist es denn möglich, daß in einer Familie seines *Namens* [Hervorhebung von Madame de Montreuil], die so zahlreich ist und zwei respektable Onkel aufweist, niemand die Entschlossenheit besaß, ihm energisch den Kopf zurechtzurücken und ihn eine Entscheidung treffen zu lassen, die den Umständen entsprach, anders gesagt, sich ihn vorzunehmen und dafür zu sorgen, daß ein Unglück vermieden würde? [...] Seine Familie, genauer gesagt, diejenigen seines Namens, die das mehr angeht als alle anderen und als mich – hat sich vollkommen herausgehalten, und so ist die ganze Bürde auf mich zurückgefallen, ebenso wie sein Zorn [stimmt genau!]: Verleumdungen, Schmähschriften, nichts ist mir und allen, die zu mir gehören, erspart geblieben, und vielleicht werden noch nicht einmal jene verschont bleiben, die man für meine Freunde hält. Er hält seine unglückliche Frau gefangen, zwingt sie, Dienerin seines ruchlosen Treibens zu sein, oder er verhext ihr mit den gleichen Mitteln die Augen und den Verstand. Sie sagen es selbst, Monsieur, daß sie nur nach seinem Diktat schreibt.

Sie sind nur 4 Meilen entfernt! Und Sie können nicht, begleitet von jemandem, der verläßlich ist und wie Sie imstande, sich Respekt zu verschaffen (Sie wären es!), hingehen und energisch für Ordnung sorgen! Und ein Machtwort sprechen! Auf Sie würde man hören. Falls es bei den Herren von Aix irgendwelche stillen Vorkehrungen zu ergreifen gilt, wie es ratsam erscheint, um das äußerste Unglück zu vermeiden [die

Verhaftung Donatiens nach der Verurteilung und vielleicht seine Hinrichtung?], werde ich es von hier aus tun! Das sind Dinge, über die man besser nicht schreibt.»

Dieser Brief enthält ein Postskriptum, das ebenfalls aufschlußreich ist, gibt es doch die ersten Hinweise auf die Meinungsverschiedenheit, die zwischen den Montreuils und den de Sades darüber entsteht, wie die Ehre der verschwägerten Familien am besten wiederherzustellen sei. Nach und nach wird deutlich, daß Donatien sich nach Meinung der de Sades in Aix stellen sollte, weil sonst kaum eine Chance auf Wiederaufnahme seines Prozesses besteht, während die Montreuils der Ansicht sind, er solle sich möglichst fernhalten, während man sich für ihn einsetzt; man erfährt außerdem, daß die de Sades den Marquis im Frühjahr 1773 einsperren lassen wollten:

«Man hat Ihnen sicherlich gesagt, daß die Eingabe, die man Madame de Sade bei ihrer Ankunft in der Provence vorgeschlagen und die sie abgelehnt hatte, nicht meine Billigung gefunden hat [offenbar handelt es sich um eine andere Eingabe als die, die wir kennen]. Eine öffentliche Eingabe an den König, einen Verurteilten einsperren zu lassen, ist nur dazu angetan, mit der Antwort beschieden zu werden, ‹wenn er schuldig ist, soll er bestraft werden›, zumal er bereits geantwortet hatte: ‹ich habe ihn einmal begnadigt, ich will damit nichts mehr zu tun haben.› Und sie von seiner Frau unterschreiben zu lassen, hieß, sie seiner Rache auszusetzen, wenn man bedenkt, was seither geschehen ist. Ihr unerschöpfliche Liebe zu ihrem Mann mußte im übrigen all diese Bemühungen zur Nutzlosigkeit verurteilen.»

Außerdem schreibt der Präsident am 23. Januar 1775 an den Komtur des Malteserordens, den anderen Onkel des Marquis. Er erinnert sich noch der freundlichen Aufnahme in Avignon im Sommer '72. «Was ist seither alles geschehen! Sie unterstehen wieder dem Papst[1], die alten Gerichte des Königreichs sind wiederberufen worden. Mögen diese Umstände weiterhin dem günstig sein, worum wir uns bemühen, nämlich in irgendeiner Weise das Ansehen dieses Mannes wiederherzustellen, damit

[1] Das Comtat war durch politische Wirren eine Zeitlang der Oberhoheit des Papstes entglitten.

die Kinder eines Tages ein solches [Ansehen] haben mögen». Während der Präsident den Plan der Montreuils darlegt, betont er zugleich die Schwierigkeiten: «Sie wissen, Monsieur, wie delikat und kompliziert dieses Unterfangen ist. Zur Aufhebung des Kontumaz-Urteils muß der Beschuldigte sich stellen, aber das gilt es zu vermeiden. Die Gefahren sind zu groß.» Diese Bemerkung ist wichtig. Offenbar sind die Gefahren, von denen Monsieur de Montreuil spricht, solche für Sade persönlich wie für den Erfolg des Revisionsverfahrens. Die weiteren Äußerungen scheinen eine gewisse Sorge der Montreuils um ihren Schwiegersohn zu bestätigen: «Um ihn diesen Gefahren zu entheben, müßte er also entweder außerhalb dieses Landes oder auf einem Schloß unter dem Schutz der Regierung sein. [...] Ich weiß nicht, in welchem Land er sich zur Zeit aufhält [Lügner!], und ich will es nicht wissen [das stimmt schon eher].»

Pélagie kümmert sich unterdessen um die wirtschaftlichen Belange. Nach wie vor versteht sie sich nicht besonders gut mit dem Abbé, der jetzt auch noch offen verlangt, man solle seinen Neffen einsperren. Freundlichen Umgang pflegt sie dagegen mit dem Komtur, von dem sie Darlehen erhält, für die sich dieser umsichtige Onkel freilich als Sicherheit ihr Silbergeschirr übereignen läßt. (BN[x])

Durch ihre Reise nach Paris und die Lektionen der Präsidentin hat sie eine neue Autorität gegenüber den Gläubigern gewonnen: «Ich fürchte mich nicht vor meinen Gläubigern, nachdem ich auf meiner letzten Reise nach Paris die nötigen Ratschläge erhalten habe, um die Angriffe der lästigen Kerle abzuwehren.»

Sade sitzt in seinem Kabinett und arbeitet. Er leiht sich bei Gaufridy Bücher aus, teilt sich mit ihm in die Lektüre der Zeitungen, begeistert sich für die Geschichte der Provence, nicht ohne Bedenken gegen die Darstellungsweise einiger Historiker: «Ich schicke Ihnen Ihre *Histoire de Provence* zurück; ich habe sie gründlich studiert, und obwohl der Stil ein wenig derb ist, hat sie mir doch großen Spaß gemacht.» Er befaßt sich mit den wirtschaftlichen Dingen, wenn auch aus einer gewissen Distanz: «Madame wird mit Ihnen über die geschäftlichen Belange reden [...] Was ich hier darüber sagen würde, wäre bloß eine Wiederholung.»

In diese scheinbar friedliche Welt schleichen sich dennoch nach und nach ungewohnte Sorgen ein. «Den 27. Januar 1775» schreibt Sade an Gaufridy:

> «Ich bereite für Sie eine Richtigstellung der Aussagen des Kindes und vor allem der persönlichen Anschuldigungen des Herrn Abbé vor; dies gilt sowohl für das, was Madame ihm ursprünglich geschrieben hat, als auch für die Abreise von Paris, die in vollem Einverständnis mit der Präsidentin erfolgte, wie es ein Brief von ihr beweist, den sie am Tag der Abreise geschrieben hat und den ich Ihnen beifüge.»

Was es mit der Marquise («Madame») auf sich hat, ist reichlich unklar, doch dafür ist der Anfang um so aufschlußreicher: Ein «Kind» beschuldigt Sade, unterstützt von dem Abbé...

In den Briefen, die hin- und hergehen, mischen sich ab Februar 1775 zwischen die gewohnten wirtschaftlichen Sorgen immer häufiger und immer bohrender Anspielungen auf ein Problem, das in wenigen Tagen in den Mittelpunkt aller Besorgnisse rücken wird. Es sei aber noch einmal betont, daß wir uns, anders als bei den bisherigen Affären des Marquis, nur aufgrund der Briefe, die innerhalb der Familie ausgetauscht werden, ein Bild von den Ereignissen machen können. Es gibt keinen Zeitungsartikel, keinen Polizeibericht, kein gerichtliches Dokument, das unsere Erkenntnisse ergänzen würde.

Am 10. Februar 1775 bestellt Madame de Sade bei Ripert erneut eine Reihe von Dingen, die auf dem Schloß benötigt werden, und beruhigt ihn unter Hinweis auf ihr Silbergeschirr. Einige Tage zuvor muß sie jedoch ihre Mutter (durch einen Brief, den wir nicht besitzen) aufgeschreckt haben, denn am 11. Februar nimmt Madame de Montreuil erneut die Dinge in die Hand und wendet sich direkt an den Herrn Gaufridy, von dem sie, wie man sagt, schon viel gehört hat, mit dem sie aber bisher noch nichts zu tun hatte. Dieser Brief ist von zentraler Bedeutung. Ich gebe ihn hier in voller Länge wieder, so wie Paul Bourdin ihn uns überliefert hat; einige Stellen hebe ich hervor:

> «Ich wende mich an Sie, Monsieur, ohne Sie zu kennen oder Ihnen bekannt zu sein. Mutter der Marquise de... dieser Titel mag Ihnen genügen, um überzeugt zu sein von dem Interesse, das ich an einer Affäre nehme, durch die sie sich kompromit-

tiert sieht, deretwegen sie mich um Rat gebeten hat und die – durch Unvorsichtigkeit oder Nachlässigkeit – sehr schlimm ausgehen kann. Sie haben ihr Vertrauen, und Sie verdienen es, wenn ich danach gehen darf, was mir der Herr Abbé bezüglich der Gläubiger mitgeteilt hat. Dies mag ausreichen, um Ihnen meine Ansichten über eine Affäre darzulegen, deren unverzügliche Beendigung wichtig, äußerst wichtig ist. Meine Tochter hat mir geschrieben und mich um Rat gefragt, was sie tun solle. Ich habe ihr geantwortet: ‹*Alle unverzüglich zurückbringen, aber unter solchen Vorkehrungen*, daß man nicht hinterher Schwierigkeiten dadurch bekommen kann.› Sie teilt mir mit, einige dieser Vorkehrungen getroffen zu haben und von allen *Bescheinigungen des guten Zustands* zu besitzen. Das mag sein. Ich wäre in dieser Hinsicht völlig unbesorgt, wenn die betreffenden Personen nur mit ihr zusammen und einzig damit beschäftigt gewesen wären, zu spinnen, ihre Arbeit zu verrichten und ihr zu dienen. Doch ob man sich Sorgen machen muß oder beruhigt sein kann, müssen Sie besser wissen, denn Sie sind näher daran. Wenn es doch so wäre... nichts zu befürchten und keine andere Entscheidung treffen zu müssen, als sie Ihnen als der zuverlässigsten Person zu übergeben, der man sie anvertrauen kann (abgesehen von ihren Eltern, die sie ihr überlassen haben), damit sie sie zu ihren Eltern zurückbringen, von denen man gute, gültige Entlastungszeugnisse erlangen muß, um nie wieder mit dieser Sache belästigt zu werden. Man muß sie ihnen sogar in Gegenwart des Staatsanwalts zurückbringen, an den diese Eltern eine Klage wegen Entführung ohne ihr Wissen oder durch Überredung gerichtet haben, ja sogar vor den Priestern, die an die Marquise geschrieben haben, um sie zurückzufordern; von ihnen eine Verzichterklärung auf die begonnene gerichtliche Verfolgung erwirken, in Anbetracht dessen, daß man ihnen zurückgebe, was sie forderten, und was man nie gegen ihren Willen hat zurückhalten wollen. Wir haben demgemäß von hier aus an den Herrn Staatsanwalt von Lyon geschrieben, daß die Marquise niemals die Absicht hatte, *diese aus Nächstenliebe aufgenommenen Kinder* gegen den Willen ihrer Eltern zu behalten, sondern daß sie lediglich wünsche, sie ihnen sicher und völlig entlastet zurückzugeben. Das ist alles

ganz gut und schön, aber es muß unverzüglich gehandelt werden. Machen Sie sich auf und bringen Sie sie selbst hin. Es ist ein schwieriger Auftrag, den Sie nur persönlich ausführen sollten, vielleicht in Begleitung einer Person, deren Sie sich sicher sind, *diese Kinder unter Ihrer Aufsicht an einem sicheren Ort* unterzubringen, bis Sie sich mit den Eltern, die sie zurückgefordert haben, einig geworden sind. Sie, Monsieur, sollten das Ganze umsichtig und entsprechend den Kenntnissen, die Sie besitzen, regeln. Ich habe vorgestern abend Nachrichten aus Lyon erhalten, die für den Kommandanten bestimmt waren. [Gemeint ist wahrscheinlich der Polizeidirektor von Paris oder derjenige, der im Augenblick dessen Amt versah.] *Die Geschichte erregt dort großes Aufsehen.* Man weiß dort von den Vorwürfen der Kleinen, die beim Herrn Abbé ist. Sie werden brühwarm weitergegeben. Dadurch wurden schließlich die Eltern alarmiert, die sie zurückgefordert und Strafanzeige erstattet haben. Sie machen viel Lärm und fordern eine gerichtliche Verfolgung. Die Dame [gemeint ist Pélagie] hat sich durch die Antworten, die sie dem königlichen Staatsanwalt und den Priestern gegeben hat, kompromittiert. Sie hat Ausflüchte gesucht, von einem Kloster gesprochen, gesagt, man werde sie erst zurückgeben, wenn man ihr die Gehälter zurückzahle... dann zugegeben, daß sie bei ihr seien. Das alles hat die Sache verschärft, verdächtiger gemacht und einen sehr schlechten Eindruck hinterlassen.
Die jungen Frauen kennen nicht die Gesetze und die Folgen der Affären, und sie [Pélagie] kann sich in dieser Affäre aufs schwerste kompromittieren. Begeben Sie sich unverzüglich zu ihr, Monsieur; lesen Sie ihr meinen Brief vor und lassen Sie sich von ihr vorlesen, was ich ihr vorgestern auf den Brief geantwortet habe, in dem sie mich um Rat fragte [diesen Brief haben wir nicht]. Handeln Sie unverzüglich! Sie haben keinen Augenblick zu verlieren. Diese Affäre ist schon so weit gediehen, daß sie durch Schreiben nicht mehr erledigt werden kann. Fahren Sie nach Vienne und Lyon und verhandeln Sie; in dieser Sache schriftlich vorzugehen, könnte bedeuten, der anderen Seite Munition gegen sich zu liefern. Sie kennen die Gesetze hinreichend, um mich zu verstehen und meine Gedanken zu erraten...»

41.

«Sollte sich dort ein Cembalo finden...»

Damit haben wir fast alle Elemente der Affäre in ihren großen Zügen beisammen. Monsieur und Madame de Sade haben in Lyon und Vienne sechs junge Bedienstete eingestellt, fünf Mädchen und einen Jungen, die ihnen möglicherweise verschafft wurden von Antoinette Sablonnière, genannt Nanon, die ebenfalls eingestellt wird oder bereits zu den Bediensteten des Marquis gehörte oder ihm bekannt war. (Später wird man sagen, sie sei «von dem Herrn» geschwängert worden; da sie im Mai 1775 niederkommt, muß die Empfängnis im August 1774 stattgefunden haben.) Es ist nicht ausgeschlossen, daß die Einstellung in einigen Fällen ohne Wissen der Familien erfolgte; in anderen Fällen waren es die Eltern selbst, die ihre Kinder Madame de Sade anvertraut haben.

Bereits wenige Wochen später fordern einige der Eltern ihre Kinder zurück, da sie ihnen angeblich «durch Entführung ohne ihr Wissen oder durch Überredung» fortgenommen wurden. Wurden die Kinder oder nicht vielmehr, wie ich vermute, die Eltern überredet, denen man ihren wahren Bestimmungsort und vor allem die Identität von Monsieur de Sade verheimlichte? Das wäre eine harmlose Affäre, und man bräuchte nur die Mädchen und Jungen zurückzugeben.

So einfach ist es aber nicht. Das Mädchen, das sich zu dem Abbé de Sade geflüchtet hat, erzählt mancherlei. Monsieur de Sade verfaßt zwar eine «Richtigstellung», aber wird sie die Familien in Lyon und Vienne beschwichtigen können, die (die Neuigkeiten verbreiten sich schnell) über die «Vorwürfe der Kleinen, die beim Abbé ist», und ihre Erklärungen schon unterrichtet sind? Eine Frau Abadie, ein Herr oder eine Frau Behr und eine Frau Desgranges oder Lagrange überhäufen den königlichen Staatsanwalt in Lyon mit ihren Strafanzeigen.

Warum bringen die de Sades nicht die junge Person zu ihren Eltern zurück, die sich bei dem Abbé aufhält, nachdem sie offenbar aus dem Schloß geflohen ist? In einem Brief der Marquise an den Abbé de Sade vom 15. Februar (über den wir nicht mehr verfügen, den Maurice Heine aber gesehen hat) heißt es, daß sie «die Kinder erst zurückbringen will, nachdem sie von einem Arzt untersucht wurden, der ihr eine Bescheinigung ausstellen wird» – sehr gut, doch im Augenblick «fleht sie ihren Onkel, den Abbé, an, die, die bei ihm ist, nicht untersuchen zu lassen». (Bourdin) Bald werden wir erfahren, daß das Mädchen, das in Saumane ist, Spuren aufweist (mehr wird darüber nicht gesagt), die erst nach einiger Zeit verschwinden.

Diese Gefälligkeit, ja, man könnte sogar sagen, diese Komplizenschaft von Jacques-François de Sade – wie erklärt sie sich bei einem ehrenwerten Mann, der jetzt und in Zukunft bei jeder Gelegenheit lautstark bekundet, er wolle nichts zu tun haben mit «diesen Leuten», wobei er Pélagie ebenso wie seinen Neffen in diese Ächtung einbezieht? Das läßt sich, wie ich glaube, mit einem Wort erklären: Erpressung (freilich kann eine Erpressung nur gelingen, wenn es einen Ansatzpunkt gibt...). Noch im Februar 1775 (der Tag fehlt) schickt die Marquise de Sade ihrem angeheirateten Onkel, dem Kommendaturabt von Ebreuil und Generalvikar, den folgenden sehr bemerkenswerten Brief, der an mehr als einer Stelle Wendungen aufweist, die man vom Marquis kennt, und der ganz in seinem Ton gehalten ist:

«Monsieur,

als letztes Jahr die ganze Provence von einem Mädchen sprach, das Sie auf Ihrem Schloß Saumane versteckt hielten, einem Geschöpf, das angeblich seinen Eltern geraubt worden war, und Ihr Sekretär sich auf Ihren Befehl hin denen, die nach ihm forschen wollten, mit gezückter Pistole entgegenstellte; als noch vor kurzem zwei Lyonerinnen mich in Lyon aufsuchten, um sich bei mir über eine ganz üble Behandlung zu beklagen, die ihnen angeblich auf dem Schloß Saumane widerfahren war, da habe ich alles getan, was in meinen Kräften steht, um die Leute zu beschwichtigen, zum Schweigen zu bringen und diese abscheulichen Verleumdungen zunichte zu machen. Ich hoffe, Sie werden so gütig sein, es in diesem Fall ebenso zu halten und die Äußerungen dieses Mädchens vernichten, vor allem aber es daran hindern, nach Vienne zurückzukehren. Angeblich haben Sie den Plan, es dorthin zu begleiten; das wäre gefährlich, denn sie verbreitet rundherum tausend Greuelgeschichten. Behalten Sie sie doch bitte bei sich, wo sie viel glücklicher sein wird, weil sie ihre Freiheit haben wird, die ich ihr bei mir versagen muß aus politischen Gründen, die aus meinem Hause eine Art Gefängnis machen. Allerdings sind es ganz andere Gründe als jene, die Sie offenbar vermuten und an denen Ihr Neffe keinen Anteil hat, den Sie so gern beschimpfen, als Verrückten bezeichnen» etc.

Man könnte hier zu jedem Satz etwas sagen, aber das würde das Buch auf zehntausend Seiten anschwellen lassen. Jeder soll sich seine eigene Meinung bilden. Von der folgenden Passage an hat eine wütende Hand (Lely meint, es sei die des Abbé) Wörter durchgestrichen, die nicht mehr zu rekonstruieren waren (ich habe dieses Dokument nicht in Händen gehabt):

«Diese Geschichte, mit der man ihn so grundlos schmäht, gibt doch [Anlaß?], Sie daran zu erinnern, daß er vor acht Jahren [Wort nicht zu entziffern] von diesem Mädchen namens Rose [Wort nicht zu entziffern] genommen hat [Wort nicht zu entziffern] seit [fünf oder sechs Wörter nicht zu entziffern] dem Sie das Schweigen dieses Mädchens verdanken, das über Sie [drei Worte nicht zu entziffern] weit schlimmere Dinge sagte und ganz entschieden diese Aussage mit der über seine Schwangerschaft in Verbindung bringen wollte.

Verzeihen Sie, wenn ich die alten Dinge anführe, aber wie sollte ich nicht verzweifelt sein über die Erbitterung, die Sie noch immer gegen Ihren Neffen zu zeigen scheinen, obwohl er vollkommen unschuldig ist? Ich habe von dem Mädchen, das von mir entwichen ist, nichts zu befürchten; alles, was sie sagt, ist Lüge und Verleumdung. Ich kann die stärksten Beweise dafür geben, daß sie mein Haus unberührt verlassen hat [aus dem weiteren Verlauf des Briefes wird hervorgehen, daß das Gegenteil der Fall ist]. Allerdings kann ich mich nicht mehr dafür verbürgen, seit sie bei den Karmelitern und anderen aus- und eingeht... Welche Greuel dieses Geschöpf über mich erzählen kann! Wie haben Sie dem, was Sie mir mitteilen, Glauben schenken können? Sie springen in Ihrem Brief ja ganz reizend mit mir um, und wenn man Ihnen glauben würde, wäre ich die Leiterin der Vergnügungen meines Mannes! Nein, Monsieur, das ist nicht der Fall und ist nie der Fall gewesen, und wie könnte es auch sein, da ja vollkommen sicher ist, daß mein Mann seit einem Jahr La Coste nicht betreten

hat? Man möge kommen und alles durchsuchen: Man wird weder ihn noch irgendeine Spur von dem finden, was Sie andeuten [und wovon wir leider nichts wissen, weil wir den Brief des Abbé nicht haben]. Ich habe daher nichts zu befürchten. Was allein die Flucht dieses kleinen Mädchens verursacht hat, war die Langeweile; sie wollte lieber die Tiere hüten, statt in ihrem Zimmer die Spindel zu drehen. Sie wird in Saumane sehr zufrieden sein, wenn Sie mir das Vergnügen machen wollen, sie dort zu behalten. Sollte sie trotz ihrer Zurückhaltung Anlaß gehabt haben, sich über einen Übergriff oder über Anzüglichkeiten seitens meiner Diener zu beklagen, dann ist es mir wohl trotz meiner Aufmerksamkeit nicht gelungen, diese zu unterbinden. [Dies ist der Widerspruch zu den «starken Beweisen», die Madame de Sade eben noch dafür liefern zu können behauptete, daß das Mädchen ihr Haus unberührt verlassen habe.] Daß es aber Monsieur de Sade gewesen sei und daß ich an diesen Schändlichkeiten teilgenommen haben soll, ist eine Verleumdung; erstens, weil ich dazu außerstande bin, was Sie mir glauben müssen, wenn Sie gerecht sind, und zweitens, weil mein Mann nicht hier ist und nicht hier sein kann; deshalb haben Sie keinen Erfolg mit dem Versuch, mir Angst vor der Justiz einzuflößen. Im übrigen bin ich Ihnen sehr zu Dank verpflichtet dafür, daß Sie dieses Mädchen bei sich aufgenommen haben, und ich bitte Sie, mir diesbezüglich weiterhin Ihre Freundlichkeit zu bewahren und sie zu behalten, ihre üblen Äußerungen zu unterdrücken und vor allem mir so viel Gerechtigkeit widerfahren zu lassen, nicht ein Wort von dem zu glauben, was sie Ihnen erzählt.
[...] Ich flehe Sie an, mein lieber Onkel, bei alledem darauf zu achten, daß dieses Mädchen, das mit solcher *Offenheit* und *Arglosigkeit* [unterstrichen von Pélagie, da offenbar der Abbé diese Worte benutzt hat] spricht, nicht den Einflüsterungen irgendwelcher versteckten Feinde erliegt, denn das ist der Kern der ganzen Affäre. Ihre Besuche bei den Karmelitern (die die Sache mit Pater Brunet nie verziehen haben) könnten die schlimmsten Folgen nach sich ziehen. Ich bitte Sie, das Kind aufzuklären und von mir den Ausdruck meiner Hochachtung» usw. (Lely)

Man könnte meinen, daß ein Mann, der allgemein als so ehrenwert gilt wie der Abbé de Sade, nach dem Erhalt eines solchen Briefes in die Luft gehen würde, alle Beziehungen mit Neffe und Nichte abbrechen und aus Angst, als Komplize zu gelten, das kleine Mädchen alsbald in treue Hände überführen würde[1]. Man muß aber feststellen – und das wirft schon einige Fragen auf –, daß Donatiens Onkel nichts dergleichen tut. Er behält sogar, auch wenn er sich dagegen sträubt, seinen kleinen Gast länger bei sich, als es vernünftig wäre.

Die Dokumente, die das, was von dieser undurchsichtigen Affäre überhaupt verstanden werden kann, am ehesten zu erfassen erlauben, sind die Briefe von Madame de Montreuil, die, siebenhundert Kilometer entfernt, räumlich eine ähnliche Distanz zu dem Geschehen einnimmt, wie wir sie durch die Zeit haben. Sie zieht von Paris aus Erkundigungen ein, schreibt an diesen und jenen, macht sich Sorgen oder beruhigt sich und deckt für uns, während sie es selbst ermittelt, alles auf, was von außen her aufgedeckt werden darf. Im Augenblick (am 9. März 1775, während sie an Gaufridy schreibt) denkt sie – in der Annahme, die Gefahr sei fast vorüber – daran, einer der jungen Bediensteten einen Maulkorb anzulegen und eine Mutter, die nach ihrer Meinung allzuviel Unruhe erzeugt, einzuschüchtern:

> «Ich habe mit Befriedigung zur Kenntnis genommen, wie Sie die Sache geregelt haben, wie hervorragend Sie die Entlastungszeugnisse formulierten und daß Sie mir ordnungsgemäß Kopien vom Herrn Abbé haben zukommen lassen. Die wichtigste davon ist in meinem Besitz, und ich habe eine Abschrift davon dem Herrn Staatsanwalt in L[yon] geschickt und ihm eindringlich von der Notwendigkeit gesprochen, diese Frau, die meine Tochter benannt hat, zu bestrafen oder einzuschüchtern [...] Die größte Sorge macht mir das Mäd-

[1] Man muß wissen, daß es damals üblich war, Heranwachsende als «Kinder» oder auch «kleine Mädchen» zu bezeichnen. Es sei daran erinnert, daß Cécile, das «kleine Mädchen» der *Liaisons dangereuses*, fast sechzehn ist und sich auf die Hochzeit vorbereitet. Die Heldinnen unserer Geschichte sind, als man an ihre Verheiratung denkt, wohl zwischen vierzehn und siebzehn oder auch achtzehn Jahre alt.

chen, das in Saum[ane] ist, wegen des Geschwätzes. Sie fortzuschicken ist gefährlich und könnte schlimme Folgen haben. Sie dort zu lassen, wo sie ist, hätte andere Nachteile. Ein Kloster, bis man sie ohne Gefahr nach Hause schicken kann, wenn sich alles beruhigt haben wird, scheint mir das beste. [...] Zwischen den Angehörigen von Monsieur de Sade und meiner Tochter herrscht zu viel Bitterkeit, als daß man hoffen könnte, daß sie jemals zusammenkommen. Besonders bei dem Herrn Abbé in Saum[ane]. Im übrigen befolgen sie überhaupt nicht, worum ich sie gebeten hatte, obwohl es um gut ausgearbeitete und wohl erwogene Schritte ging, auf deren Begründung schriftlich näher einzugehen nicht angezeigt war. Sie erweisen uns die Ehre, uns offenbar für Dummköpfe zu halten.» (Bourdin)

Das ist möglich. Was den Abbé de Sade angeht, so ist er jedenfalls der Meinung, daß Madame de Montreuil die Familie in Avignon kaum höher einschätzt, wenn man bedenkt, was er am 28. März an Gaufridy schreibt. Die Präsidentin habe auf seinen letzten Brief nicht geantwortet:

«Dadurch fühlen auch wir uns allzu übel behandelt, und ich bin darüber in einem Maße verbittert, daß ich es gar nicht ausdrücken kann. Meine ganze Verwandtschaft empfindet es nicht anders. Sagen Sie selbst, ob man es mir unter diesen Bedingungen zumuten kann, die Wünsche dieser Dame auszuführen und die lächerliche Reise zu unternehmen, die sie mir vorschlägt. Nein, Monsieur, ich fahre nicht nach Aix, um dem Herrn Generalstaatsanwalt eine absurde Bitte vorzutragen. Ich werde diese Reise erst machen, wenn man einen Beschluß des Rates erwirkt hat, der unter Bezug auf die Affäre die Entscheidung darüber dem Parlament in Aix überträgt. Das ist die Ansicht meiner Familie, und daran werde ich mich halten, so ärgerlich es auch ist, wenn das nicht mit den Ideen dieser Dame übereinstimmt, die uns als Automaten betrachtet, die sich nach ihren Wünschen zu bewegen haben, jener Dame, die ständig gegen mich eifert und mir erfundene Übeltaten unterstellt, wie ich es Ihnen demonstriert habe.»

Jede Biographie hat neben der Hauptrolle ihre bevorzugten Personen. Mein leidenschaftliches Interesse gilt Sade, doch leugne ich nicht mein Interesse an Marie-Madeleine Masson de Montreuil, das noch dadurch gesteigert wird, daß die modernen Sade-Historiker versucht haben, sie in Mißkredit zu bringen – mit Erfolg. Im Frühjahr 1775 ist es genau zwölf Jahre her, daß die Präsidentin de Montreuil dem jungen Marquis de Sade ihre Tochter anvertraut hat, und ich suche in ihren Äußerungen und ihrem Verhalten noch immer nach Anhaltspunkten für jene «entsetzliche Bosheit», die Maurice Heine und Gilbert Lely ihr mit einer ungerechtfertigten Freizügigkeit zuschreiben. Sie ist, wie ich schon betont habe, neben Pélagie bislang die einzige, die Donatien wahre Aufmerksamkeit bewiesen hat (wofür er sie übrigens büßen ließ, indem er sie zum Sündenbock für alle seine Übel machte). In allem, was sie nach meiner Beobachtung angesichts des neuen Problems tut, das sich ihr stellt (denn es stellt sich ihr: sowohl Donatien als auch Pélagie wenden sich ganz selbstverständlich an sie, wie jedesmal[2]), vermag ich nichts anderes zu erkennen als größte Sorgfalt, das Wahre vom Falschen zu trennen, Bemühen um Gerechtigkeit (nach den Vorstellungen ihrer Zeit und ihres Milieus), Bedenken, sie könnte etwas falsch machen, und Erregung angesichts dessen, was wirklich erregend ist, angefangen bei den Entscheidungen, die man sie zu treffen zwingt und die sie wie immer mit Entschlossenheit trifft, aber nicht ohne ein gelegentliches inneres Zittern, das man erahnt. Madame de Montreuil kann hart sein, aber sie ist es nie unbewegten Herzens. Von der Familie de Sade kann man das nicht sagen.

In einem Brief an Gaufridy am 8. April 1775 äußert Madame de Montreuil ihre wachsende Sorge über die Affäre, die sie einen Monat zuvor schon beendet glaubte:

> «Man behauptet zwar, *es gebe Beweise am Leib und an den Armen,* und diese Beweise entsprächen genau den Aussagen der Kinder [Hervorhebung von mir]. Sie wissen sicherlich, was Sie davon zu halten haben, denn als umsichtiger Mensch ha-

[2] Ebenso selbstverständlich bringt Sade gegen Leute, die ihm lästig sind, die absolute Macht ins Spiel, die er bei der Präsidentin beklagt: «Frau Desgranges muß ihre Klage zurückziehen, mein lieber Advokat», schreibt er an Gaufridy; «daß ich berechtigt bin, dies zu verlangen, ersehen Sie aus dem beigefügten Brief, den ich von Madame de Montreuil erhalten habe.» (Bourdin)

ben Sie sich ohne Zweifel der Wahrheit vergewissert. Sie allein kann den Weg weisen, wie man mit ihr umzugehen hat. Wenn sich die Aussagen als begründet erweisen, muß man die Leute besänftigen, statt sie durch strenges Vorgehen zu erbittern. Vielleicht sind es ja auch nur erfundene Märchen, aufgrund der alten Geschichten, um sich das Schweigen bezahlen zu lassen. In diesem Fall muß man dem Unwetter trotzen und, falls die Lüge erwiesen ist, gerichtlich gegen die Verleumdung vorgehen.» (Bourdin)

Madame de Montreuil lehnt es nicht rundweg ab, eine Entschädigung für den einen oder anderen in Erwägung zu ziehen, doch fände sie es klüger, daß man beschließt, «weitere Aufklärungen abzuwarten, denn wenn man die Leute zum Reden bringt und ihnen einen Ausgleich anbietet, könnte es sein, daß sie dreist werden, weil sie sehen, daß man sie fürchtet». Madame de Sade scheint ihr übrigens vorgeworfen zu haben, daß sie an solche Entschädigungen gedacht hat, und diese Vorwürfe, «so unberechtigt sie auch sind [...] hindern mich daran, irgend etwas zu tun, selbst wenn ich es für nützlich hielte».

In welcher Weise war eigentlich Pélagie in die geheimnisvollen Vorgänge auf dem Schloß La Coste verwickelt?

«Die Kinder beklagen sich keineswegs über sie, im Gegenteil. Sie sprechen von ihr, als sei sie selbst hineingezogen worden und das erste Opfer einer Raserei, die man nur als Wahnsinn betrachten kann. Aber sie klagen heftig den anderen an.»

Der Andere. Der einstige kleine Schwiegersohn. Der, der ihr jetzt Angst zu machen beginnt. Die allmächtige Präsidentin geht im Laufe ihres Briefes von der besonnenen, fachkundigen Erörterung des Falles Donatien nach und nach über zu einer Besorgtheit, die stellenweise gefärbt ist von einer Angst und quasi von der Entdeckung einer Dimension, die sie bei ihrem Schwiegersohn nicht vermutet hatte, von Horizonten, die düsterer sind, als sie bisher dachte: «Kann eine Mutter ruhig sein, ihre Tochter mit ihm unter einem Dach zu wissen, wenn sie nicht einmal die Gewißheit hat, ob das, was man ihr über das Schicksal ihrer Tochter erzählt, wahr oder verfälscht ist? Ich wäre gelassener, wenn sie wenigstens nicht zusammen wären. Jeder Brief, den ich öffne, läßt mich erbeben, und seit langem fresse ich meine Sorgen in mich hinein. Ihr davon zu sprechen, wäre nutzlos. Ich weiß nur zu gut, daß alles, was an sie adressiert ist oder von ihr verschickt wird, durch die Hände von Monsieur geht oder daß es ihm vielleicht von seinem treuen Carteron, genannt La Jeunesse, übergeben wird, bevor sie es erhält.» Madame de Montreuil vermutet, daß Gaufridy das junge Mädchen, das sich beim Abbé aufhält, ausgehorcht hat:

> «Sagen Sie mir wenigstens, was sie Ihnen gesagt hat, ich flehe Sie an! Dieses Vertrauen sind Sie mir schuldig. Sie schulden es der Sicherheit einer Frau, die ebenso unglücklich ist wie die, welche Sie beklagen. Wenn alles, was man sagt, wahr ist, was kann dann nicht in jedem Augenblick passieren? Ach, ich habe allzuviel Anlaß, daran zu glauben! Denken Sie nicht, daß ihr jemals eine Klage entfährt, was auch immer man tut [*man*: der Andere...]. Sie würde sich lieber in Stücke hauen lassen, als etwas zugeben, von dem sie glaubt, es könne ihm schaden. Dabei würde es ihm doch nicht schaden, wenn sie sich selbst in Sicherheit brächte! Sie würde vielmehr Mißlichkeiten für sich selbst abwenden, die sich gegen ihn richten könnten und die nicht eintreten werden, wenn es keinen Anlaß gibt.»

Die letzten Zeilen, in denen Madame de Montreuil von einem Gedanken zum anderen springt, abgehackt wie ein telegraphischer Hilferuf, zeugen von einer Verwirrung, deren ungeachtet sie versucht, auf alles ein Auge zu behalten:

> «Mit ihr auf seinem Schloß hält er sich für allzu stark, allzu ungefährdet, und erlaubt sich alles. Anderswo hält er sich mehr zurück. Aber auch dort würde es, wenn sie nicht da wäre, an den Mitteln fehlen, um seinen Ausschweifungen nachzugehen, und dann gäbe es auch nicht solche der gefährlichen Art. [Im Klartext: Es ist Pélagies Mitgift, die es Sade erlaubt, seinen Ausschweifungen nachzugehen.] Wenn er sich die Zeit drinnen oder draußen mit Freveltaten vertreibt, so hat das nur den einen Nachteil, scheinbar etwas höhere Ausgaben zu verursachen, in Wirklichkeit kostet es aber nicht mehr als das, was man bisher anderwärts getan hat[3]. Könnten

[3] Im Original ist die Rede von *crime*, zumeist mit «Verbrechen» übersetzt; als Beispiel für den Wortgebrauch «Frevel» zitiert Pauvert Littré: *L'ingratitude est un crime.* («Die Undankbarkeit ist ein Frevel.») – Anm. des Übersetzers.

Sie nicht mit Saumane über Möglichkeiten sprechen, eine gewisse Sicherheit zu schaffen, das heißt, eine gewisse Linderung für die arme Gefangene, denn man sagt, dort sei alles fest verschlossen, und es sei ihr nicht erlaubt, hinauszugehen. *Man fürchtet ihn zu sehr* [Hervorhebung von mir], und diese Meinung, die er verbreitet hat, macht seine Stärke und sein Unglück aus.» (Bourdin)

Ausschweifungen, Rasereien, Wahnsinn – diese Worte stammen von Madame de Montreuil. Anders bei Donatien de Sade, in dessen Briefen aus dieser Zeit eine geradezu verblüffende Gelassenheit, Ausgeglichenheit und *Ungezwungenheit* festzustellen ist, die einen merkwürdigen Kontrast zu der Aufgeregtheit darstellt, die an die Mauern seines Schlosses brandet. Er ist ganz in seinem Element. Er fühlt sich, wie man heute sagt, «wohl in seiner Haut». Im übrigen gibt er sich so wenig herrschaftlich wie möglich. Die Leute, mit denen er Umgang pflegt, sind nicht die Herren der benachbarten Schlösser, sondern Gaufridy, Ripert und ländliche Bürgersleute (fast hätte ich gesagt: wie er), der «Freund Paulet», Schöffe von La Coste, oder der Stiftsherr Vidal, mit denen er sicherlich über Politik und Philosophie diskutiert (mit Gaufridy soll er, Bourdin zufolge, über Religion gesprochen haben) oder wunderbare Projekte schmiedet. Schwunglos widmet man sich einer Gesamtaufstellung der Schulden, die natürlich für die Präsidentin bestimmt zu sein scheint und in der der Comte de Sade-Vauredone, Abbé und Propst von Saint-Victor in Marseille, vorkommt. Die Künste des angenehmen Zeitvertreibs dürfen nicht übergangen werden: «Man sagt, bei Sablières werde verkauft. Sollte sich dort ein Cembalo finden, ein großes oder kleines, so wäre ich Ihnen unendlich dankbar, wenn Sie es für mich reservieren würden; ich würde es sofort nehmen [Donatien de Sade kann, wie man sich erinnern wird, passabel singen]. Und auch, wenn es dort Bücher geben sollte.» (Bourdin)

Das ist für den Tag bestimmt. Wie ist es mit den Nächten von La Coste? «Im Zeichen des Steinbocks sind die Nächte süß, wenn man sie in den Armen von fünf jungen Mädchen verbringt, während der gewaltige Mistral um die Mauern tobt», meint Gilbert Lely, und er findet recht plausibel, was Paul Bourdin sich in seiner blühenden Phantasie ausmalt:

«Es ist ein geifernder Hexensabbat, an dem die Dienerschaft mitwirkt. Gothon ist wahrscheinlich auf dem Besen geritten, ohne selbst mitzutanzen, aber Nanon hat eine Rolle gespielt, die sie sehr belastet; die kleinen Näherinnen der Marquise haben ihre Haut zum Knopflochspiel zur Verfügung gestellt, und der junge Sekretär muß die Flötenpartie gespielt haben.»

Lely macht allerdings eine Einschränkung: «Halten wir fest», schreibt er, «daß dieses ‹Knopflochspiel› nichts als eine unbegründete Anspielung auf die falsche Beschuldigung ist, Monsieur de Sade habe seinem Opfer von Arcueil Schnittwunden zugefügt, und es muß selbstverständlich ersetzt werden durch das Spiel, das den Marquis ständig entzückte, das des Stockes und der Peitsche.»[4]

Und dennoch, wie armselig!

[4] Was das «Knopflochspiel» betrifft, muß daran erinnert werden, daß *boutonnière* («Knopfloch») schon im 18. Jahrhundert ein Terminus technicus für «einen langen, schmalen Schnitt» war. In der Umgangssprache benutzt man das Wort noch immer für eine Verletzung, die durch eine Klinge hervorgerufen wurde.

42.

Die lasterhaften Lehrmeister

Ja, wie armselig! Während wir Donatien de Sade gerade ein wenig besser in seiner Einzigartigkeit zu erfassen beginnen, möchte man ihn mit den besten Absichten der Welt auf einen bloßen Flagellanten reduzieren, einen eigensinnigen Sonderling. Wo bliebe dann die Persönlichkeit, die nach Ansicht von Maurice Heine «immer darauf bedacht [war], [ihre] galanten Experimente mit zynischer Geschicklichkeit zu variieren» und der es möglicherweise gelang, «jedesmal ein anderer zu werden», mit ihrer «Entschiedenheit, jeglichen moralischen Konformismus von sich zu weisen und ihm die Stirn zu bieten»? Worauf gründete sich dann die «infernalische Größe» des «göttlichen Marquis»? Etwa auf dem «Universum des Diskurses», das für Roland Barthes und nicht nur für ihn «das einzige Sadesche Universum» darstellt, das einer Betrachtung wert ist? Sollte die Phantasie, in der der Verfasser der *Juliette* das ganze Glück des Menschen ansiedeln möchte, sich nur in papierenen Hirngespinsten niedergeschlagen haben? Ich glaube, mit solcherlei Festschreibungen verkennt man den, für den es «weder Ideen ohne Körper noch Körper ohne Ideen» gab, wie es Annie Le Brun vollendet formuliert hat.
Hier und jetzt muß man sich entscheiden und damit aufhören, auf allen Hochzeiten zugleich tanzen zu wollen und sich von Sade nur kleine ausgesuchte Häppchen zurechtzumachen, dieses zu loben und jenes zu beklagen, das Werk ohne das Leben oder das Leben ohne das Werk zu betrachten, von dem Werk diesen oder jenen Teil auszuschließen, der der übrigen Teile angeblich unwürdig ist, und vom Leben die vermuteten großen Liebespassionen behalten zu wollen, nicht aber das «Knopflochspiel», bis von dem Herrn Marquis de Sade am Ende nicht mehr übrigbleibt als ein Thema anzüglicher Pariser Tischgespräche, bei denen sich das Glucksen der aufgescheuchten Moral mit den Anspielungen und Andeutungen derer vermischt, die über die Absonderlichkeiten des Sexuellen ebensogut Bescheid wissen wie über die Komplexitäten des Textes. Das Hauptproblem, das jeder beantworten sollte, bevor er über Sade spricht, läßt sich,

wie ich meine, in einer dieser ganz elementaren und schnörkellosen Fragen zusammenfassen, die ich immer noch am besten finde: War Donatien de Sade sadistisch?
Es mag ungebührlich erscheinen, diese Frage im Hinblick auf einen Lebensabschnitt Sades zu stellen, bei dem der Historiker offen eingestehen muß, daß er das Tun und Treiben der Person, deren Existenz zu rekonstruieren er sich entschlossen hat, nicht exakt rekonstruieren kann. Ich denke aber, daß gerade dort, wo das Fehlen von exakten Tatsachen uns zwingt, uns selbst ein eigenes Bild vom Autor der *Justine* zu machen, jeder sich am ehesten fragen kann, was eine solche Person in ihm *repräsentiert.*
Was mich angeht, so bin ich nach wie vor der Ansicht, daß bei Sade alles perfekt zusammenpaßt: die Bibliothek, der Park, die Mauern, die Knopflöcher, die «Schreibübungen», die Möblierung, die Philosophie, das Theater, die Theorie und die Praxis. Wenn eine erotische Anwandlung ihn packt, läßt er sicherlich vollkommen bruchlos und mit größter Natürlichkeit die provenzalische Geschichte, die er gerade in seinem Arbeitszimmer studierte, ruhen, um sich in den Räumen der Dienerschaft einer sexuellen Improvisation zu widmen, bevor er hinausgeht und die Anpflanzung von Obstbäumen beaufsichtigt.

Ich sprach von Improvisation. Man muß sich darüber klarwerden, was der Vorsatz bedeuten kann bei einem Menschen, der ohne Zweifel in höchstem Maße zu Hintergedanken unfähig ist. Das ganze Denken Sades ist vorn, nicht hinten. Sicher geschieht es nicht allein der Annehmlichkeit wegen, bei Tisch von jungen Mädchen bedient zu werden, die von der Affäre von Marseille nichts wissen, wenn er sie fünfzig Meilen von seinem Heimatort entfernt einstellt und aus seinem Domizil «eine Art Gefängnis» gemacht hat. «Man hatte zuvor gewünscht, sich mit einer großen Zahl wollüstiger Objekte beiderlei Geschlechts zu umgeben», schreibt er später, als er die vier Wüstlinge aus den *Cent vingt journées de Sodome* sich den Organisationsplan auf Schloß Silling ausdenken läßt. Fünf Mädchen und ein Junge, dazu Gothon, Nanon, «Jean», vielleicht La Jeunesse und Pélagie, die zugleich als Vorbild und Betreuerin dient, nicht gerechnet die «drei Mädchen von einem Alter und Zustand, daß sie nicht von ihren Eltern zurückgefordert werden können» – das ist keine

Unmenge, aber für einen einzigen Mann dürfte es reichen. Sodann wird versucht, das Schloß La Coste möglichst unzugänglich zu machen. «Man stellt sich nicht vor, wie die Wollust durch diese Sicherheiten gesteigert wird und was man alles zu unternehmen vermag, wenn man sich sagen kann: ‹Ich bin allein hier, ich bin am Ende der Welt, allen Blicken entzogen, und keiner Menschenseele wird es gelingen, zu mir vorzudringen; keine Bremsen mehr, keine Schranken.›»

Natürlich ist La Coste nicht Silling, und Donatien ist auch nicht wirklich Blangis oder Curval. Auch verfügen nicht alle Wüstlinge über einen befestigten Wohnsitz mit zweiundvierzig Zimmern und ein Dutzend mehr oder weniger ergebener beziehungsweise ihre Willkür preisgegebener Untertanen[1].

Wie wird Donatien diese Möglichkeiten nutzen? Diese Frage hat nicht nur mich seit langem beschäftigt, und es erscheint mir undenkbar, daß er diese ganze Szenerie nur deshalb aufgebaut hat, um darin anschließend Schäferszenen zu spielen.

Für den Versuch, uns sein erotisches Verhalten in den Jahren 1775/76 zu vergegenwärtigen, können wir uns auf Sades Gerichtsakten und auf seine Texte stützen. Allerdings müssen wir beachten, daß zwischen seinem erotischen Werk und seinem erotischen Verhalten ein fundamentaler Unterschied besteht: Sein Werk ist in dieser Hinsicht das Ergebnis einer bewußten Konstruktion, sein Leben dagegen *völlig spontan.* Hier könnte

[1] André Bouër, der derzeitige Besitzer von La Coste, hat bemerkenswerte architektonische Ähnlichkeiten zwischen Silling und La Coste festgestellt, dessen ursprüngliche Anlage er rekonstruieren konnte. Andererseits hat er auf das Rätsel hingewiesen, das Sades Arbeitszimmer und die angrenzenden, im Südflügel des Schlosses gelegenen Zimmer aufwerfen; sie werden in Briefen erwähnt, nicht aber in den uns erhaltenen Inventarverzeichnissen (heute existiert dieser Südflügel nicht mehr). André Bouër zufolge waren «der ganze erste Stock des Südflügels und der entsprechende Teil des Hauptgebäudes sorgfältig verriegelt, und [...] in Abwesenheit des Herrn hatten seine Vertreter dort keinen Zutritt». Zwischen Gothons Zimmer und dem Arbeitszimmer des Marquis gab es eine Verbindungstür, und einen Stock höher lagen fünf Domestikenkammern. André Bouër hat den Südflügel des Schlosses als «Laboratorium des Sadismus oder Flügel der kleinen Vergnügungen» bezeichnet. – André Bouër, «Lacoste, laboratoire du sadisme», in *Le Marquis de Sade*, colloque d'Aix.

man einen kapitalen Fehler begehen. Im Alter von fünfundvierzig bis fünfzig Jahren im Gefängnis schreibend, konstruiert Sade sein erotisches Universum (wie, werden wir zu gegebener Zeit sehen). Daher die im großen und ganzen wohlüberlegte Handlungsweise seiner Personen, in der sich die Haltung äußert, die er einnimmt, wenn er ans Schreiben geht, die aber auf keinen Fall gleichgesetzt werden kann mit dem Verhalten, das er zwischen seinem dreiundzwanzigsten und seinem siebenunddreißigsten Lebensjahr an den Tag legt, während er in Freiheit ist. Ein hervorragendes Beispiel dafür bietet die Affäre Rose Keller: Am Ostersonntag 1768 verläßt Sade das Haus, um sich mit ein paar Mädchen zu vergnügen, und trifft zufällig auf diese Bettlerin, deren Aussehen, Verhalten und Worte sicherlich eine Wehrlosigkeit erkennen lassen, die ihn sogleich auf die Idee bringt, sie auszunutzen, auch wenn er noch nicht weiß, wie. Der ganze Verlauf der Affäre Keller legt in jedem Augenblick den Gedanken der Improvisation nahe.

Nicht zu verwechseln mit seinem persönlichen Verhaltensstil im erotischen Bereich ist die Vorbereitung der Szenerie. Seit er darüber verfügen konnte, bestand Sades größtes Vergnügen in La Coste darin, aus seinem Schloß ein Theater zu machen. Leider verfügen wir über keine ausreichende Beschreibung. Abgesehen davon, daß vom «Flügel der kleinen Vergnügungen» nie ein Plan angefertigt wurde, ist die Bestandsaufnahme, die 1778 von den übrigen Teilen von La Coste gemacht wurde, trotz ihrer Gründlichkeit ungenau.

Das einzige, nicht vollständig von Anstößigkeiten gesäuberte Dokument, das wir über La Coste besitzen, ist eine Bestandsaufnahme von 1769, die in der Bibliothek (sie fehlt in den Listen von 1778) ohne System die folgenden Werke erfaßt: einen *Traité de l'existence de Dieu* und *La Vie et les Mystères de la très Sainte-Vierge* von Monsignore de la Fistaux, Bischof von Sisteron, die *Pensées* von Pascal, leichte Romane wie *Le Portier des Chartreux*, *Vénus dans le cloître*, *Margot la ravaudeuse*, *Thérèse philosophe*, *L'Académie des dames* (hier handelt es sich um die *Aloïsa Sigea* von Chorier) und *Gil Blas*, *Clarisse Harlowe*, *Cleveland*, *Le Bachelier de Salamanque*, *Adèle de Ponthieu*, *Les Hasards du coin du feu*, die *Lettres péruviennes*, die *Erzählungen* des Boccaccio, die *Contes moraux* von Marmontel oder die *Contes et nouvelles* von Baculard d'Arnaud.

Die Szenerie ist fertig, die Schauspieler stehen bereit. Donatien de Sade, Regisseur und Hauptrolle in einem, schickt sich an, in einer Dekoration, von der wir nur einen fernen Gesamteindruck haben, ein Stück zu improvisieren, von dem wir uns um so schwerer eine umfassende Vorstellung machen können, als die erotischen Eingebungen des Autors ebenso von den Umständen wie häufig auch von den körperlichen und seelischen Eigentümlichkeiten seiner Partner bestimmt zu sein scheinen. Diese sind für uns im vorliegenden Fall nur als sehr schattenhafte Gestalten erkennbar. Nachdem ich nun gefordert habe, jeder Leser möge sich von den sexuellen Aktivitäten Sades sein eigenes Bild machen, obwohl die Spuren, die er diesbezüglich hinterlassen hat, sehr verschwommen sind, kann ich mich selbst einer solchen Forderung wohl kaum entziehen. So wage ich es denn und erkläre, daß es mir angesichts der Mittel, über die Donatien in dem fraglichen Zeitraum verfügte, ausgeschlossen erscheint, daß er sich in diesem Bereich nicht äußerst vielfältigen Versuchen gewidmet hat.

Nach meiner Ansicht war es, unabhängig von der Ausrichtung seiner Triebe, unausweichlich, daß er zunächst damit begann, «sehr junge» Jungen und Mädchen, die er sich dafür ausgesucht hatte, zu verführen oder, wie es in seinen Texten häufig heißt, zu «verderben». Zu den Wonnen des Marquis gehörte, wie man weiß, die Erziehung zur Libertinage. «Die Schule der Ausschweifung» lautet der Untertitel der *Cent vingt journées de Sodome*, «Die lasterhaften Lehrmeister» der der *Philosophie dans le boudoir.*

Um zu verführen, zu verwirren, zu verderben, ist ihm alles recht: der Exhibitionismus, die Verlockung des Geldes (Sade findet immer Geld für seine Vergnügungen), die Vorbereitung durch diverse Mittel der Aufreizung, unter denen die «schlechte Lektüre» nicht übergangen werden darf. Selbst wenn man annimmt, daß von dem jugendlichen Hauspersonal, das Monsieur de Sade einstellte, keiner lesen konnte, so sind doch die meisten anstößigen Bücher jener Zeit mit sehr aufreizenden Illustrationen versehen, und sehr wahrscheinlich trifft das für die diversen *Portier des Chartreux* und *Vénus dans le cloître* zu, aus denen sich die schlüpfrige Bibliothek von La Coste zusammensetzte. Jedenfalls zählt das Vorlesen zu den bekannten Mitteln, die Schüler aufzureizen, und die Wirkung auf die Lehrmeister darf dabei nicht übergangen werden: «Unter den wahren Lüstlingen ist es eine anerkannte Tatsache», wird am Anfang der *Cent vingt journées de Sodome* in Erinnerung gerufen, «daß die durch das Gehör vermittelten Empfindungen die lebhaftesten sind.»

Gleichzeitig oder fast unmittelbar darauf dürfte Sade sich des Zwangs und der Angst bedient haben, selbst wenn er diese Mittel nur benötigte, um die Variationen des Ausdrucks zu erzielen, die von den Gestalten seiner Bücher so sehr geschätzt werden. Hier dürften die körperlichen Züchtigungen ihren Platz haben. Ein Herr hatte damals gegenüber jungen, «auszubildenden» Bediensteten recht weitgehende Befugnisse. Fünf Heranwachsenden, die, zum Dienen erzogen, weit von ihren Eltern entfernt in einem schwer zugänglichen Schloß eingesperrt waren und untereinander nicht unbedingt zusammenhielten, blieb, da sie gegenüber den Erwachsenen (Sade, Gothon, La Jeunesse, «Jean», drei junge Frauen «von einem Alter und Reifezustand, daß ihre Eltern sie kaum zurückverlangen können» – und Pélagie?) in jeder Hinsicht in der Minderheit waren, im Grunde nichts anderes übrig, als sich weitgehend zu fügen. Im übrigen konnte Sade das Objekt, nach dem es ihm gelüstete, zusätzlich dadurch einschüchtern, daß er es in den Kerker warf: Es gibt in La Coste auch noch unterirdische Verliese (dort befand sich im übrigen das Gefängnis des Dorfes, und Monsieur de Sade besaß den Schlüssel dazu).

Da sein erotisches Naturell, ja, sein Naturell überhaupt auf Neugier und Spiel angelegt war, wäre es ganz erstaunlich gewesen, hätte Donatien de Sade es dabei bewenden lassen. Seine Neugier gilt den Mechanismen seines Körpers und seines Kopfes, sie gilt den anderen als reagierenden Personen, den «Gesetzen der Natur», dem «Rätsel des menschlichen Herzens» und, ineinander verschränkt, «den bizarren Neigungen, welche die Natur einflößt». Und noch nie hat Sade für seine Forschungen so günstige Bedingungen angetroffen wie 1775 in La Coste. Er hat sie übrigens nicht angetroffen, sondern er hat sie geschaffen. Und er ist fünfunddreißig Jahre alt. Man muß sich ihn in seiner ganzen «natürlichen Unschuld» (Annie Le Brun) vorstellen, aber nicht versuchen, ihn «sympathisch» erscheinen zu lassen, wie es unbewußt Heine und Lely tun, denn ihm lag nichts daran, irgend jemandem sympathisch zu sein (das Bedürfnis, geliebt zu werden, ist eine ganz andere Sache), und man sollte nicht versuchen, ihn zu entschuldigen oder reinzuwaschen. Hier geht es jedenfalls um nichts anderes als den Versuch, seinen Regungen zu folgen.

43.

Hypothesen und Modelle

Die eingehende Erforschung des erotischen Verhaltens Sades aufgrund dessen, was wir über ihn wissen, und im Vergleich mit seinen Texten steht noch aus und kann hier aus Platzgründen nicht unternommen werden. Es bedarf dazu im übrigen größter Aufmerksamkeit, denn man muß sich vor allzu verlockenden Vergleichen hüten und darauf achten, daß die persönlichen Erinnerungen und die autobiographischen Züge, die in den Werken Sades enthalten sind, sich auf ganz unterschiedliche Abschnitte seines Lebens beziehen, die er, wie es alle Schriftsteller tun, häufig miteinander vermengt, so daß sie unterschiedliche Donatiens betreffen. Auch ist es nicht immer einfach, den Anteil der Phantasie (der «Phantome», wie Sade sagt) und der Extrapolation auseinanderzuhalten.

Ein geeignetes Studienmodell ist der Comte de Gernande. Ich habe diese Gestalt aus *Justine* und *La Nouvelle Justine* bereits erwähnt und zu Sade in Beziehung gesetzt. In seiner physischen Gesamterscheinung ist Gernande weit mehr eine Projektion Donatiens als Donatien selbst. Er ist ein Koloß, was Sade, wie man weiß, keineswegs war. Er ist Blaubart, er ist der Menschenfresser, er ist der Zyklop. Nun ist *Justine* in den Jahren 1789/90 geschrieben worden, in einer Zeit, in der Sade sich im Gefängnis «eine so gewaltige Körperfülle [zugelegt hat], daß ich mich kaum bewegen kann». Offenbar hat er sich an diese neue Beleibtheit noch nicht gewöhnt, und es ist nicht ausgeschlossen, daß er sie beschreibt, wenn von dem «enormen Hintern» Gernandes die Rede ist.

Es gibt weitere Analogien zwischen Gernande und Sade. Eine davon ist die Schlemmerei. Viele der Gestalten Sades sind Schlemmer, und er selbst war es im höchsten Grade (Pélagie ist ebenfalls eine Feinschmeckerin)[1]. Gernande geht so ausführlich auf den Zusammenhang zwischen Schlemmerei und Wollust ein, daß damit auch die diesbezüglichen Verhaltensweisen Sades

[1] Das folgere ich aus einigen ihrer Äußerungen über die Vorräte von La Coste.

beschrieben sein könnten. Gernande ist «der berühmteste Schlemmer, von dem man in unseren Tagen gehört hat». Er redet gern über seine Leidenschaft (es ist nicht die einzige):

«‹Da es ganz selbstverständlich ist, daß man zu den Freuden der Wollust sich anregt, warum sollte man sich denen der Feinschmeckerei gegenüber anders verhalten? Oh, ich gestehe›, fuhr das Ungeheuer, die köstlichsten Speisen verschlingend, fort, ‹die Unmäßigkeit ist meine Gottheit. Ihr Bild stelle ich in meinem Tempel neben dem der Venus auf. Nur zu den Füßen beider könnte ich mein Glück finden.›»

Die andere, direkter mit der Ausschweifung verbundene dominierende Leidenschaft Gernandes ist der Aderlaß. Der mit der Lanzette vorgenommene medizinische Aderlaß, dessen zu häufige Vornahme zur Erschöpfung des Objekts führt. Die detaillierte, «einfühlsame» Beschreibung dieser Leidenschaft in den Romanen Sades läßt die Vermutung zu, daß die zahlreichen Visiten von Dr. Terris in La Coste (bisweilen in Begleitung eines Chirurgen, doch nahmen damals viele Ärzte den Aderlaß selbst vor, und er war das große Allheilmittel) in Donatien einen aufmerksamen Zuschauer hatten, und möglicherweise hat er es gelegentlich selber probiert. Zweifellos waren es nicht nur Spuren der Peitsche, was die Kinder an den Armen trugen, als sie das Schloß verließen. Hier die Beschreibung des ersten Aderlasses Justines bei Gernande:

«Sie mußte sich am Rande eines Tisches in der Mitte des Zimmers leicht an seine Knie lehnen, während ihre Arme durch zwei schwarze Bänder an den Plafond gefesselt waren. Kaum befand sie sich in dieser Stellung, als der Graf sich ihr nähert, die Lanzette in der Hand. Er atmete kaum; seine Augen funkelten, sein Gesicht war furchterregend. Er spannt die Haut der beiden Arme und sticht sie in noch kürzerer Zeit als einem Augenblick. Ein Schrei entringt sich seiner Brust, dem Gotteslästerungen folgen [...] Fast eine Viertelstunde dauerte seine Ekstase... und welch eine Ekstase! Großer Gott! Er schlug um sich wie im epileptischen Anfall, seine schrecklichen Schreie, seine entsetzlichen Blasphemien wären auf eine Meile weit vernehmbar gewesen; er schlug auf seine Umgebung los; seine Zuckungen waren fürchterlich.»

Man ahnt wohl schon, daß ich mir unter allen Gestalten Sades nicht ganz zufällig den Comte de Gernande ausgesucht habe.

Die Beschreibung seines von Schreien und heftigen Zuckungen begleiteten Orgasmus zieht nämlich zwischen Sade und Gernande eine physiologische Parallele, die zu genau ist, um ein bloßer Zufall zu sein, und die ich immer frappierend fand. Ich meine eine pathologische Eigentümlichkeit, die im erotischen Verhalten Sades von großer Bedeutung ist und nie gebührend gewürdigt wurde. Nachdem die Befragung von Ärzten, an die ich mich in den fünfziger Jahren gewandt hatte, nichts Stichhaltiges erbrachte, kommt Annie Le Brun das Verdienst zu, zusammen mit dem bekannten Sexualwissenschaftler Dr. Tordjmann die Frage vollständig aufgeklärt zu haben.

Erinnern wir uns der «sehr hohen, ganz furchtbaren» Schreie, die Sade ausstieß, während Rose Keller ihn aufs inständigste anflehte. Gilbert Lely gibt sich zufrieden mit dem Kommentar von Maurice Heine, nach dessen Ansicht «die Treuherzigkeit des Opfers, ihre ungeheuchelten Tränen und der Anblick ihres blutunterlaufenen Hinterteils [für Sade] das hyperästhetische Objekt boten, die notwendige und hinreichende Bedingung des Orgasmus». Nun haben aber die Schreie Sades mit Hyperästhesie oder Überempfindlichkeit nichts zu tun. Es handelt sich um ein genitales Problem, das Donatien selbst in einem Brief aus der Bastille 1784 ganz klar beschrieben hat:

> «Es ist wirklich ein epileptischer Anfall – und ich bin ganz sicher, daß man es im Faubourg Saint-Antoine an den Krämpfen, Spasmen und Schmerzen bemerken würde [...] Ich wollte die Ursache dieses Anfalls ergründen, und ich glaube sie gefunden zu haben in der *extremen Dicke* [Hervorhebung von Sade], so als wolle man Creme durch den sehr engen Hals einer Flasche hinausbefördern. Diese *Dicke* läßt die Gefäße anschwellen und zerreißt sie... In diesem Zusammenhang heißt es, der Pfeil müsse häufiger abgeschossen werden. Daß das nötig ist, weiß ich sehr wohl, aber er will nicht, und bei dem Versuch, ihn zu zwingen, wenn er nicht will, bekomme ich schreckliche Zustände.»

Nach Dr. Tordjmann, dessen Diagnose von Professor Barbier bestätigt wurde, deuten diese Symptome auf eine Infektion beziehungsweise die Folgeerscheinungen einer weiter zurückliegenden Infektion mit einer harmlosen, aber unzureichend behandelten Geschlechtskrankheit hin (siehe S. 94–98), «mit der Folge, daß das Aussehen und die Konsistenz der Ausscheidungen sich verändern (das Sperma wird dick und körnig) und jede Ejakulation schmerzhaft und sogar anhedonisch wird», also unangenehm, und daß sich zugleich die Harnröhre zusammenzieht.

Ich empfehle dringend die Lektüre des meisterhaften Buches *Soudain un bloc d'abîme, Sade* von Annie Le Brun, in dem sie den unwiderleglichen Beweis erbringt für die Konsequenzen, die sich aus dieser «buchstäblich explosiven Situation» ergeben, und für die engen Zusammenhänge zwischen der Beschreibung dieses physischen Zustands durch Sade und «dem, was er in seinem ganzen Œuvre unablässig wiederholt». Wir werden darauf zurückkommen. Einstweilen geht es auch nicht darum, das erotische Verhalten Sades durch eine physiologische Anomalie zu «erklären», sondern um den Versuch, sich von diesem Verhalten ein Bild zu machen.

Jetzt ist es uns also möglich, eine ungefähre Vorstellung davon zu geben, wie Sade sich in La Coste während dieser zwei Jahre in orgiastischen Momenten verhalten hat, in Momenten, wie sie ähnlich sehr oft in seinen Werken wiederkehren, in denen die «Lösung», wie seine Gestalten sagen (immer wieder das Theater), am Ende einer *Commedia dell'arte* eintritt, in der man «den beständigen Wechsel vom Körper zum Kopf und vom Kopf zum Körper, der sich als Kennzeichen seines sexuellen Funktionierens aufdrängt, bevor er das Kennzeichen seines Genies ist», entdeckt hat (Annie Le Brun): «Bringen wir bitte ein wenig Ordnung in diese Orgien»; «variieren wir das Bild»; «ich werde die Szene leiten»; «mir scheint, wir könnten zwei oder drei Laster hinzufügen»; «warten Sie, arrangieren wir das»; «ein wenig Gemeinsamkeit, meine Freunde»; «alle nehmen ihren Platz ein, alles wird ausgeführt»...

Was wir natürlich nicht klären können – aber was liegt schon daran! –, ist die Zusammensetzung dieser Bilder. Auf alle Fälle können wir dank des Briefes von 1784 aus der Hypothese, die Gilbert Lely in seiner *Vie de Sade* vorträgt, eine Behauptung aufstellen: «Es läßt sich unserer Ansicht nach nicht ganz zurückweisen, daß Madame de Sade, an deren völliger Ergebenheit für ihren Gatten kein Zweifel bestehen kann, selbst auch an den Orgien teilgenommen hat.» Nicht nur die Aussage der jungen Bediensteten deutet darauf hin, die Pélagie als «erstes Opfer einer Raserei, die man nur als Wahnsinn betrachten kann», bezeichnen, sondern auch Sade selbst ist da ganz eindeutig. In zwei Sätzen aus seinem Brief von 1784, die ich bisher zurückgehalten habe, äußert er über seine epileptischen Orgasmen: «Proben davon hast Du in La Coste erlebt», und er beendet seine Ausführungen mit den Worten: «Und das war wieder das, was Du erlebt hast und dessen Du Dich gewiß entsinnen wirst.» Daß Pélagie wiederum zu allem bereit war, um den Mann ihres Lebens in Sicherheit bei sich zu behalten – welche Frau könnte das abstreiten?

44.

Ob Sade Sadist war

Wenn es nun auch möglich ist, uns vielleicht ein wenig besser gewisse Momente seines Lebens in La Coste während der Jahre 1775/76 zu vergegenwärtigen, so haben wir damit doch noch keine Antwort auf die entscheidende Frage: Wie weit hat Donatien de Sade die Regungen seines Körpers und seiner Phantasie während dieser zwei Jahre getrieben? Im Klartext: Hat Sade gefoltert, hat er getötet? Um diese Fragen beantworten zu können, werden wir sehr weit vorgreifen müssen.

Ob Sade nun schuldig war oder nicht, zunächst müssen wir Paul Bourdin recht geben, wenn er sagt, daß Sade sich wegen des Vorwurfs, 1775 oder 1776 in La Coste einen Mord begangen zu haben, bald in Vincennes und anschließend in der Bastille befinden wird, für eine mutmaßliche Ewigkeit, welche die Revolution auf zwölfeinhalb Jahre verkürzen wird.

Allerdings gibt uns kein Gerichtsverfahren darüber Aufschluß. Solche Affären werden vertraulich geregelt, im Einvernehmen zwischen dem König, dem Minister seines Hofstaates und dem Polizeidirektor. Doch es gibt zwei Zeugnisse. Da ist zunächst Marais, der am 26. August 1778 in La Coste erscheint, um Sade festzunehmen, er überhäuft ihn mit Schmähungen und sagt unter anderem: «Sprich, sprich, Freundchen! Jetzt wirst du eingesperrt für den Rest deines Lebens, wegen... der Dinge, die du in dem dunklen Zimmer da oben getrieben hast; man hat Leichen gefunden.» (Bourdin) Da ist weiterhin Sade selbst, der sich, kaum verhaftet, in einem Brief an Pélagie im voraus rechtfertigt:

> «Ich behaupte, und dafür werde ich, wenn man es wünscht, den unerschütterlichsten Beweis erbringen, daß man mir nichts Ernsthaftes vorwerfen kann und daß hier eine Verkettung von Umständen vorliegt, die allein ich aufzulösen vermag und die ich, wenn man es wünscht, aufklären werde»[1],

[1] Dieser Brief wurde 1959 von Gilbert Lely gesondert veröffentlicht: Marquis de Sade, *Mon arrestation du 26 août*, zusammen mit den *Étrennes philosophiques*, Paris, Jean Hugues, libraire. Der in diesem Buch wiederholt zitier-

und der drei Jahre später, in seinem «großen Brief» an Pélagie vom 20. Februar 1781, weit ausführlicher auf den gegen ihn erhobenen Vorwurf zurückkommt, einen Vorwurf, an dessen Natur nach der Lektüre kein Zweifel mehr bestehen kann:

> «Ich bitte Sie auch um Verzeihung für die Geständnisse, doch ist es mir lieber, Sie glauben einem Wüstling als einem Verbrecher [...] Ursprünglich hatte ich in Arcueil ein Abenteuer gehabt, bei dem eine gleichermaßen verlogene wie betrügerische Frau, um Geld zu verdienen (das man dummerweise gezahlt hat), in ganz Paris verbreitete, ich hätte Experimente gemacht, und der Garten meines Hauses sei ein Friedhof, auf dem ich die Leichen, die meinen Versuchen gedient haben sollen, begraben hätte. Diese Darstellung war allzu verlockend und paßte meinen wütenden Feinden allzu gut in den Kram, um sie nicht bei jeder Gelegenheit gegen mich auszunutzen. In der Affäre von Marseille ging es daher ebenfalls um ein von mir beabsichtigtes Experiment, und bei dieser Affäre ging es zweifellos nochmals um ein Experiment an Mädchen, die nicht wieder aufgetaucht sein sollen. Zwar sind sie nicht alle wieder in Lyon aufgetaucht, aber irgendwo sind sie schon wieder aufgetaucht. Sehen wir uns die Sache an.»

Hier führt Sade die einzelnen Mädchen auf, die «während meiner Kontumaz zu wiederholten Malen auf dem Schloß La Coste gewohnt haben» (er kommt dabei auf zehn oder elf), und er beschreibt die Umstände, unter denen sie das Schloß verlassen haben. Schließlich fragt er:

> «Was ist nun das Resümee von all dem? Zweifellos legt man Monsieur de Sade, da man ihn so lange im Gefängnis hält, Greuel zur Last, und er hat allen Anlaß, dies zu fürchten, einmal aus dem Grunde, den er gleich vortragen wird, zum anderen, weil er bereits zweimal erlebt hat, was die bösartige öffentliche Verleumdung gegen ihn vermag; dennoch hat er keine *Proben* und *Experimente* vorgenommen und keinen *Mord* begangen [alle Hervorhebungen von Sade], in dieser letzteren Sache ebensowenig wie in allen anderen, sondern er hat nur das getan, was alle Welt tut, er hat mit Mädchen ver-

te «große Brief», in dem Sade sich rechtfertigt, ist von Gilbert Lely in *L'Aigle...* publiziert worden.

kehrt, die bereits alle verführt oder ihm von einer K. [einer Kupplerin; Sade behauptet, Nanon sei in Lyon eine «offiziell anerkannte Kupplerin» gewesen] zugeführt worden waren, so daß von Verführung keine Rede sein kann; dennoch bestraft man ihn und läßt ihn leiden, als habe er sich der finstersten Verbrechen schuldig gemacht.

Prüfen wir jetzt die Beweise, die man ihm vorhält...»

Hierzu sei angemerkt, daß Sade sich unablässig in Widersprüche verwickelt, indem er sich einerseits gegen förmliche Anschuldigungen zur Wehr setzt, während er sich andererseits vorbeugend gegen Anschuldigungen wehrt, von denen er nichts zu wissen behauptet, die aber «zweifellos Greuel» sind... Doch schauen wir uns diese Beweise an:

«1° *Die Geständnisse der schuldigen K.*: Sind denn die Gründe, die sie hatte, sich zu entlasten, nicht hinreichend, um die Vermutung zu rechtfertigen, daß sie den, den sie für ihren Komplizen hielt, möglichst zu belasten versucht hat?

2° *Das Nichtvorhandensein der Mädchen*: Ich verwette meinen Kopf und verliere ihn gern, wenn man mir dieses beweist.

3° *Die in einem Garten gefundenen Gebeine*: Sie wurden mitgebracht von einem Mädchen namens Du Plan [Tänzerin am Theater von Marseille und eines der Mädchen «von einem Alter und Reifezustand, daß sie nicht von ihren Eltern zurückverlangt werden können»]; sie ist quicklebendig, man kann sie befragen; man hat sich den guten oder schlechten Scherz erlaubt (das überlasse ich Ihnen), ein Kabinett damit zu dekorieren; sie wurden nur dazu gebraucht und später in den Garten gebracht, nachdem der Scherz oder vielmehr die Plattheit vorüber war. Wenn man sie zählt und mit der eigenhändigen Aufstellung der Du Plan vergleicht, wie viele und welcher Sorte sie seinerzeit aus Marseille mitgebracht hat, wird man schon sehen, ob man einen mehr gefunden hat. Bei einer Geschichte wie dieser ist es wichtig, daß man sich all diesen Nachprüfungen und Gegenüberstellungen unterzieht, aber hat man sich die Mühe gemacht, auch nur eine davon vorzunehmen? Mitnichten! [...]

Fahren wir fort – ich möchte nichts auslassen. Was wird man all diesen Beweisen entgegenhalten? *Die Aussage eines Kindes*? [Gemeint ist der kleine Sekretär.] Dieses Kind war doch Bediensteter, so daß man ihm sowohl als Kind wie als Bediensteter keinen Glauben schenken kann. Hier wird übrigens noch ein anderes Interesse sichtbar: Die Mutter dieses Kindes war sehr interessiert und glaubte, sich eine sichere Rente verschaffen zu können, indem sie ihr Kind von unzähligen Greueln berichten läßt; sie wußte von den hundert Louis von Arcueil [was durchaus möglich ist; was nun folgt, ist jedoch weniger einleuchtend]. Aber man wird mir vielleicht entgegenhalten: *Woher wissen Sie, daß die Aussage dieses Kindes Sie möglicherweise belastet? Wenn Sie seine Geständnisse fürchten, hatte er also doch etwas gesehen, wußte er also doch etwas.* Damit habe ich gerechnet, und genau darin steckt die ganze Infamie. Mußte ich das nicht befürchten, da ich wußte, er würde zurückverlangt werden in der gleichen Art und von Leuten der gleichen Sorte wie jene, die schon in Lyon ein gewaltiges Aufsehen erregt hatten? Dies war für mich der erste Anlaß der entschiedenen Sorge, er werde sich nach dem Beispiel jener und im gleichen Sinne etwas ausdenken [weshalb aber die Sorge, er werde sich *ausgerechnet* einen Mord ausdenken?]. Aber das ist nicht alles. Auf meiner Reise durch die Provence ist mir etwas mitgeteilt worden, und ich kann nicht glauben, daß es erfunden ist, so sehr scheint es mir mit den Tatsachen übereinzustimmen. Ich habe dem Betreffenden mein Ehrenwort gegeben, ihn nicht bloßzustellen, und gewiß werde ich seinen Namen nicht nennen. Hier gebe ich aber auch mein Ehrenwort, daß dieses Geheimnis nicht ewigen Bestand haben wird. Sollte er bis zu meiner Freilassung gestorben sein, bin ich nicht mehr an mein Wort gebunden, und ich werde den Namen nennen [...]»

Was dann folgt, ist eine verwickelte Geschichte. Der königliche Staatsanwalt in Aix, Monsieur de Castillon, soll befürchtet haben, daß Sade seinen Cousin, Monsieur de Mende, der den Prozeß von Marseille veranlaßt hatte, angreift, und bestrebt gewesen sein, ihn, Sade, zu ruinieren. Das ist zwar verwickelt, aber nicht völlig unwahrscheinlich. Nun kommt etwas anderes, das uns interessiert, weil es in den Bereich des Schreibens führt:

«Da ist noch etwas, und ich möchte alles klären. Man hat in meinen Briefschaften drei Dinge gefunden oder finden können, die gegen mich sprechen könnten. Sie seien der Reihe nach erläutert.

Das eine war ein Rezept für eine Schwangere, die sich ihrer Frucht entledigen wollte [im 18. Jahrhundert ein schweres Verbrechen]. So etwas aufzubewahren, ist zweifellos ein Fehler von mir und eine Unvorsichtigkeit, das räume ich ein. Ich habe davon gewiß nie Gebrauch gemacht, und ich habe es nicht in der Absicht genommen, es jemals zu verwenden. Mir sind in meinem Leben zwei oder drei Frauen oder Mädchen begegnet, deren Namen nichts zur Sache tun, die zwingende Gründe hatten, das Ergebnis ihres verwerflichen Wandels mit ihrem Liebhaber zu verheimlichen und die zu einem solchen Verbrechen genötigt waren. Sie haben es mir gestanden und mir zugleich die sehr gefährlichen Methoden mitgeteilt, die von Sachkundigen bei ihnen angewandt wurden, Methoden, bei denen, wie mir scheint, ihr Leben auf dem Spiel stand. Von der Methode, die man in meiner Brieftasche gefunden hat, habe ich in Italien gehört, und da ich fand, sie sei sanft und völlig gefahrlos, habe ich sie aus Neugier aufgezeichnet...

Das zweite Papier ergab sich aus einer Diskussion mit dem kleinen Doktor aus Rom. [Es handelt sich um Iberti, einen italienischen Freund Sades, von dem noch die Rede sein wird.] Er behauptete, die Alten hätten die Klingen mit dem von ihm genannten Mittel vergiftet, während ich das Gegenteil behauptete [...] Da ich eine Abhandlung darüber in meine Beschreibung Roms aufnehmen wollte, hielt ich seine Meinung fest. [...]

Aber jetzt zum Wichtigsten: *ein vollständiges Gutachten, bei dem es um ganz ähnliche Dinge geht, wie man sie Ihnen vorwirft* [...] In diesem Dokument hat ein Unglücklicher, der wie ich in Italien Asyl suchte, seine Fehler eingestanden. Er dachte nicht im entferntesten daran, zurückzukehren; als er sah, daß ich im Begriff war, wieder die Alpen zu überqueren, überreichte er mir sein Gesuch mit der Bitte, es jemandem in Frankreich vorzulegen und ihm die Antwort zukommen zu lassen. Ich versprach es ihm. Zwei Tage später flehte er mich an, ihm das Papier in seiner Handschrift zurückzugeben, weil es, wie er sagte, zu einem Beweis gegen ihn werden könne; er wollte es abschreiben lassen, aber er fand dort niemanden, der französisch schrieb. Ich schrieb alles eigenhändig ab, in dem einzigen Bestreben, mich ihm gefällig zu erweisen, und ohne daran zu denken, was künftig mit diesem Papier geschehen könnte. Auch für diese Tatsache *verbürge ich mich mit meinem Ehrenwort*, und ich werde, wenn es nötig sein sollte, die unumstößlichsten Beweise dafür erbringen.

Das sind alle meine angeblichen Verbrechen, das ist es, was ich darauf erwidere, und *ich schwöre*, ich werde es so überzeugend beweisen, daß man sich der Wahrheit unmöglich verschließen kann. Was man mir einzig vorwerfen kann, sind Ausschweifungen, wie sie alle Männer praktizieren, entsprechend dem Temperament und den Neigungen, die ihnen die Natur dazu gegeben hat. Jeder hat seine Fehler, und wir sollten keine Vergleiche anstellen, denn vielleicht würden meine Peiniger dabei nicht besser abschneiden als ich.

Ja, ich gestehe, ich bin ein Wüstling; alles, was man sich auf diesem Gebiet vorstellen kann, habe ich mir vorgestellt, aber ich habe durchaus nicht alles getan, was ich mir vorgestellt habe, und werde es auch nie tun. Ich bin ein Wüstling, aber ich bin *weder ein Verbrecher noch ein Mörder*. [...]»

Möge jeder selbst urteilen. Letzten Endes ist es sehr wenig, was wir hier erfahren. Gilbert Lely, der an Sades Leidenschaft für die Flagellation festhält, spricht Donatien de Sade ohne Zögern frei. Er erinnert daran, daß Sade in *Juliette* seine Heldin aussprechen läßt, was er selbst über die Anhänger der Peitsche denkt, fügt aber hinzu: «Gewiß, manche Flagellanten würden weiter gehen, wenn sie nicht Angst vor den Gesetzen hätten, aber andere werden durch ihren Akt vollkommen befriedigt: Gegen jede Vergeltung gefeit, übertreten sie um keinen Preis die Grenze, die ihrer aktiven Algolagnie gesetzt ist. Zu dieser zweiten Kategorie zählen wir den Marquis de Sade, indem wir gleichzeitig daran erinnern, daß seine Perversion sich aufgrund der Sublimation, von der wir schon sprachen, zum größten Teil in seinen Werken ausgelassen hat.»

Ich wäre sehr viel kritischer. Wenn man unbedingt ein Urteil fällen muß, dann spreche ich ihn aus Mangel an Beweisen frei und merke dazu nur an, daß diejenigen, die anscheinend besser Bescheid gewußt haben als wir, ihn verurteilt haben. Freilich ist das kein absolutes Kriterium, denn es gibt schließlich

den Justizirrtum. Wenn man aber die wichtige und ein wenig vernachlässigte Frage stellt: «War Donatien de Sade der Folterung und des Mordes *fähig*?», so antworte ich ebenfalls ohne zu zögern: Ja.
Lassen wir seine Selbstrechtfertigungen außer acht. Sobald Donatien seine Unschuld beweisen möchte, gewinnt man den Eindruck, als habe er Vater und Mutter getötet. Man glaubt nicht eine Sekunde an die Verbrechen, die er aus Gefälligkeit abgeschrieben haben will, an die Ehrenwörter, die ihn daran hindern, Zeugen zu benennen, an die Beweise, die, «wenn man es wünscht», jederzeit vorgelegt werden können, aber nie aus dem Schrank geholt werden.
Bei mir findet er eher Gehör, wenn er sagt, er sei ein Wüstling, er habe sich alles vorgestellt, was man sich vorstellen kann, habe aber nicht alles, was er sich vorgestellt hat, getan und werde es auch nie tun. Er findet eher Gehör bei mir, aber überzeugt bin ich dennoch nicht. Auch das häufig geäußerte Argument, als Gegner der Todesstrafe sei er außerstande gewesen, einer Fliege etwas zuleide zu tun, überzeugt mich nicht, denn es gibt etliche Gegner der Todesstrafe, die verborgene Motive und eine mörderische Natur haben, und Sade war vor allem deshalb dagegen (Pélagie war interessanterweise dafür), weil er gegen alle Gesetze, Urteile und Strafen war, weil er nicht einem Teil der Menschheit das Recht zusprechen wollte, über den anderen zu richten, und weil er in der Todesstrafe das genaue Gegenstück des Verbrechens und eine bloße Äußerung der fundamentalen Grausamkeit des Menschen sah.
Meine feste Überzeugung beruht einerseits auf dem Eindruck, daß sich bei Sade das Ersinnen einer Handlung oft unauflöslich mit ihrer Ausführung in einer einzigen Anwandlung vermengt war; er *schreitet nicht* zur Tat, sondern handelt einfach; andererseits beruht sie auf dem unbegründbaren, aber sehr starken Eindruck, daß er in einer solchen Anwandlung praktisch zu allem fähig war, hingerissen, wie eine spielende Katze, wie ein Kind, das einen Vogel in seiner Hand hält, von dem Schrei eines geöffneten Mundes, von dem Wogen eines gepeinigten Busens, von der flehenden Bitte, die nur zum Weitermachen anstachelt, bis sie einem lästig wird und man sie zum Schweigen bringen möchte, von dem Anblick des Blutes (Gernande entlädt, wenn er Blut sieht)...

Wie steht es nun im Jahre 1775 mit der erwähnten Sublimation durch das Werk? Mir scheint, daß die gesamte schöpferische, vitale Energie Sades in dieser Zeit in sein intensives Lebensgefühl eingeht. Und plötzlich finde ich, daß gerade der «große Brief» vom Februar 1781 eine erste Antwort auf die Frage bringt, wann Sade begonnen hat, wirklich zu schreiben. Auf einmal ist mir klar, daß er 1775 und selbst 1781 noch nicht so weit war, denn sonst hätte er dies doch sicherlich als Argument ins Feld geführt. In seinem «großen Brief» rechtfertigt er ja bereits seine «kleinen Blätter» mit einem Werkprojekt, bei dem es sich allerdings um einen Reisebericht handelt. Es heißt dort in bezug auf das Mittel zum Vergiften der Klingen: «Da ich eine Abhandlung darüber in meine Beschreibung Roms aufnehmen wollte…». Wie einfach wäre es für ihn gewesen, zu behaupten, er habe die Absicht gehabt, diese Abhandlung in einen Roman aufzunehmen, und das gleiche gilt für das Abtreibungsrezept sowie «das vollständige Gutachten, bei dem es um ähnliche Dinge geht, wie man sie Ihnen vorwirft», also den Mord. Den Anklägern des Marquis wäre dann nichts anderes übriggeblieben als der Rückgriff auf die uralte, bekannte literarische Diskussion über die Notwendigkeit, das Böse darzustellen, um die Leser davon abzuhalten. Daß Sade bezüglich seiner «Gutachten» nicht auf dieses Argument verfallen ist, zeigt, daß er von den *Cent vingt journées de Sodome* noch sehr weit entfernt war.

45.

Der Werwolf

Seinem Naturell, seiner Veranlagung, seinem Körper und seinem Kopf nach zu mancherlei fähig, bleibt Donatien de Sade dennoch abhängig von einer Umwelt, einer Umgebung, die seinen Handlungen Grenzen setzt: Einige halten es nicht mehr aus und sagen plötzlich «Halt». Daß wir uns kein genaues Bild davon machen können, was sich in der Stille seiner Gemächer abspielt, liegt vor allem daran, daß wir nicht wissen können, *wer* ihn umgibt. Pélagie kennen wir ein wenig, von Gothon und La Jeunesse haben wir eine vage Vorstellung; die übrigen zwölf oder fünfzehn Personen, die möglicherweise gemeinsam oder einzeln im Südflügel des Schlosses La Coste herumgespukt haben, bleiben für uns schattenhaft.

Von all den mehr oder weniger wollüstigen Objekten, mit denen Sade während dieser zwei Jahre zu tun hatte, gewinnt einzig Antoinette Sablonnière, genannt Nanon, vierundzwanzig Jahre alt, durch ihre Lebhaftigkeit eine gewisse Kontur. Tatsächlich spielt sie einige Monate lang durchaus eine Rolle im Leben Sades, ja, sie ist sogar zu einem Gutteil die Ursache seiner Probleme im Jahre 1775.

Im Mai dieses Jahres ist Nanon schwanger, und am 11. wird sie in Courthézon von einem Mädchen entbunden, von dem das Gerücht (und Paul Bourdin) behauptet, daß der Schloßherr von La Coste sein Vater sei. Dieser scheint damals stark von der Revision seines Prozesses von Aix-en-Provence in Anspruch genommen zu sein. Vielleicht haben einige seiner jungen Bediensteten das Schloß verlassen, so daß er sich um seine Affäre kümmern kann. Donatien ist jedenfalls besorgt, schickt Pélagie mit einem Auftrag nach Aix und regt sich auf über Madame de Montreuil, die die Dinge für den Geschmack ihres Schwiegersohns nicht rasch genug erledigt. Ihr Ziel ist noch immer, eine juristische Möglichkeit zu finden, das Urteil aufzuheben, ohne daß Donatien in Aix erscheinen muß. Auf Wohlwollen stößt Madame de Montreuil damit bei dem neuen Siegelbewahrer Hué de Miromesnil, «aber ein noch kaum etablierter Chef der

Justiz fürchtet, sich zu kompromittieren, wenn er sein Vorgehen nicht durch die Gesetze gedeckt sieht». Andererseits hält man es nicht für günstig, sich direkt an die Autorität des Königs zu wenden, «weil es sich nicht gehört, die Einbildungskraft eines jungen Prinzen durch die Schilderung von Einzelheiten dieses Prozesses zu beschmutzen, der ihn im übrigen allzusehr gegen den aufbringen würde, den er betrifft». (Bourdin)
Über die Korrespondenz zwischen der Präsidentin und Gaufridy vollkommen im Bilde, möchte Sade, der darin nur Vorteile sieht, seinem Verwalter die Briefe, die dieser an seine Schwiegermutter schreibt, selbst diktieren, so wie er auch die Briefe von Pélagie diktiert. Sein Leben lang wird Donatien die Menschen seiner Umgebung wie Personen eines Stückes betrachten, für die er die Dialoge verfassen kann:

> «Ich wünsche, daß Sie Madame de Montreuil den folgenden Satz schreiben: Mir scheint indessen, daß Sie, Madame, wenn Sie den Gründen nachgehen, die Monsieur und Madame de Sade veranlassen, Sie zu drängen, eher Motive der Freude und des Trostes entdecken werden als Anlässe für Mißstimmung und Ärger. Ihre Ehre und die ihrer Kinder» usw. (Undatierter Brief vom Frühjahr '75; Bourdin)

Die «große Sache», die Revision des Prozesses, ist nicht die einzige Sorge von Madame de Montreuil; besonders Nanon erweist sich als ein störrisches Fohlen, das seit einigen Monaten scheut und ausschlägt. Sie weiß nicht, daß die Präsidentin von Paris aus ein Auge auf sie hat. Sie weiß es nicht, oder sie kümmert sich nicht darum, und in diesem Fall macht sie einen Fehler. Im Laufe des Winters hat Madame de Montreuil ohne das Wissen Sades ihrer Tochter durch Gaufridy einen Brief überreichen lassen, in dem es um Nanon geht, denn sie wurde von Pélagie und ihrem Mann gebeten, etwas zu tun, um Nanon loszuwerden...
Antoinette Sablonnière scheint sehr bald nach ihrer Entbindung auf das Schloß zurückgekehrt zu sein. Ihr Töchterchen hat sie einer Amme im Dorf übergeben. Jetzt rennt sie umher, lästert über ihre Herrschaft, droht sich zu beklagen und macht es auch wahr, zumindest bei Gaufridy. Tatsächlich ist das Verhältnis zwischen ihr auf der einen und Monsieur und Madame de Sade auf der anderen Seite seit längerem gestört. Die Justiz- und Polizeimaschine, die sich bald in Gang setzt, und die Reaktionen der

beteiligten Personen verraten viel über die damalige Gesellschaft. Zunächst kommt Pélagie einer möglichen Klageerhebung ihrer Kammerzofe zuvor und informiert am 21. Juni Gaufridy, dem sie bei dieser Gelegenheit die Hintergründe der Affäre enthüllt:

«Nanon hat Ihnen mit allem, was sie erzählt hat, Sand in die Augen gestreut. Erstens stimmt es nicht, daß wir ihr den von ihr genannten Betrag schuldig sind. Zweitens hat sie nicht gekündigt, und drittens ist sie nicht geschlagen worden. Die Wahrheit ist vielmehr, daß dieses Mädchen mir gestern eine Million Unverschämtheiten an den Kopf geworfen hat, daß ich sie fortgejagt habe und sie daraufhin wie eine Verrückte unter tausend üblen Beschimpfungen das Schloß verlassen hat. Sie war kaum fort, als wir unverzüglich und vor Zeugen das Silbergeschirr überprüft und festgestellt haben, daß drei silberne Gedecke fehlten. Ist es nicht anzunehmen, daß sie die Schuldige ist, und hat sie sich durch ihr Verhalten nicht selbst dem Verdacht ausgesetzt?» (Bourdin)

Das Verschwinden dieser silbernen Gedecke kam wie gerufen (der Hausdiebstahl war ein schwerwiegendes Delikt und konnte mit dem Tode bestraft werden). Allerdings hält Madame de Sade ihre Behauptung nicht ernsthaft aufrecht:

«Jetzt will ich Ihnen erklären, was mich veranlaßt hat, so rasch Klage zu erheben und sie verhaften zu lassen. Sie werden daraus entnehmen, daß es notwendig war und daß es sehr schnell geschehen mußte.

Dieses Mädchen ist die Ursache der ganzen Unannehmlichkeiten dieses Winters; sie ist es, die all die kleinen Mädchen in eine peinliche Situation gebracht hat. Kurz, sie ist ein sehr gefährliches Geschöpf, sowohl wegen ihrer Hinterlist wie auch wegen ihrer Äußerungen. Meine Mutter ist über alles informiert und bemüht sich jetzt um einen Haftbefehl gegen sie (darum ging es in dem geheimnisvollen Brief, den Sie mir in diesem Winter übergeben sollten). In dem Brief, den ich gestern von ihr erhielt, teilte sie mir mit, es sei höchstens eine Sache von vierzehn Tagen; gleichzeitig schärfte sie mir ausdrücklich ein, sie im Auge zu behalten und vor allem zu verhindern, daß sie flieht. Daraus werden Sie ersehen, daß man unbedingt die Gelegenheit nutzen muß.»

Die Chancen sind von vornherein ungleich verteilt. Es nützt Nanon nichts, daß der Kammerdiener Saint-Louis sie unterstützt und daß sie im Kloster von Jumiège Zuflucht sucht, von wo drei Dienstboten des Marquis sie zu entführen versuchen, – Anfang Juli sitzt sie aufgrund eines königlichen Haftbefehls im Zuchthaus von Arles.

Das alles war dem Ansehen von Monsieur de Sade natürlich nicht sehr zuträglich. Er war bereits abgestempelt als das Ungeheuer des Comtat Venaissin: «Ich gelte hier als der *Werwolf*. Die armen kleinen Mäuschen mit ihren *Schreckens*wörtern», schrieb er an Gaufridy (Hervorhebung von ihm). Alexandre de Nerclos, Prior des Klosters von Jumiège, bei dem Nanon vergeblich Zuflucht gesucht hat, war zwar bemüht, «die ärgerlichen Gerüchte zu ersticken», meint aber in einem Brief an den Abbé de Sade, «daß man den Marquis bis ans Ende seiner Tage einsperren muß. Ich bin überzeugt, daß die Marquise nicht mehr taugt als ihr Mann, denn man weiß, daß keiner im Haus zur Beichte gegangen ist und daß sie ihren jungen Dienstboten erlaubt, ein Verhältnis mit einer verheirateten Lutheranerin zu haben» (gemeint ist Gothon).

Ende Juni hat Madame de Sade sich genötigt gesehen, den kleinen Sekretär nach Aix zurückzubringen, denn seine Mutter hat, wie es in einem Brief Sades an Gaufridy heißt, bei Monsieur de Castillon, dem königlichen Staatsanwalt in Aix, «mir nichts dir nichts einen Höllenlärm geschlagen». Glücklicherweise hat, wie Sade meint, «Monsieur de Castillon in dieser Sache eine Umsicht und Beflissenheit gezeigt, mit der er sich unsere ewige Dankbarkeit verdient hat. Gott sei Dank! Hätten wir es noch mit den Dummköpfen von früher zu tun gehabt, man hätte wenigstens ein Vierergespann gebraucht, um die Sache voranzubringen». (Bourdin) Von dieser guten Meinung wird der Marquis später abkommen und in seinem «großen Brief» erklären, daß Monsieur de Castillon wegen seines Vetters, Monsieur de Mende, «der Mutter und dem Kind ein Greuelmärchen diktiert» habe; anschließend seien die beiden nach Paris abgereist, «mit Geld, mit Erfahrungen für die Zukunft und mit Einflüsterungen so reichlich versehen», daß sie «in Paris dieselben Dinge, die man ihnen in Aix eingeschärft hatte», verbreitet hätten.

Etwa zur gleichen Zeit taucht ein Mädchen aus Montpellier, Rosette, auf und verschwindet wieder; seit zwei Monaten hatte sie versteckt auf dem Schloß gelebt und geht nun offenbar. Außerdem hat es Anfang Juli in La Coste eine geheimnisvolle «Expedition von Polizeibeamten» gegeben. Sade hatte sich in einer Dachkammer versteckt und ist dadurch dem Schlimmsten entgangen. Sogleich beschuldigt er seine Schwiegermutter, sie habe ihn verhaften lassen wollen, doch sie trägt am 26. Juli gegenüber Gaufridy eine recht überzeugende Erklärung vor:

> «Sie sagen mit Recht, daß nichts dafür spricht, daß dies auf meine Veranlassung geschehen sei. Ich müßte wirklich dumm sein, zu glauben, daß man einen Mann genau in dem Augenblick überraschen könnte, da er darüber informiert ist, daß man ihn aufsuchen wird, um jemanden bei ihm zu verhaften, daß man also annehmen muß, er werde dafür Sorge tragen, sich zu entfernen oder sich zu verstecken, da er ja noch immer als abwesend gilt. [...] Ich glaube nicht, daß diese Geschichte im Augenblick noch andere Folgen haben wird. Er wird auf der Flucht oder versteckt sein, wie er es schon getan hat, und wenn er sich ruhig verhält und seine Frau aufhört, sich zu kompromittieren und ihm Gefälligkeiten zu erweisen, die seiner und ihrer unwürdig sind [die Präsidentin hält, wie man sieht, noch immer in gewisser Weise zu Donatien], wird man in einiger Zeit die ganze Geschichte vergessen haben. Ich bezweifle aber, daß die beiden so vernünftig sein werden, sich entsprechend zu verhalten. Und wenn sie zusammen sind, muß man befürchten, daß dieselben Dinge immer wieder geschehen und daß er sie mit sich in den Abgrund zieht. Sie verstehen wohl, daß man nichts unversucht lassen darf, um sie vor ihrer eigenen Schwäche zu schützen [...] Ihre unglücklichen Söhne, die ich hier bei mir habe, brechen mir das Herz, aber ich kann nicht das Unmögliche tun, da Vater und Mutter durch ihr Verhalten immer wieder mein Werk zerstören, wenn es nahezu vollendet ist.» (Bourdin)

Es hat demnach den Anschein, als seien alle für eine Luftveränderung von Monsieur de Sade. Ohne Paß, aber in Begleitung des treuen Carteron bricht er am 17. Juli wieder einmal nach Italien auf, als Comte de Mazan, denn das ist von nun an sein Name während seiner Expeditionen.

46.

Der Künstler und sein Mobiliar

Wenn er sein Reisetagebuch korrekt geführt hat, kennen wir den Weg, den Donatien eingeschlagen hat, recht gut, denn Georges Daumas und Gilbert Lely haben 1967 seine *Voyage d'Italie, ou Dissertations critiques, historiques et philosophiques sur les villes de Florence, Rome et Naples, 1775-1776* veröffentlicht (durch ergänzende Teile, die Thibault de Sade unter den Papieren der Familie entdeckt hat, ist das Manuskript inzwischen auf den dreifachen Umfang angewachsen).

Einige der Beschreibungen aus der *Voyage* wird Donatien später für die italienischen Passagen in *Juliette* verwenden, doch was das Erotische betrifft, interessiert er sich, nach Ausweis seines Tagebuchs, allenfalls für Fälle von Sodomie, für die Beschäftigung von Kastraten an der Oper von Florenz («Es war das erste Mal, daß ich solche Monstren gehört habe. Es war empörend. Man kann sich nicht daran gewöhnen, daß aus einem dicken, sehr massigen und unförmigen Männerleib eine dünne, klare Stimme dringt, die sehr viel höher ist als die von Frauen») oder für die Sitten von Florenz, bei deren Beschreibung der Schloßherr von La Coste wohl auch seine eigenen Vorstellungen hat einfließen lassen:

> «In Florenz spielt sich die Ausschweifung im Verborgenen ab, ist aber deshalb nicht weniger wüst. So manche Greuel sollen sich hinter den dicken Mauern der abgelegenen Adelspaläste verbergen. Wie viele unglückliche junge Wesen, die bei Nacht heimlich in diese Schlupfwinkel des Verbrechens gebracht worden sind, haben dort ihre Ehre und ihre Gesundheit gelassen! Kurz nach meiner Ankunft ist ein achtjähriges Kind an dem gewaltsamen Frevel, der vierzehn Tage zuvor in einem dieser Paläste an ihm begangen wurde, zugrundegegangen. Und während meines Aufenthalts wurden zwei Frauen verhaftet, weil sie diesen schändlichen Umgang zwischen den Geschlechtern gefördert haben. Ihrer Verführung war eine ungeheure Zahl junger Mädchen erlegen, darunter eine Zehnjährige, die sie, so heißt es, den brutalen, widernatürli-

chen Launen eines florentinischen Herrn ausgeliefert hatten, der sie vollkommen verstümmelte. Bei der gerichtlichen Voruntersuchung gegen diese Elenden stieß man auf eine so große Zahl angesehener Namen beiderlei Geschlechts, daß man die Sache nicht weiter zu verfolgen wagte. Es wird versichert, daß sich die Hälfte der Frauen von Rang in dieser Stadt bei diesen Unglücklichen prostituiert habe.»

Nach einer Anreise über Céreste, Sisteron, Gap, Embrun und Briançon hatte Sade am 22. Juli den Mont Genèvre überquert und in Salsbertrand übernachtet. Am 25. kam er durch Turin. Am 29. war er in Parma, am 30. in Modena, am 31. in Bologna. Am 3. August gegen vier Uhr nachmittags ist er in Florenz angekommen, wo er bis zum 21. Oktober bleiben wird, nunmehr allein, denn La Jeunesse kehrt im Laufe des August nach La Coste zurück[1]. Abgesehen von den bereits wiedergegebenen Beobachtungen, äußert er sich ausführlich über den Besuch der Bibliotheken, in denen ihn die Handschriften interessieren (er entdeckt zwei Medaillons von Laura und Petrarca), der öffentlichen wie der privaten naturgeschichtlichen Sammlungen und schließlich der Kunstgalerien des Palazzo Vecchio. Hier erregen Veronese, Reni und Tizian seine Bewunderung, doch sehr viel stärker bewegen ihn offenbar die Skulpturen, insbesondere der Hermaphrodit («Sie müssen wissen, Madame la Comtesse, daß die Maßlosigkeit der Römer die Lust sogar in solchen Monstren zu suchen wagte») und die Mediceische Venus.

Die Florentiner und Florentinerinnen lösen bei Donatien wenig Begeisterung aus. Es gibt kaum hübsche Frauen, und «eine entsetzliche Kälte in der ehelichen Verbindung, die ihnen den Geist dieser Institution, der in jeder empfindsamen Seele deren Köstlichkeit verdoppelt, fremd werden läßt, so daß sie der Ehe der alten Römer ähnlich wird, bei denen die Frau, sobald sie ihrem Mann Kinder geschenkt hatte, in ihr Gemach verbannt und

[1] Madame de Sade hat gesehen, daß er «mit einer Dogge, ebenso schwarz wie er», nach La Coste zurückkehrte. Diese Bemerkung und sein Name (oder Spitzname) Carteron lassen darauf schließen, daß La Jeunesse eine zumindest stark sonnengebräunte Haut hatte. Könnte er der farbige Diener gewesen sein, den das Archiv des Museums im Dienste Sades zeigt, der sich wegen der damaligen Gesetze über seine Rechtsstellung Sorgen macht?

fortan für unfähig gehalten wurde, für die Gesellschaft nützlich zu sein». Trost findet Sade nur in der Gesellschaft eines Landsmannes, des Lothringers Dr. Mesny, der als Arzt am allgemeinen Militärhospital tätig ist und ihn in sein privates naturgeschichtliches Kabinett einlädt.
Von Florenz begibt sich Monsieur de Sade/Mazan nach Siena, «einer recht angenehmen Stadt», wo er sich jedoch nicht aufhält, und trifft am 27. Oktober in Rom ein, dessen Sehenswürdigkeiten und Meisterwerke er sogleich verzeichnet. Dort macht er auch die Bekanntschaft «des reizenden Doktor Iberti». Vermutlich im Januar '76 begibt sich Donatien von Rom nach Neapel.

Was die Herausgeber der *Voyage d'Italie* besonders vermerkt haben, war die Tatsache, daß einiges daraus später in *Juliette* verwendet wurde, und ferner, daß sich dort ein oder zwei Anspielungen auf erotische Dinge finden, von denen wir eine zitiert haben, sowie außerdem biographische Informationen. Aus den Briefen des Marquis kann man jedoch bei aufmerksamer Lektüre Andeutungen einer ganz anderen Tonart entnehmen. Über einen Besessenen, den man eigentlich nur als «sadistisch» bezeichnen kann[2], heißt es zum Beispiel:

> «Diese sonderbare Manie, Böses zu tun allein um des Vergnügens willen, es zu tun, ist eine der am wenigsten verstandenen und daher am wenigsten analysierten Leidenschaften des Menschen, und dennoch denke ich, daß man sie zu den Delirien seiner Einbildungskraft rechnen darf.»

(Allerdings glaubt Sade, diese Bemerkung sogleich abschwächen zu müssen, und fährt widersprüchlich fort: «Doch da sie zum Glück für die Menschheit von großer Seltenheit ist, bin ich dieser Mühe enthoben.»)
Auch kann man feststellen, daß er bei Kunstwerken ständig auf die *Natur* und die *Wahrheit* rekurriert: «Welche Natürlichkeit! Welche Wahrheit!»; «Diese Gruppe ist von einer erschreckenden

[2] Im Arsenal des Schlosses Sant'Angelo betrachtet Sade «so etwas wie einen sehr kleinen und merkwürdig konstruierten Bogen, der einem Spanier gehört hatte, dessen einziges Vergnügen darin bestand, mittels dieses Bogens (und nur in der Absicht, grundlos Menschen zu vernichten) vergiftete Nadeln in die Straßen und in die Menge zu schießen, in der er sich befand».

Wahrheit»; «Die Natur ist äußerst gekonnt dargestellt»; «Die größte Wahrheit des Charakters»; «Mir ist nur an der Wahrheit und keineswegs an der Symmetrie gelegen»; «Dieses Stück ist wegen des Ausdrucks von Wahrheit bewunderungswürdig». Diese Bezugnahme ist in jener Zeit nicht selten; Diderot verweist zwischen 1759 und 1781 die Maler seiner *Salons* häufig auf die «Wahrheit der Natur». Allerdings scheint Monsieur de Sade darunter etwas ganz anderes zu verstehen. So fällt ihm bei der Besichtigung der Gebäude der Kartäuser von San Martino in Neapel besonders eine Christusfigur von Michelangelo ins Auge, «die, so heißt es, nach der Natur selbst angefertigt wurde»[3], anhand eines gekreuzigten Modells, wozu er die folgende, nach meiner Ansicht sehr erhellende Bemerkung macht:

> «Für einen philosophischen Künstler ist dieses Vorgehen zwar ganz selbstverständlich, doch kann ich nicht daran glauben. Wenn man sich das Stück näher besieht, erkennt man leicht, daß es in dem Ton der Wahrheit, den es besitzt, nicht hätte erfaßt werden können, ohne daß das Modell dem Künstler tatsächlich vor Augen stand, gebunden und gefesselt. Ungeklärt ist nur, ob er es wirklich gekreuzigt hat, um nach der Natur selbst diese kostbaren Momente von Wahrheit einzufangen, die man nur in ihr findet. Vielleicht hätte er gut daran getan, es zu tun, um Vollkommenheit zu erreichen. Doch das Stück ist nicht vollkommen, und ich glaube daher nicht, daß er es getan hat, denn Michelangelo hatte wie jeder andere Vorurteile, und das Vorurteil war und wird stets die Klippe für das wahre Talent sein.»

Ein wenig später, im Palast der Prinzen Farnese auf dem Monte Posillipo, geht eine so entschiedene Stellungnahme zu den Rechten eines «philosophischen Künstlers» bei Donatien mit prosaischeren Überlegungen einher, die eine bemerkenswerte Entwicklung seiner Persönlichkeit enthüllen. Es geht um Tizians Porträt seiner Dienerin:

> «Man sagt, sie habe ihm zu mehr als einem Zweck gedient; sie ist eines dieser physischen Möbel, die ein Künstler und ein

[3] Der in der Kunstliteratur des 18. Jahrhunderts wiederholt zitierten Anekdote und ihrer spezifischen Verwendung bei Sade geht Michel Delon in einem Beitrag zur Sade-Nummer der Zeitschrift *Lendemains* (Nr. 63, 1991) nach.

Literat kaum entbehren können. Es ist gut, wenn man hier und dort darüber gebieten kann; die Natur wird befriedigt, und der Kopf wird nicht verwirrt! Die Liebe ist nichts für einen Mann, der arbeitet. Wenn seine Begierden sich entzünden und er nicht sogleich etwas hat, sie zu stillen, verdrängt die Leidenschaft der Sinne die Leidenschaft der Komposition, und das merkt man dem Werk an.»

Später, sehr viel später, im Jahre 1800, wird Sade in seinem Essay *Idée sur les romans* Prüfungen, wie er sie durchzumachen hat, einen großen Bildungswert zuerkennen: «Diese wichtige Kenntnis», schreibt er (über die Kenntnis des menschlichen Herzens), «erwirbt man nur durch *Mißgeschicke* und durch *Reisen.*» (Hervorhebung von ihm) Aus dem Abstand eines Vierteljahrhunderts wird es ihm wohl so vorgekommen sein, als habe seine Italienreise recht gute Bedingungen dafür geboten, seine Kenntnis der menschlichen Natur zu vertiefen, denn man hat nicht den Eindruck, daß er unentwegt fröhlich gewesen ist. Bei seiner Ankunft ist Sade erschöpft, beunruhigt, ziemlich ausgebrannt, von dem unangenehmen Gefühl geplagt, ein Geächteter zu sein: «Geben Sie den Leuten zu verstehen, daß ich sehr lange fortbleiben werde», schreibt er an Gaufridy; «es ist äußerst wichtig, daß diese Vorstellung verbreitet wird.» Für Liebesabenteuer hat er keinen Sinn: «Es ist ungemein schwer, sich hier verständlich zu machen; nicht eine Menschenseele spricht französisch, und ich bin weit davon entfernt, italienisch zu sprechen. Ich bemühe mich jedoch höllisch darum; der Ritter de Donis behauptet, ich würde es ohne eine italienische Mätresse nicht schaffen, doch ich kann ihm (und auch Ihnen) versichern, daß ich mich dieses Mittels mit Sicherheit nicht bedienen werde.» Es fehlt ihm an Hemden: «Sorgen Sie vor allem dafür, daß man auf den Schnitt des Kragens achtet.» (Brief an Pélagie)
Aus seinem Arbeitszimmer vertrieben, im Ausland in einer unbehaglichen Lage, beginnt Sade die ganze Welt zu hassen, und das Mitleid mit «seiner armen kleinen Frau», das er verbreitet, ist nicht schmeichelhafter als die Meinung, die er über seine Umgebung kundtut:

«Offenbar brauche ich mich nur umzudrehen, und schon bemächtigt man sich dieser armen kleinen Frau, um ihr tausend Dummheiten anzutun und tausend Lügen einzureden. Herrgott, wie ich die Provence verabscheue! Seien Sie überzeugt, mein lieber Advokat, daß ich nur den Augenblick herbeisehne, da ich sie zusammen mit den Meinen für immer verlassen kann.» (Bourdin)

Gaufridy ist beleidigt, und Pélagie versucht, sich für Donatien zu entschuldigen («Die ungerechten Äußerungen sind haltlos und erledigen sich von selbst. Im übrigen muß man sie auch mit der unglücklichen Lage entschuldigen, in der er sich befindet»), bevor er selbst es tut und dabei auf sein bevorzugtes Haßobjekt zu sprechen kommt:

«Versetzen Sie sich bitte in meine Lage, und Sie werden erkennen, wie entsetzlich sie ist; ich ruiniere mich hier, ich gebe Unsummen aus, und dabei geht es mir sehr schlecht. In Wirklichkeit will Madame de Montreuil meinen und meiner Kinder Untergang, und es ist ein Unglück für mich, daß ich niemanden finde, der energisch genug ist, sie das fühlen zu lassen. Ich habe in dieser Hinsicht auf Sie gezählt, aber mit einem Zauber (den sie vom Teufel hat, dem sie zweifellos ihre Seele vermachte), einem Zauber, den ich nicht begreife und nie begreifen werde, reißt sie alles an sich, was sie berührt. Sobald ihre magischen Schriftzeichen jemanden geblendet haben, werde ich verlassen und vor die Hunde geworfen. Man schaut zu und stöhnt über alles, was sie mir antut, doch man nimmt es hin, und niemand wagt es, für den ohnmächtig Geknechteten Partei zu ergreifen.» (Bourdin)

Den Neapolitanern gelingt es, Sade noch stärker zu mißfallen als die Römer und die Florentiner: «Es tut einem weh, zu sehen [...], daß der schönste Flecken der Erde von dem stumpfsinnigsten Volk bewohnt wird.» Liegt es an dem unvorstellbaren Verfall der Sitten? («Und ich frage mich, was aus der Tugend, der Bevölkerung und der Gesundheit werden soll in einem Staat, in dem der Niedergang der Sitten an diesem Punkt angelangt ist und die geringste Aussicht auf Gewinn genügt, um Menschen zum Verbrechen zu verleiten und jeden Gedanken an Rechtschaffenheit, Ehre und Tugend zunichte zu machen!») Oder liegt es daran, daß er in Neapel die größten Unannehmlichkeiten seiner ganzen Reise erlebt? Man hält ihn nämlich für einen geflohenen Kassierer, er wird von der Polizei überwacht, der

französische Geschäftsträger, Monsieur Béranger, demütigt ihn, und schließlich droht man ihn in Uniform dem Gericht vorzuführen, da er sich als Oberst der französischen Kavallerie ausgegeben hat. Er schreibt: «Ich sterbe vor Angst, bei dieser Vorführung eine Dummheit zu machen; ich habe mich von Leuten, die sich nicht auskennen, hinreißen und nötigen lassen, und ich hätte nicht so schwach sein sollen.» (Bourdin)
Ob es schließlich zu dieser Vorführung gekommen ist, weiß man nicht. Über die letzten Monate der Reise des Monsieur de Mazan gibt es wenig Informationen. Er ist allein, denn La Jeunesse ist Mitte August in die Provence zurückgekehrt, mit der Dogge, die «ebenso schwarz ist wie er». Er langweilt sich und fühlt sich immer weniger «zum Abenteurer gemacht». Am 4. Mai 1776 tritt er die Heimreise an, nachdem er von Neapel aus zwei Kisten mit Antiquitäten und Kuriositäten vorausgeschickt hat, von denen eine sechs Zentner (rund dreihundert Kilo) wiegt. Am 1. Juni ist er in Rom, am 13. in Bologna, am 18. in Turin. Ende des Monats kommt er in Grenoble an und stellt sogleich einen Sekretär namens Reillanne ein, von dem er sich kurz darauf wieder trennt, um statt seiner einen anderen Sekretär namens Malatié oder Lamalatié zu nehmen, den ihm eine Frau Giroud, Buchhändlerin, empfiehlt. Sicherlich ist er ein bißchen müde, er ist ein Jahr älter, doch anscheinend ist der Donatien de Sade, der Anfang August 1776 in La Coste eintrifft, nicht sehr verschieden von dem, der es dreizehn Monate zuvor verlassen hat.

47.

Die letzte Jagd

Er muß übrigens den Eindruck haben, erst gestern abgereist zu sein, denn in der Sadeschen Provence hat sich nichts verändert. Gut (oder mangelhaft) behütete kleine Mädchen gibt es in solcher Fülle, daß man den Überblick verliert. Neben der von Saumane gibt es mindestens noch «die Kleine von Piedmarin» und «die Kleine von Caderousse». Die Kleine von Saumane ist übrigens nicht mehr in Saumane: Der Herr Abbé de Sade, der mit «jenen Leuten» nichts mehr zu tun haben will (und sich sogar darüber empört, daß Pélagie sich nach ihm erkundigt), hat sich dennoch weiterhin als sehr gefällig erwiesen. Das Mädchen, das er in seiner Obhut hatte, hat er persönlich dem Krankenhaus von l'Isle-sur-la-Sorgue anvertraut. Auf die Gefahr hin, sein Mißfallen zu erregen, hat die Marquise ihm am 17. Oktober 1775 dafür gedankt und versichert, sie werde die Auslagen erstatten, wobei sie nochmals darauf zu achten bittet, daß das Mädchen mit niemandem spricht. Am 10. November tritt der Abbé de Sade erneut in Erscheinung und holt die junge Person «vollkommen geheilt» vom Krankenhaus ab, um sie Ripert anzuvertrauen, «der sich ihrer mit Vergnügen annimmt, und in der Scheune wird sie besser aufgehoben sein als bei mir, und die Gefahr, daß sie mit Fremden spricht, ist dort geringer»[1].

Nanon ist noch immer im Zuchthaus von Arles. Ihr Töchterchen ist Ende Juli '75 bei ihrer Amme in La Coste gestorben, doch bis Ostern '76 hat man es ihr immer noch nicht mitzuteilen gewagt. Lions, der Verwalter des Gutshofes Mas de Cabanes, ist beauftragt worden, sie von Zeit zu Zeit zu besuchen, um festzustellen, ob sie noch immer aufsässig ist.

Am 11. Januar '76 unterrichtet, Paul Bourdin zufolge, «ein Arzt aus Aix» Gaufridy «von der Untersuchung, welche die Eltern des Mädchens veranlaßt haben»:

[1] Der Abbé de Sade an Gaufridy. Was man in der Provence damals als Scheune bezeichnete, würde man heute Ferienhaus nennen.

«Ich bin aufrichtig beschämt über die Verzögerung meiner Antwort an die ehrenwerte Dame, die mir die Ehre erwiesen hat, mir zu schreiben. [Anscheinend handelt es sich um Madame de Montreuil.] [...] Über die Affäre von Arles sage ich ihr nichts, und ich hoffe, daß sie mein Schweigen nicht mißbilligen wird. Die Eltern des Mädchens verlangen ihre Rückkehr. Den gewünschten Erkundigungen zufolge sagt man, sie habe ein Kind zur Welt gebracht, das von dem Herrn stammen soll; anschließend sei sie auf Befehl des Königs ins Kloster gesperrt worden, und die Pächter dieses Herrn kämen für ihren Unterhalt auf. Sollten die Tatsachen davon abweichen, wäre ich Ihnen sehr verbunden, wenn Sie mir davon Mitteilung machten.» (Bourdin)

Etwa um die gleiche Zeit hat der Pfarrer von La Coste, der Monsieur und Madame de Sade nicht sehr gewogen ist, die Amme «der kleinen Nanon» einer Befragung unterzogen: «Man wollte sie zu dem Geständnis bringen, daß sie und die, welche ihr das Kind übergeben haben [die de Sades?], gewußt hätten, daß sie schwanger war, als sie es nahm. [Wegen dieser Schwangerschaft blieb bei der Amme die Milch aus, und deshalb starb das Kind von Nanon.] Die Frau hat geantwortet, sie hätte es nicht gewußt und geglaubt, der Milchmangel komme von der Überanstrengung durch die Seidenraupen.» (Bourdin)

Am 20. März setzt Lions, wie schon gesagt, Gaufridy davon in Kenntnis, daß Nanon noch immer nichts vom Schicksal ihrer Tochter weiß:

«Nanon ist ruhig. Die Nonnen beklagen sich nicht über sie. Ich werde die Osterzeit abwarten, um ihr den Tod ihrer Tochter mitzuteilen, dann ist sie vernünftiger.»

Wir werden Nanon Sablonnière wieder begegnen, über deren Freilassung ein Jahr später immer noch nicht entschieden ist. Während Donatiens Abwesenheit sind es andere kleine Mädchen, die Madame de Sade zu schaffen machen. Im Februar '76 hat Pélagie sich wegen der Kleinen von Piedmarin Sorgen gemacht: «Man muß sie am Fortgehen hindern.» Der Kleinen von Caderousse dagegen ist einen Monat später die Flucht geglückt, wie Pélagie am 15. März an Gaufridy schreibt:

«Ich höre, daß die Kleine von Caderousse vor acht Tagen nach Lyon ausgerückt ist. Könnten Sie nicht an die Äbtissin schreiben, so als habe meine Mutter Sie mit Erkundigungen beauftragt, und nach den Gründen und den Umständen fragen, unter denen diese Kleine gegangen ist? Ich werde diesen Brief durch einen verläßlichen Boten befördern lassen, der die Antwort, von der Sie bitte meine Mutter unterrichten wollen, mitnehmen wird. Sie ist mit zwei jungen Leuten abgereist, von denen einer sich als ihr Pate bezeichnet.» (Bourdin)

Es ist nicht einmal so, als wäre Monsieur de Sade erst gestern weggefahren, sondern es ist so, als wäre er nie fort gewesen: Sobald er wieder in La Coste ist (ob im August oder im Juli, läßt sich schwer sagen; nach den Dokumenten zu urteilen, ist er gleichzeitig in La Coste und in Grenoble[2]), werden alle Affären des Vorjahres wieder lebendig. Die Kleine von Saumane, die Ripert anvertraut war, ist entflohen, mit der Unterstützung eines Dieners namens Jean, den Pélagie am 15. Juni entlassen hatte, weil er «nicht den Mund hielt und über die Mauer stieg». Noch immer angeführt von Jean, hat das Mädchen am 26. Juli bei dem Richter von Orange eine Aussage gemacht: «Er hat das Mädchen zu Monsieur Baufils, dem Richter oder Schöffen dieser Stadt, gebracht, er hat sie veranlaßt, eine Aussage zu machen, und hinterher hat er sich vor zehn Zeugen in der Schenke damit gebrüstet.»[3] (Bourdin) Am 30. Juli erhält Ripert durch einen reitenden Boten einen Brief, der zwar mit Montreuil de Sade unterzeichnet ist, aber doch sehr stark auf Donatien hindeutet: «Ich erhalte aus Orange Nachrichten über das kleine Mädchen, das Sie aus Dummheit oder Böswilligkeit haben entwischen las-

[2] Die Briefe im Bestand Gaufridy, «von denen», Paul Bourdin zufolge, «die meisten kein Datum tragen, liefern einerseits Gründe, daran zu zweifeln, daß Monsieur de Sade Mitte Juli nach La Coste gekommen ist, und andererseits stärkere Gründe, daran zu glauben [...] Es ist nicht leicht in Erfahrung zu bringen, was der Marquis in den ersten Wochen nach seiner Ankunft in Grenoble gemacht hat. Das einzige Anzeichen für seinen Aufenthalt in dieser Stadt sind die Schulden, die er gemacht hat». Den gleichen Interpretationsschwierigkeiten begegnen wir bei den unveröffentlichten Briefen Pélagies im Bestand von Heine.

[3] Diese Mitwirkung eines Dieners, wie man sie schon im Fall von Nanon und Saint-Louis beobachtet hat, könnte die Vermutung nahelegen, daß dieses «kleine Mädchen» zumindest im heiratsfähigen Alter war.

sen; hier ist nicht der Ort, diesen Punkt zu klären.» Er soll sich innerhalb von vierundzwanzig Stunden nach Orange begeben und in Erfahrung bringen, was genau es damit auf sich hat. Natürlich hat man auch Madame de Montreuil alarmiert, die am 12. August ihrerseits an Ripert schreibt:

«Ich war überrascht von dem neuerlichen Gewitter, das sich gegen Monsieur und Madame de Sade zu erheben scheint und dem Vernehmen nach auf Leute zurückgeht, die in ihren Diensten gestanden haben und auf Bitten von Madame de Sade von Ihnen aufgenommen wurden, als ihre Situation ihr nicht die Weiterbeschäftigung so vieler Bediensteter erlaubte. [Dies ist die offizielle Version der Rückgabe der «kleinen Mädchen».] Wenn Sie, woran ich keinen Zweifel habe, mit Monsieur und Madame sowie ihrer Familie verbunden sind, müssen wir uns unverzüglich miteinander ins Benehmen setzen. Es ist möglich, daß man meiner Tochter falsche Berichte gegeben hat. Es ist möglich, daß sie auf Tatsachen beruhen. Entweder haben böswillige Personen aus Gründen und auf Wegen, die ich nicht durchschaue, ihr Vertrauen und ihre Leichtgläubigkeit ausgenutzt, oder man hat ihr kluge Ratschläge gegeben, und sie soll sich nur in acht nehmen, um Weiterungen zu vermeiden, durch die sie kompromittiert werden könnte. Es ist aufschlußreich, daß Sie mich unverzüglich über den wahren Sachverhalt informieren, ohne mich aber im geringsten zu kompromittieren.»

Man spürt, daß Madame de Montreuil mißtrauisch ist, was dazu beiträgt, daß ihr Brief ein wenig unklar erscheint. Nach meiner Deutung hat sie den Verdacht, daß Sade ihr Geld abluchsen will, um das Stillschweigen der jungen Person zu erkaufen, die mit Enthüllungen droht (an welcher Aussage man sie wohl um jeden Preis hindern will?). «Ich habe den Verdacht», schreibt die Präsidentin weiter, «daß, sollte sich das, was man mir geschrieben hat, als falsch erweisen, *jemand* [mit dieser Unterstreichung deutet Madame de Montreuil unzweifelhaft auf ihren Schwiegersohn hin] wieder zurück und in der Nähe der Dame ist und sie aus irgendwelchen Gründen all diese Dummheiten vermehren läßt.» Gleichwohl möchte die Präsidentin wissen, was an der Sache ist, und bittet ihrerseits Ripert, sich nach Orange zu begeben und Erkundigungen einzuziehen (Bourdin).

Am Ende hat die entflohene Gefangene offenbar keine Strafanzeige erstattet. Darauf deutet zumindest ein späterer Brief von Madame de Sade hin. Vermutlich haben aber dennoch das ganze Hin und Her und das üble Gerede des erwähnten Jean nicht den besten Eindruck im Lande hinterlassen. Zu allem Unglück ist eine der Bediensteten aus Lyon oder Vienne, die kleine Marie, die in der Küche arbeitete (und folglich noch in La Coste war), im Juni erkrankt. Als ihr Zustand sich verschlimmerte, hat man sie aus dem Schloß herausgebracht, und am 30. August stellt Dr. Terris, der sie fast täglich besucht hat, ihren Tod fest. Zwar kann an dem «bösartigen Fieber» kaum gezweifelt werden, doch trägt auch dieser Fall sicherlich nicht dazu bei, die Gerüchte um Sade verstummen zu lassen. Seltsamerweise wird, diesmal zu seinem Vorteil, ein gegenteiliges Gerücht in der Gegend verbreitet, nach dem Monsieur de Sade fromm geworden sein soll. Madame de Sade, die wegen kleiner Besorgungen an Gaufridy schreibt («einige Pfund Schokolade [...] jetzt ist die Zeit der Rebhühner gekommen, und ich habe keinen Jagdhüter; sprechen Sie mit Blancard, damit er mir so rasch wie möglich einen besorgt»), teilt ihm die frohe Botschaft mit:

> «In der Gegend wird erzählt, M. de S. sei fromm geworden; wir lassen das die Leute gern glauben. Sie werden noch erfahren, was es damit auf sich hat. Damit Sie nicht erstaunt sind, teile ich Ihnen hier schon mit, daß ich erzähle, er habe den Papst gesehen. Wir werden Ihnen das noch erläutern.» (Bourdin)

Was den Werwolf von La Coste im September 1776 am meisten beschäftigt, ist aber nicht dieses Gerücht. Er hat von seiner Reise umfangreiches Studienmaterial mitgebracht, und was er nicht bei sich führte, hat er dem Anwalt Reinaud in Aix schicken lassen. Der Inhalt der Kisten aus Neapel aber löst weder bei Reinaud noch bei Gaufridy Begeisterung aus. Der Anwalt von Aix würde für den ganzen Inhalt der ersten, die vor Sade angekommen ist, «nicht zwölf Sous geben, ausgenommen ein Heft mit Zeichnungen, das ihn amüsiert». Gaufridy läßt Madame de Sade wissen, daß er diese Meinung teilt. «Aus Ihrer Äußerung wird deutlich, daß Sie kein Antiquitätenhändler sind», erwidert die Marquise verstimmt. «Fragen Sie Herrn Abbé de Sade, er wird Ihnen sagen, was eine Kiste voller Antiquitäten aus Rom wert ist.» Endlich trifft die zweite Kiste ein, die auf der Tartane «L'Aimable Marie» befördert wurde. «Es ist eine wahre Arche», schreibt Paul Bourdin, der wohl aufgrund eines Frachtbriefs, der in den Archiven von Gaufridy gefunden wurde, aufzählt, was sie alles enthält: «Unter anderem Marmorstatuen und Versteinerungen», «eine Vase oder Amphore zur Aufbewahrung griechischer Weine, in der sich Korallenstöcke festgesetzt haben», antike Lampen, Weingefäße, «das ganze in der Art der Griechen und Römer», Medaillen, Götzenbilder, unbehauene und behauene Steine vom Vesuv, eine völlig erhaltene schöne Totenurne, etruskische Vasen, ein behauener Brocken Serpentin, ein Brocken Salpeter von der Solfatara, sieben Schwämme, eine Muschelsammlung, ein kleiner Hermaphrodit und eine Blumenvase, «das ganze aus Alabaster von Volterra in der Toscana», ein Teller aus Marmor, bestückt mit allerlei Früchten, die «ausnehmend gut getroffen» sind, zwei Schränkchen aus Marmor vom Vesuv, eine Tasse der Sarazenen, ein neapolitanisches Messer, Kleidungsstücke, Stiche und Bücher, darunter die *Preuves de la Religion* in vier Bänden, eine Abhandlung über die Existenz Gottes, die *Révolution opérée sous Maupeou*, *La Dîme réfutée*, ein Schauspielalmanach, *La Saxe galante*, der Militäralmanach, Briefe der Pompadour [!], sowohl als Handschriften wie gedruckt, die *Histoire de Naples*, italienische Bücher und ein Reimlexikon.

Während Sade seine Schätze ordnet, treffen weiterhin Briefe und Pakete aus Italien ein. Donatien scheint unverzüglich mit einem Werk begonnen zu haben, bei dem es sich sehr wohl um seine *Voyage d'Italie* handeln könnte. Pélagie schreibt an Gaufridy: «Seien Sie unterdessen tausendmal von dem Autor gegrüßt.» (Bourdin)

Hat Sade außerdem noch andere Zerstreuungen? Das Schloß ist nicht leer. Außer La Jeunesse ist da der neue kleine Sekretär und zumindest ein Jäger namens Vincent (der am 1. und 6. September '76 von Dr. Terris besucht wird). Gibt es Ersatz für die kleine Marie, Nanon und die anderen? Man ist knapp bei Kasse, aber es ist nicht teuer, sich mit «physischen Möbeln» zu umgeben, denn man zahlt sie erst aus, wenn sie gehen oder wenn man sie entschädigen muß (und dann kümmert sich Madame de Montreuil um sie).

Vielleicht ist aber die Personalausstattung seines Schlosses trotz allem unzureichend, denn in der zweiten Oktoberhälfte finden wir Sade in Montpellier. Er begegnet wieder Rosette, die im Vorjahr zwei Monate lang auf dem Schloß versteckt gehalten wurde. «Im Oktober 1776 verbrachte ich, wie Sie wissen, vierzehn Tage in Montpellier», wird er in seinem «großen Brief» schreiben. «Die erwähnte Rosette lebte damals ganz sicher in Montpellier. Der Beweis hierfür ist, daß ich sie dort sah, *daß ich sie dort in jeder Weise sah, oder ehrlicher gesagt, in der vollen Bedeutung des Wortes.*» Diese Rosette, heißt es in dem großen Brief weiter, habe, nachdem der Marquis sie «in jeder Weise gesehen» hat, ein Mädchen namens Adélaïde dazu gebracht, nach La Coste zu gehen, «und ihr versichert», schreibt Sade, «daß sie, von der Einsamkeit abgesehen, mit allem, was ich von ihr verlangen werde, zufrieden sein könne». Aber das ist nicht alles. Bevor Monsieur de Sade Montpellier verläßt, besorgt ihm der Franziskanerpater Durand eine Köchin: Catherine Treillet oder Trillet, die der wackere Ordensmann persönlich im Wagen nach La Coste begleitet, nachdem er sich bei Catherines Vater für die sittliche Untadeligkeit des Marquis verbürgt hat.

Das Schloß von La Coste ist ganz darauf eingerichtet, wie schon im Winter 1774-75 nun in der Ruhe des Winters 1776-77 zu versinken. Allerdings macht sich der Geldmangel stärker bemerkbar als zwei Jahre zuvor. Madame de Montreuil zahlt nichts, da sie noch immer nicht die versprochene Schuldenaufstellung bekommen hat. Ihre Tochter schreibt ihr, die Fenster in ihrem Zimmer hätten keine Scheiben. Am 19. November schickt die Präsidentin eine Anweisung über eintausendzweihundert Livres, allerdings an Gaufridy und mit genauen Anweisungen: «Ich bitte Sie, mir den Empfang zu bestätigen und das Geld nur für Ausgaben zur Verfügung zu stellen, die für den Unterhalt des Schlosses anfallen [...] Ihr habe ich lediglich mitgeteilt, daß ich mich mit Ihnen ins Benehmen setzen werde, was die Aufwendungen für ihre Bedürfnisse und den Unterhalt angeht.» Sade ist mit dieser Regelung nicht zufrieden, und Pélagie findet sie absurd und typisch für ihre Mutter: «Das ist wieder eine ihrer seltsamen Anordnungen ohne Sinn und Verstand.» Madame de Sade rechnet sich aus, daß ihr tausend Écus fehlen werden, um über den Winter zu kommen...

All diese Berechnungen werden am 17. Januar 1777 von zwei Pistolenschüssen über den Haufen geworfen, wobei allerdings der erste keinen großen Lärm macht, weil nur das Zündhütchen losgeht. Dennoch ist die Wirkung gewaltig. «Sie können sich vorstellen, daß ich und das ganze Haus entsetzt waren», schreibt Sade an Gaufridy.

Eine finstere Affäre, die freilich, wenn man die Dokumente heranzieht, nicht so schwer zu entwirren ist, wie es zunächst den Anschein hat, von der man aber dennoch annehmen muß, daß einige Punkte für immer ungeklärt bleiben werden. Am Anfang steht wieder Pater Durand, der im Dezember vier neue Bedienstete auf das Schloß La Coste bringt. Hat Sade ihn schriftlich darum gebeten, wie er behauptet? Dies ist einer der strittigen Punkte. Immerhin soll der Schloßherr schon in der ersten Nacht in die Zimmer seiner Leute eingedrungen sein und von ihnen verlangt haben, sich seinen Begierden hinzugeben, wozu er sie mit Geld zu verlocken suchte – jedenfalls hält er eine Geldbörse in der Hand. Sie lehnen entsetzt ab, und frühmorgens um vier Uhr brechen drei der Bediensteten (ein Küchenmädchen soll geblieben sein) wieder nach Montpellier auf. Dort angekommen, wird sogleich Vater Trillet von dem Vorgefallenen unterrichtet, und schon ist er da, um mit gezückter Pistole seine Tochter herauszuholen.

Bemerkenswert bei dieser neuen «Affäre» ist, daß Monsieur und Madame de Sade ihre Dienerin in *‹Justine›* umgetauft haben, bemerkenswerter zumindest als die Frage, ob sie «sehr hübsch» war, wie es ihr Vater behauptet. (Dieses Attribut «paßt überhaupt nicht zu ihr», meint Sade in einem Brief, in dem er ihr die sehr an Justine erinnernden und bemerkenswerteren Eigenschaften zuerkennt, «einfältig und nachgiebig» zu sein.) Ebenso unerheblich ist für uns der Streit um die vier Dienstboten, die für den Marquis «der Abschaum der Natur» sind. Auch spielt es keine Rolle, ob Trillet sich höflich vorgestellt oder, wie Sade es schildert, «mit unverschämtem Blick alle gewohnten üblen Ausdrücke hervorgeschleudert» hat. Doch schildern wir kurz, was vorgefallen ist. Trillet wird im Hof von dem Herrn von La Coste empfangen, der ihm aber seine Tochter nicht herausgeben will: «Seien Sie so gut und warten Sie, bis ich eine andere gefunden habe.» (Sade) Die Diskussion wird heftig, Trillet gibt den Pisto-

lenschuß ab, der fehlgeht, und flüchtet sich ins Dorf, wo er über den Marquis herzieht. Die Bewohner von La Coste laufen zusammen und ergreifen Partei für den einen oder den anderen. Catherine/Justine schickt nach ihrem Vater, um ihn zu beschwichtigen. Durch eine kleine Luke in der Mauer sprechen sie miteinander. Als er im Hof Monsieur de Sade zu vernehmen glaubt, gibt Trillet den zweiten Pistolenschuß ab, und diesmal zündet das Pulver. Alles gerät in Panik. Die Dorfbewohner, die mit ihm gekommen sind, laufen davon, Trillet ihnen nach. Es ist Freitag. Der Vater Catherines wird sich den ganzen Samstag und Sonntag über (am 18. und 19. Januar – wieder so ein Sonntag, an dem alle Welt sich mit Sade befaßt) im Dorf über den Marquis verbreiten und von Zeit zu Zeit mit seinen Repräsentanten, dem Schöffen Paulet und dem Kanonikus Vidal, verhandeln. Am Montag morgen verläßt er La Coste, mit einem Geldstück für die Reise versehen und dem Versprechen, in der Fastenzeit seine Tochter zurückzuerhalten, nachdem er, so scheint es, die Herren Paulet und Vidal seiner «aufrichtigsten Gefühle der Freundschaft und der Anhänglichkeit für Herrn Marquis de Sade» versichert hat (Bourdin).
Letztlich ist also nicht viel passiert. Der Marquis hat schon ganz andere Geschichten erlebt. Eine Bagatelle, aber man ahnt, daß sie nicht spurlos an Donatien de Sade vorübergeht. Vor allem, weil er ein merkwürdiges Verhältnis zu Gewalt hat. Imstande, handgreiflich zu werden, wenn die Wut ihn übermannt, zu blutigen Handlungen fähig, wenn ein sexueller Antrieb ihn gepackt hat, ist er doch im Innersten das genaue Gegenteil einer Bestie, dessen, was man gemeinhin einen Mörder nennt.
Mit der unscheinbaren Affäre Trillet wird Sade indessen von einem Sachverhalt berührt, dessen sich die Menschen seiner Umgebung sehr viel stärker bewußt waren als er selbst. Ich glaube, er hatte bis dahin immer noch nicht begriffen, was der bürgerliche Tod bedeutete, das Todesurteil, das man im September 1772 über ihn verhängt hatte. Er wird es erkennen, als man ihn merken läßt, daß diese administrative Maßnahme, so schwerwiegend sie auch sein mag, nichts ist im Vergleich zu der gesellschaftlichen Lage, in die ihn seine *Verirrungen*, wie es so treffend heißt, gebracht haben.

Der erste Schritt, den Monsieur de Sade unternimmt, sobald Trillet sich nach seinem fehlgegangenen Pistolenschuß ins Dorf geflüchtet hat, ist eine ordnungsgemäße Strafanzeige: Man hat ihm nach dem Leben getrachtet, und die Pistole ist eine «ganz verbotene» Waffe. Er läßt unverzüglich Monsieur Rayolle, den Richter von La Coste, einen Greis, der in Apt wohnt, benachrichtigen. Rayolle gibt die zurückhaltende Auskunft, «daß das Verfahren sich allein auf das Tragen von Waffen beziehen kann, und dies nur auf Ersuchen des Amtsanwaltes». Enttäuscht wendet sich Sade an Gaufridy, dem er in einem achtseitigen Eilbrief die Tatsachen schildert: «Sie sehen, wie notwendig Ihre Anwesenheit ist, um all das richtigzustellen, denn ich bestehe auf einem Verfahren.» Donatien will alle Welt für sich mobilisieren: «Wir teilen es Madame de Montreuil mit [...] Sie werden Monsieur de Castillon [den Oberstaatsanwalt in Aix] davon unterrichten. [...] War das denn nicht vorsätzlicher Mord?»
Dann beschleicht ihn, ohne daß er es verstünde, der unangenehme Eindruck, daß alle sich drücken vor den Forderungen, die er angesichts eines Delikts, das ihm die Grundlagen der zivilisierten Gesellschaft zu bedrohen scheint, so selbstverständlich findet: «Heute kommt ein Fremder und fordert mit vorgehaltener Pistole seine Tochter, morgen wird ein Bauer kommen und mit vorgehaltenem Gewehr seinen Tagelohn fordern.»
Unterdessen macht Herr Trillet im Dorf merkwürdige Äußerungen, die aufs Schloß getragen werden und die Sade für Gaufridy mit eigenen Hervorhebungen aufzeichnet: «Dann hat er gesagt, man habe ihm gesagt, daß *er mich in aller Seelenruhe töten könne und daß ihm nichts passieren werde.*»
Er kann es einfach nicht glauben. Kurz darauf schreibt er an Gaufridy: «Ich bin überzeugt, daß man, hätte dieser Mann mich *getötet*, auch noch gesagt hätte, *ich sei im Unrecht gewesen*», wobei ich den Eindruck habe, als versuche er sich durch diese Unterstreichungen das Gegenteil dessen einzureden, was er sagt. Allerdings gerät etwas ins Wanken, dessen er bislang sicher war: Die Justiz wird nicht mehr für ihn arbeiten. Er wird *rechtlos* sein. Noch klammert er sich an Ausflüchte, zum Beispiel die Unfähigkeit oder Feindseligkeit örtlicher Stellen: «Mir ist klar geworden, daß *alle Einwohner von La Coste* [Hervorhebung von ihm] Lumpen sind, die man rädern sollte.» Noch hofft er auf das Rechts-

gutachten, das der Advokat Mouret auf Ersuchen von Gaufridy von Monsieur de Castillon erbeten hat[4].

Ende Januar bricht Donatien nach Paris auf. Man hat behauptet, er sei damit einem Brief gefolgt, mit dem Madame de Montreuil ihm eine Falle gestellt habe; er habe (vielleicht durch die Präsidentin) erfahren, daß es seiner Mutter, der alten Comtesse de Sade, nicht gutgehe. Ich denke, ohne es allerdings beweisen zu können, daß das Hauptmotiv, das Sade in die Hauptstadt, zu Madame de Montreuil treibt, der glühende Wunsch ist, sich Gerechtigkeit zu verschaffen, sich zu beweisen, daß er noch *zur Familie gehört.* Daß man nicht *das Recht* hat, auf ihn zu schießen... Seine provenzalische Umgebung ist gegen diese Reise und äußert das auch. Gothon sieht ihn ungern fahren. Reinaud schreibt vertraulich an Gaufridy: «Das ist zweifellos das Ende Deiner Leiden, mein lieber Gaufridy. Man wird mich nicht davon abbringen können, der Brief von Madame de Montreuil ist letztlich eine Falle [...] Der Marquis rennt wie ein Dummkopf in sein Verderben [...] Noch vor Ablauf des Monats wird unser Held in Paris eingesperrt sein, auf mein Ehrenwort!»
Reinaud schreibt dies am 8. Februar. Sade ist gerade in Paris angekommen. Sonderbarerweise hat er sich zu Beginn der Reise von La Jeunesse begleiten lassen, während Pélagie zusammen mit Catherine/Justine Trillet reiste, die darum gebeten haben soll, nicht nach Montpellier zurückgeschickt zu werden. Wo sie sich wiedergetroffen haben, ist unbekannt, jedenfalls treffen alle vier in einer Kutsche ein. Sade erfährt nichts von der unnachsichtigen, ausführlich begründeten Rechtsansicht von Monsieur de Castillon, dem königlichen Staatsanwalt in Aix-en-Provence, die der Advokat Mouret am 30. Januar Gaufridy übermittelt und die ihn, hätte er sie gekannt, in seinem Entschluß bestärkt hätte, sich an Madame de Montreuil zu wenden:

> «Er hat nicht verstehen können, daß ein so intelligenter und vernünftiger Mann wie Sie sich mit den Überlegungen und

[4] Mir scheint, daß Gaufridy, dem die Lage klar sein mußte, in diesem Fall wenn nicht wahre Freundschaft, so doch Einfühlung bewiesen hat, denn er unterstützte ein Vorgehen Sades, das in seinen Augen völlig verkehrt, aber, wie er spürte, für Sade psychologisch wichtig war.

Drohungen des Monsieur de Sade abgegeben hat. Sollte es stimmen, daß dieser Herr an dem Mädchen, um das es geht, so wenig Interesse hatte, wie er behauptete, und sollte sie eine solche Vestalin sein, wie ihre Häßlichkeit es Ihnen nahelegt, so forderten doch allein schon die Gründe, die den Vater bewogen haben, sie zurückzuverlangen, daß man sie ihm auf der Stelle übergab, und man durfte damit um so weniger zögern, nachdem der Herr Oberstaatsanwalt angerufen worden war. Eine Anstellung, gleichgültig, ob sie für einen Monat oder ein Jahr abgeschlossen ist, ist für einen Vater, der seine Tochter zurückfordert, nicht bindend; er allein hat legitime Rechte an ihr; der Dienstherr, der um ihre Dienste gebracht ist, hat lediglich Anspruch auf Entschädigung; stützt sich aber die Forderung nach Herausgabe auf so starke Motive wie jenes der Verführung seiner Tochter durch ihren eigenen Dienstherrn, so erlöschen alle Ansprüche, und der Vater ist berechtigt, seine Tochter auf der Stelle mitzunehmen, auch gewaltsam.»

Jeder der folgenden Sätze ist wie ein Fallbeil:

«Er braucht nicht einmal von der Verführung überzeugt zu sein, es genügt die Befürchtung, und dies gilt um so mehr bei Herrn Marquis de Sade, *gegen den man nicht zu Unrecht entsprechende Vedächtigungen und Befürchtungen hegt* [Hervorhebung von mir]. Der betrübliche Ruf, den er sich erworben hat, und der Stand der Dinge [seine Verurteilung] sprechen zusätzlich für eine abschlägige Antwort. Die Gewalttätigkeiten, die er dem Vater anlastet, legitimieren [sind legitimiert durch?] die Motive des letzteren; *er hatte Recht, als er sagte, er würde straflos ausgehen, wenn etwas Schlimmes passiert wäre* [Hervorhebung von mir], und es ist unvorstellbar, daß Monsieur de Sade den unglücklichen Vater nicht nur zu einer solchen Tätlichkeit getrieben, sondern sich ihr auch noch ausgesetzt hat. Der Herr Oberstaatsanwalt ist über dieses ganze Gebaren und vor allem über die Drohungen, die gegen den Vater ausgesprochen wurden, sowie das Verfahren, das auf Ersuchen des Amtsanwalts von La Coste gegen ihn eröffnet wurde, so entsetzt, daß er noch heute an den Amtsanwalt von La Coste schreibt und ihn bittet, ihm so bald wie möglich eine Kopie des Verfahrens zukommen zu lassen; diese Affäre, die man ersticken wollte, hat bereits größtes Aufsehen erregt und kann unabsehbare Folgen haben.» (Bourdin)

Am Schluß des Briefes wird Gaufridy nachdrücklich gebeten, dafür zu sorgen, daß Catherine Trillet ihrem Vater unverzüglich zurückgegeben wird. Sie befindet sich indessen in Paris, zusammen mit Monsieur und Madame de Sade. Die Fahrt war beschwerlich, wie Pélagie in einem vom 10. datierten Brief an Gaufridy schreibt:

«Am Abend des 8. Februar sind wir endlich angekommen, nach großen Strapazen, auf entsetzlichen Straßen und jeden Augenblick genötigt, unseren Wagen flicken zu lassen.

Nach reiflicher Überlegung haben wir beschlossen, meiner Mutter die Ankunft von Monsieur de... erst am nächsten Mittwoch bekanntzugeben, denn während der Fastnacht sieht sie viele Leute, und sie könnte falsche Ratschläge bekommen.

Meine Schwiegermutter ist schon vor drei Wochen gestorben. Monsieur de... hatte während der ganzen Reise gehofft, und der Schlag hat ihn schwer getroffen. Er ist bei seinem Freund, der ihn sehr gut aufgenommen hat und ihm jede erdenkliche Fürsorge angedeihen läßt.» (Bourdin)

Dieser Freund von Monsieur de... ist der Abbé Amblet, sein früherer Erzieher. Jacques-François Amblet ist nicht der einzige Abbé, den Donatien in Paris kennt. Man hat einen sehr interessanten Brief Sades an einen seiner einstigen Jagdgefährten gefunden, der ebenfalls ein Kirchenmann war. Der Brief ist zwar undatiert, kann aber nur zwischen dem 8. und 13. Februar 1777 geschrieben worden sein:

«Der Tod meiner Mutter, lieber Abbé, hat mich herkommen lassen, zu einem Zeitpunkt, an dem Sie sicherlich am wenigsten damit gerechnet haben, denn erst vor wenigen Tagen habe ich Ihnen geschrieben und Sie nochmals inständig gebeten, in die Provence zu kommen. Die Rücksicht auf diesen Todesfall und auf meine übrigen Verwandten, mit denen ich mich noch nicht wieder versöhnt habe, zwingen mich noch für einige Zeit zum Inkognito. Deshalb bitte ich Sie, niemandem zu sagen, daß ich hier bin. Ich brenne jedoch darauf, Sie zu sehen, Ihnen von meinen Heldentaten zu erzählen, von den Ihren zu hören und gemeinsam einige neue zu begehen.

Die Gefälligkeiten, um die ich Sie für die Provence bat, können Sie mir jetzt hier erweisen, denn nun bin ich hier. Ich muß Ihnen übrigens gestehen, daß ich ein sehr starkes Bedürfnis nach diesen Gefälligkeiten habe, weil ich nie jemanden gefunden habe, der sie mir erwiesen hätte, wie Sie es tun; ich stelle aber die Bedingung, daß ich mich dafür revanchieren darf, damit ich Ihnen nichts schuldig bleibe. Nennen Sie mir einen Treffpunkt, wo nicht allzu viele Leute sind, oder bei Ihnen, und bitte am Abend, ich werde pünktlich dort sein, und wir werden ein wenig auf die Pirsch gehen. Die Antwort können Sie dem übergeben, der Ihnen diesen Brief überbringt, doch stellen Sie ihm keine Fragen und lassen Sie sich auf kein Gespräch über mich ein, die Gründe werde ich Ihnen erläutern.

Seien Sie von ganzem Herzen gegrüßt.» (Lely)

Man wüßte gern, ob es zu dem geplanten Jagdausflug mit der dazugehörigen Prahlerei gekommen ist – für Donatien de Sade wäre es einer der letzten gewesen, wenn nicht der letzte. Denn am 13. Februar 1777, abends um halb zehn, schließen sich die Tore der Festung von Vincennes hinter ihm.

VIERTER TEIL

Die Probe

Vier Burgen
La Coste (oben) / Vincennes (links) / Bastille (rechts) /
Pierre-Encise (unten)

48.

Andere Zeiten...

Donatien de Sade ist wieder im Gefängnis. Was ist daran erstaunlich? In Vincennes also.
Doch der Eingesperrte wird nur wenige Tage brauchen, um zu merken, daß zwar zunächst alles wie damals scheint, eigentlich aber alles anders ist. Niemand hat sich, wie 1763, darüber gewundert, daß er einen Sittenskandal verursacht hat. Marais, der ihn seit sechs oder sieben Jahren nicht mehr gesehen hatte, wird ihn auf der Fahrt nach Vincennes vermutlich wie einen alten Bekannten behandelt haben. Und dann ist Monsieur de Sade innerhalb der letzten vierzehn Jahre vom jungen Mann und Unruhestifter zum müden Gaul geworden. Ein weiterer Schock für einen Menschen, der, seitdem er vor siebenunddreißig Jahren die Augen geöffnet hat, glaube ich, sein Altern wohl noch nicht empfunden hat. Alles, was ihm jetzt widerfährt und den anderen banal erscheint, wird für ihn zur erschreckenden Neuheit: «Nie habe ich eine ähnliche Situation ausgestanden, wie ich sie heute erlebe», schreibt er am 6. März 1777 an Pélagie. Und achtundvierzig Stunden später: «Immerhin habe ich doch schon siebzehn Tage in diesem schrecklichen Haus verbracht, die Befehle aber, die mich festhielten, müssen ganz andere gewesen sein, denn die Art, wie ich damals interniert war, ähnelt kaum derjenigen von heute.» (Lely)
Mit Nostalgie hat das nichts zu tun. Das wäre nicht typisch für Sade. Er stellt nur Vergleiche an: die Gefängnisse haben sich verändert.

Auch anderes hat sich in Frankreich seit einigen Jahren zu verändern begonnen, ohne daß der Herr von La Coste es vielleicht immer bemerkt hat. Er ist nicht der einzige. Wer kann zwölf Jahre vor Erstürmung der Bastille schon klar erkennen, daß dieses Land vor einer unglaublichen Umwälzung der Gesellschaft, des Jahrhunderts, des Planeten steht? Nichtsdestoweniger hatte Ludwig XV., zwischen Choiseul, Maupeou und der Du Barry lavierend, die ihn jeder in eine andere Richtung zerrten, in seinen

letzten Jahren gelegentlich seine tiefe Langeweile verlassen, um von sich aus Entschlüsse zu fassen, die nicht alle rückständig waren. Sogar von einer «königlichen Revolution» 1770/71 wurde gesprochen.
Ludwig XVI., den die Macht ebenso schreckte, wie er auf Vergeltung für eine gedemütigte Jugend sann, gelang 1774 das Kunststück, mit den entschiedensten Reformideen, die man seit langem auf dem Thron Frankreichs erlebt hat, rückwärts in die Zukunft zu ziehen; es waren leider konfuse Ideen, geboren aus einer Art angelsächsischer Philantropie mit einem leichten Einschlag von Rousseau, und schwer zu vereinbaren mit seinen Anfällen absoluter Autorität oder seinen Phasen von Unterwerfung unter die debile, reaktionäre Umgebung, die ihm Marie-Antoinette aufdrängt. In seinem unsicheren Vorgehen wird er sich, ohne es zuzugeben, mal von den einen und mal von den anderen leiten lassen und immer häufiger den Interventionen seiner charmanten Gattin nachgeben, die alles andere als liberal und innovativ ist.
Der neue König, der nach dem Tod des Dauphin, seines Vaters, 1764 Thronfolger geworden ist, ist nicht der Sohn, sondern der Enkel von Ludwig XV. «So scheu und bäuerlich, daß man hätte glauben können, er wäre im Wald groß geworden» (Brief des Botschafters von Neapel, Marquis de Caraccioli, an seinen Hof), wirkt er schwerfällig, tölpelhaft, mit einem Zug von Hinterhältigkeit und der zänkischen Aggressivität eines krankhaft Schüchternen. Er ist für die damalige Zeit groß (1,76 m), kurzsichtig und unbeholfen, und doch spricht man dem scheinbar Einfältigen (so dumm ist er nicht) manche Qualitäten zu. Caraccioli beschreibt ihn weiter als «einfach und natürlich in seiner Rede, ein Feind der Lüge und der Schmeichelei, ohne Eitelkeit und Stolz, mit sich selbst und den anderen aus Prinzip streng, ein Freund der Gerechtigkeit und mit weitem, nur scheinbar hartem und dornigem Herzen». In seinen Vorhaben oft enttäuscht und mit sich selbst unzufrieden, rächt er sich, indem er Katzen durch die Dachrinnen hetzt und ganze Tage auf Jagden verbringt, die seine Kurzsichtigkeit zu mechanischen Gemetzeln werden läßt, da man ihm das Wild vor die Flinte treiben muß (460 Stück am 31. August 1784). Bekannt ist, daß er sich (linkisch) auch mit Schlosserei beschäftigte.

Große Mühe hat man gehabt, ihn in die Fragen der Liebe einzuführen. Die schöne Österreicherin, die man ihm 1770 in sein Bett gelegt hatte, fragte ihn gelegentlich (vor seinen Tanten): «Sie sind mein Mann, wann werden Sie mein Ehemann werden?» Bis zum 18. August dieses Jahres 1777 wird sie warten müssen, nach mehreren fehlgeschlagenen Versuchen und, so flüstert man, einer kleinen Operation.
Ob nun entjungfert oder nicht, wird sich Ludwig XVI. weiter vor allem für Jagd, Schlosserei und Maurerei begeistern. «Meine Neigungen ähneln nicht denen des Königs, der nur jene der Jagd und der mechanischen Arbeiten besitzt. Sie werden zugeben, daß ich mich in einer Schmiede ziemlich schlecht machen würde; Vulcanus wäre ich dort nicht, und die Rolle der Venus könnte ihm viel stärker mißfallen als meine Neigungen, die er nicht mißbilligt.» (Marie-Antoinette an den Comte de Rosenberg)

1774 hat das Volk, Ludwig des XV. überdrüssig, seinen neuen zwanzigjährigen Herrscher und seine so junge und dekorative Königin[1], die ihm endlich etwas Frische anzukündigen schienen, zunächst gefeiert: «So lange schon hatte die Nation ihr weiches Herz nicht öffnen können», schrieb der Duc de Croÿ.
Mit Marie-Antoinette geht die Herrschaft der Favoritinnen, die seit fünfunddreißig Jahren andauerte, endgültig zu Ende; sie ist eine Königin, die ihren Einfluß durchsetzen wird; Frankreich wird dabei nichts gewinnen. Trotz einiger Auflehnungsversuche wird Ludwig XVI., äußerst verliebt in diese hübsche junge Frau, die ihre Verachtung sehr bald nicht verbergen wird («Der arme Mann!», sagt sie über ihn in der Öffentlichkeit), von ihr bezaubert bleiben.
Was sie betrifft, wird ihre ganze Politik darin bestehen, ihre Favoriten und Favoritinnen zu begünstigen und gegen den Strom der Zeit zu versuchen, eine absolute Monarchie zu restaurieren, in der sie abwechselnd Ludwig XIV., Richelieu oder die Maintenon hätte sein können. Man kennt das Resultat.

[1] War Marie-Antoinette wirklich so schön? Zweifellos, da nur sie gesehen wurde, wo immer sie sich zeigte. Wie alle Berühmtheiten hat man sie oft verleumdet, doch ihre Bewunderer blieben in der Mehrzahl.

Die Libertinage ist freilich nicht die Stärke von Ludwig XVI. «Der König hat Sitten», stellt Pélagie de Sade in einem Brief an ihren eingesperrten Mann fest (Borderie). Eine Persönlichkeit wie der unzüchtige Marquis de Sade ruft bei diesem puritanischen, gehemmten Souverän sicher nicht die geringste Sympathie hervor.
Im übrigen hat sich am Hof wie in der Stadt das Klima von heuchlerischer Verkommenheit zu «natürlicher» Empfindsamkeit gewandelt. Man feiert Rousseau. 1777 vergießt man noch Tränen über das Leiden des *Paysan perverti* von Restif de La Bretonne, der im Vorjahr erschienen ist. Das Landleben, in den Schäfereien am Petit Trianon gepflegt und stilisiert, und die in der *Voyage de Bougainville* nach Tahiti (1771) entdeckten und von Dorat besungenen «guten Wilden» sind Mode: «Selige Inseln gibt es, wo man liebt, ohne zu erröten...»
Für viele ist diese sorgfältig komponierte Natürlichkeit freilich nur eine weitere Maske, die am Geist ihrer Vergnügungen nichts ändert. Auf die Zyniker der Regentschaft, die jungen Stutzer unter Ludwig XV. sind *ganz natürlich* die neuen Libertins der letzten Jahre des Ancien régime gefolgt, die sich, bisweilen gelangweilt, mit Methode jenen kühlen Ausschweifungen hingeben, die der Zeit das erotische Gepräge geben. In Grenoble macht sich ein Hauptmann der Artillerie namens Choderlos de Laclos daran, über mehrere Jahre hinweg die Sitten zu studieren (1777 trifft er gerade von Valence kommend ein), was fünf Jahre später die *Liaisons dangereuses* zur Folge hat. Es gibt weitere Zeitzeugen. «Die Liebe, wie sie in der Gesellschaft existiert, ist nichts als der Austausch zweier Phantasien und die Berührung zweier Hautoberflächen», bemerkt Nicolas Chamfort (geboren 1741, ein Jahr nach Sade). Der Baron de Besenval beschreibt in seinen *Mémoires* ähnliche Zeitgenossen: «Die Männer waren nur damit beschäftigt, die Zahl ihrer Geliebten *nachweisbar* zu steigern, und die Frauen, sich *öffentlich* ihre Liebhaber auszuspannen.» (Die Hervorhebungen stammen von Besenval)

Wie fern Donatien de Sade dieser gesellschaftlichen Libertinage stand, haben wir gesehen. La Coste war von den Valmonts und Merteuils wie von Marie-Antoinettes Operettenhirten und -hirtinnen Lichtjahre entfernt. Eher hinsichtlich der Ideen gäbe es für Sade Ansprechpartner, falls er es wollte, falls es ihm möglich wäre. Wahrscheinlich beginnt er bei ihnen die Grenzen zu bemerken, die er bald zu erweitern versuchen wird[2], doch haben ihn die Philosophen seiner Zeit geprägt, und vielleicht würde er jetzt gern von Zeit zu Zeit jemanden haben, mit dem er wirklich sprechen kann. Die Kolloquien mit Gaufridy, Paulet oder dem Domherrn Vidal werden ihm manchmal unbefriedigend erschienen sein.

Übrigens ist das nicht sicher. In den Briefen Sades beginnt man jenes charakteristische, ganz und gar *dichte* Denken zu spüren, in welches das Denken anderer nur nach einer Art Vorverdauung Eingang findet und vollständig assimiliert als authentisch sadisch wieder erscheint, auch wenn es hier und dort, an bestimmten Konturen, erkennbar bleibt. Man bräuchte das Vokabular eines Naturforschers, um diesen intellektuellen Vorgang zu beschreiben, den ich nur mit der Nahrungsaufnahme jener Insekten vergleichen kann, die ihren Rüssel in die Organe ihrer Zufallsopfer senken, eine starke Säure hineinspritzen und eine Flüssigkeit heraussaugen, die kaum mehr eine Beziehung zur jeweiligen Beute zeigt, deren leere Hülle man anschließend unversehrt findet.

Gleichwohl ist es aufschlußreich, sich der Vorstellung hinzugeben, welche Unterhaltungen, welchen Briefwechsel ein freier Sade in Paris 1777 bei seiner intellektuellen Aktivität hätte führen können, die genauso neugierig und aufgeschlossen ist wie seine sexuelle Aktivität. Was die Zeit vor seiner Einsperrung betrifft, wissen wir, daß er beinahe alle Philosophen gelesen hat; einiges spricht dafür, daß ihm sowohl *Le barbier de Séville* (1775)

[2] Natürlich ist es unmöglich, schon für 1777 Beweise einer solchen Distanzierung zu erbringen, die sich später manifestieren wird. Ihre Indizien sehe ich in den Bemerkungen in der *Voyage d'Italie* zu den Vorurteilen, die das Talent der größten Künstler hemmten: «Wie jeder andere hatte Michelangelo Vorurteile», schrieb Sade 1776. Ein Jahr später denkt er dasselbe über Helvétius, Fréret oder d'Holbach. Zeit darüber nachzudenken hat er genug gehabt: *De l'esprit* (Helvétius) ist 1758 erschienen, *Le christianisme dévoilé* (d'Holbach) und die *Questions de Zapata* (Voltaire) 1767, die *Lettre de Thrasybulle à Leucippe* (Fréret) 1768, das *Système de la nature* (d'Holbach) 1770 und *Le bon sens* vom selben Autor 1772.

wie auch die Werke Buffons bekannt waren (dessen «Dégénération des animaux» 1776 den Transformismus in Frankreich eingeführt hat), ebenso jener Shakespeare, den Letourneur zu übersetzen beginnt[3]. Was *Ossian* und *Werther* angeht, die gleichfalls 1776 auf Französisch erscheinen, haben wir keine Anhaltspunkte. Aus *Les crimes de l'amour* werden wir zumindest erfahren, daß ihn die Übersetzung von Youngs *Nights* 1769 tief beeindruckt hat.
Kein Hinweis seinerseits, daß er dem internationalen politischen Geschehen auch nur die geringste Beachtung schenkt. In Westindien (Amerika) wird seit 1770 gekämpft; dreizehn aufständische englische Kolonien haben 1776 ihre Unabhängigkeit erklärt.
Dafür wird ihn die Flut an französischen Druckerzeugnissen nicht gleichgültig gelassen haben. Der Buchhandel spielt im Leben des Landes eine bedeutende Rolle; die Periodika französischer Sprache, von denen es 1750 dreiunddreißig gab, wachsen bis 1778 auf zweiundsechzig an. 1776 erscheint die erste Tageszeitung, *Le journal de Paris*. Von 1750 bis 1779 verdoppeln sich die offiziellen Veröffentlichungen französischer Bücher (von dreihundert auf sechshundert jährlich), die heimlich gedruckten Werke haben sich vermutlich verdreifacht. Wie hätte Sade der Versuchung widerstehen können, sich auf diese oder jene Weise in das Gewimmel von Köpfen und Federn einzumischen, und wer weiß, ob das nicht eine entscheidende Rolle bei seinem Entschluß gespielt hat, im Januar 1777 wieder in die Hauptstadt zu fahren? 1790 wird er «seine Verzweiflung [äußern], zwölf Jahre lang [seine] Gedanken nicht mitteilen gekonnt zu haben». (Bourdin)

Genau diesen Zeitpunkt wählt Sades Schicksal, um ihn aus dem Verkehr zu ziehen. Dies wird in zwei Phasen geschehen. Jetzt ist er erst einmal in Vincennes.

[3] Das war nicht die erste Übersetzung von Shakespeare ins Französische; die stark manierierte Übersetzung von La Place war seit 1746 vorhanden. Doch scheint erst die erwähnte in Paris Eindruck gemacht zu haben.

49.

Ist alles gut, so wie es ist?

Hier muß man vor einem verbreiteten Mißverständnis warnen: Sade nur noch als Gefangenen zu sehen, der von seinem Gefängnis genauso bestimmt wird wie eine Muschel von ihrer Schale. Das wäre weit gefehlt.
Mißtrauen wir vor allem den Zahlen. «Siebenundzwanzig Jahre blieb er eingesperrt.» Gewiß. Aber mehrere Male (ein Dutzend) und unter sehr unterschiedlichen Bedingungen. Trennen wir denn auch zunächst die zwölf Jahre in Charenton (1803–1814) davon ab, ein bewachtes Alterspensionat, zwar manchmal unangenehm, doch auch mit vergnüglichen Ablenkungen und nicht zu vergleichen mit einer Strafanstalt. Bleiben ungefähr fünfzehn Jahre «Pausen», wie Sade sagen wird. Im Alter von siebenunddreißig hat er zusammengenommen erst ein Jahr dieser Pausen erlebt, wovon die längste, Miolans, vier Monate und zweiundzwanzig Tage gedauert hat.
Donatien ist jetzt also erneut in Vincennes, allerdings nur für sechzehn Monate. Es handelt sich noch nicht um die große Pause, die tiefe Zäsur von 1778 bis 1789, zehn Jahre und neun Monate, zur Hälfte in Vincennes, zur anderen in der Bastille verbracht, die Sades Leben zerteilen und verbinden wird wie ein häßliches Scharnier die völlig ungleichen Flügel eines zusammengewürfelten Diptychons. Greifen wir nochmals vor: Am Ende jener sechzehn Monate wird Donatien im Juni 1778 zum Revisionsverfahren seines Prozesses in die Provence gebracht, wo er nach dessen Ende am 16. Juli die Flucht ergreift. Es folgen neununddreißig Tage in La Coste, wo er wieder ergriffen und am 7. September nach Vincennes zurückgebracht wird, das er vor fast drei Monaten verlassen hat. Im Moment erleben wir eine Art Generalprobe, in deren Verlauf wir sehen werden, wie Sade – natürlich völlig ahnungslos über seine Zukunft – sich bereits jetzt die meisten Elemente schafft, die seine lange Haftzeit bestimmen werden.

«Die Befehle, die mich hier festhielten, müssen ganz andere gewesen sein...» Die Monsieur de Sade betreffenden Befehle vom

Februar 1777 kennen wir nicht, doch daß sie sich in diversen Punkten von den bisherigen unterschieden, ist sicher. Sie sind zweifellos strenger. Wie zu erwarten, macht Donatien sofort die Präsidentin dafür verantwortlich, die er jeder erdenklichen Heimtücke beschuldigt. Unbestreitbar ist die Forderung nach einem königlichen Haftbefehl, um dann die Annullierung des Urteils von 1772 erwirken zu können, Ursprung dieser Verhaftung, doch darf man nicht vergessen, daß die Entscheidung, Sade zu verhaften und die Revision des Prozesses von Aix auf den Weg zu bringen, Ergebnis eines Familienrates ist und vor allem auf die de Sades aus der Provence zurückgeht. Oberhalb dieser Ebene sind die endgültigen Beschlüsse zwischen dem König und seinem Hofminister gefallen, vermutlich unter Hinzuziehung des Polizeidirektors Le Noir.
Nur haben die Minister und selbst der König keine absolute Macht mehr. Die «Affäre de Sade» bringt den Beweis für die Veränderung in der französischen Gesellschaft, die sich 1774/76 unter dem Mantel der unspektakulären Wiedereinsetzung der früheren Parlamente vollzogen hat. Maupeou hatte sie verjagt, um die zentrale Autorität zu festigen; zugleich und vielleicht stärker, als er annahm, hatte er die Justiz spürbar demokratisiert. Indem er die Magistrate der traditionellen Institution zurückruft, glaubt Ludwig XVI. vermutlich seine persönliche Macht zu festigen. Aber wir sind nicht mehr unter Ludwig XIV. Sich auf das Volk, das Gesetz, das Recht zu berufen, wie es die Parlamente getan hatten, um Maupeou entgegenzutreten (und ihre Privilegien zu behalten), findet mehr und mehr Widerhall.
Mittlerweile steht Donatien de Sade wieder im Zentrum eines komplexen juristischen Problems, exemplarisch und weit über seinen besonderen Fall hinaus. Ein in Abwesenheit Verurteilter kann sich innerhalb von fünf Jahren den Richtern stellen, um eventuell die Revision seines Prozesses zu erreichen. Im Januar 1777 hat Sade also gerade noch etwas Zeit. Die Familienangehörigen aus der Provence, der Abbé, die de Sade-Vauredones, die de Sade d'Eyguières würden ihren Neffen und Vetter Donatien am liebsten gleich wieder vor das Parlament in Aix schicken. Allein Madame de Montreuil fordert Garantien. Natürlich, um die Ehre vollständig wiederherzustellen, aber auch im Interesse ihres Schwiegersohns.

1775 und 1776 versuchte die Präsidentin mit allen Mitteln und immer wieder, eine Klärung der juristischen Situation zu erreichen. Sie ließ ihre (wie wir sehen werden, mächtigen) Beziehungen spielen, schrieb Briefe auf Briefe, verfaßte eine Denkschrift nach der anderen, die von Ministern und Richtern aufmerksam studiert wurden. Nur einige dieser Dokumente liegen vor, seltsamerweise bleiben sie bei den bedeutendsten Biographen Sades unbeachtet. Dazu gehört zum Beispiel der Antrag, den der oberste Präsident von Aix-en-Provence, Monsieur de La Tour, im Herbst 1776 an den Siegelbewahrer [Justizminister] Ludwigs XVI., Hué de Miromesnil, richtet.
Seit zwei Jahren unterhielt Madame de Montreuil einen heimlichen Briefverkehr mit Monsieur de La Tour («Denken Sie bitte daran, Monsieur, wie wichtig es für mich und meine Sache ist, daß in keinerlei Weise und niemandem ruchbar wird, daß ich auch nur im geringsten Anteil habe an Ihrem Wissen und dem, was daraus folgen kann.» [BI[x]]). In Paris läßt sie ihre Beziehungen spielen, doch der neue König ist zu jung, daß man ihm eine derart obszöne Angelegenheit zu unterbreiten wagt, und sein Siegelbewahrer schreckt davor zurück, sich zu kompromittieren. Schließlich schreibt sie im Mai 1776:

> «Es ist mir endlich gelungen, Monsieur [gemeint ist Monsieur de La Tour], eine Audienz bei dem Herrn Justizminister zu erhalten, die lange genug dauerte, damit er gütigst ein Memorandum durchlesen konnte, das ich ihm überreichte. Der erste Teil desselben, den Ihnen zu zeigen ich die Ehre hatte, ist stark gekürzt, da alle Einzelheiten zum zweiten Punkt des Urteils [die Sodomie] aus zwei Gründen herausgefallen sind: zunächst des Anstandes wegen, da der Bericht mehreren Personen vorgelegt werden soll, vielleicht sogar dem König selbst.»

Zweiter Grund: die Argumente zum Verfahren. Kurz:

> «Der Herr Justizminister, Monsieur de Maurepas, sowie mehrere Minister sind voll guten Willens und Mitleids für seine Frau und die Kinder. Es geht vor allem darum, dieses ungerechte Urteil [seine Verhaftung] aufzuheben.» (BI[x])

Ihrem Brief legt Madame de Montreuil eine Kopie des Stammbaums von Sade bei, auf dem sie die Kinder von Donatien einträgt. Im folgenden werden die letzten ministeriellen Veränderungen erwähnt: Malesherbes und Turgot gehen, Amelot kommt; «glücklicherweise habe ich Beziehungen zu seiner Umgebung» (wen wundert das?). Seinerseits schreibt Miromesnil an den Präsidenten de La Tour. Sartine ist jetzt Minister der Marine, läßt seine Schützlinge aber nicht im Stich. Am 4. September 1776 empfiehlt er «die Präsidentin, Madame de Montreuil, für die ich mich interessiere», dem höchsten Richter von Aix. (BI[x])

Trotzdem, die gewichtigen Fürsprecher und der offenkundig wohlgesonnene de La Tour müssen sich an das Gesetz halten. Punkt für Punkt antwortet Monsieur de La Tour denn auch dem Justizminister, gestützt auf eine juristische Analyse von Monsieur de Castillon (nach wie vor Staatsanwalt in Aix), und seine Schlußfolgerungen unterscheiden sich sehr von dem, was Maurice Heine darüber berichtet hat: Das Verfahren von 1772 sei sicher etwas hastig gewesen; man könne das «überzogene Urteil» und die Verfahrensfehler hervorheben. Aber diese Fehler, die «nie Gegenstand eines förmlichen Einspruchs» gewesen seien, nützten einem «nicht anwesenden Angeklagten» nichts, «den nur die Aussichtslosigkeit, sich erfolgreich zu rechtfertigen, daran hindert, wieder vorstellig zu werden». Monsieur de Castillon habe erwogen, dem Angeklagten «den Weg zum Gefängnis» zu weisen oder ihn aus dem Königreich zu verbannen, d.h. ihn «durch den Entzug der Vorteile, die die Gesellschaft an die Reinheit der Sitten bindet, durch die Scham, durch den Zwang sich zu verstecken, durch die öffentliche Ächtung, durch den Verstoß aus der Stadt und aus der Gesellschaft» zu bestrafen.

> «Aber der wesentliche Punkt und der primär zu veranlassende Schritt zur Erbauung und Beruhigung der Gesellschaft ist es, den Marquis de Sade für immer ihren Blicken zu entziehen, der trotz der Befehle des Königs, die er verletzt hat, auf einer Freiheit beharrt, die er nur mißbrauchen kann, da seine Seele nicht weniger verkommen ist als seine Phantasie.»

Monsieur de La Tour lenkt die Aufmerksamkeit auch auf die Gefahren eines neuen Urteils: «Man könnte das Delikt nicht völlig geheimhalten, etwa den Freudenmädchen Pastillen in solchen Mengen gegeben zu haben, daß das Leben einer von ihnen in Gefahr war. Man kann auch das Verbrechen der Päderastie nicht verbergen.»

Was die königlichen Patente betrifft, die die Familie für eine neue Verfahrensprüfung in Abwesenheit des Angeklagten vorschlägt, so wäre das ein «allen Regeln zuwiderlaufendes Mittel». Diese Erlasse «wären illegal». Der Angeklagte «könnte nicht von seiner Vorstellung entbunden werden, und außer ihm kann niemand für ihn bitten, ohne alle Grundlagen des Strafverfahrens zu erschüttern und der Straflosigkeit Tür und Tor zu öffnen». Diese Patente «kann man unmöglich einem Abwesenden zubilligen, der [nochmals wird es betont] weder vorstellig werden kann noch will, da er auf eine vollständige Entlastung nicht hoffen kann».

Ihren Schwiegersohn den Blicken der Gesellschaft entziehen? Madame de Montreuil ist zu sehr Teil dieser Gesellschaft, um nicht damit einverstanden zu sein. Würde sie es auch für immer wollen? Das bezweifle ich. Ob sie zumindest zu Donatiens Verhaftung beigetragen hat, indem sie ihn nach Paris lockte und dann die Polizisten von seiner Ankunft benachrichtigte, wie ihr vorgeworfen wird? Ich glaube das nicht. Alles geschieht eher so, als schrecke sie davor zurück, persönlich aktiv zu werden. Obwohl sie mit den Entscheidungen gegen Sade übereinstimmt und sogar darauf hinwirkt, daß sie von anderen umgesetzt werden, hält sie sich um so mehr aus dem Spiel heraus, je weiter Donatien hineingerät. Ich finde Marie-Madeleine sehr überzeugend, wenn sie ihrer Tochter am 13. August 1778 schreibt:

> «Was hatte es zur Folge, mich vor achtzehn Monaten von seiner Ankunft in Paris zu informieren, vierundzwanzig Stunden bevor er verhaftet wurde? Daß er mich beschuldigt hat, ihn verraten zu haben! Ich, ihn verraten! Ich, die keine Ahnung hatte, während es der Minister schon seit sechs Tagen wußte, und die seinetwegen sogar überwacht wurde!» (Bourdin)

Wenn man sich vorzustellen versucht, was Anfang Februar 1777 zwischen Madame de Montreuil, ihrer Tochter und Sade geschehen sein könnte, muß man etwas zurückgehen, ungefähr bis zum 10. Januar. Zu diesem Zeitpunkt kommt Sade, der wegen seiner juristischen und finanziellen Probleme außer sich ist (und sich vielleicht zu stark von seinen historischen oder literarischen Arbeiten abgelenkt fühlt), der Gedanke, Madame de Montreuil so etwas wie ein allgemeines Ultimatum zu stellen, das sie ermahnen soll, den ganzen Schwierigkeiten, denen die Schloßherren von La Coste damals ausgesetzt sind, umgehend ein Ende zu setzen. Wir kennen ein solches Ultimatum nicht; ich entnehme es der Reaktion der Präsidentin, wie sie sich in dem folgenden Brief vom 21. Januar an Gaufridy niederschlägt:

«Sie werden mir beistimmen, Monsieur, wenn ich darauf verzichte, auf die Affären und Gläubiger, auf die dringenden Bedürfnisse von Monsieur und Madame de Sade näher einzugehen, von denen Sie mir in Ihren letzten Briefen erzählen, insbesondere in dem vom siebenten dieses Monats. Verfahren Sie, wie Sie es für richtig halten. Ich selbst bin von den Ungerechtigkeiten und Verleumdungen, die ich von ihnen erfahre, so aufgebracht, daß ich mich von nun an nicht mehr um ihre Angelegenheiten kümmern werde. Falls ich, wie man mir droht, angegriffen werde, weiß ich mich zu wehren und brauche mich vor nichts auf der Welt zu fürchten. Um so schlimmer für denjenigen, der mich zu all diesen Enthüllungen und *Beweisen* [Hervorhebung von Madame de Montreuil] zwingt, die all dies nach sich ziehen werden.

Am vergangenen Freitag [12. Januar] habe ich zehn lange Seiten Drohungen und Beschimpfungen von Madame de Sade erhalten, die man sich nicht vorstellen kann, wenn man sie nicht gelesen hat. Wollte ich mich dafür rächen oder sie bestrafen, würde ich das den Ministern vorlegen, die ihre Haltung und die meine sowie die Triftigkeit ihrer Klagen und Anwürfe besser beurteilen können als ich. Gleich ob sie die Verfasserin oder nur die Schreiberin ist, in meinen Augen gibt es keine Entschuldigung für sie.» (BI[x])

Dennoch wird Madame de Montreuil vor Ende Januar nochmals einen Brief in die Provence schicken, und dieser Brief bleibt ein Geheimnis; damit er noch vor Sades Abreise eintreffen konnte (der am 1. Januar bereits in Thain-l'Hermitage ist), muß er sofort nach dem ersten aufgegeben worden sein, am 22. oder 23., wenn man fünf bis sechs Tage für die Post zwischen Paris und Avignon oder Apt rechnet. Zwei Hinweise gibt es dafür: zum einen den Brief von Reinaud an Gaufridy vom 2. Februar, dann den Brief von Sade an Pélagie vom 8. März, in dem er die Umstände seiner Verhaftung in Erinnerung ruft: «Weißt Du noch, wie ich Dir, kurz bevor diese Kerle eintrafen, sagte: *Ich wette, daß sie uns mit ihrem honigsüßen Brief wieder einmal betrügt?*» (*L'Aigle II*; Hervorhebung von Sade).

Rechtzeitig vor seiner Abfahrt nach Paris muß Sade also einen versöhnlicheren Brief von Madame de Montreuil zur Kenntnis genommen haben, geschrieben vierundzwanzig oder achtundvierzig Stunden nach ihrem Trennungsbrief.

Weshalb diese Wendung? Setzen wir unsere Mutmaßungen fort: Vielleicht von Gaufridy beraten, ist Sade nach dem von Pélagie unterzeichneten Brief vom 10. Januar wieder zur Vernunft gekommen und hat sie möglicherweise einen weiteren, verbindlicheren schreiben lassen, zumal er ihn nach der Aufregung vom 17. Januar (die Pistolenschüsse Trillets) abgeschickt hat. Auf diesen zweiten Brief von Pélagie hätte dann Madame de Montreuil in ähnlichem Ton geantwortet. Ein solcher Briefwechsel zwischen dem 18. und 29. oder 30. Januar (wahrscheinliches Abreisedatum Sades) liegt noch in den Möglichkeiten des Postverkehrs der damaligen Zeit.

Möglich ist auch, daß die Präsidentin unmittelbar nach ihrem Brief vom 21. Januar vom Tod der Comtesse de Sade (gestorben am 14. Januar) erfuhr und sofort geschrieben hat, ohne die schlechte Nachricht brutal übermitteln zu wollen, sondern statt dessen in einem freundlicheren Ton als in ihrem vorherigen Brief.

Dieses winzige Detail hat seine Bedeutung im Leben Sades, der Madame de Montreuil für mindestens zwölf Jahre einen absolut dominierenden Platz in seiner Existenz einräumen wird. «Wir haben uns in unseren Berechnungen ziemlich geirrt», schreibt Pélagie an Gaufridy nach Donatiens Verhaftung. (Bourdin) Sie hatten also eine Annäherung einkalkuliert. Zur gleichen Zeit schreibt Sade an Madame de Montreuil: «Nach der Pflege, derer meine Mutter bedurfte, bestand mein zweites Ziel ausschließlich darin, Sie zu erweichen und zu beruhigen und mich mit Ihnen zu verständigen, um hinsichtlich meiner Angelegenheit alle Beschlüsse zu fassen, die Ihnen genehm gewesen wären und die Sie mir empfohlen hätten. *Unabhängig von meinen Briefen* müßte Amblet, wenn er aufrichtig ist, [...] Ihnen das gesagt haben.» (Die von mir hervorgehobene Passage scheint zu beweisen, daß nach der Tirade vom 10. Januar tatsächlich ein oder mehrere versöhnliche Briefe aus La Coste abgeschickt worden sind. Vgl. Lely!)

Ebenso interessant ist es, die Verfassung und das Verhalten von Madame de Montreuil nach der Verhaftung ihres Schwiegersohns zu untersuchen. Seinerseits ist Sade zu hemmungslosen Beschimpfungen zurückgekehrt:

«Von allen möglichen Mitteln, die der Rache und der Grausamkeit zur Wahl standen, haben Sie, geben Sie es zu, Madame, tatsächlich das fürchterlichste ergriffen. Ich war nach Paris gekommen, um am Sterbebett meiner Mutter zugegen zu sein, ich hatte keine andere Absicht, als sie zu sehen und sie noch ein letztes Mal zu umarmen, wäre sie noch am Leben gewesen. Genau diesen Augenblick haben Sie gewählt, um mich wiederum zu Ihrem Opfer zu machen.» (Etwa Ende Februar.)

«Wenn in einer Seele, die fähig war, in einem einzigen Augenblick die heiligsten Gefühle zu verraten, jene der Menschlichkeit, indem man einen Sohn am Sarg seiner Mutter verhaften ließ, jene der Gastfreundschaft, indem man jemanden preisgab, der kam, um sich in Ihre Arme zu stürzen [*sic*], und jene der Natur, indem nicht einmal der Schoß Ihrer Familie als Asyl respektiert wurde [Sade war im Hôtel de Danemark, Rue Jacob, im Zimmer seiner Frau verhaftet worden], wenn, so sage ich, in einer solchen Seele noch ein paar Funken Erbarmen existieren könnten, würde ich vielleicht versuchen, sie mit der wahrhaftigsten und zugleich schrecklichsten Darstellung meines Zustandes anzufachen.» (Lely, *L'Aigle*)

Die Empfängerin solcher altertümlicher Tiraden scheint dennoch nicht bereit zu sein, sich daran zu erfreuen, daß ihr Schwiegersohn dem Leben entzogen ist, und gibt weiterhin nicht sonderlich viele Beweise ihrer «schrecklichen Bösartigkeit». Ihr Verhalten scheint mir sogar geradezu im Gegensatz zu dem unnachgiebigen, grausamen Egoismus zu stehen, den der provenzalische Zweig der Familie de Sade in der Angelegenheit an den Tag legt, sehr treffend auf den Punkt gebracht in einem Briefchen des Abbé de Sade an Gaufridy, in dem er ihm die frohe Nachricht überbringt:

«Gestern erhielt ich einen Brief des Präsidenten, Monsieur de Mont..., datiert vom vierzehnten Februar, in dem er mir mitteilt, daß *der Mann* [ich kann mich der Hervorhebung nicht enthalten] am dreizehnten festgenommen und in einer Festung bei Paris eingesperrt worden ist. Nun bin ich beruhigt und glaube, alle werden zufrieden sein.» (Bourdin)

Doch die Präsidentin, Madame de Montreuil, die triumphieren könnte, ist offensichtlich weder beruhigt noch froh. Sicherlich kann man nicht erwarten, daß sie sich in Wehklagen ergeht. Vielmehr scheint sie Pélagies haltlose Anschuldigungen gelassen hinzunehmen: «Meine Mutter sagt ohne Zorn, ohne Erregung, sie sei es nicht gewesen, und sie sei keines Verrats fähig», schreibt Madame de Sade am 25. Februar an Gaufridy. (Bourdin) Demselben teilt Madame de Montreuil am selben Tag ihre Verwunderung leicht betrübt, aber gefaßt mit: «Ich habe wenige private Gespräche mit Madame geführt. Aus persönlichen Motiven oder Voreingenommenheit bin ich ihr verdächtig, und sie aufzuklären überlasse ich denen, die es vermutlich nicht sind. Danach werde ich mit ihr reden. Was ich nicht begreife, ist, daß sie so verblendet sein kann, wie sie es anscheinend ist. Denn schließlich hat sie doch erleben, erfahren, sich selbst überzeugen müssen, daß letztlich nicht alles Verleumdung ist.» (Bourdin) Was sie am 4. März wieder an Gaufridy schreibt, erinnert an einen General, der am Vorabend der Schlacht zu seinem Stab spricht:

> «Hier läuft alles gut. Gestern habe ich Madame de S. erst zum zweiten Mal gesehen, denn noch hat sie nicht die Beflissenheit und das Vertrauen, die sie mir schuldete, wenn sie nachdenken und mein Vorgehen in jeder Weise begreifen würde, und ich bin ihr gegenüber ebenso maßvoll wie feinfühlig, zumal es beim derzeitigen Stand der Dinge kein Nachteil ist, Geduld aufzubringen.
>
> Alles läuft bestens und ohne Schwierigkeiten: es war höchste Zeit! Zögern Sie nicht, mir von allen allgemeinen und besonderen Dingen Mitteilung zu machen, um mich über alles aufzuklären. Ihre diesbezüglichen Briefe werden sofort verbrannt werden. Sie richten sie an einen Arzt, der eine Heilung anstrebt.» (Diesen Satz hätte ich unterstreichen sollen.)

Der nächste Absatz scheint mir die Verantwortung der Präsidentin auf ihr wirkliches Ausmaß zu reduzieren:

> «Ich denke, daß der Abbé mit mir einverstanden sein müßte. Sie haben ihm vermutlich mitgeteilt, *was der Minister getan hat* [Hervorhebung von mir], falls der Probst von Saint-Victor es ihm noch nicht gesagt hat. Aber Sie werden hinzufügen, daß das Ganze hier keinerlei Aufsehen erregt hat und daß es die Absicht der Minister ist, daß es in der Provence

kein größeres machen möge und in der Öffentlichkeit kein Wort mehr darüber verloren werden solle. Man hat es mir gegenüber noch vor zwei Tagen wiederholt. Er ist in Sicherheit, das ist alles, was denjenigen, die Fragen stellen könnten, zu sagen ist. Wo er ist? Davon hat man keine Ahnung (unter uns gesagt, wissen es weder seine Frau noch ich), er ist aber wohlauf.»

Nun fällt sie wieder in den militärischen Ton:

«Madame geht es besser als bei ihrer Ankunft. Sie wirkt ruhiger und weniger niedergedrückt. Sie hat alle Bittgänge von sich aus gemacht, um Bescheid zu bekommen und die Erlaubnis zu erhalten, ihn zu sehen, was man ihr verweigert hat, wie mir gesagt worden ist. Das ist alles ganz in Ordnung.» (Bourdin)

Aber läßt sich ein Abbé de Sade denken, der Gaufridy in den nachstehenden Worten seine tiefen Zweifel mitteilt (Brief vom 29. April)?

«Sie, der Sie beinahe alles gewußt, alles gesehen haben, denken Sie denn wie alle anderen und glauben Sie, es war weise, auf gute Vorsätze zu bauen? Und außerdem, wie sollte man wissen, ob sie wirklich ehrlich waren! Wenn ich einem Brief Glauben schenke, der mir am zweiten Februar aus Apt zugeschickt worden ist und dessen Absender ich nicht kenne und den ich durch Nachforschungen zu exponieren fürchte, waren die Vorsätze bei der Abreise keineswegs so wie die Reue, die man hier zur Schau gestellt hat. Man muß sich wirklich Gedanken machen.»

Und hören wir sie nicht, nachdem sie im März 1777 versichert hat, daß «alles bestens und ohne Schwierigkeiten läuft», im Februar 1778 denselben Gaufridy besorgt fragen:

«Ist alles gut, so wie es ist?»

50.

Von einem Gegenstand zum nächsten

Wir wissen natürlich, daß die von Sade zur Schau gestellten guten Vorsätze kaum einer Wirklichkeit entsprachen, die Madame de Montreuil hätte zufriedenstellen können, obwohl sie sich noch lange Monate mit dieser Frage beschäftigt. In dieser Zeit wird sie sich weiter von Gaufridy über die Geheimnisse von La Coste aufklären lassen und noch einige Male Gelegenheit haben, sich Gedanken zu machen. Wir übrigens auch, beim Lesen dieser mit Andeutungen gespickten Briefe, in denen das halb ausgesprochene Wort unter der Feder dieser Virtuosen des Hintergedankens zum vierten, achten oder sechzehnten Bruchteil eines Wortes gerät, so daß sich die überschlauen Briefeschreiber am Ende genauso schlecht zurechtfinden wie wir.

Als Ausgangspunkt verfügt die Präsidentin vielleicht über die Brieftasche ihres Schwiegersohns, die unter anderem die «Gutachten» enthält, die er in seinem «großen Brief» vom Februar 1781 erwähnen wird und über die er sich bereits am 8. März 1777 (Pélagie gegenüber) sorgt: «Deiner Mutter hat man wahrscheinlich meine Brieftasche ausgehändigt, die ich Dir zu übergeben vergaß, als ich ging, und die mit Deiner Adresse versehen liegenblieb. Sie wird bei ihrer Durchsuchung Dinge gefunden haben, die ihr verdächtig erschienen sind [...] Ich bitte sie inständig, aus dem, was sie in dieser Brieftasche gefunden hat, keine unangenehmen Rückschlüsse über mich zu ziehen, ehe sie mich nicht angehört hat. Ich werde alles erklären, wenn man mich danach fragt.» (*L'Aigle II*) Allerdings wird man ihn nie nach Erklärungen fragen (was beim näheren Hinsehen sonderbar ist), und diejenigen, die er ungefragt abgibt, werden kaum etwas erhellen. Das Wort wird also Gaufridy haben. Leider besitzen wir diese Briefe nicht. Sie sind nur aufgrund der Antworten von Madame de Montreuil zu erahnen.

In ihrem Brief an Gaufridy vom 29. April fährt die Präsidentin fort, sie werde, um ihn nicht zu kompromittieren, mit Pélagie nur über Dinge reden, die diese ohne ihn hätte erfahren können.

Also:

«Falls ich in die Verlegenheit komme, von jener Gefährtin zu sprechen, die sich heimlich im Sch. befand [Madame de Montreuil wagt nicht einmal, das schreckliche Wort auszuschreiben: das *Schloß*, das des Menschenfressers], werden Sie verstehen, daß ich sagen werde, ich hätte es von ihr erfahren [Catherine/Justine Trillet, die Madame de Montreuil soeben befragt hat]... Im Zusammenhang der alten Geschichte mit den M... von L. und V. werde ich ein gewisses Zimmer erwähnen, das vernichtet gehört. Es ist ein Beweisstück, das dort zu lassen gefährlich ist. Wer hat Schlüssel dazu? Unter uns gefragt, haben Sie die entdeckt, zu der man Sie in Mar.ll... führen wollte? Sie ist nicht unter denen, die mir genannt wurden. Ich muß alles wissen, damit ich für alles gewappnet bin.» (Bourdin; vgl. *L'Aigle II*)

Die M... aus L. und V. sind natürlich die Mädchen aus Lyon und Vienne. Diejenige, die man in Marseille ausfindig machen konnte und die nicht zu den «kleinen Mädchen» gerechnet wurde, könnte die Tänzerin Du Plan von der Komödie in Marseille sein, die sich bekanntlich als «Gouvernante» im Schloß aufgehalten hatte. Das zu beseitigende Zimmer gehört zu den Räumen des Geheimnisses. Angaben darüber, was dort oder auch im Arbeitszimmer des Marquis möglicherweise verborgen war, sind spärlich und glänzen nicht durch Genauigkeit. Ein Brief vom 3. Juni 1777, von Madame de Montreuil an Gaufridy, der uns nur noch die «grausame Ratlosigkeit» der Präsidentin teilen läßt, demonstriert es:

«Monsieur, ich habe Ihren Brief vom dreiundzwanzigsten erhalten. In die Angelegenheit, um die es geht, können wir niemanden außer uns beiden einweihen, nicht einmal eine Vertrauensperson. So können wir uns nur von unseren jeweiligen guten Absichten leiten lassen.

Dank der Ratschläge aus Arles und vor allem des Ihrigen ist es mir gelungen, mit diversen Begründungen, die den wahren Grund nicht verraten, die Entlassung von N[anon] hinauszuzögern. Ihrer früheren Mitteilung zufolge glaubte ich, es handle sich um einen einzigen Gegenstand; zwei andere aber sind noch schlimmer. Wissen Sie genau, was für Gegenstände das waren, woher sie kamen und wie? Sie verstehen, daß ich das unbedingt wissen muß, um dem, was über diese Gegenstände behauptet werden könnte, entgegenzutreten. Wenn Sie sicher sind, daß sie keiner weiteren Verwendung mehr zuzuführen sind, muß man zweifelsohne und unverzüglich jede Spur und alles, was nach den Andeutungen, die Ihnen gemacht wurden, vergangenen und künftigen Gerüchten Nahrung geben könnte, hundert Fuß unter der Erde begraben.»

Eine Pause, nur um ein wenig Atem zu schöpfen. Der Anfang ist rätselhaft. Der Rest ebenfalls:

«Die Ungewißheit über die Spuren, um die es sich handelt, versetzt mich in quälende Ratlosigkeit. Hat Madame davon Kenntnis? Wenn ja, dann ist ihr Verhalten nicht zu verstehen, in anderer Hinsicht aber auch wieder verständlich.»

Zweite Pause. Ein bißchen um des Atems und des Kopfes willen, vor allem aber damit man mit mir diese bemerkenswerte Überlegung, die typisch für die Präsidentin ist, bewundern kann. Weiter:

«Wenn nicht, dann ist jetzt nicht der Augenblick, sie aufzuklären, doch zu gegebener Zeit wird es sein müssen. Ich werde aber Wege finden, die Sie nicht kompromittieren, und ohne Absprache mit Ihnen nichts tun und nichts sagen. Über den Gegenstand meiner Ratlosigkeit muß ich jedoch alles wissen, um es in keiner Entscheidung, die zu treffen ist, an Vorsicht fehlen zu lassen; meine Empfehlungen, ich brauche das nicht zu erläutern, haben hier Gewicht. Durch die Stimme von Aix, die *sicher* ist, können Sie mir unbesorgt klare Mitteilungen zukommen lassen, da in diesem Moment von dem, was Sie mir bereits aufgeschrieben haben, keine Spur mehr existiert. Aus demselben Grund werden Sie verstehen, daß dieser Brief keine Minute länger existieren darf, nachdem Sie ihn gelesen haben [dennoch bewahrte Gaufridy alles auf. Und die Präsidentin?]. Was den Gegenstand betrifft, werde ich Sie verstehen, wenn Sie ihn *Papier* nennen [alle Hervorhebungen stammen hier selbstverständlich von Madame de Montreuil]. Im übrigen: Sind es Schriften? Oder sind es mechanische Apparate, derer man sich schon öfter bedient hat, soweit ich weiß? Oder Papierfetzen?»

Einen Monat später, am 5. Juli (wir wissen nicht, ob inzwischen weitere Briefe ausgetauscht worden sind), ist das Geheimnis noch undurchdringlicher geworden:

«Trotz größtmöglicher Aufmerksamkeit gibt es Gegenstände, die ich nicht richtig begriffen habe. Zwei Gegenstände auf den interessanten Papieren. Ich erinnere mich gut an *eines*, das aus dem Fenster flog und von den Nachbarn aufgelesen wurde; es ist aufschlußreicher gewesen, als man sich wünschen würde, und hat Informationen über das kleine geliefert, von dem Sie einen losen Fetzen gefunden haben, auf den man ungefähr vor einem Jahr etwas geschrieben hatte. Ist es das? Gibt es nur ein zerstückeltes und verlorenes, und woher kam es? Was die alten Möbel betrifft, deren Schnitzwerk soviel Mühe gekostet hat: Ist der hochliegende Ort, wo man die Reste davon untergestellt hat, drinnen oder draußen? Für jene, die sie unbrauchbar gemacht haben, wäre es von Interesse, daß keinerlei Spur dazu führen könnte, daß man sie sucht. Ich fürchte und mißtraue den Taubenfängern; kann man sich auf sie verlassen?... Weiß N[a]n[on] vom Verlust dieser Papiere? Das ist wichtig zu wissen, damit man sich ihr gegenüber richtig verhalten kann.» (Bourdin)

Mehr werden wir nicht erfahren. Die Präsidentin auch nicht? Schwer einzuschätzen. Was Madame de Montreuil wissen oder nicht wissen und was sie glauben wird, für das Leben ihres Schwiegersohns wird es von größter Bedeutung sein.

51.

Die Insel der Liliputaner

Sechzehn Monate werden also von seiner Verhaftung an vergehen, die für Donatien de Sade, das muß man sagen, eine Folter bedeuten. Die häufigen Übertreibungen in seinen Briefen (es ist auch der Stil der Zeit) zur Beschreibung seines Leidens dürfen nicht eine Realität verbergen, die für ihn schwerer als für sonst jemanden zu ertragen ist. Wenn er droht, sich das Leben zu nehmen, glaubt man ihm nicht besonders (vor allem seine unbändige Lebensgier hindert uns daran, es zu glauben). Er findet aber auch zu wahrhaftigeren Bemerkungen, die einen rühren (6. März 1777, an Pélagie):

> «Was die Art meiner Behandlung betrifft, so ist sie ohne Zweifel überwiegend anständig... doch gibt es derart viele kleine Schikanen, derart viele Kindereien, daß ich bei meiner Ankunft meinte, auf die Insel der Liliputaner versetzt zu sein, wo die Menschen, da sie nur acht Zoll groß sind, Verhaltensweisen haben müssen, die ihrer Größe entsprechen. Zunächst habe ich darüber gelacht, da es mir nicht in den Kopf wollte, daß Menschen, die mir im übrigen vernünftig scheinen, derartige Albernheiten annehmen. Dann hat es mich ungeduldig gemacht. Schließlich habe ich mir vorgestellt, daß ich erst zwölf bin – das ist anständiger, als mir einzureden, daß die anderen so alt wären –, und dieser Gedanke, in die Kindheit zurückversetzt zu sein, mildert ein wenig den Widerwillen, den ein vernünftiger Mensch sonst empfände, wenn er sich so behandelt sieht.» (Lely; *Carillon*)
>
> «Sie müssen begreifen, daß das wichtigste *die Regel* ist... Ob einer krank wird oder krepiert... das stört nicht, Hauptsache, er verstößt nicht gegen die Regel.» (*L'Aigle II*; an Pélagie, 11. Mai 1778; Hervorhebung von Sade)

Körperliche und geistige Prüfungen, gegen die man Donatien Abwehrmechanismen errichten sieht und deren Demontage für die Art, wie sein Gehirn funktioniert, sehr aufschlußreich ist. Vielleicht um sich der Situation nicht in ihrer Totalität aussetzen zu müssen, hat er sich instinktiv (ich denke, es ist vollkommen unbewußt) ein eher nebensächliches, unmöglich zu erfüllendes Ziel gesetzt, das er zur fixen Idee machen wird, nämlich seinen Entlassungstermin zu erfahren. Was ihm erlaubt, sich *abseits* des wirklichen gesellschaftlichen Problems, das er aufwirft, zu quälen und sich damit ein weiteres Mal gewissermaßen den Kopf frei zu machen, indem er eine klar eingegrenzte und, wenn ich so sagen darf, handhabbare Obsession pflegen kann. Desgleichen wird er Pélagie – und im Hintergrund ihre Mutter – zum Sündenbock machen, da sie die einzige ist, die in seinem Aktionsradius vorkommt. Er wird sie also sechzehn Monate lang bedrängen und täglich von ihr verlangen, «seinen Termin zu erfahren», wie er es nennt, also von der Armen, die natürlich nichts davon weiß, verlangen, ihm das Datum seiner Freilassung zu nennen.

Wochenlang hat Pélagie nicht gewußt, wo sich ihr Ehemann befand. Man ließ sie so viele Briefe schreiben, wie sie wollte: Die Polizei würde sie weiterleiten. Sie bat darum, Amelot, Le Noir zu sehen: Nur Marais bekam sie zu Gesicht, der sich weigerte, ihr zu sagen, wohin er Sade gefahren hatte. Deswegen schreibt sie. Täglich wirft sie ihre Flaschenpost ins Meer, als wäre sie sicher, daß ihre Botschaften ankommen[1]: «Wie hast Du die Nacht verbracht, mein zärtlicher Gatte? Ich mache mir deswegen große Sorgen, obwohl man mir sagt, Dir gehe es gut. Ich werde erst glücklich sein, wenn ich Dich gesehen habe. Beruhige Dich, ich flehe Dich an... [...] Ich weiß, wie schnell Dein armer Kopf arbeitet und schwarzsieht [...] Mache Dir um mich keine Sorgen; ich werde gut auf mich achten, alles Deinetwegen. Tue dasselbe und zähle auf mich als Deine beste Freundin, die nichts erschüttern kann. Verrenne Dich nicht in die Idee, daß man mich von Dir zu entfernen sucht; man weiß, daß das unmöglich ist und nicht gelingen würde. Beruhige Deinen armen Kopf...» (Borderie: vgl. *L'Aigle II*; 15. Februar 1777) Sie ist unvorsichtig: «Du weißt, daß ich Dich nie belogen habe. *Ich gebe Dir mein Ehrenwort, daß Deine Affäre zu Ende geht und Du sogleich herauskommen wirst...*» (Im gleichen Brief; das wird nicht vergessen werden.) Um die Wahrheit zu erfahren, gibt sie vor, alles zu wissen:

[1] Bald gewährt man ihr wöchentlich ein Schreiben, montags.

«Sehr schnell habe ich verstanden, daß Du in Vincennes bist» (gleicher Brief). «Ich habe solange gesucht, bis ich gestern endlich entdeckt habe, daß Du in der Bastille bist...» (21. Februar) Dann gesteht sie Gaufridy alles ein: «Man läßt mich hoffen, daß ich bald wissen werde, wo er ist...» (25. Februar) Sie schleicht um die Bastille herum: «Die Brücken sind dort immer hochgezogen, und die Wachen hindern einen daran, zu schauen und stehenzubleiben...» (Gleicher Brief) «Es ist der geheimste Ort der Welt, obwohl er sich mitten in Paris befindet; hier ist es immer voll, und nie weiß man, wer herausgeht und wer hineinkommt [...] Diejenigen, die ihn verlassen, läßt man schwören, nichts zu erzählen.» (19. März, an Gaufridy) Sie wappnet sich mit Geduld und Entschlossenheit: «Im übrigen können sie tun, was sie wollen, mein Entschluß steht fest. Seit einem Monat überlege ich Tag und Nacht; nichts wird mich davon abbringen, was nicht dem Wohl meines Mannes dient. Das ist mein einziges Ziel, ohne das bedeutet mir die Welt nichts.» (Gleicher Brief)
Die ersten Briefe von Donatien an sie drücken vor allem seine Sorge und seine Zuneigung aus:

> «Oh! meine liebe Freundin, wann wird meine schreckliche Lage ein Ende haben? Wann, großer Gott, wird man mich aus dem Loch herausholen, in dem man mich lebendig begraben hat? Nichts ist dem Grauen meiner Lage gleich! Nichts vermag all das darzustellen, was ich erleide, nichts vermag die Besorgnis wiederzugeben, die mich quält und den Kummer, der mich verzehrt. Nur meine Tränen und meine Rufe habe ich hier; aber niemand hört sie... Wo ist die Zeit, als meine teure Freundin sie teilte? Heute habe ich niemanden mehr; es ist, als wäre für mich die ganze Natur gestorben! Wer weiß, ob Du überhaupt meine Briefe erhältst? [...] Auch für mich steht außer Zweifel, daß man uns auseinanderzubringen versucht; das wäre der letzte Schlag, den man mir versetzen könnte, und den überlebte ich nicht, sei Dir dessen sicher [...] Adieu, meine teure Freundin, liebe mich ebenso sehr wie ich leide, das ist alles, worum ich Dich bitte.» (Lely, *Carillon*; 6. März 1777)

Danach kommt sehr bald Sades seelische Abwehr zum Zuge (Hervorhebungen von mir):

> «Solange ich Sie auf der unglaublichen Sturheit beharren sehe, die Sie aufbieten, um mir die einzige Sache zu verwei-

gern, um die ich bitte, das heißt *meinen Termin zu erfahren*, werden Sie mir gestatten, meine liebe Freundin, all Ihre schönen Äußerungen der Zuneigung für Persiflagen zu halten, die bei meiner Situation, die man Ihnen bestimmt nicht so ausmalt, wie sie ist, da Sie zudem ihre Schrecken so grausam, wie Sie es tun, verschlimmern, von äußerster Bösartigkeit sind.» (14. März)

«Nennen Sie ihn mir geradewegs, *diesen Termin*, ohne viele Umstände, oder erwarten Sie von mir, wenn ich ihn nicht bald erfahre...» (*L'Aigle II*; etwa 15. Juni. Donatien beendet seinen Satz mit drohenden Auslassungspunkten)

Vergebens wird Pélagie versuchen, ihm die schlichte Wahrheit begreiflich zu machen: Daß man ihn eingesperrt hat, damit das Urteil von Aix in die Revision gehen kann, und daß, falls er überhaupt eine Chance hat, Vincennes zu verlassen, es erst nach dieser Revision sein kann, deren Datum man erst weiß, wenn das Verfahren eingeleitet ist. Er beharrt:

«Wenn ich Ihnen nicht geantwortet habe, dann aufgrund der Abkühlung der Gefühle, die Ihr Vorgehen mir einflößt. Es ist Ihrer unwürdig, sich so zu verhalten, wie Sie es tun [...] *Meine*

Strafe ist vorgeschrieben, das weiß ich... Sie kennen *den Termin* und wollen ihn mir nicht sagen. Sie amüsieren mich mit Ihren Geschichten von Aix, die mich nicht täuschen, und Sie müßten wissen, daß ich, seitdem man mich fünf Jahre lang mit derselben Fabel beschwichtigt, an nichts mehr glauben kann. Ich fordere Sie also zum letzten Mal auf, mir den Tag meiner Entlassung genau zu nennen, und wenn Sie das nicht exakt in Antwort hierauf tun, erkläre ich Ihnen, daß ich, wenn ich hier herauskomme, Sie nie mehr wiedersehe, weder Sie noch Ihre Kinder, und Frankreich auf immer verlasse [...] Nennen Sie ihn mir, *diesen Tag* [Hervorhebung von Sade], und nennen Sie *ihn mir* klar, weil er feststeht, das weiß ich, und sagen Sie ihn mir, ohne mich weiter zu täuschen.» (Borderie; Oktober)

Die geplagte Pélagie verliert den Kopf, und ihre Unbeholfenheiten häufen sich. Donatien fällt es nicht schwer, sie der Widersprüchlichkeit zu überführen oder ihr Fallen zu stellen. Jedenfalls wird er beharrlich vorgeben zu glauben, daß nicht nur alle von Pélagie überbrachten Informationen von der Präsidentin stammen, sondern auch, daß die Briefe, die er an seine Frau schickt oder von ihr erhält, von jener gelesen werden (was nicht unwahrscheinlich, aber unbewiesen ist).

Ansonsten legt er ungeachtet seiner Beschwerden über seine Frau Wert darauf, ständig zu betonen, daß sie ihm kostbarer als alles andere sei, etwa in dem folgenden Brief an den Polizeidirektor Jean-Charles Le Noir (ohne Datum, vermutlich vom März/April 77):

«Erlauben Sie mir, Sie zum Beichtvater zu nehmen: Ihre Seele ist so schön, Ihre Redlichkeit so anerkannt, daß es zu meinen größten Tröstungen gehört, daß einem Unglücklichen die Erlaubnis gewährt wird, sich in Ihre Arme zu werfen. Ich flehe Sie also an, sich jedem meinen Interessen zuwiderlaufenden Arrangement zu widersetzen, das während meiner Haft ausgeheckt werden könnte, und vor allem jenem, daß man darauf sinnen könnte, mir meine Frau zu nehmen. Wenn dies wirklich geschieht, dann sollte man mir auch das Leben nehmen, denn ich schwöre, daß ich keinen Augenblick länger leben kann, nachdem ich sie verloren habe... Dieser inständigen Bitte erlauben Sie mir, Monsieur, jene hinzuzufügen, mir die Freiheit zurückzugeben, deren Verlust für die Art von Physis, die ich von der Natur erhalten habe, die grauenhafteste Folter ist, der man mich unterziehen kann.» (Desbordes)

Der Zwang der Umstände wird bei Sade in der Tat eine körperliche und geistige Erregung hervorrufen, die sich in Schlaflosigkeit, Nervenkrisen, Hämorrhoiden und Herzschmerzen äußert, deren Natur aus einem Abstand von zwei Jahrhunderten schwer zu bestimmen ist, und mit einer intensiven und sehr eigenartigen intellektuellen Aktivität einhergeht. Nach wie vor geht es ihm darum, das Ende seiner Verhaftung zu erraten, und er wird sich einbilden, daß die Briefe, die er erhält, dieses Datum kodiert enthalten, so daß er sich zu hochkomplizierten Entschlüsselungsarbeiten genötigt sieht. Als er einen vom 26. Juni 1777 datierten Brief von Pélagie empfängt, merkt er beispielsweise am Rand an: «Am 29. erhalten, plus 9 macht also 38 [achtunddreißig Monate], bis August 1780 [vom Juni '77 an gerechnet]. Das sind also die 44 Monate [vom Februar '77 an gerechnet] nach der Einschätzung von Oktober.» (Anspielung auf einen anderen Brief.) Meiner Ansicht nach hat man sich häufig über den Charakter dieser Beschäftigung getäuscht, und ich werde bald eine von den früheren abweichende Deutung geben.

52.

«Wir befinden uns nicht mehr in Frankreich»

Währenddessen geht, was immer der Eingesperrte dazu denkt, die «große Affäre» voran. Bereits im Februar 1777 hatte Madame de Montreuil ihre Tochter davon unterrichtet, daß der Justizminister bei der Nachricht von der Verhaftung Sades gesagt hatte: «Jetzt, wo man mich in die Lage versetzt hat, zu arbeiten, werde ich arbeiten.» (*L'Aigle II*) Aber das geschieht nicht innerhalb eines Tages, was Donatien schwer zu vermitteln ist, der weiter davon ausgeht, die Präsidentin brauche nur ein Wort zu sagen, um alles nach ihrem Gutdünken zu lösen: «Diese Affäre hat nur die Strenge, welche hineinzulegen Ihrer abscheulichen Mutter gefällt», schreibt er (1. September 1777). Oder, am 16. Juni 1777: «Ich hatte mir Hoffnung gemacht, Ihre Mutter würde die Notwendigkeit spüren, es im Juni zu beenden.» (*L'Aigle II*)

Gott weiß hingegen, wie sehr Madame de Montreuil die Sache hinter sich bringen möchte und sich überall zugleich einsetzt. Sie hat endlich einsehen müssen, daß sie ihrem Schwiegersohn kaum ersparen kann, persönlich in Aix zu erscheinen (der Abbé de Sade triumphiert). Jedes juristische Mittel wird in Betracht gezogen. So wird man 1777 immer wieder erwägen, sich auf den Wahn des Verurteilten zu berufen, trotz dessen heftigen Protests. Wer Wahn sagt, sagt Nachsicht, und außerdem hätte man damit vielleicht eine letzte Hoffnung, der Anwesenheit von Donatien in Aix zu entgehen.

Und was ist innerhalb von fünf Jahren aus den Zeugen geworden? Gaufridy erhält den Auftrag, sie aufzusuchen und zu prüfen, was mit ihnen anzufangen ist. «Die Bemühungen hinsichtlich der Mädchen dieser Szene», schreibt ihm Madame de Montreuil, «sind heikel und dürfen nur in Absprache mit den Verhandlungsführern erfolgen oder gemäß der geheimen Anweisung, die Sie den Ihnen gegebenen Empfehlungen entnehmen können, um das Boot sicher in den Hafen zu bringen [...]. Da Sie wissen, daß man beim *Versprechen* oder *Schenken*, soweit erforderlich, äußerst behutsam vorgehen muß, fürchte ich nicht, daß Sie falsche, irgendwie exponierende Schritte unternehmen.»[1]

Trillet hat weiterhin für «Lärm» gesorgt, und dieser Lärm hat vielleicht mehr dazu beigetragen, die Aussichten Sades zu verschlechtern, als man glaubt. Durch einen Besuch von Monsieur Le Noir im Oktober 1777 erfährt Sade, daß Catherine/Justine Anzeige gegen ihn erstattet haben soll, worüber sich Donatien bitter beschwert: «Dieses ansonsten sanfte und anständige Mädchen, das Zuneigung zu haben schien, der wir unterwegs [?] das Leben gerettet haben, das verzweifelt, als sie mich verhaftet sieht... und dann zeigt sie mich an!» (*L'Aigle II*) Doch die Justines halten Überraschungen bereit, wie Pélagie ihm am 30. Dezember mitteilen wird:

> «Justine, die ich mitgebracht hatte, hat es in Paris mißfallen, und sie schrie nur danach, zurück nach Montpellier zu fahren[2]. Ihr Geliebter lag ihr am Herzen, gleich was sie auch sagte, und meine Mutter hat einen privaten Briefwechsel entdeckt, der mich völlig überzeugt hat. Und um es offen zu sagen, sie war ein lockeres Frauenzimmer, die alle möglichen Schliche angewandt hat, um an Geld zu kommen. Zum Schluß hat sie gesagt, sie sei schwanger.» (Borderie)

Unter diesen Bedingungen habe Monsieur de Castillon, der die Trillets wärmstens unterstützt hatte,

> «ihnen mitteilen lassen, daß er, falls sie vorhätten, auszusagen, nachdem man ihre Gaunereien bewiesen habe, sich der Vorgänge in Nérac annehmen werde und sie warne, daß er kein gutes Haar an ihnen lassen werde[3]. Das hat den beabsichtigten Effekt gehabt, und man hört nichts. Sie ist weg».

Die Trillets gehen ab. Eine andere Geschichte sind die Sablonnières, obwohl auch Nanon nicht ganz unschuldig wirkt, im Gegenteil. Aber Annet Sablonnière, ihr Vater, scheint aus anderem

[1] Ein Schriftsatz, der unter den von Paul Bourdin herausgegebenen Papieren von Gaufridy zu finden ist, zeigt, daß alle «Mädchen der Szene» aufgetrieben werden konnten.

[2] «Justine» war seit April nach Montpellier zurückgekehrt.

[3] In Donatiens und Pélagies Geheimsprache bezeichnete «Nérac» La Coste, wie zum Beispiel mit dem «Händler aus Konstantinopel» Monsieur de Castillon gemeint war! Später werde ich Erklärungen zu Nérac anbieten [Anm. 4 zu Kapitel 57].

Holz als Trillet zu sein. Außerdem ist sein Kampf gegen Madame de Montreuil eine interessante kleine Episode aus der Endphase des Ancien Régime. «Der Vater von N.n.. macht hier Aufstand für ihre Freiheit», schreibt die Präsidentin am 26. Juli 1777 an Gaufridy; «der Minister, der mir mit großer Achtung begegnet, teilt mir die Instanzen mit, und daß er nichts entscheiden wolle, ohne meine Meinung einzuholen. Ich fühle, daß es gefährlich sein kann, sich dem zu stark zu widersetzen, weil man einen Vater mit Begründungen zufriedenstellen muß, wenn er fortfährt, und weil das zu gefährlichen Aufschlüssen führen kann.» Madame de Montreuil läßt Gaufridy daher Nanon aufsuchen, damit er sich in dem Kloster, wo sie streng verwahrt wird, ihres Verhaltens vergewissern kann. Falls Gaufridys Bericht «Anlaß zu der Annahme gibt, sie habe sich verändert und sei vernünftiger geworden, bin ich bereit», erklärt die Präsidentin, «mich dafür zu verwenden, die Einwilligung von Madame de S. einzuholen, falls sie heraus will. Sie werden aber die ganzen Bedingungen verstehen, die Sie dafür stellen müssen und denen sie einzig unsere Gefälligkeiten zu verdanken haben wird... Weder der Vater noch Freundinnen noch die Familie dürfen Umstände machen, um an Geld heranzukommen, denn man würde keinen Taler geben; und schon wenn sie die geringsten Anstrengungen dazu unternähmen, würde sie auf der Stelle wieder eingesperrt und vom Gesetz bestraft werden, wie sie es verdient hätte.» (Bourdin)

Gut, aber was weiß Nanon? Bei der Entgegennahme von Gaufridys Bericht am 16. August hat Madame de Montreuil das Risiko abgeschätzt. Es ist vorhanden:

«Ich danke Ihnen für den Eifer, den Sie bei dieser Reise gezeigt haben. Er war nötig. Nach dem Inhalt der Notiz verstehe ich sehr gut, wie konsequent es war, der Entschlossenheit Sanftheit beizufügen. Ich werde das Wort halten, das Sie dieser Person übermittelt haben, wenn sie das hält, was sie ihrerseits gegeben hat, und das heißt als erstes, ihren Vater dazu zu bewegen, von ihr nicht mehr zu verlangen, ihn an Orten zu treffen, wo es sich für sie in keinster Weise ziemt, und die zu meiden sicher eine Bedingung für die Bewilligung ihrer Begnadigung wäre [...] Falls der Vater nur von den Bitten seiner Tochter getrieben wird, wird die Sache sehr einfach sein. Falls er durch Leute bewegt wird, deren *Begegnung* sie fürchtet, muß man ihn die *Autorität* fühlen lassen und ihm angst machen, sie könne kompromittiert werden durch Beweise, die man vorlegen kann, falls es ihm einfallen sollte, zu schwatzen und Ränke zu fördern, die man vermeiden will.» (Bourdin; Hervorhebungen von der Präsidentin)

Hier müssen wir Paul Bourdin das Wort geben, dessen Bericht sich auf Dokumente stützt, die er bislang als einziger eingesehen hat:

«Der Vater der Zwangsverwahrten hat seine Klage eingereicht, und der Intendant, Monsieur de La Tour, beauftragt seinen Vertreter, Monsieur Laville, damit, in Erfahrung zu bringen, warum und auf wessen Kosten dieses Mädchen im Gefängnis festgehalten wird. Dank der Vermittlung eines Missionars, dem sie gebeichtet hat, ist es Nanon gelungen, einen ihrer Onkel, der in einem Dorf in der Auvergne Pfarrer ist, über ihre Lage zu unterrichten. Der Pfarrer hat Beschützer ausfindig gemacht [...] Der Intendant und ein Herr aus der Auvergne haben sich an den Minister gewandt.»

In Gaufridys Archiv befanden sich zwei Briefe von Annet Sablonnière. Der erste sei, so teilt uns Paul Bourdin mit, «der Brief eines geizigen, devoten Bauern, im übrigen interessant wegen seiner kuriosen Mischung aus Gemeinplätzen, moralischen Sentenzen und kleinen materiellen Sorgen, was ein ziemlich gutes Beispiel für den angeborenen Klassizismus unserer einfachen Bevölkerung ist». Der zweite, veröffentlicht in dem Sammelband von Bourdin, ist leider zu lang, um hier vollständig wiedergegeben zu werden. Vermutlich von einem Rechtsanwalt verfaßt, ist er klar und deutlich und nimmt bestimmte Beschwerdehefte vorweg, die sich etwa zwölf Jahre später in Frankreich verbreiten werden. Er ist an Lions, «bei Madame de Montreuil», gerichtet:

«Offenkundig sind Sie von Madame de Montreuil dazu ermächtigt, weiterhin meine Tochter Antoinette Sablonnière in Knechtschaft zu halten und dies ohne irgendeinen legitimen Grund [...] Falls sie gute Gründe dafür haben, dann verfolgen Sie sie vor der ordentlichen Justiz; sonst bin ich entschlossen, dieses Mittel zugunsten meines Kindes, über das ich mehr als irgend jemand Autorität besitze, anzuwenden. Ich hoffe, darin erfolgreich zu sein, es sei denn, die Regierungsgewalten befänden sich im Schlaf [...] Wenn solches Unrecht erlaubt ist, dann befinden wir uns nicht mehr in Frankreich, wo man niemanden als Sklaven hält [...] Ich bin arm, doch werde ich Wege finden, um zu verhindern, daß die Ungerechtigkeit triumphiert. Niemand soll die gleiche Autorität über mein Kind haben wie ich, der Vater.»

«Nanon», schließt Paul Bourdin, «wurde in den ersten zehn Tagen des Februar [1778] freigelassen [...] Man versah sie mit strengen Ermahnungen, als man ihr das Tor öffnete, und untersagte ihr, sich Lyon und Vienne auf weniger als drei Meilen zu nähern. Nanon verdingt sich für zweiunddreißig Taler bei Monsieur Catelan, Kaufmann in Marseille, und Madame de Montreuil, die kurz danach den Minister zum Essen empfängt, bittet ihn, das Mädchen weiter überwachen zu lassen.» Wir wissen auch, daß sich Nanon einige Tage nach ihrer Freilassung kurz auf La Coste aufhalten wird.

Malatié oder Lamalatié, der letzte von Sades «kleinen Sekretären», wird im Juli '77 nach Bordeaux (sein Geburtsort?) zurückkehren müssen. Am 2. desselben Monats hatte die Marquise Gaufridy ihre Besorgnis darüber mitgeteilt: «Wenn ich, mein lieber Rechtsanwalt, endlich von Malatiés Eintreffen in Bordeaux erfahre, werde ich noch froher sein. Seine Klagen beunruhigen mich. Ich fürchte, daß er unterwegs irgendeine Eskapade macht; Kinder überlegen nicht, und obendrein kam er mir so dumm vor!» (Bourdin) Der junge Mann legte anscheinend Wert darauf, in der Umgebung von Avignon zu bleiben: Kurz zuvor hatte er an Gaufridy einen kleinen Brief geschrieben, den man in seiner Orthographie wiedergeben muß[4], weil er damit, wie Paul Bourdin sagt, «sein Können unter Beweis stellt»:

[4] «Monsieur Gofredie
avocat de la Cost
Apt an provaince
Monsieur
Gofredie je vous prie davoir la complesance de me cherce un place qu'il soit onaite dans la ville dapt parce je ne point le dasain de man retournair che moi. Je sui de loin ensie faut que je cherce quelle partir de me tire dafaire cela mon desain que je dans la taite ensie je man retournerai point che moy
Votre tre humble servant
serviteur Monsieur Gofredie.»

«Monsieur Gofredie
Rechtsanwalt von la Cost
Apt an provaince

Monsieur
Gofredie ich bite Sie um den Gefalen mir eine ährbare Stele in der Stad Apt zu suchen weil ich nit die Apsicht habe nach Hause zurickkern. Ich kome von weiter muss iberlegen wie ich aus der Sach Gewin ziehe das ist die Apsicht die ich im Kopp hab und so werde ich auch nit zurickkern
ihr ser ergebener Dienstmann
Diener Monsieur Gofredie»

Die weitere Sekretariatskarriere des jungen Malatié ist uns nicht bekannt.

53.

Das Kind der Regierung

Zwischen den Ratschlägen der einen und der anderen, der Meinung des Ministers, den Skrupeln von Madame de Montreuil und den Bemerkungen des Betroffenen nimmt die Revisionsklage von Monsieur de Sade 1777 allmählich Gestalt an. Allein Madame de Sade hat trotz ihrer Rührigkeit so gut wie keinen Anteil daran. Sie rennt von einem Ministerium zum nächsten, hauptsächlich mit der Bitte, ihren Mann zu sehen. Vergebens. «Selig diejenigen, die weder Ministerien noch Ämter kennen», schreibt sie an Gaufridy (Bourdin; 11. August 1777). Dann bekennt sie «ihre unbeschreibliche Entmutigung und Verzweiflung», die ihr eine klarsichtige Deutung der Situation nahelegen: «Sie haben sich sämtlicher Türen bemächtigt, und man kann sich nicht einbilden, ohne sie herauszukommen.» (Bourdin; an Gaufridy, 28. März 1778) Also schmiedet sie Fluchtpläne oder ersinnt eine ruhigere Zukunft:

> «Sobald die Geschichte mit dem Parlament beendet ist, am besten bevor der Polizeioffizier sich seiner bemächtigt, um ihn nach Vincennes zurückzubringen, könnte Reinaud ihn zusammen mit Ihnen oder Ihren Leuten [...] durch irgendeine Tür des Gerichts fliehen lassen und verhindern, daß der Offizier ihn zu fassen bekommt [...] oder Sie könnten vielleicht die Kavalleristen von Aix dazu gewinnen, die Gewehre und Pistolen der Amtsgenossen, die ihn bewachen, naß zu machen [...] Ein Paß wäre bereitzuhalten und Empfehlungsbriefe, damit er unter den Schutz der Republik von Venedig oder einer anderen Seite kommt.» (Bourdin; an Gaufridy, 16. Februar 1778)
>
> «Ich überlege ein Lebensprojekt für Dich und mich, wenn Du herauskommst, das uns vor Verleumdungen schützen wird. Du wirst ihm bestimmt zustimmen, und viele werden gezwungen sein, sich wieder mit uns zu versöhnen.» (Borderie; an Donatien, 16. Februar 1778).

Zwar mißtrauen Madame de Montreuil und ihre Tochter einander, doch kooperieren sie gelegentlich, wenn auch zu unterschiedlichen Zwecken. Jedenfalls schreiben sie am 23. und

24. September '77, zwar getrennt, doch beide an den Minister de Vergennes und bitten ihn offiziell um die «Beseitigung» des Urteils von Aix[1]. Madame de Montreuil fügt ihrem Brief eine Bitte um Audienz bei. (Henry)
Donatien selbst weigert sich noch immer, seine Situation im Zusammenhang zu sehen. Ihn in Aix freizusprechen, ist gut; aber aus seinem Gefängnis in Vincennes sieht das anders aus: er hat «Fehler» gemacht, man «bestraft» ihn, er will sein Strafmaß erfahren. Die Strafe schreibt er übrigens weiterhin, so unbegründet das auch sein mag, allein dem Rachedurst von Madame de Montreuil zu; in dem Sinn äußert er sich gegenüber dem Polizeileutnant Le Noir, der ihn am 16. Oktober 1777 besucht. Le Noir versteht natürlich kaum etwas, kommt auf seine Affäre zurück, verhört ihn und geht. Sade ist enttäuscht: Er hoffte, wie immer, *seinen Termin* zu erfahren.
Pélagie wohnt bei den Karmelitinnen, Rue d'Enfer, wahrscheinlich in der Wohnung der Comtesse de Sade. Als Bedienstete hat sie La Jeunesse und eine gewisse Agathe, die Justine ersetzt hat. Sie kümmert sich brieflich ein wenig um La Coste, jedoch ohne Illusion und ohne großen Einfluß, da sie «nur Verwalterin und nur zu berichten imstande» sei. (BN[x]) Vor allem schreibt sie an Donatien, unverschlüsselte Briefe, die ihr zurückgeschickt werden, wenn sie nicht genehm sind. Die Eheleute wenden zwischen den Zeilen und auf bestimmten Seiten eine Geheimtinte an; in ihrer Sprache sind das die «weißen Briefe», die im November '77 entdeckt werden[2].
Weiß oder nicht, verursachen die Briefe von Donatien de Sade seiner Frau meistens Qualen. Wenn sie ihm nicht genügend Lebensmittel oder Ausstattung schickt, beschuldigt er sie der Vernachlässigung. Wenn sie zuviel davon schickt, dann bestimmt um ihm einen langen Gefängnisaufenthalt anzukündigen: «Ich habe, meine

[1] Bemerkenswert ist, daß sich Madame de Montreuil nicht nur im eigenen Namen, sondern auch namens der de Sade-Vauredones an den Minister wendet: «In Abwesenheit haben sie mir ihre Interessen wie jenes ihres Namens, der der Name meiner Tochter und meiner Enkel ist, übertragen.»
[2] Pélagie und Donatien verwenden einfachste Mittel: Zitronen- oder Zwiebelsaft, Mischungen auf Milchgrundlage. Zu den «weißen Briefen» sei angemerkt, daß Sade gelegentlich Briefe, die seiner Meinung nach nichts aussagen, ebenso bezeichnet.

teure Freundin, die umfangreichen Vorräte, die Du mir schickst, sehr genau verstanden: Ein mehr als hinreichender Beweis für die gewaltige Zeit, die ich vermutlich hier zu verbringen habe.» (*L'Aigle II*; 3. November 1777) Ohnehin mehren sich aus seiner Sicht in Pélagies Briefen die bösen Anzeichen wie «Ihre empörende Nr. 3, die Sie in den Kopf des Briefes von der Hose gesetzt haben» (beide bezeichnen ihre Briefe nach deren Hauptthema) oder die unheilvollen «36 Zeilen»: «Ich finde ständig Briefe mit 36 Zeilen vor. Ich machte mir Hoffnung auf 36 Wochen. Seit diese verstrichen sind, was bedeuten sie denn nun? Sind es Monate?» (*L'Aigle II*)
Doch die ganze Zeit über herrscht zwischen ihnen eine starke Zuneigung, die sie fast immer rührend zum Ausdruck bringt: «Deiner letzten kurzen Auflistung der Dinge, die Du benötigst, hast Du, mein teurer Freund, nicht das geringste Wort der Freundschaft für mich beigefügt. Ich bin dafür um so aufmerksamer, als ich ständig befürchte, Du liebtest mich nicht. Diese Angst hat mich zu allen Zeiten gequält, doch jetzt, wo ich nicht den Trost habe, Dich zu sehen, nimmt sie zu.» (Borderie; Dezember '77) Er selbst ist zwischen zwei Wutanfällen (wobei er so weit geht, sie «Monster» zu nennen, weil er sie wohl mit ihrer Mutter gleichsetzt) knapper, hält aber beim Duett mit: «Adieu, ich liebe Dich immer.» (8. Dezember 1777) «Erzähle mir mehr von Dir und Deiner Gesundheit, als Du es tust, und sei Dir sicher, geliebt zu werden.» (17. März 1778) «Adieu, ich liebe Dich und umarme Dich mit zärtlichen Gefühlen, die erst mit meinem Leben erlöschen werden.» (11. Mai 1778)
Niemand wird aber Sade so beschäftigt haben wie seine Schwiegermutter, die Präsidentin de Montreuil, Marie-Madeleine Masson de Plissay, und das besonders während dieser sechzehn Monate. Nie zuvor hat diese Besessenheit den Gipfel erreicht, den sie zwischen Februar 1777 und Juni 1778 erreicht, und nie wird sie ihn wieder erreichen. Die Beschimpfungen der Präsidentin werden grandios, die ihr zugewiesene Macht geradezu magisch, und das Gemisch aus amourösen, familiären und gesellschaftlichen Fäden, das Sade rund um die Präsidentin webt, wird um so mehr wuchern, als Donatien etwas Neues einbezieht: seine Kinder.
Bis jetzt ist von seinen Kindern nur beiläufig die Rede gewesen. Wie man weiß, sind es drei: Louis-Marie, geboren 1767, Dona-

tien-Claude-Armand, geboren 1769 und Laure, geboren 1771. Im Leben des Paares nehmen sie keinen großen Platz ein, obwohl ihr Vater in allzugut ausgewählten Momenten von weitem demonstrativ seine Zuneigung beteuert. Bei Pélagie merkt man, daß ihre ganze Liebeskraft zur Zeit allein auf ihren Mann konzentriert ist. Sie hat ihre beiden Söhne ihrer Mutter anvertraut (Laure ist in einem Kloster), was ihr freie Hand läßt. Auch aus Überlegung, wie sie Donatien mitteilt: Die Montreuils hängen sehr an ihren Enkeln, und Pélagie hofft, daß dieses Interesse sich auf ihren Schwiegersohn überträgt. Ein Brief der Marquise an den Gefangenen von Vincennes vom 3. Dezember 1777 bringt die familiäre Situation auf den Punkt:

> «Mir fällt ein, daß ich vergessen habe, Dir bezüglich Deiner Kinder zu antworten. Ich sehe sie selten, da ich ausschließlich mit Dir beschäftigt bin. Ich überlasse sie ganz der Fürsorge ihrer Großmutter. Was nicht heißt, daß sie nicht Deiner und meiner Zuneigung würdig wären.
> Was Deine Tochter im Kloster angeht, kann man noch nichts sagen, weder zum Aussehen noch zum Charakter. Sie ist noch zu jung. Sie ist heftig in ihren Begierden[3].
> Was Deinen Sohn betrifft [der Älteste ist gemeint, Louis-Marie], er ist sanft wie ein Lamm und von ungewöhnlicher Lebhaftigkeit, die man nur mäßigen kann, indem man ihn beschäftigt, eine einfache Angelegenheit, da er alles wissen möchte und ganze Tage mit Büchern verbringen könnte. Ich glaube, er wird einmal hübsch aussehen.
> Der Ritter ist nach wie vor hübsch und sanft und hat weniger Neigungen zum Lernen. Er verspricht, daß das noch kommen wird, und tut es so nett, daß es grausam wäre, ihm nicht zu glauben. Er ist zärtlicher und wird in Gesellschaft angenehmer sein. Ich küsse ihn immer zweimal, wegen der Ähnlichkeit. Meine Zuneigung für sie führt mich zwanglos zurück zu Dir, den ich aus ganzem Herzen liebe.» (Borderie)

[3] Pélagie wird 1782 an Gaufridy schreiben: «Die kleine Laure ist zornig wie ein Truthahn; ohne zu wissen, warum, schlägt und kratzt sie wie eine Katze, und sie hat eine schlechte Gesundheit. Dreimal an einem einzigen Tag ist ihr Blut abgenommen wurden, und abends war sie überhaupt nicht schwach. In der Familie sagt man: ‹ganz der Vater...›»

Seinerseits scheint Donatien seine Kinder nur wahrzunehmen, um sie der Präsidentin vorzuhalten, wenn er immer wieder das Unglück und die Entehrung betont, die ihnen seiner Ansicht nach unvermeidlich aus den Verfolgungen entstehen, denen er durch ihre Großmutter ausgesetzt ist. Unerschütterlich bleibt er dabei: Alles, absolut *alles*, was ihm seit 1763 widerfährt, ist auf die Präsidentin zurückzuführen, der er eine wahnhaft gesteigerte Macht zuschreibt.

Allmächtig, Gesellschaft, Vater und Mutter in einem, schuldet die wohlangesehene Marie-Madeleine ihm Mutterliebe und Schutz (sei es auch gegen seinen Willen), da er alles in ihre Hand gelegt hat (oder es jedenfalls vorgibt), allerdings versteht sich von selbst, daß er auch der Meistgeliebte, der inzestuös Bevorzugte zu sein hat. Hierbei beginnen die kleinen de Sades unangenehm zu stören. Donatien weiß im Grunde, welche Stellung seine Kinder nach und nach innerhalb der Familie einnehmen und welche Rolle ihre Existenz bei seiner Ausschaltung spielen kann. Nach seiner Verhaftung durchlaufen seine Reaktionen mehrere Stadien, deren heftigstes in einem Brief vom Juni '77 zum Ausdruck kommt. Nachdem er einmal mehr versichert hat, es sei das Gefängnis, das ihn jedesmal zu «tausend neuen Extravaganzen» treibe, läßt er diese Katze aus dem Sack (was ich eigens hervorhebe):

> «Gehen Sie, Sie, sie und Ihre Kinder, Ihr werdet bereuen, was Ihr mich hier erleiden laßt *wegen dieser infamen Gören*, die ich genauso verabscheue wie Sie und alles, was zu Ihnen gehört.» (Borderie)

Nunmehr kommt er regelmäßig auf das Thema zurück. Was er nie akzeptieren wird, ist, daß die Existenz seiner Kinder ihm einen Großteil der Aufmerksamkeit der Präsidentin entzogen hat. Seiner Frau ist er sich sicher: Sie lebt allein für ihn, sie macht sich völlig seine Sicht der Dinge zu eigen.

Eine der Rollen, die die Marquise in der Welt Sades zu übernehmen hat, verlangt ihr besonders viel ab: die der Sprecherin, der «Marionette» ihrer Mutter, die Donatien «Ihre Führerin» nennen wird, als er für seine rasenden Visionen keinen großartigeren Sammelbegriff findet, so im folgenden Auszug aus einem Brief vom 17. Dezember 1777:

> «Nur Mut, setzten Sie Ihre hübsche Rede fort, sie ist göttlich, und die heikle Rolle, die man Sie spielen läßt, mir in jeder er-

denklichen Form das Gericht von schwarzer, bitterer Galle vorzusetzen, das die widerwärtige Furie, die Sie führt, zubereitet, macht Ihrem Herzen unbestreitbar genauso viel Ehre wie Ihrem Geist.» (*L'Aigle II*)

Was sich meiner Ansicht nach in Sades Kopf abspielt, ist nicht so sehr, daß er die Präsidentin bezichtigt, Einfluß auf die einen oder anderen auszuüben, um den Lauf der Dinge zu bestimmen, sondern daß er denkt oder es vielmehr so empfindet, sie *sei* in den Dingen und in den Leuten, sie allein sei die ganze Wirklichkeit und könne all deren mögliche Formen annehmen.

Anfang 1778 erreicht Sades «montreuillischer» (ein eigener Ausdruck von ihm) Wahn beträchtliche Ausmaße. Das Phantasiebild der Präsidentin scheint den geistigen Horizont des Gefangenen jetzt beinahe vollständig zu besetzen. Liegt es vielleicht auch ein wenig am Tod einer der letzten schützenden Gestalten aus Sades Jugend? Am 31. Dezember 1777 ist Jacques-François de Sade, Generalvikar, Abbé von Ebreuil, Erzieher und Onkel von Donatien, in La Vignerme nahe Saumane gestorben. Die Nachricht ist vielleicht nicht so schnell nach Vincennes gedrungen; halten wir einfach fest, daß Donatien de Sade am 5. Januar 1778 reichlich Blut aus einer seiner Adern zapft, ehe er, seine Feder darein tunkend, Madame de Montreuil einen erstaunlichen Brief schreibt. Zunächst verlangt er wie üblich die genaue Dauer seiner Haft zu erfahren; weiter heißt es dann:

«Nicht das Ende meiner Qualen ist es, was ich von Ihnen verlange. Leider! *können Sie das nicht*, ich weiß es nur zu gut [Hervorhebung von mir]. Mir mein Urteil zu verraten, darum flehe ich Sie an; mein Los mir mitzuteilen, beschwöre ich Sie, und ich beschwöre Sie im Namen der mitfühlenden Seele, als die ich Sie kenne. Lassen Sie meinen Körper leiden, aber verwirren Sie nicht meinen Geist, diese Gnade erbitte ich von Ihnen [...].

Ach! Sie, die ich früher mit so großem Vergnügen meine Mutter nannte, Sie, nach der ich wie nach einer solchen verlangt habe, und die Sie mir Ketten auferlegten statt der Tröstungen, die ich erwartete, lassen Sie sich von den Tränen und den blutigen Buchstaben, mit denen ich diesen Brief habe schreiben wollen, erweichen. Denken Sie daran, daß es Ihres ist, dieses Blut, denn es fließt heute in Geschöpfen, die Sie über alles lieben, die Ihnen so nahestehen und in deren Namen ich Sie anflehe [...].

Befreien Sie mich aus dem abscheulichen Zustand der Sorge, in dem ich mich befinde, und Sie werden mich nur noch als einen Unglücklichen erleben, der ob Ihrer Güte verwirrt ist, der sich schämt, sie so wenig verdient zu haben und nur noch für Sie atmen wird, um die Leiden zu tilgen, die seine Verfehlungen Ihnen verursacht haben, und um, wenn es möglich ist, mit dem gleichen Blut, das er sich anschickt Ihnen zukommen zu lassen, die Tränen zu vergelten, die er Sie hat vergießen lassen und für die Sie nur zu sehr mit seiner Reue gerächt sind.» (*L'Aigle II*)

Eine statistische Untersuchung könnte genau angeben, wie häufig Sade die intriganten Begriffe «gerächt» oder, an anderer Stelle, «Rache» (gelegentlich präzisiert er: «persönliche Rache») in bezug auf Madame de Montreuil in die Feder fließen. Ich weiß nur, daß man sie in beinahe allen seinen Briefen aus der ersten Jahreshälfte 1778 findet, gelegentlich in Verbindung mit ähnlich verwirrenden Kommentaren. Um was für eine persönliche Rache der Präsidentin kann es sich handeln? Zunächst könnte man an die «Verführung» von Mademoiselle de Launay denken, wie es beinahe alle Kommentatoren getan haben, wenn nicht der Ton, den Sade in diesem Kontext anschlägt, so zweideutig wäre, daß man eher an die Rache einer betrogenen Frau als an die einer empörten Mutter erinnert wird. Auch gibt es in seinem Brief vom 17. Dezember 1777 den seltsamen Satz: «Ach, hätte ich Ihre Mutter nur genauso unglücklich gemacht... als ich es konnte... Das ist das einzige, was ich bereue.» (*L'Aigle II*)

Zwei Briefe von Sade sind unter beiden Aspekten ganz besonders verwirrend: hinsichtlich seiner Schuld im allgemeinen wie hinsichtlich seines Verhältnisses zu Madame de Montreuil. Der erste ist vom März '78. Sade weiß jetzt ungefähr, wie er seinen Antrag formulieren wird, und er wird allmählich rasend bei dem Gedanken, im Gefängnis bleiben zu müssen, «da man mich hat unterschreiben lassen, ich sei unschuldig, und mir das bewiesen hat». «Ich sehe also deutlich», ergänzt er, «daß es sich hier ausschließlich um gegen mich verbreitete Verleumdungen handelt, während mich Ihre Mutter fünf Jahre lang der Schande überließ, mit dem einzigen Ziel, ein armseliges Gefäß zu zerschlagen, das ohnehin schon stark gesprungen war. Denn, zweifeln wir nicht daran, ihre *persönliche Rache* [Hervorhebung von mir] hat ihr dieses Prinzip diktiert.» Deshalb bietet Sade an, sich zu rechtfertigen, falls man ihm Gehör schenkt: «Ich bitte also inständigst, daß mir ein einstündiges Gespräch gewährt wird, entweder mit Ihnen [er schreibt an Pélagie], was mir zweifellos am liebsten wäre, oder mit einem Freund oder einem beliebigen Gesetzesvertreter nach Wahl Ihrer Mutter [...] *Es ist nicht alles so, wie man glaubt.*» (Hervorhebung von Sade) Und siehe da, Donatien läßt in den Brief, der sich an Pélagie richtete, zunächst einen für Madame de Montreuil bestimmten Satz einfließen, um alsbald in einen direkten Dialog mit ihr zu treten:

> «Ich will nur eine Stunde Unterhaltung mit irgend jemandem, und ich abonniere mich darauf, hier den Rest meiner Tage zu verbringen, wenn meine Beweise nicht geschätzt werden und der geringste Einwand fortbesteht, nachdem man mich gehört hat. Sie müßten mich verstehen und würden mich noch besser verstehen, wenn Sie sich daran erinnerten, was mir Gaufridy sagte, *was ich eines Tages tun müßte* [...] Man darf sich nicht immer auf den Anschein beziehen, auf die *Schriften* [Hervorhebung immer noch von Sade], auf die Reden, auf die Berichte von Leuten, die unglaubwürdig sind [...] Denken Sie beide über diesen Brief sorgfältig nach, Sie, meine teure Freundin, oder Sie, Madame de Montreuil, die Sie ihn sicher vor ihr lesen werden. Seien Sie einmal in Ihrem Leben gerecht; befreien Sie mich durch diese gerechte Gunst von dem Gedanken, daß Sie nur danach trachten, sich für einen alten Fehler zu rächen, *für den Sie mehr verantwortlich sind als ich.*» (*L'Aigle II*; Hervorhebungen von Sade).

Der zweite Brief ist vom 25. Mai 1778. In der Zwischenzeit hatte ihm Madame de Montreuil, zum Zeichen, daß die vor dem Revisionsprozeß getroffenen Entscheidungen ihre Zustimmung haben, einen handschriftlichen, nicht unterschriebenen Zettel geschickt. «Wenn Sie mir nicht die Ehre erwiesen hätten, mir zu schreiben, Madame», sagt Sade, «würde ich mich nicht erkühnen, Sie mit einer neuen Epistel zu belästigen, nach der Verachtung, die Sie für diejenigen hegen, die ihnen meine Verzweiflung und meine Empfindsamkeit bereits zugetragen haben.»

Die folgende Passage ist äußerst wichtig, weil Sade darin seine Ablehnung aller gesellschaftlichen Beziehungen außer den *familiären* deutlich herausstellt. Ein Anwalt, Monsieur Bontoux, hat den Häftling aufgesucht:

«Welches Vertrauen soll ich in jemanden setzen, der mir trotz des Briefes, den er mir von Ihnen übergibt und in dem Sie mir wörtlich sagen: *Das ist eine Empfehlung, die Ihnen Ihre Familie schickt,* versichert, wie er es bei seinem zweiten Besuch ausdrücklich getan hat, daß er nicht von *meiner Familie,* sondern von der Regierung geschickt ist.» (Hervorhebungen von Sade)

Ein entscheidender Unterschied!

«Diesem Mann zufolge, Madame, habe ich niemanden mehr auf der Welt, der sich um mich kümmert: es ist die Polizei, es ist die Regierung... Keine Unterstützung mehr bei den Verwandten meiner Frau: ich kann nur noch auf die Fürsorge des Staates rechnen! Halten wir uns nicht länger mit dem Grauen einer solchen Situation auf.»

Doch im Gegensatz dazu fährt er fort:

«Der Schmerz, meinen Vater und meine Mutter verloren zu haben, lebt in meinem Herzen zu heftig wieder auf, wenn mir nach diesem schrecklichen Unglück nicht einmal mehr die Hoffnung bleibt, nun Monsieur de Montreuil und Ihnen solche Namen zu geben, die so kostbar auszusprechen sind und auf die ein Recht zu haben ich zu glauben wagte. Sie sind also nichtig, Madame, und nun bin ich das Kind der Regierung, wo ich nur Ihres sein wollte! Ach! Wenn mir möglich wäre... Wenn mir gestattet würde, Ihnen mein Herz zu öffnen... Wenn wir uns noch verstehen könnten...! Wenn die vergangene Zeit wieder aufleben könnte! Wie würden sich die Motive Ihres Hasses vielleicht mildern und wie sehr, das wage ich jedenfalls zu glauben, würden Sie davon ablassen, jemanden in ein solches Unglück zu stürzen, der nie aufgehört hat, Sie zu lieben und der so aufrichtig allen Gründen abschwört, die ihm Ihre Achtung genommen haben können, *all den weiteren Auswirkungen,* die daraus folgten und die *einzig seine Verzweiflung* gebar.» (*L'Aigle II*; alle Hervorhebungen stammen von Sade)

54.

«Jetzt kommt der Frühling»

Niemand weiß, ob die Präsidentin diesen oder die vorherigen Briefe gelesen hat. Wahrscheinlich hat sie gegen Februar 1777 den Entschluß gefaßt, den Kontakt zu ihrem Schwiegersohn vollständig abzubrechen. Sie weiß, daß alles, was sie schreiben könnte, nur den aufgebrachten Deutungen von Donatien Nahrung bietet, der immer wieder neue Annäherungsversuche macht: «Gleich nachdem ich die Verse für meine Mutter erhalten habe», schreibt Pélagie ihrem Mann am 5. August '77, «habe ich sie ihr weitergegeben [leider besitzen wir dieses Gedicht nicht]. Sie hat nur gesagt, daß sie sie erhalten hätte.» Der weiteste Schritt, den sie wagt, ist, wie wir gesehen haben, Sade etwas von ihr Geschriebenes zeigen zu lassen, um ihn zu beruhigen.
Anscheinend hat Madame de Montreuil gelegentlich ihrer Tochter erklärt, sie handle zum Wohle Donatiens und hasse ihn nicht. Worte, die sofort dem Gefangenen berichtet werden und eine wütende Antwort provozieren:

> «Oh! Ich versichere Ihnen, daß ich Ihnen diese Meinung austreiben werde, Ihnen allen und vor allem Ihrer verfluchten Gaunerin von Mutter, der Sie sagen können, daß sie keine Erwiderung erhält, falls sie mich liebt, denn ich hege hier nur den Wunsch, sie krepieren zu sehen, noch dazu unter den schrecklichsten Qualen.» (*L'Aigle II*; 16. Juni 1777)

Die Präsidentin hat auch den Befehl gutgeheißen, der es Pélagie verbietet, Donatien zu sehen; dafür gibt es gute Gründe, andernfalls hätten auch der Polizeidirektor und der König Madame de Sade bestimmt bis zur Rückkehr ihres Mannes nach Vincennes in ein Kloster geschickt. Keine dieser Entscheidungen ist hartherzig oder leichthin getroffen worden. Madame de Montreuil hat festgestellt, daß die Autoritäten bezüglich ihres Schwiegersohns zu dem Schluß gekommen sind, er sei eine öffentliche Gefahr. Gewiß ist auch sie der Meinung, daß es besser ist, Donatien aus dem Verkehr zu ziehen. Dennoch wird ihr bis zuletzt daran gelegen sein, sich selbst von der Wirklichkeit seiner Vergehen zu überzeugen.

Sie versteht Sade nicht. In die ihr vertrauten menschlichen Kategorien paßt er nirgends hinein. Aber nach fünfzehn Jahren Aufmerksamkeit, Bemühungen, zweifellos auch Zuneigung, zumindest anfänglich und auf ihre Weise, mußte sie sich überzeugen lassen: Donatien de Sade ist nicht zurückzuholen. Alles könnte er haben, hat sie ihm gesagt, um genauso glücklich wie die anderen zu sein. Er will es nur auf seine Art und *ohne die geringste Rücksicht* auf irgend etwas oder irgend jemanden. So ist das. Madame de Montreuil zieht daraus die unausweichlichen Schlußfolgerungen.

In einem gewissen Sinn bringt ihre Tochter sie stärker aus der Fassung. Donatien stammt von einem anderen Planeten, doch ist er letztlich berechenbar, wenn auch nicht begreifbar. Bei ihm weiß man ein für allemal, womit man zu rechnen hat: mit dem Schlimmsten. Daß allerdings Renée-Pélagie de Montreuil, ein Menschenwesen von ursprünglich eher durchschnittlichem Format und überdies von ihrem eigenen Fleisch und Blut, jener ständigen Maßlosigkeit rückhaltlos zustimmt, bleibt für die Präsidentin völlig rätselhaft. In ihrer Ratlosigkeit zieht sie Gaufridy immer stärker ins Vertrauen, beispielsweise am 20. Dezember 1777:

> «Ich kann noch nicht recht entwirren, was sie wirklich denkt. Während sie in meiner Nähe ruhiger wirkt, ersucht sie ständig den Minister, ihr zu erlauben, seine Haft durch ihren Besuch zu mildern, was immer wieder abgelehnt wird. Handelt sie aus einer unbesiegbaren Schwäche heraus? Aus übertriebenem Pflichtgefühl? Oder aus Angst, man werde ihr unterstellen, nicht alle Anstrengungen unternommen zu haben, und sie eines Tages dafür bestrafen? In diesem Punkt ist sie für jedermann unbegreiflich. Vielleicht wissen Sie mehr darüber. Obwohl sie *alles weiß*. Die zuständigen Leute haben sie über die Absicht des Königs und die ihr *zugrundeliegenden Motive* aufgeklärt. Der Abbé de Sade, Probst von Saint-Victor, hat ihr förmlich mitgeteilt, daß er *im Namen der Familie* und in seinem eigenen *den Minister angefleht hat, die Bitten seiner Frau abzuschlagen und für die Sicherstellung der Person zu sorgen*, die, sofern möglich, mit jeder Annehmlichkeit und Großzügigkeit innerhalb des Schlosses, in dem er sich befindet, verbunden werden soll.»

Die Hervorhebungen stammen von mir, ebenso wie in den folgenden Briefen. Ich glaube, jeder Kommentar erübrigt sich. Am 28. Februar 1778 gibt Madame de Montreuil Gaufridy ihre letzten Instruktionen: «Sie täten gut daran, was Ihnen von den beiden Chefs, M. de La T. und M. de C. [Monsieur de La Tour und Monsieur de Castillon], diktiert wird, zu prüfen und zu befolgen, beziehungsweise die Meinungen, die sie Ihnen über ihre Vertrauenspersonen zukommen lassen werden.» Um den Geschäftsträger und gleichsam auch sich selbst zu beruhigen, fügt die Präsidentin hinzu: «Wir sind uns alle einig, im Sinne des Guten zu handeln.» Nichtsdestoweniger kann sie sich nicht enthalten, Gaufridy ein letztes Mal die Schlüsselfrage zu stellen:

> «Ich habe den losen Zettel beachtet, und er ist in meinem Kamin. Sind Sie nach dieser Recherche weniger oder stärker davon überzeugt und in Ihrer Meinung bestätigt, daß alles gut ist, so wie es ist? Antworten Sie nur mit *ja* oder *nein.*» (Bourdin; die Hervorhebung stammt von Madame de Montreuil.)

Am 14. April informiert die Präsidentin Gaufridy von den letzten juristischen Beratungen, zu denen die Justiz- und Polizeiverantwortlichen aus Aix und Marseille während der Osterferien zusammenkommen werden, «um gemeinsam einen festen und sicheren Weg zu bestimmen; und denjenigen, den man uns nennen wird, werden wir danach peinlich genau befolgen». Doch trotz der Aussicht auf diesen festen und sicheren Weg ist Pélagies Mutter nach wie vor zwar nicht unsicher, aber doch auf Zustimmung bedacht:

> «Wenn Sie meinen, ich täuschte mich zu irgendeinem Punkt, sagen Sie es mir ehrlich. Ebenso, wenn Sie mir zustimmen. Diese Dame [so pflegt sie Pélagie in ihren Briefen an Gaufridy zu bezeichnen] ist sehr vernünftig außer in dem Punkt, der ihrem Herzen wichtig ist. Man beklagt sie, ohne sie zu tadeln, aber wie ist es möglich, wo sie doch alles weiß, daß sie sich in diesem Punkt täuscht und nicht die Sinnlosigkeit ihrer Wünsche und Anfragen oder die Gefahr bemerkt, in die sie und er selbst wieder hineingeraten würden, wenn man ihnen Folge leistete? Obwohl ich es ihr ununterbrochen wiederhole und mit mir die ganze Welt.» (Bourdin)

«Jetzt kommt der Frühling», schreibt Sade am 17. März 1778 an Pélagie, «ich spüre es deutlich an allem, was mich mein Körper leiden läßt.» (*L'Aigle II*) Er verlangt nach Obst: «Die Natur wird mir hier schon genügend vorenthalten, als daß ich auch noch dieses kleine Geschenk entbehren müßte, das sie uns jedes Jahr macht und an dem selbst die unglücklichsten Menschen teilhaben.» Was ihm vollends das Herz bricht, ist ein Brief von Gothon mit Neuigkeiten aus La Coste, über die Pflanzungen, die Bänke, die sie im Schloßhof, wie er es wünschte, hat anbringen lassen: «Alles kündigt hier den Frühling an; den Blüten werden die Früchte folgen.»

Donatien de Sade beschäftigt nicht allein die schöne Jahreszeit. Nun steht alles bereit, um die große Sache zu Ende zu bringen. Madame de Montreuil hat ihn davon informiert, daß nichts ohne seine Einwilligung geschehen werde, doch das betrifft den Inhalt; über die Formen hat er nicht zu bestimmen. Sade verlangt danach, seine Kinder, seine Schwiegermutter und vor allem Pélagie zu sehen, ehe er nach Aix fährt. Dann macht er es zur Bedingung; er wird nicht abreisen, ohne seine Frau gesehen zu haben. Außerdem zögert er noch: «Ist es nicht immer sehr gefährlich, seinen Kopf hinzuhalten, wenn man dazu verurteilt ist, ihn zu verlieren?» (*L'Aigle II*) Er fürchtet sich vor der Provence, «in dieser Gegend ist man bösartig», vor allem vor Aix, wo, wie er sagt, sein Vater Feinde hatte und er selbst «nur zuviel Gründe hat, welche zu fürchten». Wenn er in Polizeibegleitung dorthin fahren müsse, verlangt er nach Marais, lehnt ihn wieder ab, fordert, ohne Eskorte gefahren zu werden, oder wenn doch, dann in Begleitung von Pélagie. Aber jetzt hat er nicht mehr mit Gesprächspartnern zu tun, sondern mit dem Justizapparat. Bald wird er nur noch eine Bedingung nennen, ohne die «nichts auf der Welt mich bewegen kann»: nämlich vor der Abreise seine Frau zu sehen. Die offizielle Antwort ist endgültig nein. Er beugt sich. Am 8. Juni informiert Madame de Montreuil Gaufridy vom Abschluß der Vorbereitungen. Sie hofft immer noch, die Intelligenz ihres Schwiegersohns so zu beeinflussen, daß er die Situation vollständig erfaßt, und das, obwohl sie jetzt weiß, dessen bin ich sicher, daß Donatiens Intelligenz nichts mit dem gewöhnlichen Verstand gemein hat (die ersten beiden Hervorhebungen sind von mir, die folgenden von der Präsidentin):

> «Sie meinen, man habe die einzige Wahl getroffen, die zu treffen war, um M. de S. und die Seinen von diesem fatalen

Urteil zu befreien. Man hat geglaubt, und ich habe es gefordert, daß er vor jeder Handlung unterrichtet und durch die getroffenen Vorsichtsmaßnahmen beruhigt werden sollte, und daß es *hartherzig, sogar überaus barbarisch* wäre, ihn fahren zu lassen, ohne ihn davon zu unterrichten, daß seine Familie weder seinen Kopf noch seine Ehre aufs Spiel setzt. Man hat ihm also eine eingeweihte Person als Ratgeber geschickt. Sie hat ihm *einen von mir geschriebenen Zettel zum Beweis, daß er Vertrauen haben könne*, übergeben, ebenso das Gutachten der Herren Simeon und Pazery. Das Argument der Geisteskrankheit scheint ihn aufgebracht zu haben; man hat ihm wahrheitsgemäß gesagt, es sei das einzige, das ihm das Erscheinen vor Gericht ersparen könne, sollte er das nicht wollen. Dies widerstrebt ihm deshalb, weil der Minister ihn nur unter Begleitung und Sicherungsmaßnahmen fortlassen will, und man hat große Mühe, ihn davon zu überzeugen, daß es eine *Sicherheit für ihn selbst* ist, für *alle Fälle*. Er ist zu intelligent, um nicht zu ahnen, daß er nach allem, *was geschehen ist* seit der Affäre und wovon der Minister aufgrund der erstatteten Anzeigen nur zu gut unterrichtet ist, nicht damit rechnen kann, daß einem Freispruch die Freiheit folgt.»

Am 27. Mai hatte Seine Majestät Ludwig XVI. dem Marquis de Sade Briefe «d'ester à droit»[1] bewilligt, die ihm erlaubten, gegen das Urteil des Parlaments der Provence Berufung einzulegen, obwohl die gesetzliche Einspruchsfrist von fünf Jahren verstrichen war. Die Form war gewahrt, wie es die Parlamente wünschten, für die die königliche Autorität hier eigentlich nur Mittel zum Zweck war. Ludwig XVI. gab dem Verfahren eine neue Wendung; der Angeklagte wurde der gewöhnlichen Justiz nur für eine begrenzte Zeit übergeben, der er dann wieder entzogen werden sollte.

Trotz einer gewissen Besorgnis konnte Madame de Montreuil sich sagen, daß das Maximum an Garantien erreicht war; die gesamte Magistratur der Provence schien sich mit «dieser unglück-

[1] «*Ester à droit* [...] vor dem Richter vorstellig werden [...] Ausdruck der ehemaligen Strafgerichtsbarkeit, der nur auf das Kriminalrecht angewandt wurde.» (Littré) Die Briefe «d'ester à droit», die Ludwig XVI. Sade ausstellte, berechtigten ihn, vor dem Gericht in Aix vorstellig zu werden, und schärften es ihm zugleich ein.

lichen Familie» verbunden zu fühlen: «Wir alle empfinden ihre Situation und die Rücksichtnahme, die sie verdient, nach», schrieb Monsieur de La Tour an Hué de Miromesnil.
Am 14. Juni 1778 nimmt der unvermeidliche Marais Sade in Empfang, um ihn zu seinen neuen Richtern nach Aix zu bringen. Am 20. treffen sie ein, zu spät, um direkt zum Gefängnis zu gehen. Die Nacht verbringen sie daher im Gasthof Saint-Jacques. Erst am nächsten Tag, Sonntag nachmittag, wird Sade in den Gefängnissen von Aix eingekerkert. Am 22. wird sein Antrag den «Herren des Parlaments» vorgetragen und die königlichen Briefe bestätigt. Am 30. wird das Verfahren von 1772 wegen gänzlich fehlenden Nachweises des angenommenen Vergiftungsdelikts für nichtig erklärt; allein zu den Tatbeständen Ausschweifung und Sodomie wird eine Untersuchung angeordnet. In den folgenden Tagen werden die Zeugen erneut verhört. Am 7. Juli ist Sade an der Reihe. Am 10. findet die Gegenüberstellung statt. Am 14. erneut Sitzung und Urteil:

> «Louis-Alphonse Donatien de Sade wird vom Gericht, in Anwesenheit des königlichen Staatsanwalts, angewiesen, in Zukunft mehr Anstand in sein Verhalten zu legen; dem genannten Sade ist für die Dauer von drei Jahren verboten und unter Androhung höchster Strafe untersagt, in der Stadt Marseille zu wohnen und sich aufzuhalten; das Gericht verurteilt ihn zu einem Almosen von fünfzig Livres für das Gefängnishilfswerk und zu den Gerichtskosten, wofür er im Gefängnis bleiben wird und nach deren Bezahlung ihm die Gefängnistore durch den Kriminalgerichtsschreiber oder seinen Stellvertreter geöffnet werden; diese Verwarnung ist dem vorgeladenen Sade in Anwesenheit des Oberstaatsanwalts gegeben worden.»

Soweit die ordentliche Justiz. Bleibt der Haftbefehl («lettre de cachet») Ludwigs XVI. Nachdem die Ehre wiederhergestellt ist, muß Donatien de Sade, dem Urteil des Königs, seiner Polizei und der betroffenen Familien zufolge, dem Blick der Gesellschaft auf ungewisse Zeit entzogen werden.
Am 15. Juli 1778, um drei Uhr morgens, holt der Inspektor Marais also Sade aus dem Gefängnis von Aix wieder ab und verfrachtet ihn in einen Wagen Richtung Vincennes, begleitet von seinem Bruder Antoine-Thomas Marais. Zwei untergeordnete

Helfer folgen ihnen. Am 16. Juli abends, auf der Etappe in Valence, verläßt Donatien seine Eskorte. Am 26. August greift Marais ihn auf La Coste wieder auf und bringt ihn in die Pariser Festung zurück, wo ihn am 7. September, dreizehn Tage später, um halb neun abends das Zimmer Nummer 6 in Empfang nimmt.

55.

«Das ist ein Roman»

Dreizehn Tage, um von La Coste zurück nach Vincennes zu fahren, das ist zu einer Zeit, in der die Postkutschen sieben Tage von Avignon nach Paris brauchen, besonders lang. Allerdings haben Marais, dessen Truppe und deren Gefangener von Lyon aus die Kutsche genommen, wo man auch noch zwei Tage haltgemacht hat, da der Inspektor dort (in Sachen Sade?) anscheinend etwas zu erledigen hatte. Man kann sich vorstellen, daß Donatien innerhalb dieser dreizehn Tage zahlreiche Überlegungen und «Rückerinnerungen» an die fünf Wochen Freiheit durch den Kopf gingen. Jedenfalls ist der Brief, den er am 1. September während des Aufenthalts in Lyon an Gaufridy schreibt, «sehr vernünftig», wie Paul Bourdin vermerkt, ruhig und konkret, kurz: von ungewohnter Einfachheit:

> «Ich schreibe einen langen Brief an Gothon zu allen Dingen, auf die sie im Schloß achten möge. Ich bitte Sie, ihr sechs Livres monatlich mehr zu geben als die dreißig *Francs*, die man ihr üblicherweise gibt [...] Sie soll veranlaßt werden, eine unterschriebene Bestandsaufnahme zu machen, die Sie mir schicken werden, sowohl von der Wäsche, die bei ihr bleibt, wie vom Silber; es wäre ebenfalls angebracht, daß Sie an einem Tag, an dem Sie Zeit haben, ein komplettes Inventar der Möbel im ganzen Schloß aufstellen [...] Die in La Coste jetzt wichtige Angelegenheit ist die Pacht. Ich habe Sambuc, dem Aufseher, schriftlich mein Wort gegeben, der sie auf fünftausendsechshundert Livres bringt. [...] Ich überlasse Ihnen die Angelegenheit Saumane [der Nachlaß des Abbé], holen Sie das Bestmögliche heraus und versuchen Sie, mir La Vignerme zu erhalten. Aber vor allem lassen Sie sich nicht, wenn es Ihnen möglich ist, die Bibliothek und das naturwissenschaftliche Arbeitszimmer entreißen. Sprechen Sie sich vor allem immer mit dem Herrn Komtur ab.» (Bourdin)

Der Brief, den er etwa zur selben Zeit Pélagie schreibt, ist ähnlich unaufgeregt, was um so erstaunlicher ist, als er zu Beginn Madame de Montreuil erwähnt:

«Was man mir hier soeben angetan hat, ist dermaßen absurd, läuft dermaßen allen Gesetzen des gesunden Menschenverstandes und der Gerechtigkeit zuwider, ist dermaßen das Werk einer feindlichen Hand, die nur danach trachtet, mich zugrunde zu richten, meine Kinder und mich, daß ich in der Tat nicht Deine Mutter dessen verdächtige: Mehr Gerechtigkeit habe ich ihr vielleicht nie erwiesen, und ich bin vielleicht nie stärker von Reue gequält gewesen, ihr diese nicht früher erwiesen zu haben. Briefe, Meinungen, aufgedeckte Manöver, Unterhaltungen, in einem Wort fünf Wochen Freiheit haben mir, glaube ich, die Augen über das ganze Geheimnis geöffnet... Nun, ich beschuldige sie nicht mehr.»[1]

Allerdings ist diese Freisprechung von einer gewissen Desillusionierung begleitet – der des Sohnes, der erkennt, daß sein Vater nicht der stärkste Mann der Welt ist: «Aber wie ist es möglich», fährt Sade fort, «daß sie nicht alles auf der Welt unternommen hat, um diesen Schlag aufzudecken und abzuwehren, und daß sie sich von Leuten hat täuschen lassen, die sich bereiterklärten, meine Angelegenheiten meiner Kinder wegen in Ordnung zu bringen [wieder die Kinder] und eben nicht meinetwegen?»

Ja, Donatiens Kopf scheint vom Tag seiner Abreise aus Vincennes nach Aix, dem 14. Juni 1778, bis zu seiner Rückkehr in die Festung am 7. September des gleichen Jahres enorm gearbeitet zu haben. Anscheinend war diese Pause innerhalb der großen Pause ein entschiedenerer Wendepunkt in seinem Leben, als man gemeinhin annimmt. Ich denke dabei vor allem an die neununddreißig Tage in Freiheit, und dabei wiederum besonders an die ersten drei Wochen des August 1778.

Der Sade, der am 20. Juni 1778 in Aix-en-Provence eintrifft, bemüht sich noch, an den anzuschließen, der vor sechzehn Monaten Vincennes betreten hat. Wenn sich auch die Dinge geändert haben, würde er dabei bleiben wollen, daß ihn das nichts angeht. Zum ersten Auftritt Sades vor der Parlamentskammer in Aix schreibt Marais: «Der Marquis schien mir von dieser ersten Sitzung nicht sonderlich bewegt zu sein.» Das ist gut möglich; Donatien hatte schon die Vorladungen vor das Parlament in Paris erlebt. Größere Beachtung schenkte er vermutlich der Men-

[1] *Mon arrestation du 26 août* (siehe Anmerkung 1 zu Kapitel 44).

schenansammlung, die ihn an jenem Morgen um acht Uhr vor dem Kloster der Jakobiner erwartete, wo die Sitzung stattfand. «Es waren mindestens zweihundert Menschen versammelt, sowohl beim Betreten wie beim Verlassen des Gerichts, die Monsieur de Sade sehen wollten», berichtet Marais. Die Neugierigen wurden enttäuscht, denn Marais versteckte den Marquis hinter den Vorhängen einer Sänfte. Wenn auch niemand den Werwolf von La Coste erblicken konnte, so ist doch anzunehmen, daß dieser durch Beiseiteschieben der Vorhänge einen Eindruck von dem durch ihn ausgelösten Gedränge erhielt und die Bemerkungen der Menge undeutlich an sein Ohr drangen. Die Zeit der Abgeschlossenheit im Familienkreis war tatsächlich vorüber. Außerdem wird er fünfzehn Tage in einem gewöhnlichen Gefängnis im Kreis der anderen Häftlinge verbringen, und am 14. Juli werden das letzte Verhör sowie die Verlesung des Urteils öffentlich erfolgen; die Menge, die sich diesmal sicher sein konnte, des Menschenfressers ansichtig zu werden, war sicherlich nicht geringer geworden. Sade, das Kind der Regierung, ist nunmehr auch das erklärte Mündel der öffentlichen Meinung.

Er wird darüber noch nachsinnen, als Marais ihn nachts um drei wieder abholt. Auf der Fahrt erlebt er die Vorsichtsmaßnahmen, die der Inspektor trifft, um nicht «in die Nähe von Besitzungen des genannten Marquis de Sade zu kommen»: der Wagen passiert Saint-Cannat, Lambesc und Pont-Royal, biegt links ab, trifft in Plan d'Orgon ein, ehe die Rhone in Tarascon überquert wird. Danach fährt man weiter über Remoulins und hält in Valliguières bei Pont-Saint-Esprit. «Dort», wird Sade schreiben, «versuchte ich die Flucht, die ich plante, doch war sie mir unmöglich.» (Lely) Beim zweiten Halt, in der Postherberge von Valence, Vorort Saunière, flieht Monsieur de Sade um elf Uhr abends.

Nichts Seltsameres als diese Flucht. Es gibt verschiedene Versionen dazu: Die von Inspektor Marais, die in einem Protokoll, das er am nächsten Tag in Valence anfertigen läßt, schriftlich festgehalten wird; Sades private Version in Form knapper Eintragungen unter dem Titel *Histoire de ma détention*; schließlich seine offizielle Version, ein achtundvierzig Stunden nach seinem Eintreffen in La Coste sehr sorgfältig redigierter Brief, den er in mehreren Exemplaren abschreiben läßt, die sofort an Madame

de Montreuil, seine Familie und Freunde verschickt werden. Die Berichte von Sade und Marais stimmen natürlich kaum überein, vor allem in einem wesentlichen Punkt: Haben die Polizisten die Flucht des Marquis begünstigt oder nicht?
Ohne allzusehr ins Detail zu gehen, sei gleich gesagt, daß Marais' Protokoll nicht überzeugt. Es ist ein langer Bericht über den Abend des 16. Juli im Logis du Louvre, wie sich die Poststation nennt. Die fünf Männer kommen gegen halb neun in einem Zimmer im ersten Stock zusammen, um dort das Abendessen zu sich zu nehmen. Monsieur de Sade gibt vor, keinen Hunger zu haben, hält sich zunächst an dem zur Straße hin geöffneten Fenster auf (in Valence ist es im Juli heiß), läuft dann auf und ab und erwähnt schließlich «ein dringendes Bedürfnis» (aus dem Protokoll wie die übrigen Zitate). Antoine-Thomas Marais, «anstelle der vertrauenswürdigen Männer», begleitet ihn «zu den öffentlichen Einrichtungen, zum Abort, den er bei der Ankunft in der genannten Herberge selbst überprüft und dabei gesehen hatte, daß man, um den Abort aufzusuchen, durch einen geschlossenen Korridor mußte, an dem sich auch das Zimmer des Berichterstatters [Louis Marais] befand».
Der Marquis bleibt also fünf, sechs Minuten eingeschlossen, läßt seine angezündete Kerze im Abort, verläßt ihn auf Zehenspitzen und geht zum Ausgang. In Höhe von Antoine-Thomas Marais «hat der genannte Marquis de Sade ein Ausrutschen vorgetäuscht, und der genannte Herr Thomas Marais ist ihn zu stützen geeilt und beinahe mit ihm gefallen, wonach der genannte Marquis de Sade mit größter Behendigkeit wieder aufgestanden, unter dem Arm des genannten Thomas Marais hindurchgeschlüpft ist und die Steintreppe erreicht hat, die an den besagten Korridor anschließt, die einzige, die zu demselben Stockwerk führt, wobei besagte Treppe zehn Stufen zum ersten Absatz und acht zum zweiten hat und zum Hof desselben Logis führt, neben dem Tor, am Eingang; da das Tor offen gewesen ist, ist anzunehmen, daß der genannte Marquis de Sade durch selbiges hinausgegangen ist, trotz der Eile, mit welcher der genannte Thomas Marais ihn verfolgte».
Daraufhin beginnen Louis Marais und die beiden Helfer die Umgebung zu durchkämmen, während Thomas Marais die Herberge durchsucht. Vergebens: Der Marquis de Sade ist spur-

los in der Nacht untergetaucht. Vier Berufspolizisten haben ihn, einen achtunddreißigjährigen Mann, seit sechzehn Monaten ohne körperliche Übung, den sie noch einen Augenblick zuvor bewachten, weder einholen noch auch nur mit Blicken verfolgen können...
Auf diese erstaunliche Flucht werden wir noch zurückkommen. Jetzt möchte ich so neutral wie möglich eine einfache chronologische Abfolge interessanter Dokumente anführen.
Kehren wir zum 25. Juni zurück. An diesem Tag schreibt der Komtur de Sade mindestens zwei Briefe (erinnern wir uns: er ist fünfundsiebzig Jahre alt, mit Ehrungen und Gütern reich versehen und der letzte lebende männliche Vorfahre seines Neffen Donatien). In dem einen wendet er sich an Monsieur de La Tour, den Ersten Präsidenten von Aix-en-Provence: «Monsieur», schreibt er, «Ihnen war vorbehalten, einer Familie, die Sie lieben, weil sie Sie liebt, die Ehre zurückzugeben, die man ihr ungerechterweise nehmen wollte, und ich empfinde doppelte Freude, wenn ich erfahre, daß der Libertin, über den wir so viel Anlaß zu klagen hatten, dank Ihrer Gerechtigkeit nicht mehr als der kriminellste aller Menschen betrachtet werden wird.» Des weiteren erklärt sich der Komtur bereit, nach Aix zu reisen, falls man seine Anwesenheit für erforderlich hält, man spürt jedoch, daß er darauf keinen Wert legt. (Bourdin)
In seinem anderen Brief vom 25. Juni, adressiert an einen «Richter» (Paul Bourdin macht keine weiteren Angaben), beglückwünscht der Komtur seinen Korrespondenten im voraus für die Gerechtigkeit, die er durch die Annullierung eines Urteils beweisen werde, das ein Parlament gefällt habe, welches Befugnisse von Richtern an sich riß, die «von Funktionen suspendiert wurden, denen sie unter so allgemeinem Beifall nachkamen», und die glücklicherweise wieder in ihr Amt eingesetzt worden seien; «die Libertinage verdient Strafe, aber nicht die des Verbrechens; und da die Fehltritte persönliche sind, wäre allein der Libertin von Ihnen zu bestrafen.» (Bourdin)
Am 28. Juni läßt der Komtur mit dem so treffenden Titel «Commandeur» erneut sein Orakel ertönen, und dem, was dabei zu hören ist, gebührt Aufmerksamkeit. Es handelt sich um einen Brief, der offensichtlich mehreren Richtern seines Neffen zugesandt worden ist (die Hervorhebungen sind von mir):

«Monsieur,

Die Familie hat den Libertin bestraft, sobald sie es konnte. *Er wird die Gesellschaft nicht mehr in Unruhe versetzen. Der König und die Regierung* haben den Vorkehrungen zugestimmt, die zur Bewahrung der Ehre einer Familie, die sich nie etwas zuschulden hat kommen lassen, nötig waren. Ich hoffe, daß Sie dazu beizutragen bereit sein werden [...] Mit Vergnügen werde ich mich sobald wie möglich bei Ihnen für Ihre Güte bedanken. Mein Vertrauen, meine Dankbarkeit und meine Achtung sind die Wertschätzungen, die ich Ihnen schulde und deren Erweisung mir köstlich ist», etc. (Bourdin)

Ausnahmslos alle Sades, ihre angeheiratete Verwandtschaft, der König und die Regierung haben also den festen und endgültigen Entschluß gefaßt, Donatien von der freien Welt auszuschließen. Teilt Madame de Montreuil dieses Vorhaben ganz? Auch sie schreibt, am 8. Juli, an die Richter. Offensichtlich vor allem, um nachdrücklich zu betonen, der Wortlaut des zu fällenden Urteils dürfe keinen Makel auf der Ehre des Angeklagten und demzufolge seiner Familie zurücklassen. Wir kennen diesen Brief nur durch das, was Madame de Montreuil selbst Gaufridy am 14. Juli darüber erzählt: Die Präsidentin konsultiert den Geschäftsträger zu Verwaltungsfragen, die Pélagie betreffen, die immer noch in Unkenntnis der Abreise ihres Mannes und des bevorstehenden Urteils gehalten wird. Madame de Montreuil hat ihrer Tochter lediglich gesagt, sie hoffe, ihr bald gute Nachrichten überbringen zu können:

«Ich hoffe es wirklich. Man hätte ihr [durch die Mitteilung] grausame Tage voller Sorge beschert. Ich empfinde es selbst. Und weiß man, wozu ihre Sorge sie veranlaßt hätte? [Wir wissen es.] Kurz: Der Minister selbst und mein Verstand haben mir dieses Verhalten vorgeschrieben; und sonst wäre sie *auf Befehl* [Hervorhebung der Präsidentin] in ein Kloster gesteckt worden, um damit jeden Schaden abzuwenden. Ich war der Meinung, es sei besser, mein Wort zu geben und zu halten, statt sie der Erschütterung auszusetzen, die sie, von mir unbeabsichtigt, empfunden hätte...

Ich warte ungeduldig auf das Ende des Ganzen. Nicht ohne etwas Sorge; nicht um die Person, denn *man hat mir jede Sicherheit für sie garantiert* [Hervorhebung von mir] im Falle gefährlicher Meinungen oder Informationen, sondern weil ich wünschte, es bliebe kein Makel. Das habe ich vor sechs Tagen den Herren Parlamentsvorsitzenden mit größtem Nachdruck geschrieben. Diejenigen, die mir haben schreiben können, haben es aufs Anständigste und Ehrenhafteste getan.» (Bourdin)

Am Freitag, den 17. Juli, stellt der Komtur de Sade in einem Schreiben an Gaufridy erfreut fest, daß «alles zu Ende ist». Das Urteil findet er «ziemlich anständig; allein das Bußgeld von fünfzig Livres scheint mir ein Mißklang zu sein. Es ist völlig in Ordnung, daß Sie sich erholen, Sie müssen sehr müde sein.» (Bourdin) Kein Wort zu seinem Neffen.

An diesem 17. Juli segelt Donatien über die Rhone, für einen Louis wird er von einem kleinen Boot nach Avignon gebracht. Den Rest der Nacht hat er sich in einer Scheune versteckt, einen Kilometer vor Valence, wird er angeben. Zwei Bauern haben ihn zunächst nach Montélimar geleitet, von dort ist er bei Tagesanbruch mit einem Ruderboot in den Vivarais gefahren, wo er ein Schiff nach Avignon gefunden hat. In der Stadt der Päpste trifft er gegen achtzehn Uhr ein, diniert bei einem gewissen Quinaut, der ihm einen Wagen besorgt, mit dem er am 18. Juli gegen neun Uhr morgens in La Coste ankommt (*Histoire de ma détention*), wo er sofort an Gaufridy schreibt:

«Ich komme erschöpft an, todmüde und ausgehungert; ich habe Gothon furchtbare Angst eingejagt. Ich werde Ihnen alles erzählen; das ist ein Roman. Kommen Sie mich bitte so bald wie möglich besuchen.

Senden Sie mir bitte per Eilboten Zitronen und alle Schlüssel. Sie werden mir bitte die zwei Päckchen Papier mitbringen, die ich Ihnen zur Aufbewahrung überlassen hatte, vor allem das dicke. Ich werde essen und mich schlafen legen und umarme Sie von ganzem Herzen.

Ich glaube, Sie hatten recht, als Sie sagten, *man wird Sie nicht verfolgen* [Hervorhebung von Donatien]. Ich weiß darüber nichts, aber ich glaube nicht, daß man es getan hat.

Ich hoffe sehr, morgen abend mit Ihnen zu essen. Zitronen und alle Schlüssel, bitte.» (Bourdin)

In den folgenden Stunden, am nächsten oder übernächsten Tag ein weiterer Brief an Gaufridy; Schwindel der wiedergefundenen Freiheit:

«Ich sage Ihnen nichts, weil ich zuviel zu erzählen habe. Wir müssen unbedingt einige Tage gemeinsam verbringen. Wenn ich nach einem Artikel suche, kommen mir fünfzig in den Kopf und ich weiß nicht mehr, womit anfangen. [...]

Die Affäre Chauvin scheint mir recht schmutzig zu sein; gegen ihn wird heftig getobt; ich hätte Ihnen dazu vieles zu sagen[2] [...]

Ich brenne darauf, nach Saumane zu gehen. Sie werden viel Mühe haben, mich davon abzuhalten, dort bald *als Herr aufzutreten* [Hervorhebung von Donatien]; die Zehen kribbeln mir danach und nicht ohne Grund; ich fürchte, Ihre Rhetorik wird es nicht vermögen, mich zum Abwarten zu überreden. Versuchen Sie sich bald frei zu machen, damit wir gemeinsam hingehen. Gothon wird Ihnen weiterhin die Liste von allem Nötigen schicken; ich werde sie aber unterzeichnen, und Sie möchten bitte keinerlei Liste berücksichtigen, die Sie ohne meine Unterschrift erreicht. Ich umarme Sie, von immer größerer Freundschaft und Dankbarkeit Ihnen gegenüber erfüllt. Ich habe Reinaud Extravaganzen geschrieben.» (Bourdin)

Der nächste Text ist diese Art Rundbrief, den Sade nach seiner Flucht, als Brief an Gaufridy getarnt, so weit wie möglich in seiner Umgebung verbreiten wird. Es ist die offizielle Version, die er von den Ereignissen und seiner Situation geben will. Schließlich wird er – ein bißchen zu sehr – selbst daran glauben. Daraus müssen ziemlich lange Auszüge zitiert werden. (Bourdin) Das Datum «La Coste, 18. Juli, 8 Uhr morgens» ist natürlich falsch; man merkt, daß Donatien lange an seinem Text gefeilt hat, vielleicht zwei, drei Tage lang:

«Ich bezweifle nicht, mein lieber Advokat, daß dieser Brief Sie sehr überraschen wird, nachdem ich mich von Ihnen vorgestern bis auf ungewisse Zeit verabschiedet habe. Lesen Sie ihn

[2] Chauvin, Bauer (mit auslaufender Pacht) auf den Ländereien des Marquis in La Coste, hatte die Tochter von Sambuc, dem Jagdaufseher des Schlosses, verführt, den Monsieur de Sade zu seinem neuen Pächter machen wollte.

indes mit Aufmerksamkeit, und ich hoffe, daß Sie danach etwas weniger erstaunt sein werden.
Nachdem ich Sie verließ, verbrachten wir die Nacht in Pont-Saint-Esprit; an diesem ersten Tag beobachteten mich meine Führer mit gewissenhaftester Aufmerksamkeit; am nächsten Abend haben wir in Valence gegessen, und ich bemerkte, daß die Sorgfalt nachließ, je mehr wir uns entfernten; kaum waren wir am zweiten Tag angekommen, gab mir der mit meiner Bewachung beauftragte Inspektor in ziemlich energischen Worten zu verstehen, meine Rückkehr nach Vincennes sei reine Formsache; falls ich gedächte, mich ihr zu entziehen, und meiner Flucht den Anschein eines spontanen Ausbruchs gäbe, stünde mir das frei; sie ihrerseits würden dem Vorgehen, das dieser Flucht folgen würde, ganz den Anschein einer strengen Verfolgung geben; unter diesen beiden Voraussetzungen und bei einem Verhalten, wie es mir das Unglück, das ich erfahren habe, ganz natürlich vorschriebe, würde ich nichts mehr zu befürchten haben.
Ich brauche Ihnen nicht den Eindruck auszumalen, den diese Rede auf mich machte. Endlich öffnet man die Augen, dachte ich, endlich spürt man, wie widersinnig diese Rückkehr ins Gefängnis ist; als Formsache, nun gut; aber in der Realität; wer wäre mir und allem, was mich umgibt, Feind genug, um diese verstehen zu können; konnte die Umsetzung eines derart schwachsinnigen Plans einleuchten? Wie! Aufgeklärte Richter, Feinde der Heuchelei und der Lüge, rächen die Ehre einer Familie, die durch die bezahlten Schergen jenes Tyrannen verletzt worden ist, der unter der zu Ende gehenden Herrschaft des letzten Königs Frankreich in die Verzweiflung trieb [man wird Maupeou erkannt haben]; sie heben dieses widerrechtliche Verfahren wieder auf, widerwärtiges Ergebnis einer blinden Unterwerfung und einer schreienden Absurdität; man untersucht aufs neue die Abscheulichkeiten, die jener Sippschaft eingefallen sind gegen einen Ehrenmann, den tausend Gründe vor dieser tadelnswerten Beleidigung zu schützen schienen; die in das wiederaufgenommene Verfahren eingehenden Fakten verweisen anstelle dieser Serie von Verleumdungen, die es wert sind, ihre Autoren aufs Schafott zu bringen, nur noch auf eine schlichte Jugendsünde, für die

eine respektable Richterschaft, der die souveräne Autorität offenbar gern ihr Vertrauen bekundet, indem sie sie mit heiklen Affären betraut, für die, sage ich, die integren Richter nur das geringste Strafmaß verkünden; während ich mich offensichtlich jener Art Achtung zu erfreuen habe, die gewöhnlich die Wiederherstellung der Ehre denjenigen bedeutet, denen das Unglück widerfahren ist, zu erleben, wie sie ihnen zu Unrecht genommen worden war, während es also eigentlich geboten erscheint, der ganzen Provinz bekanntwerden zu lassen, daß meine angeblichen Verbrechen sich mit dem Urteil, das ihre Nichtigkeit an den Tag bringt, verflüchtigen, nimmt man mir meine Freiheit, bestraft man mich, als wäre ich noch schuldig und als wäre dieses Urteil, das einzig das Ergebnis meiner Unschuld und der Integrität der Richter ist, das Werk der Gnade [...]

Diese Überlegungen waren schrecklich, und sie erdrückten mich fast, als endlich die Rede des Inspektors wieder Frieden in mein Herz einziehen und mich erkennen ließ, daß diejenigen, die ich für meine Feinde hielt, es doch nicht in dem Ausmaß waren, das ich befürchtet hatte [...] Zu sehr entzückt darüber, daß sie die Dinge nun wieder in einer Weise sahen, die meiner Ehre entspricht, feilschte ich nicht um die Kostümierung, die für diese Szene verlangt war [wieder das Theater], und versprach meinen Bewachern, um ihren Absichten zu entsprechen, meinen Ausbruch so listig ins Werk zu setzen, daß sie nicht zu fürchten brauchten, mich zu finden, und würden sie auch alle Verfolgungsmanöver verdoppeln, die ihnen ihre Kunst eingab. In derselben Nacht ging ich also [...]»

Es folgt der uns bekannte Bericht. Und da undenkbar ist, daß er sie vergißt, kommt Donatien zum Schluß auf die Präsidentin:

«In alldem werden Sie genauso leicht wie ich die Intrige einer ebenso geschickten wie intelligenten und weisen Frau und ebenso geistvollen wie einfühlsamen und guten Mutter erkennen. Sie will die Fäden in der Hand behalten, aber sie will, daß ich in den Genuß der Wiederherstellung meiner Ehre komme, daß meine Rehabilitierung offenkundig wird und daß durch dieses interessante Vorgehen meiner Familie wie auch mir das Ergebnis dessen, was soeben in Aix geschehen ist, voll zugutekommt. Aber...»

Aber, in einem prächtigen Schluß, der ihn bestimmt ebensoviel Sorgfalt wie der ganze übrige Brief gekostet hat, versucht Donatien de Sade, ein paar mißliche Banalitäten dem Vergessen zu überantworten und seine Leser für die strahlende Zukunft zu begeistern, die er zu erkennen glaubt:

«Aber ihre Politik, für so wesentlich sie sie auch halten mag, zerstört sich von selbst und wird nutzlos, weil sie nicht den Gefühlen gerechtgeworden ist, die tief in meiner Seele verankert sind. Bei dem, was ich ihr schulde, was ich Verwandten schulde, die mein Unglück vor Kummer überwältigte, bei dem, ich wage es auszusprechen, was ich – nicht der Güte meiner Richter; sie haben für mich nur Strenge gehabt, und ich wollte es so, sondern – der Achtung, der Fürsorge, dem Anstand schulde, die sie mir zugedacht haben, weil sich bei so wohlgeborenen Seelen angenehme Sitten stets mit strenger Pflichtauffassung verbinden; bei all dem also bedurfte ich keiner Ketten, es sei denn mein Herz. Dort finde ich alles, was die Ängste dieser ehrwürdigen Mutter zerstreuen kann; alles, was bei meinen Verwandten wieder Ruhe einkehren lassen kann; alles, was meinen Richtern beweisen muß, daß ich stets eher unglücklich als schuldig gewesen bin; und alles, was schließlich mir selbst jene aufziehende Morgenröte eines schönen Tages anzukündigen vermag, wie man ihn sich nach so vielen Gewittern nur wünscht.
Adieu, lieber Advokat», etc. etc.

56.

Das Auge des Zyklons

Wieder einmal verfällt Donatien seiner Obsession, Madame de Montreuil eine ausschlaggebende Rolle in der gesellschaftlichen Maschinerie zuzuweisen, der er ausgesetzt ist. In Paris erliegt Pélagie, die er darin nur allzu stark beeinflußt hat, dem gleichen Irrtum:

> «Ich habe eine furchtbare Szene mit meiner Mutter an dem Tag gehabt, an dem sie mir das Ende der Affäre bekanntgemacht hat [gemeint sind das neue Urteil und die Rückkehr Sades nach Vincennes; nicht die Flucht, von der Pélagie noch nichts weiß]. Hinsichtlich der Haft hat sie mir ihre Absicht mit empörendem Hochmut und Despotismus angezeigt, die mich aus der Fassung gebracht haben. So daß ich genausowenig froh bin, als wäre mir nichts Gutes zugestoßen. Und über den Ausgang der Affäre sagte sie mir, daß die *Familien* (mit diesem Wort geht sie viel zu leichtfertig um) nie seine Freilassung dulden würden. Was sie am meisten pikiert, ist es, zu sehen, daß meine Gedanken und Worte von mir selbst stammen und nicht von M. de S., von dem sie annimmt, er würde mir das wie einem Papagei vorerzählen.» (Bourdin)

Am selben Tag schreibt Madame de Sade dem Rechtsanwalt Reinaud ein Briefchen, dessen Banalität uns später einige Probleme bereiten wird. Pélagie scheint erfahren zu haben, daß Donatien, begleitet von Marais, aus Aix nach Paris abgereist ist, und sie bereitet sich vor, ihm entgegenzufahren. Nur um ihn endlich zu sehen? «Ich fürchte, es ist zu spät, um ihn unterwegs im Bourbonnais zu treffen. Ich schicke jemanden Unbekannten, um zu erfahren, ob Marais zurück ist. Wenn nicht, mache ich mich eilig auf den Weg, doch ich fürchte, es ist zu spät. Ich habe von M. de S. nur das Blatt erhalten, das Ihrem Brief beigefügt war. Anscheinend sind alle anderen Sendungen beschlagnahmt.» (Bourdin)

Das Problem dieser wenigen Zeilen ist nicht der Text selbst, sondern die Gegenüberstellung mit einem anderen, leider nicht datierten Schreiben von Pélagie an Gaufridy, nach einer Flucht, von der sie in einer Weise spricht, als habe sie sie selbst organisiert. Die Überschrift lautet: «Dieser Brief soll dem Marquis de Sade übergeben werden, nachdem er in Sicherheit und außer Reichweite des Polizeioffiziers von Paris ist.»

> «Glaubst Du nun, daß ich Dich liebe, mein kleiner Freund, den ich tausendmal anbete? Achte gut auf Deine Gesundheit, laß es Dir an nichts fehlen; schreib mir Briefe, die nicht in Deiner Schrift sein dürfen, und zwischen den Zeilen und auf dem unbeschriebenen Teil wirst Du mir mit Geheimtinte schreiben.
> Ich werde dasselbe tun. Ich stoße zu Dir, sobald ich kann und werde Dir allerlei erklären. Bis dahin mache Dir keine Sorgen. Ich mache Schluß und sitze auf glühenden Kohlen, solange ich keine Nachricht von Dir habe. Dennoch würde ich lieber keine bekommen, wenn es Gefahr bedeutete. Gaufridy wird Dir Geld geben; soviel Du willst. Paß auf Dich auf, ich beschwöre Dich; achte auf Dich und laß es Dir an nichts fehlen.» (Bourdin)

Es scheint, daß Pélagie diese letzten Zeilen im voraus geschrieben hat, nicht weil sie die Flucht aus Valence im Auge hatte, sondern eine andere, die sie in der Tat zu arrangieren versuchte.

In Paris scheint Madame de Montreuil ebenfalls das Plädoyer ihres Schwiegersohns erhalten zu haben. Gaufridy gegenüber gibt sie am 1. August nur gemäßigte Kommentare dazu ab, frei von jeder Rachsucht:

> «Ich wünschte, die guten Vorsätze, die man demonstriert, würden eingehalten, doch nur die Erfahrung kann beruhigen. Man kann jemanden, der sich seine Freiheit wieder nimmt, wenn er kann, nicht allzusehr tadeln. Alles hängt davon ab, wozu sie benutzt wird. Seine Familie wird vielleicht meinen, Schritte unternehmen zu müssen, um den Verfall und den totalen Ruin zu verhindern, indem sie die Besitzungen erhält und dafür sorgt, daß die verbleibenden Gläubiger aus der Provence bezahlt werden und aus dem Überschuß ein anständiges Auskommen für das Ehepaar gesichert wird. Die Möglichkeiten zu Anleihen müssen vorsorglich beseitigt werden, um die Veräußerung der Besitzun-

gen und Einnahmen zu verhindern, wie er das immer getan hat.»

Dann zeigt Madame de Montreuil, daß sie noch nicht jede Hoffnung verloren hat, Donatien wieder den «rechten Weg» einschlagen zu sehen. Doch in der Frage, ob Pélagie zu ihrem Mann darf, scheint der Entschluß der Präsidentin festzustehen:

«Hinsichtlich Madame de Sade will ich Ihnen offen sagen, daß ihre Familie, der ihre Ehre gehört, angefangen bei ihrem Vater und ihrer Mutter, nicht dulden wird, daß sie nochmals erniedrigt und kompromittiert wird wie damals, als sie zu ihrem Mann zurückging, es sei denn, eine *lange* [Hervorhebung der Präsidentin] Erfahrung einwandfreien Wandels biete die Gewähr für Sicherheit. Wenn ihre Zuneigung oder ihre Verblendung sie dazu verführt, wird uns die Regierung jede Hilfe für ein so anständiges und gerechtes Anliegen zukommen lassen. Wenn sie ihm helfen will, gut. Aber sie soll in Paris bleiben. Ihre Ausgaben sind nicht hoch, und die Familie ihres Mannes wird sie bei der Verwaltung festlegen können.» (Bourdin)

Donatien verfolgen? Die Präsidentin scheint das nicht in Erwägung zu ziehen. Die gewöhnliche Justiz hat, soweit es an ihr ist, Sade gerade freigesprochen und kann ihm nichts mehr anhaben. Bleibt die Autorität des Königs, dessen Haftbefehl mißachtet und von der Polizei ins Lächerliche gezogen worden ist. Wer wäre an der Stelle des Schloßherrn von La Coste nicht mißtrauisch? Doch als man ihn warnt, weigert sich Monsieur de Sade, sie ernstzunehmen. Anfang August tut es Pélagie über Reinaud, der das an Gaufridy weitergibt: «Ach!» antwortet Donatien, «dummes Zeug, Plattheiten, wie üblich! Ich ahnte es; diese ganze Geheimnistuerei ist wieder ein Streich, auf mein Wort, und man hat nicht mehr Lust, mich wieder gefangenzunehmen, als ich Lust habe, mich zu ersäufen.» (Bourdin) Er versteift sich: Alles, was aus Paris stammt, kann nur von Madame de Montreuil angeregt worden sein. Er will nicht begreifen, daß in Paris jetzt vor allem von der Polizei, von den Ministern Amelot und Maurepas und vom König über sein Schicksal entschieden wird.

Madame de Montreuil will gern nachsichtig sein. Doch sie gibt ihrer Tochter am 13. August in klaren und eindringlichen Worten zu verstehen, daß sie nicht bereit ist, zur Komplizin zu werden:

«Auf meinem Schreibtisch, Madame, finde ich den Brief, den ich Ihnen zurückschicke. Es war unnötig, ihn dort zurückzulassen. Sie haben [hätten?] sich doch denken können, daß, hätte ich mich überwinden können, ihn zu öffnen, es in dem Augenblick geschehen wäre, als Sie vor mir knieten, und zwar nicht aus Neugier, da meine Ablehnung nüchtern und durchdacht ist. M. de S. hat mir einen durch die Post zukommen lassen, den ich geöffnet und gelesen habe. Sein Stil läßt mich nicht wünschen, weitere zu erhalten, und sicher werde ich keine mehr annehmen. Wenn welche eintreffen, werden sie ungeöffnet aufbewahrt oder zurückgeschickt werden. Ich habe Ihnen das gesagt, ich habe Monsieur Gaufridy mit der letzten Post davon unterrichtet; ich schulde mir dieses Verhalten, ich schulde es dem Minister, der Öffentlichkeit und Monsieur de Sade selbst. Ziemt es sich für mich, wenn M. de S. sich den Befehlen des Königs entzieht, mit ihm im brieflichen Verkehr zu stehen und sich dem Verdacht auszusetzen, ihn zu begünstigen? Ich werde es mir daher versagen, *ihm und Ihnen* künftig *zu Hilfe* zu kommen [Hervorhebung von mir], sollte im Notfall darum gebeten werden [...] Ich will von ihm weder getäuscht noch ins Vertrauen gezogen werden [...] Was käme bei seinem wahren oder vorgetäuschten Vertrauen, bei meinen gut oder schlecht befolgten Ratschlägen heraus? Ich weiß es nicht und will weder ihn noch mich in die Lage versetzen.» (Bourdin)

Um den 17. August erklärt Madame de Montreuil dem Marquis in einer nicht unterschriebenen Notiz, die sie über ihre Tochter an Gaufridy schickt, sie sei gezwungen gewesen, das Amt des «General-Lieutenant», an dem er sehr hing, zu verkaufen; anderenfalls hätten ihn Maurepas und Amelot schlicht und einfach des Amtes enthoben. Das Amt ist dem Comte de Sade d'Eyguières übertragen worden: «Da es der gleiche Name und das gleiche Haus ist, läßt sich damit wenigstens der Öffentlichkeit beweisen, daß man ihn nicht als befleckt betrachtet.» (Bourdin)

«Wenn ich zu meiner Mutter davon rede, jetzt zu ihm zu gehen», schreibt Pélagie ihrerseits an Gaufridy, «spuckt sie Gift und Galle und droht mir allen Ernstes, ihn verhaften zu lassen, wenn ich es täte, ohne Rücksicht auf das ganze Gerede, das daraus entstehen könnte. Darin ist sie wie eine Löwin, durchdrungen von der üblen Rede von L[yon] und V[ienne]. Sie zeigt sich fest entschlossen, einen Aufruhr zu machen, falls ich gehe. Ich werde auf Ihre Antwort und die von Monsieur warten, ehe ich meine Entscheidung treffe.» (Bourdin)

Man muß dazu sagen, daß das Verhalten der Polizei weiterhin völlig ungereimt erscheint, wie Sade treffend gegenüber Gaufridy bemerkt, der ihn erneut warnt, nachdem er Zeuge einer eigenartigen Rührszene gewesen ist (wo? wann?), die von Marais und einem weiteren Vertreter der Ordnungskräfte aufgeführt wurde:

> «Ich glaube, mein lieber Advokat, Sie haben nicht richtig gesehen, und ich beharre mehr denn je auf meiner Überzeugung, daß all das nur Komödie ist: viel Lärm um nichts, wie üblich; dahinter steckt die Präsidentin. Ist es möglich, daß Sie sich von Tränen täuschen lassen? Mir beweist das mehr als alles andere, daß es eine Farce ist. Marais und der Major [?] weinen! Können Sie sich das vorstellen? Ach! Glauben Sie mir, diese Seelen haben Tränen noch nie gekannt, und der Ausdruck ihrer Wut sind Schmähungen und nicht Tränen! Angst, nach Aix zu gehen, sagen Sie? Und was hätten sie dort gemacht? Nicht in Aix wären die Vorhaltungen gekommen, sondern in Paris; aus Paris stammten ihre datierten und unterzeichneten Befehle, und dort müssen sie Vorwürfe befürchten; dort müssen sie Angst haben, mit leeren Händen einzutreffen und nicht in Aix, wo man nur gelacht hätte. Und die Suchaktionen, finden Sie sie nicht lustig? Die erste Nacht damit zu verbringen, die Herberge zu durchsuchen! War es anzunehmen, ich hätte mich dort versteckt; ist es anzunehmen, daß sie Angst haben, zu mir zu kommen, und fürchtet man etwas, wenn man mit einem Befehl des Königs ausgestattet ist? Mit einem Wort, so schwer bewaffnet man mich auch vermutet, ist Goupil hier eingedrungen, und glauben Sie, daß Marais, der Goupil für einen Schelm hält, nicht das zu tun wagt, was dieser Schelm unternimmt? Und war es nicht geboten, Eile zu zeigen und vor mir in La Coste einzu-

treffen, kurz, die Gendarmerie in Marsch zu setzen, statt den Gasthof umzingeln zu lassen, wie sie es die zweite Nacht getan haben? Das ist eine Farce zum Totlachen. Was ich Ihnen aber nicht verzeihe, ist, daß Sie sich von diesen Tränen haben beeindrucken lassen.» (Bourdin)

Absurd ist daran aber vor allem, daß Sade dabei ist, noch überall nach einer Logik zu suchen, selbst dort, wo es selten eine gibt, das heißt im Vorgehen der Verwaltung. Zumindest ist sie unzugänglich für Donatien, der nur die emotionale und familiäre Logik oder die intellektuelle Logik kennt, die nicht jene der Gesellschaft ist.

Dieser Brief an Gaufridy ist zwischen dem 15. und 20. August verfaßt worden. Sade befindet sich jetzt schon seit einem guten Monat in La Coste. Nach der Unruhe der ersten Tage der Freiheit beginnt er diesen kurzen ruhigen Abschnitt im Wirbel seines Lebens wie ein Nachlassen des Fiebers zu genießen, dessen Vorläufigkeit ihm nicht entgangen sein kann, das ihm aber etwas von jenem Frieden schenkt, nach dem er sich plötzlich zu sehnen scheint. Er ist gerade achtunddreißig geworden, ein Alter, in dem ein Mann damals innehalten, ein wenig verschnaufen und einen Blick auf den zurückgelegten Weg werfen durfte. Er ist beinahe allein auf La Coste (nicht ganz, wie wir sehen werden). Keinerlei «physische Möbel» im Schloß, wie es scheint, und ich würde schwören, daß ihm das nicht fehlt. Selbst Gothon ist zur Zeit abwesend. Günstige Bedingungen, um nachzudenken.

Ebenfalls um den 15. August herum schreibt er an Gaufridy, der nach Aix reisen will, und bittet ihn, «dort, ohne sich etwas anmerken zu lassen, Monsieur de La Tour [aufzusuchen] und von ihm zu erfahren, was er von meiner Flucht hält und ob ich hier auf etwas Ruhe hoffen kann». (Bourdin) Im gleichen Brief kommt er mehrmals darauf zurück. Ruhe, ruhig, das sind die Schlüsselworte von Donatien de Sade in diesem August 1778:

> «Ich habe genug gelitten; mir scheint, sechs Jahre sind mehr als genug [...] Außerdem ist meine Anwesenheit für meine Geschäfte unerläßlich, Sie können es diesem Richter mitteilen und ihm durch die Schilderung meines Lebenwandels sehr leicht verständlich machen, daß es notwendig und gerechtfertigt ist, mich hier in Ruhe zu lassen.»

Und wie üblich redet er sich schließlich ein, seine Wünsche seien Realität. Außerdem beruhigt ihn Pélagie: Madame de Montreuil will ihn nicht wieder verhaften lassen. Und wenn die allerhöchste Autorität ihn nicht mehr verfolgt, wer dann? Was sind dieser König, diese Minister, diese Polizei? Liliput, Zwerge. In Sades Welt gibt es nur einen einzigen Menschen seines Formats: Marie-Madeleine Masson de Montreuil...

Kurz vor dem 20. August eine weitere Mitteilung an Gaufridy, nach einer neuen anonymen Warnung. Man könnte meinen, Sade fange an, sich Sorgen zu machen (Hervorhebung von ihm):

> «Gehen Sie so zügig wie möglich ans Werk, ich beschwöre Sie, denn *neue Mitteilungen derselben Person versichern uns, daß es wieder eine Expedition zum Schloß geben* wird: Wir müssen also in Deckung gehen. Engagieren Sie Blanchard, und versuchen Sie Ihrerseits auf Ihrer Reise nach Aix das Unmögliche, um herauszufinden, was an der Sache Wahres ist.»

Vertraut Donatien Gaufridy tatsächlich zu Recht? Später wird man erfahren, daß im August 1778 ein kleines Komplott geschmiedet wurde – der Domherr Vidal, Mademoiselle de Rousset, eine Person, die nicht ohne Bedeutung sein wird, und andere –, um den Schloßherrn von La Coste vor seinem Geschäftsträger zu warnen. Donatien wird sich nicht darum kümmern. Er weiß von den Beziehungen Gaufridys, auch denen zu Madame de Montreuil. Er beschränkt sich darauf, mit seinem eigentümlichen Humor ironische Bemerkungen darüber zu machen, wenn er an den «lieben Advokat» schreibt:

> «Ich versichere Ihnen, mein lieber Advokat, daß Sie meinen Satz ganz mißverstanden haben, wenn Sie daraus Mißtrauen entnehmen; ich weiß nichts, was weniger danach klingt, wie wenn ich Ihnen sage, *daß ich immer das größte Feingefühl anerkannt habe, mit dem Sie mich über Ihren Briefwechsel mit Madame de Montreuil auf dem laufenden gehalten haben.* [Hervorhebung von ihm]
>
> Stimmt das nicht? Haben Sie das nicht getan? Haben Sie mir nicht noch kürzlich einen ihrer Briefe gezeigt? Ich habe also Anlaß, Sie für dieses Vertrauen zu loben, und ich kann nicht verstehen, was an dieser Äußerung schockierend für Sie war.

Ich versichere Ihnen, daß Sie das ganz falsch verstanden haben und daß es nicht meine Absicht war. [...]
Übrigens, mein lieber Advokat, werde ich Ihnen wiederholen, was Sie mir zu sagen pflegen: Sie arbeiten, sagen Sie, immer an allem, was mir nützlich und vorteilhaft sein kann. Aber welche Bedeutung geben Sie diesem Satz? Madame de Montreuil sieht es als nützlich und vorteilhaft an, daß ich ins Gefängnis gehe; ich selbst sehe das Gegenteil als sehr nützlich und vorteilhaft an. Denken Sie wie ich oder wie sie? Sie merken, daß meine Frage kein Scherz ist.»

Distanzierte, emotionslose, wie von ihrem Gegenstand losgelöste Persiflage. Sicher lauern die Gefahren, aber Sade ist anderswo, Lichtjahre davon entfernt. Zum ersten und letzten Mal in seinem Leben befindet er sich im Auge des Zyklons, jener paradoxen Ruhezone inmitten der Stürme, zwischen zwei Aufbrüchen des Orkans. Er befindet sich im Auge des Zyklons, und dort fühlt er sich wohl.

57.

Auf einer Bank im Park von La Coste

In Donatiens Erinnerung werden diese Tage in La Coste vor allem friedlich gewesen sein: «Bis zum Mittwoch, 19. August, blieb ich ungestört», schreibt er in seiner *Histoire de ma détention.* Er sieht Gaufridy oder schreibt ihm. Er diskutiert mit seinen Freunden Vidal und Paulet, er pflegt Umgang mit Pfarrer Testanière. Er versucht, mit seiner Familie väterlicherseits wieder Verbindung aufzunehmen und glaubt, es sei ihm gelungen; später wird er klagen, wieder festgenommen worden zu sein, «nachdem ich Komplimente von meiner ganzen Familie erhalten habe, Einladungen, sie zu besuchen, um sie zu umarmen und ihre Glückwünsche entgegenzunehmen». (Lely)
Und *er arbeitet.* Er hat sich wieder in seinem Arbeitszimmer eingerichtet, anscheinend ohne sich darüber zu äußern, daß dort etwas fehlen könnte (Madame de Montreuil, die Gaufridy ersucht hat, sie alle acht Tage über den Lebenswandel ihres Schwiegersohns zu informieren, sorgt sich, «ob etwas dazu gesagt worden ist, daß man die kleinen Blätter nicht mehr an ihrem Platz gefunden hat» [Lely]). Vermutlich hat sich Monsieur de Sade erneut an seine große *Voyage d'Italie* gesetzt. Für Donatien nimmt das Leben wieder weniger dramatische Züge an.
Diese Farben der Stille entsprechen denen der Natur. Wenn der Herbst naht, ist das Licht in der Provence jeden Tag anders[1]. Das Dunkelgrün der Zypressen wird schwärzer, das Blau im Hintergrund geht sanft in Grau über, die klaren Konturen am Mittag verwischen sich etwas früher in unfaßbaren Nebelschwaden. Als würde der Sommer auf der Stelle erstarren und eine winzige Zersetzungsarbeit, eine nicht wahrnehmbare Zermürbung vonstatten gehen; als würde alles innehalten und schweigen, um dieser unmerklichen Arbeit lauschen zu können. Diese schwebenden

[1] Im 18. Jahrhundert war das Klima in Frankreich etwas kühler als jenes, das wir im 20. Jahrhundert (besonders zwischen 1930 und 1960) erlebt haben. Vermutlich entsprach der Monat August um 1778 in etwa dem Monat September im Jahr 1986 oder 1987.

Zustände bringen goldene, regungslose Spätnachmittage hervor, an denen die Sonne für die Ewigkeit auf halbem Weg zwischen Zenit und Horizont festgenagelt scheint. Ich stelle mir vor, daß Donatien de Sade im August 1778 diese Stunden für lange Unterhaltungen wählte, auf dem noch warmen Stein einer der Bänke im Park von La Coste, mit Mademoiselle de Rousset.

Marie-Dorothée de Rousset ist 1778 vierunddreißig. Die Tochter von Antoine Rousset, Notar in Saint-Saturnin-d'Apt, der entweder geadelt wurde oder sich das Attribut selbst zulegte, hat Sade als Kind, wahrscheinlich in Saumane, kennengelernt. Zusammen mit ihrem Bruder ist sie an dem Empfang, den das Dorf 1763 zu Ehren seines jungen Herren veranstaltet hat, nicht unbeteiligt gewesen. In ihren Briefen an den Gefangenen in Vincennes erinnert sie sich: «Der große Gardiol brachte meinen Bruder mit seinen Ungeschicklichkeiten zur Verzweiflung und ich, die ich jung war [neunzehn Jahre], lachte über die Aufgeregtheit der einen und das linkische Verhalten der anderen. Ich habe die Kokarden der Herren angefertigt sowie die Schleifen für die Hirtinnen und das Lämmchen.» (Bourdin) Mademoiselle de Rousset hat geschickte Hände und zeichnet ausgezeichnete Porträts. Sie kann auch Bücher binden. Sie wird ledig sterben und gibt zu, mager und häßlich zu sein. Doch «die Häßlichen sind geschickter als die Hübschen», wird sie sagen – und meint hier geistiges Vermögen. Sie ist gebildet. Weit davon entfernt, dumm zu sein, ist sie nicht ohne gesellschaftliche Gewandtheit, weiß etwa, wann man seine Intelligenz zu verbergen hat. Sie kann schwingen wie eine Gitarre, aber niemand hat je daran gedacht, die Gitarre aus ihrem Kasten zu nehmen (das vermute ich jedenfalls). Die Briefe, die sie dem gefangenen Donatien schickt, sind oft ähnlich bemerkenswert wie der folgende, in dem sie sich mit der souveränen und kraftvollen Knappheit eines Laclos beschreibt:

> «Sie haben mir immer viel Empfindsamkeit zuerkannt: Vermutlich werden Sie sie nie ganz erfahren! Mein Temperament wäre ebenso ungestüm wie Ihres, hielte ich es nicht zurück, doch da ich mir ein für allemal überlegt habe, daß die Vernunft wichtiger ist als alles andere, habe ich mich wenig darum gesorgt, ob ich hübsch oder häßlich bin. Ich habe so star-

ke rote Flecken, daß ich einer kleinen Furie ähnle. Sie, der Sie immer hübsch aussehen möchten, strahlen Ihr ganzes Feuer in die Außenwelt. Gelegentlich bekommen wir etwas davon ab. Ich, die ich es in mir behalte, habe große Angst, daß es mich erstickt.»

Zu dem gefangenen Sade, der ihr vielleicht einige Romane empfohlen hatte, wird sie sich über *Clarissa Harlowe* äußern[2]:

«Lovelaces Charakter ist eine Mischung aus Gutem und entsetzlich Bösem; ich hätte die Männer zu hassen begonnen, hätte ich die Lektüre fortgesetzt. Jener der zarten und freundlichen Clarissa gefiel mir besser: zum ersten Mal in meinem Leben habe ich mich beglückwünscht, eine Frau zu sein [halten wir das fest]. Wir haben den Vorteil, sanfter, aufrichtiger zu sein, wir werden oft von euch getäuscht; den betrügerischen Charakter, den Sie in Ihren Strophen skizzieren, habe ich nie erkannt. Wenn die Frauen den Mut hätten, mit Verachtung zu reagieren... und damit weiser zu werden, würdet ihr die Betrogenen sein. Ich erkenne keinen Wahn hinter dem Schmuck und den Zügen einer Frau. Aber den Mann... würden Sie den nicht als Wahnsinnigen bezeichnen?» (Bourdin)

Wahrscheinlich hat Marie-Dorothée de Rousset den Marquis oft wiedergesehen, als dieser sich Ende '71 in La Coste niederließ. Sie hat gewiß gute Beziehungen zu Pélagie geknüpft, die Donatien später ermahnen wird: «Weil ich alle Vorzüge dieser jungen Frau kenne, hatte ich Dir sehr empfohlen, sie bei allem zu konsultieren.» (Als er allein in La Coste war [Bourdin].)

Sades Biographen sind meistens nicht besonders freundlich zu Mademoiselle de Rousset. Jean Desbordes bezeichnet sie ohne Umschweife als «armselige Irre». Paul Bourdin findet sie haltlos, indiskret und «verdrossen», was sie vielleicht auch ein wenig war. Gilbert Lely, der wohlwollendste, bescheinigt ihr Ergebenheit gegenüber Sade, eine «intellektuelle Begeisterung», und schließt etwas herablassend und mondän: «falls ihre Briefe eines Tages in

[2] Sade hat stets jede Gelegenheit genutzt (siehe die *Idée sur les romans*), um seine Bewunderung für Richardson und seine Romane kundzutun, die zusammen mit denen von Fielding «uns gelehrt haben, daß nur das gründliche Studium des menschlichen Herzens den Romancier inspirieren kann».

einem Band gesammelt würden, steht außer Zweifel, daß die Freundin des Marquis de Sade im brieflichen Parnaß der Damen ihres Jahrhunderts einen ehrenhaften Platz innehaben würde». Meiner Ansicht nach nimmt Marie-Dorothée de Rousset im Leben Donatiens einen ganz besonderen Platz ein. Möglicherweise ist sie die einzige Frau, mit der Sade wirklich *gesprochen* hat. Er wird sie nach Pélagie «die zweitbeste und teuerste Freundin, die ich auf der Welt gehabt habe», nennen, doch glaube ich, daß er ihr gegenüber zu bestimmten Themen offener gewesen ist und vor allem, daß Marie-Dorothée ihm viel mehr abverlangt hat. Am 3. Oktober 1778 schreibt Pélagie, die einen Brief von Mademoiselle de Rousset erhalten hat, an Donatien: «Sie schreibt, in den Unterhaltungen, die Orest [einer von Sades Tarnnamen] mit Dorothée geführt hat, habe er ihr nichts verborgen.»[3] Aber was sagte ihr Donatien, wenn er ihr «sein Herz öffnete»? 1776 oder Anfang 1777 müssen es etwas sonderbare Dinge sein, glaubt man der folgenden Passage aus einem Brief, den Sade am 8. März 1777 aus Vincennes an Pélagie schreibt:

> «Wenn Du Monsieur Hélène schreibst [Deckname von Mademoiselle de Rousset, nicht zu verwechseln mit Hélène, was Pélagie meint], sag ihm, daß ich sehr verärgert darüber bin, ihm nicht die Augen geöffnet zu haben, als ich ging, über all die kleinen Lügen, die ich ihm auf unseren ländlichen Spaziergängen in Nérac [Deckname von La Coste] erzählte[4]. Ver-

[3] «Schreib mir, wenn Du meinst, daß sie recht hat», ergänzt Pélagie mit einer vielleicht etwas besorgten Frage.

[4] Warum Nérac? «Bezeichnet Sade seinen Wohnsitz mit diesem Namen, um ihn vorteilhaft mit dem philosophischen, poetischen und galanten Hof zu vergleichen, den die Königin Marguerite de Navarre hielt?» fragt sich Gilbert Lely. Vielleicht. Man kann auch, näher an Sade, anmerken, daß Nérac «1750 einer der lebendigsten Stützpunkte der wissenschaftlichen Bewegung war. Hier hatten einige der ausgesuchtesten Menschen, darunter gar illustre Persönlichkeiten, eine Gesellschaft gegründet, eine Art Akademie im kleinen, wo die großen wissenschaftlichen Fragen, die täglich aufgeworfen wurden, untersucht, vertieft, der Prüfung, Diskussion und dem Experiment unterzogen wurden. Der Organisator dieses Elitekreises war der Chevalier de Vivens, ein Literat und Agronom. Um sich herum hatte er neben anderen seriösen Liebhabern der Wissenschaften und der Philosophie die Abbés Guasco und Venti, den Arzt Raulin, die Brüder Dutilh, den Baron de Secondat, Sohn des berühmten Montesquieu, der selbst oft an den Arbeiten seiner ge-

sichere ihm nur, daß von dem, was ich sagte, kein einziges Wort gestimmt hat und daß es mir ein Leichtes sein wird, falls ich mein Unglück überlebe, es ihm schriftlich zu beweisen; Schriften, die man ihm, wenn er sich daran erinnert, aus eben diesem Grund nicht zum Lesen überlassen wollte, als er sie mit einem Einband versah, erinnerst Du dich? Verbürge Dich also jetzt für mich bei ihm und laß ihn die vollkommene Unmöglichkeit der Fakten spüren, wie es die Vernunft gebietet; setze Orests Herz daneben und urteile.»

«Das ist ein sehr seltenes und sehr kostbares Herz», wird Sade über Mademoiselle de Rousset zu Gaufridy sagen. Daß sie sich im August 1778 auf einer Bank im Park von La Coste unterhielten, wissen wir, weil Sade im Mai '79 an Marie-Dorothée einen Brief voller Vorhaltungen schreibt (sie wollte Paris verlassen, wohin sie gekommen war, um sich aus größerer Nähe um ihn zu kümmern), die er mit der Beschwörung abschließt:

«Gehen Sie im August nach La Coste, ich verbanne Sie dorthin. Sie werden sich auf eine Bank setzen... Sie wissen, jene Bank... Ja... Und wenn Sie da sein werden, werden Sie sagen: ‹Hier saß er, neben mir, vor einem Jahr›... Ja, ich war da... Und er, er war hier... Er öffnete mir sein Herz mit jener Offenheit und Arglosigkeit, die mir bewiesen, wie sehr er mich achtete... Ich bat ihn, mir zu versprechen... Er nahm meine Hand, und er sagte mir.... Meine teure Freundin, ich schwöre es Ihnen... – Nun! Das wird Ihr Glück sein, sagte ich ihm... Und er antwortete mir: Eh! Könnten Sie mir etwas anderes empfehlen?»

Damals teilte Mademoiselle de Rousset ein beinahe leeres Haus mit Sade. «Sie hat mich während meines ganzen Aufenthalts in La Coste keinen einzigen Augenblick verlassen», schreibt Donatien im September an Pélagie, «und ist mir gewiß sehr nützlich

lehrten Freunde teilnahm, versammelt; schließlich de Romas, den seine Funktionen in Nérac, seinem Geburtsort, festgehalten hatten» (Arthur Mangin, *Le feu du ciel*, Paris, 1880). Jener Monsieur de Romas wurde durch seine Experimente mit der Elektrizität berühmt, besonders durch den Start eines blitzableitenden Drachens, vor Franklin, am 7. Mai 1753 eben in Nérac. In der Bastille wird man sehen, wie genau Sade sich mit der Arbeitsweise der Blitzableiter auskennt.

gewesen [...] Sie war so freundlich, sich nicht aus dem Schloß zu rühren und mir alle Dienste zu erweisen, die ihr ihre Freundschaft nahelegte, sie half sogar, mich zu bedienen, wie es Gothon hätte machen können, da ich keine Domestiken hatte.» Sie dient ihm auch als Sekretärin.
Irgendeine Droge zwischen ihnen? Offensichtlich keine. «Ihre rechtschaffene, feinfühlende Seele ist dazu geschaffen, einen den Zauber einer reinen Freundschaft köstlich spüren zu lassen», schreibt Sade am 1. September '78 von Lyon aus an Gaufridy. «Wieviele Tage haben wir gemeinsam in La Coste verbracht», wird Marie-Dorothée später Donatien erinnern. «Wir fühlten uns wohl miteinander, waren meistens allein und ohne Begleitung. Damals störte ich weder Ihren Schlaf noch Ihre Ruhe.» (Bourdin)

Wird sie sie eines Tages stören? Das werden wir bald erfahren.

58.

«Sprich, sprich, Freundchen»

Sade verweilt also «bis zum 19. August ungestört» in La Coste, wie er sich in dem Bericht ausdrückt, den er für Pélagie Anfang September über seine letzten Tage auf dem Schloß anfertigt[1]. Ein lebendiger, gut formulierter Bericht, den kein anderer ersetzen könnte:

«Am 19. August ging ich friedlich mit dem Pfarrer und Milli Rousset im Park spazieren; es ging auf den Abend zu, als wir im Wäldchen Schritte vernahmen und eine gewisse Unruhe, die mir einen heftigen Schrecken einjagte. Ich fragte mehrmals, wer da sei, erhielt aber keine Antwort. Ich trat näher und erblickte den Wächter Sambuc, den Älteren, ein wenig erhitzt vom Wein, der mich mit verwirrter, entsetzter Miene beschwor, mich schnellstens davonzumachen, weil sich die Kneipe mit verdächtigen Gestalten zu füllen beginne. Milli Rousset eilte hinunter, um der Sache auf den Grund zu gehen, und kam nach einer Stunde zurück, völlig irregeführt durch die Reden zweier Spione, die den Weg auskundschaften sollten; sie versicherte mir, sie würde ihr Leben dafür verwetten, daß diese Leute wirklich die seien, für die sie sich ausgaben, nämlich Seidenhändler, und es sei nichts zu befürchten. Du hättest Dich nicht täuschen lassen, denn einer war von der Bande, die mich in Paris bei Dir verhaftet hat. Ich hatte also nicht so Unrecht mit meinem Wunsch, Dich bei mir zu haben. Mit Dir ist mir in La Coste nie etwas zugestoßen. Was ich hörte, konnte mich nicht beruhigen, und so machte ich mich noch in derselben Nacht auf und flüchtete mich zu dem Domherrn [dem Domherrn Vidal in Oppède]. Milli Rousset schickte mir auf meine Bitte täglich zwei Boten, die mich über alle Einzelheiten unterrichteten. Da die Nachrichten beunruhi-

[1] Diesen Brief hat Gilbert Lely gesondert veröffentlicht unter dem Titel *Mon arrestation du 26. août*. Alle auch in *Histoire de ma détention* erwähnten Einzelheiten stimmen exakt damit überein.

gend wurden, verließ ich Oppède und versteckte mich in einer Scheune, die ungefähr eine Meile vom Dorf entfernt liegt.»

In dieser Feldscheune, die dem Domherrn Vidal gehört, der ihm einen vertrauenswürdigen Mann zur Seite gestellt hat, denkt sich Donatien am 22. August, einem Sonnabend, ein seltsames Manöver aus: Er läßt den Dr. Terris aus Bonnieux kommen, den er gut kennt, und bekommt «für eine simulierte Krankheit» ein Apothekenrezept von ihm[2]. Hofft er vielleicht, falls die Polizeioffiziere kommen, für «nicht transportfähig» erklärt zu werden? Die von Mademoiselle de Rousset überbrachten Nachrichten bleiben besorgniserregend:

«Die Nachrichten waren weiterhin beunruhigend. Jemand aus Apt, den Du kennst, sprach sehr deutliche Worte zu mir, doch wie von einer Hand getrieben, die stärker war als ich, wenn es denn wahr ist, daß man seinem Schicksal nicht entrinnen kann, wurde ich am Sonntag, den 23., von einer so heftigen Erregung gepackt, daß jeder, der sich ein wenig auskannte, in dieser schrecklichen Lage das Grab meiner unglücklichen Freiheit sehen mußte. Die Person, die der Domherr mir zur Begleitung mitgegeben hatte, war darüber so erschrocken, daß sie zu dem Domherrn eilte und ihn benachrichtigte. Er kam. ‹Aber was haben Sie denn?› – ‹Nichts, ich will hier fort.› – ‹Fehlt Ihnen hier etwas?› – ‹Nein, aber ich will fort.› – ‹Und wohin wollen Sie gehen?› – ‹Nach Hause.› ‹Sie sind verrückt! Dahin begleite ich Sie bestimmt nicht.› – ‹Das verlange ich auch gar nicht, ich kann ganz gut allein hinkommen.› – ‹Überlegen Sie sich das gut, ich beschwöre Sie.› – ‹Ich habe alles überlegt: ich will nach Hause.› – ‹Aber Sie sind blind für die Gefahr, von der man Ihnen schreibt!› – ‹Ach was! Das sind alles Märchen, gehen wir.› – ‹Warten Sie wenigstens noch vier Tage.› (Ach, der Gute nannte genau die Zahl der Tage, die man sich noch hätte gedulden müssen!) – ‹Ich will nicht, sage ich Ihnen, ich will fort.› Schließlich ist er be-

[2] Das ist einer bislang unbeachteten Kalendereintragung des Doktor Terris von 1797 zu entnehmen: «Am 22. August 1778 Visite wegen der simulierten Krankheit von Monsieur le Marquis, der mich darum gebeten hatte, zuzüglich Rezept beim Apotheker… Kosten 6 Livres.»

reit, mich zu begleiten. Wir kommen auf dem Schloß an. Um mir ein wenig Ruhe zu gönnen, wagt man nicht, mich meine Unvorsichtigkeit allzusehr spüren zu lassen. Am Morgen drängt man mich, mich wieder in mein Versteck zu begeben. Ich beharre aber darauf, zu bleiben.»

Doch die im Zauber der Illusion begonnene Nacht von Dienstag, dem 25., auf Mittwoch, den 26., wird mit einer Katastrophe enden:

«Bei mir wächst das Gefühl, in Sicherheit zu sein. Doch am 26. um vier Uhr morgens stürzt Gothon unbekleidet und sehr aufgeregt in mein Zimmer (es war das, das ich im Sommer benutze) und ruft: ‹Retten Sie sich!› Welch ein Erwachen! Ich fliehe im Hemd und steige ohne einen Gedanken zu dem Raum hinauf, der für diesen Fall vorbereitet werden sollte. Doch entgegen meinen Befehlen hatte man dort keinerlei Vorkehrungen getroffen, und so stürze ich mich in die Kammer von Marchais, die man seither die Kammer von Brun genannt hat. Ich schließe mich ein; eine Minute danach ertönt auf der Treppe ein so schrecklicher Lärm, daß ich einen Moment lang dachte, es seien Einbrecher, die mich umbringen wollten. Man schrie: ‹Mord! Es brennt! Einbrecher!›, und binnen einer Minute wird die Tür eingedrückt, und ich werde von zehn Männern auf einmal gepackt, die einen richten ihre Degenspitze auf meinen Leib, die anderen ihre Pistolen auf mein Gesicht. Eine Sintflut von gräßlichen Dummheiten, die Herr Marais mir entgegenschleudert, bricht über mich herein; man fesselt mich; von da bis Valence hört man nicht auf mit Beschimpfungen und schlechter Behandlung, die Einzelheiten werde ich hier nicht wiederholen. Sie haben allzu sehr einen Mann gedemütigt, den Du liebst, und ich will lieber von ihnen schweigen, als sie Dir schildern. In Cavaillon war die ganze Stadt auf den Beinen, in Avignon waren es über dreihundert Menschen, und was mir den größten Kummer bereitete, war die Tatsache, daß gerade zu diesem Zeitpunkt meine arme Tante, die Äbtissin von Saint-Laurent, im Sterben lag. Sie hatte mir vor kurzem noch einen reizenden Brief mit vielen Glückwünschen schreiben lassen. Welch eine Wendung! Vielleicht hat dies sie das Leben gekostet… […] So hat man mich behandelt, meine teure Freundin.»

Am 15. September desselben Jahres schreibt Madame de Montreuil an Gaufridy (Hervorhebungen von ihr):

«Das Fräulein de Rousset hat mir am achtundzwanzigsten August geschrieben, daß der Herr M.r. bei der Verhaftung zu ihm gesagt habe: ‹Sprich, sprich, Freundchen, jetzt wirst du eingesperrt für den Rest deines Lebens... Was hast du in dem dunklen Zimmer da oben getrieben... Diese... diese Sachen. Leichen hat man gefunden...›.»

Wie Marais plötzlich die Kontrolle über sich verliert, als er Donatien wieder begegnet, ist schon bemerkenswert. Natürlich, da ist der Groll, durch die verdächtige Flucht in Valence lächerlich gemacht worden zu sein, ich spüre aber auch so etwas wie die Explosion einer lange aufgestauten Antipathie, fünfzehn Jahre Haß und Abneigung gegen einen Klienten, über den der Inspektor möglicherweise einmal ähnlich wie der Comte de Sade geäußert hat: «So einen wie ihn habe ich noch nie gesehen.» Der Haß von Louis Marais für Donatien de Sade hat gute Gründe. Er ist vielfältig, tief, enorm. Er hat schließlich den kleinen Heizkessel eines Kammerdieners bei der Polizei platzen lassen.

Das wird ihn teuer zu stehen kommen. Sade unschädlich zu machen, ist eine Sache, doch unkontrollierte Gefühle duldet Madame de Montreuil bei Polizisten nicht, und die Regierung Ludwigs XVI. ist nicht geneigt, darüber hinwegzusehen, was man wohlgeborenen Herrschaften auch dann schuldet, wenn sie straffällig geworden sind. Hinzukommt diese öffentliche Erwähnung tatsächlicher oder mutmaßlicher Missetaten, die vor allem möglichst im Dunkeln bleiben sollen. «Wenn er das gesagt hat», fährt Madame de Montreuil in ihrem Brief vom 15. September fort, «und das ist wahrscheinlich, da man es ja weitersagt, wofür mir der Domherr Vidal, der Pfarrer, der Ratsherr und die Brigadiers als Zeugen genannt werden, muß er betrunken gewesen sein; denn ohne in die Diskussion um wahr oder falsch eintreten zu wollen, gibt es keine Entschuldigung dafür, solche Reden in einer solchen Situation zu führen. Ich habe mich deswegen beschwert; es wird nachgeprüft, wie er sich verhalten hat, und wenn es so gewesen ist, wird er bestimmt wegen Beleidigung bestraft werden, wegen Pflichtverletzung und Verstosses gegen die Mäßigung, die der Minister ihm bei der Ausführung der königlichen Befehle auferlegt hatte.»

«Marais wurde der Lohn gestrichen, und er mußte die Kosten seiner Reise in die Provence selbst tragen», schreibt Paul Bourdin. Ich glaube nicht, daß er seine Stellung ganz verloren hat, wie Gilbert Lely behauptet. Diese Sorte Handlanger war zu nützlich. Ohnehin stirbt er zwei Jahre später. Zuvor hat er wenigstens die Genugtuung erlebt, Sade nach Vincennes zurückgebracht zu haben.

59.

Delikte und Strafen

Donatien de Sade soll die Provence für lange Zeit verlassen. Erst zwanzig Jahre später wird er noch einen ernüchternden Abstecher dorthin machen, und seine Heimat wird genauso verändert sein wie er selbst. Er beginnt seine lange Durchquerung der Wüste des Strafvollzugs: beinahe elf Jahre Festung. Einige werden vielleicht zum letzten Mal die Frage stellen wollen, die ihnen am Herzen liegt: Hatte er das *verdient?*

Ist es nicht bemerkenswert, daß diese Frage zumeist dann gestellt wird, wenn es um den «göttlichen Marquis» geht, das aber nie ernsthaft? Stets wird sie aus dem Affekt heraus gestellt, ausgehend von durch und durch subjektiven, sentimentalen, ästhetischen, ideologischen oder moralischen Voraussetzungen, und nie trägt man des historischen Umfelds der Epoche, in der Sade agierte, oder überhaupt der Wirklichkeit Rechnung. Ob man ihn für unschuldig oder schuldig befindet, immer geschieht es mit derselben Leichtfertigkeit: «Es scheint erwiesen, daß er den Prostituierten in Marseille Kanthariden-Bonbons gegeben hat», entrüstet sich Jean Paulhan, «verdient das zehn Jahre Bastille?» «Der König», schreibt Michelet, «seiner Begnadigung müde, hatte ihn in die Bastille geschickt. Daß ein solcher Mann noch leben konnte [1789], war der beste Beweis für die Notwendigkeit, die abscheuliche Willkür der alten Monarchie zu beseitigen.» Gilbert Lely beharrt darauf, die «Peitschenwonnen» seien das einzige Delikt Donatiens gewesen; er verstrickt sich immer tiefer ins Romanhafte und schreibt schließlich 1980:

> «Ich denke, es ist keine Willkür, wenn man sagt, daß die Liebe, die der Marquis de Sade für Mademoiselle de Launay empfand, vielleicht das entscheidende Ereignis in seinem Leben gewesen ist. Denn nie hätten ihm seine angeblichen Verbrechen in Marseille dreizehn Jahre Gefängnis in Vincennes und in der Bastille eingebracht, wenn Madame de Montreuil ihn nicht im Februar 1777 zum zweiten Mal hätte verhaften und trotz der Aufhebung des Urteils von Aix mit Hilfe eines

königlichen Befehls in den Turm hätte stecken lassen. Ohne verschiedene andere Motive seitens der Präsidentin oder seitens der Minister zu vernachlässigen, schien Madame de Montreuil nur durch die lebenslängliche Inhaftierung eines inzestuösen Schwiegersohns auf eine ehrenhafte Stellung ihrer Tochter hoffen zu können.»[1]

Von diesem zugleich falsch dargestellten (ich hoffe, der Nachweis gelingt mir) und erstrangigen Problem, auf das man in jeder Rede über Sade stößt, möchte ich seine Geschichte, die seit nahezu zwei Jahrhunderten davon belastet wird, ein für allemal zu entrümpeln versuchen. Ich schlage vor, mit der Prüfung von zwei ganz elementaren Punkten zu beginnen:

1. Konnte Donatien de Sade im September 1778, das Strafrecht seiner Zeit und seines Landes unterstellt, als irgendeines Deliktes für schuldig gelten?

2. Wenn ja, mit welcher Sanktion hatte er *normalerweise* zu rechnen?

Vergessen wir nicht, das Folgende vorauszusetzen: Im Herbst 1778 hatte noch niemand Donatien de Sade verurteilt, wofür auch immer. Im Gegenteil, die Affäre von Marseille ist er gerade endgültig losgeworden, und von einem weiteren Verfahren gegen ihn ist keine Rede mehr. Er unterliegt allein einem königlichen Haftbefehl, der ihm bis auf weiteres befiehlt, in Vincennes eingesperrt zu bleiben.

Was allerdings die rechtliche Situation angeht, in der er sich ohne diesen Haftbefehl (der offenkundig mit Anweisungen zur Vertuschung der Affäre La Coste einhergeht) befunden hätte, so ist sie gar nicht so einfach zu klären...

Im Frankreich des 18. Jahrhunderts ist die Entsprechung zwischen einem Delikt und der Strafe, die ihm zukommt, noch nicht so minutiös (und gelegentlich aberwitzig) kodifiziert, wie wir es heute kennen[2]:

[1] Einführung zu «Lettres de Madame de Sade», *Lettres et mélanges littéraires écrits à Vincennes et à la Bastille* (von Sade), Borderie, 1980.

[2] Kein anderes abendländisches Land war in dieser Hinsicht weiter entwickelt, und Frankreich wird sogar dasjenige sein, das am schnellsten und am wirksamsten rationellere Gesetzbücher einsetzen wird.

«Alles ist Konfusion. ‹Man wechselt die Gesetze wie man die Postpferde wechselt› (Voltaire). Die südliche Hälfte des Landes lebt unter römischem Recht, die nördliche kennt mehrere hundert Arten von Gewohnheitsrecht. Allerorten eine Fülle von Gerichten mit ungenau bestimmten Zuständigkeiten: grundherrliche Gerichtsbarkeiten (einfache Polizei), alte Feld-gendarmerie, Landvogteien und Seneschalle (für die kleinen Delikte), hundert Tribunale, dreizehn Parlamente und die vier kleinen souveränen Räte von Artois, Roussillon, Elsaß und Korsika, nicht gerechnet die Sondergerichtsbarkeit der Kirchenrichter, der Kornkammern, der Forst- und Wasserverwaltung usw. Die Prozeßordnung ist streng und ohne wirkliche Garantien für den Angeklagten [...] Und über ganz Frankreich schwebt der Schatten der ‹vorbehaltenen Gerichtsbarkeit› des Königs.» (Raymond Charles, *Histoire du droit pénal*)

Zahlreiche Gesetze sind von einer für uns erstaunlichen Härte, die aus der Notwendigkeit geboren wurde, innerhalb von Gesellschaften, die immer gesitteter sein wollten, die *Ordnung* zu schaffen und aufrechtzuerhalten. Daher die Bedeutung, die die damalige Rechtsprechung dem *Rückfall* gab, so daß mehrere ähnliche Delikte denselben Delinquenten innerhalb von wenigen Jahren von einem Bußgeld in Höhe einiger Sous zum Galgen führten[3].

Der erdrückende Einfluß der christlichen Religion ist in den juristischen Texten ebenfalls allgegenwärtig und vermischt beständig die Einhaltung des Dekalogs mit den Vorschriften zum Schutz der Gesellschaft. Was etwa den berühmten Juristen Muyart de Vouglans dazu bringt, die folgende wunderbare Definition des «Verbrechens der Unzucht» zu geben (Hervorhebungen und Großbuchstaben von ihm):

«Unter dem allgemeinen Begriff *Unzucht* verstehen wir jedes *rechtswidrige Unterfangen*, das darauf abzielt, die Sinne ohne Rücksicht auf die Gesetze der Religion und wider die Regeln

[3] Unter den zeitgenössischen Werken sind die hier genannten Fakten im wesentlichen dem von Jousse entnommen, *Traité de justice criminelle en France*, 1771, sowie dem von Muyart de Vouglans, *Les lois criminelles de la France dans l'ordre naturel*, 1780.

der Scham und des Öffentlichen Anstands zu befriedigen [...] Von allen Verbrechen, derer sich ein Mensch schuldig machen kann, gibt es keines, das ihn stärker entwürdigt als diejenigen, von denen wir sprechen werden, weil sie ihn zum Sklaven einer Leidenschaft machen, die er mit den rohen Tieren teilt, und ihn manchmal sogar noch unter diese herabsetzen, wenn er in Übertretung der Gesetze der Natur diese infame Leidenschaft zu befriedigen sucht. [...]
Man darf sich also nicht wundern, daß die Menschlichen Gesetze sich immer den Göttlichen Gesetzen angeschlossen haben, um diese Art Verbrechen durch exemplarische Strafen zu unterdrücken.»

Christliche Religion und das Streben nach Zivilisation führen also zu strengen Gesetzen. Uralte Gebräuche und «barbarische» Gesetze wie das salische Recht der Franken, das *Wergeld*, die teilweise fortbestehen, zielen dagegen auf relative Nachsicht mit dem Kriminellen, der den Schaden, den er verursacht hat, konkret wiedergutmachen kann[4].

Ein so anarchischer, ein so archaischer Zustand auf einem so wesentlichen Gebiet konnte im Klima eines Jahrhunderts allgemeiner Revision nur heftig kritisiert werden. Der Angriff wird zeitgleich von den Philosophen der Aufklärung und von den parlamentarischen Richtern geführt, deren weitaus weniger ideologische Motive darin bestehen, die eigene Macht neben jener des Adels und sogar des Königs zu etablieren.

Der Begriff des *Naturrechts*, den die Kirche so lange zum alleinigen Vorteil der Religion hochhielt, wird aufgegriffen und immer unverhüllter einem Bedeutungswandel unterworfen.

Alle Philosophen kämpfen für ein gerechtes, kodifiziertes, rationales und universelles Recht. Voltaire zeichnet sich mit den Affären La Barre und Calas auf diesem Gebiet aus. Allerdings kommt dem von ihnen beeinflußten Italiener Beccaria («Den französischen Büchern verdanke ich alles», schreibt er) die herausragende Ehre zu, 1764 die Abhandlung *Über Verbrechen und*

[4] Die *Lex salica* verwendete strikte Äquivalenzen, allerdings immer in Begriffen des Handels: Die Wiedergutmachung für das Umbringen eines Franken betrug zweihundert Sous, für einen Römer hundert; für die Beraubung eines Toten fünfundvierzig Sous etc.

Strafen zu veröffentlichen, die der wirkliche juristische Forderungskatalog der neuen Zeit wird:

«Die Regellosigkeit des Verfahrens, die Launenhaftigkeit der Richter, die Grausamkeit der Strafgesetze waren bisher in keiner Anklageschrift genannt worden: Diese Anklage sollte er [Beccaria] verfassen. Sozial waren die Gesetze; sozial hatten sie zu bleiben, in ihrer Anwendung wie in ihrem Wesen. Welchen Ursprungs auch immer, waren sie nichts anderes als die Stütze der Gesellschaft. Folglich kam es darauf an, nicht nach einem dem Wohl der Gesellschaft äußerlichen Prinzip zu richten und zu strafen, sondern nach der gesellschaftlichen Bedeutung des Delikts. So geriet die ganze Hierarchie der Strafen durcheinander.» (Paul Hazard)

Außer einer präzisen und klaren Gesetzgebung fordert Beccaria die Abschaffung der Folter, der Todesstrafe und der königlichen Begnadigungen und wünscht sich humanere Gefängnisse. Sein Buch, von dem das ganze Abendland fasziniert war, steht am Ursprung zahlreicher Reformen in Europa, so auch des Erlasses von 1780, in dem Ludwig XVI. unter anderem die Anwendung der Folter durch die Justiz aufhob.

Nicht zufällig ist Donatien-Aldonze-François, Marquis de Sade, der einzige seines Klans, der die Dinge von diesem philosophischen Standpunkt aus sieht, als er ein Urteil verlangt, dem eine präzise «Bestrafung» folgt, deren Art, Dauer und Begründungen ihm mitzuteilen wären. Auch wenn einige Adlige den Anspruch erheben, die Aufklärung zu goutieren und zu protegieren, ist der Hof weniger denn je bereit, sich seine Gebräuche und Privilegien streitig machen zu lassen («1789 ist der Staat aristokratischer als ein Jahrhundert zuvor», bemerkt Pierre Gaxotte in seiner *Histoire des Français*), unter denen an erster Stelle das Recht des Königs steht, Delinquenten der allgemeinen Justiz zu entziehen – und sie unter Umständen härter zu bestrafen. Gewiß sind Richter wie die Montreuils ebenfalls nicht bereit, die Grundlagen der privilegierten Gesellschaft in Frage zu stellen, zu der man ihnen halb die Tür öffnete[5]. Daneben waren die traditio-

[5] Monsieur de Montreuil war Präsident des von Malesherbes geleiteten Steuergerichtshofs. Dieses Gericht unterschied sich von der übrigen Magistratur

nellen Juristen über die Reformvorschläge der Philosophen empört: «Vouglans hält Beccaria für einen Verrückten», schreibt Raymond Charles.
Der Mechanismus, in den Sade geraten war, ist einfach und, so willkürlich er uns auch erscheint, dennoch Bestandteil des *legalen* Funktionierens einer Gesellschaft, in der eine Legalität, so wie wir sie heute verstehen, kaum Platz hat. Es handelt sich um eine Familienangelegenheit jener großen, alle anderen überragenden Familie, die der Adel ist. Mit den Gesuchen der Angehörigen des Angeklagten befaßt, über die Klagen des Volkes informiert, kann das höchste Familienoberhaupt, der König, nur die Maßnahmen ergreifen, die den Unruhestifter «außer Blickweite» bringen.

Wäre nun Donatien de Sade einer gewöhnlichen Justiz ausgeliefert worden, welchen Deliktes hätte man ihn dann tatsächlich überführen können?

dadurch, daß es deutlicher als die Parlamente gerechte Reformen forderte, während die Reformforderungen der letzteren sich vor allem auf die Einführung neuer Privilegien, zusätzlich zu den alten, richteten. Vielleicht ist das eine Erklärung für die Skrupel von Madame de Montreuil, ihren Schwiegersohn für zweifelhafte Delikte bestrafen zu lassen. Auf den Steuergerichtshof werden wir bald wieder stoßen.

60.

«Alles, was man sich auf diesem Gebiet vorstellen kann...»

Vergessen wir die Affäre von Marseille: sie ist abgeschlossen und uns in etwa bekannt. Was kommt dann?

Paul Bourdin und Madame de Montreuil erwähnen beide die «Rückfälle» in La Coste zwischen 1775 und 1776. Was können diese Rückfälle im Detail tatsächlich sein?

Es scheint festzustehen, daß Sade in seinen geheimen Appartements ein schwarzbehängtes und mit menschlichen Gebeinen dekoriertes Zimmer eingerichtet hatte. Man erinnert sich an die Erklärungen, die Donatien Pélagie im Februar 1781 in seinem «großen Brief» gegeben hatte[1]. Marais sagte zu ihm: «Du wirst für den Rest deines Lebens eingesperrt, weil du in einem schwarzen Zimmer *dieses und jenes getrieben* hast», und fügte lediglich hinzu, daß man «Leichen» gefunden habe, also die oben erwähnte Dekoration.

«Dieses und jenes getrieben...»; da ist alles enthalten, doch worum handelt es sich? Nichts ist explizit, außer daß die jungen Bediensteten Sade ausdrücklich Grausamkeit vorwarfen, daß sie Zeichen davon trugen und eine der Dienerinnen lange auf ihre Genesung warten mußte; und daß Madame de Sade in den Augen jener jugendlichen Zeugen «das Hauptopfer einer Raserei» war, «die man nur als Wahnsinn betrachten [konnte]», jedenfalls nach Meinung der Präsidentin, die von den Staatsanwälten aus Lyon und Aix unterrichtet worden war.

Von «Rückfällen, die die Familie verborgen hat und die keine Chronisten gefunden haben», schreibt Paul Bourdin, von der Tragweite der Verfehlungen Sades in La Coste zwischen 1774 und 1777 offenbar aufgrund von Unterlagen überzeugt, die in Gänze zu veröffentlichen er leider nicht für richtig gehalten hat. Was die Angehörigen Sades angeht, die mit Hilfe der königlichen Macht die Fakten vertuscht haben sollen, so bleibt uns nur, deren Meinung zur Kenntnis zu nehmen, ohne in die Arkana ihrer Information eindringen zu können.

[1] Zitiert in Kapitel 44: «Ob Sade Sadist war»

Madame de Montreuil, von allen die beharrlichste Ermittlerin, läßt uns etwas ratlos zurück, wenn sie Gaufridy (immer noch in ihrem Brief vom 15. September 1778) von der jüngsten Verhaftung Sades erzählt (Hervorhebung von ihr):

«Es ist versucht worden, Madame de S. davon zu überzeugen, ich sei *gemeinsam mit dem Komtur die Urheberin dieses letzten Ereignisses*... Es ist dennoch nötig, mit dieser Frau klar zu sprechen und ihr die Augen mit ernsten Worten zu öffnen, auf die sie keine Erwiderung hat, damit sie sich wenigstens ruhig verhält. Hier der Satz aus dem letzten Brief, den sie gestern schrieb: ‹Hinsichtlich der Überprüfung der Tatsachen wünscht Madame de Sade nichts anderes, als daß alles, was man sagen wird, der vollständigen Freisprechung seines heutigen Verhaltens dienen wird.› Beinahe bin ich verärgert darüber, daß Sie die Reste der kleinen Blätter und die beiden Bände, die nach oben gebracht wurden, vernichtet haben. Bei deren Anblick würde sie wohl die Gefahren, vor denen man sie geschützt hat, und die Gerechtigkeit und Weisheit der getroffenen Vorsichtsmaßnahmen nicht mehr bestreiten können. Wenn sie nicht endgültig vernichtet sind, müssen sie sorgfältig und diskret aufbewahrt werden.

Sagen Sie mir, ob Mar..., als Sie die Gelegenheit hatten, ihn in Aix zu sehen [im August, als Gaufridy Marais und einen seiner Handlanger hatte weinen sehen], Ihnen von diesen Dingen erzählt hat und von wem er das hat erfahren können. Das kommt mir äußerst seltsam vor.»

«Kleine Blätter» und Bücher sind es also, die Pélagie von den Gefahren überzeugen sollen, denen sie an der Seite ihres Mannes ausgesetzt worden wäre? Wir sind wieder bei den gefährlichen Schriften angelangt. Donatien wird es ein leichtes sein zu behaupten, das Wort und die Feder seien bei ihm schneller als die Tat:

«Ja, ich gestehe, ich bin ein Wüstling; alles, was man sich auf diesem Gebiet vorstellen kann, habe ich mir vorgestellt, aber ich habe durchaus nicht alles getan, was ich mir vorgestellt habe, und werde es auch nie tun. Ich bin ein Wüstling, aber ich bin *weder ein Verbrecher noch ein Mörder.*» («Großer Brief», Hervorhebung von Sade)

Und im zweiten Brief, den er Pélagie nach seiner Verhaftung am 26. August schreibt (undatiert, vermutlich Anfang September):

«Ich schwöre und beteuere, daß ich mich während dieser fünf Jahre nur eines etwas zu großen Vertrauens zu diesem Frauenzimmer schuldig gemacht habe [Antoinette Sablonnière, genannt Nanon], das man lieber hätte hängen als freilassen sollen. Ich behaupte aber und werde, wann immer man will, auf die authentischste Weise darlegen, daß ich für nichts Schlimmes verantwortlich bin und daß in dem Ganzen eine Verwicklung vorliegt, die allein ich entwirren kann und die ich, wann immer man will, erhellen werde. Schicksalsfügungen, Indiskretionen, zuviel Schwäche und Vertrauen zu Menschen, die keines verdienten, zu heftige Briefe, *drastische und gewagte Reden* (Sie verstehen mich) haben, ich gestehe es, mir den Anschein einiger Fehler verleihen können. Meine Feinde haben das ausgenutzt, und das ist die einzige Grundlage für die Meinung, die man hat, und deretwegen man mich vermutlich so behandelt, wie ich es werde.»

«*Drastische und gewagte Reden*» (von Sade selbst hervorgehoben), etwas heftige Briefe, kleine Blätter, Bücher... Wir wissen nicht und werden vielleicht nie erfahren, was jene kleinen Blätter oder die gebundenen Manuskripte enthielten, die Madame de Montreuil derart beeindruckten[2]. Wir kennen jene zu heftigen Briefe, jene zu drastischen und zu gewagten Reden nicht. Bemerken wir nur eines: In seiner langen Rechtfertigung vom Februar 1781 sorgt sich Sade unter anderem, ob im Hôtel de Danemark, in seiner Brieftasche, möglicherweise «*ein vollständiges Gutachten über ähnliche Dinge, wie man sie [ihm] vorgeworfen hat*», gefunden worden sei (Hervorhebung von ihm). Man erinnert sich, daß er behauptet, sie abgeschrieben zu haben, um «einem Unglücklichen» im italienischen Asyl zu helfen. Dieses Argument,

[2] Und die sie nur teilweise kennt, aufgrund der Papiere, die im Februar 1777 in Paris in der Brieftasche ihres Schwiegersohns entdeckt worden sind (wir kommen darauf zurück); vielleicht auch aufgrund derjenigen, die in Savoyen oder bei den Durchsuchungen von Inspektor Goupil in La Coste beschlagnahmt worden sind?

ich wies darauf hin, ist keineswegs überzeugend; Sade hatte schon zwischen 1775 und 1776 Anlaß genug, um sich unter so manchem Aspekt der Bedeutung seiner Autographen bewußt zu sein und nicht irgend etwas abzuschreiben, um jemandem einen Gefallen zu tun. Unweigerlich muß man sofort denken, daß das fragliche Stück nur von Donatien selber stammen kann. Solange es sich um die Beschreibung eines Lustmordes oder mindestens einer sadistischen Tat handelt, könnte man die klassische Verteidigung akzeptieren, die Sade selbst später bevorzugt herausstellen wird:

«Man ist kein Verbrecher, wenn man die bizarren Neigungen schildert, welche die Natur uns eingibt.»[3]

Während er sein Plädoyer zu bekräftigen glaubt, zerstört er allerdings einige Zeilen weiter diese Verteidigung, wenn er schreibt – erinnern wir uns seiner eigenen Worte –, daß er «ein Wüstling» sei, aber einer, der sich nur «alles, was man sich auf diesem Gebiet vorstellen kann», vorgestellt habe, ohne deswegen «ein Verbrecher oder Mörder» zu sein.

Denn sein ganzes Werk verkündet – und diese Überzeugung scheint bei ihm so tief, daß man nicht um die Vorstellung herumkommt, sie könnte in seinem Kopf schon mit fünfunddreißig Jahren (1775) so fest verankert gewesen sein, daß er sie auf das, was für ihn greifbar war, mehr oder weniger angewandt hat –, sein ganzes Werk verkündet, daß die Libertinage ein Ganzes sei, und ein Wüstling (Libertin), der sich mit «einfachen Leidenschaften» zufrieden zu geben scheint, in Wirklichkeit nur zu zaghaft sei, um seine Begierden voll auszuleben.

Nun sind einerseits Donatiens «einfache Leidenschaften» (Auspeitschung und andere) jetzt allen bekannt, und andererseits hat er immer klarere Beweise dafür geliefert, daß er fähig ist, mit nachlassender Schüchternheit «Wagnisse» einzugehen. Wie soll man einem «solchen Kopf», wie sich die Präsidentin ausdrückt, unter solchen Bedingungen nicht alles zutrauen und nicht da-

[3] Motto von *La nouvelle Justine*, um 1800 (das jedoch nicht von Sade stammt, sondern sich bereits früher in erotischen Pamphleten des 18. Jahrhunderts findet).

von ausgehen, daß er vieles von dem, was er sich vorgestellt hat, verwirklicht, wenn er es nicht bereits getan hat?

Nichts weiter als Spekulationen, kann man dazu sagen, auf die nicht einzugehen lohnt, solange wir keine neuen Informationen haben (nur Geduld, wir werden welche haben). Bis hierher hat der Leser aus dem 20. Jahrhundert das Recht zu meinen, es gebe keine Beweise eines in unseren Augen wirklich schlimmen Delikts, und Sade sei letztlich nur eingesperrt, um künftigen Missetaten vorzubeugen.

Zum Teil trifft das zu. Doch selbst wenn man Sade hinsichtlich dessen, was wir heute *Verbrechen* nennen, für relativ unschuldig hält, würde man, wenn man es dabei bewenden ließe, vorschnell den ernstlichen Verdacht zweier Delikte beiseiteschieben, nämlich *Menschenraub* und *Vergewaltigung*, Delikte, deren krimineller Charakter im 18. Jahrhundert eindeutig war.

Donatien selbst vergißt das nicht. Liest man seine eigenen Briefe sorgfältig, streitet er sowohl das Delikt der Vergewaltigung wie das des Mordes ab, indem er große Sorgfalt aufwendet, deren Unglaubwürdigkeit am Beispiel von Catherine/Justine Trillet zu unterstreichen:

> «Zweifellos ist es noch weniger vorstellbar, eine solche Tat auszuführen. Wie kann man annehmen, daß eine junge Frau, die beinahe genauso stark, genauso groß und genauso alt ist wie ich, sich so einfach vergewaltigen ließe.» (Bourdin; an Pélagie, Oktober 1777)

Was die «kleinen Mädchen» aus Lyon und Vienne angeht, argumentiert er in seinem «großen Brief»:

> «Da ich den winzigen Fehler habe (das muß man zugeben), die Frauen vielleicht etwas zu sehr zu lieben, habe ich mich an eine sehr bekannte K[upplerin] in Lyon gewandt, und ich habe ihr gesagt: Ich will drei oder vier Dienerinnen zu mir mitnehmen; ich will sie hübsch und jung; besorgen Sie mir solche. Diese K[upplerin], die Nanon war, denn diese Nanon war in Lyon als K[upplerin] bekannt – das werde ich zur gegebenen Zeit beweisen –, verspricht mir diese Mädchen und gibt sie mir. Ich nehme sie, ich bediene mich ihrer. Nach sechs Monaten kommen Eltern, um diese Mädchen zurückzuverlangen, und versichern, es seien ihre Kinder. Ich gebe sie

ihnen zurück; und plötzlich wird gegen mich ein Prozeß wegen Menschenraub und Vergewaltigung geführt!»

Wie oft bei ihm, ist Sades Plädoyer pro domo von ebenso vielen sichtbaren Weglassungen wie unbeabsichtigten Eingeständnissen durchlöchert: er hat sich junge und hübsche Dienerinnen besorgt (er vergißt den jungen Sekretär), er hat sich ihrer «bedient»; jetzt wird er anerkennen, daß manche seiner jungen Bediensteten Jungfrauen waren, ehe er sich ihrer annahm (und sie mehr oder weniger stark lädiert wieder entließ):

«Aber nun kommt die größte aller Ungerechtigkeiten. Die Regel dazu ist folgende, und ich habe sie von Monsieur de Sartine; er besaß die Gefälligkeit, sie mir eines Tages selbst zu erklären, er wird sich daran erinnern können: Es ist in Frankreich jeder K[upplerin] ausdrücklich verboten, Jungfrauen anzubieten, und wenn das besorgte Mädchen Jungfrau ist und klagt, wird nicht der Mann, sondern die K[upplerin] dafür verantwortlich gemacht und auf der Stelle streng bestraft.»

Sades ganze – äußerst prekäre – Verteidigung gründet also auf dem Umstand, daß er keine Bediensteten eingestellt habe (gerade eben hat er aber das Gegenteil gesagt), sondern sich von einer berüchtigten Kupplerin, Antoinette Sablonnière, genannt Nanon, Mädchen besorgen ließ. Das ist kaum wahrscheinlich, und den Beweis des Gegenteils entnehme ich einem Autor, der kaum der Strenge gegenüber Donatien de Sade verdächtig ist, nämlich Gilbert Lely:

«Diese Beschuldigung seines Zimmermädchens als professionelle Kupplerin scheint mir fragwürdig zu sein. Daß Nanon auf Bitten ihres Herren bereitgewesen sei, nach Vienne und Lyon zu fahren, um Objekte der Unzucht für ihn auszusuchen, läßt einen nicht zweifeln, aber daß sie zuvor eine bekannte Kupplerin in Lyon gewesen wäre, das glaube ich nicht. Die zahlreichen Briefe aus den Jahren 1775 und 1776, in denen, im Sammelband von Paul Bourdin, von dieser Frau die Rede ist, lassen das keineswegs annehmen.»

Außerdem hätte die Frage, ob Antoinette Sablonnière eine professionelle Vermittlerin jungen Fleisches war oder nicht, Sades Akte entgegen seiner kühnen Behauptung kaum entlastet. Vergewaltigung ist zur damaligen Zeit, jedenfalls in der Theorie, ein mit der Todesstrafe belegtes Unzuchtsverbrechen (bei einfachem

Versuch lediglich Verbannung). «Dieses Verbrechen findet statt, wenn ein Mann mit Gewalt und Zwang die Ehrbarkeit eines Mädchen, einer Witwe, einer Frau verletzt, um ihr beizuwohnen.» (Muyart de Vouglans) Hat es Gewalt gegeben? Alle Kläger behaupten das. Alter und Jungfräulichkeit der Dienerinnen kamen als erschwerende Bedingungen zum bloßen Geschlechtsverkehr hinzu.

Gewiß, gegen Ende des 18. Jahrhunderts löste sich die Unerbittlichkeit des Gesetzes oft in bloße Forderungen nach Schadenersatz auf. Im Fall von Donatien de Sade sind aber zwei weitere, besonders erschwerende Umstände zu verzeichnen: zum einen der Rückfall und zum anderen das «Verbrechen der Schändung [...] einer Bediensteten durch ihren Dienstherrn» (Muyart de Vouglans) – zudem noch minderjährig, ein Delikt, das im 18. Jahrhundert ebenso streng, wenn nicht strenger geahndet wird als im 20. Jahrhundert. Zu Sades Zeit hieß das mindestens lebenslängliche Haft, heute würden diese Vergehen vors Schwurgericht kommen und mindestens zehn Jahre ohne Bewährung bedeuten[4].

Aber kommen wir auf die Fakten zurück. Im September 1778 ist Donatien de Sade den Gerichten entzogen[5]; er befindet sich aufgrund einer königlichen Anweisung in Vincennes. Seine Zukunft hängt jetzt von seinem Verhalten ab, und daß er nicht mehr von sich reden macht. Die Familie aus der Provence überläßt das Weitere Madame de Montreuil, die wiederum den Autoritäten vertraut, zumindest vorübergehend; sie hält sich aber bereit, im Notfall einzugreifen. Was immer auch behauptet worden ist, ein wegen schwerer und wiederholter Verfehlungen eingesperrter Schwiegersohn liegt nicht im Interesse der Präsidentin. Da Donatiens Ehre wiederhergestellt und er restlos (allerdings willkürlich) reingewaschen worden ist, liegt es im allgemeinen Interesse, daß er Vincennes so bald wie möglich und geläutert verläßt.

[4] Die Akten der kleinen Bediensteten sind nie wieder aufgetaucht, vermutlich hat man sie nach Entschädigung der Eltern verschwinden lassen.

[5] Wir lassen die allerdings ausreichend bestätigten Verletzungen sowie den Fall des kleinen Sekretärs beiseite (wiederholte Sodomie bedeutete zur damaligen Zeit den Feuertod).

Nach dieser trockenen Darstellung einer unbestreitbaren juristischen Situation will ich eine völlig subjektive Vermutung wagen: Hätte der Polizeidirektor ihr Positives berichtet, hätte Madame de Montreuil sicher ziemlich schnell ihren Einfluß geltend gemacht, damit Sade freikommt. Sagen wir, nach zwei oder drei Jahren. 1778 geht Marie-Madeleine Masson de Montreuil auf ihr sechzigstes Lebensjahr zu. Seit 1763 hat sie zur Genüge demonstriert, daß sie sich weder von Bösartigkeit noch von irgendeinem persönlichen Ressentiment gegen ihren Schwiegersohn leiten läßt – im Gegenteil. Sie hat immer nur, mit ihren Mitteln, gewollt, daß «alles gut ist». Sie ist nach wie vor bereit, dessen bin ich sicher, Donatien nochmals eine Chance zu geben. Sie wird es nicht können. Wir werden bald verstehen, weshalb.

Um Sade ist derzeit alles in Ordnung. Die verschiedenen Protagonisten dieser Affäre atmen ungeachtet ihrer Gefühle wieder auf.

Allerdings gibt es eine Pélagie de Sade, Ehefrau des unglücklichen Marquis, die sich weigert, Vernunft anzunehmen und die unermüdlich nach ihrem Mann verlangt, was auch immer er getan hat, so wie er ist, beruhigt oder nicht, jetzt und sofort...

Wen kümmert es (von ihrer Mutter abgesehen, die es zeigen wird)? Eines muß man sich klarmachen, denn es ist sehr wichtig: Kompromittiert als Komplizin der Missetaten ihres Mannes, hat Madame de Sade für lange Zeit den geringen Kredit verloren, den sie vielleicht noch besitzen könnte[6]. Sie ist nicht einmal mehr Verwalterin des gemeinsamen Vermögens, da das neue Urteil von Aix Monsieur de Sade wieder offiziell in alle seine Rechte eingesetzt hat. Sie hat es nicht verstanden, sich persönliche Beziehungen zu schaffen. De facto, wenn nicht de jure ist sie

[6] Der Abbé de Sade war von der Beteiligung Pélagies an den Verfehlungen seines Neffens in La Coste überzeugt. Madame de Montreuil fand sie «erniedrigt und kompromittiert». Donatien selbst wird das Jahre später bestätigen, als er 1783 über Pélagie schreibt (Hervorhebung von ihm): «[...] der gegenüber ich den größten Wunsch habe, zahlreiche Inkonsequenzen meiner Jugend wiedergutzumachen – weil im Grunde die eigene Frau nicht dazu geeignet ist, das ist eine Wahrheit, die ich mehr als sechs Monate, bevor ich hierher kam, begriffen und ihr gesagt habe.» (Also im Laufe des Jahres 1776; Lely)

wieder unter die Vormundschaft ihrer Eltern geraten, denen sie – erschwerender Umstand – praktisch die Erziehung ihrer Kinder überläßt, um sich um den Gefangenen zu kümmern. Für die damalige Gesellschaft wird Madame de Sade sozusagen zeitgleich mit ihrem Mann verschwinden, wenn auch auf andere Weise: Donatien de Sade ist dem Blick der Öffentlichkeit entzogen, behält aber ein ziemliches Gewicht innerhalb des gesellschaftlichen Mechanismus, da er Familienoberhaupt bleibt. Pélagie bleibt vorhanden, doch als durchsichtige, nicht greifbare Figur. Man sieht durch sie hindurch und fixiert den Blick in der Ferne. Sie ruft, niemand hört, die Unterhaltung wird fortgesetzt. Sade hat man die Freiheit genommen, ihr die Existenz.
Dennoch versucht sie mit den ihr verbliebenen Mitteln das Beste daraus zu machen. Sie schreibt in die Provence, an die Bauern, die Verwalter, daß sie nichts tun könne, daß man abwarten müsse. Daß Monsieur de Sade bald zurückkehren und sich um alles selbst kümmern werde. Im Moment jedoch kümmert sie sich gemeinsam mit Marie-Dorothée de Rousset, die gerade in Paris eingetroffen ist, darum, für Donatien Lebensmittel, schöne, warme Decken und gefütterte Stiefel zu besorgen, «so groß und breit, daß man darin eine Polka tanzen könnte».

Der Winter 1778/79 verspricht hart zu werden – und lang.

FÜNFTER TEIL

«Sie haben mich dazu getrieben,
Ungeheuer zu erfinden...»

Zugang zur Zelle (Vincennes)

61.

Wendezeit der Aufklärung

Bemerkenswerte Ironie der Geschichte: genau zur Wendezeit der Aufklärung, als die Philosophie zum Handeln übergeht, sitzt Sade hinter schwedischen Gardinen.

Vor Wendepunkten oder Scheidewegen der Geschichte, vor den zehn Tagen oder zehn Stunden, die dieses oder jenes erschütterten, vor der Minute, in der sich die Welt veränderte, sollte man sich immer möglichst in acht nehmen. Tatsache ist aber, daß die großen Bewegungen, die das abendländische Denken seit hundert Jahren beschäftigten, sich bei Anbruch des Jahrzehnts, das der französischen Revolution vorangeht, deutlich beschleunigen. «Wir sind im Jahrhundert der Erneuerungen», wird Sade von der Bastille aus schreiben. «Man kann kaum übersehen», sagte d'Alembert 1759, «daß in vielerlei Hinsicht eine bemerkenswerte Veränderung unserer Vorstellungen stattgefunden hat; eine Veränderung, die uns aufgrund ihres Tempos eine weitaus größere anzukündigen scheint [...] Von der Physik bis zum Geschmack, von der Musik bis zur Moral, von den scholastischen Disputen der Theologen bis zu den Handelsprodukten, vom Recht der Prinzen bis zu den Rechten des Volkes, vom Naturgesetz bis zu den willkürlichen Gesetzen der Nationen, in einem Wort, von den Fragen, die uns eng berühren, bis zu denjenigen, die uns am wenigsten interessieren, ist alles diskutiert, analysiert und mindestens behandelt worden.»[1] Zwanzig Jahre später ist die Überprüfung abgeschlossen, die Analyse fertig, es werden Schlußfolgerungen gezogen. «Eines Tages mußte man zur Tat schreiten», schreibt Guizot sechzig Jahre danach, «mußte die intellektuelle Bewegung auf die äußeren Ereignisse übergreifen.»[2] Indes, von der Reflexion zum gesellschaftlichen Handeln

[1] *Essai sur les éléments de philosophie et sur les principes des connaissances humaines.*

[2] *Histoire générale de la civilisation en Europe depuis la chute de l'Empire romain jusqu'à la Révolution française.*

überzugehen, heißt nur, auf einer Welle zu reiten, die von weit tiefer kommt und viel weiter trägt, als es den damaligen Intellektuellen selbst bewußt ist.

Wie jedesmal, wenn ihre geistigen Erben damit beginnen, die Ideen umzusetzen, die sie formuliert haben, verschwinden die großen innovativen Denker von der Szene. Der dritte Band «18. Jahrhundert» der *Littérature française* von Arthaud geht von *1778* bis 1820: «Weshalb 1778? In diesem Jahr annonciert und beschleunigt die beginnende Wirtschaftskrise das Jahr 1789, doch ist der Tod von Rousseau und Voltaire [30. Mai und 2. Juli; Hume ist '76 gestorben] ein weitaus wichtigeres und bedeutsameres Datum [...] Das Jahrhundert tritt in die Vergangenheit ein. Eine neue Ära beginnt.» (Béatrice Didier)

Neue Wege der Sensibilität lassen bislang unbekannte künstlerische Produktionen erblühen. Deutschland erlebt den Zenit von Sturm und Drang (Goethe, Bürger, Klinger, Schiller...). Füssli, in England angekommen, beginnt angeblich William Blake zu beeinflussen (der das vielleicht nicht nötig hatte)[3]. Das Heer der Künste bricht zur *Eroberung des Irrationalen* auf, wie es Dali hundertfünfzig Jahre später nennen wird.

Auch die Musik erschließt sich neue Regionen. Taine bemerkt in seiner *Philosophie de l'art*:

> «Es gibt noch eine Kunst, die Musik, die plötzlich eine außergewöhnliche Entwicklung nimmt [...] Österreich [...] bringt Haydn, Gluck, Mozart hervor, und die Musik wird beim Herannahen jener großen Bewegung der Herzen, die Französische Revolution genannt wird, kosmopolitisch und universell.»

Unter den drei von Taine erwähnten Namen entspricht der Mozarts diesem historischen Übergang zweifellos am weitesten. 1778 wird Wolfgang Amadeus Mozart Paris mit Gleichgültigkeit verlassen. Er ist zweiundzwanzig; nicht mehr das kleine Wunderkind der Triumphe von 1763 in der französischen

[3] «Füsslis Spuren verlieren sich in den nächtlichen Regionen eines Landes der Grausamkeit – das dem von Sade erfundenen Territorium ähnelt –, über dem ein bedrohliches Verhängnis schwebt.» (Jean Starobinski, *1789, les Emblèmes de la raison*)

Hauptstadt. Im vorigen Winter hat er seine erste große Liebe erlebt: Aloysia Weber. Am 3. Juli ist seine Mutter in Paris gestorben. Geprüft und gereift schlägt Mozart am 20. September den Weg zurück nach Österreich ein, der ihn von den *Serenaden* und den *Divertimenti* zu seinen Meisterwerken führen wird, während Sade durch die erzwungene Unbeweglichkeit ebenfalls hohe Gipfel erreichen wird[4].

Die Philosophie der Aufklärung ist dabei, die Welt zu verändern. Es wäre sehr verwunderlich, wenn die Essentialphilosophie das allgemeine Brodeln unverändert überstanden hätte. So wird es auch nicht sein. In Königsberg arbeitet ein gewisser Immanuel Kant, «Ordinarius für Logik und Metaphysik», in seinem Zimmer an dem Werk, «das die Welt der Philosophie revolutionierte» (Giulio Preti[5]); die *Kritik der reinen Vernunft* erscheint 1781 (etwa zwei Jahrhunderte später sieht Jacques Lacan Sade «den ersten Schritt zu einer Subversion [machen], deren nie ausgemachter Wendepunkt, so pikant es bei der Kälte der Person scheint, Kant ist»[6]).

Das gesellschaftliche Denken nimmt all diese Mutationen pauschal in sich auf, ohne sie zu analysieren, und verbindet mühelos die neuen Überzeugungen von der Macht der Wissenschaft mit der uralten Verzückung vor den Kunststücken der Magie. Die Elektrizitätsexperimente beschäftigen die Phantasien ebenso als Wunder wie als Entdeckungen der Vernunft. Diese Vermengung wird am besten deutlich in der Aufnahme, die die Demonstrationen von Franz Mesmer finden. Mesmer und sein Wunderbottich, Mesmer und sein «animalischer Magnetismus» faszinieren – die Öffentlichkeit und die Wissenschaftler reden teils von einem Genie, teils von einem Scharlatan. «Michelet hat nicht

[4] Bataille und Starobinski weisen auf die Parallele Mozart/Sade hin. Der vollendete Kenner der Musik, Jean Carrière, schreibt: «Das Hereinbrechen Mozarts in die Musik seines Jahrhunderts, die enge Beziehung seines Werkes zur Sexualität entsprechen genau dem, was Sades Hereinbrechen in die Literatur gewesen ist; eine Entsprechung im Sinn und ein zeitliches Zusammenfallen.»

[5] *Dictionnaire des Auteurs*, Laffont-Bompiani, collection Bouquins.

[6] Lacan, «Kant avec Sade», Nachwort zu *La Philosophie dans le boudoir, Œuvres complètes*, Cercle du livre précieux, Paris 1966.

Unrecht», meint Jacques Bainville, «wenn er die Bedeutung von Mesmers Magnetismus und die Erfindung der Ballons herausstellt, die den Glauben an menschliche Wunder, an die Wunder des Fortschritts bestärkten.»[7] Und zugleich an Wunder überhaupt. Im übrigen scheint trotz der Zurückweisung durch die Kirche der Mesmerismus für viele keineswegs unvereinbar mit der Religion zu sein; im Gegenteil ist er nicht weit davon entfernt, gewisse Mysterien zu bestätigen. Ja, um 1778 muß das Denken entschieden lernen, sich aus allem Möglichen zu ernähren[8].

Im Kessel dieser Widersprüche gären die Romantik und zu einem guten Teil auch die Revolution. Treffend hebt Robert Darnton hervor, daß die französischen Mesmeristen aus Mesmers apolitischer Kosmologie Ideen ableiten, in denen «die Polizei eine Bedrohung des Staates sieht», und daß «mehrere Anhänger Mesmers zu den künftigen Köpfen der Revolution zählen – La Fayette, Adrien Duport, Jacques-Pierre Brissot, Jean-Louis Carra, Nicolas Bergasse, Roland und Duval d'Eprémesnil». («Wir können die Mentalität dieser Männer besser verstehen», ergänzt Darnton, «wenn wir in Betracht ziehen, daß sie am Vorabend der Revolution mit Geistern, fernen Planeten und aus der Ferne miteinander kommunizierten.») Von 1777 an wettert Jean-Louis Carra in *Esprit de la morale et de la philosophie* «gegen den Adel und die Könige und begrüßt die amerikanische Revolution als einen Sieg des rousseauschen Prinzips der Volkssouveränität»[9].

Wie könnte die Befindlichkeit des abendländischen Menschen ungerührt bleiben, wo er dabei ist, die *Dimension* zu wechseln? Nach Art von Alice im Wunderland, die plötzlich endlos wächst, vollzieht sich für ihn jene von Arnold Toynbee erwähnte «Ausweitung der menschlichen Macht»[10], die seine natürlichen Kräfte

[7] Jacques Bainville, *Histoire de France*, Paris, Fayard, 1924.
[8] Mesmer trifft im Februar 1778 in Paris ein, wo er die bekannte sagenhafte Begeisterung auslöste. Vgl. Robert Darnton, *Der Mesmerismus und das Ende der Aufklärung in Frankreich*, München 1983.
[9] Ebenda.
[10] Arnold Toynbee, *La Grande Aventure de l'Humanité*, Oxford 1976, Brüssel 1977.

zehnfach, zwanzigfach, hundertfach verstärkt. Die Aufklärung, die rationalistische Forschung haben die Wissenschaften, die Techniken verwandelt; dabei half eine bislang unbekannte Verbreitung der Ideen und Kenntnisse, transportiert durch eine Inflation an Gedrucktem. «Die industrielle Revolution ereignet sich in Ländern, in denen der Prozentsatz erwachsener Analphabeten beträchtlich gesunken ist.» (Jean-Pierre Rioux[11]). Zwar macht man sich um 1780 nur oberflächlich mit der Elektrizität vertraut, dafür wird der Dampf bereits problemlos domestiziert. Auf menschlichen Befehl, ohne Zuhilfenahme der Energie von Tieren bewegen sich bereits Wagen (Cugnot), Schiffe (Jouffroy). In der Nähe von Newcastle entsteht die erste Eisenbahn[12].

In der Industrie tauchen alle möglichen Maschinen im Dienste des Menschen auf: Streichmaschinen (Arkwright, 1772), Spinnmaschinen (Crompton, 1779), Bohrmaschinen und Gewindemaschinen (Wilkinson, 1774, 1778)... Watts Pumpen verbreiten sich auch außerhalb Großbritanniens; 1778 wird die erste in Chaillot installiert.

Der Raum wird in alle Richtungen erobert. Spallanzani (Untersuchung der Fortpflanzung), Lavoisier (Analyse des Sauerstoffs), Scheele, Priestley, Charles Bonnet vertiefen sich mit ihren Mikroskopen in die Geheimnisse der bewegten und unbewegten Materie und zerlegen sie in unglaublichen Untersuchungen, in denen im übrigen die Grenze («da, wo das Gefühl sein Leben aushaucht», wie Charles Bonnet wunderbar beschreibt[13]) unklar wird. Zur gleichen Zeit lassen verbesserte Fernrohre (Herschel) das menschliche Auge Entfernungen von mehreren Millionen Kilometern zu den Sternen zurücklegen (1775 hat Lambert die erste Mondkarte erstellt).

Auf dem Planeten selbst wird jetzt die Ära der großen Entdeckungen, die auf ihrem Höhepunkt steht (Cook wird 1779 auf Hawai getötet), von jener der großen Niederlassungen be-

[11] Jean-Pierre Rioux, *La Révolution industrielle*, Paris, Le Seuil 1971.

[12] Etwas übertrieben; es handelt sich um Bergwerksloren, die von Pferden gezogen über Bretter fahren. Nichtsdestoweniger figuriert die Zeichnung, die diese Szene darstellt, in allen Eisenbahngeschichten unter dem Datum 1778. Der Dampf und die Metallschienen folgten wenig später.

[13] Charles Bonnet, *Contemplation de la Nature*, Amsterdam 1764-1765.

gleitet. Zehntausend Kilometer vom alten Europa macht sich einer seiner Brückenköpfe daran, seine Autonomie zu erobern, womit er der Besetzung des Globus durch den weißen Mann eine neue Facette verleiht: im Februar 1778 hat Frankreich ein Bündnisabkommen mit den sogenannten Aufständischen in Westindien geschlossen. «Amerika» ist soeben offiziell entstanden.

Die Eroberung des Raums wäre nichts gewesen ohne die Verwandlung der Zeit. Die klassische Zeit ist, wie man bemerkt hat, eine leere oder wenigstens starre Zeit. «Im Laufe des 18. Jahrhunderts», stellt der Biologe François Jacob fest, «zieht die Zeit in die bewegte Welt ein. Zuerst, weil der Gedanke der Fortpflanzung den Menschen eine Vergangenheit gibt: die rückwärtsgerichtete Kette von Eltern, Großeltern und jene ganze monotone Abkommenschaft, durch die sich die Gattung reproduziert. Dann und vor allem, weil mit den Schriften von Burnet, Woodward, Benoit de Mailler und besonders Buffon [...] das Vorhandensein einer Serie von Umwälzungen offenkundig wird, die die Welt der Lebewesen erschüttert haben. Die Erde ist nicht länger etwas seit der Schöpfung Erstarrtes; plötzlich hat sie eine Geschichte; sie hat ein Alter, Epochen [...] Bis zu diesem Zeitpunkt wurden die Unbewegtheit und Starrheit der Welt der Lebewesen nicht in Frage gestellt.»[14] Der Gedanke des Fortschritts, der Evolution ließ sich natürlich nicht einer Welt aufzwingen, die von Gottes Hand im Jahr 4004 v. Chr. ein für allemal in einem bestimmten Zustand der Vollkommenheit erschaffen war und deren Zukunft im Zeichen des Niedergangs und vielleicht auch des nahen Untergangs stand[15].
Ein großartiger Text aus dem Ende des 18. Jahrhunderts hat die erklärte Absicht,

> «alle Indizien der physischen Veränderungen, die uns zu den verschiedenen Zeitaltern der Natur zurückführen können, in einem einzigen Korpus zu vereinigen [...] einige Punkte in der Endlosigkeit des Raums festzumachen und [...] eine Rei-

[14] François Jacob, *La Logique du vivant*, Paris: Gallimard 1970.
[15] So die biblische Chronologie, der die Mehrzahl der geologischen Arbeiten bis dahin folgte.

he von Zahlenschildern auf der ewigen Straße der Zeit aufzustellen».

Mit Buffons *Epoques de la nature* ist die Erde auf einmal fünfundsiebzigtausend Jahre alt, oder vielleicht noch älter[16]? Nunmehr, «da die Natur ein Zeitgenosse der Materie, des Raumes und der Zeit ist, ist auch ihre Geschichte [plötzlich] diejenige aller Substanzen, aller Orte, aller Zeiten». Auch sie bekommt ein Geburtsdatum, eine Vergangenheit, eine Entwicklung, eine Zukunft zugewiesen. Das Leben, behauptet Buffon, sei 37 206 Jahre nach der Erde entstanden. Und wenn das Leben entstanden ist, dann kennt es auch ein Wachstum, und Lamarck und später Darwin werden bald über seine Verwandlungen und den Verlauf einer Evolution nachdenken können, die statt der Angaben Buffons um Millionen, später Milliarden von Jahren weiter in die Vergangenheit zurückreichen wird, während sie der menschlichen Vorstellung zugleich eine unermeßlich ferne Zukunft des Universums erschließt.

Das Erscheinungsdatum jener so revolutionären *Epoques de la nature*, die den Blick des Menschen für lange Zeit auf das Universum richten werden?

Ich kann nichts dafür: 1778[17].

[16] «Man wird sehen, daß ich weit davon entfernt war, die Dauer der Zeit grundlos erhöht zu haben», ergänzt Buffon, «eher habe ich sie vielleicht zu stark herabgesetzt.» Er wollte nicht zu offen mit der Kirchenlehre brechen, doch nach seinem Tod (April 1783) fand man unter seinen Papieren Notizen, die die Entstehung der Erde auf über siebenhunderttausend Jahre zurückdatierten (die heutige Wissenschaft geht von viereinhalb Milliarden aus). *Die Epochen der Natur* waren 1781 im Petersburger Verlag des Johannes Zacharias Logan in einer deutschen Übersetzung erschienen.

[17] Selbst wenn der tatsächliche Buchhandelsverkauf erst im darauffolgenden Jahr begann. Das Werk, Anfang 1778 gedruckt und wegen eines Kartenstichs verzögert, kam – mit dem Datum 1778 versehen – im April 1779 in den Buchhandel.

62.

Zeichentiere

«Eine neue Ära beginnt»... Sie wird ohne Donatien de Sade beginnen. Je nachdem, wie man ihn sieht, kann man entweder meinen, daß alles so geschieht, als habe sich der Fortschritt, um seines gefahrlosen Vollzuges willen, einer derart heterogenen, derart befleckenden Last entledigen müssen, oder man kann sagen, daß die Kräfte des Obskurantismus alles getan haben, um zu verhindern, daß Sades aufklärerische Potenz sich mit der übrigen Aufklärung verband, und auch, daß ihnen das gelungen ist, womit sie die Zukunft unwiederbringlich verbogen haben.

> «Heutiger Tag [...] Gegen halb acht Uhr abends hat M. le Mis. de Sade den Turm des Schlosses von Vincennes betreten, geführt von Herrn Marais, Polizeiinspektor, und dort bleibt er bis auf weitere Anweisung Ihrer Majestät eingesperrt. Bei sich hatte er einen grünen Gehrock, eine weiße Jacke, eine Hose aus Kammgarn, schwarze Strümpfe, ein Paar Nachtmützen, ein Paar Pantoffeln, zwei Hemden, zwei Taschentücher, zwei Servietten, die wir ihm zu seiner persönlichen Verwendung gelassen haben. Er hatte weder Gold noch Geld noch Schmuck dabei, urkundlich dessen hat er mit uns das Protokoll gleich bei seiner Ankunft unterzeichnet.» (Desbordes)

Weder Gold noch Geld noch Schmuck... Das Wichtigste bleibt unerwähnt: weder Federn noch Papier. Am 22. September erhält Donatien Bücher, aber erst am 7. Dezember 1778, genau drei Monate nach seiner Rückkehr nach Vincennes, wird Monsieur de Sade endlich frei über Schreibzeug verfügen können. Der Schnitt ist tief gewesen.

Neun Tage lang wird er nicht rasiert. Den ersten Brief von Pélagie bekommt er nach zwei Wochen ausgehändigt, und sein Koffer wird ihm erst am 19. Oktober übergeben. Er wird bis November, Dezember warten müssen, ehe ihn die ersten Besorgungen, mit denen er seine Frau beauftragt hat, erreichen. Als müßte die Trägheit dieses Wiedereinzugs der Länge dieser scheinbar nie zu Ende gehenden Haft entsprechen, in deren Verlauf der jetzt vierzigjährige Sade fünfzig werden wird.

Trotzdem wird diese «Wiedereinengung», wie er es nennt, für Donatien nicht bedeuten, daß er sich jemals in irgendeiner Weise in der Gefängniswelt einzurichten gedenkt. Die ganzen elf Jahre über wird er seine Freilassung in den allernächsten Tagen vermuten, gelegentlich innerhalb von vierzehn Tagen, seltener innerhalb von zwei oder drei Jahren, die er übrigens bezeichnenderweise immer in Wochen und Monaten zählt.
Und die Ära der *Zeichen* kehrt zurück. Sehr schnell. Von Oktober 1778 an:

> «Auf das Rädern folgen also die Radierungen, die Streichungen, alle möglichen Schmierereien [...] Das sind wieder Zeichen, nicht wahr? Ach! Ich flehe Sie an, ersparen Sie mir das, denn ich versichere Ihnen, ich werde Ihnen alle Briefe zurückschicken, in denen die geringsten Zeichen vorkommen.» (Daumas; an Pélagie)

Der Häftling wird natürlich keinen einzigen Brief zurückschicken. Im Gegenteil, er bewahrt alle, die er empfängt, sorgfältig auf; wir werden sehen, daß er sie immer wieder liest, prüft, jede Zeile, jede Silbe zählt, um daraus Zeichen zu entnehmen, die in seinen Augen nicht nur den so ersehnten *Termin* meinen, sondern auch all das, wovon sich seine Imagination ein Bild gemacht hat.
Jedes sorgfältig entzifferte Zeichen wird ihm bald Hoffnung, bald Verzweiflung bereiten, gelegentlich auch die Genugtuung der Entdeckung und eine Art ästhetischen Genuß: «Die schönste 16 zu 9, die man gesehen hat» (undatiert); «Das ist schön, das hier!» (undatiert, auf einem Brief von Pélagie).
Im übrigen veranlassen ihn nicht nur die Briefe zu Deutungsarbeiten. Die Zeichen, die wer auch immer einem zum Glück wachsamen Gefangenen («Ihr, die Ihr alle miteinander Zeichentiere seid», Februar '79) überbringen kann, werden die unterschiedlichsten Formen annehmen:

> «Ich werde also ab Dezember '83 meine Freiheit wiedererlangen, und das steht im Zusammenhang mit den drei von Ihnen im vergangenen Dezember geschickten Fasanen. Das war wirklich klar; absurderweise habe ich es nicht sofort verstanden.» (Anfang April '81)
>
> «Am Donnerstag, 6. Januar, hat man mir, 9 Monate nach dem Verleihen der ersten Kerze, statt der 10, die ich ausgelie-

hen hatte, 25 zurückgegeben, was eindeutig zu bedeuten schien, noch 9 Monate Gefängnis, und damit insgesamt 25.» *(Histoire de ma détention).*

Wie alles, was in Reichweite von Sades geistiger Welt geschieht, kann das Zeichen ins Lächerliche gezogen werden:

«Wenn Sie *die 2, das Doppel, das Duplikat, das zweite Ich, das doppelte Bezahlen* etc. anzeigen wollen, müssen Sie das so anstellen: Man soll in meinem Zimmer eine schöne Kreatur posieren lassen (gleich welchen Geschlechts [...]); man soll, sage ich, in meinem Zimmer also eine schöne Kreatur in der Haltung der *farnesischen Callipygos*[1] posieren lassen – ihn schön darbietend [...] Beim Hineingehen werde ich dem Souffleur oder dem Soufflierten sagen: was soll denn diese Infamie (nur der Form halber)? Und der Souffleur wird antworten: Monsieur, das ist ein Duplikat.» (Lely, *L'Aigle*; September '83).

Schon immer haben die Biographen in Sades Deutungen von Zeichenkombinationen nur «Neurose», «Wahn», «manische Zwangshandlungen» (d'Alméras) gesehen. Vorsichtiger, nichtsdestotrotz mit verwirrtem Blick, folgt Gilbert Lely «den besorgniserregenden arithmetischen Operationen des Marquis», «dem zugleich wahnwitzigen und witzigen Ziffernsystem des Gefangenen», in dem er lediglich eine «Deutungssucht» erkennt, bestenfalls eine «Art Abwehrreaktion seiner Psyche, einen Kampf gegen die Verzweiflung, die ihn ohne diese Ablenkung den Verstand hätte kosten können». Nun ist diese Ablenkungsfunktion ziemlich evident, Lely fühlt sich aber befugt, über sie hinaus eine ernste «Zahlenpsychose» zu attestieren. Ähnlich schreibt Mau-

[1] *Callipygos* ist die Venus mit den schönen Hinterbacken, welchen Beinamen die Liebesgöttin der mythologischen Tradition zufolge erhielt, als zwei Landmädchen zu Syrakus darum stritten, welche von ihnen den schönsten Hintern habe. Sie wählten einen Jüngling zum Schiedsrichter, dem sie sich mit über die Hüften emporgezogenem Rock zeigten. Er gibt der Älteren den Preis und verliebt sich in sie. Als er seinem Bruder von der Begebenheit erzählt, verliebt dieser sich in die Jüngere, und bald findet eine doppelte Vermählung statt, für deren Zustandekommen die dankbaren Schönen der *Venus Callipygos* einen Tempel stiften.

Sade hatte die Statue der Venus Callipygos im Palazzo Farnese in Rom sehen können und schildert den ihr gewidmeten Kult in seinem Briefroman *Aline et Valcour.*

rice Heine: «Man ahnt den drohenden Verlust von Vernunft und Verstand.»
Was sich überhaupt nicht beweisen läßt. Eine aufmerksame Untersuchung von Sades intellektuellen Aktivitäten in Vincennes und in der Bastille zeigt im Gegenteil, daß seine fanatischsten Perioden der Zeichendeutung sich mühelos mit intensiver und sehr rationaler literarischer Arbeit vertragen. Jean Desbordes kam der Wahrheit in einer seiner gewohnten konfusen Intuitionen vermutlich näher, als er kühn, aber nicht ohne Gründe dafür zu haben schrieb:

> «Unser äußerst kultivierter Held kennt die Kabbalistik, jene aus der hebräischen Theologie abgeleite Halbwissenschaft der Zeichen, an der, in vereinfachter Form, das 18. Jahrhundert seine Wonne findet ähnlich wie wir heute an den Kreuzworträtseln.»

Wenn ihn seine zahllosen Lektüren vielleicht auch die Kabbala kennenlernen ließen, so ist doch schwer vorstellbar, Donatien de Sade habe sich unter ihrem Einfluß mehr oder weniger mystischen Zahlenspekulationen hingegegeben. Hingegen ist erwiesen, daß im 18. Jahrhundert eine Art Numerologie wütete, die wie Mesmers Bottich die erlesensten Köpfe ebenso wie das Volk erfaßte. Die einen sahen darin den letzten Stand der neuen Wissenschaften, die anderen eine weitere Äußerungsform der wahrsagenden Magie oder auch nur ein Spiel, das in der Tat den Kreuzworträtseln des 20. Jahrhunderts ähnelt[2].
Was ist daran so erstaunlich, wenn er, den ein Rätsel (sein *Termin*) quält, das man offensichtlich im dunkeln lassen will, einen Teil seines Genies darauf verwendet, es zu erhellen? Die Mittel, die ihm dabei zur Verfügung stehen, sind nicht bloße Wahrsagerei oder irgendein mehr oder weniger kontrollierter Wahn, sondern Berechnungen, die für sich genommen schon hinreißend sind («Jedermann weiß, wie fesselnd die Geometrie ist», wird er schreiben[3]), vermutlich der Lust an der Analogie vergleichbar,

[2] Von einem etwas anderen Gesichtspunkt ausgehend, weist Werner Krauss in seinem Artikel «Le jeu des chiffres et la naissance de la méthode statistique au XVIIIe siècle» auf kuriose Verwendungen von Zahlen kurz vor der Revolution hin (*Le Jeu au XVIIIe siècle*, Edisud, 1976).
[3] Siehe weiter unten, S. 527, seinen Brief vom 4. März 1781.

die ihm, wie wir wissen, nicht fremd war. So stand denn auch für Sade die vollkommene *Rationalität* seines Vorgehens wie für jeden Gebildeten seiner Zeit, der dazu sein Urteil hätte abgeben müssen, keinen Moment außer Zweifel.
Zugegebenermaßen hat man zweihundert Jahre später Mühe, diese Rationalität zu akzeptieren, die sich sowohl von der unsrigen wie von derjenigen, die man üblicherweise (ohne genauere Prüfung) der Aufklärung zuweist, unterscheidet; nach Lucien Febvre muß man sich vergegenwärtigen, «daß sich zwischen dem 16. und dem 20. Jahrhundert im Abendland vielleicht die psychologische Maschine verändert hat»[4]. Ich glaube aber, dieser Mühe muß man sich unterziehen, will man das 18. Jahrhundert im allgemeinen und Sade im besonderen verstehen, dessen mentaler Mechanismus in dieser Hinsicht, so entschieden modern er uns oft erscheint, tief im 12. Jahrhundert wurzelt, einer Zeit, zu der Reto Bezzola (zitiert von Albert Béguin) bemerkt: «Der große Unterschied zwischen dem modernen und dem mittelalterlichen Denken ist, daß sich für letzteres die sinnliche Realität aus Symbolen zusammensetzt und sie ununterbrochen danach verlangt, übersetzt zu werden [...] Das Mittelalter erfaßt mit einem Blick gleichzeitig das Ding und seinen Sinn, den sinnlichen Gegenstand und seinen Ritualwert, die Farben und ihre geheime Entsprechung im Bereich der Seele.» An dieser Stelle möchte ich ohne weiteren Kommentar die Lektüre des folgenden Briefes vorschlagen, den am 16. April 1909 ein gewisser Sigmund Freud, kaum des irrationalen Obskurantismus verdächtig, an Carl Gustav Jung schrieb:

> «Vor einigen Jahren entdeckte ich bei mir die Überzeugung, daß ich zwischen 61 und 62 sterben würde, was mir damals noch als lange Frist vorkam. (Heute sind es nur noch acht Jahre.) Ich ging dann mit meinem Bruder nach Griechenland, und nun war es direkt unheimlich, wie die Zahl 61 oder 60 in Verbindung mit 1 und 2 bei allen Gelegenheiten von Benennung an allen gezählten Gegenständen, insbesondere Transportmitteln, wiederkehrte, was ich gewissenhaft notierte. Gedrückter Stimmung hoffte ich im Hotel zu Athen, als

[4] Lucien Febvre, *Amour sacré, amour profane, autour de* L'Heptaméron, Paris, 1944.

man uns Zimmer im ersten Stock anwies, aufzuatmen; da konnte Nr. 61 nicht in Betracht kommen. Wohl, aber ich bekam wenigstens Nr. 31 (mit fatalistischer Lizenz doch die Hälfte von 61-62), und diese klügere und behendere Zahl erwies sich in der Verfolgung noch ausdauernder als die erste. Von der Rückreise an bis in ganz rezente Zeiten blieb mir die 31, in deren Nähe sich gerne eine 2 befand, treu.»[5]

Vielleicht wird man einwenden, bei dem einen, Freud, habe es sich um die Laune eines Augenblicks gehandelt, bei dem anderen hingegen, Sade, um eine obsessive Beschäftigung, die sich noch ein Vierteljahrhundert später, bei der letzten Inhaftierung von Donatien 1801, manifestieren wird:

«Ich bemerkte in ihren Reden viele Widersprüche [es handelt sich um Constance Quesnet, seine damalige Lebensgefährtin], und von da an glaubte ich zu verstehen, daß das Zahlensystem wie in der Bastille gegen mich verwendet wurde.» (*Notes littéraires*).

Dafür keine Spuren von Zeichen oder Zahlen während der zehn Jahre revolutionärer Freiheit, nicht einmal im Gefängnis 1793/94 (allerdings stehen uns aus dieser Periode wenige Briefe von Sade zur Verfügung). Und in die Zwischenräume des Blocks der Ablehnung, Sades Haltung für dreizehn Jahre, werden sich gelegentlich hellsichtige, illusionslose Eingeständnisse einschleichen, wie am 21. Oktober 1778 Pélagie gegenüber:

«Aber was soll ich Deiner Ansicht nach hier anderes tun, außer Berechnungen und Schimären zu bilden?»

Oder am 31. März 1779 gegenüber Marie-Dorothée de Rousset:

«Und außerdem, welche Vernunft wollen Sie von einem Mann erwarten, den man so behandelt, als ob er keine hätte?» (Lely, *Carillon*)

[5] Sigmund Freud, C.G. Jung, *Briefwechsel*. Hg. von William McGuire und Wolfgang Sauerländer, Frankfurt/M. 1974.

63.

Farcen, Possen, Algebraregeln...

Ohne Zweifel fügt sich das «Ziffernsystem», wie Sade es nennt, ganz natürlich in die außergewöhnlich kohärente, logische, mathematische, wenn nicht gar mechanische Vorstellung ein, die sich seine Phantasie von der Welt macht, eine *Vorstellung*, der ich einen Namen geben möchte: *Die Welt als Theater.*

Das Theater ist (mit der Familie) für Sade eine der Bastionen der Ordnung und der Kohärenz. Vielleicht die wichtigste. Auch darin ist er ganz Kind seiner Epoche – ohne daß er oder seine Epoche sich dessen recht bewußt wären. Annie Le Brun stellt die Interpretationen von Jean-Jacques Brochier zur Diskussion, der sich als erster mit der Frage beschäftigt hat, warum einem oft paroxystischen Romanwerk entschieden und restlos konventionelle Theaterstücke entgegenstehen. Seine folgende Hypothese lehnt sie ab: «Das Theater ist vielleicht Sades anti- oder aliterarisches Gerede, das es dem Schriftsteller, wie es ähnlich auch für Raymond Roussel gilt, erlaubt, den Kreis zu schließen und mit Hilfe des Lärms der Wörter wieder zum Schweigen zurückzukehren.» (J.-J. Brochier, Einführung zu Sades *Théâtre*) «Ich für meinen Teil», schreibt Annie Le Brun, «bezweifle stark, daß dieses Theater die Funktion einer literarischen Störung hatte, zumal Sade vor allem anderen damit begonnen hat, Stücke zu schreiben. Ich wäre eher geneigt, es als das zu sehen, was es wörtlich ist, der unzweideutige Ausdruck einer Darstellunsgweise, die im 18. Jahrhundert noch normativen Wert besitzt.»[1]

Und mehr noch:

[1] *Soudain un bloc d'abîme, Sade*, IV, «Le théâtre change et représente». Eines der einfallsreichsten Kapitel dieses Buchs. «Das Theater wechselt und stellt dar» ist die Formulierung, die Sade für *La ruse d'amour ou les six spectacles* verwendet sehen wollte, ein «absolut einzigartiges Stück», sagt er selbst (leider ist es teilweise verlorengegangen), das ohne jede Bewegung des Vorhangs gespielt werden sollte. «Daher», ergänzt Sade in seinen Anweisungen, «liest man am Anfang jeder Episode: *das Theater wechselt und stellt dar* und nicht: *der Vorhang geht hoch und zeigt.*»

«An dieser Wende der Geschichte hat gerade das seine Bedeutung: Während alles dank dem Fortschritt der Philosophie zusammenzubrechen beginnt, bleibt die Bühne seltsamerweise die letzte Zuflucht der Ordnung, der abgeschlossene Raum, in dem traditionelle Typen, stereotype Gesten und gesellschaftlicher Kode weiterhin Sinn stiften, genau zu dem Zeitpunkt, da die Sinnleere die Gemüter quält.»

Nun gibt es bei Sade eine eigenartige Abneigung gegen die Wechselfälle, die Umstände. Als weigere er sich beständig, auch nur im geringsten abhängig zu sein von den Sandkörnern, die in jedem menschlichen Leben unvermeidbar sind, und von den unvorhergesehenen Konstellationen, die sie hervorbringen. Das Absurde, im existentiellen Sinn des Wortes, kommt in seiner Welt nicht vor und, wie es scheint, am wenigsten, wenn diese Welt eine *abgeschlossene* ist, sei sie wie in La Coste von ihm oder wie im Gefängnis von den anderen abgeschlossen. In seinem Kopf ist alles im Guten wie im Schlechten geregelt, vorbestimmt wie in einem gut durchdachten Stück; es geht nur noch darum, den Text des Stückes kennenzulernen und vor allem die Vorstellung ungestört zu verfolgen (Donatien haßt es, wenn man in seinen Gedankengang eingreift[2]). «Alles ist seit zehn Jahren geregelt, das weiß ich», schreibt er 1782. Schon im Oktober 1781 sprach er von einem «platt und dumm zurechtgelegten Plan, der seit zehn Jahren verabredet ist», und einige Monate vorher, im Mai, hatte er ausgeführt:

«Seit zehn Jahren ist alles arrangiert, statuiert, die Tage gezählt, die Lügen beschlossen, *die Farcen auswendig gelernt.*» (Lely, *L'Aigle*; Hervorhebung von mir)

Auf der engen Bühne eines Zimmers in Vincennes können keine unerwarteten Ereignisse stattfinden, nur Auftritte und Abgänge,

[2] Ein kurioses Beispiel für dieses extreme Bedürfnis, *seine Gedanken festzulegen*: 1779 beschreibt ihm Pélagie ihre Tochter Madeleine-Laure (die Donatien kaum kennt) als eine «dicke Dienerin». 1780 berichtet sie offenbar etwas anders darüber, so daß Donatien ihr schreibt: «Ständig störst Du meine Gedanken. Zuerst hast Du sie mir häßlich beschrieben: man arrangiert sich damit [...] Jetzt ist sie hübsch [...] Nun, ich werde mich auch damit arrangieren; aber verwirre mich nicht weiter, denn es ist eine wahre Folter, alle paar Tage auf eine solche Weise gezwungen zu sein, seine Ideen zu wechseln.» (Lely, *Carillon*)

die Szenen, Akte und neue Szenen bilden, ehe die Auflösung kommt, die sich ein Autor erdacht hat, der die Regeln gewissenhaft einhält und sein Stück einwandfrei aufbaut, in dem, wir sahen es in der Szene der *duplicata*, nicht einmal der Souffleur fehlt. Nur sind es keine klassischen Tragödien, die dem Bewohner des Zimmers Nr. 6 dargeboten werden; es werden vor allem, mit der Thematik von Scharaden und Rätseln, *Farcen* und *Possen* sein, zwei Begriffe, die in Sades Briefwechsel aus dem Gefängnis immer wieder vorkommen und denen nicht genug Aufmerksamkeit geschenkt worden ist, weil sie für uns heute eine andere Bedeutung haben als damals im 18. Jahrhundert. Die meisten Leser werden noch aus der Schulzeit wissen, daß die *Farce* nicht nur «eine komische Sache, die erzählt wird», sondern auch «ein kleiner Volksschwank» ist. Aber nur wenige wissen heute, daß ein *Lazzo*, bevor das Wort eine «Spötterei» bedeutete, ursprünglich (also Anfang des 18. Jahrhunderts) «ein Theaterbegriff war, der aus der italienischen in die französische Komödie eingegangen ist: eine Abfolge von diversen Gesten und Bewegungen zur Darstellung einer stummen Handlung»[3].

Sade werden also abwechselnd Farcen vorgeführt:

> «Der Unterzeichnende erkennt an, daß die Farce vom 31. August 1783 – von etwas Monotonie abgesehen, denn nun sind es achtzehn, die einander ähneln, doch davon, wie gesagt, abgesehen, attestiere ich, daß die genannte Farce engelhaft gut gespielt worden ist. Der genannte Wärter ist schön frech gewesen, er hat schön gesagt, *daß er sein Geld nun nicht mehr vorstrecken könne, daß er Frau und Kinder zu ernähren habe*» (Hervorhebung von Sade),

und Lazzi dargeboten:

> «Hört man auf diese Leute, prüft man Ihre Sendungen, Ihre Briefe etc., stehe ich immer am Vorabend; dann, wenn dieser Vorabend kommt, plötzlich ein heftiger Dolchstoß und *ein guter langer Lazzo*» (Lely, *L'Aigle*; Hervorhebung von Sade, 20. Februar 1781).
>
> «Am heutigen Morgen, dem 4., ist man wieder gekommen, um mir von Spaziergängen zu erzählen. Vielleicht ist das wie-

[3] Entsprechend geben Wörterbücher der Zeit den Begriff auch mit «Posse» oder «Harlekinade» wieder.

der ein Lazzo wie letztes Mal, als man wegen derselben Sache kam, vor sechs Monaten.» (Lely; 4. März 1781)

«So werden wir Lazzi und Richter haben bis zum letzten Augenblick.» (Lely, *L'Aigle*; November 1783)

Lazzi und Farcen entsprechen übrigens Zeichen und Zahlen:

«Mir scheint, die Farce ist lang genug gewesen, aber es muß eine Zahl her, werden Ihnen meine Peiniger erwidern.» (April '85)

Gelegentlich versucht der Zuschauer-Schauspieler-Gefangene die Masken zu lüften:

«Ich wette hundert zu eins, daß die Person, die man mir zweimal hierhergeschickt hat, im Oktober 1777 und im April 1781, keinesfalls Monsieur Le Noir gewesen ist.» (Borderie; Mai '81)

Denn alle spielen. Bei Galavorstellungen sogar Monsieur de Rougemont, Gouverneur von Vincennes und brillanter Hauptdarsteller:

«Der Leutnant Charles, der an diesem Tag (es war ein schöner Tag) *spielte...*» (Lely, *L'Aigle*, Hervorhebung von Sade; Januar '80)

«Ach! De Rougemont ist etwas anderes; bei ihm ist das feinsinniger, besser gespielt. Das ist wirklich der einzige in der Truppe, der mindestens zwanzig Sous pro Aufführung wert ist; man könnte sogar bis zu dreißig gehen.» (Lely, *L'Aigle*; 21. Mai '81).

Aber wer spielt wen und was? Die Wärter der Bastille werden die Pantaloni (April '85), der Barbier von Vincennes wird den Harlekin spielen:

«Der kleine gedungene Peiniger, derjenige, der mich aufs Auge geschlagen hat, soll mich heute morgen rasieren kommen, und seit zwei Jahren sagt man ihm, er solle *Harlekin, den gelähmten Barbier* spielen, um eine Schnittwunde zu rechtfertigen, die er mir am Gesicht verpassen soll.» (Lely, *L'Aigle*; Juli '83)

Personen, lebende Akteure verschwinden hinter Automaten, Marionetten (die Welt als Mechanik). Pélagie wird, wie die Polizisten, oft als Marionette der Präsidentin bezeichnet. Und was die Wärter angeht,

«wird es diese Art Automat sein, der mir zweimal täglich, wie einer Dogge, zu essen und zu trinken bringt.» (Daumas; April '80)

«Ich kenne nichts Gefälligeres und nichts so vollkommen Vergnügliches auf der Welt wie diese Sorte ziemlich dummer, ziemlich schwerfälliger Automaten.» (Daumas; Mai '80)

Zu jeder Vorführung gehört ein Direktor, ein Autor, ein Regisseur (und ein Souffleur). Was wäre einfacher, logischer und *klassischer*, als all diese Protagonisten in einer einzigen Rolle zu vereinigen, die natürlich, damit alles seine Logik behält, nur von der Präsidentin übernommen werden kann? Jene Person, die man zu Sade geschickt hat und die nicht der Polizeidirektor Le Noir gewesen sein kann,

«das ist irgendein Notar, irgendein gedungener Agent Ihrer Mutter [...], den sie lügen, sich bewegen, handeln läßt etc. für die Taler, die sie ihm gibt; und diese Person war, da wette ich, nur eine Komödienfigur genauso wie ihr Kollege, der sich ausgestreckt hatte».

«Die Präsidentin hat die Farcen zu bezahlen, da sie sie anweist [...] Ich empfehle ihr, sie schäbig zu bezahlen, denn sie sind sehr schlecht gespielt. So dreht sich der eine, wenn er einen Lazzo zu geben hat, erst einmal zur anderen Seite um, da er nicht wagt, mich beim Lügen zu fixieren, während der andere...» (Borderie; Mai '81)

Marie-Madeleine de Montreuil, die große Anordnerin der Farcen und Lazzi, die Hauptdrahtzieherin von Marionetten und Automaten, bestimmt natürlich auch über die Zahlen. Sie tut es um so natürlicher, als sie sie in einer halb genitalen, halb digestiven, auf jeden Fall recht grandiosen Niederkunft selbst hervorbringt:

«Deine Mutter muß entweder richtig *betrunken* oder *anstaltsreif verrückt* sein, das Leben ihrer Tochter zu riskieren, um eine *19 und 4* oder eine *16 und 9* zu bilden, und das seit zwölf Jahren unermüdlich. Ach! Wie war sie von Zahlen vollgestopft, diese bösartige Frau! Ich bin überzeugt, wäre sie vor dem Eindringen gestorben und hätte man sie aufgemacht, aus ihren Eingeweiden wären Millionen von Zahlen herausgekommen.»[4] (Februar '84)

Diesem Wanderzirkus, für seinen Geschmack etwas zu sehr nach Tabarin geraten, dessen Unbeholfenheit im Schauspiel, Konfu-

[4] Das Eindringen der Polizei in Pélagies Zimmer im *Hôtel de Danemark* im Februar '77, das Sade offenbar sehr beeindruckt hat.

sion im Text, Dürftigkeit der Mittel und überhaupt mangelnde Kohärenz er, von bissigen Komplimenten abgesehen, nie zu unterstreichen versäumt, setzt Sade im wörtlichen Sinn sein eigenes Theater entgegen[5]. In La Coste, man erinnert sich, stellten die bemalten Steine des Theaters ein Gefängnis dar. Im Gefängnis werden die Steine, mit Vorhängen bedeckt, ein Theater darstellen. Unbekannt ist, ob der Jakobiner Manuel die Wahrheit sagt, als er 1790 in *La Bastille dévoilée* behauptet: «Die diversen mit Borten und Stickereien versehenen Kleidungsstücke, darunter sogar Charakterkostüme, die man in der Bastille gefunden hat, gehörten ihm.»[6] Sicher ist jedenfalls, daß Sade in den Festungen, in denen er elf Jahre eingesperrt war, den größten Teil seiner insgesamt etwa zwei Dutzend Stücke geschrieben hat. «Ich nehme an», schreibt er Pélagie im Dezember '80, «daß Ihre Frau Mutter es vorziehen würde, daß ich das bißchen Geist, das mir die Natur geschenkt hat, dazu gebrauche, *ihre Zahlen* zu entwirren, anstatt es auf Dinge zu verwenden, die ihm zur Zierde und gefälligen Bildung gereichen können»... Viel mehr als um Bildung und geistige Zierde wird es sein Ziel sein, «wieder etwas Ordnung in all das zu bringen», nämlich in den Gang der Theater-Welt.

[5] Siehe die Vorwürfe zu den *wirren Vorstellungen* der Präsidentin in seinem Brief vom 4. März 1781 an Pélagie: «Wie soll ich mich mit solch undurchsichtigem Zeug beschäftigen, das ganz von der Galle dieser der Inquisition entkommenen Person verpestet ist, um mit etwas Glaubwürdigkeit zu irgendeiner Meinung zu kommen? Wenn Ihre Mutter, anstatt allein ihrer Raserei zu folgen und sich nur Lakaien anzuvertrauen [...] den Verstand besessen hätte, bei dem Ganzen mit einem Mann voll Geist zusammenzuarbeiten, hätte man dem eine solche Form geben können, könnte ich mich jetzt Tag und Nacht damit beschäftigen [...] Und das ist es, was ich an ihrer Stelle getan hätte: Jeder weiß, wie fesselnd die Geometrie ist [...] nun, und wie lautet die Lösung eines geometrischen Problems, von der die Entdeckung dessen abhängt, was einem Menschen am meisten bedeutet? Will sagen, ich hätte meiner Verstrickung die ganze Festigkeit eines echten mathematischen Problems geben können [...] Die Prinzipien wären solide und wahr gewesen [...] Und die Anziehungskraft wäre so groß geworden, daß man ihr nicht mehr hätte entkommen können»... Auch das spricht gegen einen manischen Wahn.

[6] «Er hatte sie aus Vincennes mitgebracht», ergänzt Pierre Manuel, der sich fragt: «Wozu er sie verwandte, ist unbekannt geblieben.»

64.

Menagerien

Leider haben wir keine Liste der von Monsieur de Sade in seiner Festungshaft zwischen 1778 und 1790 benutzten Charakterkostüme. Aber, falls er sie überhaupt trug, als was verkleidete er sich? Niemand weiß es. Hingegen weiß man, daß ihm, isoliert von fast jeder Gesellschaft, gelegentlich merkwürdige und witzige – oder auch peinliche – Einfälle kamen.

Wir werden sehen, wie er dem Wahnsinn entgangen ist, indem er seine Intelligenz so gut wie möglich dem Zugriff seiner Verfolger entzogen hat. Doch seine fleischliche Hülle lehnt Kontakte nicht ab, im Gegenteil, sie sehnt sich nach menschlicher Wärme. Oder nach tierischer. Da man ihm die erste verweigert, wird er die zweite für sich fordern und schließlich beide verwechseln, bis er sich selbst in einem Wust der Stimmungen verliert.

Als er die Gesellschaft «eines ganz jungen Hundes» erbittet, setzt er sie offenbar der eines Wärters gleich[1]:

> «Immer sehr in Eile erscheint ein Mann viermal am Tag in meinem Zimmer, einmal bei Tagesanbruch, um mich zu fragen, *ob ich gut geschlafen habe* (Du siehst, wie weit die Aufmerksamkeit geht); die anderen Male, um mir das Essen zu bringen etc. Volle sieben Minuten sind die genaue Zeitspanne, die er bei diesen vier Besuchen insgesamt mit mir verbringt; und dann ist Schluß: *Krepiere, wenn du willst, an Langeweile und Kummer; im übrigen läßt uns das völlig gleichgültig.*» (Lely, *L'Aigle*, 17. Februar 1779, Hervorhebungen von Sade)

Im April '80 kommt er darauf zurück:

> «...worum ich Sie schon lange bitte, ist, daß der Diener sechs Minuten bleibt, wenigstens solange ich meine Milch trinke...» (Borderie)

Als er mehr erreicht (zu einem nicht genau bestimmbaren Datum, vielleicht 1780 oder eher '81), ist seine Freude darüber nicht ungetrübt:

[1] «Einen kleinen, ganz jungen Hund, damit ich das Vergnügen habe, ihn aufzuziehen.» (Februar '79)

«Ich habe, um mich bei Tisch aufzumuntern (und dies aus großer Gnade), einen Mann bei mir, der ohne Übertreibung regelmäßig zehn Prisen Tabak zu sich nimmt, sich zwölfmal die Nase putzt und mindestens vierzehnmal *derb aus dem Hals* spuckt, das Ganze innerhalb einer halben Stunde. Glauben Sie, daß es nicht gerade sehr *sauber* und erheiternd ist, vor allem wenn ich im Wind stehe?» (Borderie)

In Vincennes herrscht eine Art Gesetz des Schweigens, das Donatien offenbar stark zugesetzt hat. Beim Spaziergang «laufen Gefangener und Wärter nebeneinander her; und wenn ersterer spricht, darf letzterer nicht antworten. Wenn die Glocke ertönt, kehrt man in seine Höhle zurück.» (Mirabeau) In den Augenblicken, in denen ein Austausch möglich wäre und Sade das Bedürfnis «nach einer halb- oder dreiviertelstündigen Konversation über reinen Unsinn» verspürt (März '83), stößt er auf unerwartete Restriktionen, wie im November 1781:

«Ich bin zweifellos für die Gefälligkeit empfänglich gewesen, als sich meine Verletzung am Auge ereignete, mir zu gestatten, daß der Mann, der mich bedient, einen Augenblick bei mir bleibt, wie es anfangs während des Essens war. Aber als man mir das bewilligte, hat man eine wesentliche Sache vergessen: *mir klar vorzuschreiben, über welche Dinge ich reden darf und über welche nicht.* Die Mittelmäßigkeit meines Genies erlaubt mir nicht, die Grenzen zu erkennen, man hätte mir einen *Kodex* zu diesem Thema angeben sollen [...] Ich habe schon zweimal geglaubt, zerrissen zu werden, einmal, weil ich *nach den Namen der Paten des Kronprinzen* gefragt hatte, das andere Mal, weil ich gefragt hatte, *ob der Chirurg am Festtag viele Gäste zum Abendessen hätte.* Daran sehen Sie, wie nötig es ist, mir einen kleinen Katalog derjenigen Dinge zu schicken, die ich sagen darf, damit ich mich nicht wieder der Gefahr aussetze, Fragen von solcher Bedeutung von mir zu geben.» (Lely, *Carillon*; an Pélagie; Hervorhebungen von Sade)

Die Einsperrung, die ihm auferlegt ist und in der die freie Rede nicht mehr stattfindet, isoliert Wärter wie Gefangene völlig: «Ich bitte», schreibt er im Oktober '79, «an einen vernünftigen Ort verlegt zu werden, wo ich, obwohl eingesperrt, Menschen sehen kann.» (Daumas) Das Vor-Vincennes erwähnt er mit der folgenden Betonung: «Damals war ich frei, ich war ein Mensch und jetzt bin ich *ein Tier aus der Menagerie von Vincennes.»* (März '79) Seine Peiniger geraten zu «Zeichentieren», zu «Tigern und Löwen», die ihn mit «blöder Grausamkeit» hartnäckig verfolgen, oder zur «Hyäne» mit Frauengesicht – dem Gesicht von Madame de Montreuil; «elf Jahre Unglück, davon sechs in einem Hundezwinger eingesperrt, stellen diese gefräßige Bestie immer noch nicht zufrieden.» (Borderie; Januar '83) Die Raubtierhorde wird das Bestiarium nur verlassen, um in die Rolle eines Zirkus- oder Zoopublikums zu schlüpfen, das sich um ein imposantes Säugetier versammelt:

> «Ihr Verfolger, Verfolgerinnen, Tyrannen, Lakaien von Tyrannen, widerwärtige Handlanger und deren widerwärtige Launen, mit einem Wort ihr alle, die ihr nur die Rache kennt oder die Hoffnung zu arrivieren, indem ihr niederträchtig der Raserei von Leuten dient, deren Kredit euch stützt oder deren Geld euch nährt, wißt ihr, womit ich euch vergleiche? Mit jener Bande von Hosenscheißern, die mit Stöcken den Löwen zu verhöhnen kamen, den man in einem Eisenkäfig festhielt. Sie reizten ihn durch die Gitter hindurch, bei ihrer Neckerei von heftigster Angst bewegt. Hätte das Tier seine Fesseln gesprengt, dann hättet ihr sie alle fliehen sehen, sich gegenseitig niedertrampelnd und vor Angst sterbend, noch ehe sie gepackt worden wären.» (Borderie; an Pélagie, Frühling '79)

Einmal wird sich Sade, in wunderbar spöttischem Stil, mit der Distanziertheit, dem *Hochmut* seines so eigentümlichen Humors, kraft seiner Imagination das tierhafte Antlitz absolutester Freiheit geben, jener Freiheit, die die Schwerkraft abstreift, um die höchsten Höhen des Reiches der Lüfte zu erobern – jener Luft, die man ihm hier unten, im Hof seines Gefängnisses, allzu häufig zu atmen verweigert. «Der Mensch mag sich noch so sehr über sich erheben», schreibt er am 17. April 1782 an Marie-Dorothée de Rousset, «doch zwei unheilvolle Augenblicke am Tag holen ihn unweigerlich in die triste Situation des Tieres zurück, von dem mich, wie Sie wissen, mein System (vielleicht, weil ich zu sehr von mir selbst ausgehe), von dem mich also mein System nicht allzuweit entfernt. Und diese beiden grausamen Augenblicke sind (verzeihen Sie die Ausdrücke, Mademoiselle, sie sind nicht nobel, aber sie sind wahr), diese beiden

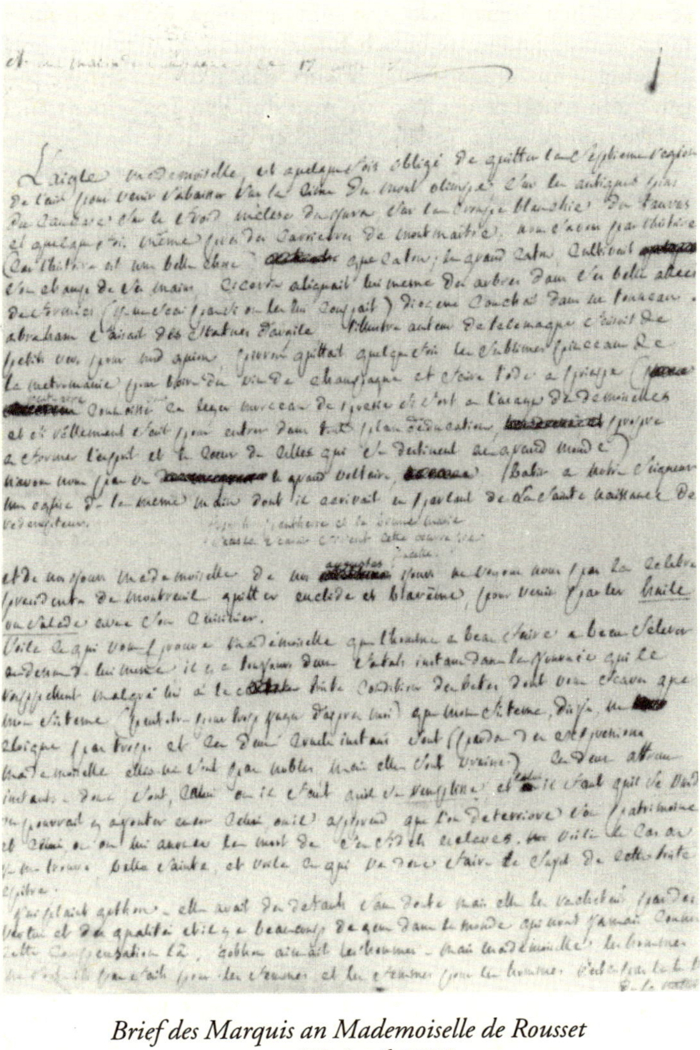

Brief des Marquis an Mademoiselle de Rousset vom 17. April 1782

schrecklichen Augenblicke also sind derjenige, wo er sich *füllen* muß, und derjenige, wo er sich *entleeren* muß. Man könnte noch denjenigen hinzufügen, wo er erfährt, daß man ihm sein Vermögen nimmt, und denjenigen, wo man ihm den Tod seiner treuen Sklaven eingesteht.» (Soeben hatte er den Tod von Gothon, Ende Oktober 1781, erfahren.) Das ist der Brief, der mit den bekannten Worten beginnt:

> «Der Adler, Mademoiselle, ist gelegentlich gezwungen, die siebente Region des Himmels zu verlassen, um sich hinunter auf den Gipfel des Berges Olymp zu begeben, auf die uralten Pinien des Kaukasus, auf die kalten Lärchen des Jura, auf den weißen Bergrücken des Taurus und gelegentlich sogar in die Nähe der Steinbrüche von Montmartre...»

Oder bis in die abscheulichen Behausungen der Festung von Vincennes.

65.

«Das ist etwas anderes»

Von nun an herrscht ein pausenloser Kampf zwischen der Ordnung und Wirklichkeit Sades, seinem eigenen Theater, und der Ordnung und Wirklichkeit, in denen er sich nunmehr befindet, dem Theater der Autorität, das ihm sein Programm aufzwingen will.

Die Dekoration in Vincennes ist erdrückend. Die Zimmer der Häftlinge befinden sich im Bergfried, inmitten der Festung[1]. Um zu ihnen zu gelangen, müssen vierzehn Meter tiefe und beinahe genauso breite, mit Steinquadern bepflasterte Gräben vor einer Umwallung überquert werden, durch die ein Eingang mit drei aufeinanderfolgenden Toren zu den vier hohen Türmen des Bergfrieds führt, die ihrerseits mit einer dreifachen Tür versehen sind wie am Ende die Zimmer der Häftlinge, deren letzte Tür auf der Innenseite mit Eisen beschlagen ist. An einigen Stellen sind die Mauern fünf Meter dick. Das Gewölbe einiger Zimmer ist zehn Meter hoch.

«Ich bin in einem Turm hinter neunzehn Eisentüren eingeschlossen, das Tageslicht erreicht mich durch zwei kleine, mit jeweils zwanzig Gitterstäben versehene Fenster», schrieb Sade im April 1777 aus dem Zimmer Nr. 11 an Pélagie, der er am 16. Mai 1779, nach seiner Verlegung, dessen Vorzüge erläutert: «Ich hing bestimmt nicht an dem Zimmer, denn es war tatsächlich fürchterlich, sondern an der Aussicht und der guten Luft, die man dort atmete»[2], und am 22. August desselben Jahres bat er darum, den Tag in einem Zimmer verbringen zu dürfen, das der Nr. 11 ähnelt, wo er sich zwei Jahre zuvor «beim Trubel des Festes von Vincennes bestens vergnügt» habe, da er es vom Fenster aus hatte verfolgen können. Dieser Wunsch wurde ihm nicht erfüllt. Die Nummer 6 ist ohne Aussicht, dunkler, feuchter. Er

[1] Die Zwingburg ist nach wie vor vorhanden. Man kann sie besichtigen.

[2] Die drei höchstgelegenen Zimmer jedes Turms hießen «mit Aussicht», weil man von ihren Fenstern auf das wunderbare, ländliche, bewaldete Panorama und das damalige Vincennes blicken konnte.

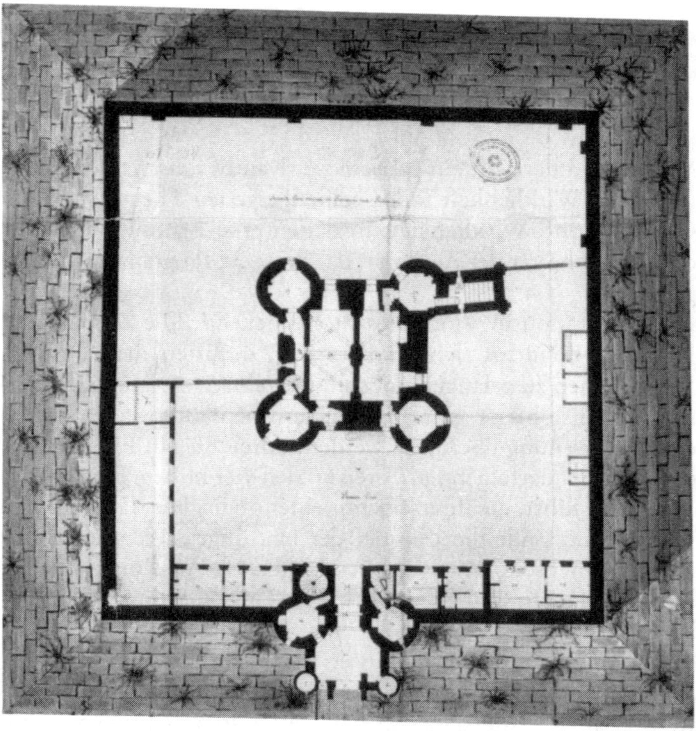

klagt, dort im Sommer bereits ab fünf Uhr nachmittags Kerzen anzünden zu müssen.

«Was das Zimmer betrifft», schreibt er an Pélagie im Oktober 1778,

> «hat man mir *eine sehr große Gemeinheit* angetan, mich meines wechseln zu lassen. Das ist ein Vorgehen, das zu dem übrigen hinzukommt, und ich werde mich daran erinnern. Nicht nur, daß ich den ganzen Winter über kein Feuer machen kann[3], ich werde auch noch von Ratten und Mäusen aufgefressen, die mich nachts keinen Augenblick schlafen lassen. Gerade laufen sechs weiße vorbei, und wenn ich um die Gnade bitte, in den Nebenraum eine Katze zu setzen, um sie zu vertilgen, antwortet man mir, *Tiere sind verboten.* Darauf erwidere ich: ‹Aber ihr Dummköpfe, wenn Tiere verboten sind, so müßten die Ratten und Mäuse es auch sein.› Man antwortet mir: ‹*Das ist etwas anderes*›. Sie sehen, welcher Art die Regeln dieses widerwärtigen Loches sind.»

«Monsieur die 6», vormals «Monsieur Nr. 11»[4], hat keine rechte Kenntnis davon, daß Frankreich, ehe es das Ende der Monarchie erlebt, unter die Herrschaft der allmächtigen Verwaltung kommt, begünstigt von dem kleinlichen, bürokratischen Geist Ludwigs XVI., den anschließend die Behörden der Revolution, die kaiserliche *Geschäftsordnung* und die Beamten der Republik für zwei Jahrhunderte beflissen verallgemeinern werden. Der Fehler zahlreicher historischer Arbeiten zu den Festungen des Ancien régime liegt darin, daß sie sich meist wahllos auf sehr unterschiedliche Epochen beziehen. Noch unter der Regentschaft ließen weibliche und männliche Gefangene in Vincennes und in der Bastille Ehemann oder Ehefrau nachkommen, lebten dort mit ihnen, organisierten Boulespiele im Hof, flirteten von einem Zimmer zum nächsten. Gemeinsam mit der Herzogin du Maine 1720 in der Bastille interniert, erzählt die Baronin de Staal in ihren Memoiren, wie sie, ähnlich wie Sade von Mäusen ge-

[3] Das Zimmer 11 besaß einen Kamin. Nummer 6 hatte nur einen Ofen, gegen dessen Rauch Donatien während der nächsten Winter häufig ankämpfen wird.

[4] In den königlichen Festungen war es aus Gründen der Diskretion üblich, nie die Häftlinge beim Namen zu nennen, sondern nach der Nummer ihrer Zimmer.

quält, nach einer Katze verlangte und sie sofort erhielt. 1778 wird in Vincennes die Regel bestimmend, nicht mehr das Gutdünken, das seine Vorzüge hatte. «Das ist etwas anderes»...

Die Gefängnisse verändern sich, ihre Leiter auch. Mirabeau zufolge, der von 1777 bis 1780 auf Befehl seines Vaters dort einsaß, war der vorherige Verantwortliche in Vincennes, Guyonnet, «großzügig und mitfühlend, zuvorkommend und eifrig, freimütig und tatkräftig».[5] Er bemühte sich, «das Los der ihm anvertrauten Gefangenen zu mildern. Er besuchte sie oft, tröstete sie; er versprach, ihnen zu dienen und hielt mehr, als er versprochen hatte». Charles de Rougemont, der «Monsieur Guyonnet gefolgt war und sich offenbar zum Ziel setzte, daß man seinen Vorgänger vermissen sollte» (Henri d'Alméras), hinterließ bei seinen Häftlingen einen ganz anderen Eindruck. Es hieß, er habe der Sabbathin, der Maitresse des Herzogs de La Vrillière, sehr viel für seine Gouverneursstelle in Vincennes bezahlt und bemühe sich «als guter Buchhalter natürlich, seine Unkosten auf dem Rücken der Häftlinge wieder einzutreiben», sagt Henri d'Alméras, der in seinen Ausführungen den berühmten Latude zitiert:

> «Die entfesselte Hölle schickte uns anstelle von Monsieur Guyonnet den Herren Rougemont, dessen Seele ein einziges Bündel der niedrigsten Laster war und der wirklich würdig war, der Agent unserer Henker zu sein»[6] (*Mémoires de Latude*),

um dann mit Mirabeau fortzufahren:

> «Dieser Mann ist ganz geschwollen von der arrogantesten Ignoranz: ein Luftballon. Vom Gefühl der eigenen Bedeutung durchdrungen, möchte er sie allen anderen einflößen und als ein für den Staat wesentlicher und notwendiger Mann erscheinen. Das sagt er, das glaubt er sogar, so anmaßend ist die Dummheit, oder so sehr führt die Gewohnheit zu lügen zur

[5] *Des lettres de cachet et des prisons d'Etat*, 1782.

[6] Henri Masers de Latude: *Fünfunddreißig Jahre im Kerker*, München, Beck 1981, hieß eigentlich Jean Danry und war, nachdem er die Bastille kennengelernt hatte, in Vincennes von Juli 1749 bis Juni 1750, dann 1764/65 und schließlich von Dezember '65 bis Oktober '75 eingekerkert. Er wird auch in die Bastille zurückkehren und ebenfalls Bicêtre und Charenton kennenlernen (siehe z.B. das letzte Werk zu Latude: Claude Quétel, *Les évasions de Latude*, Denoël, 1986. Bisher keine deutsche Ausgabe! Weitere Literatur bei Hans-Ulrich Seifert, *Die Bastille*, Trier 1989).

eingefleischten Dummheit beim Lügner. [...] Zu allem unfähig und dazu verurteilt, sich durch Nichtigkeiten auszuzeichnen, strengt sich sein stupides, unermüdlich von der Eigenliebe bewegtes Gehirn ständig an, irgendein Mittel ausfindig zu machen, um seine Macht auszuweiten, noch mehr Vorsorge zu treffen, Dinge anzuzetteln und wieder zunichte zu machen, in einem Wort: *eine Rolle zu spielen.*» (Instinktiv habe ich das hervorgehoben.)

Monsieur de Rougemont, ergänzt d'Alméras, «ließ auf den Gefangenen in Vincennes eine um so hassenswertere Tyrannei lasten, als sie heimtückisch vorging und sich nur in tausend kleinen Details manifestierte». Der perverse, stupide und kleinliche Falstaff wird fünfeinhalb Jahre lang die vollkommene Verkörperung jenes Liliputreichs sein, das für Sade sicherlich das unerträglichste von allen Systemen war.

Dennoch, nie wird Donatien de Sade die unterirdischen Kerker kennenlernen, in denen Latude jahrelang vor sich hin vegetierte. Die damaligen Galeerenhäftlinge hätten seine Haftbedingungen paradiesisch gefunden. Was man in der Legende seine «Zelle» nennt, ist ein großes Zimmer, verlängert durch einen Korridor (der ihm von Zeit zu Zeit gesperrt wird) und eine Kammer, in der sein Bett steht[7]. Das Mobiliar ist zwar nicht immer genau das, was sich der Gefangene wünscht, umfaßt aber schon einige von ihm ausgesuchte Gegenstände (Wandbehänge, Gemälde, eine Statue, Gardinen...). Meist wird er unter einer gewissen, nicht allzu strengen Überwachung lesen und schreiben können. Sein Essen beschränkt sich nicht auf die gewöhnliche Gefängniskost. Man wird ihn mehr oder weniger gut bedienen. Für das Ganze zahlt seine Familie (aus Donatiens Einnahmen) eine Pension, die den Mitteln eines wohlhabenden kleinbürgerlichen Haushalts entspricht[8].

[7] In der Bastille wird sich Sade beklagen, ein «halb so großes Zimmer» wie in Vincennes zu haben. Die achteckigen Zimmer der Bastille waren fünf Meter breit.

[8] Ab 1784 in der Bastille (Haftzeit, über die wir genauere Angaben haben) exakt 2400 Livres jährlich plus Sonderausgaben: 1786 sind es 1200 Livres (Obst, Schreibzeug, Ausbesserungsarbeiten, Blumen...). Als Vergleich dazu: Sades ehemaliger Lehrer, der Abbé d'Amblet, lebt 1780 von einer Jahrespension in Höhe von 600 Livres. Ein qualifizierter Arbeiter (beispielsweise ein Typograph) verdient 800, ein ungelernter 300.

Aber Sade in einer Festung, das ist wie ein Wildpferd in einem engen Stall. Der Begriff Stall ist äußerst passend. Von den minutiösen Hygieneregeln, die der Schloßherr von La Coste sich gegeben hatte[9], setzt er zwei für ihn grundlegende Erfordernisse an die erste Stelle: Sauerstoff und Sauberkeit, dazu körperliches Training («Sie wissen, die Übungen sind für mich noch wichtiger als die Nahrung»).

Das Gesetz von Liliput ist Monsieur de Rougemont, der es erläßt und durchsetzt. Glücklicherweise steht über ihm der neue Polizeidirektor Jean-Charles Pierre Le Noir. «Le Noir genoß die allgemeine Sympathie seiner Zeitgenossen», schreibt Marcel Le Clère in seiner *Histoire de la police*[10]. Und Pierre Larousse:

> «Le Noir, der eine bemerkenswerte Integrität mit dem brennenden Wunsch verband, richtig zu handeln und seinen Dienstbereich zu verbessern, versah Paris mit nützlichen Einrichtungen, baute eine Bäckereischule auf, führte die Pfandleihe ein, stattete die Straßen mit einem vollständigen Beleuchtungssystem aus, ließ den Müll, der sie versperrte, beseitigen [...] und traf eine große Zahl hervorragender Maßnahmen...»

Marcel Le Clére erinnert auch daran, daß der «große Bauherr» die Lederhalle, die Pferdemarkthalle und ein Hôtel royal de la police in der rue Neuve-des-Capucines errichten ließ. «Seine kommunalen Aufgaben ließen ihn seine Polizeifunktion zwar nicht vergessen», ergänzt Marcel Le Clère, «doch besonders widmete er sich der Überwachung des Buchhandels.» Das wird erst das Glück, dann das Unglück Sades sein.

Im Moment ist die Aufmerksamkeit, die Le Noir den Schriften schenkt, für Donatien eher günstig. Denn der neue Polizeidirektor gestattet es den Gefangenen gern, über Tinte, Feder und Papier zu verfügen, weil er «in diesen Schreiberlaubnissen eine große Hilfe sieht, um die Gärung der von Einsamkeit und Haft erregten Köpfe zu beruhigen»[11].

[9] Er schläft mit hochliegendem Kopf auf einem Feldbett (was ihm in Vincennes verweigert wird); er ißt überhaupt kein Brot; er trinkt «seit zehn Jahren» jeden Morgen Milch und niemals Wein... Das alles wird sich jedoch im Laufe der Haft ändern.

[10] Marcel Le Clère, *Histoire de la police,* Paris 1947.

[11] Brief des Ministers Amelot an Le Noir, 10. September 1777. Zitiert von Paul Cottin, *Sophie de Monnier et Mirabeau d'après leur correspondance secrète*

Im übrigen muß jeder von den Insassen empfangene oder abgeschickte Brief von Le Noir oder seinem Vertreter Boucher gelesen werden, was für Sade in besonderem Maß gilt, wie der Polizeidirektor den Gouverneur von Vincennes am 2. Juli 1780 erinnert:

> «Hinsichtlich seiner Korrespondenz wissen Sie, daß sie mir ausnahmslos weitergeleitet werden muß, und ich werde in angemessener Form damit umgehen.» (Lely)

Auch Bücher wurden in den Zimmern des Bergfrieds verfaßt. Den Andeutungen Nougarets ist wohl nicht viel Glauben zu schenken, wenn er 1807 in seiner *Histoire du donjon et château de Vincennes* erzählt, Le Noir habe die Häftlinge nur deswegen schreiben lassen, um ihre Texte anschließend über den Inspektor Desbrugnières dem Buchhandel zu verkaufen. Die Anekdote stammt von Manuel, der behauptete, Mirabeaus *Le libertin de qualité* sei auf diesem Weg bei den illegalen Druckereien gelandet. Manuel ist bei dem Versuch, einen Notabel des Ancien régime zu kompromittieren, kaum vertrauenswürdiger als Nougaret. Le Noir hatte damit sicherlich nichts zu tun. Es könnte jedoch einen entsprechenden Schwarzhandel ohne das Wissen Le Noirs gegeben haben, da Nougaret etwas weiter im Text berichtet, daß der Inspektor Goupil – der Goupil des La Coste-Unternehmens vom Januar 1774! – «Le Noirs rechte Hand» geworden war, «den er davon überzeugte, er werde sämtliche im Ausland gedruckten Bücher entdecken, die man heimlich in Paris einführen wollte». In Wirklichkeit ließ Goupil, wie es heißt, selbst Bücher drucken und in Umlauf bringen, wobei er gelegentlich sorgfältig begrenzte Beschlagnahmungen durchführte.
Interessant ist, daß der betrügerische Polizist, nachdem er 1778 an Le Noir denunziert worden war, am 9. Mai desselben Jahres *in Vincennes* inhaftiert wurde und man ihn am 28. April 1780 tot in seinem Zimmer (Nr.9) auffand. «Das Gerücht ging um, er sei dort auf geheime Anweisungen hin erhängt worden», fährt Nougaret fort. Wie dem auch sei, Sade, der von Goupils Festnahme wußte, wird nicht erfahren, daß dieser, ob nun auf natürliche oder gewaltsame Weise, einige Meter über ihm zu Tode kommt.
Ja, die Mauern von Vincennes sind undurchdringlich.

inédite (1775-1789), Paris, Plon-Nourrit et Cie, 1903. Interessante Details über den Beamten Boucher.

66.

Drei Frauen

Von dem Zwischenspiel in La Coste abgesehen, ist es fast zwei Jahre her, seit er aus der Welt verschwand. Einmal hinter den Gräben von Vincennes, wer sorgt sich Ende 1778 noch um Donatien de Sade?

Seine Kinder? Wir kommen darauf zurück. Sie kennen ihren Vater kaum. Seine Familie in der Provence? Seine Freunde? Gaufridy vielleicht. Aber Gaufridys Gefühle sind nicht zu durchschauen, vermutlich sind sie ihm selbst nicht klar. Aus La Coste werden ihm Paulet, der Domherr Vidal, Gothon, aus Paris Amblet, La Jeunesse einige mehr oder weniger konventionelle Signale des Interesses zukommen lassen. Madame de Saint-Germain, ja, das ist möglich, sie sorgt sich noch um ihn; seine ehemalige Gouvernante «liebt» Sade noch immer «unendlich», und sie sei, schreibt er Pélagie am 3. Februar 1780, «die Frau auf der Welt, die ich nach Ihnen am meisten liebe und der ich gewiß ebensoviel schulde, wie ein Sohn seiner Mutter schulden kann»...

Madame de Saint-Germain, eine Frau. Und eine ferne Erinnerung. Näher sind ihm drei andere Frauen.

Da ist Madame de Montreuil, sie kümmert sich um ihren Schwiegersohn, und wäre es nur aus Eigeninteresse. Wir wissen und werden den Beweis dafür erhalten, daß sie ganz andere Gefühle beschäftigen. Aber zwischen dem, was sie beschäftigt, und dem, was ihr Handeln leitet, liegt bei Marie-Madeleine Masson die ganze von der Pflicht, dem *Geschuldeten*, diktierte Distanz. Was sie sich selbst schuldet, ihren Kindern, ihren Enkeln, was sie all denjenigen schuldet, für die ein versagendes Familienoberhaupt ihr die Verantwortung überlassen hat. Und zunächst schuldet sie ihnen, wenn man einen heute verschwundenen Begriff in den Jargon der modernen Marktwirtschaft überträgt, die Bewahrung ihres für die damalige Zeit entscheidenden Hauptkapitals: die Ehre des Namens.

Bei völliger Unkenntnis des Ancien régime und seiner Mentalitäten hat man Sades lange Haft durch den *Nutzen* erklären wollen. Worin läge der Nutzen der Familie und besonders der drei Kinder Sades (die Nachkommenschaft der Montreuils), ihr Oberhaupt wegen ehrenrühriger Motive in einer Festung zu belassen? Man hat behauptet, das Interesse von Madame de Montreuil sei gewesen, ihre eigenen Kinder besser zu situieren. Mit einem Schwager in Vincennes? Das bezweifle ich[1]. Man hat argumentiert, Donatiens Haft habe seiner Schwiegermutter den Zugriff auf sein Vermögen erlaubt. Dabei wird ganz einfach vergessen, daß der eingesperrte, aber *keineswegs verurteilte* Monsieur de Sade alleiniger Herr seines Landbesitzes und seiner Schlösser bleibt; ihn an einer persönlichen Verwaltung zu hindern, bedeutete, sie mehr oder weniger rasch dem Ruin zu überlassen, da diese Aufgabe niemand für ihn übernehmen kann. Bleiben wir realistisch, so wie man es damals zu sein verstand. Offenkundig wäre es im Idealfall der Nutzen dieser Familie, daß der Namensträger in Freiheit wäre und sich relativ anständig, jedenfalls nach außen hin, benähme. Solange er das verweigert, ist Vincennes das geringere Übel. Aber ein Übel ist es unbestreitbar. Madame de Montreuil, die im übertragenen wie im praktischen Sinn die Schlüssel der Situation in der Hand hält, das wird von niemandem bezweifelt, lauert Tag für Tag auf Zeichen irgendeiner Rückkehr ihres Schwiegersohns auf «den Weg des Guten». Sie ist bereit, so lange wie nötig zu warten, zwei Jahre, drei Jahre, bis ein vage geläuterter Donatien, über dessen Affären Gras gewachsen ist, ihr Gelegenheit gibt, ihren Einfluß zugunsten seiner Freilassung geltend zu machen, damit die Dinge wieder einen mehr oder weniger vorzeigbaren Verlauf nehmen. Bis dahin wird sie nirgendwo mehr eingreifen.

Elf Jahre wird sie vergebens warten.

[1] Richtig ist, daß einige Freier von Anne-Prospère de Launay offensichtlich Sades lebenslängliche Inhaftierung gefordert haben, insbesonders ein gewisser de Beaumont: «De Beaumont und seine Familie wollen die Heirat nur unter der Voraussetzung, daß er für immer eingesperrt bleibt, und verlangen das Wort des Ministers», schrieb Pélagie an Gaufridy am 14. Juli 1774. Aber nichts beweist, daß Madame de Montreuil diesen Standpunkt geteilt hätte, im Gegenteil. Sie hat den Namen Sade für ihre Tochter und ihre eigenen Nachkommen in jeder Hinsicht teuer genug bezahlt. Jetzt ist es für sie, für ihre Familie der Name, der am meisten zählt und dessen Ehre auf jeden Fall geschützt werden muß.

Bleibt, bedingungslos auf seiner Seite, Pélagie, «die gegen die Wand weint» wie die Patentante aus Apollinaires Gedicht. Die Überraschung: Pélagie ist nicht mehr allein. Marie-Dorothée de Rousset ist aus der Provence eingetroffen, halb zur Hilfe gerufen, halb von etwas unwiderstehlich angezogen oder besser von jemandem, der sie verteufelt zu magnetisieren beginnt. Von Donatiens turbulenter Festnahme heftig bewegt, hatte Marie-Dorothée zunächst Madame de Montreuil über die Einzelheiten berichtet (was den Fall von Marais auslöste) und dann Gaufridy angefleht:

> «Meine Gedanken bringen mich um. Ich bin richtig krank. Denken Sie an die Seufzer des vom Glück Verlassenen, setzen Sie sich bei Madame de Montreuil für ihn ein und entschuldigen Sie seine Fehler. Er ist Ihr Freund, er liebt Sie aufrichtig, Sie können vieles tun, um seine Qual abzukürzen. Tun Sie es, ich beschwöre Sie, und vergessen Sie nicht, mir von ihm Nachricht zu geben, sobald Sie welche haben.» (Bourdin; 5. September 1778)

Zwei Tage später wandte sich Madame de Sade an Mademoiselle de Rousset: «Sollten Sie meiner Mutter die Einzelheiten geschrieben haben, taten Sie sehr gut daran, doch wenn Sie auf dem Weg hierher sind, ist das noch besser. Seit jenem Ereignis sehe ich sie nicht mehr, und ich habe ihr schriftlich ewigen Haß und ewige Rache geschworen, wenn sie nicht innerhalb von drei Tagen erreicht, daß ich meinen Mann dort treffen kann, wohin sie ihn hat überführen lassen. Sie schwört hoch und heilig, was mir von einem Dritten übermittelt wird, daß sie nicht wisse, was ich meine.» Pélagie weiß nicht mehr aus noch ein:

> «Mein Gott! Was für ein Schlag für mich! In welchen Abgrund des Schmerzes bin ich von neuem gestürzt! Wie soll ich da herauskommen, wem trauen, woran glauben? Es ist mir absolut unmöglich, mir über alles, was man gesagt und getan hat, ein Urteil zu bilden und eine Lösung zu finden. Die Widersprüche, die falschen Behauptungen, der Anschein von Aufrichtigkeit bei gewissen Themen, die eigentlich nicht gespielt sein kann, all das beschäftigt mich [...] Ich bin es leid, seit achtzehn Monaten von allen getäuscht zu werden. Die Minister sind wahre Mauern.»

Warum sich also nicht an jene Mademoiselle de Rousset wenden, die zwar erschüttert ist, aber offenbar einen kühlen Kopf behalten hat? Pélagie scheint Marie-Dorothée lange genug erlebt zu haben (vermutlich zwischen 1771 und 1777 in La Coste), um ihren Wert richtig einzuschätzen, so daß sie ihr sogar im August Donatien anvertraut hat. Die beiden Frauen sind einander recht verbunden, so daß Madame de Sade nicht zögert, die Notarstochter direkt zu Hilfe zu rufen:

> «Ich bin sehr auf Ihren Rat und Ihren Verstand angewiesen, um mich in dem furchtbaren Chaos, in das ich geraten bin, zurechtzufinden [...] Wir werden sehen, was daraus noch wird, wenn Sie hier sind [...] Ich hoffe, Sie sind auf dem Weg.» (Bourdin; September '78)

Erst zwei Monate später, am 6. November 1778, trifft Marie-Dorothée ein. Nach einer Krankheit, ihre Gesundheit ist angegriffen (vermutlich Schwindsucht), hat sie in La Coste einige Schritte zugunsten von Monsieur de Sade unternommen und auch persönliche Vorkehrungen getroffen: «Jetzt geht es ihr sehr gut. Sie bringt eine Angelegenheit mit ihrem Bruder zu Ende, wird die anderen liegenlassen und dann zu mir kommen, wo ich sie auch unterbringen werde.» (Bourdin; Pélagie an Donatien, 3. Oktober 1778) Jetzt ist es soweit.

Wiederholt hat sich Sade über Marie-Dorothées Verspätung besorgt gezeigt: «Ich bin erstaunt und betrübt, daß Milli Rousset immer noch nicht bei Dir ist.» (Daumas; 21. Oktober 1778) Sie soll den Schlüssel zum Arbeitszimmer des Herren von La Coste mitbringen, was anscheinend keinen Aufschub duldet:

> «Ich schreibe Dir, wenn ich den Schlüssel Deines Arbeitszimmers habe.» (Pélagie an Donatien, 3. Oktober '78)
>
> «Mein lieber, zärtlicher Freund, soeben habe ich eine Nachricht von der Person erhalten, die den Schlüssel Deines Arbeitszimmers hat, und die mich beschwört, mich nicht zu sorgen, in Kürze händigt sie ihn mir aus.» (Borderie; 16. Oktober)
>
> «Ich werde Dir den Grund nennen, weshalb ich nicht dorthin schreiben wollte, um Einzelheiten zu Deinem Arbeitszimmer zu erfahren.» (Borderie; 8. November)

Wenn er von Mademoiselle de Rousset spricht, findet Donatien zu warmherzigen Tönen: «Sag ihr tausend Dinge, wenn sie kommen wird, und sei gut zu ihr, sie ist ein sehr seltenes und sehr kostbares Herz.» (21. Oktober) Er scheint großen Wert auf ihre Anwesenheit an der Seite seiner Frau in Paris zu legen und ein gewisses Vertrauen in ihre Vermittlungskunst zu haben, von der die Präsidentin eine ganz andere Meinung hat:

> «Mit ihrem übertriebenen Eifer und aufgrund all dessen, was Monsieur ihr bei der Trennung zweifellos aufgetragen hat, Madame de S. zu sagen, wird Mademoiselle Rousset ihr vollends den Kopf verdrehen, statt sie zu beruhigen [...] Ich fürchte, die Ankunft von Mademoiselle Rousset könnte, falls sie böswillig und geschickt ist [das ist vermutlich die Meinung des Briefpartners von Madame de Montreuil: Gaufridy], alles verderben.»

Der Brief ist vom 3. November 1778. «Ich bezweifle, daß sie mich aufsucht», ergänzte Madame de Montreuil, «jedenfalls bin ich vorgewarnt und fürchte mich nicht vor ihren Finten.» Die Präsidentin irrte: zwei oder drei Wochen später wurde Marie-Dorothée zu einem Besuch bei ihr vorstellig, über den sie dem gleichen Gaufridy einen Bericht gab, dessen Charme zwei Jahrhunderte später nicht verblaßt ist und dessen Genauigkeit geeignet ist, in vielerlei Hinsicht unsere Neugier zu befriedigen:

> «Ich bin sehr zufrieden mit meinem Besuch bei der Präsidentin; sie empfing mich mit größtmöglicher Zuvorkommenheit, Aufrichtigkeit und Unbefangenheit. Wir haben uns lange unterhalten, ausschließlich über M. de S. Von Ihnen ist nicht die Rede gewesen. Zunächst teilte sie mir mit, Marais sei bestraft worden, seine Reisekosten würden ihm nicht erstattet, ‹und ich glaube›, sagte sie mir, ‹daß er seine Stelle verloren hat, da ich nach Empfang Ihres Briefes Klage erhob; ich habe mich hinreichend dafür eingesetzt, um anzunehmen, daß er weg ist›. ‹Ich habe geantwortet, daß ihm recht geschehe. Sehen Sie, wie boshaft Frauen sind!»

Dem Brief von Marie-Dorothée ist noch manches zu entnehmen, sie verrät darin mehr, als sie glaubt, gerade auch über sich selbst:

> «Stellen Sie sich zwei Menschen vor, Monsieur, die sich irgendwie kennenlernen möchten oder zwei Katzen, die zu einem Kampf antreten, wobei der Aggressor Samtpfötchen macht und nur ab und an die Krallen zeigt, um seinen Gegner zu animieren. Nachdem die Schlacht einmal eröffnet war, ohne daß es aber den Anschein hatte, als kämpften wir, schlugen wir uns bis zu dem Augenblick, da ich zum Sturmangriff

übergehen wollte. Da, in der Konfusion der Gedanken und der Hitze des Gefechts...»

Nun glaube ich überhaupt nicht, daß ein Gespräch mit Mademoiselle de Rousset imstande wäre, Verwirrung in den Gedanken von Madame de Montreuil zu stiften. Daß sie engagiert und spontan reagierte, ja. Aber ich würde schwören, daß sie nicht eine Sekunde aufgehört hat, hellsichtig und genau alles und alle einzuschätzen, sich selbst eingeschlossen.

Vielleicht hätte ich mit dem Ende des Briefes von Marie-Dorothée beginnen sollen, wo sie gewandt ein lebendiges Porträt ihrer Gesprächspartnerin zeichnet (erinnern wir uns daran, daß die Präsidentin 1778 die sechzig überschreitet):

> «Madame de Montreuil ist eine reizende Frau, sie kann gut erzählen, ist noch sehr frisch, eher klein als groß, mit einem angenehmen Gesicht; ihr Lachen und ihr Blick sind verführerisch, sie hat den Geist eines Kobolds, die Klugheit und Arglosigkeit eines Engels, dabei ist sie schlau wie ein Fuchs, doch auf ihre Art freundlich und gewinnend.»

Nehmen wir den Faden wieder auf:

> «...Da, in der Konfusion und der Hitze des Gefechts, sah ich ganz deutlich, daß M. de S. geliebt wurde und daß das Herz darunter litt, ihn dort zu wissen, wo er ist.»

Dennoch, Madame de Montreuil (die vermutlich Monsieur de Rougemont nicht kennt) scheint sich Illusionen über Vincennes zu machen, wenn sie von «allen erdenklichen Annehmlichkeiten» spricht, die ihrem Schwiegersohn zuteil würden. (Die etwas dick aufgetragene Rede von Mademoiselle de Rousset, wenn sie vorgibt, die Präsidentin nur deshalb aufgesucht zu haben, um von ihr beraten zu werden, übergehen wir am besten: «Ich finde mich in Paris nicht mehr zurecht, Sie kennen sich hier besser aus»...) Also weiter:

> «Nachdem sie die Verpflichtungen aufgezählt hatte, die M. de S. ihr gegenüber habe – womit sie recht hat, denn sie sind in der Tat sehr groß –, kamen sie auf seine Verfehlungen zu sprechen. ‹Das ist richtig›, sagte ich ihr, ‹aber dort, wo er ist, wird er sie nicht wiedergutmachen.› – ‹Oh! Wenn Sie wüßten, Mademoiselle, was er mir früher alles versprochen hat! Hier, in diesem Zimmer, was hat er mir da nicht alles gelobt!› – ‹Das glaube ich, und er hatte die Absicht, seine Versprechen

einzulösen. Der Mensch ist schwach, das wissen Sie, Madame; die Jahre und sein Unglück haben ihn sehr verändert.› – ‹Ich wünschte es! Aber sagen Sie mir, Mademoiselle, *würden Sie für ihn bürgen*?› [Hervorhebung von Marie-Dorothée] Ach, Herr Rechtsanwalt, die Frage hatte ich glücklicherweise vorhergesehen. Weder zu heftig noch zu zögernd antwortete ich bescheiden: ‹Ja, Madame.› – ‹Aber seine Familie ist gegen ihn, *niemand hat bislang den geringsten Schritt unternommen, um seine Freilassung zu erwirken*!› Hören Sie das, Herr Rechtsanwalt?… Ich sagte ihr, ich hätte Madame de Villeneuve und Madame de Saint-Laurent gesehen; beide wünschten seine Freilassung, und ich glaubte, auch der Herr Komtur und die Tanten von Cavaillon dächten so. Deswegen, Monsieur, müssen Schritte unternommen werden.»

Drei Tage später schreibt Mademoiselle de Rousset auch an Donatien («Ich habe die Hohepriesterin gesehen, ich werde sie wieder sehen; ich bin nicht unzufrieden»), weniger anschaulich, doch mit vielen Empfehlungen, die Sades Situation gut erfassen. «Er redet Unsinn; also würde er, wenn er frei wäre, welchen machen», zu diesem Schluß kommen Marie- Dorothée zufolge die Polizisten und Minister, worin sie bestimmt recht hat.

Schon seit ihren Gesprächen in La Coste genießt Marie-Dorothée zwar nicht das volle Vertrauen Sades (hat er jemals einem Menschen uneingeschränkt vertraut?), dafür aber, sagen wir, eine wohlwollende Voreingenommenheit. Ihrerseits feiert Pélagie die neue Freundin (die erste?), auf die sie sich ganz verläßt, worüber sie mit ihren rührenden Redewendungen ihren Mann informiert:

«Ihre Aufmerksamkeit in den kleinen wie in den großen Dingen beweist Freundschaft und Anhänglichkeit. Ich werde sie nicht die heilige Rousset nennen, mein Herz genügt mir[2]; aber um die Gaunereien von Hinz und Kunz oder auch nur einen Fadenknoten zu entwirren, wende ich mich an sie und vertraue ihrem Geschick und ihrem Verstand mehr als meinem eigenen, der zu schwerfällig ist, nicht wahr?» (Borderie; 20. Dezember 1778)

[2] «Er nennt mich nur noch Heilige Rousset.» (Marie-Dorothée an Gaufridy, 1. Januar 1779).

Drei Frauen... Eine bunte Dreifaltigkeit. Vermutlich täglich auf dem Laufenden gehalten, aufmerksam aber regungslos, erstarrt die Präsidentin in einer Ecke der Bühne zu einer Haltung, die für sie die einzig mögliche ist; zeigen wir das zum letzten Mal mit einem Brief, in dem Madame de Montreuil diese Haltung einnimmt. An Gaufridy, den 8. Dezember 1778:

«Ich habe Mademoiselle R. nur einmal gesehen, die, wie Sie sich denken können, ihre ganze Eloquenz entfaltet hat. Ich habe nur eine Antwort gehabt: ‹Meine Tochter hat bei mir keinen besseren Anwalt als mein Herz. Die besonderen oder persönlichen Anlässe zur Klage, die ich betreffend M. de S. haben kann, haben mit ihrer *aktuellen* Situation, die mich sehr betrübt, nichts zu tun, ich kann sie aber zur Zeit nicht ändern. *Ich hindere niemanden an seinen Bemühungen.* Ich unternehme keine, weil ich um ihre Sinnlosigkeit weiß.› Sie sagte, daß die Angehörigen seiner Familie, mit denen sie gesprochen hat, über das eingeschlagene Verfahren sehr verärgert seien. ‹Ich auch, aber das ist nicht meine Schuld.› Daß sie seine Freilassung wünschen. ‹Es ist ihre Sache, das zu fordern; ich widersetze mich dem nicht.› – ‹Aber Madame de Sade hat sie auch gefordert, neben weit geringfügigeren Sachen, die ihr ständig verweigert worden sind.› – ‹Über die Gründe der Regierung, so zu handeln, bin ich informiert worden, weil man mich achtet und mir vertraut, doch darf ich darüber keine *Auskunft geben*; meine grundsätzliche Meinung dazu ist, daß damit eine weise *Vorkehrung* gegen die *Verfehlungen* getroffen wurde, die ihn so oft *kompromittiert* haben.› Was sie mir auch sagt oder schreibt, bleibe ich dabei und werde bestimmt weder mit ihr noch mit irgendjemandem in die Details gehen, von Ihnen abgesehen, der Sie alles wissen, auch das, was man nicht sagen darf.»

Die Hervorhebungen stammen natürlich von der Präsidentin. Von ihrer Aufrichtigkeit, ihrer Vertrauenswürdigkeit wird nicht jeder überzeugt sein. Ich bin es nach wie vor, beeindruckt von der vollkommenen Kohärenz ihrer Persönlichkeit.

«Das ist mehr als genug, um Madame de Sade vollends um den Verstand zu bringen. Geben Sie es zu. Man will sie glauben machen, es sei eine ungerechte Tyrannei, die entweder von ihrer eigenen Familie oder von der Regierung ausgeübt werde. Ich für meinen Teil will Ihnen offen sagen, daß, wenn es stimmt, daß sie so denken (und ich bitte Sie, ihnen das zu sagen), ich mich keineswegs diesem Wunsch nach Freiheit widersetze; sie können sie fordern. Wenn ich sie selbst fordere, möchte ich nur vermeiden, daß sie mir, wenn sie es dann doch falsch finden, die gleichen Vorwürfe machen, die sie mir schon zweimal gemacht haben, als ich ihm zur Freiheit verholfen habe.» (Bourdin)

Das Theater wechselt und stellt eine neue Szene dar… Die Bühne hat sich um die eigene Achse gedreht, Madame de Montreuil ist in den Kulissen verschwunden. Eine dicke, senkrechte Wand teilt nun das Bühnenbild. Rechts das Zimmer Nr. 6 in Vincennes. Monsieur de Sade setzt sich an seinen Tisch. Um ihn herum verschiedene Gegenstände und ausgepackte oder noch verschlossene Pakete.

Links die kleine Wohnung von Madame de Sade bei den Karmelitinnen, Rue d'Enfer. Pélagie, abgemagert, läuft mit großen Schritten auf und ab.[3] An einem kleinen Sekretär sitzend schreibt Marie-Dorothée an Donatien:

«Madame de Sade ist wohlauf, von der Magerkeit abgesehen. Ich weiß von ihr keine andere Unpäßlichkeit als ihre Hämorrhoiden, die sie von Zeit zu Zeit belästigen. Seien Sie darüber nicht besorgt. Sie ißt, sie schläft, und sie liebt Sie. Wozu braucht man soviel Fett, wenn man wohlauf ist? An einem Aal wie mir ist nichts daran. Wir haben uns gemessen: ich bin zwei Fingerbreit schlanker als Madame und zwei Zoll größer. Ich habe es dabei belassen, bei weiterem Vergleich hätte ich zuviel verloren.» (Borderie)

Wir schreiben den 30. Dezember. Endlich fällt der Vorhang über das Jahr 1778.

[3] Nach Schilderungen von Mademoiselle de Rousset

67.

Tauchfahrten

Als reichten die Befestigungen von Vincennes zu seiner Isolierung nicht aus, wird Sade innerhalb weniger Wochen zudem noch eine Mauer aus Unverstand zwischen sich und den beiden Frauen errichten, die jetzt praktisch seine einzigen Kontakte nach draußen sind.
Eine Mauer? Eher ein festes Gitter. Dahinter geht er auf Distanz, davor wird es für Pélagie und Marie-Dorothée möglich, ihn in seinen wahren Dimensionen zu begreifen, ähnlich jenen Bergen, deren Konturen erst aus der Ferne deutlich zu erkennen sind.
Als freier Mann vermochte Monsieur de Sade Illusionen zu erzeugen. In Gesellschaft ein brillanter Schönredner, Autor und Erzähler von Madrigalen, Salonkomödiant und -sänger, eigentlich kein schlechterer Gatte als andere, vielleicht auch ein passabler Vater, sahen viele seiner Bekannten nur das für seine Zeit und sein Milieu banale Gesicht eines etwas lockeren, doch mit guten Manieren ausgestatteten Edelmanns, das er sich selbst zu geben bemüht war (einzig sein Vater hatte verstanden, daß man «einen wie ihn noch nie gesehen hat»). Die Schauerlegende über ihn war in der Öffentlichkeit entstanden, fern von ihm, nicht unter Leuten, mit denen er verkehrt hatte. «Ich habe oft ehrwürdige Personen befragt, von denen noch einige als über achtzigjährige leben», schrieb Paul-Louis Jacob 1837; «ich habe sie mit indiskreter Neugier nach besonderen Enthüllungen zum Marquis de Sade ausgefragt, und ich war nicht wenig erstaunt, daß diese Personen, deren Moralität, Position und ehrbarer Lebenslauf sie von jedem peinlichen Verdacht freisprechen, nicht die geringste Abneigung hatten, sich des Autors der *Justine* zu erinnern und über ihn als liebenswerten Taugenichts zu erzählen.» Sade räumte immer nur «Vergnügungen mit Mädchen» ein, «wie sie jeden Tag achtzigfach in Paris stattfinden», und behauptete bis zu seinem Tod von sich in der dritten Person, daß «Monsieur de Sade getan hat, was alle Welt

tut»[1]. Mademoiselle de Rousset hat den Schloßherrn von La Coste nur einige Wochen, im August '78, ganz aus der Nähe erlebt. Er zeigte ihr das Gesicht eines beliebigen, außer Atem gekommenen Libertins, der, so schien es ihr, nicht abgeneigt war, wieder den «Weg des Guten» einzuschlagen, wozu sie ihm wie zuvor schon die Präsidentin riet.

Pélagie de Montreuil, aus einer Klosterschule in die Ehe gelangt, wiederholt unablässig, daß sie die Welt nicht kenne. Wie sollte sie die Besonderheit eines Ehemanns ermessen, dessen sexuelle Launen (die ihr allem Anschein nach nicht alle mißfallen haben) ihrer Unerfahrenheit vielleicht erstaunlich vorgekommen sind? Sie verfügt nicht über Vergleichsmomente mit den *Verfehlungen* anderer junger Stutzer, von denen sie vielleicht gehört hat – aber bei ihren seltenen Ausgängen bestimmt ohne allzu viele Details. Ihr Mann bleibt die Sonne, um die sie sich unaufhörlich dreht: «Du bist mein einziger Zweck», schreibt sie ihm am 24. Juli 1781. (Borderie) Sie ist geblendet und erkennt ihn nicht recht. Wenn Donatien ihr sonderbar erscheint, dann eher aufgrund der Qualitäten, die sie ihm zuspricht und die sie offenbar nicht gewohnt ist, als aufgrund der Fehler, deren Proportionen ihr kaum klarwerden. Was sein Genie ausmacht, die kleinen Blätter, die verborgene Schrift, darin sieht sie nur eine Manie. Sie hofft, *es wird ihm vergehen.* Sie hat den Stellenwert wahrnehmen können, den die Sexualität in Sades Persönlichkeit einnimmt, den Stellenwert aber, den sein Kopf in seiner Sexualität einnimmt, kann sie sich nicht vorstellen. «Phallusmensch», wird Swinburne über Sade sagen. *Phallushirn* wäre genauer.

Ein Phallushirn, das in einem Körper zuckt, dem Luft und Raum «wichtiger als Nahrung» sind und den man eingesperrt hält. Ein Phallushirn, dem man zugleich die Freiheit, die körperlichen Berührungen und den intellektuellen Austausch verweigert. Wie überleben? In seinen *Notes littéraires* wird Sade zwanzig Jahre später schreiben:

> «Das alles richtete man gegen meinen Geist; das war Unrecht, wenn man mich so kannte, wie man mich hätte kennen müs-

[1] «Mein großer Brief». Er wiederholt das ständig, als wolle er sich selbst überzeugen. «Ich bin nur dessen schuldig, was alle Welt tut» (an Le Noir, 20. November '81).

sen. Man machte eine Dummheit, denn man hätte wissen müssen, daß er genügend Kraft und Philosophie besaß, um sich über diese Absurditäten hinwegzusetzen.»

Aber wie?

Da Sade vorübergehend nicht nach draußen fliehen kann, wird er dank seines Gehirns nach innen fliehen.

Er fängt damit an, daß er eine dichte Muschelschale um sich herum aufbaut. Man hat ihn in die Tiefe eines Gefängnisses getaucht? Er wird sich darin wie in einer Taucherglocke, in einer schwimmenden Untertasse unter Wasser verbarrikadieren. Solange man ihn nicht aus den dunklen Gewässern hochzieht, unterhält der Bewohner des Unterwassergefährts mit der Oberfläche nur noch Kontakte, die durch seinen besonderen Kode gefiltert sind, ausgenommen, was das absolute Lebensminimum betrifft (Essen, Spaziergänge, Hygiene).

Daher die *Zeichen.* In der ersten Zeit, da das Unterwassergefährt noch nicht fertig ist, verkehrt sein Passagier noch auf halbwegs verständliche Weise mit der Außenwelt, ruft sich beispielsweise familiäre Szenen in Erinnerung, von denen er sich deutlich spürbar vorstellt, sie könnten sich binnen kurzem wieder ereignen. Eine Zeitlang kümmert er sich um seine Geschäfte: «Ich werde auch [an Gaufridy] schreiben, was Du mir zu Sambuc anmerkst [...] Ich werde auch schreiben, was Du mir zu Gothon sagst», antwortet ihm Pélagie am 3. Oktober 1778 (Borderie); «Ich habe auf alles, was Gaufridy und die Vermögensangelegenheiten betrifft, geantwortet» (Borderie; Donatien an Pélagie, 21. Oktober); «Mein lieber Ripert, ich habe, ehe ich Ihnen antworte, abgewartet, bis Monsieur de Sade Ihren Brief gelesen hat» (BN[x]; Pélagie, 19. Dezember).

Dann beginnt er sein System abzuriegeln. Noch vor Ende 1778 hat er beschlossen, niemandem irgendeine Vollmacht zu erteilen. Die Pachtverträge für die Höfe in der Provence müssen erneuert werden? Vor seiner Entlassung ist da nichts zu machen: «Haben Sie Geduld bis zur Rückkehr von Monsieur de Sade», muß Madame de Sade am 6. März 1779 an Ripert schreiben. (BN[x]) Schließlich verbietet er, das Thema überhaupt mit ihm zu erörtern: «Gäbe es nicht das Verbot, das Du mir erteilt hast, würde ich Dir über die Geschäfte erzählen. Glaub mir, um Deinetwillen, zieh dieses Verbot zurück.» (Borderie; an Pélagie, 1. April 1779)

Er selbst schreibt an Gaufridy: «Sie kennen die Gründe, die mich veranlassen, über Vermögensangelegenheiten nicht zu reden; es ist mir unmöglich, gegen sie zu verstoßen.» (Lely, *L'Aigle*, 17. April 1782) Am 25. Februar desselben Jahres hatte er Pélagie erläutert:

> «Ich rede darüber nicht mehr: Sie wissen Bescheid. Machen Sie alles, was Sie wollen, und nehmen Sie mein System gut zur Kenntnis: Jenseits der Verriegelung meiner Tür kann es für mich keine Ketten mehr geben außer *Versprechen* oder *Papierfetzen* [Hervorhebung Sade], die gegen Geld aus Schreibtischen entwendet worden sind. An *Versprechen* werde ich alle, die im Gefängnis verlangt werden, geben, weil man an Zusagen durch die Klappe keineswegs gebunden ist; und draußen werde ich nur diejenigen von mir geben, die mir gefallen. Was die *Papierfetzen* angeht, so werde ich straflos auf alles pfeifen und tags darauf diejenigen verklagen, von denen ich sie erhalten habe. Wie wollen Sie, daß ich bei solchen Vorhaben nicht vollkommen...» (Borderie; die Fortsetzung fehlt.)

Für jede Eventualität und um noch vollkommener das zu sein, was er sein möchte, verfaßt Sade außerdem im März 1779 einen formellen Einspruch, den er in Ermangelung eines Notars an Monsieur de Rougemont adressiert: «Ich nehme mir die Freiheit, Monsieur, Ihnen den in diesem Brief enthaltenen Schriftsatz zuzuschicken, und bitte Sie, ihn über Monsieur Le Noir meiner Frau vollständig auszuhändigen. Falls man gegen die Anweisungen verstößt, die ich hierin zu meinen Vermögensangelegenheiten treffe, weil man ihn nicht weitergeleitet hat, wäre ich gezwungen, bei Ihnen Beschwerde zu erheben; Sie, Monsieur, werden nicht die Ursache der ganzen Unordnung sein wollen, die aus seiner Unterschlagung resultieren würde, sollten Sie es unterlassen, seine Weiterleitung dringend zu empfehlen. Ich wage zu hoffen, daß die Freiheit, die ich mir erlaubt habe, Sie zum Zeugen zu nehmen, Ihnen nicht mißfallen wird. Sie müssen verstehen, Monsieur, daß ich hier nur Sie habe.» (Daumas) Schließlich und endlich:

> «*Erklärung in Anlage zum obigen Schreiben*
> Der Unterzeichnende erklärt, kein einziges Geschäft anzustreben noch zu erörtern noch abzuschließen, solange er verhaftet bleibt, und fügt dem sein aufrichtigstes Ehrenwort bei,

alle Regelungen, Pachten, Verträge, Rechnungen etc. von Grund auf zunichtezumachen, die während der besagten Haft getroffen, getätigt oder unterzeichnet worden sind, ob die besagten Geschäfte mit seiner Frau oder mit dem Rechtsanwalt Gaufridy geschlossen worden sind, da weder die eine noch die andere Person von ihm zu irgendeinem Abschluß ermächtigt ist. Des weiteren versichert er mit demselben Schriftsatz, daß jeder seiner Verwalter, Pächter oder Rentiers etc., der auf Forderungen verzichtet, die er seit dem vierzehnten Juli 1768 an ihn haben mag, diese doppelt ausgezahlt erhält, sobald er an die Spitze seines Besitzes zurückgekehrt ist. Er wünscht und bezweckt, daß der besagte Schriftsatz, von dem er ein Duplikat bei sich behält, das gleiche Gewicht hat, wie wenn er von einem Notar beglaubigt wäre, und nimmt Monsieur de Rougemont, Kommandant des besagten Schlosses, als einzige Person, die er sieht, zum Zeugen, den er gegebenenfalls als solchen anrufen wird, wenn gegen den in diesem Schriftsatz genannten Willen verstoßen wird. Aufgesetzt in Vincennes am heutigen Tag, den vierzehnten März 1779.

De Sade.»

Von Pélagie unterstützt («Ich umarme Dich aus ganzem Herzen und beschwöre Dich, Dich zu beruhigen und über das nachzudenken, was wir Dir schicken»), hier nun der Kommentar von Mademoiselle de Rousset am 27. März:

«Ich sehe nicht den Vorteil, der daraus entstehen kann, während der Schaden, den Sie anrichten, unwiderlegbar ist. Mit einem Federstrich binden Sie allen die Hände, die auf Ihre Anweisung oder als Freundschaftsdienst, wie es Madame de Montreuil tat, die Verwaltung erledigten. Ich weiß definitiv, daß sie einen sogenannten Teissier auszahlen wollte, was Ihr Einspruch unterbindet. Dieser Herr hetzt schon seit endloser Zeit und stößt die heftigsten Drohungen aus. Es ist zu befürchten, daß er in der Provence etwas beschlagnahmen läßt. Dieses Alarmzeichen wird die übrigen Gläubiger in Bewegung setzen. Sie werden beim Parlament Beschwerde einlegen, das eine Verwaltung einsetzen wird [...] Ein Fremder wird dann also alles leiten. Glauben Sie, Monsieur, daß Ihre Geschäfte dadurch besser laufen werden? Ich meine, daß Sie das, was Sie getan haben, annullieren müssen; es richtet sich offensichtlich gegen Ihr Interesse. Wenn Ihre Pächter oder Verwalter sich in Ihrer Abwesenheit schlecht aufführen, sind Sie befugt, Entschädigung zu verlangen. Bei einer Zwangsverwaltung hätten Sie nichts mehr zu bestimmen... Alles lief gut so, wie es die Umstände eben erlaubten; man befreite Sie Schritt für Schritt. Aber Sie können nicht stillhalten» etc. (Borderie)

Genauso ist es. Aber Sade ist jenseits dieser logischen Ebene. Er ist zu seiner Position von 1777/78 zurückgekehrt, das Ganze sei eine Generalprobe: «ein seit zehn Jahren vorbereiteter und abgesprochener Plan der Plattheit und Dummheit, von dem man – mag auch der Blitz die halbe Welt zerstören – nicht um ein Jota abweichen will.» (Oktober '81) Ihm seinen Termin zu nennen, wäre die einzige Mitteilung (behauptet er), die ihm verständlich wäre und den Dialog wiederherstellen könnte:

«Die Wahrheit, um die ich bitte? Sie ist knapp, sie ist kurz, es ist unnötig, sie in einem Wust von Gequatsche aus der anderen Welt zu ersticken. Man muß mir in einer einzigen Zeile schreiben: Sie werden entlassen an dem... des Monats... des Jahres... um... Uhr morgens oder abends.» (Lely, *Carillon*; März '79, an Pélagie)

In Ermangelung dieser Wahrheit wird er seine Unterwasserglocke vor den sinnlosen Reden der *anderen Welt* verschließen und nur die zu seinem Überleben notwendigen Informationen aufnehmen. Von einigen seltenen und stets zufälligen Ausnahmen abgesehen, wünscht er nur noch Pélagie als Briefpartnerin – und Marie-Dorothée de Rousset, aber auch sie nicht immer:

«Ich bitte Sie inständigst, mir die Wahrheit zu sagen und vor allem keine Briefe mehr zu schicken, ohne jede Ausnahme, weder von La Jeunesse noch von d'Amblet noch von den Kindern, kurz, von wem auch immer auf der Welt.» (Borderie; 24. Januar 1782)

Die Botschaften der anderen Welt, die ihn dennoch im Zimmer Nr. 6 des Bergfrieds von Vincennes erreichen, wird er vom Inneren seiner wasserdichten Muschel quasi mit langen Zangen anfassen, wie es die Insassen von Unterseestationen in großen Tiefen machen. Er wird sie nicht lesen, wie ein jeder sie lesen könnte; er wird sie den Röntgenstrahlen eines Gehirns aussetzen, das die Impulse der Außenwelt nur noch wie eine Art Radar empfängt. Wie ihn die Isolierung in seinen Augen verändert hat, erklärt er Pélagie am 22. Januar 1781:

«Träume sind ganz lächerliche Dinge. Ich hatte allerdings geträumt, daß Monsieur le Duc de Vallière, den ich noch nie gesehen und gekannt habe, gestorben sei: Drei Tage später schicken Sie mir den *Almanach*, und dort lese ich es! Von Madame de Saint-Germain habe ich dasselbe geträumt, aber wenn dem so wäre, sagen Sie es mir bitte nicht, denn ich liebe sie, habe sie immer ungeheuer geliebt und wäre untröstlich. Weit davon entfernt, den Träumen zu glauben, bin ich doch tief überzeugt, daß die Natur einem sich selbst überlassenen und der Gesellschaft beraubten Menschen sehr sonderbare Inspirationen eingibt.»

Diese Inspirationen wird er bei Gelegenheit noch in Geschäftspapieren finden. So legt man eines Tages eine Blankovollmacht vor seine Unterwasserglocke. Eine Gliederzange ergreift sie, legt sie dem Radar vor:

«Auf die Blankovollmacht antworte ich gar nichts. Das ist ein Zeichen. Es hat seine Wirkung erzielt; reden wir nicht mehr davon.» (17. Februar 1779)

Anschließend legt die Gliederzange das Dokument auf dem Stapel der sich häufenden Botschaften ab. Dann und wann werden einige erneut der Prüfung des Radars unterzogen, woraus manchmal eine etwas verspätete Inspiration entsteht:

«Der Wunsch, Ihnen, wenn Sie kommen werden, eine kleine, sorgfältige und sehr knappe Auflistung aller Ihrer Zeichen, Rätsel, Andeutungen, Farcen etc. zu zeigen, die sämtlich auf meine Freilassung im Jahre '83 und auf das Ende des Exils und aller meiner Qualen am 3. Juni 1785 deuten, die Zeit, wo ich 45 Jahre bin und die 16 auf die 9 fällt, bei ewiger Allianz von 9 und 13 – dieser Wunsch also hat mich letzte Woche etwa vierundzwanzig Stunden zu meinem großen Bedauern damit zubringen lassen, alles zu durchsuchen, was ich an Briefen und Zeichen habe, die auf diese Beweise hinauslaufen.» (Borderie; an Pélagie, August 1781)

Ohnehin wird der Gefangene nie davon ausgehen, er habe als erster irgendein System eingeführt. Wie die Isolierung in seinem Tauchgerät nur eine Antwort auf die erzwungene Einsperrung ist, so werden seine Interpretationen immer nur Rücksendungen an die Sender sein; «Eure Zeichen», «Eure Rätsel», «Eure verzwickten Mitteilungen»: Der ganze angenommene Kode, dessen Urheberschaft Sade immer abstreiten wird, läßt sich seines Erachtens nur auf seine Quälgeister, seine Henker zurückführen, deren größter Fehler in seinen Augen immer bleiben wird, daß ihnen fehlt, was ihm das Kostbarste ist: Sprache und Vernunft.

68.

Zwanzig Minuten täglich

Im Kontext des «delirierenden Marquis», des «blutigen Wahnsinnigen» von Vernunft zu sprechen, galt lange als Provokation. Heute ist das nichts Besonderes; man findet nicht genug Worte, füllt nicht genug Seiten, um Sades Logik, die «hegelsche» Strenge seiner Dialektik zu rühmen. Fern von Hegel und genauso fern vom Diskurs des 19. Jahrhunderts über den Wahn Sades möchte ich mich an die menschliche Wirklichkeit des Gefangenen von Vincennes halten.

Gegen Ende des 19. Jahrhunderts meinten die Anhänger der Theorie von Sades geistiger Verwirrung, endgültige Beweise dafür in seiner gerade entdeckten Gefängniskorrespondenz zu finden. Wie erfreulich und wie einfach! Der geringste Textvergleich setzt Sade in Widerspruch zu sich selbst, macht auf den ersten Blick die Inkonsequenz, das Manische, die Zyklothymie, die Absurdität, die Inkohärenz der «Figur», des «Monsters», wie Ginisty, d'Alméras und viele andere sagen, des «Wüterichs», wie Desbordes sagt, in aller Öffentlichkeit dingfest.

Man braucht sich nur zu bücken. Kommen wir nicht auf die «Zeichen» zurück, die von ihrer Ausgrabung an Gegenstand von Kommentaren gewesen sind, aus denen wir Kostproben geboten haben, ehe sie, wie man feststellen konnte, auch die bedingungslosesten Sadianer etwas beunruhigten. Blättern wir aufs Geratewohl. Sade spricht von sich selbst, und hundertmal wird er seine «*gefährlichen Verfehlungen*» (Hervorhebung von ihm) etwa auf das Konto einer «zu glühenden Phantasie [...], die immer dem Glück hinterherrennt, ohne es jemals zu finden», zurückführen[1].

Wiederholt äußert er zu denselben Personen diametral entgegengesetzte Urteile. Marie-Dorothée de Rousset geht munter vom Stand der «sehr lieben und sehr freundlichen Heiligen», der man im März '79 schreibt: «Ich liebe und umarme Sie als die

[1] Lely, *L'Aigle...* Im Brief vom Juli 1783 schreibt er: «Wäre es darum gegangen, *Monsieur 6* zu heilen, hätte ich die Sache ganz anders angepackt...»

zweite und teuerste Freundin, die ich auf der Welt gehabt habe» (Lely, *Carillon*), zwei Jahre später in den einer «großen Gaunerin» über, einer «Dirne», die ihre «sehr korrupten Sitten» mit der «ganzen Mentalität des Metiers» (Lely, *L'Aigle*) verbindet, ehe Monsieur de Sade sie wieder zur geistigen Vertrauten nimmt und ihr unbedingt das Schloß von La Coste anvertrauen will.
Pélagie ist der Reihe nach «das einzige Wesen, das ich über alles liebe», «die geliebte Freundin, die allein das Ende meines Wegs noch lindern könnte»[2], und «das Fischweib», «das Monster an Grauen und Infamie mit den abscheulichen Lügen». (Borderie, Daumas) Anfang September '83 fordert er einen Brief von ihr an – «Ich bitte Sie, mir zu schreiben [...] Nie haben Sie mir so lange keine Nachrichten von sich gegeben» (Lely, *L'Aigle*) –, um fünfzehn Tage später den Empfang des ersehnten Schriftstücks so zu bestätigen:

> «Ich habe heute morgen einen langen Brief von Ihnen erhalten, der kein Ende fand. Schreiben Sie mir nicht so lang, ich bitte Sie darum: Glauben Sie, ich hätte nichts anderes zu tun, als Ihr Geschwätz zu lesen?» (Lely, *L'Aigle*)

Anläßlich eines Zwischenfalls zögert er keine Sekunde, zwei Versionen seiner eigenen Haltung, die sich wie Tag und Nacht widersprechen, im Abstand von wenigen Wochen zu liefern. So antwortet er der besorgten Pélagie im Juli '83 zur Erprobung eines Blitzableiters auf dem Bergfried von Vincennes und einem anschließenden Blitzschlag:

> «Was reden Sie mir denn von einem Unfall im Bergfried? Wir haben hier keinen einzigen Unfall erlebt. Am 2. Juli wurde ein Blitzableiter auf einem der Türme installiert; er zog den Blitz an, der in der Spitze des Leiters einschlug, wie es in einem solchen Fall geschieht. Ist es das, was Sie meinen? Sowas ist kein Unfall, das ist ein Experiment und ein ganz einfaches Experiment.» (Lely, *L'Aigle*; an Pélagie)

Im September jedoch, an die gleiche Adresse:

> «Wenn Sie eine große *Überbrückung* zwischen Gewitter und Blitzableiter herstellen wollen wie in diesem Sommer (eine gewaltige Wirkung, die mich beinahe vor Krämpfen sterben

[2] Passim in Lely, *Carillon*, *L'Aigle*, bei Daumas usw. Die «liebe Freundin, die allein...» findet sich in *Carillon*.

ließ), muß das Pulverlager in Brand geraten (es steht *senkrecht* zur Kammer, in der ich schlafe): das hätte eine prachtvolle Wirkung!»[3]

Ja. Gut. Das alles liegt vor uns, schwarz auf weiß. Das heißt, stellenweise in halbverblichener Tinte, auf vergilbtem, altem, zerknittertem, manchmal zerrissenem Papier. Aber es ist lesbar. Geschriebenes hat ein zähes Leben...

Vielleicht ein zu zähes. Vor allem, wenn es sich um einen Schriftsteller handelt, neigt man zu dem Glauben, die ganze Wahrheit eines nicht mehr lebenden Menschen, das Tiefste seines Geistes, seiner Seele befände sich allein in dem, was er an Geschriebenem hinterlassen hat[4]. In verstärktem Maße trifft das auf Sade zu, dessen Werke vielfältige und widersprüchliche Interpretationen hervorgerufen haben, die man durch seine Privatkorrespondenz zu lösen glaubte; ganz besonders durch diejenige seiner langen Gefängnisperiode, während derer man sich ihn immer nur mit der Feder in der Hand vorgestellt hat. Etwas anderes fällt auch schwer, angesichts so zahlreicher Dokumente.

Durch die Umstände seines unterbrechungsreichen Lebens bedingt, hat man mal monatelang nichts oder nichts Bedeutendes von Sade, und dann sieht man sich wieder einem Berg an Schriften von solcher Höhe gegenüber, daß es einem bereits wieder die Sicht versperrt. Das trifft für die endlose Gefangenschaft in Vincennes und der Bastille zu, wo die administrative Kontrolle einerseits und die Archivierungssucht der Montreuils (eine Richterfamilie) andererseits uns die ganze von ihm abgeschickte oder empfangene Post sowie ungefähr drei Viertel seiner dort entstandenen literarischen Produktion beinahe vollständig erhalten haben. Zusammengenommen eine fraglos beeindruckende Menge, angesichts derer man in der Tat versucht ist, sich einen ausschließlich schreibenden Sade vorzustellen, von morgens

[3] Tatsächlich hatte der Blitz doch eine der Treppen des Bergfrieds einstürzen lassen.

[4] In noch stärkerem Maße trifft das für diejenigen zu, von denen man keine Porträts hat (was bei Sade bekanntlich der Fall ist), eine Anmerkung, die natürlich seit der Erfindung der Fotografie nicht mehr gültig ist. Jedenfalls hat die Möglichkeit, die Schriftsteller außerhalb ihres Arbeitszimmers leben zu *sehen*, den Blick auf ihre Texte ein wenig verändert.

bis abends festgenagelt an seinem Arbeitstisch, den seine Umgebung genauso gleichgültig läßt wie, sind sie erst einmal geschrieben, die unzähligen, um ihn herum verstreuten Blätter, deren Flut ihn bald einholen wird, so daß er uns nur, wie es Jean Paulhan so schön ausdrückt, «jenes riesige, obsessive Murmeln läßt, das manchmal aus der Literatur hochsteigt und sie vielleicht rechtfertigt: Amiel, Montaigne, die *Kalevala*, das *Ramayana*»[5]... Herrlich. Aber leider völlig falsch. Keine Gemeinsamkeit. Würde man Sades Werk vollständig wiederfinden, nähme es sich neben seinen Zeitgenossen, dem Abbé Prévost oder Restif de La Bretonne, bescheiden aus. Sein ganzes Leben über liegt seine Korrespondenz, so umfangreich sie uns scheint, quantitativ deutlich unter den damaligen Normen. Sollte er – wenigstens im Gefängnis – jenen Tintenfaßwahn gekannt haben, der Teil der Legende ist? Schon lange störte mich dabei etwas, das ich nicht zu entwirren vermochte. Zunächst die Unmöglichkeit, daß ein so lebendiger Mensch wie Donatien de Sade von einem Tag auf den anderen zum Leiter eines Haftarchivs wird; die Verwandlung des Adlers in ein Papierputtchen... Doch die Blätter waren da.
Plötzlich kam mir der Einfall. Unzählige? Das behauptete man. Und wenn man sie zählte? Ich begann eine möglichst minutiöse Aufstellung der ganzen bekannten Gefängnispost von Sade, einschließlich der an den Koch weitergegebenen Menüzettel, der Mitteilungen an die Chirurgen, der Notizen aller Art. Ich ergänzte sie natürlich um die in Vincennes und in der Bastille verfaßten Werke, das heißt vor allem *Aline et Valcour*, *Les Cent vingt journées de Sodome*, *Les infortunes de la vertu*, *Historiettes*, *Contes et fabliaux*, *Les Crimes de l'amour*, das *Théâtre*. Ich trieb die Genauigkeit so weit, daß ich die verschwundenen Texte hinzurechnete (beispielsweise bestimmte Hefte mit Notizen und Reflexionen, die ich grosso modo abschätzte), ebenso Werke, deren

[5] Montaigne, der nicht so voluminös ist, ist bekannt. Die vollständige Ausgabe von Amiels *Journal* (L'Age d'homme) umfaßt zwölf bis fünfzehntausend Seiten. Die *Kalevala* zählt dreiundzwanzigtausend Verse, das *Ramayana* vierundzwanzigtausend Strophen. Man sieht, wie Paulhan listig den Umfang des Geschriebenen mit dem ununterdrückbaren Trieb zum Schreiben mischt, wobei Sade vorerst weder mit dem einen noch mit dem anderen zu tun hat.

Existenz unsicher ist wie jene zweifelhafte Arbeit zur Seelenwanderung, die Pélagie erwähnt[6].
Nachdem ich das alles rekapituliert hatte, machte ich eine «Umfangsberechnung» auf, wie man es in der Druckbranche nennt. Sie besteht darin, die Anzahl der «Anschläge» (Buchstaben, Interpunktion, Leerzeichen) jedes Textes zu schätzen, wobei die klassische Bezugseinheit das «maschinengetippte Blatt» von 1500 Anschlägen ist. Hundert bis zweihundert Hauptwörter. Zwei Manuskriptseiten. Ein Gelegenheitsbrief oder der Entwurf einer Buchseite.
Übergehen wir die Einzelheiten der unvermeidbar mühsamen Angelegenheit. Das nackte Ergebnis für viertausendsiebenhundertfünfzig Tage Haft (in aufgerundeten Zahlen): siebentausendzweihundert maschinengetippte Seiten bei einer wahrscheinlichen Abweichung von plusminus zehn Prozent von der Wirklichkeit. Das ergibt also gerade anderthalb Manuskriptseiten am Tag.
Präzisieren wir weiter: Es handelt sich nur um einen Durchschnitt. Die großen Gefängniswerke (*Aline, Les Cent vingt journées, Les Crimes de l'amour, Historiettes*) stammen alle aus der Bastille-Zeit, von 1785 an. Sie stellen etwa die Hälfte der gesamten Menge dar. In Vincennes, vom 13. Februar 1777 bis zum 29. Februar 1784, im Laufe von etwas weniger als sieben Jahren, wenn man die neununddreißig Tage Freiheit abzieht, schreibt Sade also alles in allem und alles, Literatur, Briefe und Notizen zusammengezählt, lediglich tausendachthundert Seiten! Zwei Manuskriptseiten alle drei Tage. Etwa zwanzig im Monat, zweihundertvierzig jährlich. Dazu kommt noch, daß Sade schnell

[6] «Du schreibst also ein Buch über Seelenwanderung...» (Pélagie an Donatien, 30. Oktober 1780.) Keine weitere Erwähnung der Arbeit. Wahrscheinlicher sind die *Anecdotes françaises*: «Ich habe über zweihundert Geschichten gesammelt», schreibt Sade hierzu im November 1783. Jean Desbordes erwähnt die nicht näher datierbare Absicht des Gefangenen, sich an *Réflexions sur l'art du compositeur de musique* zu versuchen oder über die Ägypter zu arbeiten. Desbordes ist jedoch nicht vertrauenswürdig, ganz davon abgesehen, daß Sade seine Absichten nicht immer umgesetzt hat, vor allem zu Beginn seiner Gefängniszeit. Man spürt, wie er in Vincennes jahrelang zögert, sich zwischen verschiedenen literarischen Richtungen zu entscheiden. Wir werden darauf zurückkommen.

schreibt. Das läßt ihn in Vincennes im Schnitt vielleicht fünfzehn bis zwanzig Minuten täglich mit der Feder in der Hand verbringen. Manchmal mehr, manchmal weniger. Manchmal überhaupt nicht. Was für ein Graphomane!

Offenkundig verändert das so manche Perspektive. Jedenfalls für mich. Nachdem ich meine Berechnungen abgeschlossen hatte, gab es plötzlich für mich in diesen ersten Jahren Vincennes, zwischen den geschriebenen Worten, zwischen den Zeilen, neben den Manuskriptseiten einen viel größeren Freiraum, um mir Donatien de Sade so weit wie möglich von seinem Arbeitstisch entfernt vorzustellen. Wie er seine Übungen im Zimmer oder im Gang macht, wenn man die Tür offen ließ; wie er am Fenster träumt; wie er seine Möbel stellt; wie er seine Charakterkostüme durchgeht, sie vermutlich der Reihe nach anprobiert; wie er mit seinen *Zaubereien* (siehe Kapitel 76) masturbiert; wie er wütend oder zufrieden das ausgesuchte Essen, das er sich kommen läßt oder das ihm geschickt wird, zu sich nimmt und dabei mit dem zufälligen Tischnachbarn spricht, der ihm zugeteilt worden ist; wie er mit dem Invaliden, der ihn anzieht, oder dem Barbier redet; wie er, nachdem sie die Erlaubnis dazu erhalten hat, bei Pélagies Besuchen freundlich oder zornig reagiert; wie er mit seinen Wärtern polemisiert, sich gelegentlich mit ihnen anlegt; wie er mit einem Wachposten, der ihm «die Spitze seines Gewehrs etwas näher zeigen mußte», darüber streitet, wer dem anderen den Vortritt zu lassen hat; wie er gegen seinen Ofen ankämpft; wie er versucht, mit seinen Nachbarn zu kommunizieren (verboten! Man wird ihm das vorhalten) oder sie gegen die Garnison aufzustacheln; wie er seine Blumen gießt[7]...
Gut möglich, daß er gelegentlich probeweise Tiraden aus seinen Stücken deklamierte. Oder Auszüge aus Stücken Voltaires, Gressets, Destouches, die er mochte.
Denn natürlich las er. Wenn ihn die Augen nicht zu stark schmerzten (das wird noch kommen). Wenn ihm seine Bücher nicht abgenommen wurden (was recht selten geschah), weil man

[7] Auf den Besorgungslisten von Madame de Sade kommen Blumen, sogar Blumenzwiebeln vor, die Monsieur 6 in Töpfen und auf Blumenständern wachsen ließ...

meinte, sie erhitzten seine Gedanken. Er las, dachte nach, machte sich dann und wann Notizen...

Was die ersten vier oder fünf Jahre in Vincennes betrifft, ist das alles in allem eine sehr moderate literarische Aktivität, weit unterhalb dessen, was man von einem inhaftierten Schriftsteller hätte erwarten können. Das trifft auch auf seine Korrespondenz zu: In den ersten sechs Monaten von 1780 schreibt er gerade *achtzehn* Briefe, also jeden zehnten Tag einen, wovon zwei Drittel nur knappe «Besorgungslisten» sind (Bücher, Wäsche, Lebensmittel, Spaziergänge...) Ein einziger wirklicher Brief pro Monat...

Was soll das Ganze mit Vernunft oder Wahn zu tun haben? Das ist es, was ich zu beantworten versuche. Mir scheint klar zu sein, daß Sade, wäre er wirklich Manien, Obsessionen, echten Wahnschüben ausgesetzt gewesen, Tag für Tag und Stunde um Stunde Papier beschrieben hätte, sogar im Fall einer einstweiligen Inhaftierung. Davon aber ist er weit entfernt. Weiter unten werde ich auf den Mechanismus seiner literarischen Arbeit eingehen, der ganz anders ist, als man behauptet hat. Zu seinen Briefen und den *Zeichen* habe ich mich geäußert. Seine einzige fixe Idee ist sein *Termin*, seine Freilassung: Wer könnte das bizarr finden? Was diesen Punkt betrifft, werden wir bald sehen, wer den größten Verstand aufbringt. Von dieser Ausnahme abgesehen, wird Sade fortfahren, jeden «vernünftigen» Dialog abzulehnen, dafür aber, statt einem «Wahn» all das zu äußern, was seinem Imaginären einfällt, unaufhörlich das Recht in Anspruch nehmen, die einzige Freiheit, die man ihm läßt, ganz auszukosten:

> «Sie werden Gaufridy tausend Dinge bestellen, aber ich werde ihm genausowenig wie der Heiligen schreiben – zu der mir in diesem Herbst, an den so langen und so tristen Abenden, vielleicht tausend Verrücktheiten einfallen werden: ansonsten nichts.» (Daumas; an Pélagie, im Verlauf von 1782)

Für diese Freiheit der Rede aber wird er bald mit der Freiheit überhaupt zu zahlen haben.

69.

Die Sorbonne und die Zwingburg

> «Man vergesse nicht, daß Sade ein *Absolutes* ist und daß er geradewegs bis zum Ende seines Denkens, bis zur äußersten Grenze seiner logischen Konsequenzen geht.»

Das war Maurice Heine. Nun Maurice Blanchot:

> «Immer geht es bei Sade um Logik: Er empfindet sich rigoroser, zusammenhängender und sogar kohärenter – von einer die Inkohärenz einschließenden Kohärenz – als die anderen, und die Wut, von der er sich überwältigen läßt, ist meist die einer unterdrückten Vernunft...»

Das heutige Loblied auf Sades Logik, ich sagte es bereits, verbirgt meist eine Art Widerwillen. Es handelt sich darum, seine Inkohärenzen durch eine, summa summarum, Hypertrophie der Vernunft in seinem Gehirn (komische Vernunft) sozusagen zu *entschuldigen*. Das ist bei Blanchot ziemlich offensichtlich, wenn er fortfährt:

> «...einer in ihrem Fortschreiten, das sie in Abgründe zu stürzen drohte, unterdrückten Vernunft.»

Daß man beim Studium eines Werks, das verwirrend scheinen mag, mehr oder weniger gezwungen ist, von diesem Gesichtspunkt auszugehen, ist gut möglich. «Nach seiner Lektüre», schreibt Maurice Blanchot weiter, «bietet sich uns eine Art des Verstehens an, die uns zugleich anzieht und entgeht.» Vielleicht, aber welcher Lektüre? 1779/1780 sind wir noch nicht soweit. Das Werk ist begonnen worden, doch der größte Teil davon liegt noch unter der Erde, keimt gerade erst in Sades Kopf. Die Briefe, die er jetzt schreibt, stammen von einem eingesperrten Mann, der ansonsten Schriftsteller ist und der über sein Gefängnis diskutiert (später wird er erklären, für den «sophistischen Charakter» seiner Bücher seien die Haftbedingungen verantwortlich gewesen[1]). Tut er das im Exzeß einer Logik, die er bis zum Verlust des Verstandes treibt? Man urteile selbst.

[1] In den *Notes littéraires* (geschrieben in Sainte-Pélagie und Charenton, nach 1801) wirft er den «Quälereien», deren Opfer er zwanzig Jahre zuvor in der

Zunächst und entgegen der gängigen Meinung protestiert Sade keineswegs gegen das Gefängnis als solches, nur die Enge lehnt er ab, das Absurde, Unbestimmte, Willkürliche in den Hausordnungen. Er hat «Fehler» begangen, er würde es, falls man wirklich Wert darauf legt, für normal halten, sie mit einer «Strafe» (seine eigenen Worte) zu tilgen, deren Dauer durch ein begründetes Urteil klar benannt wird. Darüber hinaus aber meint er, diese Strafe müsse nicht nur unter normalen Bedingungen vollzogen werden, sondern auch nach Modalitäten, die geeignet wären, ihn auf «den Weg des Guten» zurückzubringen. Superlativ an «philosophischer» Einstellung. Das ist Beccaria pur.

Ohne Urteil, ohne genau festgelegte Haftstrafe, dem stupiden, kleinlichen Regime von Liliput unterworfen, so hofft man ihn zu bessern? Als er im Dezember 1779 erkrankt, schreibt er dem Chirurgen von Vincennes, ihn dringend aufzusuchen. Das Schreiben wird ihm zurückgegeben: Vorschrift ist, sich als erstes an Monsieur de Rougemont zu wenden. Er korrigiert die Adresse. Das Schreiben wird zurückgegeben: die Vorschrift erlaubt keine überschriebenen Adressen. Er bittet um naturwissenschaftliche Bücher oder um Rousseaus *Confessions*. Verweigert[2]. Kommentar des Gefangenen zur ersten Ablehnung:

> «Versuchen Sie, das *Naturalienkabinett* zu besorgen, ich bitte Sie von neuem inständig darum. Wenn Sie meinen anständigen Neigungen nicht entgegenkommen, ist das ein zusätzlicher Grund für mich, den anderen zu verfallen. So dient mir der verfluchte falsche Geist von allem, was Sie umgibt, wie üblich doppelt, ohne es zu wollen, und macht das Maß des Bösen voll, indem er mir die Gunst vorenthält, die Wege des Guten zu erkennen.» (Daumas; an Pélagie, 1782)

Zu den *Confessions*:

> «Mir die *Confessions* von Jean-Jacques zu verweigern, ist wieder eine tolle Sache, vor allem nachdem mir Lukrez und die

Festung war, vor, sie hätten «die extreme Gefahr [bedeutet], mich an Wahnvorstellungen zu gewöhnen, die meiner Hoffnung und den Hypothesen, die diese nährten, günstig waren. Das hatte meinem Geist den sophistischen Charakter aufgeprägt, den man meinen Werken vorwirft».

[2] Es sind nicht die einzigen verweigerten Lektüren. «*L'histoire des vampires* [von Dom Calmet] würde nicht durchkommen», schreibt beispielsweise Madame de Sade am 23. Oktober 1782.

Dialoge von Voltaire geschickt worden sind; das beweist ein großes Unterscheidungsvermögen, eine profunde Urteilskraft bei Ihren Führern. Leider erweisen sie mir eine große Ehre, wenn sie glauben, ein deistischer Autor könne ein schlechtes Buch für mich sein; gern wäre ich noch auf diesem Stand [...] Jean-Jacques ist für mich, was für Sie eine *Imitatio Christi* ist. Rousseaus Moral und Religion sind für mich ernste Dinge, und ich lese sie, wenn ich mich erbauen will.» (Lely, *L'Aigle*; an Pélagie, Juli '83)

Warum verweigert man ihm, während er doch korrekt untergebracht und ernährt wird, jede Unterhaltung, jeden Besuch, warum läßt man ihn, wie er sagt, «vor Langeweile und Kummer vergehen» oder «daran verblöden, daß ich nie jemanden sehe oder spreche» (April '80)? Akzeptieren wir, daß man eine Zeitlang (aus Gründen, die uns weiter unten klarwerden) eine Zusammenkunft mit Madame de Sade gefürchtet hat. Wozu aber soll es seinem ehemaligen Lehrer, dem Abbé d'Amblet, «einem weisen und tugendhaften Menschen, der seit meiner Kindheit mein Freund ist», verboten sein, ihn zu sehen? Gibt es irgendein Recht, ihm zur Strafe für eine Auseinandersetzung mit einem Wärter *für mehr als acht Monate* den Hofgang zu untersagen[3]?

Luft, Bäder, Besuche, jemand, mit dem man zwei-, dreimal am Tag sprechen kann, weniger absurde Einschränkungen, das Recht zu schreiben, was er will, Briefe zu empfangen, Nachrichten von draußen zu bekommen[4]... Heutzutage zündet man aus viel nichtigeren Anlässen Gefängnisse an!

Einmal mehr weist die Modernität von Sades Haltung eben einen paradoxen Anachronismus auf: Er argumentiert im Geist seiner Zeit, er reagiert als Mensch unserer Epoche. Er führt nur die Überlegungen der Philosophen ein Stück weiter, und vor allem überträgt er sie in die Praxis, was sie noch nicht tun. Auch später kaum, andere werden es an ihrer Stelle machen. Entsinnen wir uns, was Guizot über die Beziehung der Aufklärung zur

[3] Zwischenfälle vom 26. und 28. Juni 1780 (wir kommen darauf ausführlicher zurück).

[4] Zeitungen, selbst der *Mercure de France* sind ihm verboten. «Man hat sich geweigert, die Exemplare vom *Mercure* durchzulassen», schreibt ihm die Gräfin am 31. Dezember 1779.

Revolution schrieb: «Die intellektuelle Bewegung mußte erst auf die äußeren Ereignisse übergreifen.»
Man kann zutreffend sagen, daß Gefangene aus bescheideneren Verhältnissen, Intellektuelle oder nicht, mit einem solchen Verhalten mehr riskiert hätten als Sade. Latude bezahlt seine wütenden (und debilen) Proteste mit dem Kerker. Dafür kuscht Honoré-Gabriel Riqueti, Graf von Mirabeau, vor Rougemont, schmeichelt ihm – und erhält zahlreiche Vorteile. Erst als er draußen ist, wird er drucken lassen, was er von ihm denkt. Feiner Unterschied zu Sade, der in Vincennes nicht zögert, am 31. Mai 1780 vor aller Augen das folgende reizende Gedicht zu plakatieren[5]:

Ci-gît le geôlier de Vincennes,
Petit, vilain, cocu, hargneux,
Qui fit son délice des peines
Et des larmes de malheureux.

La terre en entier le réclame
Passant, tu vois tout ici-bas:
Ne t'informe pas de son âme,
Car le jean-foutre n'en eut pas.

Im übrigen ist bekannt, wie sich die damaligen Intellektuellen im allgemeinen zu ihren Überzeugungen verhielten, auch diejenigen, deren gesellschaftliche Position sie bestens vor Verfolgungen schützte[6]. D'Holbach, mit «gesellschaftlicher Macht» ausge-

[5] Reizend und vorschnell; Sade wird Vincennes vor Rougemonts Tod verlassen. Der Wortlaut des Gedichts in Prosa: «Hier ruht der Kerkermeister von Vincennes, klein, bösartig, gehörnt, gehässig, der sich an den Qualen und Tränen von Unglücklichen ergötzte. Die ganze Erde protestiert gegen ihn. Vorübergehender, du siehst alles hienieden: Erkundige dich nicht nach seiner Seele, denn der Wichser hatte keine.»
[6] Strenges (und kurioses) Urteil von Robespierre im Mai 1794 über die «Sekte» der Enzyklopädisten: «In der Politik bleibt diese Sekte stets unterhalb der Rechte des Volkes; in der Moral ging sie weit über die Zerstörung der religiösen Vorurteile hinaus. Ihre Koryphäen deklamierten gelegentlich gegen die Despotie, und die Despoten bezahlten sie; mal schrieben sie Bücher gegen den Hof, mal Widmungen an die Könige, Reden für die Höflinge, Madrigale für die Kurtisanen; in ihren Schriften waren sie stolz und in den Vorzimmern krochen sie...» (zitiert nach Alain Pons in der Garnier-Flammarion-Ausgabe der *Encylopédie*)

stattet, wie Jacques Patry sagt, reservierte seinen militanten Atheismus für die Gäste prunkvoller Diners, wo «eine Art Wettbewerb aller möglichen politischen und religiösen Kühnheiten»[7] herrschte, während er öffentlich bei jeder Gelegenheit seine anonymen, subversiven Broschüren desavouierte. Buffon, der auf dem Höhepunkt seines Ruhms Schwierigkeiten mit der theologischen Fakultät der Sorbonne wegen des Alters der Erde bekommt, beugt sich sofort und erklärt, er glaube «ganz fest an alles, was die Heilige Schrift von der Schöpfung berichtet». Als er später mit Hérault de Séchelles diskutiert, der ihn in seinem *Visite à Montbard* zitiert, erklärt er einfach:

> «Das Volk braucht eine Religion [...] Als die Sorbonne mir Schikanen bereitet hat, habe ich keinerlei Anstalten gemacht, sie in jeder von ihr gewünschten Weise zufriedenzustellen: Es ist zwar nur eine Persiflage, aber die Menschen sind dumm genug, sich damit zu begnügen.»

Sade persifliert nicht, er verstellt sich auch nicht. Mit den Prinzipien läßt er nicht spotten. Ein für allemal hat er, als er am 18. April 1777 aus Vincennes an Pélagie schreibt, Farbe bekannt:

> «Dank meiner Unschuld und meiner Aufrichtigkeit werde ich immer größer sein als meine Feinde mit ihrer Niedertracht und den heimlichen Rankünen, die sie bewegen.» (Lely)

Was er ihr auch am 20. Februar 1781 in seinem «großen Brief» (siehe Kapitel 60) in aller Deutlichkeit bestätigen wird:

> «Nie wird das Unglück mich erniedrigen;
> *Ich habe in den Ketten nicht die Gesinnung eines Knechtes angenommen* (Les Arsacides),
> und werde es niemals tun. Selbst wenn diese unseligen Ketten mich, ja, selbst wenn sie mich bis ins Grab begleiten sollten, werden Sie mich doch stets unverändert sehen. Ich habe das Unglück, daß der Himmel mir eine standhafte Seele gegeben hat, die sich niemals beugen konnte und sich niemals beugen wird. Ich habe keine Angst, jemanden zu erbosen, wer es auch sei.» (Lely, *L'Aigle*)

[7] Jacques Patry, «d'Holbach», *Dictionnaire des Auteurs*, Laffont-Bompiani, Collection Bouquins.

Das wird auch der Stab der Bastille am 2. Juli 1789 verzweifelt feststellen und die köngliche Macht ersuchen, «uns von diesem Menschen zu erlösen, den nichts bezwingen kann...»

Vielleicht erkennt man noch keine besonders enge Beziehung zwischen Buffon, Sade, d'Holbach, den Schikanen von Rougemont und der Sorbonne, den Verhältnissen in Vincennes und *Les Époques de la Nature* (beziehungsweise *Le Système de la Nature*). Ich werde sie bald deutlich machen. Vorerst will ich bei der konkreten Existenz von Donatien de Sade bleiben.
Allerdings läßt mich diese Zielsetzung für einen Moment in eine Richtung geraten, die ich, man wird es zugeben, selten einschlage: die Geschichte mit Hilfe von Hypothesen neu zu schreiben.

70.

«Mit Gefühl...»

Auf Sade im Gefängnis hört niemand. Heute wie damals. Um 1780 nimmt allein Pélagie wirklich auf, was sie von ihrem Mann erreicht, aber eigentlich versteht sie nicht ein Viertel davon. Heute hat man es so eilig, zum «Denken» von Sade vorzustoßen, um damit zu *dialektisieren*, daß sich niemand dafür interessiert, wenn dieser eingesperrte, aber lebendige Mann konkret über sein Gefängnis berichtet, protestiert, sich erklärt. Er spricht ins Leere.

Das ist so, weil Sades Gefängnis in der kollektiven Vorstellung das konstitutive Material seiner Legende, der entscheidende Baustein seines Mythos ist. Warum er sich im Gefängnis befindet, ist unerheblich: er mußte dort sein, er muß dort gewesen sein, wie also hätte er dort nicht sein können... Sades Gefängnis, alles kommt daher, alles führt dorthin zurück. Es stellt sich dazwischen, stört die Sicht. Es ist der wuchtige Planet aus Stein, dessen Masse alle auf Sade gerichteten Blicke ablenkt, gleich, ob der Blick neutral, feindselig oder wohlwollend ist. Vincennes oder die Bastille, die Straffestung ist der Schmelztiegel, in dem sich alles zu einer einzigen Person «als solcher» vereinigt, Vergangenes wie Zukünftiges, der Schlingel von Saumane, der Flagellant von Arcueil, der Theaterveranstalter von Charenton, der junge, feurige Kavallerieoffizier, der hochmütige, desillusionierte Verfasser des schrecklichen Testaments von 1806. Alle miteinander verschmelzen sie in der Bronzestatue des «göttlichen Marquis» oder werden zusammengemauert in jenem steinernen Sade, den Man Ray gemalt hat, der ewige Gefangene, erstarrt in mineralischer Unwandelbarkeit. Allein die rechte Hand (die man auf dem Bild nicht sieht) bewegt sich endlos, gleitet mechanisch über die berühmten Manuskriptseiten oder über eine endlose Rolle aus sehr dünnem Papier (das Manuskript von *Les cent vingt journées de Sodome*).
Doch wie schon Sophokles (lange vor Malraux) gesagt hat, gibt allein der Tod dem Lauf des Lebens ein klares Ziel. Vorher

schreitet man in kleinen unsicheren Schritten voran und zurück, geht Umwege, tritt man auf der Stelle, verirrt man sich in den eigenen Spuren. Schlecht und recht knüpft die biographische Archäologie später die verstreuten Fasern einer Existenz zu einem ansehbaren Faden zusammen.

Aber mich interessiert der lebendige Sade. Jener, der in der Bastille nicht mehr derselbe ist wie in Vincennes und der sich schon in Vincennes innerhalb von sieben Jahren ziemlich verändert hat. Jener von 1780, den man noch zehn Jahre einschließen wird, der das aber nicht weiß (niemand weiß es). Der wie jedermann denkt, er habe nur noch kurze Zeit abzusitzen. Ein, zwei, höchstens drei Jahre. Der Unterschied zwischen ihm und den anderen ist, daß er glauben will, sein Termin stehe endgültig fest und sein Betragen innerhalb des Gefängnisses ändere nichts daran, während man draußen darauf wartet, daß er sich, bevor man ihn freiläßt, beruhigt. Man redet einfach aneinander vorbei:

> «Die anderen haben eine merkwürdige Denkweise, deren Opfer wir sind. Sie meinen, wenn sie Dich dort einige Zeit festhalten, wirst Du am Ende brav wie ein Lamm.» (Lely; Pélagie, 1. Januar 1779)
>
> «Endlich zerstören Sie es, dieses Hirngespinst vom Frühling [seine Hoffnung auf eine Freilassung im Frühjahr '79], ich danke Ihnen dafür. Sie hätten mir einen bösen Streich gespielt, es bis zum letzten Moment bestehen zu lassen. Was ich nicht mag, ist die lächerliche Art und Weise – erlauben Sie mir den Begriff –, derer Sie sich bedienen, um sie zu zerstören: *Wenn Sie vernünftig gewesen wären, wenn Sie nicht geschrieben hätten* etc. [...] Oh, mein Gott! Meine liebe Freundin, für wie blöde und leichtgläubig halten Sie mich, weil ich das Unglück habe, eingesperrt zu sein.» (Daumas; an Mademoiselle de Rousset, etwa April '79)

Daher der brutale und endgültige Entschluß:

> «Man mag über mich sagen, über mich denken, was man will; ich strebe nichts anderes an und habe kein anderes Ziel, als überzeugend darzutun, daß das Gefängnis mir nicht nur nicht bekommt, sondern sogar nur dazu angetan ist, mich noch schlimmer zu machen, als ich es je gewesen bin; lassen Sie sich denn auch gesagt sein, daß das Geschriebene, das

> Denken und Handeln gegenwärtig und künftig dem *entsprechen* werden.» (Borderie; Mai ’81)

Ich schlage deshalb vor, dem, was Donatien Comte de Sade, auf königlichen Haftbefehl in der Festung Vincennes eingesperrt, sagt, einen Augenblick Aufmerksamkeit zu schenken. Ich möchte, daß man ein bißchen darüber nachdenkt und sich freundlicherweise vorstellt, was um 1780/82 herum hätte geschehen können, wenn man Monsieur de Sade zugehört, wenn man ihn *beim Wort genommen* hätte. Beispielsweise sagt er im April oder Mai 1779 zu Marie-Dorothée de Rousset:

> «Vom Unglück abgestumpft, fürchte ich die nächsten Schicksalsschläge wenig, und das Schafott würde mich weder zum Betrüger noch zum Verräter machen oder zur Demut bringen. Und trotz dieser unerschütterlichen Standhaftigkeit, dieses festen Charakters, auf die ich stolz bin, würden eine Winzigkeit, ein Zeichen *tatsächlicher* Freundschaft, ein Vertrauensbeweis aus mir alles machen, was man wollte; mit Gefühl würde man erreichen, daß ich Berge bezwinge, mit Härte erreicht man nur, daß ich mit dem Kopf gegen die Wände renne.» (Daumas)

Und im November 1781:

> «Ach, wie sehr müßte es Ihnen leid tun, wenn Sie ein bißchen Seele hätten, so lange Jahre nur dazu beigetragen zu haben, mein Herz und meinen Geist zu verderben, wo es mit anderen Methoden so einfach gewesen wäre, mich völlig umzumodeln...» (Borderie)

Völlig umzumodeln, daran zu glauben fällt schwer (und, offen gesagt, es wäre schade gewesen!). Aber können wir nicht die Hypothese eines Sade wagen, der nicht gerade versöhnt gewesen wäre, den man aber durch etwas Vertrauen immerhin dazu gebracht hätte, mitzuspielen?

Versuchen wir es. Im Sommer ’78 haben wir einen abgekämpften, besinnlichen, erschöpften Sade erlebt, der fünf Wochen lang durch keinerlei Extravaganz aufgefallen ist. Als er wieder ergriffen wird, 1779/1780, ist er in seinem vierzigsten Lebensjahr. Eine Etappe – worauf er selbst hinweist: «Keine Illusionen mehr, ich bin in diesen charmanten Vierzigerjahren, in denen ich mir immer vorgenommen habe, dem Satan und seinen Eitelkeiten zu entsagen... [so?]; sie sind vernehmlich eingeläutet, und es wird Zeit, allmählich *eine leichte Sargfarbe* anzunehmen.» (Lely, *Carillon*; an Pélagie, 27. Juli '80) So weit ist er noch nicht, doch ein besonders kecker Lebemann ist er auch nicht mehr: Er klagt über Atemnot, Brustschmerzen, die vermutlich der Haft geschuldet sind. Auch über Hämorrhoiden, die ihn seit dem zwanzigsten Lebensjahr plagen. Über Rheumatismus (oder Gichtanfälle). Sein Genitalapparat scheint in schlechtem Zustand zu sein. Schreiben und lesen wird gelegentlich schmerzhafte Sehstörungen verursachen.

Ich will damit durchaus nicht sagen, Donatien de Sade hätte, wäre er um 1780 wieder freigekommen, einen erbaulichen Lebensabend gefristet, ganz mit der Pflege seiner Seele und seines angegriffenen Körpers beschäftigt. Seine Neugier wäre unverändert geblieben, seine außergewöhnliche Vitalität, seine Triebe hätten ihn vielleicht zu neuen «gefährlichen Verfehlungen» hingerissen.

Vielleicht, aber nicht sicher. Jedenfalls kann man annehmen, er hätte mehr Diskretion als früher darauf verwendet. Mit seinen «geschlagenen» vierzig Jahren hat er Zeit gehabt, mit dem Finger – mit beiden Händen – bestimmte Realitäten zu berühren, an denen er sich sogar hart gestoßen hat. Zunächst, seit drei Jahren, das echte Gefängnis. Die strenge Einsperrung, die kleinlichen Schikanen, die Perspektive eines lang andauernden Entzugs jener Freiheit, deren Preis, deren Geschmack er jetzt in seinen Rückbesinnungen wiederentdeckt und bestimmt besser zu schätzen weiß...

Eine andere Sache, von der nie die Rede ist (weil es nicht *chic* ist, wie sich Flaubert ausdrückte): die Sorge um seine Familie. 1780 haben Sades Kinder eine gesellschaftliche Existenz. Vor allem die Söhne. Der Älteste, Louis-Marie, ist dreizehn. Er ist jetzt der Marquis de Sade. Bald wird er in die Welt der Erwachsenen eintreten, als Soldat, wie sein Vater. Der Zweitälteste, Donatien-Claude-Armand, ist elf. Traditionsgemäß ist er für den Malteser Orden vorgesehen (man nennt ihn jetzt schon den Ritter).

Liebt Sade seine Kinder? Nie würde ich bei ihm einen derart vagen Begriff anwenden wollen. Sicherlich empfindet er eine ziemlich große Anhänglichkeit für sie, ähnlich wie für seine Frau, seine Bäume in La Coste, seine Theaterstücke. Nach 1779 schreibt er ihnen nicht häufiger als anderen («Ich werde ihnen schreiben und an sie denken, wenn die Briefe, die sie mir schreiben, nicht vom Gift ihrer Großmutter infiziert sind.»[1] [Borderie; – Januar 1780]. Ja, sein Familiensinn kommt dem, den er für das Theater hat, sehr nahe. Hier trifft man im Grunde wieder auf jenen «normativen Wert», von dem Annie Le Brun spricht und den ich im Kapitel 63 erwähnte. Für ihn gehorchen das Theater und die Familie Regeln, die nicht zur Debatte stehen.

Auf jeden Fall liegt ihm viel an der Karriere und dem gesellschaftlichen Ansehen der jungen Sades. 1782, zur Zeit seines heftigsten Widerstands, als er wiederholt: «das Tier ist zu alt; glauben Sie mir und verzichten Sie darauf, es zu erziehen», und von neuem verkündet: «die Sitten hängen nicht von uns ab, sie beruhen auf unserer Struktur, unserer natürlichen Beschaffenheit», fährt er im gleichen Brief fort:

> «Von uns hängt ab, daß wir unser Gift nicht nach außen streuen und daß unsere Umgebung nicht nur nicht darunter leidet, sondern es nicht einmal spüren kann. Ein untadeliger Lebenswandel mit seinen Kindern und seiner Frau, so daß es ihr unmöglich wird, bei ihrem Ehemann schlechte Sitten zu vermuten, selbst wenn sie ihr Los mit dem anderer Frauen vergleicht: Das hängt von uns ab, und dafür müßte ein anständiger Mann sorgen, denn es ist nicht gesagt, daß er ein Lump ist, wenn seine Freuden merkwürdiger Art sind. Versteckt sie vor der Öffentlichkeit, vor allem vor euren Kindern, und sorgt, daß eure Frau niemals auch nur den geringsten Verdacht schöpft; eure Pflichten ihr gegenüber sollt ihr ebenfalls *in jeder Hinsicht* erfüllen [Hervorhebung von Sade]. Das ist das Wesentliche, und das verspreche ich»... (Daumas)

Er ergänzt:

> «Dieser Brief ist der Ausdruck meiner Gefühle gegenüber meinen Kindern. Sie werden ihn erhalten, sie werden ihn mehrfach lesen, sie werden sich daran erinnern... Glauben Sie nun, ich wäre ihnen und mir selbst so sehr feind, um gegen diese Prinzipien zu verstoßen? Sie würden mich gewiß verachten, wenn ich es jemals täte, und sie hätten ganz recht. Möge Ihnen das hier ein kleines *philosophisches Schreiben* aus

[1] 1782 gibt er Pélagies Drängen nach und antwortet ihr: «Ein Brief für meine Kinder, hier ist er [...] Ich will keine Antwort...» (Daumas)

diesem Winter in Erinnerung rufen und Sie davon überzeugen, wie sehr ich stets davon entfernt sein werde, ihnen schlechte Prinzipien vorzugeben. Oh nein, das würde mir nie in den Sinn kommen! Vor die Wahl gestellt, sie umzubringen oder ihnen das Gemüt zu verderben, würde ich nicht eine Minute schwanken, und beinahe würde ich im ersteren das geringere Übel sehen.»

Man mag das glauben oder auch nicht, ich meine, daß er sich hier mit einer gewissen Aufrichtigkeit äußert, genauso als er zwei Jahre später, Ende Februar '84, an Pélagie schreibt:

«Dort wohnen, wo ich möchte, und mich ganz der Kunst und der Wissenschaft widmen, umgeben von meiner Frau und meinen Kindern, das sind in vier Zeilen alle meine Wünsche.» (Daumas)

Auf jeden Fall ist es müßig, sich nach einem freien Sade umzusehen. Versuchen wir nur, uns ihn 1779 zwar als Häftling vorzustellen, aber als einen, dem man die Vergünstigungen gewährt hat, die er fordert.

Zunächst wäre ein Urteil über ihn gesprochen worden. So gerecht wie möglich und von der einzigen von ihm anerkannten Autorität, derjenigen des Geistes. Als er am 27. Juli 1780 Pélagie Bücher von d'Alembert zurückschickt, schreibt er:

«Welch ein Mann! Welche Feder! Solche Leute möchte ich als Richter haben und nicht diese einfältige Sippschaft, die sich anmaßt, über mich zu bestimmen! Vor solchen Gerichten könnte ich mich mühelos reinwaschen, denn man hat so wenig zu fürchten, wenn die Waage in den Händen der Philosophie liegt, wie man zittern muß, wenn man sie in denen der Bigotterie und der Rachgier sieht.» (Lely, *Carillon*)

Zweifellos macht er sich Illusionen. Nur mit einer gewissen Schadenfreude vermag man sich die Verlegenheit, das Erschrecken des prüden, vorsichtigen d'Alembert bei der Aufgabe auszumalen, über das Schicksal des sehr anstößigen Comte de Sade zu entscheiden, eines Mannes, der in seinen Briefen aus der Haft schreiben wird:

«Das Geld und die V... sind die Götter meines Vaterlandes.» (Lely, *Carillon*)

Und der eines Tages drucken lassen wird:

«Mögen die Menschen auch davor erbeben, die Philosophie muß alles sagen.»

Derartiges hat er aber 1778 eben noch nicht geschrieben. Noch verweilt er bei den kleinen Betrachtungen, dem konventionellen Theater, den historischen Essays. Noch beschimpft er in seinen Briefen nur Sartine, der in Ungnade gefallen ist, oder die Präsidentin, die keine etablierte Autorität ist, oder Rougemont, der im Grunde nur ein bloßer Vollstrecker ist. Hinter verschlossenen Türen ist er, alles in allem, für einen Philosophen zur Zeit noch ein vorzeigbarer Gesprächspartner.

Wo wir schon dabei sind, warum sollten wir uns keine Vorstellung davon machen, wie eine Begegnung zwischen Sade und d'Alembert 1779 hätte verlaufen können?

Sade hat die ganze Verführungskunst aufgeboten, derer er fähig ist. Seine ein wenig heruntergespielten «Fehler» hat er anerkannt. Er hat nicht versprochen, sich von Grund auf zu ändern («Die Sitten hängen nicht von uns ab», eine lange philosophische Diskussion), will aber doch wenigstens den der Aufklärung teuren Gesellschaftsvertrag respektieren.

D'Alembert hat die weite Bildung des Gefangenen festgestellt und wahrscheinlich leicht geschaudert, als er ahnte, in welche Richtung sich seine große Intelligenz verirren könnte. Aber der Mensch ist gut, also ist Monsieur de Sade gut. Geben wir ihm seine Chance, so wie man sie jedem Delinquenten zu geben hat. Seine Frau, seine Kinder fordern es. Noch achtzehn Monate der Bewährung (ist das nicht etwas streng?), und der Comte de Sade wird, sagen wir Ende 1780, nach etwas weniger als vier Jahren Haft, frei sein.

In der Zwischenzeit sollte man die Gelegenheit ergreifen, aufgeklärte Haftbedingungen an ihm zu erproben. Er wird seine Zeit nicht in Vincennes zu Ende absitzen, sondern etwas freizügiger beispielsweise in Pierre-Encise, nicht unter dem Befehl eines Rougemont, sondern eines anteilnehmenden, verständnisvollen Nacheiferers von Monsieur de Bory. Bäder, Luft, Sport, beinahe so viel er will. Sein Zimmer, sein Essen? Wie er sie sich wünscht. Gesellschaft, Besuche? Mehrmals täglich: seine Frau, seine Kinder, Amblet, Mademoiselle de Rousset, Geistesmenschen, gelegentlich d'Alembert selbst, weitere Philosophen (das Experiment ist kurios, der Mensch interessant...). Papier, Feder, Tinte, Bücher? Braucht er nur zu verlangen. Seine Vermögensangelegenheiten? Weshalb ihm nicht erlauben, sich alle sechs Monate darum zu kümmern, vielleicht in Begleitung eines intelligenten, diskreten Offiziers, den man beispielsweise als ehemaligen Waffenbruder ausgeben kann...?

Daß er unter solchen Bedingungen immer ein idealer Gefangener gewesen wäre, ohne gelegentliche Ungeduld, Wutausbrüche oder Forderungen, behaupte ich nicht. Ich bin aber der festen Ansicht, daß er, hätte die Autorität das Ihre dazu getan und hätte er die Dauer seiner Haft gekannt, nicht unfähig gewesen wäre, sich entsprechend zu verhalten. Ich halte die Vorstellung nicht für ausgeschlossen, daß er Stücke in der Festung aufführt, seinen Körper trainiert oder, zweckmäßig eingerichtet, arbeitet und längere Zeit keine Geschichten macht. Ich bin sehr neugierig darauf, was er unter diesen Umständen geschrieben hätte...

In diese Neugier mischt sich zunehmend, was man wohl Angst nennen muß: Und wenn das Verständnis, die «Gefühle» schließlich Sades Dimension reduziert hätten? Wenn er sein Leben als Schloßherr von La Coste beendet hätte, der zwischen Frau und Kindern friedvollen Künsten und Wissenschaften nachgegangen wäre? Wenn er uns dann allein Werke von der Machart der *Voyage d'Italie*, der *Anecdotes* oder der kaum schlüpfrigen *Historiettes*, das *Théâtre* und zum Schluß Werke vom Typ der *Marquise de Gange* oder der *Isabelle de Bavière* hinterlassen hätte? Und wenn...?

Zum Glück bleiben die Dinge so, wie sie nun einmal sind. Man kommt nicht um die Feststellung herum, daß alles, exakt alles zusammengekommen ist, damit der am Ende seiner Kräfte angelangte, ans Ende seiner selbst getriebene Gefangene von Vincennes absolut nichts anderes wird, als was er gewesen ist. Donatien-Aldonze-François, Comte de Sade, ist nicht von d'Alembert abgeurteilt worden. Einem königlichen Haftbefehl unterworfen, der definitionsgemäß «unbefristet» ist, bleibt er unter der Fuchtel des widerwärtigen Rougemont. Für wie lange, bleibt ihm weiter ungewiß, und das mit Grund.

Unter solchen Bedingungen soll man nicht damit rechnen, daß er seine Zunge oder seine Feder zurückhält.

71.

«Halte die Schriften zurück...»

Gerade dieser Zeitpunkt seiner Haft läßt alle seine Kommentatoren entgleisen. Ausgenommen Annie Le Brun, die seit *Les châteaux de la subversion* «diesen dummen Kausalzusammenhang» heftig angreift, kann man überall denselben Blödsinn lesen, verbürgt von den autorisiertesten Autoren: Sades literarische Berufung sei aus der Haft heraus entstanden.

Den Biographen des letzten Jahrhunderts wie Henri d'Alméras ist das noch nachzusehen; ihm war zu vieles unbekannt, als daß man ihm nicht verzeihen könnte (es gibt genug, was ihm vorzuhalten ist); er behauptete: «Die Haft hatte beim Marquis de Sade eine Berufung zur Literatur entstehen lassen.» Übergehen wir den finsteren politischen Konformismus, der einen marxistischen Literaturhistoriker 1975 über Sade sagen läßt: «Nicht ein ‹philosophischer Einfluß›, sondern das königliche Gefängnis hat ihn dazu getrieben, das Testament des letzten Aristokraten zu schreiben.»[1]

Aber seltsamerweise haben diejenigen, die alle Beweise des Gegenteils in der Hand hielten, sich so sehr darauf versteift, Sade auf die von ihnen selbst bestimmten Grenzen festzulegen, daß sie unerbittlich die Evidenz leugnen! Gilbert Lely: «Gegen 1780, in seinem vierzigsten Lebensjahr, begann der Häftling der königlichen Gefängnisse mit seiner gigantischen Schriftstellerarbeit.» (Sades «Schriftstellerarbeit» ist keineswegs gigantisch, und er hat lange vor seinem vierzigsten Lebensjahr damit begonnen.) Selbst Maurice Heine meint in einem konsternierenden Absatz, in dem jeder Satz gegen die Wahrheit verstößt: «Dennoch tröstet sich der Gefangene von Vincennes philosophisch über eine Lebensweise hinweg, deren monotoner Zwang ihm ein intellektuelles Alibi aufnötigt.»

Sade hat Vincennes 1777 als Siebenunddreißigjähriger betreten, intellektuell voll gerüstet, als Autor eines bereits ansehnlichen

[1] Roger Laufer, «Le vertige du libertin: Sade», *Histoire littéraire de la France, III. De 1715 à 1789*, Paris, Éditions sociales, 1975.

Werkes und mit zahlreichen Projekten. Trotz der Nachteile der Situation und ihrer Ungewißheit konnte man erwarten, daß er seine Inhaftierung dazu nutzt, einige Arbeiten zu Ende zu führen. Es ist lehrreich – und wir werden das auch unter anderen Aspekten tun –, seinen Fall mit dem Mirabeaus zu vergleichen, der von Juni 1777 bis Dezember '80 in Vincennes eingekerkert war. Mirabeau ist achtundzwanzig, als er aufgrund eines von seiner Familie (seinem Vater) besorgten königlichen Haftbefehls den Bergfried betritt. Von ähnlich anspruchsvollem physischem Naturell wie sein Vetter Donatien[2], fordert auch er Spaziergänge und körperliche Bewegung (und erhält sie dank seiner Anpassungsfähigkeit leichter). Seinen *Termin* kennt er nicht einmal vage, genausowenig wie jener. Wie Sade hat er vor Vincennes zu schreiben begonnen. Aber er schreibt weiter. Innerhalb von zweiundvierzig Haftmonaten wird er neben seinem Tagebuch, neben den langen Briefen, die er täglich schreibt, *Des lettres de cachet, Ma conversion,* Übersetzungen von Tibull, Boccaccio, Tasso, drei Abhandlungen zur Erziehung seiner Tochter *(Inoculation, Grammaire, Mythologie),* verschiedene Schmähschriften, die Poésies sowie einen *Essai sur la littérature des anciens et des modernes* beenden, um nur zu erwähnen, was bekannt geworden ist. Eine nicht einmal exzessive Produktion zu einer Zeit, in der die eingesperrten Schriftsteller Vincennes oder die Bastille oft als eine ihrer Arbeit zuträgliche Abgeschiedenheit betrachteten.

Ganz anders ist das Verhalten Sades. Vom Februar 1777 bis zum Urteil von Aix im Juli '78 war er abwechselnd verzweifelt, verbittert, depressiv, ohne daß vom Schreiben die Rede gewesen wäre. Dann gab es das Zwischenspiel der neununddreißig Tage Freiheit in La Coste, wo er einige Seiten in seinem Arbeitszimmer verfaßt hat, und anschließend den großen Schnitt bis zum 7. Dezember, ohne Bücher, Papier, Tinte oder Feder. Aus den folgenden Wochen gibt es keine Spur irgendeiner Schreibarbeit. Er liest (unter anderem nimmt er wieder den *Pétrarque* seines Onkels, des Abbé, zur Hand).

Anfang 1779, zwei Jahre nach Haftbeginn, beobachten wir an ihm Zeichen, die eine Wiederaufnahme seiner literarischen Arbeit beweisen. Es handelt sich zunächst um seine große *Voyage*

[2] Ein recht entfernter Vetter, über die Frauen.

d'Italie oder *Dissertations critiques, historiques et philosophiques sur les villes de Florence, Rome, Naples, Lorette et les routes adjacentes de ces quatre villes etc.*: «La Jeunesse hat damit begonnen, die Notizen für Dein Buch abzuschreiben», schreibt ihm die Marquise am 10. Februar 1779 (Borderie). Kurz danach bestätigt er den Empfang eines von ihm erbetenen dicken, leeren Heftes[3]. Im Mai erläutert er seine Arbeitsweise: wenn er die ausgeliehenen Bücher spät zurückschicke, dann deshalb, weil «es viel schneller ginge, wenn ich nicht daran arbeitete, andere Sachen zu lesen, aus denen ich viele Auszüge abschreibe». Eine Kompilationsarbeit, über die er dann ganz seinem Genie angemessen befindet (den Satz möge man sich aus später auszuführenden Gründen merken):

> «Ich habe keine Arbeit mehr für La Jeunesse. Was soll man ohne Bücher machen? Man muß von ihnen umgeben sein, um zu arbeiten, sonst kann man nur *Märchen schreiben, und diese Denkweise habe ich nicht.*» (Daumas; März oder April '79)

Für einige Tage hatte er keine Lektüre. Bald darauf kündigt er an: «Ich will diesen Sommer enorm viel lesen.» Vermutlich ist es die Zeit der ersten *Cahiers de notes ou réflexions*, da das Manuskript des einzigen Heftes, das überliefert ist, den Titel trägt:

> «*Quatrième cahier de notes ou réflexions, extraites de mes lectures ici ou fournies par elles.* Begonnen am 12. Juni 1780, beendet am 21. August 1780, im Bergfried von Vincennes.»

Zugegebenermaßen würde ich ganz intuitiv dazu neigen, diese Hefte mit Notizen und Reflexionen teilweise mit den «kleinen Blättern» zu vergleichen, vor denen Madame de Montreuil solche Angst hatte und nach denen die königliche Polizei fahndete. Was liest man dort? Dieses vierte Heft scheint mir äußerst aufschlußreich. Es umfaßt sechzehn Notizen. Hier die vorletzte:

[3] Übrigens wütend, denn er hatte es weniger dick bestellt, um bis zum 22. Februar zu arbeiten, dem Datum, an dem er meinte freigelassen zu werden: «Ich bitte darum, mir ein Buch von dreißig Seiten zu schicken [...] Unfehlbar schickt man mir einen zwei- oder dreihundertseitigen, dicken Folianten! Ich werde hier also länger als bis zum nächsten 22. Februar bleiben, denn dafür hätte ich nur ein Buch von dem Format benötigt, das ich bestellt hatte.»

«Projekt einer außergewöhnlichen Ausschweifung eines Grafen von Poitou.

Guillaume IX., Graf von Poitou, geboren 1071 und gestorben 1122, hatte in Niort ein Haus der Ausschweifung in Form eines Klosters ersonnen, das eine Äbtissin, eine Priorin usw. haben sollte; alle Freuden der Prostitution sollten, indem man das Klosterleben nachspielte, mit Gottlosigkeiten gewürzt werden (Millot, *Histoire des Troubadours*, Bd. I, Seite 4).»

Die letzte:

«*Sonderbarer Widerspruch zwischen Physis und Moral der Völker von Mingrelien und Georgien.*

Die Mingrelier und die Georgier sind, wie alle Reisenden übereinstimmend berichten, von allen Völkern diejenigen, die sich am stärksten allen erdenklichen Lastern und Verbrechen hingeben. Blutschande, Ehebruch, Raub und Mord werden bei ihnen nicht nur geduldet, sondern gelten sogar als Tugenden, und in ihren Gesprächen geht es einzig darum, wer die meisten dieser Verbrechen begangen hat. Andererseits sind es die schönsten Völker der Welt, die von der Natur mit den meisten Vorzügen ausgestattet sind. Hier hat sich, wie man zugeben wird, diese so weise Mutter einen gewaltigen Widerspruch erlaubt, der zu mancherlei Überlegungen Anlaß gibt.»

Die vierzehnte Notiz resümiert die Geschichte vom spanischen König Rodriguez und dem Zauberturm, die man 1800 in *Les crimes de l'amour* wiederfinden wird. Einige Zeilen an die Adresse von Madame de Sade erläutern:

«Aus alldem macht Ihr lieber Freund eine Episode von fünfzehn bis zwanzig sehr interessanten Seiten; allerdings befürchtet er, daß die Sache vielleicht schon in Romanform dargestellt worden ist.»

Die erste Notiz stellt, ehe sie sich mit der menschlichen Vernunft auseinandersetzt, eine dieser Einleitungen Sades dar, deren Ton und Stil mich begeistern und die in ihrer Zeit ohne Beispiel sind:

«Wollte man die verschiedenen Klassen von Menschen gründlich studieren und stufenweise anordnen, vom Waldaffen oder großen Affen, der eigentlich eine spezielle Abart des Menschen ist, bis hin zum schönsten Tscherkessen, stufenweise aufsteigend über den Samojeden, den Hottentotten, den Lappen, die gesprenkelten Urvölker, die man in Sibirien entdeckt hat usw., so könnte es sich ergeben, daß wir, ohne es zu ahnen und unbeschadet unseres Stolzes, unmerklich zur übelsten aller Tierarten absinken. So wie einige helle Farben nur Verdünnungen von dunkleren sind, wären wir dann eigentlich nur eine sehr schöne Tierart.»

Im wesentlichen ist dieses Heft jedoch eine methodische Widerlegung der Moral der Aufklärung, wie Sade sie in den Bänden IV und V von d'Alemberts *Mélanges de littérature et de philosophie* gerade vorgefunden (oder wiedergefunden) hat, die ihm Pélagie mit dem Segen der Behörden hat zukommen lassen. In der Tat gibt es nichts weniger Subversives als d'Alemberts Moral: Jeder Mensch trägt in sich gute Prinzipien, man muß sie nur fördern. D'Alembert verheimlicht nicht, daß er sich auf die Ideen des Menschen verläßt (die von Natur aus dem Guten zugewandt sind), der Materie aber etwas mißtraut: denn aus welchen Elementen setzt sich diese zusammen?

> «Wir können nicht sagen, das sind Körper, denn dann bestünden sie wiederum aus Elementen und wären folglich nicht das, was wir suchen; und wenn es keine Körper sind, wie sollen wir uns vorstellen, daß diese Zusammensetzung nichtmaterieller Elemente jenes Sein bilden kann, das wir Materie nennen?»

Ohnehin, fährt d'Alembert fort, solle man dieses Glatteis verlassen: «Die ganze Wissenschaft der Moral stützt sich auf eine einzige unbestreitbare Tatsache: *die gegenseitige Angewiesenheit der Menschen aufeinander und die wechselseitigen Pflichten, die diese Angewiesenheit ihnen auferlegt* [Hervorhebung von Sade]. Aus diesem Abkommen entstehen Gesetze, die, wenn auch nicht immer gerecht, so doch notwendig sind.»

«Nichts als schöne Worte», entgegnet Sade; «was nicht gerecht ist, ist auf keinen Fall notwendig, und es gibt in diesem Fall nichts Notwendiges, das nicht wahrhaft gerecht wäre. Im übrigen besteht das Wesen des Gesetzes darin, gerecht zu sein. Ein Gesetz, das nur notwendig, aber nicht gerecht ist, ist bloße Tyrannei. [...] Aber muß man nicht die Bösen aus der Gesellschaft ausschließen? Zugegeben. Doch bestrafen soll man sie nicht, weil man sie nur bestrafen kann, wenn sie schuldig sind, und das sind sie nicht, wenn sie nicht frei sind.»

Darin ist alles enthalten. «Wenn der Mensch frei ist, sind die Gesetze notwendig», fährt Sade fort, «denn es ist gerecht, ihn für die Übeltat, die er begangen hat, zu bestrafen, da er sie ja vermeiden konnte. Wenn er nicht frei ist, wenn sein ganzes Handeln eine Folge des natürlichen Triebes ist, eine absolute, von seinen Organen oder dem Strom der Körpersäfte abhängige Notwendigkeit, kurz, wenn er dermaßen an seine Physis gekettet ist, daß er (wie viele Philosophen behauptet haben) keine Willensfreiheit besitzt, dann sind die Gesetze eine reine Tyrannei, denn es ist verabscheuungswürdig, einen Menschen für eine Übeltat zu bestrafen, die er nicht vermeiden konnte.»

> «Angenommen, wir legen ein Ei auf einen Billardtisch und lassen zwei Blinde je eine Kugel stoßen. Die eine rollt neben dem Ei vorbei, die andere trifft und zerbricht es. Ist daran die Kugel schuld? Oder gar der Blinde, der die Kugel, die das Ei traf, angestoßen hat? ‹Der Blinde ist die Natur›, sagen die Philosophen, die dem System anhängen, wonach der Mensch nicht frei ist, ‹die Kugeln sind wir: das zerbrochene Ei ist das Verbrechen›. Das zeigt, wie gerecht die Gesetze sind.»

Außerdem

> «bestrafen die Gesetze eine Unzahl von Verbrechen, deren Auswirkungen ganz geringfügig sind und die eigentlich nur ganz geringe Zuwiderhandlungen gegen das Wohl der Gesellschaft darstellen. Hierher gehören vor allem die Verstöße gegen die Sitten, während sie auf der anderen Seite nichts gegen weitaus realere Verbrechen sagen, die entsetzliche Auswirkungen haben, wie der Geiz, die Arglist, die Undankbarkeit, die Betrügerei usw. Ein Mann vergewaltigt ein Mädchen: er ist verloren. Zweifellos ist das eine Übeltat [gemeint ist natürlich die Vergewaltigung], doch im Grunde beschränken sich die Auswirkungen darauf, das Mädchen in eine Klasse zu befördern, der sie früher oder später ohnehin angehören wird. Läßt aber ein Geizhals neben sich eine vielköpfige Familie verhungern, deren eine Hälfte sich vorzeitig den Tod gibt, um den schrecklichen Qualen des Elends zu entfliehen, während die andere ihnen durch alle Verbrechen der Ausschweifung, zu denen das Elend verleitet, zu entgehen trachtet, so zieht das grauenhafte Folgen nach sich, einen Rattenschwanz von Ver-

brechen, und nur, weil dieser Geizhals die Hilfe verweigert hat! Doch was geschieht ihm? *Nichts.*»

Und so weiter. Was die Materie betrifft, geht er davon aus, daß die Ideen der Ursprung unserer Erkenntnisse sind und daß sie selbst wiederum ihren Ursprung in unseren Wahrnehmungen haben. «So beruhen die Ideen also auf der Materie, denn die Wahrnehmungen sind nichts anderes als Formen oder Akzidentien der Materie. Gibt es keine Hand, so gibt es keine Tastwahrnehmung, und folglich keine der Ideen, die man auf diese Weise erlangt; gibt es keine Augen, so gibt es keine Gesichtswahrnehmung usw.»

Daraus zieht Sade am Ende den Schluß:

> «Wie können wir, die wir noch nicht einmal die Materie begreifen können, den Geist begreifen?»

Nach dem Sommer 1780 schreibt er weiter seine dünnen Notizhefte voll. Dann, im Herbst, legt er plötzlich eine andere Aktivität an den Tag: Er schreibt wieder Theaterstücke. Unverändert liest er viel. Lektüren, die er in ernsthafte «wichtige Lektüren» (Geschichte, Reisen) und in «nebensächliche Lektüren» zur Zerstreuung unterteilt:

> «Was die obengenannten nebensächlichen Lektüren angeht, so bitte ich Sie, mir in Absprache mit Amblet einige recht interessante und recht philosophische Romane auszusuchen, vor allem jedoch keine zu düsteren oder zu schwärmerischen, da ich diese beiden Extreme gänzlich verabscheue. Ich sage Romane, weil mir hier abends ernsthafte Lektüren unmöglich sind.» (Lely, *Carillon*; an Pélagie, 27. Juli 1780)

Anfang 1780 hat er an wichtiger Lektüre gedruckte Theaterliteratur verlangt, zahllose Stücke, die die Marquise ihm nicht immer besorgen kann, denn er hat sehr genaue Forderungen (Autoren, Titel...). Im Januar '81 verlangt der Gefangene «*Le misanthrope*, *Le distrait*, in der Hauptsache; *Les fausses infidélités* und *Le dissipateur*; *L'inconséquent*; den Rest der bestellten Komödien»... Am 22. Januar schreibt er: «Jetzt arbeite ich und lese nur das, was sich auf meine Arbeit bezieht.» (Borderie) Ergebnis: *Le capricieux*[4], eine Komödie in fünf Akten in Versform, über

[4] Der Titel wird sich mehrmals ändern: *L'homme inégal*, *Le métamiste ou L'homme changeant*, *L'Inconstant...*

die uns eine Notiz wissen läßt, «dieses Stück ist zwischen dem 24. [Dezember] 1780 und Ende April 1781 geschrieben worden». Zwischenzeitlich hat Mademoiselle de Rousset ein «kleines Märchen» erhalten, und die Marquise die «zweite Ausgabe der *Jumelles*, eine Komödie in zwei Akten in Versform». Zweite Ausgabe heißt zweite Abschrift der Aufzeichnungen durch La Jeunesse, die Sade ganz offiziell verschickt, da Le Noir, getreu seinem Prinzip, keine Bedenken hat, wenn Sade beim Schreiben von Komödien zur Ruhe kommt, vorausgesetzt, diese Werke enthalten keine Anspielungen. Am 26. März 1783 schickt er die Manuskripte von *Jeanne Laisné, ou le siège de Beauvais*, Tragödie in fünf Akten in Versform, von *La folle épreuve ou le mari incrédule* (oder *Le boudoir*) und vom *Prévaricateur*, Komödie in fünf Akten in Versform. Außerdem erfahren wir, daß er im August '82 bei zehn Notizheften angelangt ist.

Vor uns liegt also eine deutlich gestiegene, aber keineswegs wahnwitzige literarische Produktion, die im Ganzen betrachtet für die etablierte Macht wenig besorgniserregend ist. Woher dann plötzlich die Panik um die «Schriften» Sades, die Aufregung, die Angst bei Pélagie, warum wendet sie sich an ihren Mann oder an die Autoritäten?

> «Es heißt, Du schreibst Dinge, die verhindern, daß man mir erlaubt, Dich zu besuchen.» (An Donatien, 13. Dezember '81).
>
> «Beurteilen Sie ihn nicht, Monsieur, anhand seiner Schriften.» (An Le Noir, 15. Dezember)
>
> «Man antwortet mir, daß man Dich nur anhand Deiner Schriften beurteilen kann und daß man, solange Du in diesem Ton schreibst, sehr schlecht von Dir denken wird.» (An Donatien, 31. Dezember)
>
> «Halte Deine Schriften zurück, ich beschwöre Dich.» (An Donatien, 6. August '82)
>
> «Was Du schreibst, fügt Dir entsetzlichen Schaden zu.» (An Donatien, 14. Mai '83)
>
> «Ständig bitte ich darum, Dich sehen zu dürfen. Ständig verhinderst Du das mit Deinem Stil.» (An Donatien, 15. Juni '83)
>
> «Es ist wahr, daß man mir gesagt hat, Du wärest schon lange draußen, wenn Du nicht immer Dinge schreiben würdest,

die eine Denkweise bewiesen, die nicht gebilligt werden kann und die Dein Unglück ausmacht.» (An Donatien, 10. November '83).

«Ich umarme Dich, mein lieber Freund, nach wie vor voller Schmerz über Deine Schriften, die Dir entsetzlich schaden.»[5] (An Donatien, 23. November '83)

Was mit Sade geschieht, ist auch in diesem Punkt nicht zu verstehen, wenn man nicht die historische Konstellation mit einbezieht.

[5] Alle Zitate stammen aus Borderie, mit Ausnahme des vierten («Halte die Schriften zurück»), das aus Daumas stammt, wo Lely darüber sagt, es komme aus «unserer persönlichen Sammlung», während er in *Vie du Marquis de Sade* angibt, es sei aus einer «Privatsammlung».

72.

Von der Hochaufklärung zu den Werken der Finsternis

Die Gefühlsströmungen, die ideologischen Tendenzen, die in Frankreich in jeder Hinsicht am ausgehenden 18. Jahrhundert zerren, sind derart widersprüchlich, daß es bisweilen schwierig ist, eine Bestandsaufnahme für diesen oder jenen Bereich aufzustellen. Beispielsweise in Sachen Zensur.

Zwischen 1780 und 1789 gibt es so gut wie überall in der französischen Gesellschaft tatsächlich eine Bereitschaft zur *Reform.* Heißt das, daß sich diese Gesellschaft *liberalisiert?* Ja – und nein. Das Beharren der Privilegierten auf ihren Vorrechten ist deutlich spürbar. «Der Adel neigte dazu, sich abzukapseln», bemerkt Albert Soboul (*La civilisation et la Révolution française*). Erhebungen in den Adelsstand werden seltener, Eheschließungen mit Nichtadligen (seien es Geldehen oder nicht) nehmen in den zehn Jahren vor der Revolution merklich ab[1]; die Demokratisierung der Armee, die sich in den 70er Jahren abzeichnete, wird von Ségur abrupt gestoppt, der sich dabei auf die Neigungen des Duc d'Artois (des späteren Karl X.) stützt: laut Erlaß vom 22. Mai 1781 werden vier Generationen Adel väterlicherseits verlangt, um Offizier werden zu können. Hier nimmt die Reform das Gesicht der Reaktion an.

Doch ist dieser gleiche Adel, der die Macht innehat, gespalten. Ein Gutteil ist liberal, für die Aufklärung; er ist es, der die Generalstände einführen, sich den Abgeordneten des Dritten Standes anschließen, in der Nacht des 4. August auf seine Privilegien verzichten wird. Diese Liberalen haben für ihre rückständigen und reaktionären Standesangehörigen nichts als Sarkasmus übrig und sprechen in ihrem Zusammenhang verachtungsvoll von Mittelalter. Gegen deren Widerstand werden sie 1780

[1] Siehe François Buche und P. Durye, «L'Annoblissement par charges avant 1789», *Les Cahiers nobles*, La Roche-sur-Yon 1962. Zitiert von Marie-Hélène Huet, «Roman libertin et réaction aristocratique», *Dix-huitième siècle*, Nr. 6, Paris 1974.

beispielsweise die Abschaffung der Folter und 1784 der königlichen Haftbefehle erreichen. Große Mode ist es in jenen Jahren, sich um das Los der Insassen von Heimen und Zwangsanstalten zu kümmern. Ganze Kohorten schöner Damen besuchen sie, mit Almosen und Süßigkeiten beladen. Ernster zu nehmen sind (vielleicht...) die Sonderkommissionen wie jene aus acht Räten des Châtelet, die unter der Leitung des Kardinal von Rohan im Mai 1781 Bicêtre besichtigt, sich die Häftlinge (darunter Latude) vorstellen läßt und deren Fälle prüft. Allerorten beginnt eine Lockerung der Haftbedingungen.

Liberale und Reaktionäre stimmen oft in zwei Punkten überein: in der Verachtung für Ludwig XVI. und im Haß auf Marie-Antoinette (die selbst ihren Mann verachtet). Der mediokre König kann nicht davon lassen, seine Lage dadurch zu erschweren, daß er stets zur Unzeit mal den einen, mal den anderen nachgibt oder starrköpfig Wege einschlägt, auf denen ihm ohnehin niemand folgen wird.

Sehr aufschlußreich in Sachen Zensur ist die Affäre um die *Mariage de Figaro.* Das Stück, das noch niemand gesehen hat, wird von den Liberalen in den Himmel gelobt und von den Konservativen mit äußerster Geringschätzung behandelt. Es ist die Flagge des neuen Geistes. Im April '82 will sich der König ein eigenes Urteil bilden und läßt sich das Stück von Madame Campan vorlesen. Ludwig XVI. unterbricht sie gelegentlich mit unbedeutenden literarischen Betrachtungen, «um zu loben oder zu tadeln». Aber wenn er, den *Mémoires* von Madame Campan zufolge, auch keine besondere literarische Begabung hat, so spürt dieser wenig gefestigte Souverän doch auf Anhieb den politischen Protest:

> «Bei dem Monolog Figaros, in dem verschiedene Bereiche der Verwaltung angegriffen werden, vor allem aber bei der Tirade zu den Staatsgefängnissen stand der König erregt auf und sagte: ‹Das ist abscheulich. Nie wird das gespielt werden. Man müßte ja die Bastille zerstören, wenn die Aufführung dieses Stückes keine gefährliche Inkonsequenz sein soll. Dieser Mann verspottet alles, was an einer Regierung zu respektieren ist...›»

In eben dem Moment, wo die Meinung von Ludwig XVI. in Umlauf kommt, zeichnet sich in allen Parteien eine Mehrheit zugunsten von Beaumarchais ab. Bei den Mächtigen der Stunde, liberalen wie reaktionären, wird das Stück gelesen, im Februar '83 sogar beim königlichen Minister Breteuil. Am 13. Juni desselben Jahres findet Ludwig XVI. gerade noch Zeit, das Stück zu verbieten, ehe es vor versammeltem Hof am Théâtre des Menus-Plaisiers aufgeführt wird. Wieder einmal gibt Ludwig XVI. nach, nachdem er zunächst den fortschrittsfeindlichen Tyrannen markiert hat, ohne den geringsten Vorteil daraus zu ziehen. Am 27. April 1784 explodiert *Figaros Hochzeit* triumphal im neuen Saal der Comédiens-français, dem Odéon, gerade fertiggestellt am Ort des früheren Hôtel de Condé, wo Sade seine ersten Schritte gemacht hatte.

Mit den «schlechten Büchern» läuft es ähnlich. Ludwig XVI. fürchtet sie sehr, vor allem um der Religion willen, die man, wie er immer wieder sagt, «gegen die Bösen schützen muß». Aber was ist ein schlechtes Buch? Trotz Skandal werden die *Liaisons dangereuses* im Frühjahr '82 nicht verboten. Allerdings ist darin auch nicht von Religion die Rede. Marie-Antoinette läßt sich ein Exemplar (ohne Titelblatt) für ihre Privatbibliothek binden. Die *Liaisons* kann man durchgehen lassen. Aber die Religion, die einzige, die wahre, die apostolische, die römische, sie darf nicht angetastet werden. Am 19. November 1787 wird der König vor dem Parlament erklären:

> «Stets werde ich den unwandelbaren, ungeteilten Schutz über die Religion aufrechterhalten, in der geboren zu sein Gott mir das Glück geschenkt hat, und ich werde nicht ihre geringste Schwächung in meinem Reich dulden.»[2]

Nie wird Ludwig XVI. seine Opposition gegen die Pressefreiheit aufgeben, wie er sie 1786 in einem Brief an Malesherbes bekundet:

> «Zweifellos, mein lieber Malesherbes, erweitert die Pressefreiheit die Sphäre des menschlichen Wissens; zweifellos ist es wünschenswert, daß die gebildeten Menschen ihr Denken ohne die Bewilligung irgendeiner Zensur äußern können; aber die Menschen halten sich ständig so weit jenseits des

[2] Pikant ist, daß Ludwig XVI. in der gleichen Rede an das Parlament eine Reformmaßnahme zugunsten der Protestanten ankündigt, die der König nicht «ihrer natürlichen Rechte und dessen, was der gesellschaftliche Stand ihnen verspricht, beraubt» sehen will.

Platzes auf, wo die Weisheit sie festhalten müßte, daß es nicht nur einer strengen Polizei für die Bücher bedarf, sondern auch einer aktiven Überwachung der Personen, die mit deren Prüfung beauftragt sind, damit die schlechten Bücher eine so geringe Öffentlichkeit wie möglich erhalten.»

Hierin stimmt der König mit den unnachgiebigen Konservativen überein. Doch die Philosophie der Aufklärung genießt den Schutz der ganz Mächtigen (Maurepas, Malesherbes...). In Wahrheit ist die Voltairesche Subversion auch schon seit Jahren vorbei. In einer fesselnden Untersuchung, *Literaten im Untergrund*, hat Robert Darnton aufgezeigt, wie die von einer etablierten Philosophie fallengelassene Fackel des Protests in diesen Jahren von einer anderen Sorte Intellektueller übernommen wurde:

> «Sucht man nach einer Verbindung zwischen der Aufklärung und der Revolution, so scheint es unumgänglich [...], von den Höhen der Metaphysik in den literarischen Untergrund hinabzusteigen. Von dorther gesehen wirkt die Hochaufklärung ziemlich zahm. Voltaires *Lettres philosophiques* mögen 1734 wie eine ‹Bombe› eingeschlagen haben, doch zur Zeit der Apotheose Voltaires 1778 hatte Frankreich den Schock verarbeitet. In den Werken seiner Nachfolger gab es nichts Schockierendes mehr, denn *sie* waren vom ‹monde› [Establishment der aufgeklärten Gesellschaft] aufgesogen und in sie integriert. Natürlich muß man Ausnahmen wie Condorcet einräumen, aber die Generation Suards unter den *philosophes* hatte auffallend wenig zu sagen [...] Und während sie in Voltaires Kirche fett wurden, lief der revolutionäre Geist zu den hageren und hungrigen Männern des literarischen Untergrundes über, zu den kulturellen Parias, die aus Armut und Erniedrigung die jakobinische Version des Rousseauismus hervorbrachten. Die rüde Pamphletliteratur war in ihrer Gefühlslage und ihrer Aussage revolutionär. Sie gab dem Gefühl von Männern Ausdruck, die die alte Ordnung zutiefst haßten und von diesem Haß zerfresssen wurden. Durch diesen geradezu physischen Haß, nicht durch die feingesponnenen Abstraktionen der kulturellen Elite, fand die radikale jakobinische Revolution ihre authentische Stimme.»[3]

[3] S. Fischer Verlag, Frankfurt 1988; dort S. 43.

Robert Darnton meint hier die um 1770 in Erscheinung getretenen Pamphletisten, die von Voltaire «die Kanaillen der Literatur» genannt wurden, Thévenot de Morande beispielsweise, dessen *Gazettier cuirassé*, 1771, vom Patriarchen des freien Denkens so aufgenommen wurde:

> «Soeben ist eines dieser Werke der Finsternis erschienen, in dem, vom Monarchen bis zum letzten Bürger, die ganze Welt wütend beschimpft wird; in dem die furchtbarste und absurdeste Verleumdung ein schreckliches Gift über alles, was man liebt und respektiert, ausschüttet.» (*Dictionnaire philosophique*)

In der Tat ist in diesen neuen Pamphleten der persönliche Angriff die Regel, bei Bevorzugung des sexuellen Bereichs. Die Titel sprechen für sich: *Les amours de Charlot et Toinette* (der Comte d'Artois und Marie-Antoinette), *Vie privée de Louis XV, Anecdotes secrètes sur Madame du Barry, Chronique scandaleuse, Le Portefeuille de Madame Gourdan, La naissance du Dauphin dévoilée*... Die allgemeinen Themen sind schlicht und wiederholen sich: Die führende Klasse ist restlos korrupt, degeneriert, inkompetent. Ihre Männer sind halb impotent (bestenfalls) wegen der zahllosen perversen Orgien, deren Opfer die Kinder des Volkes werden. Die Frauen der Aristokratie, lüsterne Wölfinnen, spielen mit ihren Lakaien die Messalina, wenn sie sich nicht untereinander befriedigen. Das Ganze in einem babylonischen, dekadenten Luxus, der die Nation ruiniert. Großer Erfolg in der Öffentlichkeit, die sogar den König, vor kurzem noch wegen seiner angenommenen Güte verehrt, samt seiner Umgebung verspottet und mißachtet, seit seine Männlichkeit stark in Zweifel gezogen wird.

Es würde einleuchten, wenn diese Beschimpfungen in großem Abstand vom Hof produziert und sich im ganzen gegen ihn richten würden. Aber auch das ist nicht besonders klar. Ein Teil des Schmutzes, mit dem Marie-Antoinette seit den 80er Jahren zunehmend beworfen wird, scheint von hochgestellten Personen, die der königlichen Familie sehr nahe stehen, inspiriert und finanziert worden zu sein – wenn sie nicht direkt beteiligt waren, und die Polizei wird oft darüber klagen, gegen allzugut protegierte Autoren, Buchhändler und sogar Hausierer nichts ausrichten zu können.

Was hat Sade mit dieser gemischten Gesellschaft zu tun? Welches Spiel spielt er? Welche Position kann er auf diesem beweglichen Schachbrett voller Fallen und Mogeleien einnehmen?

Wie üblich, die schlechtest mögliche.

73.

Der Todessitz

Die Macht, an deren Spitze zu allem Überfluß auch noch der puritanische Ludwig XVI. sitzt, achtet natürlich peinlich auf alles, was das in den Schmähschriften gezeichnete Bild des Adels bestätigen könnte. Daher kämpft sie an zwei Fronten: indem sie einerseits Autoren, Drucker und Weiterverkäufer der Pamphlete verfolgt (oder auch bedenkliche Manuskripte aufkauft) und andererseits versucht, die führende Klasse zu säubern. Jetzt, wo die Aristokratie wegen ihrer Unmoral, ihrer Ausschweifungen, ihrer sexuellen Verbrechen angegriffen wird, ist es keine sehr günstige Position, ein ausschweifender, unmoralischer, sexueller Verbrechen angeklagter Adliger zu sein. Sade ist nicht der einzige, der ins Blickfeld der Autoritäten gerät. Die Wüstlinge aus ganz illustren Familien sind unberührbar. Aber in den 80er Jahren gibt es weitere Fälle, wo Libertins aus gutem Hause aus entsprechenden Gründen eingekerkert werden. Beispielsweise ist der mysteriöse Comte de Solages, über den Montgaillard in seinen *Mémoires* berichtet, «er habe mit der Zahl und Grausamkeit seiner Verbrechen den Languedoc in Schrecken versetzt», zur gleichen Zeit wie Sade in Vincennes und wird ihm in die Bastille folgen. Oder der Fall eines entfernten Vetters von Donatien, Véran de Sade, der in der Provence interniert ist[1].

An meiner Meinung, wonach Sade 1780 oder '81 hätte freikommen müssen, ändert das nichts. Seine Position als Familienoberhaupt unterscheidet sich gänzlich von der eines Véran de Sade, der, 1753 als zweitjüngster geboren, unter der Autorität seiner älteren Geschwister und Angehörigen bleibt. Außerdem gibt ein in der Bastille eingekerkerter Comte de Sade der Legende seiner Untaten, die mit wachsendem zeitlichem Abstand immer mehr

1 André J. Bourde hat vor kurzem die Spuren dieser seltsamen Affäre aufgedeckt. Véran de Sade war der zweitjüngste Bruder des Grafen de Sade-Eyguières, dem Madame de Montreuil das Amt des Statthalters von Bresse usw., das sie ihrem Schwiegersohn abnahm, 1778 verkauft hatte! Siehe *Le marquis de Sade*, Akten des Sade Kolloquiums vom Februar 1966 in Aix, Paris 1968, S. 59-73.

ausgeschmückt werden, nur zusätzliche Nahrung. Frei, beruhigt und durch das Urteil von Aix reingewaschen, hätte er der Macht einen unangenehmen Fall abgenommen.
Beruhigen aber wird er sich überhaupt nicht. Und nicht genug damit, daß er genau das Gegenteil tut, seine Raserei wird auch die von den Autoritäten meistgefürchtete Form annehmen: das Schreiben. Nicht in seinen Stücken, noch nicht in seinen Romanen. In seinen Briefen. Die nur Briefe sind, wird man einwenden. Jedoch Briefe mit gezielten Beschimpfungen und Verwünschungen, denen er äußerst subversive Grundsatzvorträge beimischt. Briefe, die allesamt als Manifeste dauerhaft in den Polizeibüros gestapelt werden, wie Pélagie de Sade ihren Mann am 18. Juni 1783 erinnert: «Wenn mich erreichen würde, was Du schreibst, würde man sich nicht daran erinnern, aber es wird aufbewahrt. Weder ich noch meine Familie haben [*sic*] die Mittel, es zu beseitigen.» (Lely)
Aufbewahrte Briefe, die permanent die effektivste Drohung darstellen, die der Gefangene aussprechen kann und die schon Sartine so beunruhigte, als Sade 1772/73 in Miolans war: *drucken lassen.* «Behalten Sie diesen Satz gut im Gedächtnis, ehe ich ihn drucken lasse», ist eine Formulierung, die unter seiner Feder häufig wiederkehrt.

Es ist möglich – und notwendig – zu verfolgen, wie sich seine Wut von 1780 bis 1783 steigert, wie seine Angriffe immer heftiger werden und immer genauer zielen. Anfangs, wenn er jemanden in seinen Briefen beschimpft, ist es vorzugsweise die Präsidentin, die er manchmal direkt anspricht, wenn er an Pélagie schreibt, so groß ist sein Bedürfnis, sich einzureden, daß Madame de Montreuil alles liest, was er schreibt (ich selbst glaube das gar nicht). Anschließend nimmt er sich Rougemont vor: «Kleiner Bastard», «Hanswurst» sind die Bezeichnungen, die er am häufigsten verwendet.
Bis hierher handelt es sich – jedenfalls in Sades Vorstellung – eigentlich nur um eine Art Gesellschaftsspiel, dessen Regeln er der Einfachheit halber nach eigenem Ermessen festlegt: 1. Sein Termin steht fest; also kann alles, was er vielleicht tun, sagen und schreiben wird, nichts daran ändern. 2. Da die Haft seiner Ansicht nach unter irregulären Bedingungen stattfindet, dürfen

sich sein Verhalten und seine Schriften ebenfalls außerhalb jeder Regel bewegen – ohne daß man deshalb das Recht hätte, für ihn nachteilige Schlüsse daraus zu ziehen. Daher diese erstaunliche Erklärung: «Man darf nicht aus meinen Taten oder Reden auf mein Verhalten schließen.»

Seine Begründung ist ganz einfach:

> «Wenn mir eine gewöhnliche Strafe zugeteilt worden wäre, dann hätte man daran meinen Charakter und mein Verhalten beurteilen können, aber das, was mir angetan wird, ist noch nie jemandem angetan worden. Keine der Strafen, die gegen alles, was unser Jahrhundert an großen Tätern zu bieten hat, verhängt worden sind, ist je der meinen nahegekommen. Es muß mir also gestattet werden, mich zu beklagen und zu rächen mit allem, was mir möglich ist.» (Daumas; an Pélagie de Sade, Oktober 1781)

Das kleine Sonderreglement von Monsieur de Sade für seine Gefangenschaft umfaßt zahlreiche weitere Artikelchen. Da er selbst beispielsweise das Recht hat, sein Schreiben als eine Art Psychodrama zu betreiben, das keinerlei Folgen hat, darf die Verwaltung diese Sorte Texte ihrerseits beschlagnahmen oder darin herumstreichen, einverstanden; hingegen widerspricht es den Sadeschen Regeln, daß sie auch die Besorgungslisten einzieht oder retuschiert; er achtet daher (sinnvoller Weise) sehr darauf, nicht beides auf demselben Papier zu vermischen:

> «Teilen Sie also diesem schmierigen Spitzbuben mit [Boucher, «Geheimagent»], diesem Sammler von Stockhieben, er möge sich gut daran erinnern, daß man ihm, wenn er nicht ordentlich arbeitete, nur zwei Heller gab, als er am Eingang der Polizei die Schuhe putzte. Genauso soll die Präsidentin, die, wie es heißt, ihn jede Woche zu sich kommen läßt, damit er an ihrem Bettende Schokolade trinkt, ihn weder bezahlen noch ihm ihre *weite Gunst* erweisen, wenn er so schlechte Dienste leistet. Denn seine Pflicht ist es nun einmal, das Schlechte zu entfernen und Ihnen das Gute zukommen zu lassen; also darf Ihnen nie eine Sendung mit Bestellungen vorenthalten werden; in einer Besorgungsliste sage ich ja nicht, daß Rougemont ein H(answurst), die Präsidentin eine Ku(pplerin), daß der S(artine) der Sohn eines Madrider Inquisitionsbeamten, der Boucher ein Stiefelputzer, der Albaret

ein E(sel) ist. Nein, sowas sage ich nicht in meinen Besorgungswünschen! Nur in den Briefen sage ich das. Man muß also nur die Briefe beschmieren, die Listen aber durchlassen.»

Das sind ganz sicher keine sehr diplomatischen Reden. Mit der ihr eigenen – man muß es sagen – Unbeholfenheit wird Madame de Sade die Dinge nicht verbessern, als sie ihren Mann darauf aufmerksam macht: «Du darfst über keinen Menschen Böses sagen, wenn Du von ihm abhängig bist.» (Borderie; 6. Mai 1782) Prompte Sadesche Reaktion:

«Du hast Dich vermutlich in Deinem Brief getäuscht. Bei Deinem Satz von der *Abhängigkeit* hast Du geglaubt, Du sprichst zu La Jeunesse. Dieser Stil paßt auch besser zu Deinem Lakaien als zu Deinem Ehemann! Ich hänge allein vom König ab, kenne keinen anderen Herrn als den König, bin bereit, ihm tausend und abertausendmal mein Blut zu geben, wenn er das will, aber unterhalb von ihm kenne ich keinerlei Abhängigkeit, weil ich zwischen ihm, seinen Prinzen und mir nur Unterlegene sehe, und Unterlegenen schulde ich nichts. Ich rate Ihnen, Ihren *kriecherischen, sklavischen* Stil zu ändern. Wenn das Unglück Sie entwürdigt hat, ist es schade um Ihre Seele; aber tragen Sie es wenigstens nicht zur Schau, denn das würde Ihnen keine Ehre machen. Wenn La Jeunesse Übles über diejenigen erzählt hat, von denen er abhängig ist, hat er unrecht. Aber wenn der Marquis de Sade mit einigen ebenso heftigen wie verdienten Sarkasmen die Halunkenbande, die ihn beleidigt, ihre Dummheit und Unterlegenheit hat spüren lassen, hat er recht. Dafür achte ich ihn.» (Borderie; 10. Mai)

Pélagie, verzweifelt:

«Er will nicht das System verlassen, das er sich geschaffen hat, und dennoch sagt er sich, daß er sich, käme er frei, gut aufführen würde. Das große Unglück ist, daß man das nicht versuchen will.» (Bourdin)

Die Verwaltung legt sich auf ganz schlichte Positionen fest («Er redet Unsinn; wäre er frei, würde er welchen anstellen») und beurteilt den Geisteszustand des Gefangenen weit treffender, als man es im folgenden Jahrhundert tun wird:

«Ich habe sagen wollen, daß die Haft ihm den Kopf verdreht; man hat mir erwidert, wenn ein Kopf durchdreht, dann merke man das in den ersten zwei Jahren; ferner, daß seine sonstigen Briefe voller Geist und Urteilskraft seien und daß es sich um reine Bosheit handele.» (Bourdin; Pélagie an Mademoiselle de Rousset, 18. August 1781)

Unsinn sagen... Welchen anstellen... Welchen Unsinn? O ja, Sade wird dafür sorgen, nachdem er jede Zurückhaltung abgelegt hat, Schreckliches ahnen zu lassen, wenn er erst einmal freikommt:

> «Was meint sie zu gewinnen, die Elende? [Madame de Montreuil natürlich]... Ist es meine Besserung, die sie glaubt, mit ihrer Niedertracht zu erreichen? Nun, ich schwöre und verspreche ihr, daß ich mich vor drei Jahren vergiftet hätte, wenn ich nicht als einzigen Trost besessen hätte, ihr zu beweisen, *indem ich tausendmal Schlimmeres tue, als ich getan habe* [Hervorhebung von ihm], daß ihre Mittel ebenso dumm wie sie und ihre Berater Monster sind.» (Borderie; Anfang Januar '83)

Er gibt sich Mühe, bei denen, die ihn lesen, größte Beunruhigung aufkommen zu lassen, indem er unaufhörlich Rache ankündigt: «Ich habe mit Schmerz gesehen, daß *die Tür der Rache* noch nicht offen war.» (Lely, *Carillon*; an Mademoiselle de Rousset, Mai '83) «Auf diese Weise wird man die Dinge nicht regeln», seufzt Pélagie. Gewiß nicht. Um so mehr, als sich die Rachepläne des Gefangenen auf ein einziges Mittel konzentrieren: den Skandal. «Oh! Ich werde sie enthüllen, die ganzen Scheußlichkeiten, die ganzen widerwärtigen Manöver, die ganzen vom Geiz und der Gefräßigkeit diktierten Komplotte! Ich kenne sie jetzt alle, ich habe sie auf meine Kosten erfahren: Ganz Frankreich muß sie auch kennen.» (Lely; 2. Dezember 1779)

Reden, wir haben es gesagt, das würde vielleicht noch gehen. Jedoch, vom Mai 1779 an:

> «In meinen Mußestunden vergnüge ich mich hier damit, Pläne zu schmieden. Ich habe einzigartige. Und genauso wie sie werde ich, um die Wahrheit zu sagen, ebenfalls nichts Neues erfinden. Ich werde mich damit begnügen, nur nachzuahmen. Papier, Tinte und fügsame Gauner, das ist alles, was ich brauche. Ich werde weder Polizei noch Ministerien benötigen. Einige Erinnerungen, etwas Geld und die Drucker aus Den Haag. Oh! Welche Wonnen! Das Vergnügen, das ich mir davon verspreche, lindert alle meine Qualen. Mein Kummer ist verflogen, sobald ich daran denke, mich zu rächen.

‹*Une brochure unique, un ouvrage admirable,*
Bien scandaleux, bien vrai: *le style n'y fait rien,*
Et pourvu qu'il instruise, *il sera toujours bien.*›
(Gresset, *Le Méchant*[2])

Ich ändere nur die Hervorhebungen.» (Daumas)

Noch geht es allein um Madame de Montreuil oder um Rougemont. Nach einiger Zeit aber muß das Imaginäre des Gefangenen davon Kenntnis nehmen, daß es auf der Welt noch andere Figuren gibt als die Marionetten der Präsidentin; daß es eine ganze Gesellschaft ist, die ihn einsperrt, ihn aus der Welt der Lebenden entfernt. Dann wird die Zeit kommen, in der die «monströse Regierung» und das von «Gold und V...» regierte Vaterland einbezogen werden müssen.

Bis dahin scheint Monsieur die 6 also ein *System* gehabt zu haben, das zu verlassen er sich weigerte. Was ist das für ein System?

Er beginnt damit, sich als *Libertin* vorzustellen, mit jener seltsamen, doppeldeutigen Formulierung, an die wir uns erinnern: «Ja, ich bin ein Libertin, ich gestehe es; ich habe mir alles vorgestellt, was man sich auf diesem Gebiet vorstellen kann.»

Eine Erklärung, hinter der mehr steckt, als es den Anschein hat. Als ein Mann der zweiten Hälfte des 18. Jahrhunderts scheint Donatien de Sade dem Begriff *Libertin* nur die einsinnige Bedeutung zuzuschreiben, die wir heute damit verbinden und die mehr oder weniger auf die Regentschaft zurückgeht: ein Mensch mit losen, gar ungezügelten Sitten, rückhaltlos der Fleisches lust verschrieben. Dabei geht es um eine Haltung, um *Philosophie.* Denn Sade, der sich immer als «Philosoph» verstehen und später von sich als vom «eingekerkerten Philosophen» reden wird, versäumt in den Festungen keine Gelegenheit, seine «Philosophie» vorzutragen und sich als Libertin im vollständigen Sinn, den das 18. Jahrhundert dem Wort gab, zu definieren: jemand, «der sich den Gesetzen der Religion, ob im Glauben, ob in der Praxis, nicht zu unterziehen bereit ist» (*Dictionnaire*

[2] «Eine einzige Broschüre, eine bewundernswerte, sehr anstoßerregende Arbeit: auf den Stil kommt es nicht an, wenn sie nur Informationen bringt, wird sie immer gut sein.»

de Trévoux), und dessen zügelloses Verhalten eine von militantem Atheismus bestimmte, vorsätzliche und beharrliche Umkehrung der christlichen Grundsätze ist. So entsteht ein «Philosoph in Aktion», der große Ähnlichkeit mit jenen hat, die hundert Jahre vorher für Skandal sorgten (und gelegentlich schwer dafür büßten).

Das *System*, behauptet Monsieur de Sade, sei ganz einfach und keine persönliche Erfindung von ihm. Gern gibt er seine Quellen an, etwa im folgenden Brief vom November '83 an seine Frau, in dem er sich geschickt (wie er glaubt) darum bemüht, ein Werk zu erhalten, das sonst «nicht zu ihm gelangen würde»: das *System der Natur* des Baron d'Holbach:

> «Ich frage Sie, wie ich die Widerlegung des *Système de la nature* würdigen kann, wenn Sie mir nicht zugleich *das Buch, das widerlegt wird*, mitschicken? Es ist, als sollte ich in einem Prozeß urteilen, ohne die Beweisstücke beider Parteien zu sehen. Sie merken wohl, daß das nicht geht, wenngleich das *Système* tatsächlich und unbestreitbar die Grundlage meiner Philosophie ist und ich sein Anhänger bin *bis zum Martyrium*, wenn es sein muß. Doch da ich es seit sieben Jahren nicht mehr gelesen habe, kann ich mich nicht ausreichend daran erinnern, um die Widerlegung zu würdigen. Ich will mich gern bemühen, mich [den Argumenten] zu ergeben, falls ich Unrecht habe, aber verschaffen Sie mir die Mittel dazu.» (Lely, *L'Aigle*)

Eine bloße Floskel, auf die Monsieur de Sade gerade eine Sekunde verwendet. Er fährt fort:

> «Keine Dummheiten deshalb; es wäre eine, verweigerte man mir ein Buch, das ich dem Papst [?!] zu lesen gegeben habe, in einem Wort ein goldenes Buch, das in jeder Bibliothek stehen müßte, ein Buch, das ein für allemal dem gefährlichsten und hassenswertesten aller Hirngespinste den Boden entzieht und es zerstört, jenem, das am meisten Blut auf der Welt gekostet hat und zu dessen Sturz und restloser Vernichtung sich die ganze Welt vereinen müßte, wenn die Menschen, die diese Welt bilden, auch nur die geringste Vorstellung von ihrem Glück und ihrem Frieden hätten. Ich selbst gestehe, daß ich mittlerweile nicht mehr begreifen kann, daß es Menschen gibt, die immer noch daran festhalten, und ich bin ziemlich

überzeugt, daß es nicht aufrichtigen Herzens geschieht. Oder sie sind Schwachsinnige, Menschen, denen man nicht den geringsten Verstand beibringen kann und die sich nicht die Mühe machen wollen – oder können –, irgend etwas zu ergründen[3]. Denn daß der Theismus der Prüfung nicht eine Sekunde standhält, ist ganz sicher, und man braucht nicht einmal den geringsten Vorgang in der Natur zu studieren, um zu wissen, daß sie allein und ohne irgendeine erste Ursache agiert, und daß diese erste Ursache, die nichts erklärt und im Gegenteil selbst danach verlangt, erklärt zu werden, einzig das *nec plus ultra* der Unwissenheit ist.»

1780 ist der große atheistische, freigeistige Kampf während der Herrschaft Ludwigs XIII. und Ludwigs XIV. schon lange beendet. Die noch lebenden großen Köpfe der Aufklärung sind mehrheitlich Deisten, oder sie zweifeln nur privat. 1770 hatte Voltaire das (anonyme und klandestine) Erscheinen des *Système de la nature* moniert. Nach der Regentschaft hatte im Grunde nur noch La Mettrie, jenes «unanständige, unvorsichtige, närrische» Subjekt (Diderot), im Leben wie in seinen materialistischen Texten den freigeistigen Aufruhr fortgeführt. La Mettrie war aber 1751 gestorben – an verdorbenem Magen und mit schlechtem Leumund, und auf einen d'Holbach kann sich Sade schon gar nicht berufen. Denn wenn das *Système de la nature* die «Grundlage der Philosophie» Sades ist, sind die Schlüsse, die er daraus zieht, doch sehr verschieden von denen, die der Autor unzweideutig benennt. Der Atheismus beispielsweise, von Sade im Grunde auf die Formel gebracht: «Da Gott nicht existiert, ist alles egal», führt d'Holbach zu folgender Haltung:

«Ein Atheist ist ein Mensch, der die Natur und ihre Gesetze kennt, der seine eigene Natur kennt, der weiß, was sie ihm auferlegt; ein Atheist hat Erfahrung, und diese Erfahrung beweist ihm in jedem Augenblick, daß das Laster ihm schaden kann [...]; diese Erfahrung beweist ihm, daß die Gesellschaft für sein Glück nützlich ist [...]; alles beweist ihm, daß er sich beliebt machen muß, um glücklich zu sein [...]; daß die

[3] Man muß sich vor Augen halten, daß die Empfängerin dieses Glaubensbekenntnisses ihrem Mann gegenüber stets ihre religiösen Überzeugungen beibehalten wird.

Gerechtigkeit zur Aufrechterhaltung jeder Vereinigung nötig ist und daß niemand, ungeachtet seiner Macht, mit sich zufrieden sein kann, wenn er weiß, daß er Gegenstand des öffentlichen Hasses ist [...] Er hat also eine Moral, er hat reale Motive, ihr zu genügen; er ist gezwungen, zu spüren, daß die Pflichten notwendig sind; und wenn seine Vernunft nicht von blinden Leidenschaften oder lasterhaften Gewohnheiten getrübt ist, wird er merken, daß für jeden die Tugend der sicherste Weg zur Glückseligkeit ist.» (*Sytème de la nature*, II, Kapitel 12–13[4])

Dennoch gibt der Baron d'Holbach die Relativität der Begriffe Tugend und Verbrechen zu:

«In einigen Nationen erschlägt man die Alten, und die Kinder erwürgen ihre Väter. Die Phönizier und die Karthager opferten Gott ihre Kinder. Die Europäer billigen Duelle und sehen denjenigen, der sich weigert, einen anderen zu ermorden, als entehrt an. Die Spanier und die Portugiesen finden es sehr anständig, einen Häretiker zu verbrennen. Die Christen glauben, für seine Meinungen zu töten, sei sehr legitim. In manchen Ländern prostituieren sich die Frauen ohne Entehrung etc.etc.etc.» (*Système de la nature*, I, Kapitel 9)

Wie Voltaire stellt d'Holbach dieser Relativität jedoch die Überzeugung von einer universellen menschlichen Natur gegenüber, die dem Ideal zustrebe (dabei sind manche Völker diesem Ideal näher, manche weniger), und sei es aus Erwägungen der *Nützlichkeit*. Denn «um Philosoph zu sein, genügt es nicht, die überkommenen Vorurteile anzugreifen, man muß sie durch nützliche Wahrheiten ersetzen», und »*Wahrheit, Weisheit, Vernunft, Tugend, Natur* sind synonyme Begriffe zur Bezeichnung dessen, was der menschlichen Gattung nützlich ist» (*Essai sur les préjugés*, Kapitel 8). Sade hingegen ist «überzeugt, daß nichts weniger achtenswert ist als eine Dirne und daß die Weise, wie man sich dieser bedient, dem Stuhlgang durchaus vergleichbar ist»:

«Der König von Achem läßt sich von siebenhundert Frauenzimmern bedienen, denen man Tag für Tag für den geringsten Fehler drei- oder vierhundert Peitschenhiebe verabreicht,

[4] Deutsche Ausgabe: Paul-Henri Thiry, Baron d'Holbach, *System der Natur oder Von den Gesetzen der physischen und der moralischen Welt*, Berlin 1960.

und an ihren Köpfen probiert er den Säbel aus, den er in der Armee benutzt. Dem Kaiser von Golconda werden zum Spaziergang zwölf Frauen wie ein Elefant zusammengestellt, und jedesmal, wenn ein Prinz stirbt, opfert er eigenhändig zwölf. Wenn man diesen Herren berichtete, daß es in Europa ein kleines Fleckchen Erde gibt, wo ein *schwarzer Mann* [der Polizeidirektor Le Noir] Tag für Tag dreitausend Spitzbuben bezahlt, um die Art zu erfahren, wie die Bürger dieses Fleckchens (Menschen, die sich als *sehr frei* bezeichnen) die Spermamaterie in Schwung bringen; daß es dort aufnahmebereite Kerker, fertig montierte Schafotte gibt für diejenigen dieser *sehr freien* Menschen, die immer noch nicht verstanden haben, daß es ein großes Verbrechen ist, die Schleusen rechts statt links zu öffnen; und daß die geringste Echauffierung des Kopfes in einem Augenblick, in dem die Natur will, daß man ihn verliere, der schwarze Mann aber will, daß man ihn behält, mit dem Tod oder mit zwölf bis fünfzehn Jahren Gefängnis bestraft wird; wenn, so sage ich, man dies den von mir zitierten Königen vortrüge, hätten sie wiederum recht, geben Sie es zu, den Vortragenden als verrückt einzusperren... Das liegt eben daran, daß diese Menschen unzivilisiert sind, daß sie nicht das Glück haben, von der Fackel des Christentums erleuchtet zu werden, daß sie Sklaven sind, während wir hingegen *sehr christlich, sehr zivilisiert und sehr frei sind.*

O, Du Erzeuger dieses üblen kleinen runden Balls, o Du, der Du in einem Atemzug vielleicht zehn Milliarden von der Art wie der unseren in die Unendlichkeit des Raums gesetzt hast, Du, dem der Verlust dieser zehn Milliarden nicht einmal einen Seufzer entlocken würde, wie mußt Du Dich über all die Schwachsinnigkeiten der kleinen Ameisen vergnügen, die über Deine Planeten zu zerstreuen Dir gefallen hat, wie mußt Du über den König von Achem lachen, der siebenhundert Frauen auspeitscht, über den Kaiser von Golconda, der sie zu Kutschpferden macht und über den schwarzen Mann, der will, daß man seinen Kopf behält, wenn man seinen... verliert. Guten Abend, meine kleine Frau.» (Lely, *Carillon*; an Pélagie, unbekanntes Datum)

Es ist also ein recht seltsamer Anachronismus, daß sich Donatien de Sade in seinem geschlossenen Theater von Vincennes bemüht, eine so altmodische Figur wie einen materialistischen Philosophen und engagierten Libertin wiedererstehen zu lassen, die er seinen Wächtern und der Macht immer provozierender entgegenstellt, dabei stets darauf achtend, sein Verhalten und seine Verfehlungen mit seinen Überzeugungen in Einklang zu bringen. Ganz so stellt er sich auch in einem Brief an Madame de Sade vom November '83 vor:

«Meine Art zu denken könne man nicht billigen, sagen Sie. Und was kümmert mich das? Verrückt, wer wegen der anderen eine Denkungsart annimmt! Meine Denkungsart ist die Frucht meiner Überlegung: sie gehört zu meinem Leben, meiner Beschaffenheit. Es steht nicht in meiner Macht, sie zu ändern; und wenn es in meiner Macht stünde, würde ich es nicht tun. Diese Denkungsart, die Sie tadeln, ist der einzige Trost meines Lebens; sie erleichtert im Gefängnis alle meine Qualen, sie verschafft mir alle meine Freuden auf der Welt, und ich hänge an ihr mehr als an meinem Leben. Nicht meine Art zu denken hat mein Unglück verursacht, sondern die der anderen. Der vernünftige Mensch, der die Vorurteile der Dummen verachtet, wird notwendigerweise zum Feind der Dummen; er muß darauf gefaßt sein und sich nichts daraus machen. – Geht ein Reisender einen schönen Weg entlang, der mit Fallen übersät ist, und stürzt hinein. Sagen Sie, ist es die Schuld des Reisenden oder des Schurken, der die Fallen gelegt hat? Wenn meine Freiheit also, wie Sie meinen, die Aufgabe meiner Prinzipien oder meiner Neigungen zum Preis hat, können wir uns auf ewig voneinander verabschieden, denn lieber als sie würde ich, wenn ich sie hätte, tausend Leben und tausend Freiheiten opfern. Diese Prinzipien und diese Neigungen werden bei mir bis zum Fanatismus getrieben, und der Fanatismus ist das Werk der Verfolgungen meiner Tyrannen. Je mehr sie ihre Beleidigungen fortsetzen, desto tiefer pflanzen sie meine Prinzipien in meinem Herzen ein. Wenn deren Zerstörung der Preis meiner Freiheit ist, erkläre ich offen, daß man mir nie davon zu reden braucht. Das sage ich Ihnen. Ich werde es Monsieur Le Noir sagen. Ich werde es der ganzen Erde sagen. Wenn meine Prinzipien und meine Neigungen sich nicht mit den französischen Gesetzen vereinbaren lassen, verlange ich nicht danach, in Frankreich zu bleiben. Es gibt in Europa weise Regierungen, die die Menschen nicht ihrer Neigungen wegen entehren und sie nicht ihrer Meinungen wegen einsperren. Dorthin werde ich gehen und glücklich sein.» (Lely/Borderie)

Man beachte, daß Sade Ende '83, also nach ungefähr sechs Jahren Haft, im Grunde erklärt, er sei wegen seiner Meinungen eingesperrt. Den populären Pamphletisten aber sind die Systeme des Marquis de Sade gänzlich unbekannt, für sie ist er einfach der Inbegriff der verkommenen Aristokratie. Die Anekdotensammlung von Bachaumont, die 1781 als Buch in London erscheint, gibt den legendären Fassungen der alten Affären von Marseille und Arcueil breiten Raum. 1784 wird sie auch die *Gazette noire* übernehmen.

Das ist nicht alles. Über einen dieser paradoxen Wege, die er sein ganzes Leben lang eingeschlagen hat, wird Monsieur de Sade selbst, diese ideale Zielscheibe der literarischen Kanaille, die Sprache jener Zornigen übernehmen, ihre Gefühle, könnte man meinen, bis hin zu ihren Forderungen. In dem eben zitierten Brief fährt er fort:

«Es sind nicht die Meinungen oder die Laster der einzelnen, die dem Staat schaden; es sind allein die Sitten des öffentlichen Menschen, die die allgemeine Verwaltung beeinflussen. Ob ein einzelner an Gott glaubt oder nicht, ob er eine Dirne anbetet und ehrt oder ihr hundert Tritte in den Bauch gibt, weder das eine noch das andere Verhalten wird die Verfassung eines Staates aufrechterhalten oder erschüttern. Aber wenn der Beamte, der die Versorgung einer Hauptstadt zu überwachen hat, die Lebensmittelpreise verdoppelt, weil die Lieferanten ihn dazu gebracht haben, wenn der Verwalter von öffentlichen Geldern diejenigen leiden läßt, die von diesen Geldern bezahlt werden müssen, weil er sie auf eigene Rechnung angelegt hat, wenn der Bewirtschafter eines großen königlichen Hauses die armen Soldaten, die der König in diesem Haus unterbringt, verhungern läßt, weil er am letzten Donnerstag vor Beginn der Fastenzeit [französisch: *jeudi gras*] im Kreis seiner Familie gut essen will, dann ist aufgrund dieser Veruntreuung die Erschütterung vom einen zum anderen Ende des Staates spürbar; alles wird verdorben, alles wird herabgesetzt.»

Könnte man nicht, vom Plädoyer für die sexuellen Abweichungen abgesehen, meinen, ein «Werk der Finsternis» zu lesen? Nicht ganz? Oh, es geht noch heftiger, direkter. Ist es ein Thévenot de Morande, von dem diese Brandrede stammt:

> «Es sind die zahllosen Mißbräuche der Regierung, die die Laster der einzelnen vermehren. Mit welcher Stirn wagten diejenigen, die an der Spitze dieser Regierung sind, Laster zu bestrafen, wagten sie Tugend zu fordern, wenn sie selbst das Beispiel für alle Verkommenheiten geben?
>
> Mit welchem Recht könnte diese Schar von Blutsaugern, die ihren Durst am Unglück des Volkes stillt, die mit ihren infamen Privilegien diese leidgeprüfte Klasse – deren einziger Fehler es ist, arm und schwach zu sein – vor die grausame Entscheidung stellt, entweder die Ehre oder das Leben zu verlieren, wobei im letzteren Fall keine andere Wahl bleibt, als es im Elend oder auf dem Schafott zu verlieren, mit welchem Recht, sage ich, könnten solche Monster Tugend fordern? Wie! Wenn ich sehe, wie sie um ihrer Gier, ihres Geizes, ihrer Ambitionen, ihres Stolzes, ihrer Gefräßigkeit, um ihrer Unzucht willen reuelos Millionen Untertanen ihres Königs opfern, könnte ich da nicht, wenn es mir gefiele, genau wie sie welche opfern? [Siehe da!] Und was rechtfertigt ihre Straflosigkeit? Womit machen sie ihre Infamien wieder gut?»
> (Daumas; an Marie-Dorothée de Rousset, 26. April 1783)

Fassen wir zusammen: Donatien de Sade ist von der Macht als gefährlicher sexueller Abweichler wie jeder andere Delinquent dieser Art ohne die Privilegien seines Rangs inhaftiert worden. Als verspäteter freigeistiger Philosoph bleibt er in Haft, weil man von seiner Seite neue Untaten und zugleich Schriften fürchtet, «die einen zum üblen Subjekt machen», wie jene Voltaires. Unter den lebenden Vertretern der «Hochaufklärung», die von seinen unmoralischen Theorien schockiert wären, würde er dennoch keinen einzigen Verteidiger finden. Den Adligen läßt seine Klasse wegen seines indiskreten Verhaltens fallen, während er als Vertreter derselben zur Zielscheibe der neuen Pamphleteschreiber wird. Als angehender subversiver Pamphletist wird er die Feindseligkeit seiner sozialen Familie noch stärker auf sich ziehen, ohne auf die Sympathie der

Gegenseite hoffen zu können, falls er dieser überhaupt bekannt würde.
Im Panzerwagen des französischen Staates, der am Ende des Jahrhunderts langsam auf die abschüssige Bahn zufährt, auf der er sich dann bald überschlagen wird, scheint Monsieur de Sade, gefesselter aber nicht geknebelter Passagier, Sündenbock aller Parteien und Tendenzen, erklärte Zielscheibe für alle Aggressionen, ausgerechnet den so gefährlichen «Todessitz» einzunehmen, wie es heute bei unseren Autos heißt. Er wird ihn nur selten verlassen.

74.

Wann ist er er selbst?

Thévenot de Morande hat man gekauft, Mirabeau wird man bald, 1789, kaufen, doch Donatien de Sade hat sich nie jemand kaufen können. Ob er zu entwaffnen gewesen wäre, wenn man ihm Freundschaft, Vertrauen gezeigt hätte, werden wir nie erfahren. Ohnehin ist der Moment verpaßt; jetzt steht eine Rechnung offen, die er zu begleichen gedenkt, allein gegen alle.

Man weiß inzwischen genug, denke ich, um verstanden zu haben, daß nichts in Sades Haltung jenem «vorprogrammierten Scheitern», jenem latenten Masochismus verwandt ist, den einige glaubten, ihm zuschreiben zu können (beispielsweise Jean Paulhan). Das hieße, Sades heftigen Freiheits- und Lebensdrang zu unterschätzen, selbst wenn er eine seiner Figuren mal sagen läßt: «Weiß man denn nicht, daß auch die Bestrafung Begeisterung weckt?» (*Les cent vingt journées*), und selbst wenn dieser Lebens- und Lustinstinkt ihn in (seltenen) Augenblicken dazu führt, in seiner Situation flüchtige Vorteile zu entdecken. Ebensowenig überzeugt mich die Analyse von Maurice Blanchot, die mir etwas rätselhaft ist, aber offensichtlich vom selben Gesichtspunkt ausgeht, wenn er schreibt:

> «Sehr bald hört er auf, einen Unterschied zwischen sich selbst und der Einsamkeit seines Gefängnisses zu machen[1], und aus dieser Einsamkeit, vor der ihm graute (in doppelter Weise: für sich genommen und aufgrund der Sanktion, die sie darstellte), entstand und entwickelte sich durch die Umkehrung des Grauens in einen Reiz die ununterdrückbare Notwendigkeit des Schreibens, eine beängstigende Kraft der Rede, die nicht mehr nachlassen wird.»

Im Ernst, in den dreizehn Gefängnisjahren Sades habe ich nicht viele Hinweise gefunden auf irgendeinen Reiz der Einsamkeit und des Gefängnisses, der ihn in Umkehrung des Grauens, das er davor hatte, überkommen hätte. Aber jedem steht es frei, sei-

[1] Offen gesagt: auch nach mehrfachem Lesen bleibt mir dieser Satz völlig unverständlich.

ne Interpretation zu Sade abzugeben. Wie dem auch sei, meiner Ansicht nach sind es nicht die Reden eines Masochisten oder eines Liebhabers von Gefängnissen, die seine Wärter von ihm zu hören bekommen.

Der physischen Gewalt, die man ihm antut (anfangs aufgrund des persönlichen Spiels, das wir erwähnt haben), wird er in einer Sprache ohne Zurückhaltung, «ohne jede Rücksicht» auf irgend etwas, antworten. «Die *Figur* Sade», schreibt Georges Bataille, «schließt sicherlich eine Zustimmung seitens derer aus, die von Not und Angst getrieben sind. Die Sympathien und die Ängste – man muß auch sagen die Feigheiten –, die das gewöhnliche Verhalten der Menschen bestimmen, sind den Leidenschaften, die über die Souveränität der sinnlichen Personen entscheiden, diametral entgegengesetzt.»[2]

Wenn man unbedingt (zumeist aus ganz persönlichen Gründen) aus Sades Haltung im Gefängnis und den in seinen Briefen verstreuten Erklärungen sowie aus einigen vergleichbaren Reden seiner Figuren eine metaphysische Position ableiten will, die er eingenommen haben soll, dann ist es nicht völlig illegitim, wenn Bataille sagt, daß «dieser Mensch, den nichts brechen kann», bis 1790 das Programm eines «Denkens ohne Schwäche» absolvieren wird.

Aber nur, wenn man dies unbedingt will. Denn es ist notwendig und an der Zeit, es einmal klarzustellen: Es gibt kein *Denken Sades* im Sinn der üblichen Vorstellung eines Denksystems. Je mehr man sich dem Genie nähert, desto weniger ähnelt die intellektuelle Arbeitsweise diesem so hoffnungslos praktischen Gewerbe, das die meisten respektvoll das Denken nennen.

Der Irrtum rührt zunächst daher, daß die Öffentlichkeit immer glaubt, ein Schriftsteller schreibe, weil er etwas zu sagen habe (auch Schriftsteller erliegen diesem Irrtum). Niemand hat das Irreführende eines solchen Glaubens besser darzustellen vermocht als Novalis in seinen *Vorarbeiten zu verschiedenen Fragmentsammlungen*, die diesen unglaublichen Monolog enthalten:

[2] *L'érotisme*, Paris, éditions de Minuit, 1959, verwendet abgeändert das Vorwort von G. Bataille zu *Justine*, Paris, Soleil Noir 1950.

«*Monolog:* Es ist eigentlich um das Sprechen und Schreiben eine närrische Sache; das rechte Gespräch ist ein bloßes Wortspiel. Der lächerliche Irrthum ist nur zu bewundern, daß die Leute meinen – sie sprächen um der Dinge willen. Gerade das Eigenthümliche der Sprache, daß sie sich blos um sich selbst bekümmert, weiß keiner. Darum ist sie ein so wunderbares und fruchtbares Geheimniß,– daß wenn einer blos spricht, um zu sprechen, er gerade die herrlichsten, originellsten Wahrheiten ausspricht [...] Wenn man den Leuten nur begreiflich machen könnte, daß es mit der Sprache wie mit den mathematischen Formeln sei – Sie machen eine Welt für sich aus – Sie spielen nur mit sich selbst, drücken nichts als ihre wunderbare Natur aus, und eben darum sind sie so ausdrucksvoll – eben darum spiegelt sich in ihnen das seltsame Verhältnißspiel der Dinge.»

Der insgesamt zitierenswerte Monolog endet mit der Feststellung: «...und so wär' ich ein berufener Schriftsteller, denn ein Schriftsteller ist wohl nur ein Sprachbegeisterter?»[3] Das rechtfertigt keineswegs eine «Text»-Interpretation Sades, im Gegenteil. Die Sprachbegeisterung, von der Novalis redet, macht deutlich genug, daß es in solchen Fällen die ganze Person ist, die in das Abenteuer mitgerissen wird.

Sade ist unter allen französischen Schriftstellern des 18. Jahrhunderts (ausgenommen vielleicht Laclos und auch nur in den *Liaisons*) der einzige, dem es als Sprachbegeistertem gelungen ist, mit den freien Bewegungen der Worte zu spielen. Daher gehöre ich zu den wenigen, die ihn unter den ganz großen Poeten aller Zeiten sehen, ohne seine extreme Außenseiterrolle zu ignorieren. Daß er gelegentlich selbst von der Überzeugung durchdrungen gewesen ist, er schreibe, um zu räsonieren, um ein System anderen Systemen entgegenzusetzen, ändert daran nichts. Außerdem wird er das aufgeben und schließlich die meiste Zeit über, mehr oder weniger implizit, mehr oder weniger bewußt, die Tatsache anerkennen, daß er kein *Denken*, sondern eine *Denkungsart* hat. Seit er im Gefängnis ist, hat sie begonnen, wie ein Mühlstein zu funktionieren, der alle moralischen Systeme, die man ihm entgegensetzen will, zermalmt, ohne daß sich der Besitzer dieser hölli-

[3] Novalis, *Werke*, Bd. 2, Hanser, München, Wien 1978, S. 439.

schen Maschine dazu herabläßt, irgend etwas Nützliches auf den philosophischen Trümmern aufzubauen, die er um sich herum fallen läßt.

Wenn Sade unbedingt zu den «Denkern» seiner Zeit gerechnet werden soll, dann sollte man sich an die korrekte Feststellung halten, die Pierre Naville in seinem ausgezeichneten *D'Holbach* trifft:

> «Die Antinomien der materialistischen Physik und der utilitaristischen Moral bleiben bei La Mettrie ungelöst. Bei d'Holbach und Diderot heben sie sich auf der Suche nach einem neuen gesellschaftlichen Gleichgewicht auf. Bei Sade explodieren sie zugunsten der individuellen, ganz und gar natürlichen Sinnlichkeit, die den Gesetzen der Gesellschaft feindlich ist.»

Die Explosion unversöhnbarer Konzepte im Schmelztiegel einer Sensibilität hat nie ein kohärentes philosophisches System hervorgebracht. Wenn man allerdings Sade heißt, kann diese Explosion zum farbenprächtigen Feuerwerk eines beispiellosen Werkes geraten.

Daher kann man sein Vorgehen nicht auf eine *Negation*, eine organisierte *Umkehrung* irgendeiner Ethik, auf «die Negation einer Realität, die es [das Denken] begründet» (Bataille), reduzieren; «das Verlangen des Denkens drückt sich in einer endlosen Negation aus» (Blanchot). Zwar ist eine Explosion zerstörerisch, sie legt aber auch eine Vielfalt von Öffnungen, von Wegen frei, die in neue Richtungen führen. Das Negieren ist genausowenig Sades Sache wie das Behaupten: «Er hat nichts zu beweisen, was er einfach will, ist alles zu sagen. Was etwas anderes ist. Er will alles sagen, weil er alles wissen will. Und er sagt alles, was er sagen will.» (Annie Le Brun) «Wenn wir nicht alles gesagt, alles analysiert hätten», ruft der Erzähler der *Cent vingt journées* aus («Sie wissen, daß niemand so analysiert wie ich», schreibt Sade an seine Frau). Und wenn sie alles sagen, alles analysieren, wie könnten Sades Figuren ein *Denken* im üblichen Sinn des Wortes begründen? Sie können nur – und wollen auch nur – bei den Menschen jene Bewegung der Natur *darstellen*, in der Sade faktisch keine Möglichkeit sieht, um etwas Ähnliches wie unser gewohntes «logisches Denken» zu begründen, das meistens nur eine grobe Karikatur dessen ist, was es sein könnte, weil es meistens nur den Anschein der Logik hat.

«Gerade weil nichts das logische Denken begründet und deswegen nichts es begrenzt, ist es in den Augen Sades die einzig mögliche Arbeitsweise, um die endlose Unruhe einer Natur zum Ausdruck zu bringen, die keine Grenzen kennt, nicht einmal den Tod, der die Formen zersetzt, die bewegte Materie aber nicht berührt. Nichts Einfacheres, aber auch nichts Anstößigeres, denn es ist der Begriff der Ethik selbst, den dieses Denken, das nichts aufhält und das sich prinzipiell von nichts aufhalten lassen will, zerstäubt. Davon ausgehend fällt es leicht, die Distanz zu erfassen, die sich zwischen Sade und dem atheistischen Denken auftut, selbst wenn seine Figuren in zahlreichen theoretischen Abhandlungen, eine logischer als die andere, nie versäumen, im Namen der Vernunft die widersprüchlichsten Positionen zu rechtfertigen.
Seine Figuren, nicht er, spielen mit ihren Widersprüchen, werfen sie auf, provozieren sie, um gewissermaßen die Unmöglichkeit einer Begründung der Vernunft nachzuweisen und implizit ihren Anspruch auf Universalität anzugreifen. Ich glaube ganz und gar nicht, daß Sade sich mit jenen ‹obskuren Kräften› mißt, die angeblich die Vernunft stützen, wie Maurice Blanchot meint. Er zeigt im Gegenteil, wie gebrechlich sie ist, sobald sie sich, um Universalität zu beanspruchen, auf eine Ordnung stützt, die nicht existiert. Was hingegen existiert – und Sade ist der erste, wenn nicht der einzige, der das erhellt hat –, ist jene Ordnungsleidenschaft, die der Vernunft zu Hilfe kommt und der es entspricht, daß der Mensch Formen in der Natur erfindet. Eine Ordnungsleidenschaft, die Sade im intellektuellen wie im erotischen Bereich enthüllt. Die verzweifelte Suche nach einer Ordnung noch in den rasendsten Orgien. ‹Bringen wir ein wenig Ordnung in unsere Freuden, man genießt sie nur, indem man sie festlegt›, sagt die ‹entfesselte› Delbène. In der menschlichen Hinfälligkeit der Ordnung ist er der erste und einzige, der zu uns von Hinfälligkeit und Monstrosität spricht. Daher führen jene zahllosen theoretischen oder erotischen Inszenierungen, Anordnungen, von denen die Sadesche Welt wimmelt, alle auf *eine* Vernunft zurück, die nie *die* Vernunft ist. Und darin liegt ihre Monstrosität, sie organisieren sich nur, um sich wieder aufzulösen.» (Annie Le Brun)

Ebenso erhellt Annie Le Brun alle Aspekte des «prachtvollen Geschenks», das uns Sade in den *Cent vingt journées* macht und «dessen Wert bislang niemand von uns richtig ermessen hat»:

> «Diese Erzählung gleicht einem großartigen Mahl, bei dem 600 verschiedene Gerichte [damit sind die 600 Anekdoten gemeint, die von den vier Erzählerinnen erzählt werden] deinem Appetit offeriert werden. Ißt du sie alle auf? Nein, ohne Zweifel! Aber diese verschwenderische Anzahl erweitert die Grenzen deiner Auswahl, und du wirst, von dieser Vermehrung der Wahlmöglichkeiten entzückt, nicht dem Amphytrion grollen wollen, der dich bewirtet. Tue hier das gleiche, wähle und laß den Rest stehen, ohne auf diesen Rest nur deshalb zu schimpfen, weil er nicht die Eignung hat, dir zu gefallen. Denke, daß er andern gefallen wird, und sei ein Philosoph.»

«Mit Hilfe dieses Bilds eines Festessens», fährt Annie Le Brun fort, «zeigt Sade deutlich, daß für ihn das Besondere das Allgemeine absolut bestimmt, und daß es der einzige Wert des Allgemeinen ist, die Summe aller besonderen Fälle zu sein, oder genauer, das durch den Rausch der großen Zahlen überhöhte Besondere zu sein [...] Ist man sich dessen aber richtig bewußt geworden? Ausgehend von dieser gastronomischen Metapher unternimmt Sade nicht weniger, als die Voraussetzungen unseres Denkens zu erschüttern. Denn genau hier setzt er an die Stelle der formalen Logik, der wir ständig zu entsprechen bemüht sind, ähnlich einer Kleiderordnung, die wir selbst um den Preis größter Unbequemlichkeit unbedingt einhalten wollen, eine *affektive Logik*, auf die sich zu berufen vor ihm und nach ihm niemand wirklich gewagt hat.»

Nichts trifft mehr zu, nichts ist präziser. Dem möchte ich aber in bezug auf Donatien de Sade selbst hinzufügen, wie sehr der Koch der wunderbaren Mahlzeit, der Autor, am Ende hinter der endlosen Reihe seiner Gerichte zurücktritt. «Schwachköpfe, die Ihr seid», ruft er in einem Brief vom 22. März 1779, «wann werdet Ihr denn wissen, daß es genauso viele Unterschiede zwischen den Charakteren der Menschen wie zwischen ihren Gesichtern gibt? Genauso viele zwischen ihrer Moral wie zwischen ihrem Aussehen? Daß das, was dem einen paßt, dem anderen nicht paßt? Noch besser, daß das, was den einen gesund machen, den anderen ruinieren kann?» (Lely) Und stets wird er äußerst bedacht darauf sein, den Unterschied zwischen seiner Person und den anderen zu betonen: «mehr als Nahrung» braucht er Luft, Bäder, Übungen, sein Kopf «wird nie im Schatten reifen», seine Denkungsart «schafft alle [seine] Vergnügen auf der Welt», und daran hängt er «mehr als am Leben». Gut. Da spricht der Mensch. Aber der Autor? Will er irgendeine Theorie propagieren? Werden wir, wenn er darangeht, wirkliche Romane zu schreiben, endlich erfahren, welche seiner Figuren für ihn spricht (wenn es eine gibt!...)? Jeder Leser kann nach Belieben versuchen, es herauszubekommen, doch die Indizien sind rar, die uns Sade zur Verfügung stellen wird. Mehrere hundert Sades läßt er gewissermaßen an uns vorbeiziehen, unter denen wir nur noch unsere persönliche Wahl zu treffen haben.

Sade wird nie Anstalten machen, uns zu helfen, ihn zu entdecken. Vielmehr gefiel es ihm in der Bastille einmal, in einem kleinen Text, den man kaum bemerkt hat, mit einigen Zeilen auf die Spielregeln des Versteckspiels aufmerksam zu machen, von dem er nie ablassen wird (immer wieder und mit Vorliebe, beispielsweise in seinen Kommentaren zur *Justine*, erläutert er, was er nicht geschrieben hat und niemals das, was er hat schreiben wollen). In der Vorrede zum *Portefeuille d'un homme de lettres* formuliert er ein für allemal seine abschlägige Antwort auf unsere Neugier, ein seltsames Echo oder erster Bogenstrich zur «wunderbaren Mahlzeit» (Hervorhebungen von mir):

> «Es steckt in den verschiedenen Stücken *eine große philosophische Anstrengung*, weil diese sich in den einzelnen Stücken aber unterschiedlich äußert, haben manche gemeint, die Stücke seien nicht von derselben Hand, doch sie täuschen sich: Der Verfasser war genötigt, jedem Stück die ihm angemessene Philosophie *und nicht seine eigene* zukommen zu lassen. Die der Abhandlung über Amerika angemessene Auffassung wäre meines Erachtens in dem Brief über die Erziehung fehl am Platze gewesen. Aber, so wird man vielleicht fragen, WANN IST ER ER SELBST? [Die Großbuchstaben stammen von mir.] Dann, wenn er sich mäßigt, oder dann, wenn er alle Schleier zerreißt? Dem Leser kann das gleichgültig sein; entspricht es nicht dem Titel, wenn verschiedenen Charakteren unterschiedliche Auffassungen zugeordnet wurden? Und bie-

tet man damit nicht jedem etwas? Wer keinerlei Vorurteile mehr hat, wer sie, sei es aus Vernunft, sei es aus welchem Antrieb auch immer, allesamt vernichtet hat, wird in dieser Sammlung Stücke nach seinem Geschmack finden. Wer sich noch einige bewahrt hat und erst in den Anfängen der philosophischen Karriere steckt, möge sich an die weniger radikalen Auffassungen halten. So wird jeder zufrieden sein.» (Lely)

Vernünftigerweise wird man gerade noch annehmen können, daß dieser philantropische, proteushafte Autor sich eher unter diejenigen einordnet, denen die wenigsten Vorurteile geblieben sind, die unerschrocken im Abseits philosophischer Karrieren segeln und die scharfsinnigsten Ansichten mit sich tragen. Welche Ansichten, wird uns diese anstößige Denkungsart, abgesehen vom Atheismus, nie wirklich verraten, sie behauptet bloß unermüdlich die Eitelkeit jeder *festen* Überzeugung, die Schändlichkeit eines jeglichen Fanatismus wie jeder Heuchelei und wendet uns ständig das Gesicht des entschiedensten Individualismus zu, *Der Einzige* in der unbeugsamsten Verkörperung, bevor Stirner ihn beschrieben hat.

75.

«Ich gebe mich wieder meinem einzigen Genre hin»

Man versteht hoffentlich, daß ich für meinen Teil nicht versuche, Sades Werk zu erklären. Mein Ziel ist es, ihn als lebendigen Menschen zu zeigen. Und zunächst versuche ich, ihn zu *sehen*, so genau wie möglich einen Lebensweg zu verfolgen, in dem das Schreiben seinen Platz hat. Donatien de Sade ist eingesperrt. Er schrieb vorher; er wird natürlich weiterschreiben, mit vielen Hemmungen, Zweifeln und durchaus nicht besessen, durchaus nicht mit jener sturen, manischen Beharrlichkeit, von der oft die Rede ist. Aber wenn ihn das Gefängnis auch nicht zum Schreiben gebracht hat, ist es dennoch evident und logisch, daß es das, was er schrieb, empfindlich beeinflußte, wie es außergewöhnliche Lebensbedingungen bei jedem Schriftsteller tun. *Wie* und *wann* sind die einzigen Fragen, die ich zu einem Werk stellen möchte, welches – statt ein Denken darzustellen, was es ganz und gar nicht tut – vielmehr, wie alle großen Werke, nach einer treffenden Formulierung von Annie Le Brun «eine Theatralisierung des Denkens» ist, von dem mich hier allein die Umstände seiner Inszenierung interessieren.

Ein Werk, das nur allmählich seine persönliche Form annehmen wird. Erst 1785 schreibt Sade mit fünfundvierzig Jahren in der Bastille sein erstes absolut sadesches Meisterwerk: *Les cent vingt journées de Sodome.* Vorher tastet er, dreht sich in immer wieder unterbrochenen Anwandlungen literarischen Schreibens um sein Genie und entwickelt es parallel, ohne sich dessen ganz bewußt zu sein, in glänzenden Briefen. Und nichts ist, finde ich, bewegender als dieses unschlüssige Irren, dieses Hin und Her, diese Blindheit vor dem Spiegel.
Mehr oder weniger zufrieden haben wir ihn mit seiner Kompilationsarbeit beschäftigt gesehen, erschrocken vor der Perspektive von «Märchenerzählungen», auf die ein Schriftsteller kommen kann, der allein auf seine Phantasie angewiesen ist. Dann wird er sich ganz auf das Theater konzentrieren, besorgt um die Meinung von Pélagie und Amblet, der ihm Korrekturen zu seinen

Stücken vorschlagen soll. Und er erwähnt ein erotisches Werk (?) in einem zweideutigen Text, den man wieder einmal ausführlich zitieren und mehrmals Wort für Wort lesen muß:

> «Die Metaphysik [der Liebe] ist nach meiner Meinung etwas ganz und gar Witzloses und Aufgeblähtes, und wenn es darum geht, meine Werke damit zu überzuckern, wie es die dramatische Kunst fordert, so bin ich dafür nicht mehr zu haben.
> Es ist deshalb mein lebhafter Wunsch, daß der etwas weniger beeinträchtigte Beweis meiner Talente, den ich diesbezüglich liefern werde, sobald ich frei bin, einen besseren Erfolg hat als den, der mir von jenen Leuten zugestanden wird, die den Herrn Amblet zu ihrem Sprecher bestellt haben. Und es wird mir eine große Befriedigung sein, wenn ich mich wieder meinem einzigen Genre hingebe und den Pinsel des Molière gegen den des Aretino vertausche.» (Daumas; Januar oder Juli '82 (?) an Amblet)

Schwierig, genau zu erfassen, was Sade 1782 damit meint, sich wieder seinem einzigen Genre widmen und Aretinos Pinsel ergreifen zu wollen. War damals ein im eigentlichen Sinn erotisches Werk des Verfassers der *Voyage d'Italie* und des *Théâtre* im Umlauf? Wir wissen nicht, worauf er sich bezieht, wenn er von Texten spricht, die «sechs Monate lang für die Bezahlung meiner kleinen Freuden in einer der größten Städte des Königreichs gesorgt haben und mich zwei Monate in Holland reisen ließen, ohne einen Heller aus meiner Tasche zu zahlen». Vielleicht sind sie nie gedruckt worden.

Uns fehlen auch die «kleinen Blätter». Von ihnen können wir uns allerdings eine Vorstellung machen, einerseits aus den *Cahiers de notes ou réflexions*, andererseits anhand des «großen Briefs» von 1781, wo er auf das zurückkommt, «was man in meiner Brieftasche gefunden hat oder gefunden haben kann [bei seiner Festnahme 1777], drei Dinge, die sich gegen mich richten». Aus den *Cahiers de notes* seien das *Projekt einer außergewöhnlichen Ausschweifung eines Comte de Poitou*, der *Sonderbare Widerspruch zwischen Physis und Moral der Völker von Mingrelien und Georgien* und ein *Sicheres Heilmittel gegen die Verstopfung des Spätzchens* herausgestellt, das wir weiter oben für zu lang befanden, um es zu zitieren. Dem Verfasser der *Cérémonies religieuses* zufolge, von wo Sade es entnommen hat, besteht die Abhilfe

darin, die von «einem solchen Fluch» betroffenen Eheleute zu geißeln. Sades Schluß: «Und das Heilmittel ist um so sicherer, wenn es im Vollzug der Sache genommen wird.»
Nichts besonders Erotisches. Auch nichts, was durch die Verknüpfung einer romanesken, sexuellen Romanhandlung mit dem Rückgriff auf historische Beispiele, wahre oder von den Erzählern und Erzählerinnen erfundene Erinnerungen die *Cent vingt journées* oder gar *Justine* ankündigen würde. Waren die aretinischen Texte von 1769 mehr im Sinn Sades? Ich neige nicht zu dieser Annahme.
Im übrigen spürt man bei ihm in seinen ersten Gefängnisjahren eine seltsame Distanz, wenn er die «legere» Literatur erwähnt. Aus einem Brief vom August 1782: «Ich begreife und finde es sogar amüsant, daß man seinen Geist zu pikanten Sachen mißbraucht (deshalb hat mich *Le Portier des Chartreux* nie erstaunt).»
Das ist noch weit entfernt von dem kraftvollen Plädoyer, das man in *Juliette* lesen wird:

> «Ich halte alle libertinen oder unmoralischen Werke für gerechtfertigt. Sie sind, denke ich, wesentlich für das Glück des Menschen, nützlich für den Fortschritt der Philosophie, unentbehrlich für die Ausrottung der Vorurteile und in jeder Hinsicht geeignet, die Summe der menschlichen Erkenntnisse zu erweitern.»

Vorerst schreibt der Marquis de Sade anscheinend vor allem, um sich zu rechtfertigen, und diese Rechtfertigung stellt er sich in der Tat nur als eine historische, geographische, physische, in einem Wort als eine philosophische vor: die schönsten Völker der Erde sind die kriminellsten; was in Frankreich bestraft wird, wird auf Kamtschatka belohnt; wo liegt die Verantwortung des sexuellen Delinquenten, wenn «zu stark geschwollene kleine Gefäße einen Kopf augenblicklich durcheinanderbringen und aus einem anständigen Menschen im Laufe eines einzigen Tages einen Schurken machen?» (Bourdin; Brief an Mademoiselle Rousset; «Das bin ich selbst, Messieurs, ohne die geringste Eitelkeit.»)
Dann kommen die Augenblicke, in denen die Heraufbeschwörung früherer Erfüllungen köstliche «Rückerinnerungen» in seinem Kopf auslöst:

«Ich würde Sie ziemlich in Erstaunen versetzen», schreibt er an Pélagie im August 1782, «wenn ich Ihnen sagte, daß *all diese Dinge* [Hervorhebung von ihm] und die Rückerinnerungen daran immer das [sind], was ich zu Hilfe rufe, wenn ich mich von meiner Situation ablenken will [...] Es ist mir viel lieber, ich brauche nur Ihre Zahlen aus meinem Kopf zu verjagen, statt einer Unendlichkeit von Dingen und Einzelheiten, die mir sehr köstlich sind und mein Unglück so gut zu lindern wissen, wenn ich meine Phantasie schweifen lasse.» (Daumas)

Im April '83, in einer Phase, in der er Probleme mit seinem Auge hat (und während derer er häufig zu masturbieren scheint), schreibt er, wiederum an seine Frau, einen Brief, der zeigt, wie seine Phantasie dabei ist, die Rückerinnerungen zu überwinden:

«Ich lese weniger, ich arbeite weniger, mein Kopf schweift über etwas anderes mit derart lebhafter Kraft, daß ich wahrhaftig, vom Nachteil abgesehen, der ziemlich groß ist, beinahe versucht wäre, darüber nicht verärgert zu sein! Wohl hatte ich immer sagen hören, daß ein angegriffenes Sinnesorgan die Kraft der Phantasie verdreifacht, und jetzt erlebe ich es selbst. Das hat mich eine sehr sonderbare Methode der Lust erfinden lassen.»[1] (Borderie)

Rechtfertigungen, Rückerinnerungen, Zwänge, Erregungen... So entstehen Märchen. Der Diamant, sagen die Geologen, bildet sich in den Erdtiefen heraus, wo organische Stoffe, Pflanzen, Humus, Torf unter der Wirkung der großen Temperaturen und enormen Drucks schließlich nicht anders können, als sich in reinen Kohlenstoff zu verwandeln. Nie wird es möglich sein – und vermutlich ist es gut so –, exakt den Prozeß zu rekonstruieren, in dem der geistige Humus des Menschen sich in strahlende Schöpfung verwandelt, ähnlich diesen Sternen erster Ordnung, den größten Diamanten der Welt. Vielleicht werden wir dennoch, wenn wir den chronologischen Faden seiner Gefangen-

[1] Die folgende nämlich: «Denn ich bin tief überzeugt, daß man die Freuden der Liebe zur letztmöglichen Intensität steigern könnte, wenn man einen oder zwei Sinne dämpfen würde, oder sogar mehr, jedesmal wenn man Lust empfinden will.» Die Helden aus Sades Romanen werden diese Erfahrungen machen.

schaft wieder aufnehmen, im Vorübergehen einige Zeichen der Entwicklung wahrnehmen können, die den Comte de Sade endgültig in *D.A.F. SADE, französischer Schriftsteller, Paris 1740 – Charenton 1814* verwandeln wird (*Grand dictionnaire encyclopédique*, Larousse, letzte Auflage), wobei sein berühmter Satz: «Sie haben mich dazu getrieben, Ungeheuer zu erfinden, denen ich Leben geben muß», nachträglich eine andere Bedeutung erhält (an Pélagie, Juli 1783):

> «Ich würde wetten, daß Sie geglaubt haben, das Beste zu tun, als Sie mich zu einer gräßlichen Abstinenz von der *Sünde des Fleisches* verurteilt haben. Nun, Sie haben sich geirrt: Sie haben meinen Kopf echauffiert, Sie haben mich dazu getrieben, Ungeheuer zu erfinden, denen ich Leben geben muß. Es fing an, zu vergehen, und es wird in noch heftigerer Form wieder anfangen müssen. Wenn man den Topf zu lange kochen läßt, wissen Sie ja, daß er überlaufen muß.» (Lely, *L'Aigle*)

Wie verhält es sich nun aber wirklich, wo von gefährlichen Phantasien, von der Sünde des Fleisches und *all diesen Dingen* die Rede ist, mit dem Gefühls- und Sexualleben von Donatien de Sade?

76.

Illusionen und Zaubereien

Die in der Bibliothèque de l'Arsenal aufbewahrten Archive von Vincennes und der Bastille enthalten beeindruckende Handschriften von Sade: auf den Rändern oder den leer gebliebenen Seiten der Briefe, die er erhalten hat, seltener auf besonderen Blättern, hat er seine Onaniepraktiken «rekapituliert». «Erledigungen», «Erledigtes», «mit Zauber» oder ohne, «Zauber mit dem *Sterc.*», «einfacher Zauber», Zauber, «davon zwölf große und sieben riesige», «von 8 –» oder «9 Zoll», «vipernhaft», «ganzer *Sterc.*», «besondere Dinge» findet man als Eintragungen über sonderbaren Tabellen, in denen sich Zahlenkolonnen auf Zahlenkolonnen reihen und zu beachtlichen Summen führen. So ist am Rande eines Briefs des Dieners Carteron, genannt La Jeunesse, genannt der Ritter Quiros, eingetragen: «Etwa 6600 Einf. seit der Rückkehr.»[1]

Noch ist nicht vollständig entziffert, was Daumas leicht verächtlich als «extravagante, minutiöse Buchhaltung» (weshalb extravagant?) bezeichnet: was ist ein *Sterc.*[2] oder was sind diese *besonderen* Dinge? Seit Lely und Daumas bestimmte Briefe Sades veröffentlicht haben, wissen wir hingegen einiges über die *Zauber* und folglich über die *Einf*(ührungen): die Zauber sind getarnte Godemichés, die Sade von seiner Frau in Form von Etuis und Fläschchen herstellen ließ, für die er sehr genaue Maße und Herstellungsanweisungen gab:

> «Ich habe die Öffnung exakt bemessen, und das ist richtig so. Aber in der Höhe muß es mindestens drei Zoll mehr haben, obwohl eigentlich der Umfang das Entscheidende ist, worauf er seine größte Sorgfalt verwenden soll. Der aktuelle Zauber

[1] Das heißt vermutlich in zehn oder zwölf Jahren. Mit «Rückkehr» ist Sades Rückkehr nach Vincennes am 7. September 1778 gemeint. In einer «Allgemeinen Rekapitulation von sechs Jahren», am 7. September 1784, zählt er 2568 Einführungen auf 2192 Tage verteilt (die Schaltjahre eingeschlossen), das heißt «378mal mehr als einmal täglich» (in Wirklichkeit 376).

[2] lat. *stercus* = Kot, Unrat, Mist.

von Moïse [Kodename von Sade] ist das. Das soll Abraham also entweder in seiner Werkstatt machen lassen oder schicken, wenn er ein fertiges hat[3]. Er hat mir versichert, dem Erzbischof von Lyon welche mit denselben Maßen geliefert zu haben; sagen Sie ihm das, damit er sich daran erinnert.» (Borderie; Juli '81)

«Ein Etui von neun Zoll Länge und achteinhalb Umfang, das sich in Höhe von drei Zoll verschrauben läßt, aus Eben- oder Rosenholz.» (Borderie/Lely; Besorgungsliste vom Mai '83)

«Damit es sich nicht so verhält wie bei jenem kleinen Mädchen, das die Aale auf dem Tisch der Mutter sieht und ihr sagt: *Mama, wie sieht sowas aus, wenn es am Leben ist?*, muß, sage ich, das besagte Etui ohne Öffnung sechs Zoll haben, und am Ende dieser sechs Zoll muß der Teil, der sich abnehmen läßt, etwa zwei Zoll messen, was für das Etui insgesamt etwa acht ergibt; und dieser Teil muß zu schrauben sein, um dem Mißgeschick der Schwester des Herrn Pfarrers zu entgehen.»[4] (Borderie; 13. April 1783)

«Hier sind die exakten Maße eines Etuis, das Sie bitte nach dem Vorbild desjenigen, das Sie mir zugeschickt haben, für mich anfertigen lassen, aber mit diesen Abmessungen, nicht einen Strich größer oder kleiner, und unter Berücksichtigung dessen, daß es sich in Höhe von drei Zoll schrauben läßt. Lassen Sie keinen Ring oder Fliegen aus Elfenbein daran anbringen, wie bei dem, das Sie mir geschickt haben, denn es hält nicht. Dieses Etui (bei Ihren Führern muß man ja alles erklären) ist dazu gedacht, Skizzen, Pläne und mehrere kleine Landschaften aufzubewahren, die ich mit roter Tinte gezeichnet habe. Und ich glaube, daß in Wirklichkeit [an dieser Stelle Streichungen von der Verwaltung von Vincennes] wenn das für eine Nonne wäre, müßte man [Streichungen]...» (Borderie; Juli '83)

[3] Abraham: ein Kristallschleifer.

[4] Eine bekannte, alte schlüpfrige Geschichte mit zahlreichen Varianten, in der es um die versehentliche Versenkung eines künstlichen Phallus, oder eines Teils davon (nach einem Bruch), in ein weibliches Geschlechtsteil geht, woraus man ihn nicht zurückholen kann. 6 Zoll: 16,5 cm; 8 Zoll: 21,7 cm; 8 –: 23 cm; 9: 24,4 cm.

Besorgungen, die Madame de Sade einige Verlegenheiten bereiten:

«Was das Etui betrifft, weiß ich nicht, wo ich das bestellen soll, denn die Handwerker halten mich für eine Verrückte, wenn ich ihnen von einem Etui mit diesen Maßen erzähle: Man lacht mir ins Gesicht und macht das nicht. Sie wollen das Geld im voraus, aus Angst, sie würden darauf sitzenbleiben, und dann muß man es nehmen, wie es ist oder sein Geld verlieren.» (Borderie; 30. September '83)

Schwierigkeiten, die von Monsieur 6 glänzend weggefegt werden:

«*Bei Mohammeds Lust*, Sie sagen, daß das Etui, das ich von Ihnen will, Ihnen Mühe bereitet hat. Ich begreife gut, daß es welche bereiten würde, wenn es denn gemacht würde, aber wenn es nur darum geht, daß es gemacht wird, verstehe ich bei der engen Kapazität meines Kleinhirns nicht, wie allein die Tat, es zu bestellen, bei Ihnen Nerven erregen kann, die der Seele ein Schmerzempfinden mitteilen. Sie sagen, man hält Sie für eine Verrückte; das verstehe ich nicht; und ich kann nicht akzeptieren, daß die Bestellung eines *großen* Etuis durch eine *kleine* Frau irgendeine Verwirrung der Zirbeldrüse verursachen kann, in der wir gottlosen Philosophen den Sitz der Vernunft sehen.» (Lely, *L'Aigle*; November '83)

Man hat bereits begriffen, welche Verwendung der Gefangene hat für diese so sorgfältig konzipierten, exakt bemessenen Etuis aus glattem, sanftem (Eben- oder Rosen-) Holz, ohne gefährliche Kanten. Außerdem hat Monsieur de Sade keine Scheu, sich in seinen Briefen in kaum verhüllter Sprache zur tatsächlichen Bestimmung der Gegenstände seiner Begierden zu äußern. Mit dem ihm eigenen Humor beispielsweise im November 1783 Pélagie gegenüber:

«Bezüglich des Etuis begreife ich Ihr Geschwätz überhaupt nicht; alle Händler machen die Etuis, die man bei ihnen bestellt und eines mit den genannten Abmessungen zu bestellen, läßt höchstens an *Weite* denken – aber doch nicht an *Verrücktkeit*. Fragen Sie lieber ihren Vetter Villette[5].

[5] Der in erster Ehe mit einer Schwester Pélagies verheiratete Marquis Charles de Villette, der als Trauzeuge 1763 Sades Ehevertrag mitunterzeichnete und später als Dichter, Politiker und Nachlaßverwalter Voltaires von sich re-

Sie müssen Ihrem Händler sagen, daß es ein Etui ist, um *culs – de lampe* – hineinzustecken, ja, *culs-de-lampe* [Anm. d. Übers.: vignettenartiger Buckschmuck, wörtlich aber: Lampenärsche] und andere kleine Zeichnungen, die ich zu meinem Vergnügen mit roter Tinte gezeichnet habe und daß ich es deswegen so haben will. Schicken Sie es mir bitte, denn sonst bin ich gezwungen, etwas anderes zu verwenden, was meine *culs... de lampe* verdirbt, zerreißt und quetscht, und das ist sehr unangenehm. Aus *Scham*, und um Sie nicht zu erschrecken, hat man sich damit begnügt, ein Etui von 8 – Umfang zu bestellen, denn eigentlich wären 9 nötig, nach Abmessung meiner *culs de lampe.* – Aber ich habe mir gedacht, *neun*, das wird die Leute erschrecken, die vor allem erschrecken; man wird also 8 – zu akzeptieren haben.» (Lely)

Vom selben Monat desselben Jahres stammt, wieder an Pélagie gerichtet, diese unmißverständliche Erklärung:

«Sie haben mir *Le beau Garçon*[6] geschickt, geliebtes Täubchen. *Le beau garçon*: wie süß klingt dieses Wort in meinen so wenig italienischen Ohren! *Un bel giovanetto, signor*, würde man mir sagen, wenn ich in Neapel wäre, und ich würde sagen: *Si, si, signor, mandatelo lo voglio bene.* Sie haben mich wie einen Kardinal behandelt, *meine kleine Mutter...* aber das ist leider nur Malerei... Das Etui, also, zumindest das Etui, da Sie mich zu Illusionen verurteilen.» (Lely, *L'Aigle*)

Im Juni '81 trägt die Comtesse auf einer Besorgungsliste ein:

«Dein Fläschchen ist bestellt. Ich kann mir nicht vorstellen, wie Du ein Fläschchen von sechs Zoll Umfang in Deine Tasche stecken kannst.»

den machte, war einer der notorischsten «Päderasten» in der zweiten Hälfte des 18. Jahrhunderts. 1777 hatte er in Verney Mademoiselle de Varicourt geheiratet, eine von Voltaire und Madame Denis protegierte, arme, aber sehr schöne Frau mit den solidesten moralischen Eigenschaften (Voltaire nannte sie die «Schöne und Gute»). Wir werden auf Monsieur und Madame de Villette noch zurückkommen.

[6] Es handelt sich hierbei nicht, wie angenommen wurde, um ein Porträt, sondern um einen zeitgenössischen Roman in zwei Bänden von John Seally, der auch in der Bastille in Sades Bibliothek stehen wird. (Vgl. Hans-Ulrich Seifert, *Sade: Leser und Autor*, Frankfurt/M.-Bern 1983, S. 268).

Anmerkung von Sade:

> «Nicht in die Tasche stecke ich es; anderswohin, wo es immer noch zu klein ist.» (Borderie)

Wenn Donatien im Juni 1781 Fläschchen «für den Alltag» verlangt, dann weil ihm noch nicht die Idee der Etuis gekommen ist. Zauber von sechs Zoll Umfang genügen ihm. Ihrerseits hat Pélagie noch nicht richtig erfaßt, worum es sich handelt, sie versteht es aber bald. Ihr Kommentar zur Besorgungsliste stammt vom 29. Juni. Am 11. Juli schreibt sie ihrem Mann:

> «Ich würde nicht *Zauber... Schimären...* etc. sagen, weil ich fest überzeugt bin, daß unser Glück zurückkehren wird. Es dauert so lang, wirst Du sagen! Wenn Du das sagst, bin ich schon lange einig mit Dir.» (Borderie)

Denn die Comtesse de Sade, Renée-Pélagie de Montreuil, nimmt nach wie vor einen bedeutenden Platz im amourösen Leben ihres Mannes ein, augenblicklich heißt das, in seinen Begierden und Phantasien. Freilich bleibt sie eine Figur mit vielfältigen Rollen, die er für sein Gefangenentheater benötigt, «teure, göttliche Freundin» und zugleich «grauenhaftes, infames Monster», ohne daß sich jedoch seine Gefühle ihr gegenüber ändern:

> «Sieh im Grunde meines Herzens nur den aufrichtigen Wunsch, Dir zu beweisen, daß ich Dich liebe und Dich mein ganzes Leben lang lieben werde, trotz allem, was man Dich tun läßt und wovon ich mir stets sicher bin, daß Du nicht den geringsten Anteil daran hast.» (Daumas; November '83)

Er ist unablässig erfüllt von der «Lust, Wunsch, Bedürfnis oder wie man es sonst nennen kann, Dich zu sehen» (Borderie; Oktober '82), und hat genaue Vorstellungen:

> «Und Du, übrigens, komm doch, komm doch; quatsch nicht mehr so viel und komm. Scherz beiseite, ich habe tatsächlich große Lust, Dich zu sehen. Wie werden wir einander betrachten, abschätzen, nach so langer Abwesenheit. Aber Teufel, wir werden uns immer noch nicht *messen* können. Und warum nicht? Der Offizier [Rougemont]? Nun, der Offizier, was macht das? Er wird die Kerze halten; dazu taugt er. Ich werde zuerst *messen*, ich warne Dich, wie der Hurone mit der schönen Saint-Yves[7]. Weißt Du, daß man teuflisch wild wird,

[7] In Voltaires Erzählung *L'Ingénu*.

wenn man so viel Zeit ohne zu *messen* verbringt.» (Daumas; Mai '79)

Das wird er ihr auch 1787 in dem mit Geheimtinte verfaßten Brief, den wir im Kapitel 14 erwähnten, von der Bastille aus schreiben:

«Ich habe eine Lust [...] Sie aufzureißen, die [...] alles übertrifft, was man [...] glauben kann, und das [...] ist nicht erstaunlich [...] bei der Zeit, seit der [...] ich keine [...] Frauen sehe, [...] Sie können sich gut vorstellen, daß ich [...] wie ein Tier, ein Esel, ein spanisches Vollblutpferd bin; so [...] kommen Sie, wann Sie wollen [...] Sie können sicher sein, daß [...] Sie gut gevögelt werden.»[8] (1787, unbekanntes Datum)

Und ich denke, daß die zahlreichen Eintragungen «*f. hél.*, die über den «Almanach Illusoire» verstreut sind, «für Hélène» bedeuten könnten, wobei Hélène, wir erinnern uns, Pélagies Deckname war, so daß er ihr einen Gutteil seiner Masturbationen widmete[9].

Meistens jedoch (nicht immer, wie wir sehen werden) wird Madame de Sade von ihrem Mann in eine der undankbarsten Rollen gepreßt. Zu oft gezwungen, sehr triviale Nachrichten zu übermitteln, vergebens Verwaltungsanweisungen zu erbetteln, ist sie nicht in der Lage (und wünscht es vielleicht auch nicht), ihm «Verrücktheiten» zu schreiben, die ihn von seiner Gefangenschaft ablenken, worauf Donatien sie im September 1780, an einem Tag von düsterem Zorn, hart attackiert:

[8] Bei Lely, der diesen Brief in Band 4 der *Œuvres* des Verlages Cercle du livre précieux ebenfalls abdruckt, wo er nicht entschlüsselt wird, nicht weiter als hier in Kapitel 14. Entschlüsselt vorbereitet für *L'Aigle II.* Débauve beschreibt das Dokument, das einen Entwurf zu *Aline et Valcour* enthält, ganz genau, und gibt seinen vollen Wortlaut wieder.

[9] Unter dem gut gewählten, weil, wie wir gesehen haben, Sade entlehnten, aber doppelt irreführenden Titel *L'Almanach illusoire de Monsieur de Sade* sind von Seite 283 bis Seite 294 der *Lettres et mélanges littéraires écrits à Vincennes et à la Bastille*, die 1980 von Georges Daumas und Gilbert Lely herausgegeben wurden, einige von Donatiens *Récapitulations* wiedergegeben. Doppelt irreführend ist der Titel zunächst, weil er suggeriert, es handle sich um ein besonderes Dokument, eine Art Heft, in dem Sade die besagten Notizen festgehalten hätte. Wie ich aber gesagt habe, sind Notizen und Aufstellungen auf sehr unterschiedliche Papierstücke eingetragen worden, auf irgendwelche leer gebliebenen Seiten, auf ältere Briefe oder lose Zettel. Außerdem ist offenkundig, daß wir sie nicht alle besitzen.

«Welche Geschwätzigkeit, großer Gott! Und wie zutreffend habe ich auf das Umschlagpapier Ihrer Briefe geschrieben: *Triumph der stupiden Trägheit.* – Das alles ist so recht einer Frau würdig, die sich in ihrem Leben nie um etwas zu kümmern hatte, außer um eine Haarnadel, eine Frisur, und die keinem anderen Beruf nachgegangen ist, als zwölf Stunden täglich über einem Almanach Tränchen zu verdrücken.» (Borderie)

Vieles könnte Renée-Pélagie de Sade gegen dieses ungerechte Porträt einwenden, sie, die jetzt mit den Besorgungen für den Gefangenen mehr als ausgefüllte Tage hat[10], wenn sie nicht die Gänge der Ministerien abläuft oder den finanziellen Ruin des Paares abzuwenden sucht. Sie zieht es vor, dazu zu schweigen und das Handtuch vorübergehend der ihm so kostbaren Marie-Dorothée weiterzureichen.

[10] «Mein guter Liebling», «Mein zarter Liebling», «Mein guter Kleiner», «Mein kleiner Komplize», schreibt Pélagie, «ich bin beinahe durch ganz Paris gelaufen, um für Dich sechs Servietten aus rotem Leinen zu finden; es fanden sich keine»; «Ich habe alle Buchhandlungen aufgesucht, eine nach der anderen»; «Alle Papierhändler sagen übereinstimmend, sie könnten keine zwölf Blätter in der Größe zuschneiden, die Du mir bezeichnet hast, noch sie vergolden»; «Ich bin in zahlreichen Porzellangeschäften gewesen, mein Lieber, ohne eine Terrine zu finden, wie Sie sie wünschen»; «*Les Druides*, die Tragödie von Leblanc, gibt es nicht gedruckt»; «Für Deine Komödien hat man die größten Recherchen angestellt» (Vgl. Borderie)

77.

Die Feste von Vincennes

Man würde sich ein ziemlich falsches Bild von Donatien de Sade machen, verlöre man die sehr treffende Bemerkung von André Pieyre de Mandiargues auch nur ein wenig aus dem Blick: «Das ist ein Mensch, ja, der sich Feste bereitet!» Und zweifellos verdankt der in Liliput eingeschlossene Gulliver seine Überlegenheit wesentlich der Fähigkeit, für bestimmte Augenblicke der abscheulichen Festung, in der man ihn hält, im Geist zu entfliehen, um dort Feste nach seiner Art zu feiern. Kostümierungen und Theatervorträge, Masturbation mit köstlichen Erinnerungen und riesigen Zaubern, im Frühjahr das Sprießen der im Winter gepflanzten Narzissenzwiebeln, besonders gelungene Mahlzeiten... All das können wir uns nur vorzustellen versuchen. Von seinen verbalen Festen hingegen sind uns glücklicherweise viele überliefert. Im übrigen darf man annehmen, daß manchmal das eine das andere bedingte. War es wohl eine gelungene «Erledigung» oder war es das Keimen von Blumen, «jener kleinen Geschenke der Natur», was Monsieur 6 zum folgenden Briefanfang an Marie-Dorothée de Rousset bei Jahresbeginn 1779 inspirierte?

> «Nun, meine teure Heilige, Neujahr ist vorbei, und Sie sind nicht gekommen, mich zu besuchen. Den ganzen Tag habe ich Sie vergebens erwartet; ich hatte mich hübsch zurechtgemacht, ich hatte Puder, Pomade aufgetragen, ich trug nicht die gefütterten Stiefel, sondern ein schönes Paar Strümpfe aus grüner Seide, eine rote Hose, eine gelbe Jacke und einen schwarzen Rock sowie einen schönen, silberbestickten Hut. Kurz, ich war ein sehr eleganter Herr. Die Konfitüren standen bereit. Auch ein kleines Konzert hatte ich vorbereitet: drei Trommeln, vier Pauken, achtzehn Trompeten und zweiundvierzig Jagdhörner; und das ganze Orchester sollte eine hübsche kleine Romance spielen, die ich für Sie komponiert hatte. Ihre Ohren, Ihre Augen und Ihr Herz hätten sich an diesem kleinen Fest, das ich für Sie vorbereitet hatte, ergötzt. Aber nichts da: ich blieb auf meinem Angebot sitzen! Das wird für das nächste Jahr aufgehoben.» (Lely, *Carillon*)

Welches Fest in Vincennes aber kann ihm die folgenden Sätze vom 4. Oktober desselben Jahres an La Jeunesse eingegeben haben? Mit Bedauern gebe ich nur die Hälfte wieder. Wer schrieb damals solche Briefe?

«Martin Quiros... Du spielst den Unverschämten, mein Sohn! Wenn ich bei Dir wäre, würde ich Dich verprügeln... Ich würde Dir Dein Gespött von einer Perücke wegreißen, die Du alle Jahre mit den Schwanzhaaren der Bidets in der Pariser Courtheson Straße erneuerst. Wie würdest Du das wettmachen, alter Rüpel? Na? sag, wie Du es machen würdest! Du würdest wie einer aus der Picardie, der Nüsse pflückt, rechts und links an all diesen alten schwarzen *Dingern* zerren, die den Abend lang an den Läden der rue Saint-Honoré stehen, und am nächsten Tag würdest Du das Ganze mit ein bißchen starkem Kleber an Deiner alten, schuppigen Stirn anbringen, so daß man genausowenig merken würde, wie man eine Filzlaus auf dem ‹Kessel› einer H[ure] bemerkt, nicht wahr, mein Sohn?...

Nun, bemühe Dich... bemühe Dich etwas zu schweigen, ich bitte Dich, denn es langweilt mich , schon so lange von der Kanaille beschimpft zu werden. Allerdings mache ich es den Doggen nach, und wenn ich diese Meute von Kötern und Kläfferinnen hinter mir her bellen sehe, hebe ich das Bein und pisse ihnen auf die Nase.

D[onnerwetter], jetzt bist Du schlau wie ein Foliant! Wo hast Du so viele schöne Sachen her?... Diese Elefanten, die Cäsar umbringen, dieser Brutus, der Rinder klaut, dieser Herkules, diese Schlacht an den Pupillen und dieser Varius!... Oh! Wie schön ist das alles! Das hast Du alles eines Abends geklaut, nachdem Du Deine Mätresse zu ihrer Kupplerin zum Essen gebracht hattest. So wie Du es nahmst, stecktest Du alles in die Schleppe ihres Kleids, und dann spieltest Du den, der darin Kirschen ißt, so daß die arme Marquise abends mit Elefanten, Herkules und Rindern im Kleid nach Hause kam, weswegen sie sich steif und gerade hielt, als wäre sie nicht die Tochter einer Präsidentin gewesen.

Was erzählst Du mir von einer Schwangeren? Ich habe Dir mein Spiel nicht für tragende Frauen gegeben; ich habe es Dir für Dich gegeben... Bist Du denn trächtig? Ist es Madame

Patulos? Oder sollte es Milli PRINTEMPS sein? Sag... sag mir doch, wer bei euch trächtig ist. Meinetwegen soll es sein, wer will, Du entsinnst Dich des Lieds *Zum Glück ist mir das [sch...]egal.* Nun, ich singe es hier sechsmal täglich und pfeife es viermal.

Was, Du Hanswurst von einem alten Affen! Mit Brombeersaft beschmiertes Hakengesicht, Stange von Noahs Weinstock, Gräte aus Jonas' Wal, altes Bordell-Streichholz, ranzige Kerze zu vierundzwanzig das Pfund, zerrissener Tragegurt des Esels meiner Frau, Du hast mir keine Inseln entdeckt? Du wagst mir das zu sagen, Du und Deine vier Gefährten von dem Flachboot, das den Hafenrand von Marseille entlangschlingert? Ihr habt mir keine Inseln entdeckt, und Ihr habt mir keine sieben innerhalb eines Vormittages gefunden? Ah! Alter, in Wanzensaft gekochter Kürbis, drittes Horn auf dem Kopf des Teufels, langgezogenes Kabeljaugesicht wie die zwei Ohren einer Auster, Pantoffel einer Zuhälterin, schmutzige Wäsche der *roten Binden* von Milli PRINTEMPS! Wenn ich Dich zu fassen kriegte, wie würde ich Deine dreckige Schnauze von einem Backapfel polieren, die wie geröstete Kastanien aussieht, um Dich zu strafen, daß Du mich derart belügst...»[1] (Heine)

Bei Ballspielen ist es immer besser, zu zweit zu sein. Bald wird Monsieur de Sade die Brücken zu allen möglichen Briefpartnern abbrechen, ausgenommen Pélagie und Marie-Dorothée de Rousset. Madame de Sade ist weder fähig noch gewillt, in einen verbalen Wettstreit mit ihrem Mann zu treten. Sie weiß aber seine Briefe auch zu schätzen: «Wenn es Deine Absicht gewesen ist, mein zärtlicher Freund, mich mit dem Brief, den ich erhalten habe, zum Lachen zu bringen, [...] ist es Dir wunderbar gelungen.» (11. Mai 1779) «Es wäre falsch, aufzuhören, uns Deine Werke zu schicken, sie bereiten uns nämlich unendliches Vergnügen.» (April '79) Manchmal stellt sie sich Fragen: «Willst Du scherzen oder Dich ablenken?» Meistens nimmt sie zu Protokoll: «Der Herr Marquis hat lachen und seinen extravaganten Ideen freien Lauf lassen wollen.» (Borderie; April '79)

[1] Man erinnert sich, daß La Jeunesse, genannt Carteron, meiner Ansicht nach einen starken afrikanischen Einschlag hatte, wie sein Spitzname nahelegt (Kap. 46).

Marie-Dorothée de Rousset steht also quasi allein, was die Bitten des Gefangenen um «Verrücktheiten» angeht. Sie wird sich Sade gegenüber als Freundin der Wissenschaften und der Künste herausstellen, die vor allem mit einer unvermuteten Macht begabt ist, derjenigen, für die er am empfänglichsten ist: die der Worte. Aus dieser Offenbarung wird eine Art Verliebtheit, deren Folgen sich potenzieren. Wahrscheinlich ist das nicht ohne Einfluß auf Sades Schreiben geblieben.

Gegenseitige literarische Verliebtheit, wechselweises Entdecken. Mademoiselle de Rousset benachrichtigt Gaufridy: «Er schreibt wie ein Engel.» An Sade selbst: «Dieser Satz ist köstlich...» Der Engel steht dem nicht nach: «Ich, Ihren Stil kritisieren! Sagen Sie... sagen Sie... meine kleine Dumme, haben Sie sich ordentlich die Augen gerieben, ehe Sie mich das gefragt haben? [...] Meine kleine Dumme, wie ein neuer Don Quijote würde ich Lanzen brechen, um an allen vier Enden der Welt bekannt zu machen, daß meine kleine Dumme von allen weiblichen Dummchen, die zwischen den beiden Polen atmen, am besten schreibt und am liebenswertesten ist.»

> «Ja, meine teure Heilige, Sie füllen Ihre vier Seiten galant und *lustvoll* aus. Immerhin vergnügen, amüsieren mich diese vier Seiten, denn um vier Seiten handelt es sich. Jedoch besitzt Madame, Ihre liebe Gefährtin, nicht dasselbe Talent, bei weitem nicht, denn ich glaube, daß es schwierig ist, *ihre vier Seiten* mit den plattesten und den langweiligsten Absurditäten zu füllen [...] Was würde sie das kosten, sie angenehmer zu füllen [...] *Der Wunsch, Sie zu erraten, um Sie zu durchdringen* [...] und dieser ganz kleine unvernünftige Satz, der folgt, das ist reizend, meine kleine Heilige.» (Borderie; an Mademoiselle de Rousset, Mai 1779)

Keinerlei Sentimentalität darin und sehr wenig an echter Freundlichkeit. Mademoiselle de Rousset ist keine Zartbesaitete. Was Sade betrifft, sehe ich ihn eher seine liebe Heilige als intellektuelles Möbel benutzen, ähnlich wie er sich seiner physischen Möbel bedient. Ohnehin werden sich beide Kategorien, wenn ich so sagen darf, überlappen.

Die Verrücktheit auf Bestellung, die «Fröhlichkeit» (eine eigenartige Fröhlichkeit, die gute Laune «des Kopfes»), der literarische Wetteifer werden eine komplexe, zweideutige Beziehung erzeugen, die beide Briefpartner bald auf unsicheres Terrain führt. Zweideutige Botschaften, mit denen sich Sades Kommentatoren lange beschäftigt haben. Eine schwer zu definierende Beziehung, die «viel Tinte fließen ließ», wie Jean Desbordes bereits 1939 schrieb. Nun werde auch ich Tinte für diese kleine Geschichte verbrauchen.

Zoten, Frivolitäten, um ihn zum Lachen zu bringen... Anfangs wird sich Marie-Dorothée de Rousset eher vorsichtig bemühen, welche zu erfinden. Wie mit diesem Menschen umgehen, den sie gut zu kennen meinte, dem sie in ihrer Jugend begegnet ist, der sich ihr auf einer Bank im Park von La Coste anvertraut hat, dessen Werke sie gebunden, dessen Briefe sie abgeschrieben hat? Plötzlich scheint sie es nicht mehr zu wissen. Sie hat nichts dagegen, daß Donatien den Satz an sie richtet: «Sie, die Sie selbst in den geheimsten Winkeln meines Herzens gelesen haben» (Borderie; 30. November 1778), aber ist sie sich dessen so sicher? Die Entfernung, das Gefängnis verleihen Monsieur de Sade anscheinend ein Geheimnis und eine Dimension, die die «liebe und gute Freundin» allmählich beunruhigen.
Am 27. November sorgt sie sich um die düsteren Launen des Gefangenen, und ihr Ton klingt in der Tat sehr nach Freundschaft:

> «Adieu, Monsieur, bleiben Sie gesund, und haben Sie viel Geduld; nie wieder Verzweiflung, es sei denn gelegentlich in Ihren Briefen, um die Gefahr aufzuzeigen, Sie dort länger zu lassen. Aber nie soll diese Verzweiflung an Ihr Herz herankommen, verstehen Sie?... Schwören Sie mir das bei dem, was Ihnen am heiligsten ist. Wenn Sie mir das verweigern, sind Sie nicht mehr mein Freund, und ich verlasse Sie. Ich will gern glauben, daß Ihre Gefühle mit Entmutigung und Langeweile beladen sind. Seien Sie sicher, daß es uns ähnlich ergeht. Die Hoffnung, daß wir sie vergessen werden, Sie in den Armen der Ehe, ich im Liebreiz der Gefühle und der Freundschaft, stützt mich und gibt mir Mut.» (Ginisty/Borderie)

Am 7. Dezember versucht sie einen Scherz, dessen Risiken sie offenkundig nicht bemerkt: Könnte ein wenig Eifersucht den Mürrischen aufmuntern?

«Auf die Freude, Monsieur, von Ihnen Nachrichten zu bekommen. Sie machen uns viel Freude. Neben unseren Galanen und der Freude an netter Gesellschaft bereiten wir Ihnen die Ehre, gelegentlich an Sie zu denken.» (Borderie)

Der Brief hört mit einer weiteren kleinen Stichelei auf, der ersten dieser Art zwischen ihnen:

«Da Sie sie abgelehnt haben, gibt es für Sie keine Küsse mehr[2]. Ein anderer nimmt damit vorlieb und sagt: mir gefallen sie. Adieu, Adieu, ich werde einem Grindigen auf den Kopf schreiben, daß ich Sie liebe. Dieses Bekenntnis kann man Ihnen doch gefahrlos machen, oder?» (Borderie)

Keine Antwort aus dem Zimmer Nr. 6. Dort hat man begonnen, die Informationen von Marie-Dorothée zu sichten. Wer sind jene Galane und *jene Gesellschaft* um Pélagie (was Mademoiselle de Rousset betrifft, sorgt einen das im Augenblick vermutlich nur wenig)? Offenbar hat es auch, aber der Brief scheint verloren, eine Andeutung auf einen freundlichen Gitarrenlehrer gegeben (Madame de Sade spielt Gitarre). Donatiens schlechte Laune ergießt sich in diversen Vorhaltungen und argwöhnischen Fragen über Pélagie, bis ins Detail von einer Ehefrau beantwortet, die die schwachen Punkte ihres Mannes besser kennt als Mademoiselle de Rousset: *die Gesellschaft,* das sind Monsieur und Madame de Villette[3]: «Sie bereitet mir tausend Annehmlichkeiten. Über ihre Kreise kann ich Ihnen wenig sagen. Die beiden Male, wo ich bei ihnen zum Essen war, habe ich dort Schöngeister gesehen: *Lalande* [der Astronom] etc. [...] Sie bewegen sich in sehr guter Gesellschaft, namhafte, aber keine jungen Leute.» (Seien wir vorsichtig!) Im übrigen ist Madame de Villette die Tugend selbst. Marie-Dorothée begreift nicht oder gibt vor, nicht zu begreifen:

«Warum hadern Sie mit mir, Monsieur? [...] Sollten Sie krank sein? Sie wissen, daß man vor seinen Freunden nichts zu ver-

[2] Wahrscheinlich in einem unbekannten Brief oder in Passagen, die von der Verwaltung gestrichen wurden.

[3] Charles de Villettes zweite Frau, Reine-Philiberte Rouph de Varicourt (1757-1822), die unter dem besonderen Schutz von Voltaires Lebensgefährtin Madame Denis stand. Die Ehe war am 12. November 1777 in Ferney, Voltaires Ruhesitz unweit des Genfer Sees, geschlossen worden. Siehe S. 622f.

bergen hat [...] Vincennes schadet Ihnen auf grausame Weise. Unsere Lehren, unsere Vorsätze sind zum Teufel. Es ist immer gut, sie in Erinnerung zu rufen, wenn es die ganze Heftigkeit der Freundschaft ist, die Sie bittet und die seufzt... Worum? Um die Ehre, von Ihnen Nachricht zu bekommen.» (Borderie/ vgl. Lely; Zusatz zu einem Brief von Pélagie, 12. Dezember)

Am 26. Dezember zeigt Marie-Dorothée ihre Verärgerung:

«Sie allein würden mit Ihren Launen und Ihrer Griesgrämigkeit einen hölzernen Kapuziner aus der Fassung bringen! Wie verrückt sind die Frauen, an jemandem zu hängen, der so mürrisch ist wie Sie! Sie brauchen nur anzudeuten, was Ihnen gefallen könnte, und schon fliegen wir. Ständig geben wir uns die größte Mühe. Doch Monsieur ist nie zufrieden.» (Borderie/vgl. Lely)

Am 30. Dezember erhält sie Neujahrsgeschenke von Sade: ein oder zwei Zahnstocher, wahrscheinlich aus Edelmetall (Gold oder Silber), doch das Geschenk ist ein wenig rätselhaft, ein Scherz oder ein *Zeichen* des Gefangenen. Mademoiselle de Rousset zeigt sich außerordentlich gerührt:

«Oh, mein Gott! Warum verzichten Sie auf Ihre Zahnstocher? Dieses Schmuckstück bedeutet mir mehr als ein Geschenk von fünfzig *Louis*. Sie bewegen mein Herz ganz sonderbar. Wer hätte gedacht, daß Zahnstocher eine solche Wirkung haben?» (Ginisty/Borderie)

Eine Wirkung, die sich durch den ganzen Brief zieht und ihr endlich die Augen über bestimmte Seiten von Donatien öffnet, die ihr bislang entgangen waren:

«Meine Scherze haben Ihnen nicht gefallen! Sie werden darauf nicht antworten. Aber machen Sie mir die Ehre, mir zu sagen, Monsieur Stachelbündel, ob das Urteil dem ganzen Brief gilt [...] Ach, Sie wollen Ernstes? Sie sprechen meine Stärke an [...] Es ist gut, Ihren Geschmack zu kennen, warum haben Sie das nicht früher gesagt!... Ganz im Ernst, auf den Gitarrenlehrer dürfen Sie nicht eifersüchtig sein. Er ist ein anständiger Mensch, artig, voller Tugenden, brilliert eher mit dem Herzen als mit dem Geist, ein guter Freund, amüsant; wir sehen ihn selten, weil seine Angelegenheiten ihn daran hindern. Ich habe ihn gebeten, einige Stunden zu geben, um die Zeit totzuschlagen. Wenn ich mit Schreiben oder anderem beschäftigt bin, höre ich gern, wie Madame Noten liest; dann weiß ich wenigstens, daß sie sich nicht langweilt [...] Ich wollte prüfen, ob Sie ein eifersüchtiges Temperament haben. Da Sie es haben, werde ich mich in dieser Hinsicht in acht nehmen.»

Dennoch verleitet die Entdeckung dieser Eifersucht Mademoiselle de Rousset zu etwas unerwarteten Tönen:

«Aber der Himmel behüte Sie davor, jemals die kleinste Liebelei für mich zu empfinden! Ich würde Sie zum Teufel schicken. Sie meinen, Sie riskieren nichts? Sind Sie sich dessen sicher? Sie täuschen sich nämlich. Ich rate Ihnen, in Deckung zu bleiben. Die Häßlichen sind geschickter als die Hübschen. Sie haben mich immer scheltend, endlos moralisierend, nur fern von Ihnen lachend gesehen. Doch würden Sie hinter dieses Bild schauen, so entdeckten Sie eine sanftere Physiognomie, der es nicht an Anmut fehlt, und eine gewisse Keckheit, der die Männer zum Opfer fallen, ohne daß sie es merken. Mühelos würden Sie mir ins Netz gehen! Bis dahin, Adieu.» (Ginisty/Borderie)

Es war nicht Monsieur de Sade, der seine Briefpartnerin auf dieses Terrain zog: «Wir zanken miteinander, ich moralisiere, er nennt mich nur noch Heilige Rousset», schreibt Marie-Dorothée am 1. Januar an Gaufridy, als sie ihm ein Gedicht von Donatien schickt. «Es wäre zu lang, Ihnen alle Briefe von Monsieur le Marquis abzuschreiben, und Sie würden darin neben dem düstersten Schwarz zuviel Wahn sehen; ich werde Ihnen den Vorzug erweisen, Ihnen die Verse abzuschreiben, die er mir am dreizehnten zusandte»... Hier einige Kostproben:

«Votre orgueil ici vous emporte
Et vous jugez mal de la sorte
Du paradis où je vous mets;
C'est dans celui de Mahomet.
Eh! oui, c'est là que je veux dire
Et c'est là que dans le délire
D'une amoureuse et sainte ardeur
Vous ferez encore mon bonheur
Comme vous l'aurez fait sur terre!
Mais non par erreur mensongère

Qui n'a pour objet que les sens;
ce sera par les soins touchants
D'une amitié sincère et pure,
Présent divin, que la nature
Nous fit pour nous dédommager

Souffrez qu'un culte délicat
Aille là seul lui rendre hommage,
Et qu'il en reçoive pour gage,
Au lieu des myrtes de l'amour
Que le plaisir fane en un jour,
Cette couronne qu'elle érige
A des feux purs et sans prestige
Dont ce dieu lui-même est jaloux
Quand il s'allume près de vous.»[4]

Kommentar von Donatien selbst:

«Ach, das ist ein Stil, für mindestens zwölf Sous! Empfehlen Sie doch ihrem Galan, so mit Ihnen zu verfahren... das alles in einem einzigen Atemzug! Deshalb habe ich auch gerade das Hemd gewechselt... und bin wieder da. Nun! Was wollen Sie jetzt von mir? Vernunft, Verstand? Oh, das ist meine Stärke.» (Bourdin)

Anfang 1779 macht die Beziehung Sade/Rousset zahlreiche Höhen und Tiefen durch. «Ihre Feder fährt manchmal zu schnell», schreibt Marie-Dorothée am 10. Januar; «meine hat denselben Nachteil. Nehmen wir uns in acht, damit wir ein schönes Bild verdienen. Wegen ein paar Pointen lohnt es nicht,

[4] «Hier lassen Sie sich von Ihrem Stolz hinreißen und verkennen das Paradies, in das ich Sie versetze; es ist das des Mohammed. Ja, das ist es, was ich meine, und dort werden Sie mich im Rausch einer heiligen Liebesglut glücklich machen, wie schon auf Erden! Aber nicht durch trügerischen Irrtum, der nur den Sinnen gilt, sondern durch die rührende Sorge einer aufrichtigen, keuschen Freundschaft, des göttlichen Geschenks, das die Natur uns machte, um uns zu entschädigen... Gestatten Sie, daß zarte Verehrung ihr huldigt und daß sie als Pfand statt der Myrten der Liebe, die das Vergnügen in einem Tag verwelken läßt, jene Krone empfängt, die sie an reinen Feuern, frei von Blendwerk, erschafft, auf die Gott selbst neidisch ist, wenn er sich bei Ihnen entflammt.»

eine Freundschaft aufs Spiel zu setzen.» Bezüglich der Schritte, die sie für Sade unternimmt, hat sie sich mehr als einmal im Spiegel betrachtet: «Wenn ich eine hübsche, gefällige Pariserin gewesen wäre, hätte ich schon Erfolg gehabt! Ich bin häßlich, ich kann nur gute Gründe angeben. Pfui, das ist keinen Heller wert!» Der Brief ist lang, Pélagie liegt auf der Lauer:

> «Ich brauche nur einen winzig kleinen Augenblick meinen Sekretär zu verlassen, und Madame durchstöbert alles, liest alles. Bitten Sie sie doch, etwas diskreter zu sein. Wenn ich mit zwei Eifersüchtigen zu tun habe, bin ich ja gut bedient! Wehe, ich schnappe ein!» (Borderie)

Man scherzt und scherzt...

Am 18. Januar folgt der große Brief zu *Clarissa* (siehe Kapitel 57), in dem Mademoiselle de Rousset ihre Neckereien wieder aufnimmt:

> «Im allgemeinen sind die Frauen aufrichtig. Wie jeder haben Sie eine? Wer beklagt sich darüber? Nur der Marquis de Sade, der nicht will, daß seine Frau ihm sagt: ‹Ich bin Dein zweites Ich[5]. Obwohl das doch sehr hübsch und sehr zärtlich ist. Wenn ich einen Liebhaber oder einen Ehemann hätte, würde ich wollen, daß er mir das hundertmal am Tag sagt. Sie werden nie wie die anderen sein, Gott sei Dank; zuviel reden schadet... Sie kennen das Sprichwort. Wie ungeschickt von Ihnen, Ihr Geheimnis so auszuplaudern... Psst! Ich täusche mich, Sie sind konsequent. ‹Ich habe genügend Frauen gekannt, ich habe von jeder Sorte welche gehabt›, sagen Sie, ‹um keine mehr zu begehren.› Weiter unten sagen Sie: ‹Prüfen Sie, ob Sie bei einer solchen Moral mit mir spielen wollen. Seien Sie sicher, daß Sie tiefbetrübt sein werden.›»

Neckereien, die sich bis zur Herausforderung steigern:

> «Tiefbetrübt, das glaube ich, aber nicht besiegt, und wenn Sie mich an der Nase herumführen wollen, würden Sie riskieren, die eigene zu brechen. Ich bin tapfer, Lärm hat mir nie Angst gemacht.»

Wer hat nun den anderen zuerst herausgefordert? Vielleicht fehlen uns einige Unterlagen:

[5] Diese Erklärung von Pélagie hatte im Oktober '78 einen Wutanfall ihres Mannes ausgelöst.

«Ich nehme die Herausforderung an, obwohl ich Ihr System nicht verstehe; mit der nächsten Post werden Sie es mir besser erklären [...] Ja, wir alle haben eine schwache Seite, Sie doch wohl auch! Wer wird den anderen am geschicktesten verzaubern? Das werden wir sehen. Glauben Sie nur nicht, diese Materie perfekt zu beherr-schen. Die Frauen, die Sie gehabt haben, liebten und schätzten Ihre Leidenschaften und Ihr Geld. Bei der Heiligen Rousset verfängt nichts davon! Wo glauben Sie, sie packen zu können? Sie werden an das Feingefühl und andere nette Kleinigkeiten appellieren. Oh! Das und vieles mehr kenne ich. Ich rate Ihnen, den Kampf nicht anzunehmen, noch ist es Zeit! Mir ist, als sähe ich Tantalus am Flußufer: Sie werden nicht zum Trinken kommen, das versichere ich Ihnen! Welche Konfusion für einen Mann, der *frotittouneo* möchte.»[6] (Borderie)

Ist sich Marie-Dorothée vollkommen darüber im klaren, was sie da tut? Vermutlich noch nicht. Sie weiß nicht, wie «schnell» Donatiens Kopf «geht», wie Madame de Sade es ausdrückt. Allerdings weiß sie, was das Gefängnis für ihn bedeutet: «Die Lage von Monsieur de Sade ist furchtbar; Sie werden nicht daran zweifeln, denn Sie kennen seinen Charakter und sein Temperament. Nach kurzen Augenblicken der Fröhlichkeit, die er hin und wieder zeigt, brechen Unwetter über uns herein, in denen der Hagel unsere Herzen durchlöchert.» (An Gaufridy, 26. Januar 1779) Ich glaube aber, daß ihr das allmählich gleichgültig wird. Ihre etwas bemühte «Freundlichkeit» hört nun dort auf, wo ihre eigenen Probleme beginnen. Die Tuberkulose, an der sie in fünf Jahren sterben wird, macht sich immer stärker bemerkbar und zehrt zusehends an ihr, die Tuberkulose, die bekanntlich amouröse Neigungen steigert und die sie vielleicht zu den Ausgelassenheiten inspiriert, die sie auch anderen Briefpartnern zukommen läßt. Beispielsweise Gaufridy, am 13. März 1779:

«Ihre Weigerung, Monsieur, in meinem Bett zu schlafen, war ein Fehler. Welche hübschen Ideen, welche hübschen Träume, welche süße Wol... wären über Sie hereingebrochen. Hätten Sie akzeptiert, wären Sie jetzt bei uns, denn das ist die Wirkung und der Bann, die ich in den Betten hinterlasse, in

[6] Seine Nase an allem reiben.

denen ich sechs Wochen lang schlafe. Ach! Arme Madame Gaufridy, wie würde ich Sie betrüben, wenn Sie hier wären [...].» (Bourdin)

Zwar geht sie einige Zeilen weiter wieder auf Distanz: «Ich glaube, wir kennen uns gut genug, um alle Träumereien meiner Phantasie zu wagen und sie Ihnen mitzuteilen.» Tatsache ist jedoch, daß sich diese Phantasie auf einer ziemlich genau umschriebenen Bahn bewegt.

In den vorausgegangenen Wochen hatten die wirklich zu häufigen Hagelgewitter aus Vincennes Mademoiselle de Rousset von ihren neckischen Launen abgebracht. Sie hatte den Mut verloren: «Ich glaube nicht, daß irgendwer sonst auf der Welt ihm so offen die Wahrheit über ihn gesagt hat. Wenn er verärgert ist, mich hat er verärgert. Wir werden sehen, was aus dem Ganzen wird, aber zur Zufriedenheit habe ich keinen Anlaß.» (Bourdin; an Gaufridy) Als erster bemüht sich Donatien um Aussöhnung, mit unübersehbaren Winken in seinen Briefen an Pélagie. Sie meint indes, daß Marie-Dorothée nur «den Kopf schüttelt». Ende März wagt sich Monsieur de Sade nochmals vor:

> «Das Porträt, das die Heilige gemalt hat, ist einmalig[7]. Unglaublich, so etwas ohne Entwurf zu machen... Mit ihren fünf Fingern kann sie anfangen, was sie will. Nur eines, was ich sie in La Coste mit eben jenen Fingern machen lassen wollte, hat sie nie tun wollen... Nun, meine Damen, seht Ihr jetzt? Ihr sollt eine Zote vernehmen, und das ist die einfachste Sache von der Welt. Ich würde sie sogar der Heiligen Jungfrau erzählen, wenn sie mich darum bäte, so einfach und anständig ist sie.» (Lely, *Carillon*; an Pélagie)

Aus derselben Zeit stammt die folgende Wiederaufnahme des Themas Bett (offensichtlich schlief Mademoiselle de Rousset in Pélagies Wohnung auf dem Feldbett von Sade, das man ihm in Vincennes verweigerte):

> «Dieses Feldbett wird mir eines Tages viel erzählen! Was es mir erzählen wird, weiß ich nicht genau, wohl aber, daß ich, wenn ich wieder dort liege, bestimmt sehr schlechte Gedanken haben werde. Wenn Sie mich eines schönen Abends dort

[7] Nach dem Kontext zu schließen, ein Porträt Sades. Wie die anderen verlorengegangen.

finden würden, wenn Sie sich hineinlegen, na, was dann, heilige Rousset?... Da wären Sie ziemlich erstaunt!... Würden Sie davonlaufen?... Ja, nicht wahr? Nun sehen Sie den Unterschied zwischen uns: ich versichere Ihnen, wenn ich Sie in meinem antreffen würde, würde ich mich hineinlegen, als wäre nichts. Ihr Frauen seid überhaupt nicht philosophisch; immer ängstigt ihr euch *vor der Natur*.» (Lely, *Carillon*)

Zunächst antwortet Marie-Dorothée reserviert. Höchstens schreibt sie ihm am 14. April: «Da Sie mir erlauben, Sie zu umarmen, tue ich es mit größerer Kühnheit, denn ich bin nicht mehr so häßlich, wie ich es war, als Sie mich gesehen haben.»[8] (Borderie)

Dazu muß man sagen, daß diese wenigen Worte eine Übersetzung sind. Denn im Briefverkehr Sade/Rousset taucht jetzt ein neues Element auf: das Provenzalische, in dem Donatien Lieder verfaßt hat, die Marie-Dorothée korrigiert. Jetzt scheint alles, was man sich bislang nicht gesagt hat, hinter dieser Maske endlich seinen freien Lauf nehmen zu können. Die Briefe der beiden sind jetzt mit Passagen in dieser Sprache gespickt, von der Sade bedauert, sie «nur mit seinen Bauern gesprochen zu haben». Beim Gedanken an einen Sade, der sich um seine neue Sprache müht, bekommt Mademoiselle de Rousset am 24. April auf französisch (und leicht tendenziös) zärtliche Anwandlungen:

«Mir ist, als sähe ich Sie nach dem Ausdruck suchen, den Sie dann mit größtmöglicher Anmut wiedergeben. In Ihrem Stil herrscht die gleiche kleine Verlegenheit wie in Ihrer provenzalischen Sprache; Sie ahnen nicht, welche Freude mir das bereitet hat. Ich stelle mir einen jungen Mann vor, der, weil er eine Sprache sprechen möchte, die ihm nicht vertraut ist, unterschiedliche Haltungen, unterschiedliche Stellungen einnimmt, um durch diese die Ideen seiner Phantasie und die Empfindungen seines Herzens zu zeigen. Hätten Sie sich in einen kleinen Jungen verwandeln können, ich hätte Sie in meine Arme genommen und Sie mit Zärtlichkeiten überschüttet...» (Borderie)

[8] Mademoiselle de Rousset litt bisweilen unter Hautausschlägen; vielleicht auch im August 1778 in La Coste.

Dann geht sie für eine direktere Attacke zum Provenzalischen über:

«N'es pas lou tout, moun cher de Sade, de dire voulés de ieou pour votre calignaïré [...]»

Das heißt übersetzt, denn nicht jeder versteht die Sprache von Avignon[9]:

«Es ist nicht damit getan, mein lieber Sade, zu sagen: wollen Sie mich zu Ihrem Geliebten; man muß wissen, ob Ihre Frau das will. Was nützte es mir, daß Sie mir eine gute Miene machen, wenn sie eine böse macht? Verlangen Sie vorher ihr Wort, damit es sie nicht verärgert, und dann werden wir beide uns schon arrangieren... Aber sag mir, was hätte ich von einem Geliebten, der weit weg ist. Ja, wenn ich einen Geliebten habe, will ich, daß er ständig bei mir ist, denn er muß alle Kräfte meiner Seele für sich einnehmen. Ich betrachte ihn, ich bewundere ihn, ich küsse ihn täglich tausend und abertausend Mal, und wenn meine Zärtlichkeit ihm diese Bagatellen erwiesen hat, meine ich, noch nichts getan zu haben. Das ist nur eine schwache Kostprobe von dem, was mir durch den Kopf geht, ich will nicht alles sagen. Wozu einem armen Gefangenen einen Floh ins Ohr setzen, der niemanden hat, weder um ihn zu trösten noch um ihn zu kraulen?»

In der Tat... Der Absatz endet mit einer etwas dunklen Andeutung: «Ich bemitleide Dich sehr, aber was tun», schreibt Marie-Dorothée. Und sie ergänzt: «*Saras jouiné plus longtemps.*» Was, Serge Bec zufolge, ebenso gut: «Du wirst nicht mehr lange jung sein» wie auch «Du wirst länger jung sein» bedeuten kann... Der Brief ist damit noch nicht zu Ende:

«Ich habe mich nicht getraut, an den Anfang meines Briefes die Anrede Monsieur zu setzen, denn Du willst das nicht. Doch höre, warum ich es in Zukunft tun werde. Nicht für Sie

[9] Seltsamerweise übersetzt Gilbert Lely sozusagen nie die provenzalischen Passagen dieses Briefwechsels. Allein Paul Ginisty in Amour platonique de M. de Sade und Henri d'Alméras haben eine sehr partielle Übersetzung geliefert, unter sorgfältiger Vermeidung der Wiedergabe zu gewagter Sätze. Serge Bec verdanke ich die wörtliche Fassung und die Interpretationsversuche (einige Formulierungen bleiben dunkel), für die ich eine Übersetzung angebe, die ich im Falle von Fehlern allein zu verantworten habe.

werde ich es tun, sondern für die anderen, und in Mundart werde ich Dir dann sagen: ‹Mein lieber Sade, Wonne meiner Seele, ich sterbe, Dich nicht zu sehen. Wann kann ich auf Deinem Schoß sitzen, meinen Arm um Deinen Hals schlingen, Dich nach Herzenslust küssen, Dir viele hübsche Dinge ins Ohr sagen.› Falls Du Dich taub stelltest, würde mein Herz an Deinem Dich schon spüren lassen, daß ich eine sanfte und zarte Seele habe, die Deine bestimmt erblühen ließe. Ich glaube, diese kleine Erklärung paßt gut zu den Freundlichkeiten, die Du mir sagst. Sie haben mich wirklich gerührt. Die Bezeichnung gute Feundin habe ich verdient, und ich werde ihr immer gerecht werden.» (Lely)

«Köstliche provenzalische Tirade», meint Gilbert Lely… Einverstanden. Aber sie ist nicht zu Ende. Es gibt noch einen Absatz, dessen Anfang schwer verständlich ist: «Ach! Ach! Sie werden mir dieses Zeugnis des Hochmutes zeigen» *(«accou certificat de la mourgue»)*.

Es folgt das Angebot:

«Nun, ich werde Ihnen meinerseits etwas ziemlich Hübsches zeigen, das nicht unempfindlich sein wird; ich werde Sie aber nicht daran kraulen lassen, denn sonst würden Sie den Funken ins Pulverfaß werfen…»

Und schließlich:

«Adieu, hübsches Gesicht und besseres Herz, ich küsse Dich so, wie es Dir am besten gefallen wird. Du ärgerst mich manchmal sehr, und doch liebe ich Dich unsagbar… Auf die Freude, Dich zu sehen… Ich wünschte, es wäre bald.»

Freilich hat Marie-Dorothée darauf geachtet, so offiziell wie möglich vorzugehen: «Madame versteht ziemlich gut die provenzalische Mundart; sie hat mir fast den ganzen Inhalt Ihres Briefes erklärt; die Witze vor allem haben sie unendlich amüsiert… Ich antworte im selben Ton. Madame, fassen Sie Mut, ich werde in Mundart schreiben, blättern Sie die Seite um.» Doch Madame mißtraut ein wenig den «Späßen» und fügt dem Brief der Hausfreundin hinzu:

«Das sind ja viele kleine Erklärungen, die Dir die Heilige macht. Diese Sprache bringt mich zur Verzweiflung, denn ich merke, daß ich dem, was Du tust, nie näherkommen werde. Aber was hältst Du von ihrer Heiligkeit? Sie gibt sich Mühe,

Dir hübsche Sachen zu sagen! Will sie mich etwa ausstechen? Aufgepaßt, meine lieben Kleinen, ich wehre mich mit aller Kraft; ich werde zu verhindern wissen, daß Ihr Euch näher kommt, als ich es will. Deinen Brief habe ich mühelos verstanden, bis auf wenige Wörter. Das ist wirklich zum Lachen. Vergnügt Euch nur weiter so, wenn Ihr nicht weiter geht.»

Worauf die Heilige die Seite so beendet:

«Es ist wohl Eifersucht bei Ihr dabei. Was sagen Sie dazu? Werden Sie sich mir immer noch als Geliebter anbieten? Wenn Ihre sehr zärtliche und treue Hälfte es nicht erlauben will, dann ist nichts zu machen. Was werden wir dann tun? Werden wir sie betrügen? Dazu haben wir beide zuviel Zartgefühl. Versuchen Sie, es sich mit keiner zu verderben. Danach werde ich mich entscheiden. Ich bin, mein gel. de S., ganz die Ihrige und bitte in mir die beste Ihrer Freundinnen zu sehen.» (Lely)

Die beste Ihrer Freundinnen... Vielleicht... Jedenfalls bedenkt sie Monsieur de Sade mit seinen Aufmerksamkeiten und schickt ihr ein kleines Lied, dessen Provenzalisch im einzelnen nicht immer sehr klar, im allgemeinen Sinn hingegen eindeutig ist:

«Pour cela je te crois sorcière
Tu m'as enchanté
Tu sembles du dieu d'Amour la mère
Quand tu chantes

Ce quelque chose qui te démange
Sans t'en douter,
Écoute bien, aimable fille,
Le faut gratter.

Si j'étais là ce gros souci,
Je te l'enlèverai;
Autant que j'ai de sang dans les veines,
Je te l'apaiserai.»[10]

[10] «Darum halte ich dich für eine Hexe, du hast mich verzaubert, du scheinst die Mutter des Liebesgottes zu sein, wenn du singst... Dieses Etwas, das dich juckt, ohne daß du daran denkst, hör gut zu, liebenswertes Mädchen, mußt du kratzen... Wäre ich bei dir, ich würde dir diese große Sorge nehmen; solange Blut in meinen Adern ist, ich würde sie dir erleichtern.»

«Für Ihre beiden hübschen Strophen danke ich Ihnen ganz aufrichtig [...] Adieu, ich liebe Sie und beiße Sie in den kleinen Finger», antwortet Mademoiselle de Rousset.

Den Neckereien folgen Zerwürfnisse. «Sie sehen, wozu all diese Liebenswürdigkeiten beiderseits führen», schreibt Sade mit unbekanntem Datum: «zur Bitterkeit, und dann endet das Ganze mit Haß.» (Ginisty/Borderie) Am 7. Mai, in Antwort auf eine uns nicht bekannte Bemerkung von Monsieur 6, bietet Marie-Dorothée etwas zu viel Naivität auf, als daß sie echt sein könnte:

> «Ich war weit davon entfernt, Ihnen eine schlechte Nacht bereiten zu wollen. Ich wollte Sie zum Lachen bringen und stellte mir nicht vor, daß ein Gefangener so leicht entflammbar wäre.» (Ginisty)

Ist es denkbar, daß Mademoiselle de Rousset plötzlich so dumm geworden ist? Handelt es sich in ihrem Fall, mehr oder weniger unbewußt, nicht eher um etwas, das man zu ihrer Zeit noch nicht *Sadismus* nennt? Ist es wirklich so «freundlich und gütig», ständig an eine nahe Vergangenheit zu erinnern?

> «Man erlaube mir nur, das Leid wiedergutzumachen, das ich Ihnen bereitet habe. Ich verwahre mich dagegen, eine läßliche Sünde begehen zu wollen oder Sie eine solche begehen zu lassen. Wie viele Tage haben wir in La Coste zusammen verbracht? Wir haben uns doch wohl miteinander gefühlt und waren häufiger allein als in Begleitung anderer: Habe ich Ihren Schlaf und Ihre Ruhe gestört?... So ist es doch, mein lieber Freund.»

Sie nimmt eine ihrer Phantasien wieder auf:

> «Es ist ein Gottesgeschenk, daß ich die Männer nach meiner Pfeife tanzen lassen kann, wenn ich mit ihnen zusammen bin, und erst recht unter vier Augen»,

um rasch, Entflammbarkeit hin oder her, auf ihr Lieblingsthema zurückzukommen (in Provenzalisch):

> «Es ist möglich, daß ich etwas in Ihnen entzündet habe, was Sie aufstachelt. Sie hätten mich aufsuchen müssen, ich hätte Ihnen neben mir Platz gemacht, Sie hätten gesehen, daß ich Kranke Ihrer Art gesund zu machen weiß; zuerst hätte ich nachgefühlt, ob das Fieber stark ist; hätte ich für nötig befunden, Sie schwitzen zu lassen, dann hätte ich ihn an eine klei-

ne, enge und warme Stelle gebracht, die ihm gewiß nicht geschadet hätte.»

Handelt es sich wirklich um ein Abgleiten in die «Sentimentalität»? Ich glaube nicht. Ich sehe nur zwei Köpfe, die sich in etwas hineinsteigern, ohne an die Folgen zu denken, ihr Spiel spielend, ein brieflicher Ballwechsel, bei dem der Empfänger im Grunde nichts als eine gleichgültige Wand ist...

«Dein Kopf ist krank, mein Gott... Ich möchte ihn berühren, um zu wissen, ob er sehr heiß ist. Hör zu: vielleicht steckst Du zuviel in ihn hinein, das könnte gut der Grund dafür sein, daß er Dir so schwer wird; auch die Zeit trägt das ihre bei, doch Deine Träumereien verschlimmern es. Nun, adieu. Ich will Dir nicht sagen, was ich denke, denn Du würdest nur an mich denken. Ich würde von Küssen, von Liebkosungen überschüttet werden, die Dich überall kitzeln würden, und dann würde der Funken erneut im Pulverfaß landen. Da ich es vor Gott zu verantworten habe, will ich nicht den Teufel zum Lachen bringen. Zu Deinen tausend und abertausend Küßchen: ich verdoppele die Dosis; wenn sie Dir nicht genügt, frage mich nach mehr.»

Es ist der letzte Scherz dieser Art, den Mademoiselle de Rousset schreiben wird, jedenfalls an Donatien de Sade. Der wird den Empfang in selten guter Laune bestätigen, Marie-Dorothées Stil bewundern und ihr leichte Vorhaltungen darüber machen, was ihn «dieses ganzes Zeug, das Sie mir schreiben, [empfinden läßt], wenn es mich entflammt und mich hier anschließend wie ein Tier zurückläßt» (auf provenzalisch); doch er zahlt es ihr in gleicher Münze zurück (nach wie vor auf provenzalisch):

«Sag mir, Süße, jetzt willst Du also die zweite Wirkung erfahren? Hör mir gut zu: wenn eine Kanone zu schwer geladen ist, was muß getan werden, um sie zu entlasten? Man muß sie entladen... Das stimmt... Nun kennst Du sie, die zweite Wirkung. Ach! Wozu zum Teufel sagst Du mir, Du hättest sie durch Berühren behoben? Ich Unglücklicher! Durch Berühren hättest du mein Leiden nur verschlimmert! Weißt Du nicht, daß man die Hose, wenn sie zu voll ist, nicht anfassen darf? Wenn Du sie berührst, wird das Öl verschüttet. Sag, meine Liebe, es ist also warm und eng, das «Etwas»? Ach! Mir macht das nicht viel aus: Gott sei Dank bin ich so eingerichtet, daß ich mich immer in der Enge einfinde; wenn Du daran zweifelst, werde ich es Dir in der Praxis bestätigen, und sicher wirst Du zufrieden sein, meine Süße. Wenn ich bei Dir wäre, würde es mir nichts ausmachen, daß der Funke im Pulverfaß landet, denn wenn ich es angezündet hätte, müßte ich das Feuer wohl auch löschen; aber hier, wo ich ganz allein bin, ärgert mich das Gefühl, wie der Teufel in der Hölle zu brennen, ohne irgendeine Erleichterung. Ach! Adieu, meine Schöne, es ist Zeit für mich, schlafen zu gehen, *que pique mon vaou*[11]. Ach, geh, Deine zweitausend Küsse reichen; was soll ich damit anfangen, wo ich Dir keinen einzigen zurückgeben kann? Guten Abend, geh, denn schon wieder quält mich der Teufel, weil ich mit Dir Quatsch beredet habe. Ich kann jetzt nicht mehr, was soll ich tun?... Nun, mein Engel, Du weißt, was sie bei den Kartäusern tun, ich werde also das gleiche tun, und das wird Dir gewidmet sein. Adieu.»

Doch zwischen den Verrücktheiten und Festen hat es immer wieder schwärzeste Finsternis und Hagelgewitter gegeben. Am 9. Mai hat Monsieur 6 die Dinge klargestellt: «Ihre Heilige ist verrückt, bestellen Sie ihr das von mir. Ich weiß nicht, wie man es anstellt, ständig so fröhlich und so verrückt zu sein. Bei mir kommt es nur alle paar Wochen vor.» Es muß auch einen Brief mit schneidenden Vorwürfen gegeben haben, denn am 11. Mai 1779 bedeutet ihm Marie-Dorothée ohne jede Liebenswürdigkeit die Trennung; der Brief beginnt so:

«Möge der Herr Ihnen seine Gnade und seinen Segen gewähren, Monsieur, und mir die nötige Geduld schenken, um Sie nicht tausendmal zum... zu schicken, Sie verstehen mich wohl»,

und endet folgendermaßen:

«So, Monsieur, schreiben wir uns nicht mehr. Es lohnt nicht, einander Unbarmherzigkeiten zu schreiben, das verbittert zu sehr das Herz; ich will niemanden hassen. Sie werden mich leicht, ohne allzu große Mühe vergessen, nicht wahr? Ich meinerseits werde mich bemühen, Sie zu übertreffen.» (Ginisty/Borderie)

[11] Was juckt meinen *Vaou*. Ich lasse dieses ungefähre Provenzalisch, das die Übersetzer ratlos macht, stehen.

Damit aber verschwindet Marie-Dorothée noch nicht aus Sades Leben. Die beiden seltsamen Verliebten werden gelegentlich einige Briefe wechseln, und wir werden Beweise für das Wiederaufflammen des erotischen Interesses erhalten, das Mademoiselle de Rousset bei Donatien weckte. Doch was sie betrifft, werden wir wohl nie erfahren, was in ihrem trockenen, elektrischen Kopf oder in ihrem fiebrigen Körper von dem Pulver, das Monsieur de Sade in welchem Umfang auch immer angesengt hatte, in den nächsten fünf Jahren noch geglüht hat.

78.

Mademoiselle de Rousset, Fortsetzung und Ende

Die Beschwerden der glühenden, mageren Demoiselle sind tatsächlich ernst. Sie hebt sie in einem Brief vom 29. Mai 1779 hervor, der sowohl an Gaufridy als auch an Gothon Duffé gerichtet ist und überdies den Vorzug hat, die Argumente zu konkretisieren, die Monsieur de Sade denen, die ihn in Vincennes festhalten wollen, selbst liefert:

> «Wenn die Sache nicht schneller vorangeht, Mademoiselle, ist das nicht meine Schuld. Leider ist diese Person in schlechter, in ganz schlechter geistiger Verfassung. Ich zerreiße mich bald in Stücke, vergebens, ohne ein Ende abzusehen. Statt mir zur Seite zu stehen, verdirbt die Person, in deren Interesse es zuvorderst geschieht, alles mit ihren wiederholten Unvorsichtigkeiten. Nachdem er mir allerlei Dummheiten geschrieben hatte (von denjenigen, die er an seine Frau richtet, ganz zu schweigen, sie passieren täglich), wollte er mich unsinnigerweise kompromittieren, indem er den Ministern verriet, daß ich ihm schriebe und ihm geheime Ratschläge gäbe. Das ist mir vorgehalten worden. Ich habe es nicht leugnen können [...] Sie haben mich wegen der rechtschaffenen Absicht meines Herzens entschuldigt und freigesprochen. ‹Sehen Sie›, haben sie mir gesagt, ‹in was für einer schlechten geistigen Verfassung er ist; Sie schreiben ihm nur angenehme, nützliche, vergnügliche Dinge, und er nimmt es immer falsch auf. Oh! Da, wo er ist, ist er gut aufgehoben; ihm die Freiheit zu geben, hieße, sich neuem Verdruß aussetzen zu wollen! Wenn es eine Zeit gibt, wo er sich in acht nehmen müßte, dann wäre es doch jetzt, wo wir alle den Blick auf ihn gerichtet haben; er weiß das, er ist gewarnt worden; und wenn nicht, ist es leicht zu erraten; außerdem wissen wir, daß Sie es ihm heimlich geschrieben haben. Welchen Nutzen zieht er daraus? Keinen.› Die Meinungen sind derart voreingenommen gegen ihn, daß wir uns bald nicht mehr getrauen, den Mund aufzumachen.» (Bourdin)

Sade wird als erster versuchen, die Beziehung zu seiner Vertrauten von La Coste wieder anzuknüpfen. Entsprechende Andeutungen finden sich hier und da in Pélagies Briefen: «Ich habe Mademoiselle de Rousset gesagt, daß Du sie umarmst. Sie läßt Dir antworten, da sie großzügig sei, gibt sie es Dir doppelt zurück.» (30. Juni '79) Nichts Direktes jedoch, abgesehen von einer kurzen, neutralen Mitteilung im Juli zu einer Angelegenheit in La Coste. Im April '80 (wieder der Frühling?) wagt Monsieur 6 sich mit einigen Versen für Marie-Dorothée vor: «Ich habe Mademoiselle Rousset Ihr Lied überreicht», antwortet Pélagie; »sie hat es gelesen und ohne ein Wort in die Tasche gesteckt.» Dasselbe Spiel einige Tage später: «Ich habe das Lied übergeben, es wurde genau wie das vorige aufgenommen.» (Borderie; 30. April)

Indessen unternimmt Mademoiselle de Rousset im Einverständnis mit Madame de Sade weitere Schritte zugunsten des Gefangenen. Im Juli '80 klärt sie Gaufridy detailliert über die neuen Wege auf, die sie trotz der Dummheiten des Gefangenen einschlägt:

> «Die Langsamkeit ist tödlich, ich weiß es und bin noch zehntausendmal verärgerter als Sie. Jetzt will ich zu einem Mittel greifen, wonach der Gefangene entweder größere Freiheiten erhält oder ihm begründete Motive genannt werden müssen, um ihn eingesperrt zu halten. Ich prüfe nicht, ob es welche gibt, ich werde erst dann Anlaß haben, daran zu glauben, wenn sie mir genannt werden [...] Offensichtlich wird viel von den Informationen abhängen; wenn sie sich als zweifelsfrei erweisen, sind wir geliefert, da er sich sehr schlecht aufführt und uns schriftlich mit gräßlichen Dummheiten überschüttet, die man uns vorliest oder erzählt [...] Ich werde als Hu... betitelt; für die anderen gibt es noch stärkere Ausdrücke.» (Bourdin)

«Das Schreckliche, wenn man wirklich nach der Wahrheit sucht», wird Renan sagen, «ist, daß man sie am Ende immer findet.» Dreieinhalb Monate nach der an Gaufridy gerichteten Beschreibung, wie sie ihre Netze ausgelegt hat, kann Marie-Dorothée de Rousset, noch unter dem Schock über das, was sie soeben erfahren hat, ihm ihren Fang vorweisen:

> «Die Angelegenheit ist nach wie vor auf demselben Stand und *wird es, glaube ich, noch lange bleiben.* Nach vielem Zögern und vagen Versprechungen habe ich Bescheid wissen wollen

und Madame de S. in die Lage versetzt, die Gründe für die Haft selbst einzusehen. Es war keine einfache Angelegenheit; die Person, die kühn genug war, das zu wagen, hat die Galeeren oder lebenslängliche Haft riskiert. Es ist ihr gelungen, ich habe darüber tagelang Fieber gehabt. Dank dieser Kühnheit haben wir erfahren, daß die liebe Präs... nicht so schuldig war, wie wir dachten. Er hat nicht ohne Grund noch stärkere Feinde. Um auf irgend etwas zu hoffen, ist der Tod der einen und das Vergessen der anderen vonnöten. Das alles scheint mir sehr fern und etwas illusionär, was das Wort ‹Freiheit› betrifft [...] Unser fraglicher Mann zeigt weiter ungefähr dasselbe Auftreten, das heißt ein schlechtes. Das korrigiert die Empfindungen meines Herzens für ihn und sein Los, das, wenn auch traurig, für ihn vielleicht günstiger als jedes andere ist.» (Bourdin; 21. Oktober '80)

Kaum achtundvierzig Stunden später sieht sich die heilige Rousset genötigt, demselben Empfänger zusätzlich Informationen zu geben:

«Es gibt schwerwiegende, sehr schwerwiegende Motive, die mich eine lange Haft befürchten lassen. Ob richtig oder falsch, es sind jedenfalls die Schlagworte des Ministeriums, um allen anständigen Menschen den Mund zu verschließen. Monsieur und Madame de Maurepas, zwei Prinzessinnen und einige andere haben, nachdem sie die Begründungen gelesen hatten, gesagt: ‹Da, wo er ist, gehört er hin; seine Frau ist genauso verrückt oder genauso strafwürdig wie er, wenn sie seine Freilassung zu fordern wagt. Wir wollen sie nicht sehen›...

Die einzelnen Polizisten, die auf dem Schloß gewesen sind, haben verheerende Aussagen gemacht. Diesen Leuten wird geglaubt. Das ganze Leben von Monsieur de Sade steht auf einem Folianten (lassen wir den Namen weg); der Mann muß aufgehängt werden! Bestimmte Einzelheiten, von denen ich glaubte, sie wären nur wenigen bekannt, werden ans Tageslicht gebracht, und zahlreiche andere Dinge, großer Gott!, die man vollkommen verschweigen muß, lassen mich an eine lange Haft glauben. Jedoch, da wir uns hier im Land der Inkonsequenzen befinden, will ich für nichts bürgen...»

Ein Bann ist gebrochen. Sind die Entdeckungen, die Mademoiselle de Rousset soeben gemacht hat, tatsächlich derart, daß Sade ihr nun in einem anderen Licht erscheint, oder hat sie der Entzug der erotischen Anträge aus Vincennes so sehr ernüchtert? Das Interesse jedenfalls, das Marie-Dorothée aufgebracht hat, scheint erschöpft. Warum also noch in Paris bleiben?

«Ich sehe wohl, daß ich wegen meiner Sünden gezwungen sein werde, nochmals die Reise anzutreten. Wenn mich etwas entschädigt, wird es die Freude sein, Sie zu umarmen und diese abscheuliche Galeere nicht mehr vor Augen zu haben; ich werde mich um zehn Jahre verjüngen. Ich habe meine Abreise für den nächsten Frühling festgelegt, wenn nichts dazwischen kommt. Als ich es meiner Gefährtin gegenüber angesprochen habe, hat sie das Gesicht verzogen und so getan, als glaube sie nichts davon. Eine andere Möglichkeit, uns vernünftig und in Anstand zu trennen, fällt mir nicht ein, und ich werde auf diese Weise meine Neigungen und meine Interessen miteinander in Einklang bringen. Bei ihr habe ich zuviele Ausgaben und werde schlecht bedient. Bei meinen anderen Freunden wird man mich mit Vergnügen aufnehmen, und ich werde gar keine Ausgaben haben.» (Bourdin; an Gaufridy, 15. November)

Die Neujahrswünsche für 1781, die Monsieur de Sade an seine Frau richtet, bergen keine Gefahr, die alte Freundschaft wieder aufleben zu lassen:

«Mögen Sie, Sie, Ihre scheußliche Familie und ihre niedrigen Lakaien, alle miteinander in einen Sack gesteckt und ins tiefste Wasser geworfen werden. Anschließend möge man es mir sofort melden, und ich schwöre beim Himmel, daß es der glücklichste Augenblick meines Lebens sein wird. Das sind, Madame, meine Bitten und Wünsche, in die Ihre Hu… de Rousset von Kopf bis Fuß eingeschlossen ist.» (Daumas; 30. Dezember ’80)

Der Blick, den Marie-Dorothée nun auf Monsieur und Madame de Sade richtet, wird dem von Madame de Montreuil seltsam ähnlich. Die Aufwendungen des Gefangenen werden streng beurteilt, ebenso das geistige Niveau des Paares:

«Die Phantasien von Monsieur de Sade gehen ins Endlose. Neulich haben wir grob überschlagen, aber wirklich sehr grob, daß seine Launen, seine Süßigkeiten, Kerzen oder die

Konsultationen seines Arztes zweitausend Livres jährlich übersteigen. Er ist versessen darauf, Bücher zu kaufen oder zu leihen; die dreihundert Livres, die Sie von Chauvin nehmen sollen, sind für das Abonnement der Werke von Voltaire gedacht, die demnächst erscheinen [herausgegeben von Beaumarchais]. Mein Freund, zusammengenommen oder einzeln sind diese zwei Köpfe nicht einmal einem zwölfjährigen Schüler ebenbürtig.» (Bourdin; 12. Januar '81)

Im März/April '81 kümmert sich Marie-Dorothée noch um die Angelegenheit Montelimar (eine nicht realisierte Verlegung von Sade; wir werden sehen, warum). Zur gleichen Zeit, zu der er die Komödie *Les deux jumelles* an Pélagie adressiert, schickt ihr Sade ein Märchen, dessen Empfang sie am 1. April lediglich bestätigt: «Ich danke Ihnen, Monsieur, für das hübsche Märchen, das Sie mir zugeschickt haben. Ich verschiebe meine Antwort auf Ihre Komödie *Les deux jumelles* auf später [...] Im übrigen werde ich in der Provence sein, bevor die ganze Diskussion beendet ist.» Adieu, Scherze und aufstachelndes Geschwätz... «Ich werde Ihnen zu allem schreiben, was Ihre Interessen betreffen kann, und nicht allzu oft, denn meine Gesundheit erlaubt mir nicht, lange zu schreiben. Falls sie wiederhergestellt sein wird, werde ich Ihnen wie Madame de Sade immer zu Diensten sein. Das ist der einzige Weg, um zu beweisen, daß wir uns nicht überworfen haben.» Und am 6. Mai der letzte Brief aus Paris, in dem sie die *Voyages* von Bougainville, deren Lektüre Sade möglicherweise empfohlen hatte, zum Anlaß nimmt, das Thema des guten Wilden zu streifen:

«Ich habe die vier Kapitel zu den Tahitianern gelesen. Diese Menschen sind mit ihrer reinen, natürlichen Einfachheit glücklicher als wir, die wir von unseren Sitten und Gesetzen gemaßregelt werden. Hätte ich in jenem Land gelebt, hätte ich vielleicht das gleiche wie die anderen getan... Aber nein, denn ich tue hier ja auch nicht, was die anderen tun! Wenn die Frauen hier als Ware betrachtet werden, können sie sich nicht teuer genug bezahlen lassen. Wenn sie hingegen als die Freundinnen und Gefährtinnen der Männer angesehen werden, dann heißt es, zärtlich zu sein und ohne Gegenleistung zu geben. Jede Art von Absicht verletzt die Zartheit eines Gefühls, das gegenseitig zu sein hat.» (Borderie)

Kurz danach, am 12. oder 19. Mai, nimmt Marie-Dorothée die Kutsche zurück in die Provence, nachdem sie eine Unterredung mit Madame de Montreuil gehabt hat, die ihr «vollkommen verändert» erscheint mit ihrer «großen Empfindsamkeit» und dem «großen Eifer zugunsten von Monsieur de Sade», die sie selbst einmal aufgeboten hat. Am 28. hält sie in Avignon: «Ich fühle mich furchtbar unwohl; ich habe Mühe, mich aufrechtzuhalten und bin wie jemand, der von einer schweren Krankheit genesen ist oder sich anschickt, eine solche zu bekommen.» Nichtsdestotrotz fährt sie zu den «Felsen von La Coste» (Lely), wo sie zunächst bei dem Pfarrer Testanière unterkommt, ehe sie der Geruch der Seidenraupen, die im Pfarrhaus gezüchtet werden, vertreibt.

Im Juli/August ist Mademoiselle de Rousset, ohne es zu wissen, in die große Eifersuchtskrise des Ehepaars Sade verwickelt. Vor ihrer Abreise hatte Marie-Dorothée Pélagie ein von ihr gezeichnetes Porträt des Herrn Lefèvre gegeben, mit den Worten auf der Rückseite: «Versuchen Sie es ebenfalls, Madame la Marquise, mit allen Ihren schönen Zeichenkünsten, so, in weniger als einer Stunde... und jetzt gleich. Man muß zugeben, daß ich mindestens so viel Mühe gehabt habe wie eine Frau, die entbindet, schließlich ist er drall und rund; ich hoffe, daß Ihr Geliebter diese Körperfülle hat. Für einen ersten Versuch ist es gar nicht schlecht.» Grob unvorsichtig hat Madame de Sade das Porträt dem Gefangenen zukommen lassen, der es mit der Klinge durchstochen und mit fünf Zeilen zurückgeschickt hat:

> «Schon lange weiß man, daß die Streiche der Huren Meisterstücke sind. Ich war wohl überzeugt, daß die Hand, die diesen dümmlichen und flachen Witz geschrieben hat, die eines üblen Frauenzimmers ist; es hatte sogar nur an mir gelegen, davon richtig überzeugt zu sein, doch so besonders das Bedürfnis danach war, drängte es mich noch nicht genügend dazu. Was ich allerdings nicht wußte und jetzt lerne, ohne groß überrascht zu sein, ist, daß das Weib zu äußerst korrupten Sitten auch noch die ganze Mentalität des Metiers gesellte.» (Lely, *L'Aigle*)

In La Coste hat inzwischen Gothon Duffé einen Mann namens Grégoire geheiratet, von dem sie ein Kind erwartet. Sie entbindet im Oktober 1781, woran sie kurz darauf stirbt. Das Schloß ist nun leer; wer wird sich darum kümmern? Noch lehnt Mademoiselle de Rousset es ab, dort zu wohnen, aber sie geht im Park spazieren und stöbert überall herum. Auf Anweisung Sades verfügt sie über alle Schlüssel, auch diejenigen, die Gaufridy verweigert worden waren. Dazu gehören der Schlüssel zum Arbeitszimmer, «ohne das Versteck auszunehmen», und der Schlüssel einer geheimnisvollen Schatulle, um die sich der Gefangene nach seiner Freilassung in zehn Jahren sehr sorgen wird.

Kein Austausch von Verrücktheiten mehr zwischen Sade und Mademoiselle de Rousset. Auf einmal aber, im Januar 1782, richtet Monsieur 6 unter einem Stendhalschen Pseudonym eine glänzende Improvisation an die Heilige von La Coste, die wir hier vollständig wiedergeben:

> «Wo auch immer Sie sein mögen, Mademoiselle, nah oder fern, bei Türken oder Galiläern, bei Mönchen oder Schauspielern, Kerkermeistern oder anständigen Menschen, Rechnern oder Philosophen: die Freundschaft erlaubt es mir nicht, mich beim Anbruch dieses neuen Jahres den heiligen Pflichten zu entziehen, die sie mir auferlegt hat und die es mir nach altem Brauch gebieten, mich zu Ihrem gefälligen Vergnügen einigen unbedeutenden Überlegungen zu widmen, die dennoch aus dem tiefsten Inneren stammen.
>
> Meine Lage ist wohl dornig, doch muß ich gestehen, daß sie mich des öfteren auf Gedanken bringt, die von einer recht angenehmen, philosophischen Art sind.
>
> Wenn ich an die Zeit meiner Leiden zurückdenke, will es manchmal so vorkommen, als sähe ich die sieben oder acht weiß gepuderten Wirrschöpfe, denen ich sie verdanke; da erscheint mir der eine, wie er gerade mit einem ehrbaren Mädchen geschlafen und es zur Unzucht verleitet hat; der andere hat mit der Frau seines Freundes geschlafen; ein dritter schleicht sich schamhaft aus einer verrufenen Straße und wäre arg in Verlegenheit, erführe man, was er dort getrieben hat; wieder ein anderer entschlüpft einer Lasterhöhle, die noch viel verruchter ist; wie gesagt, es will mir scheinen, als sähe ich sie alle, mit Ausschweifungen und Verbrechen beladen, an dem Tisch Platz nehmen, auf dem die Beweisstücke meines Prozesses ausgebreitet sind, und dann ruft der Chef mit der Begeisterung des Patriotismus und der Gesetzesliebe

aus: ‹Wie! Potztausend, meine Amtsbrüder, dieser Kümmerling, der weder Präsident noch Magister der Rechnungskammer ist, hat genießen wollen wie ein Rat des hohen Gerichts! Dieser kleine Landjunker hat sich zu glauben erdreistet, es sei ihm gestattet, uns zu gleichen? Er hat sich, ohne Hermelin und Barett, in den Kopf gesetzt, es gebe eine Natur, die für ihn dieselbe wäre wie für uns, so als könne die Natur auch von anderen analysiert, vergewaltigt und verhöhnt werden als von den berufenen Interpreten ihrer Gesetze, so als könne es andere Gesetze geben als die unseren! Gefängnis, verdammt nochmal! Gefängnis, nichts anderes hilft da, meine Herren! Ja, sechs oder sieben Jahre muß man diesen unverschämten kleinen Kerl hinter Schloß und Riegel bringen. Nur so lernt er, meine Herren, die Gesetze der Gesellschaft zu respektieren, und das beste Heilmittel für den, der sich herausgenommen hat, sie zu übertreten, besteht darin, daß man ihn zwingt, sie zu verfluchen. Da ist übrigens noch etwas... Monsieur de..., der, wie Sie wissen, zur Stelle ist (das war damals und trifft Gott sei Dank nicht mehr zu), freut sich über diese Gelegenheit, seiner Mätresse ein kleines Geschenk zu machen; die *Pressung* könnte zwölf bis fünfzehntausend Francs ergeben, zögern wir nicht eine Minute!› *‹Doch die Ehre des Angeklagten... seine Frau... sein Besitztum... seine Kinder?›* – ‹Bei Gott, das sind mir schöne Gründe! Soll uns das daran hindern, uns vor dem Götzen der Wohlanständigkeit zu verbeugen? Ehre! Frauen! Kinder! Sind das denn nicht die Opfer, die wir Tag für Tag hinopfern? Gefängnis, meine Herren! Gefängnis, sage ich, und morgen werden unsere Vettern und Brüder zu Schiffskapitänen!›

‹Gefängnis, einverstanden!›, erwidert der Präsident Michaut, der soeben eine Berechnung angestellt hat, mit träger Stimme. *‹Gefängnis, meine Herren, Gefängnis!›* sagt mit piepsiger Stimme der schöne Darval, während er unter seinem Mantel heimlich einen Liebesbrief an ein Mädchen von der Oper kritzelt. *‹Gefängnis, zweifelsohne›*, fügt der Pädagoge Damon an, den Kopf vom Essen in der Kneipe noch erhitzt. *‹Wie, kann denn am Gefängnis Zweifel bestehen?›* kreischt der kleine Valère zum Schluß, mit den Zehen wippend und den Blick

auf seine Uhr geheftet, um nicht das Stelldichein mit Madame Gourdan zu verpassen.
Ehre, Leben, Besitz und Ansehen des Bürgers, wovon hängen sie also in Frankreich ab? Von der Niedertracht... dem Strebertum... Die Habgier leitet seinen Ruin ein, der Schwachsinn vollendet ihn.
Elende Kreaturen, für einen Augenblick auf die Oberfläche dieses kleinen Dreckhaufens geworfen – das heißt also, daß die eine Hälfte der Herde die Verfolgerin der anderen sein soll! O Mensch, steht es dir zu, darüber zu urteilen, was gut oder böse ist? Da will also ein kümmerliches Individuum deiner Spezies der Natur Grenzen ziehen, entscheiden, was sie toleriert, verkünden, was sie verbietet! Du, für den noch der unscheinbarste ihrer Vorgänge ein Rätsel ist, du, der du nicht das geringste ihrer Phänomene zu erklären vermagst, sage mir doch, woher die Bewegungsgesetze, die Gesetze der Gravitation kommen! Erläutere mir das Wesen der Materie – ist sie träge oder nicht? Wenn sie sich nicht bewegt, so sage mir, wie die Natur, die niemals in Ruhe ist, etwas erschaffen konnte, das ewig ruht, und wenn sie sich bewegt, ob sie die eindeutige und legitime Ursache des ständigen Entstehens und Vergehens ist! Sag mir, was ist das Leben? Und beweise mir, was der Tod ist! Sag mir, was die Luft ist! Überlege dir genau ihre unterschiedlichen Wirkungen! Erkläre mir, warum ich oben auf den Bergen Muscheln und am Grund des Meeres Ruinen finde! Du, der du darüber befindest, ob etwas ein Verbrechen ist oder nicht, du, der du in Paris jemanden hängen läßt für etwas, das ihm im Kongo Ehren einträgt, nenne mir die Prinzipien, nach denen sich der Lauf der Gestirne richtet, und wie sie befestigt sind, erkläre mir ihre Anziehung, ihre Beweglichkeit, ihr Wesen, ihre Umlaufzeiten! Beweise mir, daß nicht Descartes, sondern Newton recht hat, nicht Tycho Brahe, sondern Kopernikus! Erkläre mir, warum ein Stein herabfällt! Ja, mache mir diesen so einfachen Effekt verständlich, und ich werde dir vergeben, daß du ein Moralist bist, wenn du ein besserer Physiker bist. Du willst die Gesetze der Natur analysieren, doch dein Herz – dein Herz, in das sie einbeschrieben sind, ist dir ein Rätsel, dessen Auflösung du nicht kennst... Du willst sie definieren, diese Gesetze, doch du kannst mir nicht sagen, wie es

kommt, daß zu stark geschwollene kleine Gefäße einen Kopf augenblicklich durcheinanderbringen und aus einem anständigen Menschen im Laufe eines einzigen Tages einen Schurken machen. Du, der du mit deinen Systemen ebenso am Anfang stehst wie mit deinen Entdeckungen, du, der du seit drei- oder viertausend Jahren erfindest, veränderst, wieder anfängst und argumentierst, kannst uns als Lohn unserer Tugend immer noch nichts anderes anbieten als das Elysium der Griechen und als Strafe für unsere Verbrechen nur ihren sagenhaften Tartarus. Du, der du es nach so vielen Grübeleien, so vielen Mühen, so vielen staubigen Bänden, die über diesen erhabenen Stoff kompiliert wurden, bis jetzt nur geschafft hast, Herkules durch einen Sklaven des Titus und Minerva durch eine Jüdin zu ersetzen – du willst die Verirrungen des Menschen ergründen, über sie philosophieren, du willst dogmatisch über Laster und Tugend entscheiden, obwohl du mir nicht sagen kannst, was das eine oder andere ist und auch nicht, was für den Menschen am vorteilhaftesten ist, was am ehesten der Natur entspricht und ob nicht aus diesem Gegensatz das Gleichgewicht entsteht, das beide notwendig macht. Du willst, daß die ganze Welt tugendhaft sei, und dabei merkst du nicht, daß alles auf der Stelle zugrundeginge, wenn es auf der Erde nur Tugenden gäbe... Es muß notwendig auch Laster geben, und du willst nicht begreifen, daß es daher ebenso ungerecht von dir wäre, sie zu bestrafen, wie wenn du dich über einen Einäugigen lustig machtest... Und was ist nun das grausige Resultat deiner Fehlschlüsse, deiner hassenswerten Dogmen, die du derjenigen [der Natur] aufzwingen willst, die über dich lacht? Unglücklicher, ich erzittere davor, es dir zu sagen: Daß man den, der sich an seinem Feind rächt, rädern soll, und den, der die Leute seines eigenen Königs umbringt, mit Ehren überhäufen; daß man den vernichten soll, der dir einen Taler stiehlt, und dich mit Belohnungen überschütten – dich, der du dich berechtigt glaubst, im Namen deiner Gesetze den zu vertilgen, dessen einziges Unrecht darin besteht, den Gesetzen der Natur zu folgen, dessen einziges Unrecht es ist, für die unantastbare Behauptung ihrer Rechte geboren zu sein... Laß doch deine närrischen Spitzfindigkeiten fahren! Genieße, mein Freund, genieße und richte nicht! Genieße, sage ich, und überlasse es der Natur, dich nach ihrem Gutdünken zu lenken, überlasse es dem Ewigen, dich zu strafen, wenn du dich als Gesetzesbrecher entpuppt hast! Kleine Ameise auf diesem Klumpen Erde, schleppe deinen Halm in den Speicher, brüte deine Eier aus, füttere deine Jungen, liebe sie, entreiße ihnen vor allem nicht die Binde des Irrtums – die überkommenen (das billige ich dir zu) Hirngespinste sind günstiger für das Glück als die traurigen Wahrheiten der Philosophie. Erfreue dich an der Fackel der Welt: ihr Licht leuchtet in deinen Augen, um Freuden, nicht um Sophismen zu erhellen. Nutze nicht die eine Hälfte deines Lebens, um die andere unglücklich zu machen, und wenn du einige Jahre in dieser seltsamen Form vegetiert hast, entschlummere, was auch immer dein Hochmut davon halten mag, im Schoß deiner Mutter, um bald in anderer Gestalt wieder zu erwachen, nach neuen Gesetzen, die du nicht besser verstehst als die ersten. Mit einem Wort: Denke, daß die Natur dich mit deinesgleichen umgibt, damit du sie glücklich machst, dich um sie kümmerst, ihnen hilfst, sie liebst, nicht aber, damit du sie richtest und strafst – und vor allem nicht einsperrst.

Wenn Ihnen dieses Stückchen Philosophie gefällt, Mademoiselle, wird es mir beim nächsten Jahreswechsel ein Vergnügen sein, Ihnen die Fortsetzung zu liefern. Anderenfalls bitte ich Sie, es mich wissen zu lassen. Wir werden dann ein Thema wählen, das eher dem fröhlichen Gemüt eines Geschlechts entspricht, dessen Schmuckstück Sie sind und dem ich es mir zur Ehre anrechnen werde, mein Leben lang ebenso wie Ihnen, Mademoiselle,

ergebenster und gehorsamster Diener zu sein,

Des Aulnets.

Von der Galerie von Vincennes, am 26. Januar nach neunundfünfzigeinhalb Monaten der *Pressung*, die in Wahrheit ohne Erfolg geblieben ist.»[1]

Mademoiselle de Rousset hat die Philosophie wie die Neckereien anscheinend endgültig aufgegeben. Was zuviel ist, ist zuviel.

[1] Bourdin. Lely gibt diesem Brief, den er als als ein «kleines Werk» betrachtet (siehe Kapitel 26), den Titel *Étrennes philosophiques* – er ist treffend, stammt aber ausschließlich von ihm.

Das Denken von Monsieur de Sade hält sich wirklich in gefährlichen, schwer zugänglichen Regionen auf; das von Marie-Dorothée ist an seine Grenzen gestoßen. Ihre Antwort vom 22. März fällt mit Bedacht platt aus und enthält sich aller überflüssigen Worte: «Ihre Philosophie, Monsieur, wäre köstlich in der Gegend, wo ich bin, aber sie ist an dem Ort, wo Sie sind, sehr schlecht angesehen. Diese Art von Reflexionen verbittern, betrüben das Herz. Falls Sie Ihren Beschäftigungen eine andere oder eine ganz andere Richtung gäben, würde ich mich freuen, von Ihnen zum Jahresende oder im Laufe des Jahres zu hören.» Deutlich werden die intellektuellen Grenzen gezogen:

> «Seien wir weder Demokrit noch Heraklit noch Seneca. Wir sind als Franzosen geboren, wir leben unter den Franzosen; die Gesetze, die Sitten, die Gebräuche sind so, wie wir sie kennen, und nicht so, wie wir sie uns gelegentlich wünschen. Im Kongo wird die Idee, die Auffassung vom Schönen, vom Ruhm, vom Gerechten gekrönt; in Paris wird jeder Gesetzesbrecher, der dumm genug ist, sich für einen Bewohner des Kongos zu halten, gehängt. Meine Philosophie ist gerechter, schlichter als diejenige aller illustren Köpfe, die Sie mir zitieren! Was kümmert mich die Ursache davon, daß ein Stein herabfällt, Hauptsache, ich spüre nicht die schmerzhafte Folge auf meinem Kopf! Ob es die Sonne oder die Erde ist, die sich dreht, wenn die eine mich wärmt, mich bescheint und die andere mich nährt, reicht es zu meinem Glück und meiner physischen Erholung [...] Ihr Park ist hübsch, die Bäume haben Ihre Abwesenheit genutzt [...] Vor drei Tagen sind neunundzwanzig Obstbäume, alle wegen desselben Schädlings, gefällt worden.» (Borderie)

Ist das Absicht? Wenn sie ihren Briefpartner herunterholen wollte zu prosaischen, häuslichen Dingen, dann ist es Mademoiselle de Rousset aufs trefflichste gelungen. Zum ersten Mal seit sehr langer Zeit schreibt Sade am 17. April an Gaufridy: es geht um Bäume! «*Gefällte Bäume und ausgerechnet Obstbäume!* Advokat, Sie werden mich vielleicht etwas streng finden, aber das Unglück macht nicht sanfter, im Gegenteil.» Der Brief endet mit genauen, keinen Widerspruch duldenden Instruktionen, «die Strolche, die das getan haben» (Lely, *L'Aigle*), zu belangen, und zeigt einen empfindlich getroffenen Sade.

So recht in Schwung, richtet Monsieur 6 am gleichen Tag an Mademoiselle de Rousset den berühmten Brief «der Adler, Mademoiselle» (siehe Kapitel 64). Den Tod von Gothon, von dem er wohl erst jetzt durch einen Besuch von Pélagie erfahren hat, kommentiert er auf seine Weise:

«Ich habe Gothon bedauert. Sicher hatte sie Fehler, doch sie machte sie mit Tugenden und Qualitäten wett; und es gibt viele Menschen auf der Welt, die diesen Ausgleich nie geschafft haben. Gothon liebte die Männer. Aber, Mademoiselle, sind die Männer nicht für die Frauen und die Frauen nicht für die Männer gemacht? Ist das nicht der Wunsch der Natur? Gothon, wie Madame de Sade sehr gefällig sagt, *heiratete, weil sie schwanger war.* Nun, Mademoiselle, ein wenig Philosophie! Was ist daran schlecht? Ich sehe nur Tugend darin. Das bedeutet, seinem Kind einen Vater geben zu wollen, das bedeutet, ihm sein tägliches Brot sichern zu wollen, das bedeutet, es der gemeinen Klasse entziehen zu wollen, der die Glücklosigkeit keine andere Wahl läßt als die Armut oder das Verbrechen. Aber sie war ihrem Mann untreu... Ach! Dafür finde ich keine Entschuldigung! Der Ehebruch der Frauen ist mit so entsetzlichen Nachteilen verbunden, er hat so unheilvolle und fatale Folgen, daß ich ihn nie habe dulden können. Suchen Sie in meinen Prinzipien, durchstöbern Sie die Geschichte meiner Zügellosigkeiten, Sie werden sehen, daß ich diesen Bund in meinem Leben nur sehr wenig gestört habe; und auf ein Dutzend Jungfrauen oder sogenannte Jungfrauen, die ich zu verführen versucht habe, werden Sie keine drei verheirateten Frauen finden. In diesem Punkt hatte Gothon also Unrecht [...]
Im übrigen muß man Ihnen sagen – ja, jetzt, wo wir von den Tugenden gesprochen haben, können wir uns um die Qualitäten kümmern –, Gothon hatte, behauptete man, den schönsten... Teufel! Was soll man jetzt tun? Das Wörterbuch kennt kein Synonym für dieses Wort, und der Anstand verbietet mir, es ganz auszuschreiben, obwohl es nur zwei Buchstaben hat[2]... Nun ja, wirklich, Mademoiselle, das war der schönste A., der seit einem Jahrhundert den Schweizer Bergen entflohen war.» (Lely, *Carillon*)

[2] Das Wort *cul* schrieb sich sehr oft *cu*.

Schließlich läßt sich Mademoiselle de Rousset im Laufe des Mai auf Sades dringliche, von Pélagie übermittelte Bitten im Schloß von La Coste nieder, vollkommen im Widerspruch zu ihrer vor der Abreise aus Paris erklärten Absicht. Von Freunden, bei denen sie «mit Vergnügen» gewohnt hätte, keine Rede mehr. Aus finanziellem Interesse? Welches das sein könnte, ist nicht zu erkennen. Aus Neugier, fortwährender Faszination an allem, was mit Sade zu tun hat? Will sie in besserer Lage sein, jene «Beweise» zu finden, von denen sie Madame de Montreuil versichern wird, sie seien vorhanden? Ihre Motive bleiben dunkel. Jedenfalls schreibt Marie-Dorothée, kaum daß sie im Schloß ist, dem Hausherrn einen Brief, der sich im Ton so stark von ihrer früheren Korrespondenz unterscheidet («Ihre Pfannen und überhaupt alle Ihre Küchengeräte sind von einem Schmutz, der sechsunddreißig Katzen erbrechen lassen würde»), daß Sade nur Pélagie gegenüber darauf eingeht:

> «Ich werde das ermüdende Geschwätz von Milli Rousset wirklich nicht beantworten. Wie kann man seinen Geist dazu verwenden, solchen Blödsinn zu erzählen? Ich verstehe und finde sogar amüsant, daß man seinen Geist zu pikanten Sachen mißbraucht [...] aber ich verstehe nicht, daß man ihn dazu verwendet, um von *Pfannen, verwahrlosten Zimmern, Pocken, Küchenutensilien* und allem anderen Blödsinn zu reden, für dessen Auflistung die Präsidentin de Montreuil bestimmt sechs Wochen gebraucht hat, um sie der armen Rousset zu übermitteln, deren Genie hundert Meilen davon entfernt ist. So wird ihr göttlicher Brief *Nr. 223* in die vollkommenste Vergessenheit versinken. Zu diesen niederen Details werde ich mich herablassen, wenn ich am Ort sein werde: bis dahin will ich nicht einmal daran denken.»[3]

Am Ende dieses Briefes schreibt er: «Sie werden Gaufridy tausend Grüße sagen, aber ich werde ihm genausowenig wie der Heiligen schreiben – zu der mir vielleicht in diesem Herbst, an den so langen und tristen Abenden einige Verrücktheiten durch den Kopf ziehen werden, die ich ihr sagen möchte.» Dazu wird

[3] Daumas datiert diesen Brief lediglich auf «1782», wie Lely in seiner *Correspondance*. Er ist eindeutig aus dem Juni oder Juli dieses Jahres.

er aber kaum ermuntert werden. Ein tiefer Überdruß zeichnet sich in den letzten Zeilen des Briefs von Marie-Dorothée ab:

> «Ich habe die Ehre, Monsieur,... mit dem größten Wunsch, Sie zu sehen und zu umarmen. Sollte es wahr sein, daß ich vier oder fünf Jahren warten muß, wie Sie mir zu schreiben beliebten, würde ich alles hinwerfen. Ich bin wirklich vieler Sachen müde.» (Borderie)

Mit Madame de Sade steht sie weiter im Briefwechsel. Sie ist jetzt in alle Geheimnisse eingeweiht, oder beinahe in alle. Im Oktober '82 schreibt ihr Pélagie:

> «Da im Arbeitszimmer herumgewühlt wird, wie ich mich aus anderem Anlaß, der Sie nicht betrifft, überzeugt habe, muß ein anderer Ort gewählt und mir genannt werden, um die wichtigen Sachen dorthin zu bringen. Ich habe mich also entschlossen, G[aufridy] zu schreiben, er möge alle meine Briefe in eine verschlossene Schublade legen und niemandem zeigen, wer es auch sei. Ich habe nicht versäumt, ihm den Grund dafür zu nennen, damit ich mir eines Geheimnisses, das ich hüten muß, noch sicherer sein kann.» (Bourdin)

Zu einem unbestimmten Datum wird Sade ein letztes Mal versuchen, die alte Glut wieder zu entflammen, mit dem berühmten Glockenspiel-Brief des Monats Mai ('83?):

> «Mademoiselle,
>
> Ich wollte mir das Vergnügen bereiten, der Ehre Ihres Briefes zu entsprechen, und bestimmt hätten Ihnen die Gegenstände gefallen, die..., zumal... Eh! Nein! ich meine... Sie wären wirklich gerührt gewesen, als plötzlich – ich hielt die Feder in der Hand – ein verdammtes Glockenspiel[4], das einzige unselige Instrument, das ich hier höre, einen Höllenlärm zu veranstalten begann. Da ein Gefangener immer alles auf sich selbst bezieht und sich immer vorstellt, daß alles, was getan wird, ihn betrifft, daß alles, was gesagt wird, beabsichtigt ist, habe ich mir doch in den Kopf gesetzt, daß dieses verdammte Glockenspiel zu mir sprach und mir, aber sehr deutlich, sagte:

[4] «Das der Kirche. Diese Strophen müssen auf die Melodie des Glockenspiels gesungen oder ins Feuer geworfen werden, denn zum Lesen sind sie nicht geeignet.» (Fußnote von Sade)

Je te plains – Je te plains
Il n'est plus pour toi de fins
Qu'en poudre – qu'en poudre[5].

Mit einer unaussprechlichen Wut bin ich aufgestanden und wollte den Glockenspieler erschlagen, als ich mit Schmerz gesehen habe, daß *die Tür der Rache noch nicht offen war*. Also habe ich mich wieder hingesetzt – ich habe wieder zu meiner Feder gegriffen – ich habe gedacht, diesem Strolch muß man in der gleichen Machart antworten – und im selben Ton, da mir noch nicht möglich war, etwas anderes zu tun.
Und ich habe gesagt:

De plaisir, de jouir
Il faut donc vous dessaisir,
Mon âme, mon âme.

Capucin, capucin,
Rencontre au moins une main
Qui b[ranle], qui b[ranle][6].»

Der Brief endet:

«Adieu, schöner Engel. Denken Sie manchmal an mich, wenn Sie zwischen zwei Laken die Schenkel gespreizt haben, die rechte Hand damit beschäftigt..., Ihre Flöhe zu suchen. Erinnern Sie sich daran, daß in diesem Fall auch die andere agieren muß, sonst hat man nur das halbe Vergnügen.
Die eine muß... so sein, und die andere so wie die Präsidentin Zahlen schreibt.»

Nichts deutet daraufhin, daß Mademoiselle de Rousset geantwortet hätte. Es ist auch unwahrscheinlich. Die Schwindsucht, die «Nervenattacken», die Koliken beginnen über diese Energiebatterie zu siegen, schmal, wie sie ist, doch zäh wie ein Nylonfa-

[5] «Ich beklage dich, ich beklage dich, für dich gibt es kein anderes Ende mehr denn als Staub, denn als Staub.»

[6] «Das Vergnügen, das Genießen mußt du wohl aufgeben, meine Seele, meine Seele. Kapuziner, Kapuziner, mögest du wenigstens eine Hand treffen, die w(ichst), die w(ichst).» (Lely, *Carillon*)

den. Zu dem körperlichen Verfall kommt die Lepra der Verlassenheit, um am Dekor ihrer letzten Monate zu nagen. Pélagie sorgt sich um beides: «Wie geht es Ihnen, Mademoiselle?... Haben Sie wenigstens ein Mädchen, das Sie bedient [...] Am wichtigsten ist mir Ihre Gesundheit, die ich mir besser wünschte.» (Bourdin; 24. September) «Mademoiselle de Rousset, Herr Rechtsanwalt, hat mir soeben vom Desaster im Schloß von La Coste berichtet: einstürzende Decken und Balken, Würmer in den Betten etc.» (Bourdin; an Gaufridy, 8. Oktober) Der Herbstmistral kommt dazu: «Hier wütet ein entsetzlicher Sturm; der Zusammenbruch schreitet von einer Viertelstunde zur nächsten fort; die Ziegel, der Putz, der lärmend herunterfällt, vergrößern meine Angst. Ich sehe überall nur Risse.» (Bourdin; Marie-Dorothée an Gaufridy, September oder Oktober) Der Kamin des Zimmers, in dem Mademoiselle de Rousset schläft, stürzt ein. Der Wind reißt die Fenster auf und wirft sie in ihrem Bett «wie eine Feder» (Bégis/Lely) herum.

Wie eine Feder... Sie wiegt jetzt kaum noch etwas. Ein Zweig, ein Schatten, der in diesem provenzalischen Haus Usher von Zimmer zu Zimmer irrt. Und ständig dieser Wind...

Pélagie bekundet in größer werdenden Abständen ihr Interesse: «Was Sie mir zum Zustand von Mademoiselle de Rousset schreiben, betrübt mich sehr, denn ich bin ihr wirklich verbunden.» (Bourdin; an Gaufridy, 14. Juli) «Der Zustand der armen Mademoiselle de Rousset bereitet mir unaussprechlichen Kummer.» (Bourdin; 8. Oktober) Auch Madame de Sade geht es nicht gut; Bemühungen und Besorgungen erschöpfen sie. Und La Coste ist weit.

> «Wenn wir eine Polizei hätten und die Kavallerie noch da wäre, wäre das Landhaus des armen Verwalters nicht ausgebrannt. Wir befinden uns unter tollwütigen Wölfen. Jeder schimpft auf Monsieur de Sade und den Rechtsanwalt Gaufridy. Wenn die Polizei nichts tut, ist es ihre Schuld.» (Bourdin; Mademoiselle de Rousset an Gaufridy, 1. Januar 1782)

Das aber sind nicht die einzigen Ursachen für die Unruhe. In den 80er Jahren des 18. Jahrhunderts rebellieren die Landarbeiter immer offener gegen die herrschaftlichen Privilegien: man jagt auf den Ländereien der Schlösser, man fällt dort Holz. Es ist nicht beruhigend, praktisch allein auf einem riesigen, wackligen Herrschaftssitz zu sein[7].

> «Die Unzuverlässigkeit dieses üblen Schlossers bringt mich in schreckliche Verlegenheit... Der erstbeste Verrückte kann mich in meinem Bett umbringen. Da ich nicht Posten stehen oder die Umgebung überwachen konnte, weil das große Tor so verklemmt ist, daß es meine Kräfte übersteigt, sind alle Trauben weggenommen, die Weinranken unterhalb des Schlosses zerstört und herausgerissen worden. Die Jäger aus Ménerbes und Bonnieux sind beinahe in La Coste eingedrungen.» (Bourdin; Rousset an Gaufridy, 6. September 1782).

Natürlich würde man ins Romanhafte fallen, wenn man nach anderen als ganz naheliegenden Gründen für die Art suchte, mit der sich Marie-Dorothée an die rissigen Mauern des Schlosses klammert. Vielleicht ist sie zu arm, um anderswohin zu gehen[8]? Vielleicht opfert sie sich wirklich, wie Pélagie offenbar meint, um das Vermögen ihrer Freunde zu bewahren. Vielleicht hofft sie, mit dieser Nachhutmission etwas zu verdienen... Aber man muß irgendwie auch an ihre maßlose Neugier denken. Man kann sich durchaus vorstellen, wie diese abgezehrte Gestalt durch die Gänge des Schlosses irrt, die Schubläden durchwühlt, im Lichte einer im Luftzug flackernden Kerze sich über irgendein Blatt Papier beugt, das dem Inspektor Marais vielleicht entgangen ist, wie sie nach dem Geheimnis jenes unbegreiflichen menschlichen Triebes sucht, der sowohl «sehr dumm» machen wie auch unvorsichtige Pulverfässer entflammen kann: der Liebe...

Marie-Dorothée de Rousset stirbt am 25. Januar 1784 auf dem Schloß von La Coste. Es ist nicht bekannt, ob Sade vor seiner endgültigen Freilassung (jedenfalls was das Ancien régime betrifft) von ihrem Tod in Kenntnis gesetzt wurde.

[7] Eine wenig vertrauenswürdige Dienerin leistete Mademoiselle de Rousset manchmal Gesellschaft.

[8] Dennoch bezahlt sie einiges aus eigener Tasche und überlegt zeitweilig sogar, die Kosten für einen Concierge zu übernehmen.

79.

Verrückt oder mitschuldig

Wie wir gesehen haben, äußert sich Marie-Dorothée de Rousset über ihre gute Freundin Pélagie gegenüber Dritten nur reserviert und hellsichtig, bisweilen auch streng. Wir wissen, was die heilige Rousset über das Paar Donatien/Pélagie insgeheim dachte. Schon im Oktober 1780 hat sie in einem Brief an Gaufridy Madame de Sade «tausend und abertausend Unannehmlichkeiten» vorgeworfen, «die sie mir hätte ersparen können, wenn sie mehr Bildung, mehr innere Größe hätte, kurz, wenn sie jenes natürliche Zartgefühl besäße, das einem angeboren ist und das man mit Tugend und Gerechtigkeit bis an sein Lebensende bewahrt». Ihre Schlußfolgerung ist bemerkenswert:

> «Kurz, mein lieber Freund, es gibt Menschen, die so sonderbar sind, daß man mehr Mitleid als Zorn über sie empfindet. Dazu gehört auch dieser [gemeint ist natürlich Pélagie]; ich habe ihn auf Herz und Nieren geprüft. Es wundert mich nicht mehr, daß der Unglückliche [hier ist Sade gemeint] so viele Dummheiten gemacht hat; er hätte eines Menschen bedurft, der Kraft und Energie besitzt; dieser ist aber nur matt und farblos.» (Bourdin)

Tatsächlich wäre es wohl auch einem Menschen mit Kraft und Energie nicht gelungen, mit Donatien de Sade in ehelicher Gemeinschaft zu leben. Doch man wird Renée-Pélagie de Montreuil, Comtesse de Sade – für die Öffentlichkeit ist sie die «Marquise de Sade»[1] – nicht ändern können; sie, die ihrem vulkanischen, unhaltbaren, genialen, unmöglichen, anbetungswürdigen und faszinierenden Gatten, den das Schicksal ihr beschert hat, siebenundzwanzig Jahre ihres Lebens widmete, wird ihm auch in

[1] Seit sein Vater 1767 gestorben ist, ist Donatien de Sade also Comte und sein ältester Sohn Louis-Marie Marquis. Zwar macht er immer wieder darauf aufmerksam, doch wird Sade bis 1790 in bezug auf sich selbst des öfteren von «dem Marquis de Sade» sprechen. Es fällt auf, daß er in bezug auf seine Frau *stets* «die Marquise de Sade» oder «Madame la Marquise» sagt, so als wolle er den Titel Comtesse der alten Ex-Comtesse, seiner Mutter, vorbehalten, die doch schon 1777 gestorben war.

den 80er Jahren mit fast grenzenloser Hingebung die Treue halten und für ihr eigenes Leben kein anderes Ziel kennen als sein Glück und die Wiedervereinigung mit ihm. Erreicht sie mit ihrer Hingabe etwas? Das kommt ganz darauf an. Man muß sich einfach klarmachen, daß Madame de Sade in Verruf geraten ist: Herr und Frau de Maurepas, «zwei Prinzessinnen und ein paar andere Personen» haben schließlich befunden, daß sie «verrückt oder mitschuldig» (mit Sade natürlich) sei, nachdem sie nicht nur in die Akten Einsicht genommen haben, sondern möglicherweise auch in die grimmigen und aufrührerischen Briefe des wütenden Philosophen aus dem Zimmer Nr. 6. Wie soll sich Pélagies Ansehen jemals wieder bessern, da es ihr doch an Einfluß, an gesellschaftlicher Gewandtheit und Stil mangelt und auch ihre Mutter sie nicht mehr unterstützt?
Doch so wie es damals zum guten Ton gehört, seine Armen zu haben, hat man auch seinen Gefangenen. Latude wird tausend hochgestellte Gönner finden. Pélagie wird in der Pariser Verwandtschaft ihres Mannes eine mächtige Stütze entdecken: Marie-Louise Elisabeth Maillé de Carman, Marquise de Sorans, Cousine ersten Grades der Mutter von Sade und «Gesellschaftsdame von Madame Elisabeth», der Tante des Königs. Diese nahe Verwandte Sades, die ihn, als er noch klein war, liebgewonnen hatte, fand es gewiß nicht schmeichelhaft, daß ihr kleiner Cousin, fast ein Neffe, aus ehrenrührigen Gründen in Vincennes saß, aber dennoch wird sie sich Anfang 1781 tatkräftig darum bemühen, daß Sade nicht gerade freigelassen, aber doch – und das könnte die Vorstufe dazu sein – in die Provence verlegt wird, genauer nach Montélimar.
Sade ist jetzt ziemlich ruhig, nach einer längeren Zeit, in der es immer wieder heftige Ausbrüche gegeben hat und auf die wir noch kurz zurückkommen müssen. Seine Erbitterung über die Einsperrung und die kleinlichen Schikanen ist im Laufe des Jahres 1780 ständig gewachsen, obwohl das Frühjahr für ihn recht glimpflich verlaufen war. Am 21. April hat Le Noir Monsieur 6 aufgesucht und ihm versprochen, daß seine Frau ihn bald besuchen dürfe. Am 25. April hat man ihm tägliche Spaziergänge gewährt. Er schreibt ein wenig, was ihn an seine kleinen Blätter von La Coste erinnert. Am 12. Juni beginnt er sein viertes Heftchen mit Notizen und Überlegungen. Er erweitert seine Ona-

niepraxis um neue koprophile Verfahren wie das «sterc.[us] m.[erde]»: «Das zählt erst seit Juni '80, erst da habe ich es mir angewöhnt.»

Doch mit dem Beginn der schönen Jahreszeit, von der er ausgeschlossen ist, verschlimmert sich die Stimmung des Gefangenen von Tag zu Tag. Er verschanzt sich hinter seinen Barrikaden aus Zahlen und wartet ungeduldig auf das geringste *Zeichen.* Ein solches erspäht er kurz vor dem 31. Mai auf seinem Spaziergang. Der «Vogt Boudon» (Deckname von Monsieur de Rougemont), «der ständige Sklave der Launen der Präsidentin de Montreuil, dieses nichtswürdige Werkzeug ihrer platten Rachegelüste, [...] findet es offenbar amüsant, nach dem Plan oder auf Anstiftung seiner Herrin Zahlen auf den Mauern des Gartens anbringen zu lassen»; hier der Vorgang:

> «Da ihr treuer Kerkermeister die Sache ausführen ließ, erkannte ich, wie Du wohl merkst, unschwer die Hand, die dahinter steckt... ‹Mein Freund›, sagte ich zu ihm, ‹hat Ihr Spitzbube von Gebieter Sie dazu angestiftet?› – ‹Oh, Monsieur!› – ‹Ja, er ist es; ich erkenne darin sein unübertreffliches Genie, und ich sage Ihnen, er ist es.› – ‹Monsieur!› – ‹Keine Entschuldigungen! Wenn Ihnen das noch einmal passiert, packe ich Sie wie ein Schaf am Genick, und Ihr an den Mauern zerschelltes Gehirn wird die Zahlen davon abwaschen...›» (Borderie)

Nach diesem Zwischenfall bringt Sade an einer deutlich sichtbaren Mauerstelle («da man einen Anschlag angebracht hat, habe ich desgleichen getan») den Nachruf auf de Rougemont an, den wir auf Seite 567 zitiert haben.

Mit dem Beginne des Sommers bessert sich die Lage nicht. Den Briefen von Madame de Sade entnimmt ihr Mann Wendungen (insbesondere dieser: «Und wenn Du glücklich gelandet sein wirst, wird meine Befriedigung mit nichts zu vergleichen sein»), die ihn auf die Idee bringen, man wolle ihn zu irgendeinem unheilvollen Ziel einschiffen. Seine entsetzte Reaktion:

> «Das Meer habe ich seit jeher entsetzlich gefürchtet und gehaßt. La Jeunesse hat mich auf dem Meer erlebt und weiß, daß die Natur in mir diese Abneigung rechtfertigt, denn ich kann es absolut nicht vertragen [...] Selbst wenn man mir nicht nur einen Posten, ein Kommando, sondern die Würde

des *Königs* einer Insel anböte, würde ich sie ausschlagen. Ich glaube, ich muß dies hier ganz ernsthaft erklären [...] Würde man es unbedingt verlangen, ließe ich mich lieber am Ufer in Stücke hauen, als ein Schiff zu besteigen, denn ich ziehe einen Tod, der mich sofort von meinen Leiden erlöst, einem solchen vor, der sie nur verlängern und damit noch schrecklicher für mich machen würde.» (Daumas)

Möglicherweise noch unter dem Eindruck dieser furchtbaren Aussicht, explodiert Sade in den folgenden Tagen. Am 26. Juni, so schildert er es in *Histoire de ma détention*,

> «behandelte mich der Gefängniswärter mit einer ausgesprochenen Unverschämtheit, die ganz dazu angetan war, mich zu ärgern. Ich wurde wütend, und es gab eine Szene...»

Obwohl Sade es zu diesem Zeitpunkt bestreitet, scheint er seinen Wärter geschlagen zu haben. Die Sanktion läßt nicht auf sich warten: Le Noir beschließt, ihm die Spaziergänge zu streichen, nachdem ihm de Rougemont von dem Vorfall berichtet hat; Monsieur de Valge, der «als Soldat mit dem Orden von Saint-Louis ausgezeichnet wurde», wird zu Monsieur 6 geschickt, um ihm die Maßnahme zu verkünden. Hier die Version de Rougemonts von diesem Zusammentreffen:

> «Es gibt keine Beschimpfung, Abscheulichkeit und Schweinerei, die er sich nicht gegen ihn und gegen mich herausgenommen hat; er hat ihn als Armleuchter bezeichnet und ihm gedroht, ihn zum Frühstück zu verspeisen, sobald er aus dem Gefängnis käme [...] Monsieur de Sade hat einen schrecklichen Lärm gemacht, der im ganzen Schloß und in der Zwingburg widerhallte, er hat die anderen Gefangenen zu Zeugen der entsetzlichen Behandlung aufgerufen, der man ihn unterwerfe. [...] Er hat sie aufgefordert, sich gegenseitig zu helfen und sie damit gewissermaßen zur Rebellion aufgestachelt; er hat wiederholt ausgerufen, *es sei der Marquis de Sade, Kavallerieregimentsoberst, den man in dieser Weise behandelt*; er hat sich in den übelsten Beschimpfungen ergangen, von denen er niemanden ausgenommen hat, nicht einmal die achtbarsten Personen des Reiches; um diese skandalöse Szene zu vollenden, hat Monsieur de Sade Monsieur de Mirabeau beleidigt, der, als er die Schließer zurückkommen hörte, an die Pforte des Gartens klopfte, in dem er sich erging, und ihn von einem

Fenster seines Zimmers aus, das auf den Zugang zu diesem Garten hinausgeht, mit den übelsten Ausdrücken belegt [...] Sie werden sich gewiß erinnern, Monsieur, daß dies nicht das erste Mal ist, daß Monsieur de Sade versucht hat, die anderen Gefangenen aufzustacheln, und ich hatte bereits die Ehre, Ihnen davon zu berichten, daß er einmal die Frau Präsidentin de Montreuil und seine Frau bezichtigt hat, ihn mit verschiedenen Leckereien, die man ihm zukommen ließ, vergiften zu wollen, und daß er sich nicht gescheut hat [...], vor der Tür des Herrn de Whyte, an der er auf dem Weg zum Spaziergang vorbei kam, laut auszurufen: ‹Kamerad, achten Sie darauf, was Sie essen, man will Sie vergiften.›» *(Histoire de ma détention)*

Sade bittet Pélagie, sich beim Minister über die Streichung der Spaziergänge zu beschweren, doch damit nicht genug, verweigert Monsieur de Rougemont dem Gefangenen alle Dienste, die man ihm bisher erwiesen hat. Man kehrt nicht einmal mehr sein Zimmer:

«Ich stecke bis zum Hals in Dreck und Unrat, die Wanzen, Flöhe, Mäuse und Spinnen fressen mich auf, man bedient mich wie ein Schwein, denn sobald man mir mein Essen gebracht hat, zieht man sich mit betonter Schnelligkeit aus meinem Zimmer zurück, so daß es mir nicht mehr einfällt, was ich brauche, und ich auch keine Gelegenheit finde, darum zu bitten; die drei Küchenjungen unseres Wirts machen sich, sobald meine Tür geöffnet wird, wieder aus dem Staube; das alles ist doch reizend, und ergibt es nicht ein köstliches Zeichen?» (Lely, *Carillon*; 27. Juli 1780, an Pélagie)

Sade ist empört und pocht immer wieder auf seine Spaziergänge: «Sie können sich nicht vorstellen, wie ich leide, seit ich nicht mehr an die Luft komme [...] Niemandem wird die Luft verwehrt, selbst die nichtswürdigsten Tiere haben ein Anrecht darauf, und man muß noch viehischer sein als diese, um die Spaziergänge zu verbieten» (in demselben Brief). Doch als man ihm am 17. September anbietet, daß er, unter einer Bedingung, seine Spaziergänge wieder aufnehmen dürfe, lehnt er ab.

«Heute morgen kam der sogenannte Herr Major und sagte mir, *der König* erlaube mir meine Spaziergänge wieder. ‹Ich bin Ihnen sehr verbunden, mein Herr, und danke Ihnen und auch dem König.› ‹Aber mein Herr, das ist nicht alles, Sie haben kein Recht...› ‹Was soll das heißen›, habe ich ihn unterbrochen. ‹Eine kleine Moralpredigt? Ich bitte Sie, mir das gnädigst zu ersparen; ich weiß über Moral alles, was man wissen muß.› ‹Aber, mein Herr...› ‹Mein Herr›, sagte ich daraufhin, ‹solange der Herr, von dem Sie mir sprechen (der Gefängniswärter), anständig ist, wird er mich friedlich finden; sobald er das nicht mehr ist, wird er jemanden antreffen, der bereit ist, ihn zu korrigieren, da er nicht dazu da ist, von irgendwem Unverschämtheiten zu erdulden, vor allem nicht von einem solchen Schelm von Gefängniswärter...› Daraufhin ist man aufgebrochen, und da ich, wie man behauptet, die Morallektion des Herrn Invaliden nicht bis zu Ende anhören wollte... keine Spaziergänge.» (Lely, *L'Aigle*)

Anlaß für Sade, daran zu erinnern, «daß ich, selbst wenn man mir bei lebendigem Leib die Haut abzieht, nicht von meiner Maxime abgehen werde: ‹Sanft und anständig, wenn man es zu mir ist; ganz scharf und zurechtweisend, wenn man mir den schuldigen Respekt versagt›». Dennoch hat der Vorgang ihn auch ein wenig erheitert, und so fügt er seinem Brief ein amüsantes Postskriptum an:

«Schon dem ersten Satz der Rede des langen, dürren Individuums, das man heute morgen auf mich losgelassen hat, konnte ich entnehmen, daß es um das moralische und physische Wesen des elenden Atoms gehen würde, das unter dem Namen *Gefängniswärter* bekannt ist.

Ich erkannte sogleich, daß der Redner fade und langweilig sein würde; daß seine Rede ohne Metapher und voller Katachresen und Pleonasmen sein würde; daß sein Text unbeholfen und sein Motto unpassend sein würden; daß jedes seiner Teile gleichförmig und ohne Anmut sein würde; daß es ihm an der Würze und den Feinheiten fehlen würde, die eine Rede unbedingt braucht und die von Cicero so nachdrücklich empfohlen werden; und schließlich, daß der Stoff, an sich schon trocken, mit meinem Leben und der Kunstgattung, die ich pflege, nichts zu tun hatte. Deshalb habe ich den Redner fortgeschickt. Wenn es aber unbedingt sein muß, daß ich gründlich Bescheid weiß über ein unanständiges Wesen, das sein

Brot auf eine Weise verdient, die einen anständigen Menschen entehren würde, so laß mir doch bitte, um mir viel Verdruß zu ersparen und diese undankbare Lektion ein wenig zu verschönern, den Artikel in der *Encyclopédie*[2] abschreiben, ich werde ihn auswendig lernen; das ist alles, was ich tun kann...»

Die Aufheiterung ist von kurzer Dauer. Es kommt der Herbst, der vierte in Vincennes, und mit ihm die «so langen und traurigen Abende», an denen der Gefangene sich gelegentlich dazu hinreißen läßt, Seite für Seite mit seiner Verbitterung zu füllen und Pélagie immer wieder damit zu peinigen, daß er sie einerseits mit ihrer Mutter und den Henkersknechten, die ihn quälen, gleichsetzt, während er andererseits behauptet, aus ihren Briefen widersprüchliche Signale zu entnehmen. Immer wieder fordert er seinen Spaziergang und körperliche Bewegung, doch die Worte, die er dafür wählt, sind wenig geeignet, ihn der Erfüllung seiner Wünsche näherzubringen: «Ich kann mir gut vorstellen, daß das Ihrem beinlosen Krüppel von Mutter, der seinen häßlichen Hintern nie von einem Sessel hat losreißen können, unfaßbar erscheinen muß.» (September; Lely, *L'Aigle II*) Dann, wieder an Pélagie gewandt: «Sie können also nicht erwirken, daß man mein Zimmer kehrt?» Im Oktober: «Und meine Spaziergänge? Du willst also absolut nichts tun, damit man sie mir wieder gewährt?» Er liest Daniel Defoes *Robinson*, *Les Illustres françaises* von Robert Challes, die *Lettres* von Ninon de Lenclos, die *Poésies* der Antoinette Deshoulières und jene des François Moncrif, die *Cérémonies religieuses* von Banier und Le Mascrier, die *Histoire de France* des Abbé Velly, die Memoiren von Madame de Maintenon, Theaterstücke..., und er liest mit immer wieder neuer Bewunderung nochmals Voltaire. Er leidet an der Brust, er schläft schlecht. Er arbeitet: Korrekturen an den Stücken, die er zuvor Pélagie geschickt hatte, erweitert um ein neues: *Henriette et Saint-Clair*.

Seine Frau stürzt er weiterhin in Wechselbäder. Er erinnert sich ihres Namenstages und gratuliert ihr dazu. «Ich bin Dir sehr

[2] Der Abbé de Sade gehörte zu den Subskribenten der von Diderot und d'Alembert herausgegebenen *Encyclopédie*. Nach seinem Tode führte Madame de Sade das Abonnement fort; einige Bände landeten bei Gaufridy, einige bei Sades 1790 verstorbenem Onkel in Toulouse, dem Großprior.

dankbar, mein zärtlicher Freund, und es hat mich sehr gerührt, daß Du Dich meines Namenstages entsinnst», schreibt Pélagie ihm am 14. Oktober 1780 zurück (der Tag der heiligen Pélagie ist der 8. Oktober). Im Dezember verlangt er von ihr einen Fetzen von einem Kleid, nur muß sie es auch getragen haben. Am 14. desselben Monats erhält er den hundertsten Brief von seiner Frau und schickt ihr die verzweifelte Antwort:

> «Heute, Donnerstag, den 14. Dezember 1780, am 1 400. Tag, in der 200. Woche und im 46. Monat unserer Trennung, nachdem ich achtundsechzigmal Verpflegung für vierzehn Tage und hundert Briefe von Dir erhalten habe und dieser hier von mir der 114. ist [...] Da mein wahres Unglück erst an dem Tag begann, an dem wir getrennt wurden...» (Lely, *Carillon*)

Es ist ein langer Brief, in dem es nicht an Spottversen über Madame de Montreuil fehlt, die «fanatische Frau», die «schwachsinnige Frau», die, wie er sagt, an seinem Unglück schuld ist, die er nun aber deutlich trennt von «Dir, meine teure Freundin [...], die ich als die beste und teuerste Freundin, die es für mich jemals auf der Welt gegeben hat, trotz allem lieben werde». Er möchte, daß sie Werke von ihm abschreibt: «Kopien von Deiner Hand habe ich wahnsinnig gern, sie machen mir ein unglaubliches Vergnügen. Ich werde nie vergessen, daß Du während meines Aufenthalts in Italien [Dorats] *Le Célibataire* für mich abgeschrieben hast, weil es darin Stellen gibt, von denen Du glaubtest, ich hätte sie gern; diese Aufmerksamkeit von Dir ist mir immer wieder in den Sinn gekommen. Noch mehr Vergnügen bereitet es mir, wenn es Verse von mir sind...» Er träumt von ihr, in einer besessenen Weise, welche die Eifersuchtskrise, die er bald durchmachen wird, vorausahnen läßt. Im Januar '81 schreibt er ihr, besorgt über Träume, die er gehabt hat und als ein schlechtes Vorzeichen deutet:

> «Weit davon entfernt, an Träume zu glauben, bin ich dennoch überzeugt, daß die Natur einem verlassenen und des menschlichen Umgangs beraubten Wesen ganz eigentümliche Inspirationen gewährt. Daß sie dieses Wunder wirkt, ist nicht eigentümlicher, ja, sehr viel weniger eigentümlich als die Inspiration, die sie den Tieren schenkt hinsichtlich der Pflanzen, die ihnen bekömmlich sind. Sollten sich einige meiner Träume als wahr erweisen, so wird Ihr erster Gedanke

sein, auch wenn Sie es mir sicherlich nicht mitteilen werden: *Ich möchte wirklich wissen, was er von mir geträumt hat.* Nun, ich werde Sie gleich zufriedenstellen. Es vergeht kein Monat, in dem ich nicht von Ihnen träume, und merkwürdigerweise ist es immer dasselbe: Sie sind weit älter als zum Zeitpunkt unserer Trennung, stets haben Sie mir ein Geheimnis mitzuteilen, über das Sie sich niemals äußern wollen, und stets sind Sie untreu, *und zwar in jeder Bedeutung des Wortes*, wozu Ihre Mutter Sie angestiftet hat[3]. Diesen Traum habe ich wohl fünfhundertmal gehabt!» (Borderie)

Madame de Sade hat inzwischen die Neujahrswünsche ihres Mannes für 1781 (siehe Seite 650) erhalten, wo es hieß, sie möge in einen Sack gesteckt und ins Wasser geworfen werden, zusammen mit ihrer «scheußlichen Familie und ihren niedrigen Lakaien». Und dann kommt der «große Brief» vom 20. Februar 1781 (siehe Kapitel 44). Darin unterstreicht er zunächst, daß er an seiner Revolte unabänderlich festhalten wird: «Mein Unglück ist, daß ich vom Himmel einen festen Charakter erhalten habe, der sich noch nie beugen konnte und niemals beugen wird. Ich habe keine Angst, jemanden zu verärgern, wer immer es sei.»[4] Die Klagen, die er zwischen seinen gewohnten Obsessionen einfließen läßt, sind um so bemerkenswerter, als ihnen jegliches Selbstmitleid fremd ist:

«Überlegen wir einen Moment: Wenn eine Haft schon so lang sein muß wie die meine, ist es dann nicht eine regelrechte Infamie, das Grauen noch durch all das steigern zu wollen, was Ihre Mutter sich hat einfallen lassen, um mich hier zu

[3] Warum Sade glaubte, daß Madame de Montreuil Pélagie dazu drängte, ihn zu betrügen, dazu siehe S. 720 ff. Im übrigen hätte sie einen Ehebruch ihrer Tochter vermutlich recht gern gesehen, wenn er imstande gewesen wäre, einen Bann zu brechen, der ihr unverständlich blieb.

[4] Er antwortet Pélagie, die ihm am 15. Februar geschrieben hatte: «Wenn du willst, daß deine Briefe durchgelassen werden, mein zärtlicher Freund, dann mußt du auf deplazierte Äußerungen verzichten. Die Beleidigungen sind jedenfalls zu nichts gut und verärgern die Leute, statt sie für dich einzunehmen. Manche Leute beurteilst du falsch, weil du sie nicht kennst, und wenn du sie kennen würdest, wärest du mit mir der Meinung, daß sie es nicht verdienen und nicht dazu gemacht sind, deine deplazierten Sarkasmen zu ertragen.» (Borderie)

quälen? Genügt es denn nicht, von allem abgeschnitten zu sein, was das Leben süß und angenehm macht, genügt es denn nicht, daß ich nicht einmal frische Luft atmen darf, daß all meine Wünsche wieder an den vier Wänden scheitern, die mich gefangenhalten, daß alle meine Tage denen gleichen, die uns erwarten, wenn wir im Grab liegen?»

Und dann sind da immer wieder die Zeichen, wobei er uns, wie man sich erinnern wird, sehr gut erklärt, was es mit ihnen auf sich hat und warum sie notwendig sind: «Mag ein Gefangener auch allen Grund haben, an einen sehr fernen Termin zu glauben, so werden doch die geringsten Schritte, die ihm eine frühere Entlassung zu begünstigen scheinen, von ihm mit einer Gier ergriffen, die unglaublich ist; das ist ganz natürlich und kein Fehler, und deshalb muß man ihn nicht bestrafen, sondern bemitleiden.» («Großer Brief») Nur das Bedürfnis, alle Verfolgungen, alle Zeichen auf Madame de Montreuil zurückzuführen, treibt ihn zu seinen Fehldeutungen. Das gilt etwa für die Sache mit den Vorhängen, die ihn sehr quält und die nur verrückt oder lächerlich finden wird, wer noch nie eingesperrt war:

«Von den vielen Beweisen, die ich, wie schon gesagt, dafür besitze, daß sie [die Präsidentin] ein grausames kleines Spielchen mit mir treibt, bei dem sie mich einmal hoffen und dann wieder verzweifeln läßt, will ich, um Sie zu überzeugen, einen anführen, der jüngeren Datums ist. Vor etwa sechs Monaten schickten Sie mir einen Vorhang für mein Zimmer; so sehr ich darum bitte, ihn anzubringen, man lehnt es beharrlich ab. Was soll ich daraus schließen? *Es lohnt sich nicht.* Also steigt meine Hoffnung, und in diesem Zustand beläßt man mich, bis man glaubt, ich hätte mir vielleicht ein Luftschloß gebaut, und dann wird der Vorhang angebracht, und mein Luftschloß fällt in sich zusammen. Das ist das Spielchen der Frau Präsidentin de Montreuil, das ist ihr süßer Zeitvertreib seit vier Jahren, und sie hat ihre bezahlten Trabanten, die ihr bei diesen Freundlichkeiten zu Diensten sind...»

Dies ist immer noch der «große Brief», der mit den bekannten Rechtfertigungen weitergeht und nach der Erklärung, er sei ein Wüstling, aber kein Mörder, mit Beteuerungen einer unzerstörbaren Anhänglichkeit endet:

«Das ist ein recht langer Brief, nicht wahr? Doch ich war ihn mir schuldig, und ich hatte ihn mir fest vorgenommen für die Zeit, wenn vier Jahre meines Leidens vorüber sein würden. Sie sind vorüber. Hier ist er nun, geschrieben gleichsam im Hinblick auf den Tod, damit ich Sie, sollte er mich überraschen, ohne daß ich den Trost hätte, Sie noch einmal in meine Arme zu schließen, auf die in diesem Brief geäußerten Ansichten verweisen kann, so als seien es die letzten, die ein Herz an Sie richtet, das eifersüchtig darauf bedacht ist, wenigstens Ihre Achtung mit ins Grab zu nehmen. Verzeihen Sie seine Unordnung; sie ist weder gewollt noch beabsichtigt: Sie sollten darin nichts als die Natur und die Wahrheit erkennen. Ich streiche einige Worte am Anfang aus, damit man ihn durchläßt, und ich bitte inständig darum, daß er Ihnen ausgehändigt werde. Ich erwarte nicht, daß Sie im einzelnen darauf antworten, sondern bitte Sie nur, mir mitzuteilen, daß Sie *meinen großen Brief* empfangen haben: So will ich ihn nennen, ja, so will ich ihn nennen. Und sollte ich Sie auf die darin enthaltenen Ansichten verweisen, dann lesen Sie ihn bitte noch einmal... Hast Du mich verstanden, meine teure Freundin? Du wirst ihn noch einmal lesen, und Du wirst sehen, daß der, der Dich bis an sein Grab lieben wird, ihn mit seinem Blut unterzeichnet hat.»

Unterdessen schreibt er weiter Theaterstücke und beendet am 24. Januar 1781 *Le Capricieux*, eine Komödie in drei kurzen Akten in Versform.

«Dieses Stück ist am 24. Dezember 1780 begonnen worden. Die Rohfassung wurde am 8. Januar 1781 beendet, das Stück am 24. desselben Monats abends. Nachdem es fertig war, ist es vom 24. Januar bis zum 8. April desselben Jahres überprüft und korrigiert worden; vom 5. April bis zum 19. einschließlich wurde es ins reine geschrieben, was insgesamt sechzehn Wochen Arbeit macht. Es enthielt danach 1824 Verse.»[5]

Behalten wir diese Daten (die, nebenbei gesagt, zeigen, wie schnell Sade gearbeitet hat) im Gedächtnis, denn sie stehen in

[5] Handschriftlicher Vermerk Sades auf einem der beiden Manuskripte, die von dem Stück bekannt sind (Sammlung Xavier de Sade).

engem Zusammenhang mit der «Affäre von Montélimar», die nicht mehr lange auf sich warten läßt und in Vincennes auf ein relativ befriedetes Klima trifft. Am 9. März 1781 werden Monsieur 6 nach sechsunddreißig Wochen ohne frische Luft und körperliche Bewegung wieder seine Spaziergänge erlaubt. Am 10. findet sich eine erste, unzweifelhafte aber vage Anspielung auf die Affäre in einem Brief von Madame de Montreuil an Gaufridy, in dem die Präsidentin sich wundert, daß Gaufridy einer Verlegung Sades in die Nähe von La Coste oder gar seiner Freilassung gelassen entgegensieht («Wie konnten Sie in Kenntnis dessen, was Sie – besser als ich – *an Tatsachen wissen*, diese Freilassung befürworten, ohne um ihn zu zittern?»). Doch am 12. März wird ein unscheinbarer Satz in einem Brief von Madame de Sade all diese undurchschaubaren Vorstöße durchkreuzen, ein eingeschobener Satz, in dem von Besuchen die Rede ist.

> «Oder wenn es Dir lieber ist, daß ich darum bitte, Dich besuchen zu dürfen, dann beauftrage doch Du mich mit den Besorgungen; ich werde sie Dir bringen, und es wird für diejenigen, die bisher damit beauftragt waren, weniger mühsam und lästig sein, für mich aber unendlich viel angenehmer.» (Borderie)

«Wenn es Dir lieber ist, daß ich darum bitte, Dich besuchen zu dürfen»! Pélagie in Vincennes? Es ist jetzt, um wie Sade zu zählen, fast fünfzehnhundert Tage, zweihundertvierzehn Wochen, bald fünfzig Monate her, daß er von seiner Frau getrennt ist, und nicht ein einziger Besuch! Sind die Minister, die Verwaltung, vielleicht auch Madame de Montreuil solche Barbaren?

Allem Anschein nach nicht. Die moderne (und so romantische!) Legende spricht in diesem Zusammenhang gern von den «langwierigen Bemühungen, welche die unglückliche Frau, unterstützt von ihrer Vertrauten und Gouvernante [!] Mademoiselle de Rousset, unermüdlich bei den Ministern unternahm, denen sie die Grausamkeit der nutzlosen Härte ihrer eigenen Mutter vor Augen führte» (Maurice Heine), um die Erlaubnis zu erhalten, einige Minuten lang im Beratungszimmer der Zwingburg von Vincennes mit ihrem Mann sprechen zu dürfen. Die Wirklichkeit sieht ganz anders aus.

Die lange Inhaftierung Sades beginnt im Februar 1777. Bis zum Juni '78 hat man sie offenbar relativ geheimgehalten, weil man das für erforderlich hielt, um die Revision des Urteils von Aix vorzubereiten. Im September '78 sitzt Sade wieder in Vincennes, und es wird erneut einige Wochen lang geheimgehalten, diesmal als Strafe für seine Flucht. Aber danach? Am 29. Mai 1779 stellt Marie-Dorothée de Rousset die Tatsachen klar:

> «Es wäre für Madame sehr einfach, ihn zu besuchen, ebenso wie für mich. Aber was hätten wir davon? Ich fürchte, er wäre danach viermal wilder als vorher. Er würde uns mit Vorwürfen überschütten, und ich würde ihn zum Teufel jagen, wie ich es schon mehrmals getan habe.» (Bourdin)

Und Sade, deckt er etwa die Verwaltung mit Besuchsanträgen ein, speziell für seine Frau? Nun, dafür gibt es keinen Anhaltspunkt. Es hat vielmehr den Anschein, als habe er in den Jahren 1779 und 1780 Gespräche mit dem Abbé Amblet oder sonst einem edlen Menschen verlangt, der ihm «sein Herz und seinen Kopf geschenkt» hat. Was Pélagie angeht, ist die Sache komplizierter. Ihre eventuellen Besuche stehen mit dem unseligen Zeichensystem in Zusammenhang, das sie, so wünschenswert sie auch sein mögen, praktisch verbietet. Die Überlegung ist einfach und entspricht der bei dem Vorfall mit den Vorhängen: Die Besuche von Madame de Sade sind «etwas, was ich mir immer gewünscht habe, was ich mir wünsche und endlos wünschen werde» (Sade an seine Frau, Oktober '81). Sollte er aber bald freikommen, dann *lohnt es sich nicht!* In seinem verzweifelten Verlangen, seinen Termin zu erfahren, bringt er seine Frau in ein auswegloses Dilemma:

> «Wenn ich hier noch lange bleiben soll, dann ersuchen Sie getrost um eine Besuchserlaubnis, so beschwerlich es auch sein mag; für mich kann es nur eine große Tröstung sein. Wenn ich nicht lange hier bleiben soll, dann ersuchen Sie nicht darum, denn zu dem Vergnügen, Sie hier zu sehen, müßte sich für mich zwangsläufig ein unendlicher Kummer gesellen. Verstehen Sie mich jetzt? Und werden Sie mir in diesem Sinne nochmals einen Dolchstoß versetzen?» (Borderie; Februar '79)

Deutlicher kann man es nicht sagen. Pélagie wird daher das heftige Bedürfnis, ihren Mann zu sehen, für sich behalten. Und da ist noch etwas: die Bedingungen des Besuches. Sollte er stattfinden, dann aber, so fordert Sade, ohne Zeugen, was seit einigen Jahren dem Reglement der königlichen Festungen widerspricht.

Einstweilen also kein Besuch. Doch im Frühjahr '81 scheint Monsieur 6 nachgiebig zu werden, und als Pélagie ihren Wunsch erneut vorträgt, stößt dieser auf ein wohlwollenderes Echo:

> «Der erste Punkt Ihres Briefes, auf den ich eingehe, betrifft Ihren Vorschlag, mich zu besuchen. Sie können mir gewiß nichts vorschlagen, was angenehmer und mehr dazu angetan wäre, ein wenig Trost in meine unglückliche Lage zu bringen. Ich ermahne Sie nachdrücklich, diesen Plan zu verwirklichen.» (Borderie; zwischen dem 15. und 20. März 1781)

Einige Tage später ist das Fieber im Zimmer Nr. 6 um einige Grad gestiegen:

> «Sie mögen sagen, was Sie wollen, mir scheint, daß es Ihnen mit dem Besuch bei mir nicht besonders eilig ist. Seit acht Tagen ist alles frei, und die Wege sind hervorragend, und doch zeigen Sie keine Eile. Sie haben die Erlaubnis, wer also kann Sie jetzt aufhalten? Ist etwa der *Tag des Zeichens* noch nicht gekommen? [...] Versuche zu erreichen, daß wir bei Deinem Besuch ungestört sind, und ich werde Dir ein Zeichen geben, das unendlich viel geistreicher ist als alle, die bei den geheimen Zusammenkünften der Präsidentin herauskommen.» (Borderie)

«Ich umarme Dich, und ich werde um die Erlaubnis bitten, Dich ohne Zeugen sehen zu dürfen», antwortet Madame de Sade. «Wenn man aber unbedingt will, daß ein Zeuge dabei ist, werde ich es akzeptieren, es sei denn, Du bestündest darauf, daß kein Zeuge dabei ist, was auch mir lieber wäre.» (Borderie; 25. März) Am 26. teilt Sade seiner Frau unverzüglich mit, was er soeben bei einem Besuch von Monsieur Le Noir erfahren hat:

> «Ich schreibe Ihnen, meine teure Freundin, nur ein paar Zeilen, um Ihnen zu sagen, daß Monsieur Le Noir mir soeben versichert hat, er werde Ihnen die Besuchserlaubnis erteilen. Gehen Sie bitte unverzüglich zu ihm und erinnern Sie ihn an dieses Versprechen; ich wäre Ihnen unendlich verbunden,

wenn Sie es so bald wie möglich nutzen würden, und ich bin von Ihrem diesbezüglichen Eifer so überzeugt, daß ich jeden Augenblick mit Ihrem Besuch rechne.

Ich grüße Sie von ganzem Herzen.» (Borderie)

Allem Anschein nach erwartet Monsieur 6, der weiterhin *Le Capricieux* «prüft und korrigiert», mit relativer Gelassenheit den Besuch seiner Frau.

«Montélimar» wird alles über den Haufen werfen.

80.

«Ihr Montélimar»

«Mag sie sich auch noch so bemühen, ich bezweifle, daß sie erreichen wird, was sie sich wünscht und worum sie nachsucht», schrieb die Präsidentin am 10. März 1781 in ihrem Brief an Gaufridy und meinte damit die Vorstöße ihrer Tochter.
Dabei hatte sie nicht mit Madame de Sorans gerechnet. Am 31. März wendet sich Pélagie ihrerseits an Gaufridy:

> «Verraten Sie nichts, Herr Advokat, von meinen guten Nachrichten. Ich habe beim König den Befehl erwirkt, daß Monsieur de Sade in die Festung Montélimar verlegt wird, um seinen Geschäften näher zu sein. Meine Mutter ist pikiert, äußerst pikiert darüber, daß ich es ohne ihre Hilfe erreicht habe; das habe ich ihr angesehen...
> Sie werden ihn besuchen dürfen.
> Man hat mir bedeutet, ich hätte für die gesamten Kosten aufzukommen. Ich habe es versprochen, ohne zu wissen, wie ich das bezahlen soll.
> Vor seiner Abfahrt werde ich ihn zwei- oder dreimal besuchen, allerdings unter Zeugen.» (Bourdin)

Wir sind im Frühjahr '81, und in dieser Zeit erfährt die öffentliche Meinung im Königreich Frankreich eine gewisse Veränderung, die Auswirkungen auf seine Organisation haben wird und sich für Sade sehr günstig auswirken könnte. Im Mai wird die Sonderkommission aus Beamten des Châtelet unter Vorsitz des Kardinals de Rohan in Bicêtre tagen, um den Fall jedes einzelnen Häftlings zu prüfen, und Rohan wird sich persönlich jenes Danry annehmen, genannt Masers de Latude, der noch immer eine Eingabe nach der anderen verfaßt, um seine Freiheit wiederzuerlangen. Claude Quétel, Verfasser einer Latude-Biographie[1], berichtet im Hinblick auf den Besuch der Kommission von «einer gewissen Lockerung der Haftbedingungen zu

[1] *Les Évasions de Latude*, Paris: Denoël 1906. Siehe auch *Latude et son temps.* Actes du colloque organisé par les Amis de Montagnac, Montagnac 1988.

einem Zeitpunkt, da sich im Reich der Hospitäler, Hospize und Gefängnisse die großen Reformen abzeichnen».

Die Bemühungen von Madame de Sorans und der Marquise de Sade treffen daher auf ausgesprochen günstige Verhältnisse. Man hat ohnehin vor, Vincennes von den Gefangenen zu räumen und es abzureißen. Natürlich kann keine Rede davon sein, daß dieser «unverbesserliche Mensch, dessen Kopf nach wie vor in Aufruhr ist» und den man als eine dauernde Gefahr ansieht, mit einem Schlag freigelassen wird. Als man beabsichtigt, die Haftbedingungen Sades zu erleichtern, ist es übrigens nur wenige Monate her, daß Mademoiselle de Rousset das schreckliche Dossier entdeckt hat, das sie eine lange Haftdauer befürchten ließ, bis «zum Tod der einen und dem Vergessen der anderen». Die Absicht, den Marquis nach Montélimar zu verlegen, bestätigt nur meine These, daß die Freilassung eines Sade, der sich beruhigt hat, allen ins Konzept gepaßt hätte. Vielleicht dachte man, das heimatliche Klima könne sich beruhigend auf ihn auswirken. Wenn die Unruhe dieses hitzigen Kopfes sich ein wenig gelegt hätte, würde man weitersehen und ihm eventuell La Coste, fern von den Druckern von Den Haag, als mehr oder weniger überwachte Residenz zuweisen... Offenbar hat sich Madame de Montreuil, ob sie nun verärgert war oder nicht, getreu ihrer grundsätzlichen Position nicht quergelegt. Der Weg ist frei. Vorsichtigerweise überläßt Madame de Sade es dem Polizeidirektor, ihren Mann zu unterrichten, und spricht weiterhin nur von Besuchen:

> «Der Minister will absolut nicht, daß ich Dich, mein zärtlicher Freund, ohne Zeugen sehe. Es wird jedoch einer sein, der Dir gewiß angenehm ist, Monsieur Le Noir selbst; da es nicht anders geht, wird es Dir lieber sein, daß er es ist und nicht ein anderer [...] Ich umarme Dich in der Hoffnung, es bald wirklich tun zu können.» (Borderie; 31. März)

Irgendwie erfährt Monsieur 6 von dem Verlegungsplan. Er ist nicht sonderlich erfreut darüber:

> «*1. April, abends.*
>
> Es ist nun wirklich das einfachste, das leichteste und das ruhmloseste, einen Gefangenen zu täuschen, ein äußerst fades Vergnügen, das unweigerlich auf eine ganz gemeine und nichtswürdige Seele hindeutet, und schließlich kann es wohl

nur der dumme, lächerliche Zeitvertreib einer ganz alten Schwätzerin, eines sehr schwachsinnigen Geschöpfes sein, doch können Sie sich dessen nicht rühmen, und ich habe mich, das muß ich zugeben, nur eine gute halbe Stunde lang von der Geschichte täuschen lassen.

Die sehr vornehme und mächtige Dame de Montreuil beweist stets Adel in ihren kleinen Vergnügungen! Die Lakaien und Flickschuster schicken sich gegenseitig in den April, also muß sie ihren Schwiegersohn auch in den April schikken. [...]

Was zum Teufel meinen Sie mit Festung Montélimar? In Montélimar hat es nie eine Festung gegeben. Gäbe es eine, so wäre ihr Befehlsstab sicherlich im *Almanach militaire* verzeichnet; unter dem Stichwort *Montélimar* gibt es aber nur den *Marquis de Chabrillant*, der gewiß kein Gefängnis befehligt. Ich bin meine drei Almanache durchgegangen: In allen wird nur *Montélimar* erwähnt, während bei allen übrigen Städten, wo es Festungen oder Zitadellen gibt, *Stadt und Festung oder Stadt und Zitadelle* gleichzeitig genannt werden. Ich kenne übrigens, da ich einen ganzen Monat bei dem Marquis de Chabrillant verbracht habe, dessen Schloß unmittelbar vor den Toren der Stadt liegt, Montélimar und seine ganze Umgebung so gut, daß ich sicher bin, daß es dort nie eine Festung gegeben hat. Vielleicht gibt es irgendeinen alten Turm, in dem Eulen oder Waldkäuze hausen, doch ein königliches Haus für Gefangene gibt es mit Sicherheit nicht. Dafür lege ich meine Hand ins Feuer...»

Dennoch ist diese Verlegungsgeschichte wichtig, und man muß alle Hypothesen prüfen:

«Doch nehmen wir die Sache für einen Augenblick ernst. Es gibt in der Nähe von Montélimar ein Schloß für Gefangene, genannt *der Turm von Crest*, und vielleicht haben Sie sich verhört, und es ist das, was man Ihnen gesagt hat und was Sie meinten. In diesem Fall wollen Sie es mir doch bitte erlassen, den schönen Dankesbrief an Madame de Sorans zu schreiben, zumal dessen Stil, den Sie mir freundlicherweise empfehlen, ganz und gar der ist, den ihr Kammerdiener benutzen würde, wenn die Dame ihn fortgejagt hätte und er gnädig wieder aufgenommen werden wollte.

Der Turm von Crest ist ein entschieden noch schrecklicheres Gefängnis als Vincennes und obendrein äußerst ungesund; dorthin bringt man nur Gefangene, derer man sich möglichst schnell entledigen will. Es ist ein abscheuliches Loch, in das kaum Tageslicht dringt, und es ist von stinkenden Sümpfen umgeben.» (Daumas)

Es ist möglich, daß der Turm von Crest, über den wir bei Paul Bourdin erfahren, daß er seit der Zerstörung des Schlosses als Staatsgefängnis diente, ein nicht sehr angenehmer Haftaufenthalt war. Es unterliegt jedoch kaum einem Zweifel, daß der Comte de Sade, Kavallerieregimentsoberst, wäre er den Befehlen eines Militärs unterstellt worden, von ihm wie zuvor schon in Pierre-Encise eine Vorzugsbehandlung erfahren hätte. Und im übrigen wäre es für den Herrn von La Coste und Saumane unendlich viel bequemer gewesen, von dort oder von Montélimar aus seine Geschäfte zu leiten, dort Gaufridy zu empfangen usw., bis man ihn schließlich freigelassen hätte, was ich nach wie vor für wahrscheinlich halte.

Doch hier prallen nun wieder zwei unversöhnliche Denkweisen aufeinander. Nach Ansicht Sades steht sein Termin «unwiderruflich» fest, und so kann der ganze Trubel um eine Verlegung aus Vincennes nur eines bedeuten: Der Termin ist fällig. Wenn er Montélimar (oder Crest) akzeptiert, läßt er sich folglich in eine neue Einsperrung locken. Lehnt er dagegen ab, so zwingt er, wie er glaubt, die Verwaltung, ihn definitiv freizulassen oder ihm zumindest einen Wohnsitz seiner Wahl anzuweisen, den er bestimmen wird.

Wenn er Pélagie sehen kann, dann ist ihm das nicht gleichgültig: «Der Besuch in Gegenwart von Monsieur Le Noir ist von allem, was Sie mir mitteilen, wohl das Beste, und außerdem...» Eine kleine Einschränkung, dieses «und außerdem», hinter der ein Ohr hervorlugt, das sich gleich weiter herauswagen wird:

«Mag es sein, wie es will, wenn er denn stattfinden soll, dann kommen Sie bitte möglichst bald, damit ich all das klären kann, worüber ich mir jetzt nur nutzlos den Kopf zerbreche und was mich an einer anderen Beschäftigung hindert, die, so unbedeutend sie auch sein mag, immer noch tausendmal besser ist als die, mich, wie Sie es seit vier Jahren tun, der ganzen Übellaunigkeit Ihrer unausstehlichen Mutter auszusetzen.»

Deutlicher kann man es nicht sagen, die ganze Affäre stört Monsieur 6 in seiner Theaterarbeit. Bevor er sich ihr wieder zuwendet, zieht er die folgenden Schlüsse:

«*Resultat*

1. Ich bitte darum, von jeder erdenklichen Verlegung abzusehen und vor allem von jedem polizeilichen Geleit. Ich opfere bis zu zehntausend Franken, um mich davon freizukaufen [...]

2. Ich bin bereit und ziehe es vor, die ganze Zeit, die meine Strafe noch dauern soll, so lang sie auch sein mag, hier zu bleiben, denn den Aufenthalt hier, so schrecklich er auch ist, ziehe ich allem vor, was man mir anbieten könnte, und wäre es auch eine ganze Festung, ausgenommen die Rückkehr auf meine Güter, auf die ich mich sofort begeben werde, wenn man es wünscht, auch wenn man mich dorthin verbannt, so schmerzlich das auch für mich sein mag, aber ohne Geleit.

3. Madame de Sorans werde ich den gebührenden Dank bezeugen, wenn sie dafür gesorgt haben wird, daß ich auf meine Güter zurückkehren kann, aber in ein anderes Gefängnis gehe ich nicht, denn Gefängnis ist Gefängnis, und wenn es denn sein muß, ziehe ich dieses, in dem ich mich befinde, einem anderen vor [...]

4. Man wird sagen, daß ich zwar meine Wünsche und Bedingungen nennen, aber doch nicht das Gesetz machen könne; ich weiß nur zu gut, daß meine unglückliche Lage mir das nicht erlaubt. Ich meine nur, daß ich Vincennes allem anderen, was nicht die Rückkehr auf meine Güter bedeutet, vorziehe.

Um mir die Aufregung unvorhergesehener Zusammentreffen zu ersparen, bitte ich Sie, mich vierundzwanzig Stunden vorher zu benachrichtigen, wenn Sie mich zusammen mit Monsieur Le Noir besuchen wollen.» (Daumas)

Vielleicht hat der Brief Sades sich mit dem von Pélagie gekreuzt, wahrscheinlicher ist aber, daß er nicht in einem Zug geschrieben wurde, denn beide Briefe enthalten Passagen, die auf den jeweils anderen antworten:

«3. April 1781.

Monsieur Le Noir sagt mir soeben, er habe Dir die Verlegung auf die Festung Montélimar mitgeteilt. Schreib unverzüglich einen Dankesbrief an Madame de Sorans, die Gesellschafterin von Madame Elisabeth, und teile ihr mit, daß Du Dich durch Deinen künftigen Lebenswandel ihrer Güte mehr und mehr würdig erweisen wirst, indem Du Deine Pflichten als Vater und guter Bürger erfüllen und die in Deinen Angelegenheiten herrschende Unordnung beenden wirst. Wenn die Zitadelle von Montélimar ein Rattenloch ist, wie Du in Deinem Brief sagst, so ist das ein Unglück, aber weit weniger schlimm als die traurige Perspektive, in die wir bis heute getaucht waren.

Ich bitte Dich daher, ohne jede weitere Bemerkung aufzubrechen. Wozu Deine nutzlosen Schreiben? Sie zögern nur den freudigen Augenblick unseres Wiedersehens hinaus, sie verhindern all das Gute, das ich mir von dieser Verlegung verspreche. Ich sage es Dir noch einmal: Deine Überlegungen und Berechnungen waren seit jeher falsch, grundfalsch und mehr als absurd.»

Ausnahmsweise hebt Madame de Sade ganz leicht den Ton:

«Fasse einmal in Deinem Leben Vertrauen zu denen, die Dein Vertrauen verdienen, und mache Dich zur Abreise bereit. Mehr habe ich Dir nicht zu sagen.» (Borderie)

Ein Brief, der ihn nachdenklich macht... Donatien de Sade wendet ihn hin und her und versieht ihn mit Anmerkungen. Zu der Frage «Wozu Deine nutzlosen Schreiben?» notiert er: «Diesen Satz werde ich mir merken», und zu der traurigen Perspektive merkt er an: «Ich wüßte gern, wie es ist, in eine Perspektive getaucht zu sein. Diejenigen, die solche Briefe verfertigen, besitzen viel Geist und sprechen gut französisch!»

Mademoiselle de Rousset schreibt in dieser Zeit ebenfalls, und sie greift nach langen Monaten des Schweigens wieder zur Feder, um Sade darin zu bestärken, doch nach Montélimar zu gehen, und ihn von den Wonnen des Schreibens wieder auf prosaische Dinge zurückzulenken:

«1. April 1781.

Ich danke Ihnen, Monsieur, für das hübsche Märchen, das Sie mir geschickt haben. Zu Ihrer Komödie von den *Deux*

Jumelles äußere ich mich ein andermal. Befassen wir uns jetzt mit handfesteren Dingen. Ihr Interesse, Ihr Glück hängen davon ab, wie Sie sich in Montélimar aufführen.» (Borderie)

Doch vielleicht drückt Mademoiselle de Rousset sich nicht sehr diplomatisch aus: «So müssen Sie es unbedingt machen, verstehen Sie?» Ein bißchen zu viel Autorität auch in den Verhaltensmaßregeln bezüglich der Korrespondenz:

«Sie täten gleichfalls gut daran, wenn Sie nicht *überhaupt nicht an Ihre Familie* schreiben würden. Madame de Sorans ist eine Ausnahme von der Regel. Daß Sie sich um Ihre Geschäfte selbst kümmern können, verdanken Sie ihren Bemühungen, und dafür schulden Sie ihr Dank.»

Schon wieder! Man kann sich vorstellen, wie Monsieur de Sade die Hitze in den Kopf steigt. Doch die Reinschrift des *Capricieux* verschafft ihm eine Befriedigung[2], die ihn nachgiebig stimmt. Deshalb ist er mit Montélimar einverstanden, nur stellt er eine Bedingung: Zehn oder vierzehn Tage Aufschub, um seine Arbeit zu beenden. Danach mag geschehen, was will:

«Wenn ich Deinen letzten Brief noch einmal lese, glaube ich tatsächlich, daß Du verrückt bist, Dir vorzustellen, ich könnte ablehnen. Hättet Ihr nur ein wenig Vernunft und Menschlichkeit, müßtet Ihr doch spüren, daß ich hier wie ein Blinder bin, daß ich nichts sehe oder höre, daß ich, seit zehn Jahren gewohnt, in allen Dingen getäuscht zu werden von einem Monstrum, das an den widerlichsten und gemeinsten Lastern wie der Lüge, dem Betrug, der Schwindelei usw., usw., usw., usw., usw., usw., usw., usw., sein Vergnügen findet, vor allem zittern muß.

Brauchen Sie mich überhaupt zu fragen oder mir zu glauben, wenn das, was Sie tun, meinem Glück dient? Fragt man einen Kranken, was er von einem Aderlaß hält, wenn dieser für seine Gesundung unerläßlich ist? Ich wollte nicht reisen, auch nicht nach Aix [...] Wenn es nicht günstiger ist, täten Sie sehr gut daran, es zu lassen, aber wenn es günstiger ist – und das

2 «Dieses Stück, das nach meinem Dafürhalten das am wenigsten schlechte ist, was ich in meinem Leben gemacht habe» (Borderie), wird er einige Tage später schreiben.

müssen Sie besser wissen als ich –, lassen Sie sich nicht abhalten und hören Sie nicht auf mich [...] Das ist mein letztes Wort. Ich stelle mich. Lassen Sie sich nicht abhalten und reden wir nicht mehr davon.» (Borderie; unbekanntes Datum)

Am 14. April ist noch alles beim alten, außer daß die Bemerkungen des Gefangenen in gefährlicher Weise die Aufmerksamkeit der Behörden auf sich gezogen haben, wie Mademoiselle de Rousset Gaufridy berichtet:

«Monsieur de S. ist noch nicht aufgebrochen, Monsieur, und der vorgesehene Besuch von Madame de S. bei ihm ist verschoben worden. Ursache dieser Verzögerung ist sein Widerstand gegen Montélimar; er meinte, die Zitadelle sei scheußlich und schlecht bewacht, wenn es sie überhaupt gebe. Nach dieser Äußerung hat der Minister verläßliche Erkundigungen eingeholt, und da er feststellte, daß die Bewachung nicht hinreichend sicher ist, wird man ihn an einen würdigeren Ort bringen, in den Turm von Crest, einer Kleinstadt in der Dauphiné, an der Drôme gelegen, sechs Meilen von Valence. Wahrscheinlich wird Madame de Sade ihn nach den Feiertagen besuchen, und anschließend wird er aufbrechen.» (Bourdin)

Noch ist es nicht soweit. Zunächst ist *Le Capricieux* noch nicht völlig ins reine übertragen. Außerdem bekommt Sade Tobsuchtsanfälle, die sich für ihn schwerwiegend auf die nächsten neun Jahre auswirken werden. Das kann er sich allerdings nicht vorstellen, da für ihn ja gilt, daß «seit zehn Jahren alles abgesprochen und festgelegt ist und die Tage gezählt sind». Einige Worte mehr oder weniger können daran nicht das geringste ändern. Also schreibt er an Gaufridy einen wütenden Brief[3], in dem er ihm einen stürmischen Empfang in Aussicht stellt, sollte der Rechtsanwalt «so dreist, so unverschämt» sein, ihn in Montélimar zu besuchen. Schwerer wiegt jedoch, daß er sich nicht scheut, Le Noir lange Briefe zu schicken, in denen er außer recht gewagten Überlegungen Absichten bekundet, die nicht gerade beruhigend sind:

[3] Den dieser sehr wahrscheinlich nie erhalten hat.

«Hier wird mir nur wieder eine Falle gestellt. Madame de Montreuil weiß sehr wohl, daß ich auf diese grauenhafte neue Ruchlosigkeit, auf dieses neue Spektakel, das sie mit mir inszenieren will, keinen Wert lege. Sie will, daß ich die Flucht ergreife, um auf diese Weise das unbillige und verabscheuenswürdige Recht zu erlangen – ein Recht, das den Grundprinzipien des Staates absolut zuwiderläuft und für welches sich herzugeben der Beamten unwürdig ist, das Recht, sage ich, mich mein Leben lang der hassenswerten Gewalt eines königlichen Haftbefehls zu unterwerfen.

Sie wird daran jedoch nicht lange Freude haben, denn ich verspreche Ihnen, Monsieur, daß das einzige Ziel meiner Flucht sein wird, ins Ausland zu gehen und dort meine Tage zu beenden.» (Daumas)

Anschließend äußert er zwei Bitten, die, wie er sagt, sein «letztes Wort» sind, und er fügt hinzu: «Es sind keine Gesetze, was ich vortrage» (wie es ihm von Rougemont vorgeworfen wurde), sondern Bitten; es sind aber auch «Hinweise auf das, was geschehen wird, wenn man sie mir abschlägt»:

«Erste Klausel. Ich verlange, vierzehn Tage eingeschlossen bei meiner Frau in Paris verbringen zu können, um mich neu einkleiden zu lassen, einen Arzt zu konsultieren, denn mein Gesundheitszustand ist sehr schlecht, da kein Tag vergeht, an dem ich nicht Blut huste, und meine Kinder zu sehen; von dort werde ich aufbrechen, zusammen mit meiner Frau, und auf mein Ehrenwort [...] aufbrechen, sagte ich, zu meinen Gütern, auf denen ich mich aufhalten werde, so lange man wünscht, verbannt oder nicht, das ist mir gleich. Denn ich habe auf längere Zeit nicht die Absicht, sie zu verlassen.»

Diese Klausel bedarf natürlich einer Ergänzung, die Sade seltsamerweise als «Ausgleich» bezeichnet.

«Zum Ausgleich für diese Klausel, wenn sie mir denn gewährt wird, gebe ich Ihnen, Monsieur, und allen, die es fordern mögen, mein Ehrenwort, das ich mit meiner Unterschrift und allen Beglaubigungen versehen werde, die Sie mir vorzuschreiben geruhen, mein Leben lang ein Verhalten an den Tag zu legen, wie es selbst ein Engel nicht tugendhafter, ordentlicher und beispielhafter könnte, mich nur noch um das Wohlergehen meiner Frau und meiner Kinder zu kümmern, die

Lücken zu füllen, die mein Mißgeschick in mein Vermögen gerissen hat [...]»

Das ist nicht alles, und man sollte sich die folgenden Sätze für später merken:

«[...] zu Ihren Händen eine Urkunde zu unterzeichnen, durch die ich Madame de Montreuil die Vollmacht überlasse, nach ihrem Gutdünken für meine Kinder zu handeln, mich ihr in keiner Weise in den Weg zu stellen und sogar, um ihr in ihren Absichten behilflich zu sein, auf den Teil meines Vermögens zu verzichten, den sie für angemessen hält, alles gutzuheißen, Erziehung, Betätigung, Bestimmung, Heirat usw., und dies alles auch noch über das Maß hinaus, zu dem ich mich verpflichtet haben werde, zu fördern. Die Vergangenheit zu vernichten, so daß niemals mehr auch nur eine einzige Erinnerung daran auftaucht[4], durch alles, was Sie als nützlich und notwendig zur vollen allgemeinen Genugtuung zu verlangen geruhen.»

Das ist, alles in allem, gar nicht schlecht. Warum muß Donatien de Sade anschließend so viele schöne Vorsätze zunichtemachen?

«Zweite Klausel. Wenn man statt dessen den Plan mit Montélimar weiter verfolgt und absolut nicht darauf verzichten will, werde ich gehen, ich bin bereit aufzubrechen, und ich unterstreiche es nochmals, damit man nicht glaube, ich zöge Vincennes vor, wie es mir gestern meine Frau geschrieben hat. Aber ich werde fliehen, sobald ich kann, und es wird mir gelingen, welche Vorkehrung auch immer man dagegen treffen mag; ich werde ins Ausland gehen.»

Das Stärkste kommt noch:

«Ich weiß einen Prinzen, der bereit ist, mich aufzunehmen, seien Sie dessen versichert, Monsieur, und einen Monarchen, der seine Untertanen nicht wegen ein paar Hu[ren] einsperren läßt und sie nicht Kup[plerinnen] ausliefert, und von dort aus werde ich die Pläne von Madame de Montreuil in der grausamsten Weise durchkreuzen...»

Würde er doch nur an dieser Stelle einhalten! Aber...

«Ich werde sie durch öffentliche Schriften entehren, in denen Wahrheiten stehen werden, die so bekannt sind, daß nie-

[4] Geht es hier um Anne-Prospère, die jüngere Schwester Pélagies?

> mand sie in Zweifel ziehen kann. Ich werde enthüllen, auf welche Weise man sich in Frankreich sein Recht verschafft und daß es mir nicht gelungen ist, weil ich nicht hunderttausend Franken jährlich ausgeben konnte, um die Helfershelfer der Themis zu kaufen, wie es jene gemacht haben, denen der Staat mich geopfert hat, jener Staat, der es mir schuldig war, mir in meinem Unglück väterlich beizustehen, weil ich meine Jugend in seinem Dienst verbracht habe, jener Staat, der es mir nur mit Ketten vergolten und mich nur mit meinen eigenen Tränen genährt hat.»

Nein, das ist noch nicht alles; er weist selbst darauf hin:

> «Damit nicht genug. Man mag Vorkehrungen treffen, wie man will, mir bleibt ein sicheres Mittel, um meinen Kindern jegliche *moralische* Existenz zu nehmen, zumindest zweien von ihnen, und ich werde es benutzen. Ich werde ihnen nur den Atem lassen, den sie *von ihrer Mutter* erhalten haben, und ich werde ihn ihnen nur lassen, damit sie das verabscheuenswürdige Geschöpf verfluchen, das sie dazu gezwungen hat, keinen Vater mehr zu haben.»

Eine häusliche Apokalypse... Schreibt da ein Rasender? Keineswegs. Das, was ein Le Noir zweifellos nur schwer begreifen kann (während Pélagie es instinktiv erfaßt), ist der geistige Mechanismus Sades (den wir noch bei anderen, weit augenfälligeren Gelegenheiten in Aktion sehen werden): Er *entfaltet* einen Diskurs, Aussagen, eine Logik oder, wie er sagt, «Ansichten» bis zu ihren letzten, äußersten Möglichkeiten. Was *denkt* er, «wenn er er selbst ist»? Das ist eine andere Sache. Mit den folgenden Zeilen kehrt er zum Ton der guten Gesellschaft (die Präsidentin ausgenommen) zurück und entfaltet einen anderen Diskurs, und zugleich entwirft er darin das Porträt eines unwahrscheinlichen, großartigen Polizeidirektors:

> «Geruhen Sie, über das alles nachzudenken, Monsieur. Warum sollte man, wenn man sicher sein kann, mit gutartigen Mitteln aus einem Menschen alles zu machen, was man will, bösartige verwenden wollen? Wäre das gerecht und vernünftig? Sind wir uns nicht beide zu schade dazu – ich, einer Bankrotteurin geopfert zu werden, die in den Augen aller denkenden Wesen entehrt ist, und Sie, mich ihr zu diesem Zweck auszuliefern? Bedenken Sie mein Wohl, Monsieur, ich

lege mein Schicksal in Ihre Hände. Denken Sie an die innere Befriedigung, die es einem von Tugenden erfüllten Menschen wie Ihnen bereiten wird, die Tränen eines Unglücklichen getrocknet, ihn seinen Pflichten und seiner Familie zurückgegeben zu haben, sicher zu sein, daß diese ganze Familie Sie liebt, Sie schätzt, daß sie Sie als ihren Vater betrachtet, daß sie die Glückseligkeit, die sie hienieden wiedergefunden hat, geringer schätzt als den wunderbaren Umstand, sie allein Ihnen zu verdanken. Es ist die Rolle Gottes höchstselbst, die Sie in dieser Welt ausfüllen werden. Wenn der Ewige Ihnen zufällig einige seiner Rechte überträgt, dann bedenken Sie, Monsieur, daß es nicht geschieht, um zum Inbild seines Zorns zu werden, sondern seiner Güte.

Ich habe die Ehre...» (Daumas)

Ein Besuch, den Monsieur Le Noir am 18. April dem Gefangenen abstattet, hätte Gelegenheit geboten, die Dinge zu klären, doch scheinen der Polizeidirektor und der Gefangene daraus recht unterschiedliche Schlüsse gezogen zu haben. «Ich habe Monsieur Le Noir gesehen, meine teure Freundin, und ich habe allen Anlaß, sehr zufrieden mit allem zu sein, was er mir gesagt hat», schreibt Sade um den 20. herum. «Ich habe ihm einige Einwände und Bitten vorgetragen, und er bat mich freundlicherweise, sie ihm schriftlich einzureichen; hiermit erhältst Du die Abschrift, damit Du Dich darauf einstellen und um dieselben Dinge bitten kannst wie ich...» Dieser Brief ist uns erhalten:

«Monsieur,

Längst wäre mein Kopf wieder in Ordnung... Längst hätte man statt der Verzweiflung und des Schmerzes die wünschenswerten Tugenden in meiner Seele wachgerufen, wenn ich früher das Gespräch mit Ihnen geführt hätte, mit dem Sie mich vorgestern beehrt haben.

Sie haben mir gütigerweise Hoffnung darauf gemacht, daß meine Leiden gelindert werden durch eine Verlegung, um die Madame de Sorans und meine Frau nachgesucht haben, mit dem Ziel, mir die Möglichkeit zu verschaffen, meine Geschäfte wieder in Ordnung zu bringen, doch gibt es in der Nähe meiner Güter keine Gefängnisse, die, wie etwa der Turm von Crest usw., weniger schrecklich wären als das, in dem ich mich befinde, und das veranlaßt mich, Sie, Mon-

sieur, inständig zu bitten, dieses dem Minister vorzulegen:
1. Daß ich kein Verlangen danach habe, den Ort zu wechseln, nur um es ebenso übel anzutreffen;
2. Daß ich, gleichgültig, welches Schloß in der Nähe meiner Güter man auch wählen mag, außerstande bin, von dort aus meine Geschäfte zu verwalten; das ist erwiesen.»

«Der erste dieser Punkte bedarf keiner Erläuterung», fährt Sade fort, «ich beschränke mich darauf, den zweiten zu beweisen.» Das tut er dann auch ausführlich und vernünftig, um sich anschließend dem Nachweis zu widmen, daß man ihn, wenn er sich auf seine Güter begeben wird, auf sein Ehrenwort hin gehen lassen muß; er fordert sodann, daß man ihm wegen seiner Gesundheit keine allzu schnelle Reise zumuten könne, er verlangt, vor der Abreise seine Kinder zu sehen, und er bemüht sich vor allem, die «Notwendigkeit der Anwesenheit meiner Frau auf meinen Gütern» zu begründen. Zunächst seiner Geschäfte wegen, denn nur sie ist auf dem laufenden, dann aber auch aus einem «anderen, wichtigeren Grund, zu meiner Gesundung, für meine Seelenruhe, für die Gelassenheit meines Herzens...»

«Dieses Herz, das ich Ihnen ausschütten durfte, hat es, seit ich von ihr getrennt bin, oftmals bereut, eine solche Zärtlichkeit, eine solche Anhänglichkeit an ihre Pflichten, eine solche Liebe zu ihren Kindern, kurz, eine solche Tugendhaftigkeit, die ich kaum verdiente und so übel belohnte, verkannt zu haben. Unter solchen Gewissensbissen hat sich meiner eine schreckliche Vorstellung bemächtigt: *Wie, wenn mir das Unglück zustoßen sollte, sie zu verlieren, ohne mein Unrecht wieder gutgemacht zu haben!* Diese grausame Vorstellung stürzt mich sogleich in die äußerste Verwirrung des Schmerzes. Die Hoffnung auf die ehrliche Rückkehr zu einem aller Empfindungen meiner Seele so würdigen Objekt, die Hoffnung auf die so wohlverdiente Wiedergutmachung scheint sich jetzt zu bieten, und da sollte ich Ihnen nicht gestehen, daß der Wunsch, diese Gelegenheit zu nutzen, fast übermächtig in mir ist? Ach, Monsieur, ich würde Ihnen die mir erwiesene Güte schlecht lohnen, würde ich nicht mit jener Freimütigkeit darauf antworten, die Sie mir mit Rücksicht auf meine Lage verzeihen mögen. Ja, Monsieur, ich will sie sehen, sie lieben, ihr die Tränen abtrocknen, die sie meiner Verirrungen wegen vergossen hat, und endlich jenen süßen Zustand des Friedens genießen, den der Mensch ohne die Tugend nicht kennenlernen kann und den sie ihm wahrhaftig nur in den Annehmlichkeiten der Ehe bereitet.» (Daumas)

Was für ein Brief! «Mein Gott, wenn dieser nicht gut ist, wie soll ich denn dann schreiben? Wenn man es noch besser von mir verlangt, treibt man mich zum Wahnsinn», wird sein Verfasser einige Tage später schreiben.

Alles scheint geregelt zu sein. Die Reinschrift von *Le Capricieux* ist fertig. Sade wollte ihr noch «eine kleine Abhandlung [anfügen], an der ich arbeite – denn im Frühling sprießt bei mir auch der Geist –, *Über die Gefahren der Einsamkeit und die verderblichen Auswirkungen der Gefängnisse, die sie erzwingen.* Aber sie wird nicht fertig sein.» Schade. Danach geht alles bergab. Ein Brief an Mademoiselle de Rousset (undatiert, aber ungefähr aus der Zeit, in der die Arbeit am *Capricieux* beendet wird), faßt die Lage in typisch Sadescher Manier zusammen:

«Ich hatte die Woche über wie ein Verrückter gearbeitet, um nicht die zehn Tage Aufschub, um die ich gebeten hatte, zu vergeuden, und hoffte, mich wenigstens wie der *Flickschuster* am Sonntag ausruhen zu können. Ich hatte es verdammt nötig. Aber nichts. Plötzlich taucht noch *eine Stichelei wegen Montélimar* auf und setzt meine Feder in Bewegung...»

Die Feder Sades wird sich jetzt in Bewegung setzen und Seite um Seite füllen. Dieser lange Brief erscheint ihm als etwas so Endgültiges, daß er am Ende schreibt, er werde künftig allenfalls noch eine Einzelheit hinzufügen können, sofern ihm «eine Idee» komme: «Fällt mir keine ein, so beschließe ich den Brief mit der Bemerkung, *daß ich mich in allem auf den Ihren beziehe.*» Der Brief endet, wie auch andere, die er in diesem April schreibt, mit einem Resümee:

«1. Ich bin ganz und gar bereit und entschlossen, aufzubrechen, weil ich nicht mehr anders handeln kann und weil ich im übrigen hoffe, es dort besser als im Moment zu haben, so daß ich die Abreise zu jedem beliebigen Zeitpunkt akzeptiere und lediglich darum bitte, sie möge erst am Donnerstag erfolgen, damit ich beenden kann, was ich begonnen habe.

2. Ich bitte inständigst darum, jegliches Geleit fortzulassen. Wenn man aber absolut darauf besteht, werde ich dennoch

aufbrechen, weil ich mich der Gewalt nicht widersetzen kann, aber ich werde den Polizeibeamten auf keinen Fall bezahlen, und *ich werde mich für das Vorgehen mit allem, was ich mir an Schlimmerem ausdenken kann, rächen.*

3. Ich bitte darum, auf meine Güter und nicht nach Montélimar gehen zu dürfen, aber wenn man an dem geistlosen, lächerlichen Plan mit Montélimar festhält, werde ich mich dort in einem Zimmer aufhalten, das ich nie verlassen werde, so daß man niemals das angenehme Vergnügen haben kann, *mich zu beurteilen*[5], und ich gebe mein Ehrenwort, daß ich mich dort nicht eine Sekunde um meine Geschäfte kümmern und Gaufridy kundtun werde, er solle sich bloß nicht unterstehen, mich zu besuchen, denn ich würde ihm mit Sicherheit einen üblen Empfang bereiten.»

Und dann endet dieses *Resultat*, das damit begonnen hatte, daß er trotz allem Montélimar akzeptiert, mit einer entschiedenen Absage, begleitet von recht handfesten Drohungen:

«4. Sollte man jedoch meinen Wünschen entsprechen, mich also vierzehn Tage in Paris eingeschlossen bei meiner Frau lassen, um meine Kinder zu sehen, und von dort mit ihr zu meinen Gütern aufzubrechen, gleichgültig, ob man mich dorthin verbannt oder nicht, so gebe ich mein unverbrüchliches Ehrenwort, daß es nichts geben wird, was ich nicht täte, um für Zufriedenheit und Befriedigung in jeder erdenklichen Weise zu sorgen; bevor ich nun ende, schwöre ich Ihnen, Mademoiselle, daß man allen Anlaß haben wird, zufrieden und befriedigt zu sein, wenn man mir meine Wünsche gewährt, und allen Anlaß, *es zu bereuen*, wenn man sie mir abschlägt.

[5] «Wie will man mich in Montélimar beurteilen?» schrieb Sade in seinem Brief und erklärte damit zugleich sein Verhalten in Vincennes. «Entweder werde ich dort frei sein oder nicht. Wie will man, wenn ich es nicht bin, einen Mann beurteilen, der in seinem Zimmer ist? [...] All diese Prüfungen sind nichts als pure Spitzfindigkeiten [...] Entweder bessert sich ein Mensch, oder er bessert sich nicht – etwas Drittes gibt es nicht. Wenn er sich bessert, wird er sich gut aufführen, und wenn er sich nicht bessert, wird er so geschickt sein, sich, da ja alles davon abhängt, eine Zeitlang zusammennehmen, um Eindruck zu machen. Beurteilen Sie ihn also danach. Dummheit, sage ich Ihnen, Mademoiselle, Dummheit, Aberwitz, Protokoll.» *Protokoll* ist wahrlich treffend.

[...] Man mag also kommen, wann man will, ich werde bereit sein; ich werde ohne Widerstreben und ohne ein Wort mitgehen, *aber die Folgen wird man schon sehen.*»

Sade läßt seinen Gesprächspartnern, wie man sieht, keine große Wahl: Geht es nach Montélimar, wird er entweder flüchten oder seinen Bewachern das Leben unerträglich machen; entläßt man ihn nach Hause, wird er sich unverzüglich ins Ausland begeben. Da ist es doch entschieden besser, man behält diesen eigensinnigen Menschen, der nicht aufhört zu rebellieren, unter Kontrolle. Von Montélimar wird keine Rede mehr sein. Sade hat sich schon am 1. Mai 1781 auf *seine* Position festgelegt: Montélimar hat nie existiert. Es gab nichts abzulehnen, denn in Wahrheit hat man ihm nie etwas vorgeschlagen:

«Daran gefällt mir zumindest, daß Sie sich nicht werden rühmen können, mich auch nur einen Augenblick hinters Licht geführt zu haben. Richten Sie der Präsidentin de Montreuil von mir aus, daß sie sich etwas Schlaueres einfallen lassen muß, wenn sie einen wie mich hereinlegen will, und daß sie sich vor allem die Vollidioten, von denen sie sich beraten läßt, besser aussuchen sollte. Grünschnäbel dieses Kalibers sollten nicht versuchen, mir etwas weismachen zu wollen, und wenn ich auch eingesperrt bin, werde ich sie doch erledigen, wenn es mich danach gelüstet [...] Es war falsch, total falsch, daß Sie sich für Montélimar oder gar für den Turm von Crest eingesetzt haben.»

Mehr noch, das alles waren nur Lazzi und schlecht gespielte Komödien, und nachdem die Illusion nun zerstoben ist, durchschaut er genau alle Finessen dieser Possen. In einem Brief vom 16. Mai schildert er, was er aufgedeckt zu haben glaubt: Die Person, die man zu ihm geschickt hat und die sich als Le Noir ausgab, «ist keineswegs Monsieur Le Noir; es ist ein gedungener Agent Ihrer Mutter, [...] und sie läßt ihn für die Taler, die sie ihm zahlt, lügen, aufstacheln, intrigieren usw. [...] Soll er nur wiederkommen, er wird sehen, wie ich ihn empfange. Oh, ich bitte Sie, schicken Sie ihn...» Natürlich wird Monsieur Le Noir nicht so bald wiederkommen.

Doch im Ernst: Tatsächlich war diese ganze Geschichte mit Montélimar nur ein Zeichen; Sade sollte bedeutet werden, daß die Hälfte einer Gefangenschaft verstrichen war, deren Anfang er jetzt auf seine Rückkehr nach Vincennes im September 1778 verlegt. Er hat also noch, wie er in seinem Brief vom 1. Mai sagt, «zweiunddreißig Monate zu leiden, und das führt zum 19. Dezember 1783. Deshalb feiern Sie so sehr den 19., und deshalb schreiben Sie in Ihrem Brief vom 19. Dezember 1777: *Er ist fest mit Dir verknüpft. Dieser 19. Dezember.*»

Nun gut, doch vergessen wir nicht das Wesentliche, die Besuche von Pélagie:

> «Ich zähle nicht mehr und rechne nicht mehr, und die ganze Welt würde mich nicht von dem Gedanken abbringen, zu dem ich jetzt gelangt bin. Bemühen Sie sich doch, mich während dieser langen Zeit besuchen zu dürfen, und versuchen Sie zu erreichen, daß es wenigstens alle vierzehn Tage möglich ist.» (Borderie)

Für Madame de Sade muß es ein harter Schlag gewesen sein, doch in ihren Briefen an den Gefangenen läßt sie sich nichts davon anmerken. Gewiß hat sie daraus einfach ihre Lehre gezogen. In dem ersten Brief an ihren Mann, den wir von ihr besitzen, dem vom 3. Mai, diskutiert sie nicht mehr. Sie siezt ihn nur (obwohl sie weiß, daß Donatien das nicht mag) und schlägt einen ungewöhnlich bestimmten Ton an. Sie verlangt eine Vollmacht: «Ihre Entschlußlosigkeit, ob Sie nun heraus wollten oder nicht, hat mich eine beträchtliche Summe gekostet und daran gehindert, Geld kommen zu lassen, denn ich wollte, daß Sie es bei Ihrer Ankunft vorfinden. Die Rechnungen der Buchhändler sind sehr kostspielig...» Auch wenn sie schon beim nächsten Absatz wieder zum Du übergeht, bleibt ihr Ton doch entschieden:

> «Würde es Dir Freude machen, wenn ich um die Erlaubnis bitte, Dich alle vierzehn Tage besuchen zu dürfen? Deine Besorgungen wären dann besser zu erledigen. Ich kann mir nicht vorstellen, daß Du etwas dagegen hast, aber sollte Dein böser Geist Dir diesen Gedanken einflüstern, dann sage es nur recht deutlich, weil ich dann ebenfalls meinen bösen Geist befragen würde, wie ich mich künftig verhalten soll...»

Der böse Geist von Monsieur de Sade hat sich einstweilen beruhigt. Er kehrt wie Flaubert zu den Realitäten zurück, und das ist im Augenblick der *Capricieux*. Bald herrscht wieder Ordnung in der Festung von Vincennes.